QUER VERLAG

Out!

500 berühmte Schwule, Lesben und Bisexuelle

Karen-Susan Fessel
und
Axel Schock

Erste Auflage September 1997

Umschlag und graphische Realisierung von Sergio Vitale
Gesamtherstellung: Fuldaer Verlagsanstalt
ISBN 3-89656-021-2
Printed in Germany

Bitte fordern Sie unser Gesamtverzeichnis an:
Querverlag GmbH, Akazienstraße 25, D-10823 Berlin

Vorwort

Die Auswahl ist uns wirklich schwergefallen. *Out!* erhebt keinen Anspruch auf Vollständigkeit – allein mit lesbischen Schauspielerinnen oder schwulen Autoren ließen sich Bände um Bände füllen. Die hier vorgestellten 500 berühmten Lesben, Schwulen und Bisexuellen repräsentieren natürlich keineswegs – und glücklicherweise! – die gesamte homophile Kultur unserer westlichen Zivilisation. Es sind auch nicht die 500 wichtigsten oder bedeutendsten der Weltgeschichte. Vielmehr haben wir versucht, eine gelungene Auswahl von Personen aus möglichst vielen Epochen, Lebens- und Schaffensbereichen und auch von unterschiedlich wichtiger Bedeutung vorzustellen. An die Seite von legendären Persönlichkeiten, die zum allgemeinen Kulturkanon gehören – wie Sappho oder Oscar Wilde – haben wir auch junge, manchmal erst regional bekannte Männer und Frauen gestellt.

Unsere Kurzporträts sollen ein Stück weit zeigen, was in den meisten Lexika, Nachschlagewerken und selbst dickleibigen Monographien zu einzelnen Personen ignoriert, vergessen oder gar mutwillig unterschlagen wird: Lesben, Schwule und Bisexuelle tragen von jeher einen großen Anteil am gesellschaftlichen und kulturellen Leben, quer durch alle Länder, Bevölkerungsschichten und Zeiten.

Ein bisexueller, schwuler oder lesbischer Mensch definiert sich selbstverständlich nicht allein über seine Sexualität; die homosexuelle Orientierung jedoch, das Privatleben, die Erfahrungen als Lesbe oder Schwule, der besondere Blick auf die Welt beeinflussen – mal mehr, mal weniger deutlich oder intensiv – das Schaffen und die Biographie. Und was allein die vielen Verweisungspfeilchen (→) deutlich machen: Lesben, Schwule und Bisexuelle haben sich ihre eigene, stark vernetzte Kultur erschaffen, die in enger Wechselwirkung untereinander, aber auch mit allgemeinen gesellschaftlichen Entwicklungen und Strömungen steht.

Biographische Kurzporträts, wie sie in diesem Band gesammelt vorliegen, können logischerweise leider keine tiefergehende Auseinandersetzung mit Leben und Werk leisten. Wir haben bei unseren Angaben (z.B. bei AutorInnen) versucht, zumindest die Hauptwerke bzw. die im lesbisch-schwulen Kontext interessanten Arbeiten anzuführen. Die bibliographischen Angaben am Ende der Porträts sollen die Suche nach weiterführender Literatur erleichtern (• Primärtexte z.B. Bücher, Platten, Inszenierungen, Autobiographien, Filmrollen; ○ Sekundärliteratur z.B. Biographien, Bibliographien, wissenschaftliche Arbeiten).

Die umfangreiche und langwierige Recherche zu diesem Buch hat sich teilweise äußerst schwierig gestaltet - nicht nur aufgrund der zuweilen widersprüchlichen Angaben zu Lebensdaten (Diven!), sondern insbesondere, weil die Bedeutung und Existenz der Homosexualität im Laufe der patriarchalen Geschichte immer wieder negiert worden ist. Vor allem das Liebesleben der Frauen hat in der offiziellen Geschichtsschreibung ohnehin nie sonderlich interessiert, die Frau an sich auch nur minder. So war es ungleich schwerer, an entsprechende Informationen heranzukommen und dieses Material auch eindeutig zu verifizieren.

„Frauenfreundschaften" - dieses verschleiernde und neutralisierende Wort, das alles und nichts bedeutet - haben wir während unserer Recherche fürchten gelernt! Und daß Frauen es immer noch weitaus schwerer als Männer haben, sich in unserer männerdominierten Gesellschaft zu ihrer Homo- oder Bisexualität zu bekennen, zeigt sich nicht zuletzt an der großen Anzahl von Frauen, die auf eigenen Wunsch in dieses Buch nicht aufgenommen wurden. In der Absicht, nicht zu outen, haben wir nur Persönlichkeiten berücksichtigt, die bereits *Out!* sind, d.h., deren gleichgeschlechtliches Empfinden bereits dokumentiert bzw. von ihnen selbst postuliert worden sind. In Zweifelsfällen haben wir bei lebenden ZeitgenossInnen nachgefragt - und von vielen eine Absage erhalten.

Ob versteckt oder offen homo- und bisexuell, ob das ganze Leben über konstant, nur zeitweise oder gar nie ausgelebt - die Vielfalt an Möglichkeiten und Lebensweisen ist unbegrenzt und alles andere als eindeutig kategorisierbar. Auch das kann unsere Auswahl der 500 schwulen und lesbischen Persönlichkeiten, ihrer Geschichte und Geschichten vielleicht zeigen. In Zeiten der *gender studies* und *queer theories* begreifen wir diese Entwicklung als Fortschritt. Die starren Grenzen verwischen. Wir hoffen, daß *Out!* ein Stück dazu beiträgt.

Für ihre Mithilfe und Unterstützung möchten wir uns bei Bert Büllmann, Manfred Herzer, Werner Hinzpeter, Ulf Meyer, Sophie Neuberg, Wolfgang Theis vom Schwulen Museum, dem lesbisch-schwulen Pressearchiv und dem Spinnboden-Archiv ganz herzlich bedanken.

Karen-Susan Fessel und Axel Schock
Berlin, im Juli 1997

A

Abbott, Berenice

US-amerikanische Photographin
17.7.1898 Springfield/Ohio – 9.12.1991 Maine

Abbott gehört zu den Pionierinnen der Dokumentarphotographie. Die ausgebildete Bildhauerin kommt 1923 über New York und Berlin nach Paris, wo sie zunächst als Assistentin Man Rays arbeitet, bis sie mit Unterstützung der reichen Erbinnen →Bryher und Peggy Guggenheim ihr eigenes Studio eröffnet. Abbott spezialisiert sich auf Künstlerporträts – u.a. photographiert sie James Joyce, →Thelma Wood und →Jean Cocteau. „Ihr ist es wichtig, ihren feinfühligen Eindruck von der Person darzustellen, ohne zu analysieren oder Charakterstudien zu betreiben. Ihre Porträts zeichnen sich durch große Einfachheit und Vernachlässigung des Details aus", schreibt die *Paris Tribune* 1927. Nach ihrer Rückkehr nach New York 1930 schafft Abbott unter dem Eindruck von J. Atgets Aufnahmen des alten Paris eine weltberühmte Photoserie, welche die Veränderungen des New Yorker Stadtbildes in den 30er Jahren dokumentiert. In späteren Jahren unterrichtet sie Photographie an der New School of Social Research in New York und konzentriert sich auf Wissenschaftsphotographie. Von 1966 an bis zu ihrem Tod 1991 lebt sie in Maine.
Über die Liebesbeziehungen der als verschwiegen und introvertiert geltenden Abbott ist nicht allzuviel bekannt. Neben ihrer längeren Liaison mit der Autorin Elizabeth McCausland ist vor allem ihre Verhaftung aufgrund eines Aufenthaltes mit ihrer Freundin Gwen LeGallienne in einer Pariser Lesbenbar in der Öffentlichkeit bekannt geworden.

- • *Changing New York*, 1939
- ○ E. Vestal: *Berenice Abbott's Photographs*, 1970

Achtenberg, Roberta

US-amerikanische Politikerin
20.7.1950

1993 sorgt die Frau mit der Ponyfrisur für Schlagzeilen, als sie als erste Lesbe, die sich auch öffentlich dazu bekennt, von Bill Clinton in einen hohen Regierungsposten berufen wird. Die von den konservativen Senatoren argwöhnisch beobachtete Abteilungsleiterin im Washingtoner Ministerium für Wohnungsbau und Stadtentwicklung wird seit Beginn ihrer politischen Karriere in den 80er Jahren als unermüdliche Kämpferin gegen Diskriminierung zur Hoffnungsträgerin der US-amerikanischen Minoritäten. Bevor Achtenberg 1990 in den Stadtrat von San

Francisco gewählt wird, ist sie 15 Jahre lang als Rechtsanwältin tätig und leitet das Nationale Zentrum für die Rechte der Lesben. Ihre Nominierung zur Unterstaatssekretärin gilt als Tribut Clintons an die Schwulen- und Lesbenbewegung, die seinen Wahlkampf aktiv unterstützt hatte. Achtenberg lebt seit Jahren mit der ehemaligen San Franciscoer Richterin Mary C. Morgan und dem gemeinsamen Sohn Benjamin zusammen.

Ackland, Valentine

britische Lyrikerin und Antiquitätenhändlerin
20.5.1906 London - 9.11.1969 Dorset

Bereits als Jugendliche entdeckt die aus wohlhabenden Verhältnissen stammende Ackland ihre Neigung zum eigenen Geschlecht. Mit 18 lernt sie Bo Foster, die damalige Sprecherin der Tory-Partei kennen, die Ackland in die Welt der modernen Lyrik einführt und ihre erste feste Beziehung wird, bis 1930 die Schriftstellerin →Silvia Townsend Warner auf der Bildfläche erscheint. Gemeinsam mit Warner, mit der Ackland bis zu ihrem Tode zusammenbleibt, ohne die eine oder andere Affäre nebenher zu verschmähen, gibt sie 1934 ihren ersten Gedichtband *Whether a Dove or a Seagull* heraus.
1952 eröffnet sie ihr eigenes Antiquitätengeschäft, das ihr weitaus mehr Erfolg einbringt als ihre weiteren lyrischen Werke, die erst posthum - Ackland erliegt einem Krebsleiden - veröffentlicht werden.

Acosta, Mercedes de

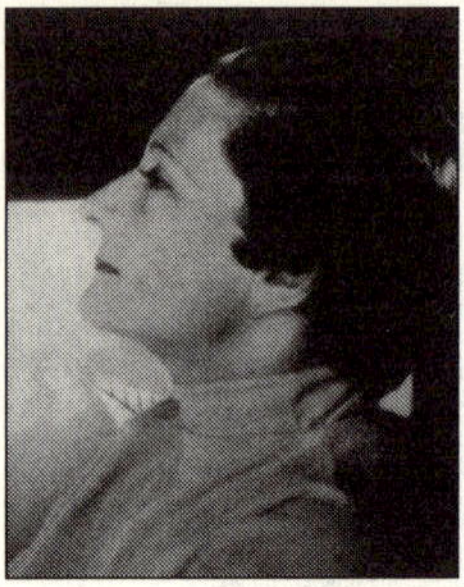

US-amerikanische Dichterin und Dramatikerin kastilischer Herkunft
4.3.1893 New York City - 10.5.1968 ebd.

Die in New York aufgewachsene und für ihre extravagante Kleidung bekannte de Acosta zählt zu den bekanntesten Dramatikerinnen und Drehbuchschreiberinnen der Gegenwart. Nach Erscheinen ihres ersten Romans und mehrerer Gedichtbände beginnt sie um 1920 ihre Karriere als Dramatikerin, zunächst mit Theaterstücken, die erfolgreich von der Theateragentin →Bessie Marbury vermarktet und in den USA und Europa aufgeführt werden. Auf Marburys Vermittlung hin kommt de Acosta mit Hollywood-Agenten in Kontakt und beginnt daraufhin, Drehbücher für die bekanntesten Studios - z.B. RKO und MGM - und die berühmtesten Filmstars, u.a. Pola Negri, →Greta Garbo und →Marlene Dietrich - zu verfassen. *Queen Christina* (1933, dt. *Königin Christina*) und zahlreiche weitere Filme werden zu Welterfolgen.
De Acostas unglückliche Hochzeit mit dem Maler Abram Poole markiert zugleich den Beginn einer lebenslang anhaltenden lesbischen Identität - denn kurz vorher lernte sie die Schauspielerin →Eva LeGallienne kennen, mit der sie eine stürmische Liebesbeziehung eingeht. Nicht minder leidenschaftliche Liaisons mit

vielen anderen Berühmtheiten – →Marlene Dietrich, →Greta Garbo, →Isadora Duncan – folgen, von de Acosta in ihrer vielbeachteten, 1960 erschienenen Biographie *Here Lies the Heart* (dt. *Hier liegt das Herz*) ausführlich beschrieben.
De Acosta, die mehrfach ausgedehnte Europa- und Indienreisen unternimmt, arbeitet während des zweiten Weltkrieges als Kriegsberichterstatterin in Frankreich, wo sie sich später zusammen mit ihrer Lebensgefährtin Poppy Kirk niederläßt. Ihr gemeinsames Haus in der Normandie wird ein ebenso häufig frequentierter Treffpunkt von Künstlerinnen aus aller Welt, wie es bereits de Acostas an Garbos Haus angrenzendes Heim in Hollywood gewesen ist.

Addams, Jane

US-amerikanische Sozialreformerin und Frauenrechtlerin
6.9.1860 Cedarville/Illinois – 21.5.1935 Chicago

Als junges Mädchen widersetzt sich Jane Addams erfolgreich den Versuchen ihrer Familie, sie als Debütantin einzuführen und mit ihrem Stiefbruder zu verheiraten. Nach Abschluß des Colleges beginnt sie, in Philadelphia Medizin zu studieren, muß ihre Ausbildung jedoch aus Krankheitsgründen zwei Jahre lang unterbrechen. In dieser Zeit bereist sie mit ihrer Freundin Ellen Gates Starr Europa, wo sie um 1887/88 in England das erste Mal mit den medizinischen und sozialen Mißständen in den europäischen Großstadtslums konfrontiert wird. Zusammen besichtigen die beiden jungen Frauen das Toynbee Hall Settlement House in London, wo junge, gebildete und sozial engagierte Frauen sich in verschiedenster Weise für die Bedürfnisse der Armen einsetzen. Nachhaltig beeindruckt gründen Addams und Starr nach ihrer Rückkehr in die Staaten 1889 in Chicago eine ähnliche Einrichtung, das Hull House, welches in der Folge wegweisend für weitere Fürsorgehäuser in den gesamten USA wird. Neben ihrem Einsatz für soziale Reformen – 1910 wird sie zur ersten weiblichen Präsidentin der Nationalkonferenz für Soziale Arbeit berufen – engagiert sich Addams verstärkt im Kampf um Jugendschutz und Frauen(wahl)recht. Von 1919 bis1935 amtiert sie als erste Präsidentin der Internationalen Frauenliga für Frieden und Freiheit. 1931 erhält Addams als erste Amerikanerin den Friedensnobelpreis.
Eine der jungen Frauen, die Hull House besuchen, um dort vorübergehend zu leben und zu arbeiten, ist Mary Rozet Smith. Sie kommt 1890, bleibt allerdings für immer – als Addams' Lebensgefährtin. Über vierzig Jahre verbringen die beiden zusammen. Sie betrachten sich als verheiratet, und wann immer Smith Addams auf ihren zahlreichen Vortragsreisen begleitet, vergewissern sie sich, daß im jeweiligen Hotel ein gemeinsames Bett bereitsteht.
- *Democracy and Social Ethics*, 1902; *Newer Ideals of Peace*, 1907; *Twenty Years of Hull House*, 1910

Adrian, Gilbert
(eigentlich Adolph Greenberg)

US-amerikanischer Filmdesigner
1903 Naugatuck/Connecticut – 1959

In den 30er und 40er Jahren ist Adrian, der meist nur mit seinem Nachnamen genannt wird, als Chefdesigner maßgeblich für die Ausstattung der großen MGM-Filmproduktionen verantwortlich. Er steckt →Greta Garbo in Anzüge und erfindet für Joan Crawford die inzwischen klassisch gewordenen Schulterpolster, um von ihren Hüften abzulenken. Zu seinen wichtigsten Ausstattungen gehören jene für *The Wizard of Oz* (1939, dt. *Das zauberhafte Land*) mit →Judy Garland, *Ninotchka* (1939), →George Cukors *Women* (1939, dt. *Die Frauen*) und Hitchcocks *Rope* (1948, dt. *Cocktail für eine Leiche*). Adrian ist eine Hollywood-typische Scheinehe mit der lesbischen Schauspielerin →Janet Gaynor (*Sunrise* von Friedrich Wilhelm Murnau) eingegangen. Nach Adrians Tod heiratet sie einen Freund →Charles Laughtons, Paul Gregory.

Akerman, Chantal

belgische Filmemacherin
6.6.1950 Brüssel

Sie wird die Filmemacherin der Filmemacher genannt. Tochter polnisch-jüdischer Emigranten will sie ursprünglich Schriftstellerin werden, doch nach einem Jahr an der Filmschule in Brüssel wird ihr zukünftiger Weg offensichtlich. Sie geht schon bald nach Paris und macht ihren ersten kurzen Film – *Blow Up My Town*. Akerman ist innovativ, anspruchsvoll, provokativ. Bevorzugte Themen ihrer Filme sind Einsamkeit und Isolation; Kommunikation zwischen Mutter und erwachsener Tochter; Antworten (oder Nichtantworten) auf die Frage nach der Bedeutung des Lebens – in späteren Filmen: nach der Natur der Liebe. Interessanterweise bricht Akerman bisweilen aus diesem Themenkreis aus und macht leichte Komödien. Zur Zeit lehrt sie an der Harvard University.
Obgleich Lesbe, die sich in ihren Filmen auf weibliche Sexualität und Feminismus konzentriert (und mit beidem identifiziert werden will), will sie nicht, daß ihre Filme auf lesbisch-schwulen Filmfestivals gezeigt werden, denn sie verwahrt sich dagegen, „ghettoisiert" zu werden.

- Filme (Auswahl): *je tu il elle*, 1974; *News from Home*, 1976; *Tout une nuit*, 1982; *Un jour Pina a demande*, 1983; *Portrait of a Young Girl at the End of the 1960's in Brussels*, 1994; *Letters Home*, 1986; *Histories D'Amerique*, 1989; *A Couch in New York (Un Divan a New York)*, 1996

Albee, Edward

US-amerikanischer Dramatiker
12.3.1928 Washington/DC

Albees Karriere als Dramatiker beginnt durch einen Zufall in Berlin. Sein Einakter *The Zoo Story* (1959) gelangt über den Schweizer Schauspieler und Regisseur Pinkas Braun in die Hände von Boleslaw Barlog, der es am Schiller-Theater, zusammen mit einem Einakter Samuel Becketts, uraufführt. Erst ein Jahr später hat das Stück über eine Zufallsbekanntschaft zweier Männer im Park in New York Premiere und wird ein „long run"-Hit. Ebenfalls in Berlin uraufgeführt wird sein Stück über Rassismus und Konformismus, *The Death of Bessie Smith* (1960). Als einer der wichtigsten US-Dramatiker des 20. Jhs. etabliert er sich 1962 mit *Who's Afraid of Virginia Woolf?* (1963, dt. *Wer hat Angst vor Virginia Woolf?*, verfilmt mit Liz Taylor und Richard Burton). Konservative Theaterkritiker und -produzenten vermuteten Mitte der 60er Jahre sogar eine Verschwörung und systematische Unterwanderung des US-Theaters mit „kryptohomosexuellen" Stücken, wie sie von Albee oder auch →Tennessee Williams geschrieben werden. In dem Ehedrama *Virginia Woolf* erkennen Kritiker, daß es sich letztlich nicht um zwei Ehepaare, sondern um zwei schwule Paare handelt. Als man später jedoch das Stück entsprechend konsequent nur mit Männern besetzen will, untersagt Albee diese Inszenierung. Direkte homosexuelle Themen hat Albee in seinen Dramen nie bearbeitet, immer wieder jedoch lassen sich homoerotische Momente, besonders in den Männerbeziehungen, feststellen. Albees Homosexualität war recht früh öffentlich bekannt – mit der Folge, daß das Dramatikerdebüt seines damaligen Lebensgefährten →Terrence Nally von den Kritikern als epigonenhaft abgewertet wird. Albee selbst lehnt es jedoch ab, als schwuler Autor bezeichnet zu werden, und spricht sich sogar dezidiert dagegen aus, daß sich schwule Autoren organisieren oder entsprechende Konferenzen und Tagungen veranstalten. Mit seinen Dramatisierungen von →Carson McCullers' *The Ballad of the Sad Café* (1963, dt. *Die Ballade vom traurigen Café)* und *Malcolm* (1966) von→ James Purdy schafft Albee weitere Stücke mit homoerotischer Thematik. Die meisten seiner späteren Dramen (u.a. *Everything in the Garden*, 1967; *All over*, 1971 oder seine *Lolita*-Bearbeitung, 1982) kommen über Achtungserfolge nicht hinaus, ähnlich verhält es sich mit seinem bislang letzten Stück *Three Tall Women*, das 1991 in Wien uraufgeführt wurde.

Alexander der Große

makedonischer König
Herbst 356 v. Chr. Pella – 13.6.323 v. Chr.

Alexander, Sohn des Makedonierkönigs Philipp II. und der Olympia, Tochter des Molosserfürsten Neoptolemos, wird maßgeblich vom Philosophen Aristoteles (384 -322 v. Chr.) erzogen und ausgebildet. Bereits mit 18 Jahren führt er als Feldherr eine Schlacht an. Als 336 v. Chr. sein Vater ermordet wird, läßt er alle Mitbewerber um den Thron beseitigen und tritt die Herrschaft an. Als Haupt der Korinthischen Liga setzt er die vom Vater begonnenen Vorbereitungen für einen Krieg gegen die Perser fort und erweitert in den Folgejahren das Reich bis nach Asien. Er unterwirft Thessalien und zerstört Theben. Mit seinem 40.000 Mann starken Heer führt er Krieg gegen die Thraker und nimmt die Ergebenheitserklärung Athens an. Damit übernimmt er auch den Oberbefehl im Korinthischen Bund. Ägypten gibt sich 331 kampflos geschlagen, und Alexander läßt sich zum Pharao krönen und zum Gott erklären. Zu seinen eigenen Ehren gründet er die

Stadt Alexandria. Im Oktober 331 beginnt er einen Feldzug gegen die Perser und marschiert in Mesopotamien ein, schlägt den persischen König Darius III. in der Schlacht von Gaugamela, erobert Babylon und die persischen Hauptstädte Susa und Persepolis. Beim Indien-Feldzug 327 werden erstmals Elefanten eingesetzt. Aus machtpolitischen Gründen heiratet er die Tochter von Darius II. und andere Königstöchter. Seine Zuneigung zu dem Eunuchen Bagoas und seinem langjährigen Geliebten Hephaiston behält er keineswegs im verborgenen, vielmehr küßt er sie sogar in Anwesenheit seiner Feldherren. Als der Freund stirbt, fällt Alexander in Wahnsinn, läßt den behandelnden Arzt kreuzigen, die Feldherren als Zeichen der Trauer die Haare schneiden und die einfachen Soldaten sogar kahlrasieren. Nach der würdevollen und opulenten Begräbnisfeier läßt er sämtliche Kossaier niedermetzeln. Unmittelbar nach Alexanders Tod zerfällt das Reich. Die angestrebte Völker- und Länderverschmelzung kommt nicht zustande. Mit der Gründung von mehr als 70 Städten in den eroberten Ländern sorgt Alexander für eine weite Verbreitung der griechischen Sprache und Kultur und leitet mit der Vermischung hellenischer und orientalischer Elemente die Entwicklung einer neuen Kultur ein. Sein Leben ist Stoff für zahlreiche Romane gerade auch homosexueller Autoren gewesen, u.a. →Roger Peyrefitte, →Klaus Mann und →Mary Renault, die in *The Persian Boy*, 1972) seine Liebe zu Bagoas erzählt.

○ Peter Green: *Alexander of Macedon. A Historical Biography*, 1992; Siegfried Lauffer: *Alexander der Große*, 1993

Allison, Dorothy

US-amerikanische Schriftstellerin
11.4.1949 Greenville/South Carolina

Für *Bastard Out of Carolina* (dt. *Die Angst in mir ist wie ein großer Fluß*) erhält Dorothy Allison 1992 den National Book Award und verschafft sich damit einen gebührenden Platz in der US-amerikanischen Mainstream-Literatur – trotz ihrer als dafür ungeeignet erscheinenden Thematiken. Sexueller Mißbrauch, die Sprachlosigkeit und brutale Gewalt innerhalb der weißen Unterschicht, des „White Trash" – Allison, in einer armen Südstaatenfamilie aufgewachsen, weiß, wovon sie redet. Bei ihr sind die Opfer allerdings keine gebrochenen Gestalten, sondern mutige Frauen, die das Leben als Herausforderung begreifen: „Ich hasse Opferporträts, und ich hasse die Pornographie der Opferdarstellung." Auch in ihrem Erzählband *Trash* (1988) vermeidet die in San Francisco lebende Autorin jegliche Sentimentalität; ihr offensiver Umgang mit Gewalt und lesbischer Sexualität haben ihr bislang empörte Kritik seitens der Frauenbewegung eingetragen – und eine stetig wachsende LeserInnenschaft.

Almodóvar, Pedro

spanischer Filmemacher und Autor
25.9.1946 Caluada de Calatrava

Stipendiat einer Klosterschule. Mit 16 Jahren geht er nach Madrid und wird Verwaltungsangestellter bei einer spanischen Telefongesellschaft, wo er die nächsten zehn Jahre arbeitet. Parallel dazu betätigt er sich als Autor, schreibt die Storys für Comicstrips, Reportagen für Undergroundmagazine, Erzählungen (z.T. gesammelt in *Patty Diphusa y otros textos*, 1991). 1974 erster Super8-Film und Auftritte mit der eigenen Rock-Pop-Band, *Almodóvar and Namara*, die u.a. *Suck It to Me* und *Gran Ganga* auf Platte einspielt. Mitglied der unabhängigen Theatergruppe *Los Galiardos*. Die Erlebnisse und Beobachtungen innerhalb der schwulen Subkultur mit ihrer ausgeprägten Drag Queen- und Transvestitenszene sowie des kulturellen Undergrounds verarbeitet er in seinen späteren Spielfilmen, wie *(Folle ... Folle ... Folleme ... Tim*, 1978; engl. *Fuck me, Fuck me, Fuck me, Tim.)*, *Pepi, Luci, Bom y otras chicas del mondo* (1980) und *Laberinto de pasiones* (1982, dt. *Labyrinth der Leidenschaften*). Mit *La ley del deseo*, (1986, dt. *Gesetz der Begierde*) gelingt ihm der internationale Durchbruch. Bei den Berliner Filmfestspielen erhält er für den Film den Gay Teddy Award. Antonio Banderas begründet mit seinen Hauptrollen in *Matator* (1986) und in *Gesetz der Begierde* seine Weltkarriere als Schauspieler. 1987 Gründung der eigenen Filmfirma „El Deseo S.A.", gemeinsam mit seinem Bruder Augustin. *Mujeres al borde de un ataque de nervios* (1987, dt. *Frauen am Rande des Nervenzusammenbruchs*) mit Carmen Maura festigt seinen Ruf als Anführer des Neuen Spanischen Films, der sich nach den ersten wirtschaftlich schwachen Jahren seit Francos Tod entwickelt hatte. Allein für diesen Film erhält Almodovar mehr als 50 Preise. Sexuelle und psychisch verstörte Menschen, grelle Figuren, groteske Handlungsverläufe und Anleihen an Soap-Operas sowie kunterbunte, exzentrische Ausstattungen prägen auch seine weiteren Filme, die längst mit sehr hohem Etat produziert werden *(Atamé*, dt. *Fessle mich!*, 1989; *High Heels*, 1991; *Kika*, 1993) 1997 erhält er durch den französischen Außenminister Hervé de Charette den Ritterschlag des französischen Staates für sein filmisches Lebenswerk.1997 begannen die Vorbereitungen zu seiner ersten Hollywood-Produktion, die Verfilmung des schwulen Liebesromanes *The Man Who Fell in Love with the Moon* (1991, dt. *Der Mann, der sich in den Mond verliebte*, 1994) von Tom Spanbauer.

○ Nuria Vidal: *The Films of Almodóvar*, 1988; Paul Julian Smith: *Desire unlimited – The Cinema of Pedro Almodóvar*, 1994; Frédéric Strauss: *Pedro Almodóvar nema of P*, 1995 (engl. *Almodóvar*, 1996)

Almond, Marc

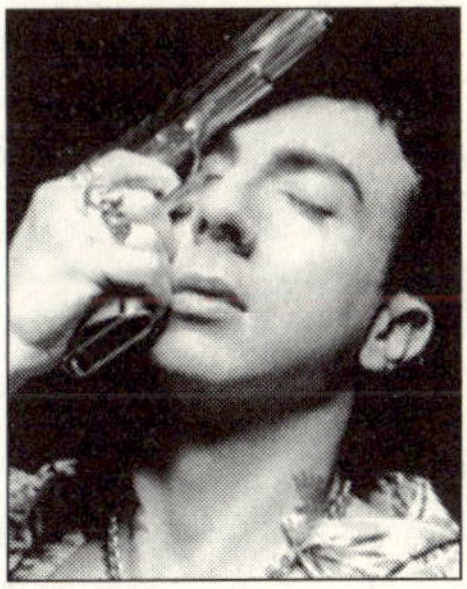

britischer Popmusiker
9.7.1957 Southport

Gemeinsam mit seinem Studienkollegen vom College of Art in Leeds, David Ball, gründet Marc Almond 1979 die Formation *Soft Cell*. Beeinflußt von *Kraftwerk*, US-amerikanischem Motown-Soul und Brian Eno versuchen sie der elektronischen Musik mehr Leben und Wärme zu verleihen. Die lasziven Texte und der leichte Hauch erotischer Nachtclub-Atmosphäre ergeben eine kühne Synthese aus Emotion und Elektronik und verhelfen *Soft Cell* schnell zu kommerziellem Erfolg. *Tainted Love* (1981) wird zum ersten weltweiten Hit. Mit dem Album *The Last Night in Sodom* verabschieden sich Ball und Almond als Duo. Mit *Bronski Beat* nimmt Almond das Remake des Donna Summer-Songs *I Feel Love* auf und bildet kurzzeitig die Band *Marc & The Mambas* (1982). In seiner Solokarriere verstärkt der Tattoo-Fan Almond seinen Hang zur Selbstinszenierung und musikalischen Schwülstigkeit. Das Album *Jacques* (1989) widmet er ganz seinen Neuinterpretationen von Brel-Songs. Bei *Tenement Symphony* (1991) arbeitet er mit einem großen Streichorchester zusammen.

- Soft Cell: *Non Stop Erotic Cabaret*, 1981; Marc Almond: *Soul Inside*, 1983; *Fantastic Star*, 1996. *The Angel of Death in the Adonis Lounge. Poems*, 1988
- ○ Jeremy Reed: *Marc Almond – The Last Star*, 1995

Andersen, Hans Christian

dänischer Schriftsteller
2.4.1804 Odense – 4.8.1875 Kopenhagen

Das häßliche Entlein, *Des Kaisers neue Kleider*, *Der Schweinehirt*, *Die Prinzessin auf der Erbse* – diese und noch ein gutes Dutzend weitere Märchen machen Andersen zu einem weltbekannten Schriftsteller, obgleich ihm durch den Ruf, lediglich „Kindergeschichten" geschrieben zu haben, lange Zeit die literarische und literaturwissenschaftliche Anerkennung versagt bleibt. Der in ärmlichen Verhältnissen aufgewachsene Sohn eines Schuhmachers und einer Trinkerin wird dank seiner insgesamt 156 Märchen vom Hochadel hofiert und in den Herrscherhäusern Europas mit offenen Armen empfangen. Schriftstellerkollegen wie Victor Hugo, Heinrich Heine, Hendrik Ibsen, Honoré de Balzac und Charles Dickens achten ihn und pflegen Kontakt mit ihm. Während er im Ausland gefeiert wird, bleibt er zu Hause in Kopenhagen der zwar eitle, aber leider auch häßliche Schwan: mit übergroßer Nase, Schweinsäuglein, viel zu langen, schlacksigen Armen. Die Menschen drehen sich lachend nach ihm um und nennen ihn Orang-Utan.

Als Kind arbeitet er in einer Tuchfabrik, mit 14 Jahren geht er nach Kopenhagen, wo er einen italienischen Opernsänger als Gönner findet. Er nimmt Gesangs- und Schauspielunterricht am Königlichen Theater. Der dortige Direktor Jonas Collin wird sein lebenslanger Freund und Unterstützer. Mit 17 erste literarische Veröffentlichungen, 1835 erscheint die erste Auswahl seiner *Märchen, erzählt für Kinder*. In ihnen versteckt Andersen die Gründe seiner Melancholie und Hypochondrie; sie offen auszusprechen, wagt er nicht. Auch in seiner Autobiographie *Märchen meines Lebens* (1846) verhüllt er sein wahres – homosexuelles – Begehren, soweit es möglich ist. Er ist ein „Anderer" von Kindheit an. Die Straßenjungen sprechen von seinem „eigentümlichen Wesen"; wegen seiner „weichen Art" und „weichen Natur" wird er oft für ein Mädchen gehalten. In seinen Märchen riskiert er, sein Seelenleben weitaus deutlicher zu formulieren, kann er sich doch

hier hinter den Masken dieser Fabelgestalten verbergen.
Andersens große Liebe gilt – neben dem dänischen Ballettänzer Harald Scharff – Edvard Collins (dem Sohn des Theaterdirektors), mit dem ihn eine enge Freundschaft verbindet, die jedoch nie über ein platonisches Verhältnis hinauswächst. Als Collins sich verlobt, schreibt Andersen verzweifelt: „Wie Moses stehe ich am Berge und blicke ins gelobte Land, wohin ich nie gelangen werde." Als schließlich die Hochzeit ansteht, flieht Andersen vor der Hochzeit und schreibt sein erstes Märchen: *Die kleine Meerjungfrau.* Ihre Liebe bleibt aufgrund ihres Andersseins unerfüllt. Andersen pflegt zwar verschiedene Frauenfreundschaften, doch sind sie rein platonischer Natur. Wahrscheinlich ist sogar, daß Andersen auch mit Männern zeitlebens niemals sexuelle Erfahrungen machte. Die Hoffnung, sich bis über den Tod hinaus in diesen Märchen verbergen zu können, glückt jedoch nicht. Recht bald wird in Aufsätzen über ihn die „weibliche" und „weiche" Natur hervorgehoben, und 1901 reiht ihn Albert Hansen mit seinem expliziten Aufsatz *H.C. Andersen. Beweis seiner Homosexualität* im *Jahrbuch für sexuelle Zwischenstufen* in die Reihe berühmter Homosexueller ein.

- *Schräge Märchen,* 1997; *Märchen meines Lebens,* 1982

○ Elias Bredsdorff: *Hans Christian Andersen. Eine Biographie*, 1993

Anderson, Dame Judith
(eigentlich Frances Margaret Anderson)

australische Schauspielerin
10.2.1898 Adelaide – 3.1.1992 Santa Barbara/Kalifornien

Anderson, Abkömmling britischstämmigen Adels, beginnt ihre Schauspielkarriere mit 17 in Sydney. Nach der Übersiedlung in die USA arbeitet sie ab 1920 zunächst ausschließlich am Theater, bevor ihr der Einstieg ins Filmgeschäft gelingt. Ihr Debüt gibt sie bezeichnenderweise als undurchsichtige Nachtclubbesitzerin in *Blood Money* (1933, dt. *In meiner Wut wieg ich vier Zentner).* Von da an ist sie, die aufgrund ihrer androgynen Schönheit und ihres extrem männlichen Gehabes die Haßliebe des Publikums auf sich zieht, auf dunkel-entrückte Charakterrollen festgelegt – u.a. als Mrs. Danvers in Hitchcocks *Rebecca* (1940). Die Hochphase ihrer Bühnenkarriere beginnt 1936, als sie am Broadway die Getrude in John Gielguds *Hamlet* spielt. Anderson, die ihr Lesbischsein nie sonderlich verhehlt – und ohnehin aufgrund ihres Äußeren von aller Welt dafür gehalten wird –, steht als rüstige Stammesmutter der Lesbengemeinde Hollywoods noch im Alter von 86 Jahren in *Star Trek II* (1984) vor der Kamera und anschließend weitere drei Jahre in der Komödie *Santa Barbara* auf der Bühne.

Anderson, Margaret

US-amerikanische Verlegerin
24.11.1886 Indianapolis – 29.10.1973 Cannes

Nach ihrer Ausbildung als Pianistin arbeitet Anderson zunächst als Angestellte in einer Buchhandlung, bevor sie aus einem Impuls heraus ihre eigene Literaturzeitschrift *The Little Review* gründet. Anderson, laut der Journalistin →Janet Flanner „der geborene Feind von Konventionen und Disziplin, eine feministische und romantische Rebellin", gibt ihrer Zeitschrift den Untertitel *Eine Kunstzeitschrift ohne Zugeständnisse an den öffentlichen Geschmack*, ein Zusatz, dem sie und ihre spätere Lebensgefährtin und Co-Herausgeberin →Jane Heap konsequent Rechnung tragen. Binnen kurzem etabliert sich die *Little Review* als Sprachrohr der Moderne, leidet aber zeit ihres Erscheinens unter finanziellen Nöten. Ihre freigeistige Einstellung bringt die beiden Herausgeberinnen vor Gericht, als in der *Review* zwischen 1918 und 1920 in 23 monatlichen Fortsetzungen James Joyces *Ulysses* erscheint. Mehrere Ausgaben werden beschlagnahmt und Anderson und Heap wegen „Verbreitung von Obszönitäten" zu einer Geldstrafe von 100 Dollar verurteilt. Von New York siedeln Anderson und Heap 1922 nach Paris über, wo Anderson sich sowohl aus der Beziehung als auch von der *Little Review* zu lösen beginnt. Während Heap die Zeitschrift als alleinige Herausgeberin bis zur Einstellung im Jahre 1929 weiterführt, widmet Anderson sich gemeinsam mit ihrer neuen Lebensgefährtin, der Sängerin Georgette Leblanc, vorrangig den Lehren des russischen Gurus Gurdjeff. Nach dem Tod Leblancs lebt Anderson bis 1955 in New York und Frankreich mit der Witwe des Sängers Enrico Caruso, Dorothy, und bis 1961 mit Monique Serrure zusammen, einer früheren Begleiterin Leblancs. Ihre letzten Lebensjahre verbringt sie äußerst zurückgezogen in Cannes.

Anger, Kenneth

US-amerikanischer Regisseur
3.2.1930 Santa Monica/Kalifornien

Als Kind nimmt er Ballettunterricht, angeblich gemeinsam mit Shirley Temple. Erster Filmauftritt als Inder in Max Reinhardts *A Midsummer Night's Dream* (1935). Bereits jetzt erste eigene Super8-Filme, während der Studienzeit arbeitet er mit 16mm-Film. Durchbruch als Experimentalfilmer mit *Fireworks* (1947), einer surrealen Folge von – z.T. homosexuellen – Träumen und Wunschphantasien. →Jean Cocteau wird einer seiner Bewunderer und vermittelt ihm einen Aufenthalt in Paris, wo er *Eaux d'Artifice* (1953) fertigstellt. *Fireworks* ist einer der ersten Filme mit explizit homoerotischem Thema, der international von der Kritik gefeiert wird. Gleichwohl wird der Film 1960 in San Francisco wegen des Verdachts der Obszönität beschlagnahmt. Spätere Filme zeigen eine wachsende Beschäftigung mit dem Okkulten in der Form von Aleister Crowleys Verständnis von Magie (etwa *Invocation of My Demon Brother*, 1969 und *Lucifer Rising*, 1970-80). in *Scorpio Rising* (1964), einem Film über eine Motorrad-Gang in Brooklyn, tauchen auch magische Symbole und Rituale, hier jedoch angesiedelt innerhalb der schwulen Leder- und Bikerszene. Auch dieser Film wird durch ein Gericht in Los Angeles als obszön eingestuft, nur kurz nachdem Anger von der Ford Foundation für seine Leistung in diesem Film einen Förderpreis in Höhe von 10 000 Dollar zugesprochen bekommen hatte. Die Kritik bescheinigt seinen Arbeiten, trotz der durchgängigen Rätselhaftigkeit und der nur für Eingeweihte (sprich Schwule) zu entschlüsselnden Bedeutungsebenen, eine große optische Schönheit durch die vielschichtigen und heftigen Bilder, wie auch eine großartige Montage, für die →Sergej Eisenstein sein Vorbild ist. Amerikanische Neo-Nazis verklagen Anger wegen „Verunglimpfung des Hakenkreuzes". Danach dreht er nur noch wenige Filme, und 1967 erscheint in der *Village Voice* seine eigene Todesanzeige als Filmemacher. Aufsehen erregt Anger mit seinem zweiteiligen Klatschbuch über Skandale in Hollywood, (*Hollywood Babylon*, 1959 und 1976). Die Originalausgaben der beiden Bücher erscheinen zunächst in Paris, die US-Ausgaben erst jeweils zehn Jahre später. Anger lebt heute in Palm Springs.

- *Icons*, 1995

○ Jayne Pilling/Mike O'Pray: *The Pleasure Dome. The Films of Kenneth Anger*, 1989; Bill Landis: *Anger – The Unauthorized Biography of Kenneth Anger*, 1996

Anne

englische Königin
6.2.1665 Wickenham – 1.8.1714 Kensington

Als 18jährige mit einem dänischen Adeligen verheiratet, bringt die spätere englische Monarchin 17 (!) Kinder zur Welt, von denen keines das Säuglingsalter überlebt. In dieser schweren Zeit entsteht eine enge Beziehung zu Sarah Churchill, der Herzogin von Marlborough. Die Korrespondenz zwischen den beiden Frauen weist auf eine leidenschaftliche Romanze hin. Als Anne 1702 nach ihrem Vater James II. und ihrem Schwager William III. den Thron besteigt, beweist sie Sarah – die sie liebkosend „Mrs. Freeman" nennt – ihre Treue, indem sie ihr höchste höfische Aufgaben überträgt.
Aufgrund ihrer fürsorglichen und gerechten Haltung dem Volk gegenüber ist Anne bei ihren UntertanInnen äußerst beliebt, was durch ihre Entscheidung im Jahre 1711, den Krieg mit Frankreich zu beenden, nur noch verstärkt wird. Anne ist die letzte englische Monarchin, die einen derart starken Einfluß auf das Kabinett und die Fähigkeit, das Parlament zu überstimmen, besitzt.
Anne leidet zeitlebens unter einer angeschlagenen Gesundheit und in späteren Jahren unter extremem Übergewicht. Doch das hindert die lebenslustige Königin nicht daran, sich ausgiebig diversen Zerstreuungen zu widmen – z.B. Klatsch und Tratsch und Kartenspiel.

Anthony, Susan B.

US-amerikanische Frauenrechtlerin und Sozialreformerin
15.2.1820 Adams/Massachusetts – 13.3.1906 Rochester/New York

Die Quäkerstochter aus Massachusetts arbeitet zunächst als Lehrerin, bevor sie sich aktiv in der Politik zu engagieren beginnt Die Begegnung mit der Frauenrechtlerin Elizabeth Cady Stanton, mit der sie eine über fünfzig Jahre währende enge politische und persönliche Verbindung eingeht, hat großen Einfluß auf Anthonys Entwicklung zur herausragenden Vorkämpferin der Frauenbewegung. Gemeinsam gründen die beiden Frauen 1866 die American Equal Rights Association und drei

Jahre später die National Woman Suffrage Association, beides Organisationen, die sich intensiv für die Gleichberechtigung und das Stimmrecht für Frauen einsetzen. Daneben ist Anthony in der Bewegung zur Abschaffung der Sklaverei aktiv. Von 1868 bis1870 geben Anthony und Stanton die wöchentlich erscheinende Suffragettenzeitschrift *The Revolution* heraus. Zur gleichen Zeit lernt Anthony die Feministin Anna Dickinson kennen, mit der sie eine leidenschaftliche Liebschaft verbindet. 1872 wird Anthony beim Versuch, bei einer öffentlichen Wahl ihre Stimme abzugeben, vorübergehend verhaftet. Gemeinsam mit Stanton, Mathilda Gage und Ida Harper veröffentlicht sie später die ersten vier Bände des Standardwerkes *The History of Woman Suffrage* (1881-1902). Von 1892 an steht Anthony der Nordamerikanischen Suffragetten-Vereinigung als Präsidentin vor. 1920, vierzehn Jahre nach Anthonys Tod, erhalten die Amerikanerinnen mit dem Anthony-Amendment, dem 19. Zusatzartikel zur Verfassung der USA, das volle Wahlrecht.

Arden, Elizabeth (eigentlich Florence Nightingale Graham)

US-amerikanische Krankenschwester und Kosmetikerin kanadischer Herkunft
31.12.1884 Woodbridge - 18.10.1966 New York City

Die ausgebildete Krankenschwester kommt 1908 nach New York, wo sie zwei Jahre später ihren ersten Schönheitssalon eröffnet. Arden erweist sich als äußerst fähige Geschäftsfrau, der es gelingt, ihre eigenen Kosmetikprodukte binnen kürzester Zeit zu einem Synonym für Schönheit und Gesundheit in aller Welt zu machen. Weniger bekannt ist Elizabeth Ardens aktive Teilnahme am homosexuellen Gesellschaftsleben New Yorks in den 20er Jahren. Die Kosmetikkönigin, die mit ihrer Nichte zusammenwohnt, zunächst in New York, später auf einem Landhaus in Maine, pflegt eine innige Freundschaft zu ihrer Nachbarin →Bessie Marbury und widmet sich mit Hingabe dem Sammeln von Gemälden. Arden ist zweimal verheiratet – die erste Ehe bringt ihr die amerikanische Staatsbürgerschaft ein, die zweite einen aristokratischen Titel.

Ardolino, Emile

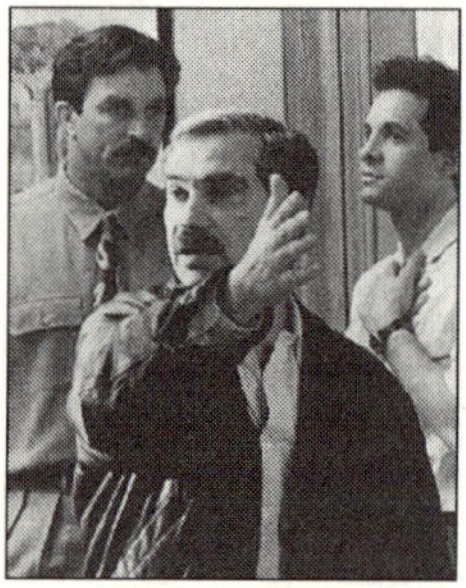

US-amerikanischer Filmregisseur
1943-20.11.1993 Bel Air/Kalifornien

Seine entscheidenden Erfolge verbucht Ardolino mit Musik- und Tanzfilmen. Für *Jesus Christ Superstar* (1972) entwirft er das Multi-Media-Konzept. In seiner eigenen Produktionsfirma Compton-Ardolino Films, die sich auf Dokumentarfilme aus dem Tanzbereich spezialisiert hat, produziert er gemeinsam mit Merrill Brockway die 28teilige TV-Serie *Dance in America*, außerdem Features und Porträts u.a. mit und über →Rudolf Nurejew, Jerome Robbins und Jacques d'Amboise. Seine erste große Regiearbeit für eine Major Company macht aus einem Low Budget-Projekt einen internationalen Kassenerfolg: *Dirty Dancing* (1987) ist auch Patrick Swayzes Sprungbrett zum Weltruhm. Es folgen u.a. *Three Men and a Little Lady* (1990), *Sister Act* (1992) mit Whoopie Goldberg, George Balanchines *The Nutcracker* (1993) mit McCauley Culkin und die Musicalverfilmung *Gypsy* (1993) mit Bette Midler, uraufgeführt unmittelbar nach seinem Tod. Dreimal inszeniert er auch fürs Theater: David Henry Hwangs *The Dance and the Railroad*, Shakespeares *Midsummer Night's Dream* (mit William Hurt) und *Alice at the Palace* (mit Meryl Streep). Bis zu seinem Tod infolge von Aids lebt Ardolino gemeinsam mit seinem Lebensgefährten Luis Rodriguez-Dilla in der Nähe von Hollywood.

Arnold, Monty

deutscher Kabarettist
26.6.1967 Mönchengladbach

Aufgewachsen im Saarland; Ausbildung zum Druckformenhersteller. Unterdessen erste Auftritte mit Kabarettsolos in der freien Theaterszene Saarbrücken (u.a. mit *Der Cabajazzo, All That Arnold).* Mit seinem „Theater Vorläufige Idealbesetzung" produziert er die Revue *Die Hölle unter Saarbrücken.* Ab 1987 regelmäßige Mitarbeit beim Saarländischen Rundfunk, vor allem für die Sendung *Auf in den Keller.* Ab 1989 in Hamburg, dort zunächst als Moderator in *Schmidt's Mitternachtsshow.* Mitarbeit beim NDR (u.a. programmverantwortlich für die *Filmharmonischen Konzerte)* und Veröffentlichung seines Comicromans *Das Gespenst von St. Pauli.* Mitbegründer von Thomas Hermanns *Quatsch Comedy Club.* Hörspiel- und Synchronsprecher, vor allem für Trickfilme (u.a. *Haiopeis*, 1995; *Werner – Das muß kesseln*, 1996; *Das kleine Arschloch*, 1997. Es entstehen weitere Soloprogramme (u.a. *Orpheus in der Einbauküche, Der Rest ist für Sie ...; His Monster's Voice*). Kurzauftritt in *Der bewegte Mann* (1995), Stammitglied der TV-Sendung *Comedy Factory* (seit November 1996).

Arquette, Alexis

US-amerikanischer Schauspieler
8.9.1971 Los Angeles

Bruder der weitaus erfolgreicheren Geschwister Roseanna und Patricia. Bislang ist sein Rollenspektrum weitgehend auf kleine Tunten festgelegt. In *Last Exit to Brooklyn* (1989, nach dem Roman von Hubert Selby Jr.) spielt er den Strichjungen Georgette, in *Threesome* (1994, dt. *Einsam, zweisam, dreisam*) einen jungen Schwulen mit Mundgeruch und in *Grief* (1993) den zickigen Bill. Auch wenn es sich mancher gewünscht hat: mit seinem Ex-Mitbewohner Luke Perry (aus der TV-Serie *Beverly Hills 90210*) verbindet ihn nur eine platonische Freundschaft. Wesentlich enger verbunden ist er mit Eva Destruction; dies ist nämlich sein Alter ego auf Stöckeln, das für einige Jahre für die Organisation des alljährlichen *Wigstock*-Festivals mitverantwortlich war.

Arzner, Dorothy

US-amerikanische Regisseurin
3.1.1897 (a.Q. 1900) San Francisco – 1.10.1979 La Quinta

Als Tochter eines bekannten Restaurantbesitzers am Hollywood Boulevard in Los Angeles ist Arzner von Kindheit an im Umgang mit den wichtigsten Größen des Filmgeschäfts vertraut. Nach einem abgebrochenen Medizinstudium fängt sie in Hollywood zunächst als Schreibkraft an, wird dann Cutterin und schließlich Stummfilmassistentin, bevor sie in *Fashions for Woman* (1927, dt. *Frauenmoden*) zum erstenmal die Regie übernimmt. In der Folgezeit enwickelt sie sich zur einzigen Regisseurin, die sich im Hollywood der 30er und 40er Jahre durchsetzen kann. Arzner, die sich betont männlich kleidet und in der Öffentlichkeit nie über ihre sexuellen Präferenzen spricht, führt in den Jahren zwischen 1927 und 1943 bei 18 Filmen Regie und arbeitet dabei mit nahezu allen Berühmtheiten jener Zeit – u.a. Joan Crawford, Katherine Hepburn und Ginger Rogers – zusammen. In späteren Jahren dreht sie Werbespots für Pepsi und unterrichtet an der Filmschule in Los Angeles. Zu ihren Schülern gehört u.a. Francis Ford Coppola.

- *The Wild Party*, 1929 (dt. Wilde Party); *Christopher Strong*, 1933

Ashman, Howard Elliott

US-amerikanischer Musicaltexter
17.5.1950 Baltimore/Maryland – 14.3.1991 New York City

Für die Filmmusik zu *Aladdin* (1992) ist ihm und seinem langjährigen Kollegen, dem Komponisten Alan Menken, ein Oscar zuerkannt worden. Dieser wird Ashman – bislang einmalig in der Geschichte der Academy Awards – posthum verliehen. Er war wenige Monate vor Vollendung des Soundtracks an den Folgen von Aids verstorben. Seine Arbeit an den noch fehlenden Songs ist von Tim Rice übernommen worden. Sein Lebensgefährte, der Filmarchitekt Bill Lauch, nimmt an seiner Statt den Preis entgegen. „So sehr ich öffentliche Auftritte auch möglichst meide, wußte ich, daß ich dies für Howard tun mußte. Für Howard und all die schwulen Paare und Hinterbliebenen, die von der Gesellschaft ansonsten ignoriert werden", erklärt er nach der Verleihung. Gemeinsam mit Alan Menken hat Ashman auch die Lieder zu den Disney-Zeichentrick-Produktionen *The Beauty and the Beast* (1991, dt. *Die Schöne und das Biest), Newsboys* (1991, dt. *Die Zeitungsjungen*) und *The Little Mermaid* (1989, dt. *Arielle – Die Meerjungfrau*) geschrieben. Ihr Musical *Little Shop of Horror* (1982, dt. *Der Kleine Horrorladen*) ist weltweit zu einem Dauererfolg avanciert.

Auden, Wystan Hughes

britisch-amerikanischer Schriftsteller
21.2.1907 York/England – 28.9.1973 Wien

Während seiner Studienzeit am Christ College in Oxford stößt Auden auf die linksgerichtete akademische

Intellektuellengruppe Pylon Poets, zu der u.a. auch Louis McNeice und →Stephen Spender gehören. Gemeinsam mit Spender und →Christopher Isherwood verbringt Auden auch einige Zeit in Deutschland, insbesondere in Berlin. Dort übersetzt er u.a. Bertolt Brecht ins Englische. 1935 heiratet er →Erika Mann, um ihr damit die britische Staatsangehörigkeit zu verschaffen. 1937 nimmt er am Spanischen Bürgerkrieg auf der Seite der Republikaner teil. Seine Erfahrungen dort finden Niederschlag u.a. in *Spain* (1937) und *Journey to a War* (1939) und lassen ihn sich vom Kommunismus abwenden, ohne jedoch sein soziales Interesse zu verlieren.

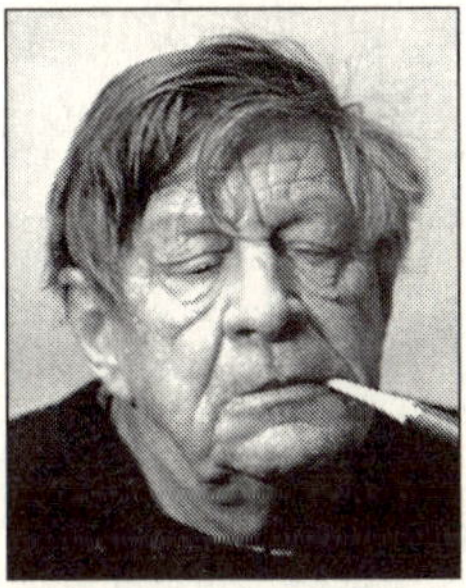

1938 reist er gemeinsam mit Christopher Isherwood nach China. 1939 geht er in die USA und erwirbt die amerikanische Staatsangehörigkeit. In New York lernt er seinen Lebensgefährten, den Autor Chester Kallman kennen, mit dem er verschiedene Libretti schreibt (u.a. für Stravinskys *The Rake's Progress)*. Kallman zieht sich in späteren Jahren von der schriftstellerischen Arbeit zurück und übernimmt die haushaltlichen Pflichten des Paares, das trotz Kallmans Promiskuität bis zum Tode zusammenbleibt. Audens Werk umfaßt Romane, philosophische Schriften, Libretti (zu →Benjamin Brittens *Paul Bunyan*, →Hans Werner Henzes *Elegie für junge Liebende* und *Die Bassariden*) und Lyrik in sehr unterschiedlichen Formen, von der Klassik im Sinne des 18. Jhs., religiöse Hymnen und Bänkellieder mit zweideutig-ordinären Versen. Referenzen zur Homosexualität lassen sich explizit nur in wenigen Gedichten finden, u.a. *The Common Life* (1965), eine Art Hymne auf seinen Lebensgefährten Kallman. Zu seinen wichtigsten Gedichtbänden gehört *The Age of Anxiety* (1947, *Das Zeitalter der Angst)*, der mit dem Pulitzer-Preis ausgezeichnet und von Britten als Vorlage für seine Zweite Symphonie verwendet wird. Ab 1957 wohnen Auden und Kallman sommers in ihrem Haus im niederösterreichischen Dorf Kirchstetten, wo Auden auch beigesetzt wird.

- *Selected Poems*, 1940; *The Sea and the Mirror*, 1944; *The Dyer's Hand*, 1963. mit Chester Kallman: *Libretti and Other Dramatic Writings 1939-1973*, 1993

○ Edward Callan: *Auden. A Carnival of Intellect*, 1983; Humphrey Carpenter: *W.H. Auden. A Biography*, 1981, Charles H. Miller: *Auden. An American Friendship*, 1989; Thekla Clark: *Wystan and Chester. A Personal Memoir of W.H. Auden and Chester Kallman*, 1996

Augspurg, Anita

deutsche Juristin und Frauenrechtlerin
22.9.1857 Verden – 20.12.1943 Zürich

Die ausgebildete Lehrerin schließt 1897 ihr Jurastudium an der Zürcher Universität, der einzigen in Europa, an der Frauen damals zugelassen waren, mit dem Doktortitel ab. Zurück in Deutschland engagiert sie sich in der Frauenbewegung und wird Mitglied des Berliner Verbandes fortschrittlicher Frauen. Zusammen mit ihrer Lebensgefährtin und Mitstreiterin →Lida Heymann gründet sie 1902 den Deutschen Verein für das Frauenstimmrecht. Während des ersten Weltkrieges vertreten die beiden Frauen offen pazifistische Positionen und gründen 1919 die feministische Zeitschrift *Die Frau im Staat*. In den folgenden Jahren, bis zur erzwungenen Emigration in die Schweiz 1933, reisen Augspurg und Heymann zu Frauenkongressen in der ganzen Welt. Dank zahlreicher Spenden können sie ihre engagierte Arbeit auch später bis zu ihrem Tode fortsetzen.

Axgil, Axel

dänischer Schwulenaktivist
1915

Axel Axgil gilt neben Helmer Fogedgaard als der zentrale Pionier der homosexuellen Emanzipation in Skandinavien. 1948 ist er Mitbegründer des Kredsen af 1948 (Kreis von 1948), später umbenannt in Forbundet af 1948 (Verband von 1948). Durch einen Pressebericht wird bekannt, daß das Postfach der Organisation Axgil gehört (der damals noch Axel Lundahl Madsen hieß). Binnen kürzester Zeit nach der Veröffentlichung seines Namens hat er seine Arbeit, die Wohnung und seinen Sitz im Jugendausschuß des Stadtrates von Ålborg verloren. 1950 verlobt er sich mit seinem Freund Eigil Eskildsen (1922-1995);1956 nehmen sie den gemeinsam Nachnamen Axgil an, die Zusammensetzung von zwei Silben ihrer Vornamen. Die Namensänderung ist amtlich möglich und kostet lediglich einen Verwaltungsaufwand in Höhe von DKR 35,–. 1989 werden sie als erstes schwules Paar im Rathaus von Kopenhagen getraut. 1950 gründen sie zwei gemeinsame Firmen, den International Modelfoto Service (DFT) und Dansk Forretnings Tjeneste (DFT) und werden damit bald zu den führenden Porno-Produzenten Skandinaviens. Viele ihrer Produkte werden auch nach Deutschland geschmuggelt, wo zu diesem Zeitpunkt der Verkauf von Pornographie noch verboten ist. Einer ihrer besten Kunden ist der bereits betagte Toni Simon, der behördlich die Erlaubnis bekommen hat, sich in Frauenkleidern zu zeigen, und auch den Namen im Paß entsprechend geändert hat. Als alte, seriöse Dame verkleidet und mit schwer mit Pornos bepackten Reisekoffern pendelt Simon zwischen Dänemark und Deutschland hin und her, um sich mit der Schmuggelware seine Rente aufzubessern. 1955/56 werden Axel und Eigil Axgil im Zuge einer landesweiten Pornographie-Affäre zu einem Jahr strenger Isolationshaft verurteilt, weil sie, wie es in der Urteilsbegründung heißt, „Spekulation mit der Sinnlichkeit anderer Leute betrieben" hätten. Der Forbundet af 1948 schließt sie daraufhin aus der Vereinigung aus; erst in den 70er Jahren wird ihnen von einer jüngeren Generation Schwulenbewegter eine erneute Mitgliedschaft angeboten. 1974 wird Axel Axgil sogar zum Ehrenmitglied ernannt. 1956 gründet das Paar die International Homosexual World Organisation (IHWO), die sich insbesondere zwischen 1968 und 1972 zu einer politisch sehr aktiven Gruppe mit einer in sieben Sprachen publizierten, weltweit vertriebenen Mitgliederzeitschrift *UNI* entwickelt.

B

Bach, Dirk

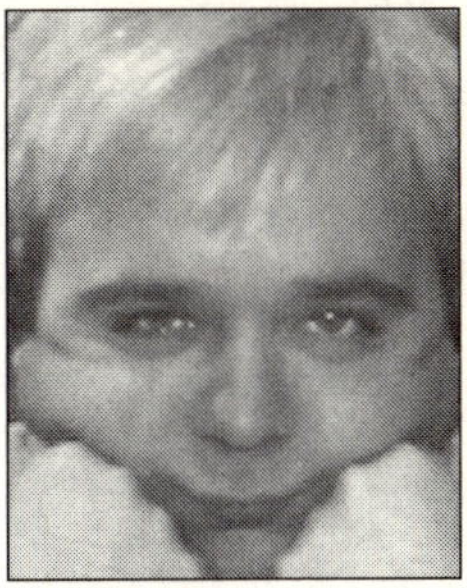

deutscher Schauspieler
23.4.1961 Köln

1980 geht er nach der Mittleren Reife von der Schule ab mit dem festen Entschluß, Schauspieler zu werden. Im Jugendklub Kritisches Theater am Kölner Schauspielhaus hat Bach den Einstieg gefunden und in Hans Günther Heymes Inszenierung von Heiner Müllers *Prometheus* mitgewirkt. Bach besucht keine Schauspielschule, sondern entwickelt sich innerhalb der freien Theaterszene weiter und spielt u.a. auch in Amsterdam, Brüssel, New York, Wien und London. 1982-84 Zivildienst. Danach gelingt ihm der Durchbruch in →Walter Bockmayers Inszenierung der Trashkomödie *Geierwally* im Kölner Theater in der Filmdose, die er mehr als 330mal spielt. Es folgt u.a. Peter Radtkes *Nachricht vom Grottenolm* im Theater 68, Köln und 1988 die Rolle des Puck im *Sommernachtstraum* von →Benjamin Britten an der Kölner Oper. Zu einem Dauererfolg entwickelt sich sein Soloabend *Edgar* (1989-92) und der *Rotkäppchen Report* (1989-91). Sein Förderer →Alfred Biolek verschafft ihm erste Rollen beim Film und Fernsehen. Helmer von Lützelburgs Komödie *Im Himmel ist die Hölle los* (1985) mit Dirk Bach in einer Hauptrolle entwickelt sich zu einem Kultfilm. In →Hape Kerkelings *Kein Pardon* (1992) übernimmt er eine Gastrolle. Ab 1992 ist er festes Ensemblemitglied am Kölner Schauspielhaus, wo er u.a. in den Uraufführungsproduktionen von Franz Xaver Kroetz' *Bauerntheater*, Marlene Streeruwitz' *Waikiki Beach* und Javier Tomeos *Der Marquis schreibt einen unerhörten Brief* spielt. Seine Comedy-Sendung bei RTL *Dirk-Bach-Show* (1992-94) erreicht mit bis zu 3,21 Mio. Zuschauern Einschaltrekorde. Eine ähnliche Zuschauerquote erzielt er mit seiner Sitcom *Lukas* (ab 1996), die das ZDF ausstrahlt. Dirk Bach lebt in Köln in einer Wohngemeinschaft mit →Hella von Sinnen und hat einen Zweitwohnsitz in Brüssel. 1995 veröffentlichte er seine erste CD *Egostar*, mit Songs aus der *Dirk-Bach-Show*, 1996 eine Single mit einer Coverversion von *Ich will keine Schokolade* von Trude Herr, die er als sein komödiantisches Vorbild bezeichnet.

Bachmann, Guido

schweizerischer Schrifsteller und Schauspieler
28.1.1940 Luzern

Bachmann ist gerade 20 Jahre alt, als er beschließt, nicht nur Musiker und Schauspieler, sondern auch Schriftsteller zu werden. Über 20 Jahre arbeitet er an seiner 1500 Seiten umfassenden Romantrilogie *Zeit und Ewigkeit* mit den Teilen *Gilgamesch* (1966), *Die Parabel* (1978) und *Echnaton* (1982). Seine literarische Karriere beginnt mit einem Skandal. Strenge Sittenwächter protestieren beim Erscheinen von *Gilgamesch* gegen die offenherzige Darstellung der Homosexualität. Als Reaktion darauf wird das im Münchner Limes Verlag erschienene Buch vom Schweizer Buchhandel boykottiert und ist nur unter dem Ladentisch zu kaufen. 1967 kommt es zum Burgdorfer Skandal, an dessen Ende einige Schüler und ein Bibliothekar suspendiert werden, weil sie sich mit der vermeintlich pornographischen homosexuellen Schülergeschichte des Roland Steinmann in *Gilgamesch* beschäftigt haben. 1971 erhält Bachmann den Großen Literaturpreis des Kantons Bern. Für den zweiten Teil seiner Trilogie findet er zunächst jedoch keinen Verlag. Erst 1978 widmet sich der Zürcher Lenos Verlag dem Werk Bachmanns, der neben seiner schriftstellerischen Tätigkeit auch weiterhin als Schauspieler in Basel tätig ist. Neben weiteren Prosatexten, etwa *Dionysos (1990)*, entstehen auch verschiedene Theaterstücke *(Das Meßopfer, Die Klarinette, David und Jonathan)*.

Bacon, Francis

irischer Maler
28.10.1909 Dublin – 28.4.1992 Madrid

Der Sohn eines englischen Pferdetrainers leidet in seiner Kindheit an Asthma und wird deshalb fast nur von Privatlehrern unterrichtet. Als er 16 Jahre alt ist, müssen die Eltern erfahren, daß ihr Sohn sexuelle Verhältnisse mit den Stallburschen pflegt, zudem erwischen sie ihn, als er Mutters Unterwäsche anprobiert. Er wird verstoßen und entflieht 1925 der Familie und dem Katholizismus nach England. Dort begegnet er dem 15 Jahre älteren australischen Maler Roy de Maistre, der sein künstlerischer Mentor und Liebhaber wird. Bacon, der nie eine Kunsthochschule besucht hat, läßt sich in seiner Malerei zunächst von den Neuromantikern beeinflussen. Anfang der 30er Jahre übersiedelt er nach Europa, lebt in Berlin, Paris und London und arbeitet als Dekorateur, Möbeldesigner und Kellner. Es entstehen nun abstrahierende und surrealistische Arbeiten. 1941-44 zerstört er fast alle diese Frühwerke. Gelten läßt er hingegen seine danach entstehenden Hauptwerke, eine Mischung aus Realismus und abstraktem Realismus. Es sind immer wieder Kreuzigungsszenen und Motive der christlichen Ikonographie, Bilder der Verzweiflung, Porträts von Menschen in ihrer nackten Existenz als schmerzverzerrte Fleischklumpen. Diese Gemälde, wie seine Porträts schreiender Päpste, machen ihn zu den bedeutendsten und bestbezahlten Künstlern der modernen Malerei. Er lebt allerdings keineswegs feudal, sondern in einer heruntergekommenen Wohnung. Nach seinen regelmäßigen alkoholischen und sexuellen Exzessen kehrt er immer wieder in die Einsamkeit seines Ateliers zurück, wo er sich ähnlich exzessiv in die Arbeit stürzt. Begleiter bei den Sauftouren durch Transvestiten- und Stricherlokale ist häufig der Photograph John Deakin (1912-1972). Mindestens 40 von Deakins Photos dienen Bacon als Vorlage für Gemälde. Bacon wird die Ritterwürde durch die englische Königin angeboten, er lehnt jedoch ab. Von 1964 bis zu seinem Tod 1971 lebt Bacon mit George Dyer zusammen. Dessen Krankheit und Tod verarbeitet Bacon in allen physischen Aspekten im *Triptychon. Mai-Juni* (1973). Seinen Nachlaß – Gemälde, Immobilien, Wertpapiere – im Wert von über 27 Millionen DM hinterläßt Bacon seinem späteren, 39 Jahre jüngeren Lebensgefährten, dem Gastwirt John Edwards, mit dem er 15 Jahre zusammenlebt. Er war sein ständiger Begleiter und hat ihm auch als Modell für zwölf Gemälde gedient.

- *Portraits und Selbstportraits*, 1996
- ○ David Sylvester: *Gespräche mit Francis Bacon*, 1982; Daniel Farson: *The Gilded Gutter Life of Francis Bacon*, 1994; Wieland Schmied: *Francis Bacon – Das Bewußtsein der Gewalt*, 1996; Gilles Deleuze: *Francis Bacon – Logik der Sensation*, 1995; Michael Peppiatt: *Francis Bacon. Anatomy of an Enigma*, 1997

Bacon, Sir Francis

englischer Philosoph, Politiker und Schriftsteller
22.1.1561 London – 9.4.1626 Highgate bei London

Der Sohn einer alten Adelsfamilie übernimmt zunächst eine Anwaltspraxis in London und wird unbesoldeter Rat Elisabeths I. Unter König Jakob I. macht er eine steile Karriere: 1607 wird er Generalstaatsanwalt, 1613 erster Thronanwalt, 1617 Lordsiegelbewahrer und 1618 schließlich Lordkanzler mit dem Titel Baron Verulam. 1620 wird er jedoch aufgrund eines Bestechungsskandals und ohne eigenes Verschulden des Amtes enthoben. Er zieht sich danach nach Gorhambury zurück und betreibt philosophische und literarische Studien. Eine politische Rehabilitierung durch König Karl I. lehnt er ab. Bacons Bedeutung beruht auf der Begründung der modernen Erfahrungsphilosophie, des Empirismus, die er in *The Advancement of Learning* (1605) niederlegt. Damit gilt er als der philosophische Wegbereiter des naturwissenschaftlichen Denkens. Bacon heiratete im Alter von 46 Jahren, vermutlich um von den Gerüchten um seine Homosexualität abzulenken. Die Ehe bleibt kinderlos. Deutliche Hinweise auf seine Homosexualität sind nicht nur bei zwei zeitgenössischen Autoren, John Aubrey und Sir Simonds d'Ewes, zu finden, sondern auch durch überlieferte Briefe der Mutter, die sich wegen Bacons Vorliebe für walisische Jungs Sorgen macht. Aber auch zwei seiner Essays ermöglichen Rückschlüsse auf seine sexuelle Orientierung: *Of Friendship* über die – platonische – Freundschaft unter Männern und *Of Beauty* über die männliche Schönheit.

- *The Essays of Counsels, Civil and Moral.* 1597-1625, dt. 1927; *New Atlantis*, 1660
- ○ Fulton Henry Anderson: *Francis Bacon. His Career and His Thought*, 1962

Baker, Dr. Sara Josephine

US-amerikanische Ärztin
15.11.1873 Poughkeepsie/New York – 22.2.1945 New York City

Alarmiert durch die hohen Mortalitätsraten bei Säuglingen, verschreibt die engagierte Ärztin mit dem strengen, maskulinen Auftreten ihr Leben dem Kampf um verbesserte Hygienebedingungen – mit ungeheurem Erfolg. Baker, die nach ihrem Medizinstudium in New York vorübergehend in Boston arbeitet, beginnt um 1900 für das New York City Health Department zu arbeiten, wo sie umgehend ein Kinderhygieneprojekt einführt. Um zu verschleiern, daß es sich bei ihr um eine Frau handelt, wird Baker seitens ihrer Vorgesetzten gebeten, männliche Kleidung zu tragen und ihren Vornamen mit den Anfangsbuchstaben abzukürzen – eine Vorsichtsmaßnahme, die die erfolgreiche Ärztin selbst als eine bittere Notwendigkeit empfindet. In den ersten fünf Jahren nach Einführung ihres Projekts sinkt die Mortalitätsrate von 144 auf 105 je 1000 Geburten, bis 1923 fällt sie weiter auf 66 je 1000. Ab 1916 unterrichtet Baker an der New Yorker Universität, im Jahr darauf erhält sie als erste Frau die Doktorwürde im Bereich Öffentliche Gesundheit. Baker, die ausschließlich Frauenbeziehungen unterhält – u.a. mit der Schriftstellerin I.A.R. Wylie – publiziert Hunderte von Artikeln und mehrere Bücher zu ihrem Spezialgebiet.

• *Fighting for Life*, 1939

Baldiga, Jürgen

deutscher Photograph
1959 Essen – 4.12.1993 Berlin

Außenseiter der Gesellschaft – Alte, Penner, Krüppel, Aidskranke, Schwule, Tunten und Transvestiten – sind immer wieder seine Motive und Modelle. Der gelernte Koch beginnt 1983 als Autodidakt mit der Photographie – als Reaktion auf sein HIV-positives Testergebnis. Seine ersten Arbeiten (u.a. veröffentlicht im Band *Bambulle*, 1985) sind Momentaufnahmen von der Straße. Das sogenannte „Häßliche" und Alltägliche, spielende Kinder, Penner und Krüppel werden mit dokumentarischem, unvoreingenommenen Blick festgehalten. In den folgenden Jahren geht er mehr und mehr zur inszenierten Photographie über. Gleichzeitig wird er mit seinen Schwarz/Weiß-Photographien zum Chronisten und Porträtisten der Schwulen- und Tuntenszene, ebenso aber auch Aktivist und Symbolfigur innerhalb der Aidsbewegung. 1996 stellt →Michael Brynntrup seinen Interviewfilm *Aidée Memoire* fertig, in dem Baldiga über seine photographische Arbeit, sein Leben und Umgang mit Aids und die Erfahrungen von Diskriminierung und Ausgrenzung erzählt. 1997 widmet sich eine Retrospektive in Berlin erstmals seinem photographischen Gesamtwerk.

• *Jünglinge*, 1987; *Etwas Besseres als den Tod finden wir allemal*, 1992; *Photographien.* Hrsg. von Ulman Hakert und Aron Neubert, 1997

○ Aron Neubert: *Wärme, die nur Feuer uns geben kann*, 1996

Baldwin, James

US-amerikanischer Schriftsteller
und Bürgerrechtler
2.8.1924 New York City – 1.12.1987
St. Paul de Vence/Frankreich

Der aus armen Verhältnissen stammende James Arthur Baldwin fühlt sich zeitlebens als doppelter Außenseiter: als Schwarzer und Homosexueller. Der tyrannische Vater, ein baptistischer Laienprediger, will den Sohn ebenfalls in einem geistlichen Amt sehen. James weigert sich jedoch und geht nach New York, wo er sich zunächst mit Gelegenheitsjobs (wie Portier, Fahrstuhlführer, Laufbursche) und als Literaturkritiker durchschlägt.

24jährig zieht er 1948 nach Paris. Dort entsteht u.a. der schwule Beziehungsroman *Giovanni's Room* (1956, dt. *Giovannis Zimmer*, 1963). 1962 kehrt er in die USA zurück, um die Menschenrechtsbewegung zu unterstützen. Immer wieder setzt er sich in seinen Essays und stark autobiographischen und von moralischem Engagement getragenen Romanen mit dem US-amerikanischen Rassenkonflikt und gemischtrassigen Beziehungen, homo- wie heterosexuellen, auseinander. Im Gegensatz zur „Black Power"-Bewegung ist Baldwin jedoch ein Verfechter der friedlichen Integration. Inzwischen gehört Baldwin zu den wichtigsten Gegenwartsautoren der USA. Regelmäßig kehrt er jedoch zu seinem zweiten Wohnsitz nach Südfrankreich zurück. Dort erliegt er auch seiner Krebserkrankung

- *Go Tell It on the Mountain*, 1953 (dt. *Gehe hin und verkünde es vom Berge*, 1966); *Another Country* 1962; (dt. *Eine andere Welt*, 1977); *The Fire Next Time*, *Essays*, 1963 (dt. *Hundert Jahre Freiheit ohne Gleichberechtigung*, 1964)

○ Randall Kenan: *James Baldwin*, 1994; David Leeming: *James Baldwin. A Biography*, 1995

Balz, Bruno

deutscher Schlagertexter
16.10.1902 Berlin – 14.3.1988 Bad Wiessee

Mit seinen Liedtexten für mehr als 170 deutsche Filme (bereits für den ersten deutschen Tonfilm, *Dich hab ich geliebt*, 1929) sowie Schlager für mehrere Generationen deutscher Unterhaltungskünstler gehört Balz zu den erfolgreichsten und produktivsten Autoren populärer Lieder im deutschsprachigen Raum. Balz liefert Lieder für Udo Jürgens, Heintje *(Mama)*, Heidi Brühl *(Wir werden niemals auseinandergehn)*, Heinz Rühmann *(Ich brech' die Herzen der stolzesten Frau'n)* und Rosita Serrano *(Roter Mohn)*. Bereits als 17jähriger ist sich Balz seiner Homosexualität bewußt und kommt zu →Magnus Hirschfeld, der ihn einen „Psychologischen Fragebogen" ausfüllen läßt. Als so junger und selbstbewußter schwuler Mann ist Balz zu dieser Zeit eine Besonderheit und daher innerhalb der damaligen Schwulenbewegung entsprechend hofiert. Er lernt dabei auch →Adolf Brand kennen, der ihn als Aktmodell für seine homoerotischen Zeitschriften gewinnt. Nachdem Balz eine kaufmännische Ausbildung abgeschlossen hat, arbeitet er ab 1926 auch selbst aktiv in der Schwulenbewegung mit. In den Schwulenzeitschriften des Verlegers Radszuweit veröffentlicht er Gedichte, Aufsätze und Kurzgeschichten. Mit seinen Liebesgeschichten von einer heilen schwulen Welt befriedigt er ein entscheidendes Bedürfnis der Leser dieser Zeitschriften. *Bubi laß uns Freunde sein* wird einer seiner ersten, erfolgreichen Schlagertexte; die Noten dazu werden auch vom Radszuweit-Verlag vertrieben. In den 30er Jahren beginnt seine steile Karriere als Schlagertexter u.a. für zahlreiche UFA-Filmproduktionen. Besonders eng und erfolgreich ist seine Zusammenarbeit mit Zarah Leander, für die er u.a. *Kann denn Liebe Sünde sein?* schreibt. Nach Ende des zweiten Weltkrieges wirft man ihm vor, mit seinen Liedern, etwa Leanders *Ich weiß, es wird einmal ein Wunder gescheh'n* als Teil des Propaganda-Instrumentes den Durchhaltewillen im Volk gestärkt zu haben. Die Idee zu diesem Lied sei ihm, so Balz, jedoch gekommen, als er 1941 nach dreiwöchiger Haft in der Berliner Gestapo-Sammelstelle in der Prinz-Albrecht-Straße auf freien Fuß gesetzt und nicht, wie seine Leidensgenossen, ins KZ weitergeleitet worden war. Balz war als Homosexueller denunziert und deshalb verhaftet worden. Der Filmkomponist Michael Jary erreicht die Freilassung mit der Begründung, er benötige Balz für den nächsten Zarah-Leander-Film.

Bang, Herman

dänischer Schriftsteller
20.4.1857 Adserballe/Insel Alsen – 29.1.1912 Ogden/USA

Mit seinem Novellenband *Am Wege* (1886, dt. 1898) leitet Bang den literarischen Impressionismus in Dänemark ein. Seine früheren Arbeiten (z.B. der Roman *Hoffnungslose Geschlechter*, 1880, dt. 1900) stehen noch ganz im Zeichen des Naturalismus und unter dem Eindruck von Darwin, Ibsen und Zola. Bang gilt als Einzelgänger und modebewußter Dandy. Bereits nach Veröffentlichung von *Hoffnungslose Geschlechter* erkennen aufmerksame Leser literarische Indizien für seine Homosexualität. Die satirische Presse betitelt ihn „Jungfer Hermine Bang". Je größer sein Erfolg wird (wie mit seinem Roman *Das weiße Haus*, 1898), desto mehr sieht er sich dem Rummel um seine Person und Schnüffeleien um seine Sexualität ausgesetzt. Homoerotische Deutungen läßt auch sein Roman *Die Vaterlandslosen* (1905, dt. 1912) zu. In einem anderen Spätwerk, dem Künstlerroman *Michael*, beschreibt er dezidiert eine (unglückliche) homoerotische Liebe eines Malers zu seinem jüngeren Modell. Der Roman wird Vorlage für Mauritz Stillers Film *Vingarna (*1916, dt. *Flügel)*, dem wahrscheinlich ältesten Spielfilm mit homoerotischem Thema sowie für Carl Theodor Dreyers *Michael* (1924). Obgleich Bangs Homosexualität ein offenes Geheimnis ist, leidet er zeitlebens unter dem Zwang zur Verstellung und Camouflage und flüchtet sich in Krankheit, Verschwendungssucht und Alkoholismus. 1909 verfaßt er gemeinsam mit dem Berliner Arzt Max Wasbutzki den Aufsatz *Gedanken zum Sexualitätsproblem* mit grundsätzlichen Informationen zur Homosexualität und den Homosexuellen. Bang versteht diesen Essay als eine Art Vermächtnis und posthumes Comingout. Es sollte nach seinem Tode in einer ärztlichen Zeitschrift veröffentlicht werden und helfen, die Sicht von Staat, Behörden und Polizei auf die Homosexualität zu ändern. Die Nachlaßverwalter unterdrücken jedoch zunächst die Publizierung, um

Schaden für den Namen des Autors zu verhindern. Der Text erscheint somit erst zehn Jahre nach Bangs Tod parallel als Buchausgabe und in der *Zeitschrift für Sexualwissenschaft.*

Bankhead, Tallulah

US-amerikanische Schauspielerin
31.1.1902 Huntsville/Alabama - 12.12.1968 New York City

Die Tochter eines berühmten Kongreßabgeordneten gibt mit fünfzehn Jahren gegen den erbitterten Widerstand ihrer Familie in New York ihr Schauspieldebüt und geht 1923 nach London, um im Dauerbrenner *Dancers* (dt. *Nacht der wilden Ladies*) zu brillieren. 1930, zurück in Amerika, gibt sie ihren Einstand als Filmschauspielerin in *Tarnished Lady* (dt. *Eine Lady mit schlechtem Ruf*, Regie →George Cukor). Nach weiteren, weniger erfolgreichen Filmen arbeitet Bankhead hauptsächlich wieder am Broadway, u.a. in *The Little Foxes* (dt. *Die kleinen Füchse*; ab 1939, 408 Vorstellungen).
Für ihre Rolle in Hitchcocks *Lifeboat* (1943, dt. *Das Rettungsboot)* erhält sie den New York Screen Critics Award als beste Schauspielerin des Jahres. Mit ihrer Darbietung als Blanche in →Tennessee Williams' *A Streetcar Named Desire* (dt. *Endstation Sehnsucht)* wird Bankhead zur gefeierten Komödiantin der Homosexuellenszene.
Bankhead, deren lebenslange Vorliebe für Alkohol und Barbiturate ihr letztendlich zum Verhängnis wird, gibt sich recht offenherzig, was ihre Homosexualität angeht. →Katharine Cornell, →Gladys Bentley und Mae West zählen zu ihren zahlreichen Liebschaften. Bankhead nimmt es mit Humor: „Daddy hat mich immer vor Männern und Alkohol gewarnt, aber nie etwas von Frauen und Kokain gesagt." Der US-Autor George Baxt porträtiert sie in seinem Kriminalroman *Ein Mordfall für Tallulah Bankhead* als zungenfertige, intelligent-bösartige und schwulenfreundliche Hobby-Detektivin.

Bannon, Ann
(eigentlich Ann Thayer)

US-amerikanische Schriftstellerin
Sept. 1932 Joliet/Illinois

Unter dem Pseudonym Ann Bannon veröffentlicht Thayer in den späten 50er und frühen 60er Jahren populäre lesbische Unterhaltungs- und Liebesromane, die im Gegensatz zur gängigen Tendenz nicht zwangsläufig tragisch enden. *Odd Girl Out* (1957) erzählt die Geschichte einer knospenden lesbischen Liebschaft zwischen zwei Collegegirls; in *I Am a Woman* (1959) findet eine der beiden Hauptpersonen aus *Odd Girl Out* endlich zu ihrer lesbischen Identität und großen Liebe: „Gott, ich liebe sie, dachte sie, vage überrascht. Ich liebe sie einfach. [...] Ich weiß, ich bin verrückt, aber ich liebe sie." Als kenntnisreiche und detailgetreue Studien über die *gay community* im New Yorker Greenwich Village der 50er sind die Bannon-Romane heute nahezu von historischem Wert. Erst

1980, als ihre Werke neu aufgelegt werden, lüftet Thayer, die lange Zeit ein Doppelleben als verheiratete Frau führt, die an den Wochenenden die lesbische Subkultur aufsucht, ihr Pseudonym.

Barber, Samuel

US-amerikanischer Komponist
9.3.1910 West Chester/Pennsylvania – 23.1.1981 New York City

Barber macht die typische Karriere eines Wunderkindes: Mit sieben Jahren schreibt er seine erste Komposition, mit zwölf beherrscht er Orgel und Klavier und bekleidet ganz offiziell die Organistenstelle der Kirche von West Chester. Er erhält ein Stipendium des Curtis Institute of Music in Philadelphia, wo er nicht nur das nötige kompositorische Handwerkszeug, sondern auch seinen Lebensgefährten, den Komponisten Gian-Carlo Menotti kennenlernt. Mit ihm lebt er bis zu seinem Tode zusammen. Mit 18 Jahren erhält Barber den Bearns-Preis der Columbia University, mit 23 den ersten Pulitzer-Preis. 1963 kommt noch ein weiterer für seine Oper *Vanessa* hinzu. Während eines Stipendiums in Wien lernt er den italienischen Dirigenten Arturo Toscanini kennen, der zahlreiche seiner Werke uraufführt und fördert. Während Barbers Opern (*Vanessa*, 1958, Libretto von Gian-Carlo Menotti, und *Antonius and Cleopatra*, 1966; ein Auftragswerk zur Eröffnung der neuen Metropolitan Opera im New Yorker Lincoln Center) nur zurückhaltend aufgenommen werden, findet seine eingängige, allen radikalen oder experimentellen Schreibweisen abgewandte Instrumentalmusik weitaus größeren Beifall. Zu einem Klassikhit hat sich beispielsweise sein *Adagio for Strings, Opus 11* (1936) entwickelt. In seinem Spätwerk lassen sich zwar auch Einflüsse des Jazz, der Zwölftontechnik und der Polytonalität erkennen, seine Musik bleibt jedoch traditionsgebunden und melodienreich.

Bard, Alexander

schwedischer Popmusiker
17.3.1961 Bloemfontein/Südafrika

Entscheidend für seine Karriere als Popmusiker und Exzentriker wird für den in Västanvik aufgewachsenen Künstler ein mehrmonatiger Aufenthalt 1978 in New York, wo er eine Schauspielschule besucht. Der Auftritt des Entertainers → Liberace ermutigt ihn, ähnlich glamourös im Showbusiness Karriere zu machen. Er beginnt danach zwar in Stockholm ein Studium, gibt es jedoch bald wieder auf und arbeitete als Travestiekünstler. Als Kunstfigur „Barbie", die zum Szenestar avanciert, nimmt er mehrere Singles und eine LP auf. 1986 formiert sich aus drei weiteren Subkultur-Größen (Jasmin Chantal, Camilla Maria Skog Henemark und Jean-Pierre Barda) die Dance-Pop-Band *Army of Lovers*: Trashige, eintönige Ohrwurm-Disco-Songs, grelle Kostüme. Der internationale Durchbruch gelingt 1991 mit dem Album *Massive Luxury Overdose* und der Single *Crucified*. 1995 versuchte die Band erfolglos, durch eine großangelegte Promotionkampagne zur schwulen Ehe erneut ins Gespräch zu kommen. Das Album *Glory, Glamour and Gold* findet trotz all dieser Bemühungen nicht mehr den Weg in die Charts.

Barker, Clive

US-amerikanischer Schriftsteller, Maler und Regisseur
1952 Liverpool

Mit seinem Science-Fiction-Horror-Film *Hellraiser*, dem bislang zwei Fortsetzungen folgten, findet Clive Barker Einzug in die oberste Klasse dieses Genres und wird nun in einem Atemzug mit Stephen King und James Herbert genannt. Barker selbst sieht als entscheidenden Unterschied zu diesen Kollegen, daß er in seinen Horrorgeschichten weniger todes- und blutfixiert, sondern vielmehr am Leben und speziell am Sex interessiert sei. Erotik, nackte Körper und Sex in allen Ausrichtungen und Varianten sind daher immer wieder Themen seiner Erzählungen (insbesondere in den sechsbändigen *Clive Barker's Books of Blood*, 1984-89). Barker versteht sich lange Zeit lediglich als Autor und ist erst über Umwege zum Filmregisseur geworden, der seine eigenen Stoffe verfilmt wie *Hellraiser (1986, dt. Hellraiser – Das Tor zur Hölle); Nightbreed (1990, dt. Cabal – Brut der Nacht)* und *Lord of Illusions (1995).* Inzwischen geht er auch dazu über, Originalstoffe für seine Kinoproduktionen zu entwickeln. Seine Versuche, in Hollywood Drehbücher für Horrorfilme mit schwulen Hauptfiguren zu produzieren, sind bislang jedoch gescheitert. Der Wahl-Kalifornier Barker hat an der Liverpool University Philosophie und Englisch studiert. Er schreibt zunächst Theaterstücke, die er mit seiner eigenen Schauspieltruppe produziert *(Dog; Night Lives; The History of the Devil).* Als der Erfolg jedoch ausbleibt, verlegt sich Barker auf das Illustrieren pornographischer Texte. In mehreren seiner Romane tauchen regelmäßig lesbische und schwule Charaktere auf, sowohl als Opfer wie als Bösewichte: in *In the Hills, the Cities* (1984) beteiligt sich ein schwules Paar an einem heiligen Ritual, in *Human Remains* (1984) umfaßt das Personal auch bisexuelle Figuren und einen jungen Stricher; in *Age of Desire* (1986) sind Schwule Opfer von sexuellen Attentaten. In seinen jüngsten Werken *(The Great and Secret Show, Everwille)* tendiert Barker zu episch-ausufernden, modernen Mythen, die von Homers *Ilias* und *Odysee* inspiriert sind. In seiner Malerei, die er erst seit den 80er Jahren für sich entdeckt hat, entwickelt Barker einen an Grand Guignol erinnernden Stil mit vielfach erotischen Motiven. Sein öffentliches Coming-out hatte Barker nach der Premiere seines Films *Lord of Illusions* 1995: "Es scheint wichtiger denn je, daß wir uns bekennen, denn der Feind – das sind all die Leute, die uns für eine ‚Risikogruppe' halten – ist lauter denn je zuvor. Die Menschen sollen wissen, daß meine Geschichten ein Schwuler geschrieben hat, einer, der froh ist, schwul zu sein."

Barnes, Djuna

US-amerikanische Schriftstellerin
12.6.1892 Cornwall-on-Hudson/ New York – 19.5.1982 New York City

Aufgewachsen im Staat New York in schwierigen Familienverhältnissen, veröffentlicht Barnes bereits mit achtzehn Jahren erste Gedichte und Zeichnungen, bevor sie 1912 eine Stelle als Reporterin beim *Brooklyn Eagle* annimmt. Mit ihrer journalistischen Tätigkeit finanziert sie sich in den folgenden Jahren ihr Kunststudium und ihre spätere kreative Arbeit. 1919 siedelt sie nach Paris über, wo auch ihre Hauptwerke – *Ryder* (1929) und *Nightwood* (1936, dt. *Nachtgewächs*) sowie die parodistische lesbische Schöpfungsgeschichte *Ladies' Almanac* (1928, dt. *Ladies Almanach*) entstehen. Barnes, die in ihren kontrovers debattierten Werken auch ihre traumatischen Mißbrauchserfahrungen verarbeitet, leidet mit den Jahren immer stärker unter psychischen Problemen, Alkohol- und Drogenabhängigkeit – und Liebeskummer. Barnes exzessives, mythenumranktes Leben ist entscheidend von Frauenbeziehungen und -freundschaften geprägt, auch wenn sie selbst sich zu ihrer Homosexualität unterschiedlich äußert: „Ich war nicht im geringsten böse, als Lesbe bezeichnet zu werden – ich bin nur sehr zurückhaltend" (1936) im Gegensatz zu „I'm not a lesbian – I just loved Thelma" (70er Jahre).

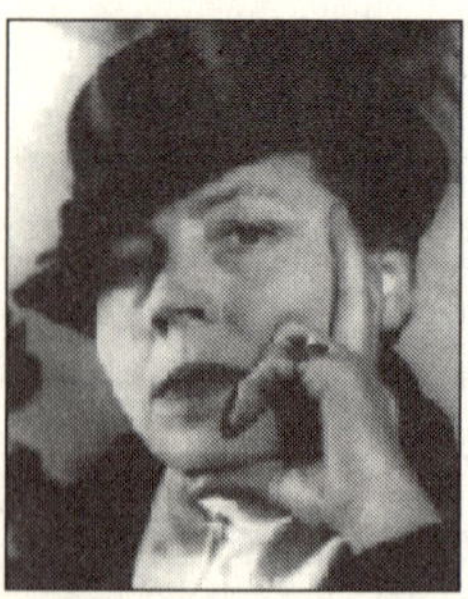

Nachdem die jahrelange Beziehung mit der besagten Bildhauerin →Thelma Wood zerbricht, zieht die kränkelnde Schriftstellerin rastlos von einem Ort zum anderen. Über Tanger, London und erneut Paris kommt sie 1939 nach New York, wo sie, äußerst zurückgezogen lebend, ihren letzten Roman *Antiphon* (1959) schreibt.

Barney, Natalie Clifford

US-amerikanische Schriftstellerin
31.10.1876 Dayton/Ohio – 2.2.1972 Paris

Die überaus produktive Schriftstellerin und famose Gastgeberin gilt als die berühmteste lesbische Schürzenjägerin der Geschichte. Barney, die mit ihrem ausschweifenden Sexualleben und ihrem von lesbischen Thematiken durchsetzten Werk in Künstler- und Literatenkreisen gleichermaßen auf Ablehnung wie Bewunderung stößt, kommt 1902 aus Washington nach Paris, wo sie nach einer Reihe leidenschaftlicher Affären die Dichterin →Renée Vivien kennenlernt. 1904 versuchen die beiden Frauen, auf der griechischen Insel Lesbos sapphische Traditionen wiederzubeleben, kehren aber bald nach Paris zurück. 1909, ihre ersten skandalösen Werke waren bereits erschienen, zieht Barney in die Rue Jacob, wo sie bald darauf ihren literarischen Salon etabliert, in dem sich die gesamte lesbische Kulturszene jener Zeit versammelt. 1915 lernt Barney die Malerin →Romaine Brooks kennen, mit der sie fast fünfzig Jahre lang zusammenbleibt, ohne auf ihre zahlreichen anderen Geliebten und Affären zu verzichten. Barney, deren bekanntestes Werk *Nouvelles pensées d'une amazone* 1939 erscheint, sympathisiert mit dem Faschismus und verbringt die Kriegsjahre zusammen mit Brooks in Italien. Nach ihrer Rückkehr führt sie ihre herausragende gesellschaftliche Rolle als Gastgeberin und Herzensbrecherin unvermindert fort. Nachdem nahezu alle lesbischen Künstlerinnen ihrer Zeit zu ihren Liebhaberinnen gezählt haben, zerbricht die Beziehung mit Brooks erst 1965 – die beiden Frauen waren fast 90 Jahre alt –, als Barneys seit sieben Jahren bestehende Liebschaft mit der 64jährigen Janine Lahovary ans Tageslicht kommt.

- *The One Who Is Legion or A.D.'s After-Life*, 1930; *Indiskrete Erinnerungen*, 1945

Barrie, James Miranda

britische Ärztin
1795 – 9.5.1860 Kirriemuir/Forfarshire Schottland

Erst bei der Autopsie wird aufgedeckt, was der erfolgreiche Arzt ein Leben lang ebenso erfolgreich verborgen hatte: Der Doktor ist eine Frau. So erwirbt Barrie sich posthum den Ruf als erste weibliche Medizinerin der britischen Geschichte. Unter ihrem männlichen Pseudonym studiert sie in Rekordzeit und arbeitet später über vierzig Jahre lang in den britischen Kolonien. Barrie gilt als eine der ersten westlichen VerfechterInnen der Präventivmedizin.

○ J. Rose: *The Perfect Gentleman – The Remarkable Life of Dr. James Miranda Barrie*, 1977

Barthes, Roland

französischer Literaturwissenschaftler, Soziologe und Linguist
12.11.1915 Bayonne – 26.3.1980 Paris

Kurz vor seinem Abitur erkrankt Roland Barthes an der Tuberkulose und verbringt zehn Jahre in Sanatorien. Erst nach Ende des zweiten Weltkrieges kann er sich seiner Wissenschaftskarriere widmen, und diese verläuft geradezu ideal und steil nach oben: Von 1960 bis 1962 ist Barthes Mitarbeiter an der École Pratique des Hautes Études in Paris, deren Direktor er 1962 wird. Ab 1977 lehrt er am Collège de France. Während dieser Zeit entstehen die wichtigsten Schriften Barthes. Barthes beweist sich als der große Systematiker der Wissenschaft von den Zeichen. Er verfolgt das Projekt einer allgemeinen Zeichentheorie, die formal ebenso entwickelt ist wie die Linguistik, in ihrem Wissensgebiet aber weit über sie hinausgreift. Seine Bücher werden, obgeich wissenschaftlichen Anspruchs, zu Bestsellern. Neben *Fragmentes d'un discours amourcx* (1977, dt. *Fragmente einer Sprache der Liebe*, 1984), eine Art Glossar zu den Topoi der Liebesbeziehung wird *Mythologies* 1957, dt. *Mythen des Alltags*, 1964) zu einem überwältigenden Erfolg. Barthes untersucht Gewohnheiten und Leitbilder menschlichen Zusammenlebens, das Funktionieren sozialer Symbole, Sprache und Mythen des Alltags – vom Design des neuen Citroën über die „Sandalenfilme" bis zum Ritual des Essens von blutigem Beefsteak.
Anders als →Foucault nimmt Barthes nie an Demonstrationen teil und unterschreibt keine Petitionen. Seine Homosexualität, über die seine Freunde zwar Bescheid wußten, spricht er nicht öffentlich aus. Tage-

buchaufzeichnungen, unter dem Titel *Incidents* (1987, dt. *Begebenheiten*) veröffentlicht, sind seine einzigen schriftlichen Äußerungen zu seiner Homosexualität. In seinem autobiographischen Werk *Roland Barthes par Roland Barthes* (1975, dt. *Über mich selbst*, 1978) findet sich jedoch eine Notiz über ein geplantes Buchprojekt: *Der Diskurs der Homosexualität* (oder: *Redeweisen der Homosexualität* oder auch: *der Diskurs der Homosexualitäten).* Es bleibt allerdings ein Projekt. 65jährig kommt er bei einem Autounfall ums Leben.

- *Literatur und Geschichte*, 1967; *Sade Fourier Loyola*, 1974; *Die Sprache der Mode*, 1985; *Die helle Kammer. Bemerkung zur Photographie*, 1989; *Die Lust am Text*, 1990

○ D.A. Miller: *Bringing Out Roland Barthes*, 1992; Louis-Jean Calvet: *Roland Barthes. Eine Biographie*, 1993

Bartsch, Jürgen

deutscher Mörder und Metzgergeselle
6.11.1946 Essen – 28.4.1976 Eickelborn

Im Juni 1966 berichten alle deutschen Zeitungen und Zeitschriften auf Seite 1 über die Verhaftung eines 19jährigen Metzgergesellen, der in den Jahren 1962-1966 auf grausamste Weise vier Schuljungen sexuell mißbraucht und zu Tode gequält hatte. In einer Umfrage einer deutschen Illustrierten wird Bartsch zum „zweitschlimmsten Verbrecher des Jahrhunderts" gewählt – gleich nach Adolf Hitler. Der Prozeß 1967 in Wuppertal wird zu einem Medienereignis. Er wird als „gefährlicher Gewohnheitsverbrecher" zu fünfmal lebenslänglich verurteilt. Im April 1971 wird das Urteil revidiert: zehn Jahre Jugendstrafe und Unterbringung in einer Heil- und Pflegeanstalt. Erst in diesem Revisionsverfahren ist die Justiz in der Lage anzuerkennen, daß hinter dem sadistischen Lustmörder ein seelisch krankes, sexuell mißbrauchtes, ungeliebtes Kind steckt, das an anderen Kindern exerziert, was ihm selbst angetan worden ist. Bartsch ist als uneheliches Kind unter dem Namen Karl-Heinz Sadrozinski geboren worden und im Alter von etwa einem Jahr als Plege- und später Adoptivkind zur Familie Bartsch nach Langenberg (Rheinland) gekommen. Mit zehn Jahren wird er in ein Kinderheim geschickt, später in ein Knabeninternat in Marienhausen. Nachdem er mehrfach aus dem Internat zu fliehen versucht, darf er das letzte Schuljahr an einer Schule in der Nähe des Elternhauses verbringen und wird danach Metzgergeselle im elterlichen Betrieb. 1974 heiratet Jürgen Bartsch in der Anstalt Eickelborn eine junge Frau. Die Ehe soll demonstrieren, daß er auf dem Wege der Besserung und hin zu einem bürgerlichen Leben ist. Doch wird ihm die Therapie, um die er immer wieder gekämpft hat, nicht gewährt. Als letzten Ausweg, seinen „Trieb" endgültig loszuwerden, stimmt er einer Kastration zu. Er stirbt bei der Operation angeblich aufgrund eines Narkosefehlers. Die Lebensgeschichte Bartschs wurde bereits mehrfach für Bühnenproduktionen bearbeitet.

○ *Paul Moor: Jürgen Bartsch. Opfer und Täter. Das Selbstbildnis eines Kindermörders in Briefen*, 1991

Baumann, Helmut

deutscher Tänzer, Theaterintendant, Musicaldarsteller und -regisseur
31.1.1939 Berlin

Bereits als Kind nimmt er Tanzunterricht bei Tatjana Gsovsky, danach setzt er seine Tanzausbildung an der Hamburger Staatsoper fort, wo er mit 23 Jahren als Solotänzer debütiert. 1968 lernt er während eines Gastspiels in Köln seinen Schweizer Kollegen Jürg Burth kennen, mit dem ihn bis heute eine Lebens- und Arbeitsgemeinschaft verbindet. 1970 gehören sie zu den Mitbegründern der Tanzkompanie „Tanzforum Köln". Neben choreographischen Arbeiten widmet sich Baumann nun auch der Theaterregie. Am Hamburger Thalia Theater unter Boy Gobert entdeckt er das Musical für sich. 1979 wird er als Musicalregisseur am Residenztheater München engagiert, später am Opernhaus Zürich. 1984 kommt er als künstlerischer Direktor zum Theater des Westens Berlin, dem er innerhalb weniger Jahre zu internationalem Ruf verhilft. Den spektakulären Auftakt bildet die deutschsprachige Erstaufführung von *La Cage aux Folles* 1985, in der er kurzfristig für die Rolle des Albin/Zaza eingesprungen ist. Er entdeckt damit nicht nur sein Talent als Musicaldarsteller, sondern feiert zudem auch einen phänomenalen Triumph. Die Produktion bleibt über zehn Jahre im Repertoire. Zu seinen weiteren Inszenierungen in Berlin gehören u.a. *Sweet Charity*, *Follies*, *Das weiße Rössl* und *Zustände wie im alten Rom*. Baumann wird zum Intendanten des Theaters ernannt, führt aber weiterhin Regie (meist in Zusammenarbeit mit seinem Lebensgefährten als Choreographen) und steht in einigen Produktionen auch selbst auf der Bühne (etwa in der Musicalfassung des Billy Wilder-Films *Eins, zwei, drei)*. Darüber hinaus engagiert sich Baumann mit den Künstlern seiner Bühne regelmäßig für Projekte der Berliner Schwulenszene und bei Benefizveranstaltungen zugunsten der Aids-Hilfe.

Bäumer, Gertrud

deutsche Schriftstellerin und Frauenrechtlerin
12.9.1873 Hohenlimburg – 25.3.1954 Gadderbaum bei Bielefeld

Nach ihrem Lehrerinnenexamen und anschließender Promotion in Berlin ist Bäumer von 1910 bis1919 Vorsitzende des Bundes Deutscher Frauenvereine. Zusammen mit ihrer Lebensgefährtin, der 25 Jahre älteren Frauenrechtlerin Helene Lange, die sie 1898 kennenlernt und mit der sie über 30 Jahre lang zusammenlebt, gibt Bäumer ab 1901 das fünfbändige *Handbuch der Frauenbewegung* und ab 1916 die Zeitschrift *Die Frau* heraus. Gemeinsam mit Lange gilt Bäumer als eine der engagiertesten Aktivistinnen der deutschen Frauenbewegung. Als Gründungsmitglied der Deutschen Demokratischen Partei (DDP) ist sie ab 1919 bis zu ihrer Amtsenthebung durch die Nazis als erste Frau Ministerialrätin im Reichsinnenministerium und Delegierte beim Völkerbund.

• *Im Licht der Erinnerung – Autobiographie*, 1953

○ *Gestalt und Wandel. Frauenbildnisse*, 1939; *Ricarda Huch – Biographie*, 1949

Beach, Sylvia

US-amerikanische Buchhändlerin und Verlegerin
14.3.1887 Baltimore – 6.10.1962 Paris

Die Pfarrerstochter aus New Jersey kommt 1917 erstmalig nach Paris. Begeistert vom Flair der Stadt und der französischen Sprache und Literatur kehrt sie nach einem zweijährigen Arbeitseinsatz als Kriegshelferin zurück und eröffnet mit Unterstützung ihrer Mutter in der Rue de l'Odéon die legendäre Buchhandlung Shakespeare and Company, die ausschließlich englischsprachige Literatur führt. Zusammen mit ihrer Kollegin und jahrzehntelangen Lebensgefährtin →Adrienne Monnier, die schräg gegenüber ihre eigene, nicht minder bekannte Buchhandlung, La maison des amis des livres, führt, engagiert sich Beach stark für die kulturellen, vorrangig literarischen Beziehungen zwischen Franzosen und Ausländern. Als kulturelle Botschafterin fördert sie zudem Kontakte zwischen KünstlerInnen der unterschiedlichen Sparten. →Gisèle Freund, →Gertrude Stein, Ernest Hemingway, James Joyce u.v.a. sind regelmäßige BesucherInnen der schwesterlichen Buchhandlungen im Zentrum von Paris.
Mehr noch als die Bücher sind es die Schriftsteller selbst, denen Beach sich mit Hingabe widmet, wovon nicht nur die zahlreichen in ihrer Buchhandlung aufgehängten Porträts zeugen. 1922 wagt sie die Veröffentlichung von James Joyces *Ulysses*, ein riskantes und mutiges Unternehmen, da kein Verlag Joyces „obszöne Schriften" auch nur anrühren will. Joyce dankt Beach ihren unermüdlichen jahrelangen Einsatz mit zermürbenden emotionalen Ansprüchen, materiellen Forderungen und Vertragsbrüchen. Nach dem endgültigen Bruch mit Joyce kann Shakespeare and Company nur dank der Unterstützung zahlreicher Gönnerinnen wie →Bryher überleben, bis Beach 1941 durch die deutsche Besatzung zur Geschäftsaufgabe gezwungen wird. Während Beach für sechs Monate in ein südfranzösisches Internierungslager deportiert wird, überleben die Bestände die Besatzungszeit gut versteckt in einem leeren Appartement. Beach gelingt es jedoch nicht, die Buchhandlung nach ihrer Rückkehr wiederzueröffnen.

○ *Shakespeare and Company. Ein Buchladen in Paris*, 1982

Bearse, Amanda

US-amerikanische Schauspielerin
9.8.1958 Winter Park/Florida

Als eine der wenigen US-amerikanischen TV-Größen outet sich die Starschauspielerin der Fernsehserie *Married ... With Children* (dt. *Eine schrecklich nette Familie*) im Jahre 1993 öffentlich selbst: „Ich glaube, daß jeder von uns, der sich outet, hilft, den Weg frei und die Dinge einfacher und sicherer zu machen für jene, die nach uns kommen." *Married ... with Children* wird 1987 gestartet und ist nicht nur eine der erfolgreichsten Sitcoms des US-amerikanische Fernsehens, sondern auch eine satirische Abfuhr an die heile Familienwelt. Bearse, die in der Serie die Yuppie-Nachbarin Marcy verkörpert und deren Konterfei bereits auf den Titelblättern der größten

Klatschblätter wie *Enquirer* sowie dem Lesben- und Schwulenmagazin *Advocate* zu sehen war, nutzt ihren enormen Bekanntheitsgrad seit ihrem Coming-out aktiv für ihr Engagement in der Schwulen- und Lesbenbewegung. Mehr als zwei Jahre ist sie mit der Schauspielerin →Sandra Bernhard liiert, eine Zeitlang zieht sie gemeinsam mit ihrer Lebensgefährtin, der Fernsehproduzentin Amy Shomer, eine adoptierte Tochter auf. Ihre jetzige Freundin heißt Dell Pierce. Seit 1997 bestreitet Amanda Bearse eine eigene TV-Talkshow im US-amerikanischen Fernsehen.

Beaton, Cecil (eigentlich Cecil Walter Hardy Beaton)

englischer Photograph, Kostüm- und Bühnenbildner und Designer
14.1.1904 London – 18.1.1980 Broadchalke bei Salisbury/Wiltshire

Beaton, Sohn eines reichen Londoner Holzhändlers, gibt sich gerne als der letzte Dandy des Britischen Empire: mondän, extravagant und feinsinnig. Eleganz und Stil sind ihm genauso wichtig wie die vollendet zur Schau getragene Pose des Müßiggängers. In seiner Karriere vereinigt er so unterschiedliche Tätigkeiten wie die des Theaterdesigners (*Gigi*, 1957) und Filmausstatters (*Anna Karenina*, 1947), des Schriftstellers, Mode- und Gesellschaftsphotographen, Zeremonienmeisters der High Society der Londoner Boheme und passionierten Gärtners auf dem eigenen Landsitz. Erste Gelegenheit als Designer für Dekors und Kostüme findet Beaton am Theater seiner Studienstadt Cambridge, allerdings werden sie nicht umgesetzt: zu eigenwillig und aufwendig. Mit seinen Porträts der exzentrischen Schriftstellerin Edith Sitwell findet Beaton Zugang zur britischen High Society und die Aufmerksamkeit der US-Zeitschrift *Vogue*. Seine Aufnahmen von Joan Crawford, →Marlene Dietrich und Gloria Swanson machen ihn zu dem gefragtesten Porträtisten. Seinen Durchbruch als Bühnendesigner erzielt er mit der Ausstattung von →Oscar Wildes *Lady Windermeres Fächer* (1956) in London, mit der er gleichzeitig auch Wildes Rehabilitierung in England wesentlich beeinflußt. Glanzvolle Höhepunkte seiner Karriere als Ausstatter wird das Musical *My Fair Lady*, für das er 1956 für die Broadway-Inszenierung, 1958 für die Londoner Produktion und 1963 für →George Cukors Verfilmung die Ausstattung bzw. Kostüme liefert. Für eine Galavorstellung von *My Fair Lady* 1960 in London aus Anlaß des Staatsbesuchs von Präsident de Gaulle schmückt Beaton den Covent Garden mit 25 000 rosa Nelken und 6000 Meter Seide. Während des Krieges ist Beaton als Kriegsberichterstatter eingesetzt und fliegt mit der Royal Air Force zu den Kriegsschauplätzen in Afrika, Asien und Europa. Nach Ende des Krieges hat Beaton sogar den Zugang zum englischen Hof. 1952 darf er das offizielle Krönungsphoto Elizabeths II. machen. Die Queen revanchiert sich, indem sie ihn 1972 in den Adelsstand erhebt. Beaton hatte sich auch regelmäßig als Schriftsteller versucht, u.a. mit dem erfolglosen Theaterstück *The Gainsborough Girls* sowie mehreren Büchern mit autobiographischen Aufzeichnungen (*The Book of Beauty*, 1930 und *The Wandering Years*, 1961). Gemeinsam mit Gail Buckland verfaßt er *The Magic of Image* (1973), eine umfassende Geschichte der Photographie. Seine letzten Lebensjahre verbringt Beaton, durch einen Schlaganfall teilweise gelähmt, auf seinem Landsitz in der Grafschaft Wiltshire.

- *Self Portrait with Friends. The Selected Diaries of Cecil Beaton*, 1991; *Photographien 1920-1970*, 1994

Beauvoir, Simone de

französische Schriftstellerin
9.1.1908 Paris - 14.4.1986 ebd.

De Beauvoir, die von 1931 bis 1943 in verschiedenen Städten Frankreichs als Gymnasiallehrerin tätig ist und gemeinsam mit ihrem Lebensgefährten Jean-Paul Sartre von 1946 an die existentialistische Zeitschrift *Temps Modernes* herausgibt, erhält 1954 für ihren Roman *Les mandarins* (dt. *Die Mandarins von Paris*) den renommierten Prix Goncourt. Ungleich mehr Aufsehen erregen jedoch ihre radikalfeministischen Werke *Le deuxième sexe* (1949, dt. *Das andere Geschlecht)* und *La vieillesse* (1970, dt. *Das Alter*) sowie ihre vierbändige Autobiographie, darunter *Memoires d'une jeune fille rangée* (1958, dt. *Memoiren einer Tochter aus gutem Hause*). De Beauvoir hat ihre lesbischen Neigungen schon 1918 mit ihrer Jugendliebe Zaza entdeckt, später versucht sie sich eine Zeitlang an einer Dreiecksbeziehung mit Sartre und einer ihrer Schülerinnen. Ihrer großen weiblichen Liebe begegnet sie jedoch 1960 in Gestalt der 18jährigen Philosophiestudentin Sylvie Le Bon, mit der sie ab 1963 bis zu ihrem Tod zusammenlebt. Nach 1970 nimmt de Beauvoir eine führende Rolle innerhalb der internationalen Frauenbewegung ein und reist zu zahlreichen Vorträgen und Lesungen durch die ganze Welt, immer begleitet von Le Bon, die 1980 von ihr adoptiert wird.

Beck, Volker

deutscher Politiker
12.12.1960 Stuttgart-Bad Cannstatt

Als überaus medienpräsenter Sprecher des Schwulenverbandes in Deutschland (SVD), vor allem im Rahmen der „Aktion Standesamt" 1992, und offen schwuler Abgeordneter der Fraktion Bündnis 90/Die Grünen (seit 1994) avanciert Beck zum prominentesten schwulen Politiker in Bonn. Nach einem Studium der Kunstgeschichte, Geschichte und Germanistik beginnt Beck seine politische Karriere innerhalb der Grünen 1985 im Kreisvorstand Stuttgart; 1987-1990 ist er der erste Schwulenreferent der Bundestagsfraktion der Grünen, 1990 Kandidat der Kölner Grünen für den Bundestag mit dem landesweit besten Direktwahlergebnis der nordrhein-westfälischen Grünen und auf Platz 6 der Landesliste. Der Einzug ins Parlament scheitert jedoch an der 5%-Hürde. Sein 1991 im Auftrag des SVD verfaßter Entwurf für die EG-Richtlinien wird 1994 Grundlage für den Beschluß des Europäischen Parlaments zur Gleichberechtigung von Lesben und Schwulen in der EG. 1993 ist er Mitglied der Bundestagswahlprogramm-Kommission von Bündnis 90/Die Grünen. Er lebt „in bi-nationaler schwuler Partnerschaft" und „ledig wider Willen" in Köln.

Beckford, William

englischer Autor und Kunstsammler
29.9.1759 (a.Q. 1.10.) Fonthill/Wiltshire – 2.5.1844 Bath

Beckford entstammt einer der reichsten Familien Englands. Er gilt als frühreif und überaus begabt und wird entsprechend gefördert. So erhält er beispielsweise mit fünf Jahren gemeinsam mit dem achtjährigen Wolfgang Amadeus Mozart Cembalo-Unterricht. Ab 1777 lebt er bei seinem Onkel, Oberst Hamilton in Genf. Zurück in England verliebt sich der 20jährige Beckford in den acht Jahre jüngeren Adligen William Courtenay. Um Beckford von seiner Leidenschaft zu heilen, wird er auf eine ausgedehnte Europareise (1780-82) geschickt. In Venedig verliebt er sich in den Kastraten Pacceriotti, den er später nach England kommen läßt, und in den Sohn der angesehenen venezianischen Familie Vendramin. Beckford muß, um einen Skandal zu vermeiden, Italien verlassen. Zu Hause setzt er seine Affäre mit Courtenay fort. Sie dauert auch weiterhin an, nachdem Beckford sich 1783 mit Lady Margaret Gordon verheiratete. Erst 1784 kommt die Liaison zu Courtenay an die Öffentlichkeit und führt zu einem öffentlichen Eklat. Beckford muß samt Gemahlin England verlassen und läßt sich zunächst in Frankreich nieder, wo sie im Kindbett stirbt. Eine geplante Übersiedlung nach Jamaika bricht er ab und wohnt statt dessen zeitweilig in Portugal. Am Hof von Lissabon wird er begeistert aufgenommen. Noch während der mit Unterbrechungen bis 1819 andauernden Beziehung zu einem 13jährigen Sohn des Marquis von Marialva trifft Beckford auf den zehn Jahre jüngeren neapolitanischen Musiker Gregorio Fellipe Franchi, der ihm bis zum eigenen Tod 1828 sklavisch dient und treu bleibt. Für Beckford verläßt er Ehefrau und Kind in Portugal, um seinem Geliebten nach England zu folgen. Beckford war durch Erbschaft zu großem Vermögen gekommen, das er nun ganz in seinen exzentrischem Lebensstil investiert. Seinen Landsitz in Fonthill läßt er zu einem orientalischen Palast ausbauen, vollgestopft mit Kunstschätzen aus aller Welt. Bereits zu Weihnachten 1781 hatte Beckford seine ausufernden Phantasien Wirklichkeit werden lassen und ein mehrtägiges, rauschhaftes Fest mit orientalischem Pomp und schwarzen Messen in märchenhafter Kulisse veranstaltet, bei dem sich die Gäste ganz der Wollust und dem Genuß in dem zum „Palast der fünf Sinne" verwandelten Landsitz Fonthill hingeben sollten. Unmittelbar danach schreibt Beckford, noch ganz unter Eindruck des Gelages und angeblich innerhalb dreier Tage, seinen Roman *Vathek* (1787) nieder, eine *gothic novel* mit satirisch-ironischen Untertönen und philosophischen Einschüben. Das Buch erweist sich im Zuge der vorherrschenden literarischen Vorliebe für orientalische Stoffe als großer Erfolg und gilt als Vorläufer der literarischen Romantik.

○ Brian Fothergill: *Beckford of Fonthill*, 1979

Beinstein, Krista

österreichische Photographin
und Performance-Künstlerin
3.7.1955 Wien

Mit ihren photographischen Arbeiten, in denen sich die zwischen Hamburg, Wien und Berlin pendelnde Künstlerin auf schonungslose und eindrucksvolle Art mit dem Überschreiten von Grenzen innerhalb der weiblichen Sexualität auseinandersetzt, gilt Beinstein seit Mitte der 80er Jahre als heftig umstrittener Geheimtip unter deutschen Lesben. Wegen ihrer radikalen, oft auch blutrünstigen S/M-Inszenierungen bewundert und angefeindet, arbeitet Beinstein in ihren Videofilmen (*Bad Girls*, 1990) und Performances vielfach mit anderen Künstlerinnen zusammen.

• *Im Rausch der Triebe*, 1989; *Rituale der Begierde*, 1993

Bell, Andy

britischer Popmusiker
25.4.1964 London

Bis sich sein Kindheitstraum verwirklicht, Popstar zu werden, verdingt sich Bell zunächst zu Gelegenheitsjobs, steht am Fließband, arbeitet als Milchmann und Fensterputzer. In seiner Freizeit ist er in der Londoner Schwulenbewegung aktiv. Eine Kleinanzeige des Musikers Vince Clark 1985 bringt schließlich die entscheidende Veränderung. Clark sucht für seine neue Band – aus *Depeche Mode* war er ausgestiegen, *Yazoo* mit Alison Moyet hatte er aufgelöst – einen neuen Mitstreiter. Bell wird unter 80 Bewerbern der Mann seiner Wahl. Die ersten Singles floppen, das Debütalbum *Wonderful* jedoch kann sich behaupten. Ab dem zweiten Album *Circus* (u.a. mit *Sometimes, It Doesn't Have To Be, Oh L'amour*) sind *Erasure* regelmäßig in den europäischen, zudem auch in den US-Charts vertreten. Die gefällige Elektro-Popmusik ist dominiert von Bells unverwechselbarer Stimme und seinen z.T. mit grellen Kostümen gestalteten Auftritten. Mit dem Mini-Album *ABBAesque* (1992) mit Cover-Versionen des schwedischen Quartetts, lösen Bell und Clarke das Mainstream-Revival von *ABBA* aus. Die Singleauskoppelung *Take A Chance On Me* erreicht in Großbritannien Platz 1, in Deutschland Platz 2 der Verkaufscharts. Bell geht offen mit seinem Schwulsein um und engagiert sich auch weiterhin schwulenpolitisch, etwa gegen die schwulenfeindliche Gesetzgebung in seiner britischen Heimat.

• CDs (Auswahl): Erasure: *The Innocents*, 1988; *Chorus*, 1991; *I Say I Say I Say*, 1994; *Erasure*, 1995

Benavente, Jacinto

spanischer Dramatiker
12.8.1866 Marid – 14.7.1954 ebd.

Sohn eines Kinderarztes, Studium der Rechte (ohne Abschluß), ausgedehnte Reisen durch Europa, wo er mit den modernen literarischen Strömungen in Berührung kommt. Er kann sich ohne materielle Sorgen seinen literarischen Interessen widmen und übernimmt 1899 die Leitung der bedeutenden Literaturzeitschrift *Vida literaria*, später der satirisch-politischen *Madrid Cómico*. Für kurze Zeit ist er Direktor des spanischen Nationaltheaters in Madrid. Er gilt als einer der populärsten spanischen Dramatiker der Jahrhundertwende – und einer der produktivsten. Mehr als 170 Stücke, zumeist geistreiche, ironische Komödien, in denen er die zeitgenössische Gesellschaft ins Lächerliche zieht, werden ihm zugeordnet. Sie verstehen sich nicht als Spiegel der Wirklichkeit, sondern vielmehr als eine Art kritische Philosophie, weshalb es häufig an echten Figuren und Dramatik mangelt. 1922 wird ihm für sein Werk der Nobelpreis für Literatur zuerkannt. Obgleich seine Stücke immer wieder von der Liebe handeln: über seine eigene Homosexualität, die ein offenes Geheimnis war, wagte er nicht zu schreiben.

- Stücke (Auswahl): *Los intereses creados*, 1908 (dt. *Der tugendhafte Ritter*, 1917); *La ciudad alegre y confiada*, 1916 (dt. *Die frohe Stadt des Leichtsinns*, 1919)

Bendow, Wilhelm
(eigentlich Wilhelm Emil Boden)

deutscher Schauspieler und Kabarettist
29.9.1884 Einbeck – 29.5.1950 ebd.

Max Reinhardt entdeckt den jungen Schauspieler bei einem Engagement in Hamburg und holt das komische Talent an seine Berliner Bühnen. 1932 eröffnet Bendow sein eigenes Theater, *Bendows Bunte Bühne (BBB)* am Kottbusser Tor; ein Tingel-Tangel-Theater mit Chanson, Kabarett und Komik. Zu seinem Ensemble gehören Grete Weiser, Loni Heuser und Jupp Hussels. Bendows beliebteste Kabarettrolle ist die der „Dame ohne Unterleib", die ihm ermöglicht, mit seiner quäckigen Knabenstimme auch tagespolitisch zu werden. Als begriffsstutzige Töle spielt er mit schwulen Andeutungen und zweideutigen Witzen seine Bühnennummern. Bereits 1933 muß er jedoch sein Theater auf Druck der neuen Machthaber wieder schließen. Er spielt aber auch weiterhin auf fast allen Berliner Operetten-, Varieté- und Kabarettbühnen. In Filmen wird er meist für kleine Klamaukrollen eingesetzt (u.a. *Der schüchterne Casanova*, 1936; *Die göttliche Jette*, 1937; *Meine Freundin Josefine*, 1942). Trotz seiner auffallend tuntigen Art und kaum zu verheimlichenden Homosexualität überstand er den Nationalsozialismus fast unbeschadet, was er wohl zu einem Großteil seiner großen Popularität durch seine Rundfunksketche zu verdanken hat. Hingegen hätte ihn sein nicht gerade zurückhaltender Spott 1944 fast den Kopf gekostet, als man ihn wegen eines politischen Witzes für einige Zeit im KZ verschwinden läßt. Nach dem Krieg faßt er als Komiker kaum mehr richtig Fuß. Der Bierbrauersohn Bendow verfällt mehr und mehr dem Alkohol, wird geistig wirr und gegen seinen Willen von seinen Familienangehörigen zurück in seine Heimatstadt Einbeck geholt. Dort will ihm die Stadt die Ehrenbürgerschaft zuteil werden lassen, beim Festakt gelingt dem betrunkenen Bendow ein Skandal. Seine Dankesrede umfaßte lediglich ein Wort, das ihm nach einem langen, angewiderten Blick in die versammelte Stadtprominenz entfährt: „Igitt!". Loriot trägt in den 70er Jahren zur Wiederentdeckung von Bendow und seinen Rundfunksketchen bei, als er den

Sketch *Auf der Rennbahn* („Ja, wo laufen sie denn?") als Grundlage für einen Zeichentrickfilm verwendet.

Benedict, Ruth
(eigentlich Ruth Fulton)

US-amerikanische Anthropologin
5.6.1887 New York City – 17.9.1948 ebd.

Nach einigen unbefriedigenden Jahren des Daseins als Ehe- und Hausfrau beginnt Benedict 1919 mit ihrem Studium der Anthropologie in New York und steigt innerhalb weniger Jahre zur Professorin auf. Zusammen mit ihrer Kollegin und Partnerin →Margaret Mead gehört Benedict zu den GestalterInnen der in den 20er Jahren von F. Boas begründeten Kultur- und Verhaltensforschung und zählt zu den bedeutendsten Anthropologinnen der Geschichte. In ihrem Hauptwerk *Patterns of Culture* (1934, dt. *Urformen der Kultur*) schildert sie die kulturbedingten Grundmuster menschlichen Verhaltens, die jeweils einem psychologischen Grundzug unterliegen. Benedict beschäftigt sich u.a. auch mit der Frage nach der Normalität und deren unterschiedlicher kultureller Definition; ein Aspekt, der das Thema Homosexualität ausführlich mit einschließt.
Ihre enge Beziehung und kurzfristige Affäre mit Margaret Mead verändert Benedicts Leben. Nach ihrer Scheidung im Jahre 1931 lebt sie, die sich zeitlebens gerne mit Jüngeren umgibt, ausschließlich mit Frauen zusammen.

- *Race, Science and Politics*, 1945 (dt. *Die Rassenfrage in Wissenschaft und Politik*); *The Chrysanthenum and the Sword*, 1946

○ Margaret Mead: *Ruth Benedict*, 1974

Bennett, Michael (eigentlich Michael Bennett DiFiglia)

US-amerikanischer Musicalregisseur und Choreograph
8.4.1943 Buffalo/New York – 2.6.1987 Tuscon/Arizona

Mit drei Jahren besucht er seine erste Tanzschule, mit 12 beherrscht er Stepp- und Volkstanz und hat profunde Kenntnis im Ballett. Als Schüler wirkt er in ersten Shows mit, inszeniert und choreographiert Schulproduktionen. Jerome Robbins bietet ihm überraschend an, auf der Europa-Tournee seiner Broadway-*West Side Story*-Inszenierung die Rolle des Babe Johns zu übernehmen. Bennett ergreift die Chance und bricht die Schule wenige Monate vor der Abschlußprüfung ab. Für seine erste eigene Choreographie – für das Musical *A Joyful Noise* – wird er gleich für einen Tony nominiert. Den Durchbruch schafft er mit der Musical-Version des Neil Simon-Stückes *Promises, Promises* (1968). Für seine Choreographie und Regie des Sondheim-Musical *Follies* erhält er nach drei Nominierungen in Folge nun tatsächlich zwei Tony-Awards überreicht. Fünf Jahre lang arbeitet er als Autor, Regisseur, Choreograph und Koproduzent am Musical *A Chorus Line* (1976) – einem der größten Musicalerfolge aller Zeiten. Dort taucht auch ganz selbstverständlich ein schwuler Tänzer als Figur auf, was Mitte der 70er Jahre noch einigermaßen aufsehenerregend ist. Die Show, ausgezeichnet mit neun Tony und dem Pulitzer-Preis, läuft nonstop bis 1994 am Broadway. Die Regie an der Verfilmung des Stoffes lehnt Bennett ab, damit sein Leben nicht nur aus *A Chorus Line* bestehe. Sein Nachfolgemusical *Ballroom* wird jedoch ein kommerzieller Fehlschlag. 1976 heiratet er die Schauspielerin Donna McKechnie, die Ehe besteht jedoch nur wenige Monate. Bennett stirbt 1987 an den Folgen von Aids.

○ Kevin Kelly: *One Singular Sensation – The Michael Bennett Story*, 1991

Bentley, Gladys

US-amerikanische Entertainerin
12.1.1907 Philadelphia – 18.1.1960 New York City

Bentley, drei Zentner schwer und, angetan mit Frack und Zylinder, ein unübersehbarer Blickfang, ist eine der bekanntesten schwarzen Entertainerinnen Harlems in den 30er Jahren. Mit selbstkomponierten und am Klavier vorgetragenen Songs (*Boogie Blues, Mean Mothers*) begeistert sie ihr Publikum, das sich besonders an den anrüchigen Anspielungen ergötzt. Mitte der 20er sorgt Bentley, die eine Weile mit der Schauspielerin →Tallulah Bankhead liiert ist, für Aufruhr, als sie im Rahmen einer standesamtlichen Trauung eine Frau heiratet, ohne ihr wahres Geschlecht preiszugeben. Zunehmende Repressionen in den Kriegsjahren machen Bentley ihr gewohntes Auftreten unmöglich, in den fünziger Jahren gibt sie sich zunehmend zahmer und, soweit möglich, femininer, um ihr Überleben als Entertainerin zu sichern.

Berber, Anita

deutsche Tänzerin
10.6.1899 Leipzig – 10.11.1928 Berlin

Die Königin der Berliner Boheme nimmt mit 16 Jahren erstmals Tanzstunden, um schon bald darauf im Berliner Wintergarten rauschende Erfolge mit ihrer sinnlich-radikalen Kunst zu feiern. Zusammen mit →Conrad Veidt spielt sie im ersten Film über Homosexualität *Anders als die anderen* (1919), bevor sie als Nackttänzerin in verschiedenen Revuen auftritt und so zum mystischen Vamp der „roaring twenties" aufsteigt.

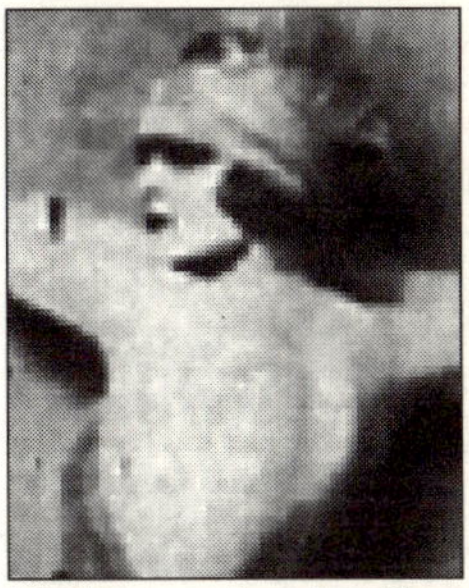

Mit ihrem schwulen Ehemann Sebastian Droste entwickelt Berber das Tanzprogramm *Tänze des Lasters, des Grauens und der Extase*, mit dem die beiden Anfang der 20er Jahre in Deutschland und Österreich einen Skandal sondergleichen verursachen, der schließlich zum Ende ihrer Partnerschaft führt. Mit ihrem neuen Tanzpartner Henri setzt die Tänzerin, die für ihren Hang zu Luxus, Dekadenz und schönen Frauen berüchtigt ist, ihre Auftritte fort. Berber stirbt im Alter von 29 Jahren an Lungentuberkulose. Ihr turbulentes Leben wird 1988 von →Rosa von Praunheim unter dem Titel *Anita. Tänze des Lasters* verfilmt.

Bergen, Ingrid van

deutsche Schauspielerin
15.6.1931 Danzig-Langfuhr

Im Jahre 1997 sitzt Ingrid van Bergen, tief gebräunt und angetan mit einer Schmetterlingssonnenbrille, auf Mallorca und freut sich des Lebens als offen bekennende Lesbe. „Mit Frauen ist es einfacher", sagt sie und lächelt. Ihr Leben gefällt der ehemaligen Schauspielerin ganz ausgezeichnet. Das war nicht immer so. 1977 sorgt die blonde Actrice für Schlagzeilen, weil sie ihren damaligen Geliebten erschossen hatte – aus Eifersucht, wie sie sagt. Van Bergen wird nach einem von der Sensationspresse genüßlich ausgeschlachteten Prozess wegen Totschlags im Affekt zu sieben Jahren Gefängnis verurteilt, kommt jedoch bereits nach viereinhalb Jahren frei. Und weiter geht die Hexenjagd: Hinter den „schwedischen Gardinen" hat van Bergen ihre Liebe zu Frauen entdeckt. Nachdem die Schauspielerin, die nach ihrer Freilassung wieder in ihrem alten Beruf Fuß fassen kann (u.a. in dem Stück *Drogenstation*, 1984, Regie →Alexander Ziegler), die Schmutzkampagnen erfolgreich mithilfe eines Anwalts niedergeschlagen hat, kehrt endlich Ruhe ein. Heute braucht van Bergen nichts mehr zu dementieren – sie steht zu ihrer Homosexualität.

- Filme (Auswahl): *Rosen für den Staatsanwalt*, 1955; *Wir Kellerkinder*, 1960
- *Autobiographie*, 1994

Bergner, Elisabeth
(eigentlich Elisabeth Ettel)

österreichische Schauspielerin
22.8.1897 Drogobytsch/Galizien – 12.5.1986 London

Mit fünfzehn Jahren nimmt die knabenhaft und zierlich wirkende Bergner in Wien erstmals Schauspielunterricht, um 1915 mit der Rolle der Ophelia in *Hamlet* den Grundstein zu ihrer Theaterkarriere zu legen. Über Theaterengagements in Zürich und München kommt sie 1921 nach Berlin, wo sie zunächst am Deutschen Theater, später auf weiteren Bühnen der Stadt zu sehen ist, u.a. in George Bernard Shaws *Die heilige Johanna.* Kurz darauf folgen die ersten Filmrollen, vorrangig unter der Regie von Paul Czinner, Bergners späterem Ehemann. Bergner, die Anfang der 30er Jahre eine sich jahrelang hinziehende Affäre mit der Schriftstellerin →Bryher beginnt, emigriert 1932 zusammen mit Czinner nach London, wo sie an der Seite von Douglas Fairbanks jr. in *Katharina the Great* (1933, dt. *Katharina die Große*) und mit Laurence Olivier in *As you like it* (1936, dt. *Wie es euch gefällt)* auch in den USA bekannt wird. 1942 siedelt Bergner nach Hollywood über, kehrt nach dem Ende des zweiten Weltkrieges nach Europa zurück und nimmt festen Wohnsitz in London. Von dort aus reist sie zu zahlreichen Gastspielen nach Deutschland und in die USA, ab 1975 ist sie auch im deutschen Fernsehen zu sehen (*Nachtdienst).*

- *Bewundert viel und viel gescholten. Elisabeth Bergners unordentliche Erinnerungen*, 1978
- ○ Klaus Völker: *Elisabeth Bergner: Das Leben einer Schauspielerin, ganz und doch immer unvollendet*, 1990

Berkes, Ulrich

deutscher Schriftsteller
11.5.1936 Halle/Saale

Aufgewachsen in Thüringen, 1960 Lehrerexamen, 1967-1970 Studium am Institut für Literatur Johannes R. Becher in Leipzig; seitdem freier Schriftsteller. Nach zwei Lyrikbänden (*Ikarus über der Stadt*, 1976 *Tandem*, 1984) veröffentlicht Berkes 1987 im Aufbau Verlag *Eine schlimme Liebe*, sein Tagebuch der Jahre 1984-1985. Was er zu berichten weiß, ist zumeist unspektakulärer, ja geradezu banaler Alltag, jedoch konterkariert mit eigenen Übersetzungsversuchen und Leseerfahrungen des Werks von Comte de Lautréamont. Berkes Buch erlangt dennoch eine überaus große Beachtung und erzielt eine vergleichsweise große Auflage in der DDR. Der Grund: Es ist die erste Prosaveröffentlichung eines DDR-Autors, in dem offen, wenn auch noch etwas verklemmt von einer schwulen Beziehung und dem Alltag der Schwulen erzählt wird. Das Manuskript eines weiteren Tagebuchbandes (diesmal mit der Auseinandersetzung mit dem Werk →August von Platens) wird nicht mehr veröffentlicht, wie überhaupt Berkes nach der Vereinigung beider deutschen Staaten kein eigenständiges Buch mehr publiziert.

Bernhard, Sandra

US-amerikanische Schauspielerin, Autorin und Musikerin
6.6.1955 Flint/Missouri

Die in den verschiedensten Medien ungeheuer präsente Künstlerin, die in Los Angeles lebt, beginnt ihre Karriere als Schauspielerin 1979 mit *The House of God.* 1983 steht sie in Martin Scorseses *King of Comedy* vor der Kamera, 1991 für Madonna - mit der sie eine Affäre gehabt haben soll - in *Truth or Dare* sowie für Joel Silver in *Hudson Hawk.* 1990 erscheint *Without You I'm Nothing* über ihre New Yorker Ein-Frau-Show. In dem Dokumentarspielfilm *Unzipped!* über den Modeschöpfer Isaac Mizrahi spielt sie sich 1995 selbst. Ihre 1995 erschienene CD *Excuses for Bad Behavior, Part 1* enthält u.a. den Titelsong aus *Unzipped!* sowie eine Coverversion der Stones *(Sympathy for the Devil)*. In ihrem Buch *Confessions of a Pretty Lady* (1988) offenbart sie ihren subversiven Humor. Madonna bekennt, daß ihr dieses Werk das Leben „gerettet" habe.
Angesichts des wachsenden Einflusses der christlich-fundamentalistischen Rechten in den USA erhebt Bernhard, die sich trotz allem als Optimistin bezeichnet, immer wieder ihre Stimme gegen Ausgrenzung und Doppelmoral. Ihr Credo ist das Recht auf Individualität – nicht ohne Bereitschaft zur Selbstkritik - und Gefühle als Voraussetzung für das Zusammenleben in einer komplizierter werdenden Welt: „Die wahren ‚family values' sind für mich, daß man sich gegenseitig beschützt und liebt und einander zuhört." Über ihre polymorphe Sexualität sagt sie: „Ich habe schon mit Männern und Frauen Beziehungen gehabt. Wenn das heißt, daß ich bisexuell bin, dann bin ich eben bi."

- *Confessions of a Pretty Lady*, 1988; *Love, Love and Love*, 1997

Bernstein, Leonard
(eigentlich Louis Bernstein)

US-amerikanischer Dirirgent
und Komponist
25.8.1918 Lawrence/Massachusetts –
15.10.1990 New York City

Er gilt als der Dirigent, der mit wilden Gesten und akrobatischen Verrenkungen vor seinem Orchester für Show sorgt. Neben Herbert von Karajan gehört Bernstein zu den bekanntesten und erfolgreichsten Dirigenten seiner Generation. 1958 wird er Nachfolger von Dimitri Mitropoulos an der New Yorker Philharmonie und erreicht mit diesem Orchester Weltgeltung. Der homosexuelle Mitropoulos hat Bernstein 1937 kennengelernt und beruflich gefördert. Seinen Durchbruch als Dirigent verdankt Bernstein aber einem Glücksfall. 1943 erkrankt unerwartet der Stardirigent Bruno Walter, und Bernstein darf, ohne vorherige Orchesterprobe, die New Yorker Symphoniker dirigieren. Das landesweit live übertragene Konzert macht ihn über Nacht zum Star, und die *New York Times* reagiert sogar mit einem Artikel auf Seite 1. Bernstein betätigt sich auch sehr erfolgreich als Musikpädagoge und als Komponist. Zu seinem Werk zählen mehr als 50 eigene Kompositionen, Filmmusiken (*On the Waterfront.* 1954), Orchesterstücke (2. Symphonie *The Age of Anxiety* nach einem Gedicht von →W.H. Auden 1949; Ballette (*Dybbuk*, 1974; *Fancy Free*, 1943), Opern (*A Quiet Place*, 1983) und Musicals (*On the Town*, 1945, *Candide*, 1956). Sein bekanntestes und erfolgreichstes Werk ist jedoch die *West Side Story* (1957, 1961 verfilmt von Robert Wise), für den →Stephen Sondheim die Songtexte und der ebenfalls schwule Dramatiker Arthur Laurents das Libretto verfaßt. Bernstein heiratet 1951 die chilenische Schauspielerin Felicia Montealegre, mit der er drei Kinder zeugt. Er unterhält jedoch auch nach der Hochzeit weiterhin sexuelle Beziehungen zu Männern, wie u.a. zu dem Hollywood-Schauspieler Farley Granger (*Rope*, dt. *Cocktail für eine Leiche*).

- mit Enrico Castiglione: *Ein Leben für die Musik*, 1993

○ P. Gradenwitz: Leonard Bernstein. Eine Biographie, 1990; Joan Persey: *Leonard Bernstein*, 1991; Jane Fluegel (ed.): *Bernstein Remembered – A Life in Pictures*, 1991; Humphrey Burton: *Leonard Bernstein*, 1994

Berr, Annette

deutsche Schriftstellerin und Musikerin
7.6.1963 Berlin

Ihr erste Veröffentlichung ist eine Kurzgeschichte in der linken *tageszeitung* – kurz darauf hat die junge Autorin ihren ersten Buchvertrag auch schon in der Tasche. Der Kurzgeschichtenband *Nachts sind alle Katzen breit* wird einer der Renner der Buchsaison 1989, die beiden folgenden Bücher können diesen Erfolg leider nicht mehr erreichen. Das äußerst agile Multitalent verlegt sich aufs Singen, die melancholisch-schnoddrigen Chansons der Annette Berr-Band sind auf bislang drei CDs verewigt. Während Berr in ihren Büchern auch explizit lesbische Themen verarbeitet, sind die Songtexte ihrer Balladen von Liebe und Sehnsucht eher unverfänglich gehalten. Seit 1996 ist die „Hildegard Knef der 90er" auch mit sehr erfolgreichen Soloprogrammen (*...und decke mich mit Sehnsucht zu*) auf Tour.

- CDs (Auswahl): *Blaue Krokodil*, 1991; *Haus mit 13 Zimmern*, 1993; *Schlaflos*, 1994

Bielfeldt, Rainer

deutscher Komponist, Sänger und Pianist
28.5.1964 Hamburg

Mit acht Jahren Klavier und Harmonielehreunterricht, später zusätzlich Klarinette und Saxophon, mit 15 Jahren erste eigene Band. 1984 Teilnehmer am „Modellversuch Popularmusik" an der Musikhochschule Hamburg, Bühnenmusik für das Deutsche Theater in Göttingen. Ab 1985 Studium der Popularmusik an der Musikhochschule Hamburg. 1987 2. Ralph Benatzky-Preisträger und Komponist des Siegertitels. 1988-1991 musikalische Leitung an der Landesbühne Niedersachsen Nord. 1991 Uraufführung seiner Musicals *Eine Woche voller Samstage* und *Kennwort: Einsames Herz*; 1997 *Die Teufelin* nach Fay Weldons gleichnamigem Roman. Chansonprogramme mit →Georgette Dee, seinem zeitweiligen Lebensgefährten →Tim Fischer, Nana Gualdi und Gayle Tufts. Eigene Soloprogramme mit Kompositionen eingängiger Lieder mit schwulen Texten im Grenzbereich zwischen Chanson und Schlager.

- CDs: *Nachtzug*, 1992; *Herzen mit Koffer*, 1993

Bienek, Horst

deutscher Schriftsteller
7.5.1939 Gleiwitz/Schlesien - 7.12.1990 München

Der in Schlesien geborene und aufgewachsene Schriftsteller ist von 1951 bis1955 in Sibirien inhaftiert. Beides werden wichtige Motive in seinem Romanwerk. In *Die Zelle* (1968) verarbeitet er seine Haftzeit, in *Birken und Hochöfen. Eine Kindheit in Oberschlesien* (1990), *Erde und Feuer* (1982) und *Zeit ohne Glocken* (1979) beschwört er die verlorengegangenen Landschaften seiner Kindheit herauf. Zu seinem Vermächtnis wurde ein nach seinem Tod infolge von Aids veröffentlichten Gedichtband *Wer antwortet wem* (1991), in dem erstmals (in dem Gedicht *In den Kaschemmen*) sich Spuren seiner Homosexualität literarisch auffinden lassen: „Und schon vor Mitternacht/bin ich wieder unterwegs/zu den Kaschemmen auf der Suche/nach dem andern Gesicht/dem andern Körper dem anderen Geruch/den andern Augen den andern Lippen/auf der Suche nach der Exstase/dieses Labyrinth aus Schönheit und Schmutz/aus Lust und Gier und Verlorenheit".

- *Die erste Polka*, 1975; *Septemberlicht*, 1977; *Das allmähliche Ersticken von Schreien. Münchner Poetik-Vorlesungen*, 1987

Biolek, Alfred (eigentlich Alfred Franz Maria Biolek)

deutscher TV-Moderator, Talkmaster und Produzent
10.7.1934 Freistadt/Mährisch-Ostrau (heute Karviná/Tschechien)

Aufgewachsen in einer strenggläubigen katholischen Familie. Der Vater muß nach dem Einmarsch der Russen anderthalb Jahre im Gefängnis verbringen. Nach der Aussiedlung aus der ehemaligen deutschen Kolonie findet die Familie in Waiblingen/Baden-Württemberg eine neue Heimat, wo der Vater zeitweilig als CDU-Stadtrat wirkt.
Nach dem Abitur 1954 studiert Alfred Biolek Jura in Freiburg, München und Wien und schließt mit dem drittbesten Examen seines Jahrgangs in Baden-Württemberg ab. Er promoviert mit einer Arbeit über *Die Schadensersatzpflicht des Herstellers mangelhafter Ware nach englischem Recht.* Ab 1963 ist er Justitiar in der Rechtsabteilung des Zweiten Deutschen Fernsehens (ZDF), wendet sich jedoch auch bald der redaktionellen Tätigkeit zu und wird schließlich stellvertretender ZDF-Unterhaltungschef. Er entscheidet sich gegen eine reine Verwaltungskarriere und wechselt 1970 als Hauptabteilungsleiter zur Münchner Film- und Fernsehproduktionsgesellschaft Bavaria. Hier produziert er Programme vor allem für den Westdeutschen Rundfunk (WDR). Der entscheidende Coup gelingt ihm mit der Spielshow *Am laufenden Band* mit Rudi Carrell. Ab 1975 Projektgruppenleiter im Bereich Spiel und Unterhaltung beim WDR-Fernsehen in Köln. Parallel dazu startet Biolek seine Karriere als Talkmaster mit der Talkshow *Kölner Treff* im Kölner Kabaretttheater „Senftöpfchen". 1978 folgt die erste eigene TV-Show, *Bios Bahnhof*, eine Mischung aus Talk- und Unterhaltungsshow, die live aus einem stillgelegten Straßenbahndepot gesendet wird. Im gleichen Jahr gründet er seine eigene Produktionsfirma, die Pro GmbH, an der auch der Schauspieler →Dirk Bach beteiligt ist. Mit ihr produziert er nicht nur Bachs Sitcom *Lukas* und Ralph Morgensterns *Kaffeeklatsch*, sondern vor allem auch seine eigenen Sendungen, wie die 1983 gestartete Talkshow *Bei Bio*, der Nachfolge-Show *Boulevard Bio* (seit 1991) sowie die Spielshow *Mensch Meier* (1985-91) und die Kochsendung *Alfredissimo* (seit 1994). Das zur Sendung erschienene Kochbuch *Meine Rezepte* (1995) entwickelt sich zu einem Longseller. Gewissermaßen als Nebenprodukt der Sendung entwirft Biolek für einen Küchenhersteller die „Alfred-Biolek-Küche" mit „kommunikativer Kochfläche", extratiefem Spülbecken und Backofen in Sichthöhe. Für seine Fernseharbeit wird Biolek u.a. 1983 mit dem Adolf-Grimme-Preis in Gold, mit der Goldenen Europa, 1995 mit der Goldenen Kamera der Publikumszeitschrift *Hörzu* und dem Bambi ausgezeichnet. Seit 1990 ist Biolek Professor an der Kölner Kunsthochschule für Medien. →Rosa von Praunheim outet Biolek 1990 zusammen mit →Hape Kerkeling in der RTL-Sendung *Der heiße Stuhl.* Bioleks Homosexualität ist zu diesem Zeit-

punkt jedoch längst kein Geheimnis mehr, sondern vielfach Thema verschiedener Boulevardzeitungen.

Blüher, Hans (eigentlich Hans Karl Albert Hermann Blüher)

deutscher Schriftsteller
17.2.1888 Freiberg/Schlesien – 4.2.1955 Berlin

Die Ausflüge mit dem im Jahre 1901 gegründeten „Wandervogel – Ausschuß für Schülerfahrten" verschaffen Blüher die einschneidenden und entscheidenden Erlebnisse seines Lebens. Als Mitglied Nr. 33 beteiligt sich Blüher voll jugendlicher Schwärmerei an den Aktivitiäten und ist verschiedenen Gruppenleitern erotisch verfallen. Nach dem Abitur studiert er in Basel und Berlin Philosophie und Altertumskunde, ohne jedoch das Studium abzuschließen. Bereits 1912 erscheint seine umstrittene Schrift *Die deutsche Wandervogelbewegung als erotisches Phänomen*, mit einem Vorwort von →Magnus Hirschfeld. Es folgt 1917/1919 die umfassende zweibändige Theorie der geschichtlichen Bedeutung der mann-männlichen Erotik und der Männerbünde, *Die Rolle der Erotik in der männlichen Gesellschaft.* Blüher übernimmt Sigmund Freuds These von der grundsätzlichen Bisexualität des Menschen, lehnt allerdings die Erklärung der Homosexualität als Folge von Mutterbindung und Inzestflucht ab. Sein Werk versteht Blüher als Ausdruck des Kampfes gegen die „pathographische Auffassung der Inversion". Der „echte Päderast" bzw. „Vollinvertierte ist keine gespaltene Persönlichkeit. Er ist nicht ein Produkt der Natur, ein Anhängsel, sondern er geht unmittelbar aus der Natur hervor und hat eine ihm typische Funktion. Diese liegt in der Gründung der ‚männlichen Gesellschaft', die wiederum die Gründungsinstanz der Männerbünde ist." Das Jahr 1922 wird für Blüher ein Jahr des Umbruchs und der Zäsur. Nicht nur, daß er mit der Heirat der Ärztin Else Hebner unter sein bisheriges homosexuelles Leben einen Schlußstrich zieht; in seinem Buch *Der Judas wider sich selbst*, – veröffentlicht unter dem Pseudonym Artur Zelvenkamp, – distanziert er sich ironisch von seiner früheren Radikalität. Er verfaßt nun antisemitische, antifeministische und religiöse Schriften, die auch von Adolf Hitler rezipiert werden. In seiner Autobiographie *Werke und Tage. Geschichte eines Denkers* (1953) verkündet Blüher stolz, Hitler geistig beeinflußt zu haben. Von 1933 bis 1945 steht Blüher jedoch unter Rede- und Schreibverbot, wird ansonsten nicht weiter behelligt. In Berlin-Hermsdorf läßt er sich als „behandelnder Psychologe" nieder und wird 1936 als außerordentliches Mitglied in die „Deutsche Ärztliche Gesellschaft für Psychotherapie" aufgenommen. 1949 erscheint schließlich seine philosophische Schrift *Die Achse der Natur.*

- *Die deutsche Wandervogelbewegung als erotisches Phänomen. Ein Beitrag zur Erkenntnis der sexuellen Inversion*, 1912; *Die Rolle der Erotik in der männlichen Gesellschaft.* Bd. 1 1919, Bd. 2 1920; *Werke und Tage. Geschichte eines Denkers*, 1953

○ Ulfried Geuter: *Homosexualität in der deutschen Jugendbewegung*, 1994

Bockmayer, Walter

deutscher Regisseur, Schauspieler und Theaterbesitzer
4.7.1951 Pirmasens

Eine Lehre zum Großhandelskaufmann bricht Bockmayer ab und reist statt dessen in die USA, wo er als Kantinenarbeiter jobbt. Danach arbeitet er in Deutschland als Krankenpfleger. 1967 lernt er seinen Lebensgefährten Rolf Bührmann kennen. Sie arbeiten beide als Garderobiers an den Bühnen der Stadt Köln und beginnen 1970 ihre künstlerische Zusammenarbeit mit dem Super8-Film *Nymphomanie*. Auch die nachfolgenden Filme ihrer Firma Entenproduktion – u.a. *Traumvisionen*, *Carmen*, *Gay West*, *Rivalinnen unter griechischer Sonne* und *Salzstangengeflüster* – behalten das Flair des charmanten Dilenttantismus, des Undergrounds und der Liebe zum Trash. Mit seinem Fernsehspiel *Jane bleibt Jane* (1977) erhält er bundesweit Anerkennung. Seine Kinofilme *Flammende Herzen* (1978) und *Looping* (1980) werden mit Bundesfilmpreisen ausgezeichnet. 1975 eröffnet Bockmayer gemeinsam mit Bührmann das Kneipentheater „Filmdose" in Köln, wo er auf kleinster Bühne trashige Theaterspektakel inszeniert, u.a. *Geierwally* (Filmfassung 1987 u.a. mit →Christoph Eichhorn, Ralph Morgenstern und Elisabeth Volkmann), *Sissi – Beuteljahre einer Kaiserin* und *Kleopatra oder Der Fluch der Tempelhure*. Schauspieler der lesbisch-schwulen Kölner Szene wie Ralph Morgenstern, →Dirk Bach und →Hella von Sinnen haben vor ihrem Durchbruch in diesen Produktionen mitgespielt. 1995 wechseln Bockmayer und Bührmann zu einem Spielort mit zwei parallelen Bühnen, dem Theater Kaiserhof und dem Theater in der Kaiserdose, wo u.a. *Tarzan – Wo die Datteln ratteln* herauskommt. Seit den 80er Jahren inszeniert Bockmayer vereinzelt auch an Staatstheatern, zumeist am Kölner Schauspielhaus, u.a. Brendan Behans *Die Geisel* und Edward Bonds *Trauer zu früh*.

Bogarde, Dirk (eigentlich Derek van den Bogaerde)

britischer Schauspieler
18.3.1921 Hampstead/London

Sohn eines Feuilletonredakteurs von *The Times* und einer ehemaligen Schauspielerin. Besuch des Allan Glens College in Glasgow, später der Londoner University College School, wo er seine Begabung auf dem Gebiet der Malerei entdeckt. Danach Ausbildung an der Chelsea Polytechnic School of Art und am Royal College of Arts (u.a. bei Henry Moore). Arbeitet mit 14 Jahren zunächst als Bühnenmaler und Bühnenbildner am Theater; sein Schauspieldebüt hat er 1939 in J.B. Priestlys *When We Are Married*, wo er die Rolle eines erkrankten Darstellers spontan übernimmt. 1941-1945 Armeedienst beim Intelligence Service. Aus dieser Zeit stammen einige Zeichnungen über die Landung in der Normandie (heute im Besitz des British War Museum) und Gedichte. Nach Kriegsende in Europa Einsatz in Burma, Singapur und Java, wo er bei der Evakuierung der Kriegsgefangenen mithilft. Filmdebüt in *Esther Waters* (1947). Die ersten Jahre seiner Filmkarriere wird er vor allem für romantische Rollen eingesetzt und zum Teenie-Idol aufgebaut. Zwischen 1955 und 1965 zählt er zu den populärsten Schauspielern Englands.

1961 spielt Borgarde die Hauptrolle in Basil Deardens Erpresserthriller *Victim* (dt. *Der Teufelskreis*), dem ersten kommerziellen britischen Film, der für Toleranz gegenüber Homosexuellen plädiert. Seine internationale Karriere setzt mit Filmen von →John Schlesinger und →George Cukor ein. Unter der Regie von Joseph Losey entwickelt Bogarde seine schauspielerische Vielseitigkeit und Brillanz, wie in der homoerotischen Herr- und Knecht-Geschichte *The Servant* (1963), *King and Country* (1964) oder *Accident* (1967). Mit →Visconti entstehen *La caduta degli dei* (1970) und die →Thomas Mann-Verfilmung *Morte a Venezia* (1971, *Tod in Venedig*). Weitere wichtige künstlerische Arbeiten sind *Providence* (1977, Regie Alain Resnais), *Il portiere di notte* (1973, dt. *Der Nachtportier*, Regie Liliana Cavani) *A Bridge Too Far* (1977, Regie Richard Attenborough) und *Despair* (1978, Regie →Rainer Werner Fassbinder). Insgesamt spielte er in mehr als 65 Filmen. 1968 Übersiedlung in die Provence/Südfrankreich. Abgesehen von wenigen TV-Rollen widmet sich Bogarde seit den 80er Jahren ausschließlich der Schriftstellerei. Es erscheinen sieben Bände Autobiographie, in denen er auch offenherzig über seine Homosexualität spricht. (u.a. *A Postillon Struck by Lightning*, 1977; *Snakes & Ladders*, 1978; *An Orderly Man*, 1988; *Backcloth*, *Cleared for Take-Off*, 1995) Außerdem veröffentlicht er drei künstlerisch wie kommerziell erfolgreiche Romane *(A Gentle Occupation*, *Voices in the Garden*, *West of Sunset*) sowie einen Band gesammelter *Briefe (A Particular Friendship*) Nach 12jähriger Leinwandabstinz 1990 Rückkehr zum Kinofilm in *Daddy Nostalgia* von Bertrand Tavernier.

Bonheur, Rosa (eigentlich Marie-Rosalie Bonheur)

französische Malerin
16.3.1822 Bordeaux – 25.5.1899 Melun

Mit 19 stellt Bonheur, die aus einem sehr aufgeklärten Elternhaus – beide Eltern sind Künstler – kommt, erstmals in Paris öffentlich aus. Bereits in dieser Zeit spezialisiert sie sich auf Tier- und Landschaftsbilder und stimmungsvolle Darstellungen von Herden, Pferdemärkten und Heuernten. Bonheur, deren Werke heute u.a. im Louvre und im New Yorker Museum of Metropolitan Art zu sehen sind, kann schon in jungen Jahren den großen Erfolg ihrer Bilder genießen. Ihr weltbekanntes Gemälde *The Horse Fair* (dt. *Der Pferdemarkt*) von 1853 wird 1887 für die damalige Rekordsumme von 4.200 englischen Pfund an den Sammler Vanderbilt verkauft. 1865 erhält die Malerin das große Kreuz der französischen Ehrenlegion. Durch den Einfluß ihrer Bewundererin Königin Victoria gelangt die Französin auch in der englischen Aristokratie zu hohem Ansehen. Bonheur ist seit ihrem vierzehnten Lebensjahr mit der zwei Jahre jüngeren Malerin Nathalie Micas befreundet; als Erwachsene entwickelt sich daraus eine Liebesbeziehung, die bis zu Micas Tod 1889 halten sollte. 1860 beziehen die beiden Frauen Bonheurs Schloß nahe Fontainebleau, nach Micas Tod lebt Bonheur dort mit der Malerin Anna Elizabeth Klumpke. Die drei Frauen liegen heute nebeneinander begraben.

○ D. Ashton und D. Browne Hare: *Rosa Bonheur: A Life and a Legend*, 1981

Bowles, Jane

US-amerikanische Autorin
22.2.1917 New York City – 4.5.1973 Malaga

Zeitlebens im Schatten ihres berühmten Mannes, des Schriftstellerkollegen →Paul Bowles, stehend, gilt Jane Bowles noch heute als Geheimtip für Kenner der amerikanischen Gegenwartsliteratur. Während der 50er Jahre leben Jane und Paul Bowles in Tanger, das sich zu jener Zeit zu einem Mekka amerikanischer Schriftsteller etabliert hatte. Ihr Haus stellt deren gesellschaftliches Zentrum dar. Mit Wissen ihres Ehemannes, der ihren lesbischen Vorlieben mit höflichem Desinteresse begegnet, selbst jedoch durchaus auch am eigenen Geschlecht interessiert ist, verzehrt Jane Bowles sich über viele Jahre hinweg in einer abgrundtiefen Leidenschaft für eine Marokkanerin namens Cherifa: „Zuweilen ist sie herrlich zärtlich, und Küssen ist das Paradies. Ich weiß aber nicht genau, wie schnell oder ob ich überhaupt hart zupacken soll. Sämtliche Spielregeln sind mir von Paul oder von Temsamany gegeben worden. Beides Männer ..." 1967 wirft Paul Bowles Cherifa aus dem Haus, weil er sie der schwarzen Magie verdächtigt. Bei gelegentlichen Aufenthalten in den USA wohnen Jane und Paul Bowles bei Janes Liebhaberin, der Schauspielerin →Libby Holman. Jane, die mit den Jahren zunehmend geistig verwirrt ist, nennt sich selbst scherzhaft „Crippie, die jüdische Schwule".

- *Two Serious Ladies*, 1943 (dt. *Zwei sehr ernsthafte Damen*); *Plain Pleasures*, 1976 (dt. *Einfache Freuden*); *Eine richtige kleine Sünde – Prosa*, 1988

Bowles, Paul

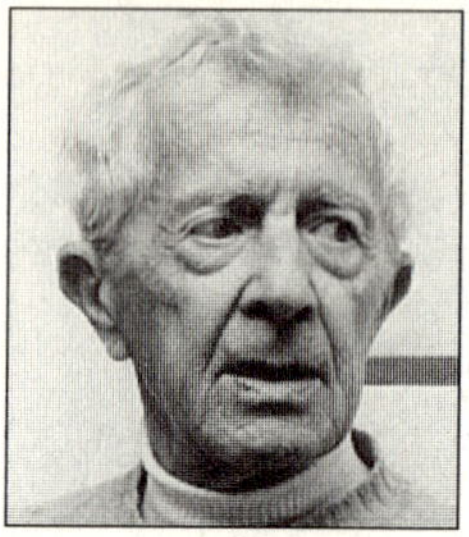

US-amerikanischer Schriftsteller und Komponist
30.12.1910 New York City

Als Ende der 20er Jahre Bowles einige surrealistisch beeinflußte Gedichte in der französischen Avantgarde-Zeitschrift *transition* veröffentlichen kann, entscheidet er sich dafür, das begonnene Universitätsstudium abzubrechen und eine Schriftstellerkarriere zu versuchen. Neue Anregungen holt er sich in seiner ersten Wahlheimat Paris, wo er durch →André Gide, Paul Valéry und Raymond Roussell beeinflußt wird, als auch durch Reisen nach Nordafrika, Lateinamerika und Asien. →Gertrude Stein jedoch bescheinigt dem 19jährigen nur mäßiges Talent und rät ihm davon ab, es weiterhin mit der Literatur zu versuchen. In der Tat widmet sich Bowles nun verstärkt der Musik. Er ist einige Jahre Kompositionsschüler des homosexuellen Komponisten Aaron Copland, komponiert für Orson Welles und Elia Kazan, schreibt Bühnenmusik für verschiedene Theaterstücke, u.a. für *The Glass Menagerie* seines Freundes →Tennessee Williams sowie die Oper *Yerma* nach dem Drama von García Lorca, Sonaten und Concertos. Von 1942 bis 45 ist er Musikkritiker der *New York Herald Tribune*. Durch seine Ehefrau, die Schriftstellerin →Jane Bowles, und Übersetzungsaufträge findet er wieder Interesse an der Literatur. 1947 zieht das Paar nach Tanger, wo Bowles die nordafrikanische Kultur, Literatur und Musik studiert und Romane und Erzählungen über den nordafrikanischen Kulturraum zu schreiben beginnt. Außerdem verfaßt er Erzählbände gemeinsam mit einheimischen Geschichtenerzählern, die selbst des Schreibens unkundig sind (u.a. Mohammed Mrabet). In Tanger ist Bowles Teil der internationalen schwulen Literaten- und Künstlerszene, die sich zeitweilig dort niederläßt. William S. Burroughs, →Gore Vidal, →Allen Ginsberg, →Truman Capote pflegen eine enge Freundschaft zu ihm. Anders als sie bleibt Bowles jedoch in Nordafrika und wird ein geachteter Vermittler zwischen den Kulturen. Seine Romane finden bei der Ersterscheinung in den 50er Jahren im deutschsprachigen Raum kaum Resonanz; erst ab den 80er Jahren wird Bowles als Schriftsteller auch hierzulande erfolgreich. Seine Entdeckung als Komponist steht noch aus. Sein erster und zugleich weltweit erfolgreichster Roman, *The Sheltering Sky* (1948, dt. *Himmel über der Wüste*) wurde 1990 von Bernardo Bertolucci verfilmt. Obgleich Bowles Homosexualität kein Geheimnis ist und er sich immer wieder auch mit seinem marokkanischen Lebensgefährten photographieren läßt, hat er sich weder in seinen Romanen noch in der Autobiographie *Without Stopping* 1988 (dt. *Rastos. Erinnerungen eines Nomaden*) ausführlicher dazu geäußert.

- *Das Haus der Spinne. Roman*, 1988. *Gesang der Insekten. Roman*, 1988; *Mitternachtsmesse. Erzählungen*, 1989; *Tagebuch Tanger 1987-1989*, 1991; *In Touch – The Letters of Paul Bowles*, 1995

○ Chr. Sawyer-Lauçanno: *An Invisible Spectator – Paul Bowles. A Biography*, 1989

Boy George
(eigentlich George Alan O'Dowd)

britischer Popmusiker
14.6.1961 Eltham/Kent

Als Heranwachsender ist Boy George, das dritte von sechs Geschwistern, fasziniert von androgynen Popstars wie David Bowie und Marc Boland und eifert ihnen nach. Sein exzentrisches Outfit macht ihn zu einer bekannten Größe der Londoner Clubszene und verschafft ihm sogar einen Job bei der Royal Shakespeare Company, für die er die Kostüme zu einem Punk-Theaterprojekt entwerfen darf. 1980 holt ihn Malcolm McLaren als Background-Sänger für sein Projekt *BowWowWow*. Boy George nennt sie hier „Lieutenant Lush". Anschließend gründet er seine eigene Band, *Sex Gang Children*, die sich später in *Culture Club* umbenennt. Der Start wird hart. Bei ihren ersten Auftritten wird Boy George vom Publikum als Schwuchtel beschimpft. Er soll gekontert haben: „Nennt mich, wie ihr wollt. Ich habe jetzt euer Geld und werde mir jede Menge Lidschatten kaufen!" Mit ihrer dritten Single *Do You Really Want to Hurt Me?* landen sie 1982 ihren ersten weltweiten Hit. Musikalisch vermischen sich sanfter Reggae und gängiger Pop. Nicht minder entscheidend für die Popularität und Aufmerksamkeit, die man der Band widmet, sind Boy Georges Geschlechtergrenzen sprengende Kleidung und Make-up. Zu ihren weiteren Hits gehören *Church of the Poisoned Mind* (1983), *Karma Chameleon* (1983) und *Miss Me Blind* (1984). Das Debütalbum *Kissing to Be Clever* (1982) wird mit einem Grammy ausgezeichnet; das zweite Album *Colour by Numbers* wird weltweit mehr als sechsmillionenmal verkauft. Im Herbst 1986 trennt sich die Band. Der Drummer und zeitweilige Liebhaber Boy Georges, Jon Moss, gründet *Heartbeat UK*, Boy George beginnt eine Solokarriere. Seine erste Single *Everything I Own* (1987) erreicht auf Anhieb den Platz 1 der UK-Charts. In den USA zieht er erst mit seinem Titelsong für den Soundtrack zu *Crying Game* 1993 wieder in die *Billboard Top 20* ein. 1986 gerät er wegen seiner Heroinabhängigkeit in die Schlagzeilen. Nach einer Entziehungskur beginnt er sich verstärkt als DJ zu betätigen. Als Reaktion auf die Anti-Schwulengesetzgebung seines Landes veröffentlicht er 1988 den Protestsong *No Clause 28.* Wenig erfolgreich ist sein Bandprojekt *Jesus Loves Me*, für das er sich den Namen Angela Dust gibt. 1995 erscheint parallel zum Soloalbum *Cheapness and Beauty* seine Autobiographie *Take It Like a Man*, die in Großbritannien 14 Wochen lang in der Bestsellerliste rangiert.

- Culture Club: *From Luxury to Heartache*, 1986
- Boy George: *Sold*, 1987; *Tense Nervous Headache*, 1988

Boye, Karin Maria

schwedische Lyrikerin

26.10.1900 Göteborg – 24.4.1941 Alingsas

Boyes frühe Gedichte zeigen noch eine klassische Regelmäßigkeit und gewisse Verwandtschaft zum Symbolismus (*Moln*, 1922), während die späteren Arbeiten eher zum Surrealismus neigen. Boye, die sich intensiv mit den geistigen Strömungen und Einflüssen der Moderne auseinandersetzt, verarbeitet in ihren lyrischen Werken auch immer wieder ihre eigene Homosexualität, eine Tatsache, die von der ansonsten sehr anerkennenden Kritik meist stillschweigend übersehen wird. Boye, die von 1932 bis 1933 in Berlin lebt, macht in dieser Zeit ihre ersten lesbischen Erfahrungen und ist eine Zeitlang mit der Graphikerin Gerda Rotermund liiert. Die Romane *Kris* (1934, dt. *Krisis*) und *Kallocain* (1940) sind von Boyes sensiblen Beobachtungen weiblicher und lesbischer Gefühlswelten geprägt. Boye nimmt sich im Alter von 41 Jahren das Leben.

- *Brennendes Silber*, 1963
- ○ Pia Garde: „Karin Boye in Berlin, oder: Versuch der Neubewertung einer zur Heiligen stilisierten lesbischen Schriftstellerin", In: *Eldorado*, Ausstellungskatalog, 1984

Brand, Adolf

deutscher Verleger und Autor

14.11.1874 Berlin – 26.2.1945 ebd.

1896 entdeckt Brand Magnus Hirschfelds Schrift *Sappho und Sokrates*, die unter dem Pseudonym Th.

Ramien erschienen war, und sucht begeistert den Kontakt zum Autor. Gemeinsam mit ihm entwickelt er den Plan zu einer Petition gegen den §175 und zur Gründung des Wissenschaftlich-humanitären Komitees. Als 22jähriger beginnt er in seinem eigenen Verlag die Zeitschrift *Der Eigene* herauszugeben. 1896 erscheint die erste Ausgabe der damals noch diffus-anarchistisch und literarisch-künstlerisch ambitionierten Zeitschrift, die als die weltweit erste Schwulenzeitschrift gilt. Die ersten Nummern haben jedoch mit der Männerliebe und Schwulenbewegung noch nicht viel zu tun. Nach neun Ausgaben wird sie im März 1897 wieder eingestellt, allerdings auch immer wieder neu belebt und aus finanziellen Gründen regelmäßig erneut eingestellt. 1900 werden Verleger Brand und die Autoren Paul Lehmann und Hans Heinz Ewers (der spätere Erfolgsschriftsteller der *Alraune*) wegen „Verbreitung unzüchtiger Schriften" zu Geldstrafen verurteilt. Daraufhin wird 1903 ein Verein, Die Gemeinschaft der Eigenen, gegründet, dem die Mitarbeiter und Leser der Zeitschrift angehören und der die Existenz des Blattes sichern soll, sich aber auch als eine rivalisierende Organisation zu Hirschfelds WhK versteht. In strategischen wie politischen Fragen herrschen nämlich konträre Vorstellungen, sowohl was die Überbetonung der weiblichen Züge im Habitus schwuler Männer betrifft als auch in der Frage nach der Denunziation prominenter homosexueller Männer als politische Waffe. Hirschfeld und das WhK hatten sich dagegen ausgesprochen, Brand wagt 1905 den Alleingang und bezichtigte den Zentrumspolitiker Kaplan Dasbach der Männerliebe. Der darauf folgende Beleidigungsprozeß wird mit einem Vergleich beendet. 1907 jedoch, als Brand in seiner *Flugschrift Fürst Bülow und die Abschaffung des §175* den Reichskanzler Bernhard von Bülow als homosexuell bezeichnet und keinerlei Beweise vorlegen kann, wird er zu einundeinhalb Jahren Gefängnis verurteilt. *Der Eigene* erscheint 1906 nur als Jahresband, als ein Buch für Kunst und männliche Kultur, danach wird die Publikation erneut eingestellt und erst 1919-31 wieder neu herausgebracht. Währenddessen publiziert Brand weiterhin Traktate und Flugschriften, die sich meist in polemischem Ton gegen das WhK und seine Arbeit richten. Außerdem produziert er Bildpostkarten mit Männerphotographien mit Serientiteln wie *Rasse und Schönheit* oder *Deutsche Rasse*. 1916 wird ihm wegen dieser Photographien erneut der Prozeß gemacht, diesmal jedoch endet er mit einem Freispruch, da die beanstandete Bildserie „lediglich künstlerische, wissenschaftliche und rassehygienische Zwecke, nicht aber homosexuelle Zwecke" verfolge, heißt es in der Urteilsbegründung. Während des ersten Weltkrieges veröffentlicht Brand vor allem Erbauungsschriften, welche die Kriegsbegeisterung und die Vaterlandsliebe stärken sollen. Zuletzt ist Brand völlig verarmt und kommt kurz vor Kriegsende bei einem Bombenangriff ums Leben.

Bright, Susie

US-amerikanische Publizistin
25.3.1958 Arlington/Virginia

1984 schreibt Bright ihre erste „Toys for Us"-Kolumne für die Nullnummer von *On Our Backs*, der mittlerweile legendär gewordenen US-amerikanischen *Zeitschrift für die abenteuerlustige Lesbe*. Seither feilt die Nr. 23 unter den „62 Gründen, Amerika zu lieben" (*Minneapolis Weekly*) mit zahlreichen Artikeln, Anthologien und wachsendem Erfolg an ihrem Ruf als bekannteste Erotik-Expertin und lesbische Sexualerzieherin.

Brights unermüdlicher Einsatz für eine enthemmte und genußvolle lesbische Sexualität gipfelt bislang in dem lesbischen Bestseller *Susie Sexperts Sexwelt für Lesben* (1993), einer Sammlung ihrer Kolumnen in *On Our Backs*.

• *Susie Sexperts liederliche Lesbenwelten*, 1995; *Susie Bright's Sexual State of the Union*, 1997

Britten, Benjamin

britischer Komponist
22.11.1913 Lowestoft/Suffolk – 4.12.1976 Aldeburgh

Edward Benjamin Britten beginnt bereits als Neunjähriger zu komponieren. Während der Schulzeit Veröffentlichung der ersten Werke wie der *Sinfonietta für Kammerorchester*. Studium am Royal College of Music in London. 1941 entsteht für ein amerikanisches College die „Operetta" *Paul Bunyan* (Libretto →W.H. Auden), die er jedoch später wieder zurückzieht und 1976 überarbeitet. 1945 wird seine erste Oper *Peter Grimes* in London uraufgeführt, und Britten wird sofort vielbeachteter neuer Fixstern der britischen Musiktheaterszene. Neben vielen kammermusikalischen Kompositionen und geistlichen wie weltlichen Chorwerken (u.a. das *War Requiem* mit Texten →Wilfried Owens, das 1962 zur Wiedereinweihung der kriegszerstörten Kathedrale von Coventry uraufgeführt wurde) folgen dreizehn weitere Bühnenwerke, die sich häufig mit dem Schicksal gesellschaftlicher Außenseiter beschäftigen (u.a. *The Rape of Lucretia*, 1946, *Albert Herring*, 1947; *Owen Wingrave*, 1971). Musikalisch kennzeichnen sich die Opern durch changierende Vielfalt. Homoerotische Momente finden sich in *Billy Budd* (1951) nach Herman Melville (Libretto →E.M. Forster und Eric Crozier), *Turn of the Screw* (1954, dt. *Die Drehung der Schraube*) nach Henry James. Das Libretto zur →Shakespeare-Adaption *A Midsummer Night's Dream* (1960) fertigt Britten zusammen mit seinem Lebensgefährten, dem Tenor →Peter Pears, für den er seine wichtigsten Opernpartien schreibt, u.a. die Rolle des Aschenbach in *Death in Venice* (1973) nach →Thomas Manns Novelle. 1953 wird Britten von der englischen Königin in den Adelsstand erhoben und 1967 zum Lord ernannt. Er stirbt überraschend an den Folgen einer Herzoperation. Die Queen, die zu feierlichen Anläßen selbstverständlich auch immer seinen Lebenspartner Pears eingeladen und 1976 Britten zum Lord of Aldeburgh erhoben hatte, sendet diesem nach dem Tod des Komponisten ein Beileidsschreiben mit dem sie erneut die homosexuelle Beziehung des Musikerpaares als Selbstverständlichkeit behandelt.

- Donald Mitchell/Philip Reed (ed.): *Letters From a Life: Selected Letters and Diaries from Benjamin Britten*, 1994
- ○ E.H. White: *Benjamin Britten. His Life And His Operas*, 1981; A. Blyth: *Remembering Britten*, 1981; Henry Carpenter: *Britten – A Biography*, 1992

Bronnen, Arnolt

österreichischer Schriftsteller
19.8.1895 Wien - 12.10.1959 Berlin/DDR

In der Zeit nach dem ersten Weltkrieg zählt Bronnen zu den erfolgreichsten oder zumindest spektakulärsten Dramatikern in Deutschland. Der Ausdruck „episches Theater" wird von einem Kritiker zuerst für die Stücke von Bronnen geprägt. Seine Dramen sorgen regelmäßig für Provokation: Zu seinen bekanntesten und den wenigen, die noch regelmäßig Inszenierungen erleben, gehört *Vatermord*, 1922 in Frankfurt/Main uraufgeführt. Es ist die Geschichte eines tyrannischen Kleinbürgers, seines homosexuellen Sohnes, der vom freien Leben außerhalb der bürgerlichen Gesellschaft träumt, und der Ehefrau, die den Sohn begehrt und sich zuletzt von ihm verführen läßt. Es folgen fünf weitere Dramen, die nicht weniger an Effekten und grellen Einfällen sparen. Der Kritiker Alfred Kerr urteilt harsch: „Bumms ohne Inhalt. Knall an sich. Leere mit Tempo." Bereits vor den großen Wahlerfolgen der NSDAP sympathisiert Bronnen überdeutlich mit den neuen Machthabern. Sein Roman *O.S.* (1927) über die Aufstände und Kämpfe in Oberschlesien gerät zu einem peinlich-primitiven Stück Propagandaliteratur, das die Feinde des deutschen Vaterlandes bei den Polen, Franzosen, bei bürgerlichen Politikern und sexuell freizügigen Frauen sieht. Goebbels ist begeistert, die erhoffte große Parteikarriere macht Bronnen nach 1933 dennoch nicht. Nach der Ermordung des SA-Chefs →Ernst Röhm, zu dessen homosexuellen Freunden Karl Ernst und Edmund Heines Bronnen enge Kontakte pflegt, geht er auf Distanz zu den Nazis. Seine erste Ehefrau Olga begeht 1935 Selbstmord. 1936 verliert Bronnen seinen Posten beim Rundfunk, den ihm Goebbels verschafft hatte. 1939 wird er aus der Reichsschrifttumskammer ausgeschlossen. Als man ihm 1943 mit „Schutzhaft" droht, geht er mit seiner zweiten Frau Hildegard von Lossow und seinen Kindern nach Österreich. Nach Kriegsende macht Bronnen erneut einen deutlichen politischen Schwenk. Er tritt in die kommunistische Partei ein, übersiedelt auf Einladung des Kultusministers Johannes R. Becher nach Ost-Berlin, wo er bis zu seinem Tod als Kritiker für die *Berliner Zeitung* tätig ist. In seiner literarisierten Autobiographie *arnolt bronnen gibt zu protokoll* (1954) stellt er zwar eine homosexuelle „Anlage" fest und berichtet von entsprechenden Erlebnissen in der Schulzeit und während der Kriegsgefangenschaft in Sizilien, betont jedoch mehrfach den Triebverzicht dieser gleichgeschlechtlichen Empfindungen und seinen Erfolg als Frauenheld. Auch von seinem 1921 veröffentlichten Prosatext *Septembernovelle* über das leidenschaftliche Verhältnis eines Lehrers zu seinem Schüler distanziert sich Bronnen in der Autobiographie. Sie sei „pervers", „chauvinistisch" und „das früheste Zeugnis faschistischen Geistes in Deutschland".

- Friedbert Aspetsberger (Hg.): *Arnolt Bronnen. Werke in 5 Bänden*, 1988
- ○ Friedbert Aspetsberger: *Arnolt Bronnen. Biographie*, 1995

Brontë, Charlotte

englische Schriftstellerin
21.4.1816 Thornton/Yorkshire – 31.13.1855 Haworth/Yorkshire

Charlotte, die älteste der legendären Brontë-Schwestern, die mit ihren feinfühligen Liebes- und Gesellschaftsromanen allesamt zu Klassikern der englischen Literatur aufsteigen, arbeitet u.a. in Brüssel als Internatslehrerin und Gouvernante, bevor sie mit dem z.T. autobiographischen Roman *Jane Eyre* (1847) weltberühmt wird. Charlotte Brontë, die auch in ihren weiteren Romanen (*Shirley*, 1849) zeitgenössische Frauen, insbesondere deren Kampf gegen die vorherrschende Konvention, einer psychologischen Analyse unterzieht, veröffentlicht unter dem Pseudonym „Currer Bell" einen Gedichtband, der neben ihren eigenen Arbeiten auch Lyrik ihrer Schwestern Anne und Emily enthält (*Poems by Currer, Ellis and Acton Bell*, 1846).
Charlottes eigener Kampf gegen die Konventionen bleibt in ihren Werken ausgespart – Charlotte liebte Frauen, vor allem ihre langjährige Freundin Ellen Nussey, die sie 1835 in Miss Woolers Schule in Roe Head kennenlernt und an die sie schreibt: „Ellen, ich wünschte, ich könnte für immer mit dir leben ..." Vita Sackville-West schreibt, daß die Briefe Charlottes an Ellen „schlicht und einfach Liebesbriefe" seien. Sie lassen „wenig Zweifel, wohin Charlotte wirklich tendierte."

- *Villette*, 1853; *Legends of Angria*, 1933
- ○ M. Peters: *Unquiet Soul: A Biography of Charlotte Brontë*, 1975; Elaine Miller: „Mag kommen, was kommen will und soll: Die Beziehung zwischen Ellen Nussey und Charlotte Brontë". In: *Und sie liebten sich doch*, 1991

Brooks, Romaine (eigentlich Beatrice Romaine Goddard)

italienische Malerin
1.5.1874 Rom – 7.12.1970 Nizza

Romaine Brooks wächst in New York auf und geht 1983 zunächst zum Musikstudium nach Paris, dann nach Rom, wo sie Malerei studiert. Im Sommerurlaub auf Capri lernt sie ihren zukünftigen Ehemann, den schwulen englischen Dichter John Brooks, kennen. Aus dieser nur kurz währenden Ehe stammt ein ungewolltes, zur Adoption freigegebenes Kind. 1905 zieht Romaine Brooks zurück nach Paris, wo sie, obwohl von Natur aus eher introvertiert und nicht sonderlich gesellig veranlagt, bald Anschluß an die überwiegend lesbische Künstlerinnenszene findet. Nach mehreren Liebschaften – u.a. mit der russischen Tänzerin Ida Rubinstein, die auf unzähligen Bildern Brooks' verewigt ist – begegnet Brooks 1915 der amerikanischen Schriftstellerin →Natalie Barney, mit der sie eine fast fünfzig Jahre andauernde Liebesbeziehung eingeht. Nach der Trennung von Barney bricht Brooks ab 1967 jeden Kontakt mit der Außenwelt ab und zieht sich in ihre Wohnung in Nizza zurück, wo sie 1970 stirbt.

Brooks' künstlerische Karriere entwickelt sich nur sehr langsam. Erst 1913 erregt ihre Teilnahme am Salon des Artistes Decorateurs die Aufmerksamkeit und Anerkennung von Kritikern und Kunstsammlern. Dennoch ist die rastlose Künstlerin nie in der Lage, sich in ihrem Beruf durchzusetzen. Nach Jahren der bitteren Armut versetzt eine Erbschaft sie jedoch in die Lage, frei von materiellen Ängsten arbeiten zu können. Obwohl Brooks' Werke zwar leichte Einflüsse des Symbolismus erkennen lassen, kümmert sie sich nicht im geringsten um die vielen künstlerischen Trends ihrer Zeit und arbeitet unbeirrbar an ihrem eigenen Stil, der zuweilen als überholt und unmodern kritisiert wird. Zu nachhaltigem Ruhm verhelfen Brooks ihre zahlreichen Porträts bekannter und bedeutender Zeitgenossinnen wie →Gertrude Stein, Lily de Clermont-Tonnerre u.a., welche mit beeindruckender Prägnanz das künstlerische und gesellschaftliche Leben der Literatinnen und Malerinnen im Paris der 20er Jahre dokumentieren.

○ Meryle Secrest: *Between Me and Life: A Biography of Romaine Brooks*, 1974

Brown, Rita Mae

US-amerikanische Schriftstellerin
28.11.1944 Hanover/Pennsylvania

Rita Mae Brown ist vermutlich die bekannteste offen lesbische Gegenwartsautorin. Aufgewachsen bei Adoptiveltern in Pennsylvania und Florida, geht sie 1964 nach New York, wo sie gleichzeitig Englisch, Klassische Literatur, Kameratechnik und Filmregie studiert. Mit Anfang 20 beginnt Brown erfolgreiche Drehbücher, Skripte für Fernsehserien und Erzählungen zu schreiben. Der literarische Durchbruch gelingt ihr 1977 mit dem vier Jahre zuvor erstmalig beim Frauenverlag „Daughters Inc." erschienenen, dann international erfolgreichen Bestseller *Rubyfruit Jungle* (dt. *Rubinroter Dschungel*), in dem sie die autobiographisch eingefärbte Geschichte der jungen Molly Bolt erzählt, die ihren bigotten Heimatort in den Südstaaten verläßt, um in New York Filmemacherin zu werden – und endlich lesbisch leben zu können. Ist Molly Bolt noch eine der ersten lesbischen Charaktere in der Mainstreamliteratur, die nicht an Depressionen und fortgesetztem Pech leiden, so wendet sich Brown nach mehreren weiteren Bestsellern mit zumindest teilweise lesbischen Protagonistinnen hauptsächlich dem Schreiben von „Katzen-Krimis" zu, in denen Katzen die Heldinnen darstellen. (u.a. *Schade, daß Du nicht tot bist*). Als Co-Autor wird hier gleichbereichtigt stets Kater Sneaky Pie genannt. Daneben ist sie weiterhin als Drehbuchautorin erfolgreich. Bereits als Schülerin engagiert Brown sich für die zivile Bürgerrechtsbewegung, später verstärkt in radikalfeministischen und -lesbischen Organisationen (National Organisation of Women, der Furien sowie Mitbegründerin der Rotstrümpfe und Radicalesbians). Brown, die, wie sie gerne betont, mit mehreren Katzen auf einer Farm in Charlotte/Virginia lebt, ist jahrelang mit anderen bekannten lesbischen Persönlichkeiten liiert gewesen, so u.a. mit →Martina Navratilova, deren ehemaliger Lebensgefährtin Judy Nelson und der Musikerin →k.d. lang. Ihre Beziehung zu Navratilova verarbeitet sie zu dem Roman *Die Tennisspielerin*.

- *In Her Day*, 1976 (dt. *Goldene Zeiten*, 1992); *Southern Discomfort*, 1982 (dt. *Wie du mir, so ich dir*); *Venus Envy*, 1993 (dt. *Venusneid*)

Bruns, Manfred

deutscher Jurist
1934 Linz

Am 27.10.1994 wird Bruns vom Bundespräsidenten das Bundesverdienstkreuz für sein „gesellschaftspolitisches Engagement für die Emanzipation und Anerkennung Homosexueller, für den Schutz ihrer Rechte und für die Wahrung der Würde von Menschen, die HIV-positiv oder an Aids erkrankt sind", verliehen. Die Auszeichnung gilt Bruns' Engagement innerhalb der Arbeitsgruppe „Homosexuelle und Kirche" und bei den „Schwulen Juristen". Bruns prägt Mitte der 80er Jahre die juristische Debatte über HIV, Aids und Testpolitik entscheidend mit, steuert sie in eine liberale Richtung und setzt sich für die Abschaffung des §175 ein. Von 1987 bis 1991 gehört er als Rechtsexperte der Aids-Enquete-Kommision des Deutschen Bundestages an. Bemerkenswert ist diese staatliche Auszeichnung auch deshalb, weil Bruns der Bundesanwaltschaft nicht immer genehm war. Bruns hatte 1961 geheiratet und sich stets bemüht, seine homosexuellen Neigungen zu verdrängen. Anfang der 80er Jahre vertraut er sich der HuK an und schafft sein Coming-out. Als sich Bruns, inzwischen Bundesanwalt in Karlsruhe, auch seinem Arbeitgeber, Generalbundesanwalt Rebmann, gegenüber zu seiner Homosexualität bekennt, wird er als „Sicherheitsrisiko" eingestuft und muß die Schutzabteilung verlassen. Dem behördlichen Spießrutenlauf setzt Bruns schließlich mit seiner Kündigung ein Ende.

Brunst, Klaudia

deutsche Journalistin
7.4.1964

Von 1979 bis 1981 ist Klaudia Brunst aktiv in einer lesbisch-feministischen Frauengruppe in Düsseldorf. Das Studium der Film-, Fernseh-, und Theaterwissenschaften führt sie zunächst nach Köln und schließlich nach Berlin, wo sie mit einer Arbeit zum aktuellen TV-Gamelshow-Angebot abschließt.1992 wird sie Redakteurin der *tageszeitung (taz)*, zunächst in der Kultur-, danach in der Medienredaktion. Seit Juni 1996 ist sie Chefredakteurin der *taz*. 1997 ist sie Mitglied der Jury zum Alfred-Grimme-Preis. 1996 erscheinen ihre in der *taz* publizierten autobiographischen Kolumnen zum lesbischen Leben, Lieben und Alltag: *Spätere Heirat ausgeschlossen. Geschichten aus dem gleichgeschlechtlichen Paradies.*

Bryher (eigentlich Annie Winifred Ellermann)

britische Schriftstellerin
2.9.1894 Margate – 28.1.1983 Waadt/Schweiz

Als Tochter einer der reichsten britischen Familien ist Bryher zeitlebens äußerst wohlhabend. Ihr umfangreiches Vermögen nutzt sie vorrangig, um die Welt zu bereisen und zahlreiche notleidende KünstlerInnen und FreundInnen sowie interessante Projekte, z.B. den Pariser Buchladen Shakespeare and Company oder die Literaturzeitschrift *The Little Review*, äußerst freigiebig zu unterstützen. Bryher, die 1918 die Lyrikerin →Hilda Doolittle kennenlernt, mit der sie eine lebenslange enge Beziehung verbindet, verlegt Anfang der 20er Jahre ihren Wohnsitz in die Schweiz. Zusammen mit ihrem zweiten Ehemann Kenneth MacPherson gibt sie von dort aus die Zeitschrift *Close-up* heraus, die sich als erste ihrer Art mit Filmkunst beschäftigt.
Der literarische Erfolg Bryhers läßt lange Zeit auf sich warten. Nachdem ihr erster Roman bereits 1920 erschienen war, erlangt sie erst mit ihren späteren historischen Romanen, insbesondere mit *Beowulf* (1956), eine gewisse Bekanntheit.

Brynntrup, Michael

deutscher Filmemacher
7.2.1959 Münster/Westfalen

Autobiographische Spurensuche, schwule Erotik, selbstreferenzielle Beschäftigung mit dem Filmemachen an sich und die Faszination an Tod und Zerfall sind die immer wiederkehrenden Motive und Themen der Experimentalfilme des in Berlin lebenden Brynntrup. In seinen Kurzfilmen auf Super8- und 16mm-Material (u.a. *Statik der Eselsbrücken*, 1991; *Plötzlich und unerwartet*, 1992; *Kain und Abel*, 1994) durchforstet er, mit zuweilen narzistischer Ich-Perspektive, seine Familengeschichte nach Auswirkungen des Deutsch-Seins, der Religion und der gesellschaftlichen Zwänge. Detailverliebte Bildexperimente verknüpfen sich mit skurrilem Humor„ eitler Selbstbespiegelung und Reminiszenen an die schwule Subkultur samt Pornos und Tuntenszene. Brynntrup studiert zunächst von 1979 bis 1982 Jura und Kunstgeschichte und von 1987 bis 1991 Freie Kunst und Film an der Hochschule für Bildende Künste in Braunschweig Werkschauen werden Brynntrupp u.a.1987 und 1992 im Museum of Modern Art New York, 1988 beim „NoBudget"-Festival Hamburg sowie bei dem AudioVisuell-Experimenteel Festival Arnhem gewidmet.
• *Lebende Bilder – Still Lives*, 1992

Burke, Phyllis

US-amerikanische Schriftstellerin und Lesbenrechtlerin
Boston/Massachusetts

Mit ihrem Debütroman *Atomic Candy* (1989, dt. *Ich bin ein Marilyn*), einer spritzigen Parodie auf moderne Geschlechterverhältnisse, macht sich Burke in Deutschland als Schriftstellerin einen Namen. Die streitbare Universitätsdozentin und Journalistin ist in den USA aber vor allem für ihren engagierten Einsatz für die Lesben- und Schwulenbewegung bekannt. Mit *Family Values* (1993, dt. *Eine Familie ist eine Familie ist eine Familie*), einem autobiographischen Bericht über ihren Kampf um die Adoptionsrechte lesbischer Co-Mütter, der den Begriff „Familie" von Grund auf in Frage stellt, legt sie zugleich eine spannende bewegende Geschichte der US-amerikanischen lesbisch-schwulen Bürgerrechtsbewegung vor. Burke lebt mit ihrer Familie in San Francisco.

Burlingham, Dorothy Tiffany

US-amerikanische Kinderanalytikerin
11.10.1891 New York City – 19.11.1979 London

Als die Tochter eines New Yorker Juwelenhändlers und engagierte Frauenrechtlerin 1925 mit ihren Kindern nach Wien reist, um ihren asthmakranken Sohn Sigmund Freud vorzustellen, verändert sich ihr Leben gewaltig. Die Bekanntschaft mit der Kinderanalytikerin und Tochter Freuds, →Anna, führt zu einer lebenslangen Liebesbeziehung. Burlingham zieht schließlich mitsamt den vier Kindern in das Freudsche Haus ein. Während des Krieges vorübergehend getrennt, leben die beiden Frauen danach in England, wo sie die bekannte Hampstead Nurseries, ein Kinderheim mit angeschlossenem Lehrinstitut für Kinderanalytikerinnen, gründen. Freud und Burlingham, die sich mittlerweile ebenfalls als Kinderanalytikerin etabliert hat, verbringen in ihren letzten Lebensjahren viel Zeit in ihrem irischen Landhaus, ohne sich aus der Arbeit in der Klinik zurückzuziehen oder die zahlreichen Vortragsreisen in aller Welt aufzugeben.

Burton, Sir Richard Francis

britischer Geograph, Sexualwissenschaftler, Ethnologe und Autor
13.3.1821 Galway/Irland – 20.10.1890 Triest/Italien

Fast den gesamten Erdball bereist Burton im Lauf seines Lebens: An vielen Punkten seiner Expeditionen ist er der erste Weiße, der diese Regionen erkundet. Seine Forschungsergebnisse als Geograph, Ethnologe, aber auch als Sexualwissenschaftler erfaßt Burton in einer Vielzahl z.T. sehr umfangreicher Bücher. Nicht nur diese Veröffentlichungen, sondern auch sein exzentrisches und abenteuerliches Leben machen ihn über Forscherkreise hinaus berühmt. Burton ist zwar verheiratet, aber seine Ehe mit der Gattin Isabelle bleibt kinderlos und auch intellektuell für ihn nicht sonderlich fruchtbar. Unsicher ist überhaupt, ob er zeitlebens Sex mit Isabelle oder irgendeiner anderen Frau hat. Anders verhält es sich mit seinen homosexuellen Erfahrungen. Zwar sind Besuche in einem Knabenbordell in Karachi belegt, ob er dort jedoch nur Voyeur oder auch Kunde war, ist unbekannt. In seinen Tagebüchern hingegen schreibt er ausführlich über seine homosexuellen Phantasien und Erlebnisse. In der zweiten Hälfte seines Lebens gibt Burton das Reisen auf und widmet sich vor allem Übersetzungen. Eines der Hauptwerke ist die Übertragung der erotischen *Geschichten aus 1001 Nacht*, denen er einen damals als skandalös aufgefaßten Essay über die Knabenliebe anfügt. Darin wirft Burton die heute merkwürdig erscheinende Theorie auf, daß sich die Welt in zwei, durch den Äquator bestimmte Zonen einteile, in denen – bedingt durch das heiße Klima – die Knabenliebe entweder toleriert und entsprechend verbreitet, oder aber verboten und nur einer Minderheit vorbehalten sei. Dieser Aufsatz ist eine der ersten Auseinandersetzungen mit dem Thema Pädophilie in England und wird häufig als frühes Manifest der homosexuellen Emanzipation gedeutet. Burton, der sich u.a. mit dem Werk von →Karl Heinrich Ulrichs und →John Addington Symonds auseinandersetzt, läßt jedoch keinen Zweifel daran, daß er die Knabenliebe weder für erstrebenswert noch für moralisch vertretbar hält. Seine letzte große Anstrengung gilt der Übersetzung einer arabischen Anleitung zum Sex, *The Secret Garden* von Sheikh Nafzawi, die sich auch ausführlich homosexuellen Beziehungen widmet und die Burton durch einen umfangreichen Anhang ergänzen wollte. „Ich habe mein ganzes Leben und Herzblut in diesen *Secret Garden* gesteckt. Diese Arbeit ist die Krone meines Lebens", schreibt er einem Freund. Seine Witwe jedoch vernichtet nach seinem Tode nicht nur das unvollendete Manuskript, sondern auch die kompletten Tagebuchaufzeichnungen und Briefe, um die skandalöse Seite seines Lebens zu vertilgen. Um sicherzugehen, daß seine Seele tatsächlich von allem Übel gereinigt in den Himmel auffährt, läßt sie für den Leichnahm gleich zwei katholische Trauermessen feiern.

○ Byron Farwell: *Burton. A Biography of Sir Richard Francis Burton*, 1963

Busch, Eva

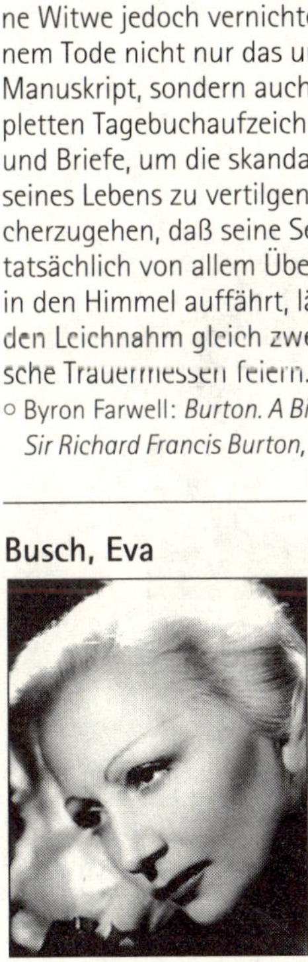

deutsche Sängerin
22.5. Berlin

Die Tochter einer Opernsängerin und eines Dirigenten studiert in den 20er Jahren Musik und Schauspielerei am Berliner Konservatorium und an der Reinhardt-Schule, bevor sie ihr erstes Engagement an der Volksbühne erhält. 1933 emigriert sie gemeinsam mit ihrem Mann, dem Schauspieler und Sänger Ernst Busch, zunächst in die Niederlande, Belgien, die USA und die Schweiz, bis sie sich schließlich in Paris niederläßt, wo ihr der Durchbruch als Chanson-Interpretin gelingt. Doch nach der Besetzung Frankreichs wird sie dort von der Gestapo aufgespürt und ins Lager deportiert. Fast vier Jahre verbringt sie in Gefangenschaft, zunächst in Gurs, dann in Ravensbrück. Nach dem Krieg findet sie in Frankreich eine neue Heimat und knüpft an der vor Kriegsbeginn im legendären Berliner Kabarett von Rudolf Nelson begonnenen Karriere als Chansonette mit Liedern von Nelson, George Brassens, Hanns Eisler und André Grassi an. Paris feiert die beeindruckend schöne Diva mit der mondänen, etwas kühlen Ausstrahlung und der kräftigen, doch weichen Stimme und begrüßt sie mit offenen Armen. Eva Busch wird Teil der Künstlerboheme um Max Ernst, Pablo Picasso und Louis Aragon. Ihr größtes Glück jedoch, wie sie sagt, ereignet sich 1946, als sie der Journalistin und Schriftstellerin George Sinclair begegnet. „Wir wußten beide, daß es diese rare große Liebe war. Ich habe zu George gesagt: Unsere Kinder werden Bücher sein und Chansons." – und fügt kokett hinzu: „Wir beide mochten wirkliche Kinder nicht. Wir liebten Hunde, auch häßliche. Wir liebten Blumen, die Sonne, den Regen." George Sinclair schreibt zahlreiche Chansontexte für ihre Lebensgefährtin. Nach deren Tod 1984 nimmt sich Busch einen Wohnsitz in München, bleibt ihrer Wahlheimat aber aufs engste verbunden. Das genaue Geburtsjahr verrät die Diva nicht; sogar in ihrer Autobiographie macht sie falsche Angaben.

• *Und trotzdem – Autobiographie*, 1991; *Eva Busch und ihre Lieder* (CD), 1991

Busi, Aldo

italienischer Schriftsteller
1948 Montichiari/Brescia

Bereits mit 14 Jahren verläßt Busi die Schule und sein Heimatdorf, um sich als Kellner in Hotels und Restaurants durch die Welt zu schlagen und Sprachen zu lernen. Sein Studium finanziert er schließlich mit Gelegenheitsjobs, mal Tellerwäscher in einer Pizzeria, mal Nachtportier in München. 1981 beendet er sein Studium mit einer Arbeit über den US-Lyriker John Ashbery an der Universität von Verona. Busi übersetzt zahlreiche Autoren ins Italienische, u.a. Johann Wolfgang von Goethe, Lewis Carroll und Gustave Flaubert, zum anderen überträgt er klassische italienische Werke wie Boccaccios *Decamerone* in ein modernes Italienisch. Sein erster, stark autobiographisch gefärbter Roman *Seminario sulla gioventù* (1984, dt. *Seminar über die Jugend*, 1990) erzählt die Lebensgeschichte eines Bauernjungen, der als Gigolo und Stricher den seltsamsten erotischen Begegnungen ausgesetzt ist. Der Roman macht Busi über Nacht zu einem erfolgreichen und umstrittenen Autor. Wegen seines vierten Romans *Sodomie in Corpo 11 (Sodomie in Schriftgröße 11,* 1988) steht Busi vor Gericht. Die Staatsanwaltschaft befindet, daß dieses Schriftwerk „höchst obzönen Inhalts" sei, vor allem durch die „Beschreibungen von analem und oralem homosexuellen Verkehr". Busi gilt als einer der erfolgreichsten – und exzentrischsten – italienischen Gegenwartsautoren, der sich selbst in die Reihe der größten Literaten seines Landes stellt, „weit über Pasolini".

• *La Delfina Bizantina*, 1986; *Sentire le donne*, 1991; *Il Manuale del perfetto Gentilomo*, 1993 (dt. *Handbuch für den perfekten Gentleman*, 1994); *Il Manuale della perfetta Gentildonna*, 1994

Butler, Judith

US-amerikanische Philosophin
1956 Cleveland/Ohio

Mit ihren umstrittenen Büchern *Gender Trouble* (1989, dt. *Das Unbehagen der Geschlechter*) und *Bodies That Matter* (1993, dt. *Körper von Gewicht)* löst Butler heftige Debatten innerhalb der internationalen Geschlechterforschung aus. Entgegen der landläufigen feministischen Theorie, die zwischen dem biologischen Geschlecht (sex) und der kulturellen Geschlechtsidentität (gender) unterscheidet, vertritt Butler u.a. die These, daß nicht nur die Geschlechtsidentität, sondern auch der Körper selbst kulturell konstruiert ist. Butler, die sich als eine der wichtigsten Denkerinnen in den Bereichen „gender studies" und „queer theory" etabliert hat und in den USA nahezu Kultstatus besitzt, hat an verschiedenen amerikanischen Universitäten gelehrt und lebt zur Zeit als Professorin für Rhetorik im kalifornischen Berkeley, zusammen mit ihrer Lebensgefährtin und dem gemeinsamen Sohn.

Butler, Lady Eleanor

irisches Original
11.5.1739-1829

Sie tut eigentlich nichts außer lesen, studieren und Briefe schreiben – und doch wird sie genau dafür berühmt: Unzählige Poeten und Denker verewigen sie in ihren Werken. Denn Butler ist nicht allein; gemeinsam mit ihrer Lebensgefährtin Sarah Ponsonby, mit der sie sich 1778 zum Entsetzen ihrer noblen, katholischen Familie öffentlich verlobt hatte, zieht Butler um 1780 in ein kleines Cottage nahe dem walisischen Llangollen, um sich fortan dem Studium der Rousseauschen Schriften zu widmen. Neben ausgiebiger Gartenarbeit pflegen die beiden Frauen mit der Vorliebe für männliche Kleidung hochgeistige Korrespondenz mit den wichtigsten zeitgenössischen Denkern wie Sir Walter Scott oder Edmund Burke. „Die Ladies von Llangollen" avancieren zu hochangesehenen Berühmtheiten, die schließlich vom schwer beeindruckten König mit einer Pension bedacht werden.

○ E. Mavor: *A Year With the Ladies of Llangollen*, 1984

Button, Dick

US-amerikanischer Sportler
1929

Button ist zweimaliger Goldmedaillien-Gewinner der Winterolympiaden von 1948 und 1952 und gewinnt außerdem fünf Jahre in Folge, von 1948 bis 1952, die Weltmeisterschaft im Eiskunstlauf. Er geht damit in die Geschichte dieser Sportart ein. 1948 gelingt ihm ein bislang nicht überbotener Erfolg: Er hält gleichzeitig den Olympiasieg, den Europatitel und jenen der US- wie der Nordamerikanischen Meisterschaften. Nach Beendigung seiner aktiven Sportlerkarriere arbeitet Button als Kommentator beim US-Sender *ABC*. 1978 wird Button gemeinsam mit fünf anderen schwulen Männern Opfer eines aufsehenerregenden Überfalls durch eine Jugendgang im New Yorker Central Park, die mit Baseballschlägern und einem Hammer auf die Männer einschlagen. Button kommt zwar mit dem Leben davon, verliert jedoch aufgrund der Verletzungen sein Gehör.

Byington, Spring

US-amerikanische Schauspielerin
17.10.1886 Colorado Springs/Colorado – 7.9.1971 Hollywood Hills/Kalifornien

Bis zu ihrer ersten bedeutenden Filmrolle in *Little Women* (1933, Regie →George Cukor, dt. *Kleine Frauen*), wo sie die Mutter der vier wilden Schwestern spielt, hält sich die zu diesem Zeitpunkt 47jährige mit kleineren Rollen und Gelegenheitsarbeiten über Wasser. In der Folge spezialisiert sich Byington auf die Rolle der junggebliebenen, leicht überkandidelten Mutter und landet damit in *Meet John Doe* (1941, dt. *Hier ist John Doe*) und *You Can't Ta-*

ke It with You (1938, dt. *Lebenskünstler*) ihre größten Erfolge. Byington, die in über 100 Kinofilmen mitwirkt, lebt in Hollywood viele Jahre lang mit ihrer Kollegin Marjorie Main zusammen.

C

Cadinot, Jean Daniel

französischer Pornoregisseur
10.2.1944 Paris

Eigentlich will Cadinot Maler werden; seine Eltern (der Vater Kostümschneider, die Mutter Hausfrau) sind jedoch für einen weniger brotlosen Beruf: das Elektrohandwerk. Mit 17 reißt Cadinot von zu Hause aus und lebt mit einem 30jährigen Lehrer zusammen. Mit 19 beginnt er zu photographieren und besucht eine entsprechende Schule. Zehn Jahre lang lebt er von Porträtaufnahmen, dann veröffentlicht er in der deutschen Schwulenzeitschrift *Him* die ersten Aktaufnahmen. 1978 erscheint der erste von 20 Bildbänden *Tendres adolescents.* Weltweit werden insgesamt 250.000 Exemplare verkauft. 1980 beginnt er schließlich mit der Produktion von Pornovideos. „Ich wollte der Homosexualität das Tuntenhafte nehmen. Die Bilder in den Magazinen konnte ich zu wenig formen; ich habe darunter gelitten. Erst die Handlung im Video hat mir das volle Ausleben meiner Phantasie erlaubt." Anders als die US-Pornoindustrie wählt Cadinot nicht Muskelprotze und Sexmaschinen, sondern jungenhafte, eher gewöhnliche Darsteller. Außerdem bemüht er sich um narrative Rahmenhandlungen für seine Videos. Mit diesem Konzept avanciert er seit Anfang der 80er Jahre zu einem der erfolgreichsten schwulen Pornoproduzenten mit mehr als 50 Filmen; u.a. *Harem* (1984) und *Le jeu de piste* (dt. *Schnitzeljagd,* 1984). Beide werden in den USA als bester ausländischer Pornofilm des Jahres ausgezeichnet.

- Filme (Auswahl): *Garçon de plage,* 1983 (dt. *Boys von St. Tropez).; Deuxième soussol,* 1987 (dt. *Tiefgarage); Service actif,* 1990 (dt. *Aktiver Dienst); Tequila,* 1993

Calamity Jane
(eigentlich Martha Jane Canary)

US-amerikanische Entertainerin
1.5.1852 Princeton/Missouri – 1903 Terry/South Dakota

Calamity Jane ist eine der bekanntesten amerikanischen Unterhaltungsgrößen des 19. Jhs. Sie verdient sich zunächst ihren Lebensunterhalt als Köchin, Kürschnerin, Postreiterin, Scout und Tanzhallen-Girl, bis sie als Zirkuskünstlerin und Kunstschützin zu Pferde eine Berühmtheit wird. Als

Mann verkleidet, macht sie sich einen Spaß daraus, in den Saloons in Dakota als einer der „tough guys" durchzugehen. Calamity Jane, die sich mit unwahrscheinlicher Geschicklichkeit aufs Reiten und Schießen – vorzugsweise aus einer sechsschüssigen Pistole – versteht, ist eng mit ihrem Kollegen Wild Bill Hickok befreundet und tritt gemeinsam mit ihm in zahlreichen seiner legendären Wildwest-Shows auf. Dennoch – Calamity Janes romantische Zielscheiben sind in der Regel Frauen. Calamity Jane und Hickok heiraten, er verläßt sie jedoch 1873, gleich nach der Geburt der gemeinsamen Tochter. Später treffen sie jedoch erneut zusammen und leben kurzzeitig, bis zu Hickoks Tod, miteinander. 1891 heiratet Calamity Jane aus einer Laune heraus erneut, läßt den frischgebackenen Ehemann Clinton Burke bald darauf sitzen und erlebt den Höhepunkt ihrer künstlerischen Karriere als „The Famous Woman Scout of the Wild West". 1898 läßt sie sich, müde und krank, endgültig in Deadwood nieder und arbeitet als Krankenschwester. Ihr letzter Auftritt findet 1901 in Buffalo/New York anläßlich der Pan-America-Ausstellung statt und wird wegen Trunkenheit und launenhaften Benehmens der Künstlerin vorzeitig abgebrochen. Calamity Jane stirbt fast erblindet und wird neben Hickok in Deadwood Town, Dakota begraben. „Ich nehme viele Geheimnisse mit mir", schreibt sie im Juni 1902 in ihrem letzten Brief. Die biographischen Angaben über sie sind z.T. widersprüchlich und basieren auf Briefen, die sie ihrer Tochter schreibt. Allerdings schickt sie diese nie ab, um ihrer Tochter die wahre Herkunft nicht zu offenbaren. Calamity Jane hatte nämlich das Kind gleich nach der Geburt zur Adoption freigegeben. Sammy Fain und Paul Francis Webster verewigen sie in ihrem Musical *Calamity Jane* (1961, dt. *Pistolen-Jenny)*, ohne natürlich ihre Vorliebe für Frauen darin zu berücksichtigen. Das Stück basiert auf dem gleichnamigen Filmmusical von 1953. 1963 dreht David Butler ein Remake, das den schönen deutschen Titel *Schwere Colts in zarter Hand* trägt. Die Titelrolle spielt Doris Day. Insgesamt existieren mehr als ein dutzend Filme, in denen Calamity Janes und Wild Bill Hickoks Leben als Grundlage dienen.

Cammermeyer, Margarethe

US-amerikanische Ärztin
März 1942 Oslo/Norwegen

Colonel Margarethe „Grethe" Cammermeyer wird zwar 1985 von der US-amerikanischen Veterans Administration von über 34.000 KandidatInnen zur „Krankenschwester des Jahres" gewählt, nichtsdestotrotz vier Jahre später unverzüglich aus der Army entlassen, nachdem sie in einem Interview mit Geheimdienstlern ihre Homosexualität offenbart hatte. Ihr beharrlicher Kampf um Wiedereinstellung macht sie zu einer engagierten Streiterin um die Menschenrechte. „Ich weiß, daß homosexuell zu sein nicht eine Sache der Wahl ist. Ich weiß das, und ich werde es Senator Thurmond, Pat Buchanan und jedem Menschen erzählen, den ich treffe." Cammermeyers Lebensgeschichte wird 1995 mit Glenn Close in der Hauptrolle von Barbra Streisand für das US-amerikanische Fernsehen verfilmt (*Serving in Silence: The Margarethe Cammermeyer Story*).

Capote, Truman (eigentlich Truman Steckfus Persons)

US-amerikanischer Schriftsteller
30.9.1924 New Orleans – 25.8.1984 Los Angeles

Capote beschreibt in seinen von Faulkner und Joyce beeinflußten Werken meist exzentrische Menschen aus dem Süden der USA, wie z.B. in *The Grass Harp*, 1951 (dt. *Die Grasharfe*) und *Breakfast at Tiffany* (1958, verfilmt 1967 mit Audrey Hepburn). Für seine Erzählungen und Essays kreiert er einen eigenen Stil, in dem sich Reportagen und Prosa vermischen. Aufsehen erregte er mit *In Cold Blood* (1965, dt. *Kaltblütig*), einem dokumentarischen Roman über einen spektakulären Mordfall 1959 in Kansas, den er in jahrelanger Recherchearbeit lückenlos rekonstruiert. Seinen Erstlingsroman *Other Voices, Other Rooms*, (1948, dt. *Andere Stimmen, andere Räume)* veröffentlicht er mit 24 Jahren und steigt damit sofort zum literarischen Jungstar und Mittelpunkt der New Yorker Gesellschaft auf. Für sein Autorenphoto hat sich Capote eine besonders laszive Pose – er räkelt sich auf einem Sofa – ausgedacht. Die Rechnung geht auf: Das Bild wird heftig diskutiert und macht den Jungautor berühmt-berüchtigt. Außerdem verschafft es ihm eine Einladung bei Denham Fouts, einem berühmten Lustknaben von Prinzen, Lords und Milliardären, gebürtigen Amerikaner und legendären Figur des internationalen schwulen Jet-sets. Er soll so von Capotes Photo beeindruckt gewesen sein, daß er ihm einen Blankoscheck zugeschickt habe, lediglich mit der handschriftlichen Anmerkung: „Come". In Großbritannien wird Capote in der Intellektuellenszene herumgereicht, von →Cecil Beaton zu →E.M. Forster. In Paris empfangen ihn →Colette, Christian Dior, → Jean Cocteau und →Natalie Barney. Capote ist *everybodys darling* und begehrt von Männern wie Frauen. „Es ist wirklich schade, daß ich mit Frauen nicht gerne ins Bett gehe. Ich hätte jede Frau in der Welt von der →Garbo bis zur →Dietrich haben können. Die Frauen lieben mich immer, und ich liebe attraktive und schöne Frauen, aber als Freundin, nicht als Geliebte. Ich kann nicht verstehen, warum jemand mit einer Frau schlafen möchte. Es ist langweilig, langweilig, langweilig!" Zeitlebens sucht der kleinwüchsige Capote mit seiner quickigen Piepsstimme den Umgang und die Freundschaft mit den Superreichen und Mächtigen, den Stars und den Schönen, deren Entertainer und Klatschtante er auf Partys und bei Empfängen abgibt. Ihm gelingt es, sein Leben, seine zur Schau getragene Homosexualität zu stilisieren und bereits zu Lebzeiten die Mythenbildung um seine Person zu fördern. Zeitweilig richtet eine New Yorker Zeitung eine eigene Klatschkolumne speziell für Neuigkeiten aus Capotes Leben ein. Als er den Spieß umdreht und den scharfzüngigen Klatsch über die High Society hinausträgt in die Welt, erntet er boshafte Angriffe und wird von New Yorks besserer Gesellschaft ausgestoßen. Mit *Answered Prayers* versucht Capote noch einmal, an die stilistischen Hochzeiten seiner literarischen Karriere anzuknüpfen und kündigt einen enthüllenden Gesellschaftsroman in Nachfolge von Marcel Proust an. Die ersten drei Kapitel werden im *Esquire*-Magazin und führen zu Beleidigungsklagen. Er verfällt mehr und mehr dem Alkohol und den Tabletten. Kurz vor seinem sechzigstem Geburtstag stirbt er an einer Überdosis, ob aus Versehen oder beabsichtigt, bleibt ungeklärt.

○ Gerald Clarke: *Truman Capote*, 1989; Lawrence Grobel: *„Ich bin schwul, ich bin süchtig, ich bin ein Genie". Ein intimes Gespräch mit Truman Capote*, 1986; John Malcolm Brinnin: *Truman Capote – Dear Heart, Old Buddy*, 1988

Capucine
(eigentlich Germaine Lefebvre)

französische Schauspielerin
6.1.1923 Toulon – 14.3.1990 Lausanne

Das Pariser Model mit klassischem Aussehen und einer klassischen Figur beginnt ihre Karriere in dem Film über das Leben Franz Liszts *Song Without End* (1960, dt. *Nur wenige sind auserwählt*, Regie →George Cukor) an der Seite des schwulen Schauspielers →Dirk Bogarde. Ihre letzte Rolle ist die einer Lesbe in *Las Crueles* (1971) – eine Rolle, die sie im wirklichen Leben auch einnimmt. Nach einer kurzen Ehe ist sie mit William Holden und später mit dem Produzenten Charles Feldman offiziell „liiert". „Ich habe immer geglaubt, ich bräuchte einen Mann, um mich selbst zu definieren", erklärt sie in einem Interview von 1982. Unter schweren Depressionen leidend, springt die Schauspielerin im Alter von 57 Jahren aus ihrem Penthouse in den Tod.

• *Walk on the Wild Side*, 1962 (*dt. Auf glühendem Pflaster*)

Caravaggio, Michelangelo da
(eigentlich Michelangelo Merisi)

italienischer Maler
28.9.1573 Caravaggio (Bergamo) – 18.7.1610 Porto Ercole

Caravaggio studiert wahrscheinlich in Venedig und Mailand, bevor er sich ab 1590 in Rom niederläßt. Als Maler zeichnet er sich durch seine extremen naturalistischen Darstellungen aus. Sowohl im Auftrag der Kirche, als auch für den Adel malt er vornehmlich biblische Szenen im effektvollen, dynamischen Hell-Dunkel, wie die Berufung des Matthäus, die Grablegung Christi, außerdem zahlreiche Porträts, meist von Jünglingen. Besonders seine plastische Durchbildung der Figuren ist neben der Lichtgestaltung in seinen Gemälden stilbildend für die europäische Malerei des 17. Jhs. In Rom lebt er im Haus des homosexuellen Kardinals del Monte, der ihn protegiert. Zwischen 1600 und 1605 ist Caravaggio immer wieder Anfeindungen seiner Kollegen ausgesetzt und in Schlägereien und Prozesse verwickelt. Mehrfach wird er verurteilt und eingekerkert. Nach einem Mord 1606 flieht er über Neapel nach Malta, wo man ihn zunächst als Ritter aufnimmt, dann aber den Prozeß macht. Erneut Flucht über Sizilien nach Neapel, wo er bei einem Überfall schwer verletzt wird. In Rom begnadigt man ihn. Er reist nach Porto Ercole, wo er durch ein Mißverständnis verhaftet wird. Er stirbt dort an der Malaria. →Derek Jarman hat das Leben des Malers in sehr freier Form in *Caravaggio* (1986) verfilmt, →Christoph Geiser reflektiert Leben und Werk in dem Roman *Das geheime Fieber* (1987).

○ Howard Hibbard: *Caravaggio*, 1983

Carow, Heiner

deutscher Filmregisseur
19.9.1929 Rostock – 31.1.1997 Berlin

Seinen Durchbruch als Regisseur schafft Carow mit einem Film, den die Zensoren in der DDR aufgrund seines großen Erfolges nicht mehr stoppen können, so gerne sie es auch getan hätten: *Die Legende von Paula und Paula* (1972), der Liebesgeschichte zwischen einer unverheirateten Mutter und Verkäuferin und einem Ministerialbeamten und SED-Funktionär. Eine unmögliche Liebe und ein Kultfilm der DDR, durch den Carow fortan unverzichtbar wird für die Filmindustrie seines Landes. Kritisch bleiben seine Arbeiten weiterhin, ob er Filme über die Kindheit dreht (*Ikarus*, 1974), über die Ehe (*Bis daß der Tod euch scheidet*, 1978). Sein Film über das Kriegsende und zugleich ein differenziertes Porträt über einen Hitlerjungen, *Die Russen kommen*, gedreht im Jahr des Einmarsches in Prag 1968, kann erst 1988 unzensiert in die DDR-Kinos kommen. Gerade sein Sinn für den populären Erfolg macht Carow den Filmfunktionären unheimlich. Deshalb wohl auch ist seine Filmographie recht kurz. Zum großen Spielfilm kommt Carow, der von 1950 bis 1952 eine Regieklasse bei Gerhard Klein und Slatan Dudow besucht, über Kurz- und populärwissenschaftliche Filme sowie Filme für Kinder und Jugendliche (*Sheriff Teddy*, 1957; *Sie nannten ihn Amigo*, 1958). Seinen persönlichen Triumph feiert er mit *Coming out* (1989), dem ersten schwulen Film der DDR, für dessen Verwirklichung er viele Jahre hatte kämpfen müssen. Die Uraufführung fällt ausgerechnet in die Nacht des Falls der Mauer. Nach der Vereinigung beider deutscher Staaten hat Carow wie viele seiner DDR-Kollegen Schwierigkeiten, im harten Konkurrenzkampf zu bestehen. Außer zweier Brotarbeiten fürs Fernsehen kann er lediglich den Kinofilm *Die Verfehlung* (1992) realisieren, in dem er seine Erfahrungen in der DDR reflektiert.

Carpenter, Edward

englischer Schriftsteller
29.8.1844 Brighton/Sussex – 28.6.1929 Guilford

Carpenter entstammt einer wohlhabenden Familie der englischen Mittelschicht und erfährt eine umfangreiche Ausbildung. Er besucht die Cambridge Divinity School und studiert Theologie. Er hat erste homosexuelle Erfahrungen und erlebt den Zwiespalt seiner Gefühle angesichts der herrschenden Doppelmoral. Ein Lichtblick sind ihm die Gedichte →Walt Whitmans. Ab 1874 beginnt Carpenter einen Briefwechsel mit dem US-amerikanischen Dichter und besucht ihn auch 1877 und 1887. 1870 empfängt Carpenter die Priesterweihe. Eine Reise nach Italien und die Begegnung mit der griechischen Kultur bringen ihn zu dem Entschluß, ganz mit seiner bisherigen Existenz zu brechen. Er gibt sein Priesteramt auf, verzichtet auf sein Clerical Fellowship und qualifiziert sich für eine Vorlesungsreihe über Astronomie in den industrialisierten Städten Nordenglands. Gleichzeitig will er bewußt seiner bisherigen Klasse den Rücken kehren und Teil des Proletariats werden. Er setzt sich für eine neugegründete Bewegung ein, deren Ziel es ist, die Universitäten für Menschen zu öffnen, denen eine reguläre Universitätsbildung bisher versagt geblieben war. Er orientiert sich politisch an sozialistischen Ideen und wird Anhänger von William Morris' antiindustrieller „arts-and-crafts movement" sowie der New-Thought Bewegung, einer Mischung aus den Lehren Whitmans, Morris', Tolstois und des Hinduismus (verstärkt durch die Reisen nach Indien und Ceylon 1890). Seine sexuellen Partner entstammen fast ausschließlich der Arbeiterklasse. 1886 etwa lernt er in der neugegründeten Sheffield Socalist Society den Messerschleifer George Hukin kennen. Als dieser heiratet, entwickelt sich daraus eine komplizierte Dreierbeziehung. Eine vergleichbare Konstellation herrscht in der Beziehung zu George Adams und dessen Ehefrau, die er 1887 kennenlernt. 1890 gerät Carpenter in eine Dreiecksbeziehung mit zwei Männern, dem Schneider James Brown und dem Mathematiklehrer Bob Muirhead. Als 1883 Carpenters Vater stirbt, erwirbt er mit dem Erbe eine Farm in Millthorpe nahe Sheffield. 1890 lernt er den gerade erst 20jährigen Arbeiter George Merril kennen. Zum ersten Male steht keine Ehefrau oder ein dritter Mann im Wege. Ihre Beziehung, die Carpenter als einen Idealfall der Überwindung von Klassengrenzen versteht, hält bis zu Merrils Tod 1928. Zu Carpenters wichtigsten sozialreformerischen Schriften gehören *England's Ideal* (1887), *Towards Democracy* (1883, dt. *Demokratie. Vorgesänge der Freiheit*, 1995) und *Civilization: Its Cause and Cure* (1889). Seine Freundschaft zu Whitman beschreibt er in *Days with Walt Whitman* (1906). 1894 veröffentlicht er im Berliner Verlag Max Spohr die Abhandlung zur sexuellen Frage, *Das Weib und seine Stellung in der freien Gesellschaft.* Er wird gleich nach Gründung des Wissenchaftlich-humanitären Komitees Mitglied und ist mit →Magnus Hirschfeld und dem sexualwissenschaftlich-reformatorischen Arzt und Schriftsteller Albert Moll befreundet. Seine Autobiographie veröffentlicht Carpenter 1916 unter dem Titel *My Days and My Dreams* (1916). Seine wichtigsten Schriften zur Homosexualität sind *Love's Coming-of-Age* (1896, dt. *Wenn die Menschen reif zur Liebe werden*, 1902), *Homogenic Love, and its Place in a Free Society* (1894, dt. *Die Homogene Liebe und deren Bedeutung in der freien Gesellschaft*, 1895, Nachdruck 1979). Carpenter betätigt sich auch als Komponist, u.a. stammt das Arbeiterlied *England, Arise* aus seiner Feder.

○ Chushichi Tsuzuki: *Edward Carpenter (1844-1929). Prophet of Human Fellowship*, 1980; Rainer Guldin: *Verbrüderung. J. A. Symonds, E. Carpenter, E.M. Forster*, 1991

Carrington, Dora

englische Malerin
29.3.1893 Hereford – 11.3.1932 Wiltshire

Dora de Houghton Carrington wird als viertes Kind von Samuel und Charlotte Carrington geboren. Schon in der Schulzeit fällt ihr zeichnerisches Talent auf. 1910 beginnt sie ein Kunststudium an der Slade School of Fine Art, London. Ihre Modell-Skizzen gehören später zu den besten der Slade-Sammlung. Carrington fällt auch sonst auf: Sie stutzt sich die Haare, läuft ohne Hut herum (dafür mit einem roten und einem blauen Schuh); sie entwirft Kleider, die ihr Bewegungsfreiheit erlauben, und legt ihren Vornamen ab. Carrington lernt beim Studium Künstler kennen, mit denen sie ein Leben lang befreundet sein wird. 1915 begegnet sie in Asheham House, dem Wohnsitz von →Virginia und Leonhard Woolf, dem dreizehn Jahre älteren homosexuellen Schriftsteller Lytton Strachey – und verliebt sich in ihn. Die Faszination beruht auf Gegenseitigkeit. Lytton wird nach ihrem Vater der wohl wichtigste Mensch in Carringtons Leben. 1917 wird sie Gründungsmitglied der Omega-Werkstätten um Roger Fry. Bereits die dritte Ausgabe des *Lucretus on Death* enthält als Deckblatt einen Holzschnitt von Carrington. Sie illustriert, malt Landschaften – und immer wieder Porträts. Ihre Arbeiten wirken naiv, oft dekorativ. Nebenher schreibt sie zahllose Briefe, die fast lückenlos Auskunft über ihr Leben geben.

Um den Status quo aufrechtzuerhalten, heiratet Carrington 1921 gegen ihren Willen Ralph Patridge. Sie behält ihren Mädchennamen und liebt weiterhin Lytton Strachey. 1919 mischt sich in die „ménage à trois" Gerald Brenan, mit dem Carrington einen intensiven Briefwechsel führt, eh sie auch mit ihm ein Verhältnis beginnt. Erst Mitte der 20er Jahre hat sie weniger Scheu, ihren gleichgeschlechtlichen Neigungen zu folgen. Sie macht sich Vorwürfe, die Begierde, die sie schon als Siebzehnjährige für Frauen empfand, unterdrückt zu haben. Zumindest mit Henriette Bigham erlebt sie nun wahre Gefühlsausbrüche. Ihr Atelier wird zu einer „Zufluchtstätte für blonde Frauen und Siamkatzen". Zweideutige erotisch-sinnliche Zeichnungen von Frauen entstehen.

Bernhard „Beakus" Penrose wird 1928 Carringtons letzter Liebhaber. Das Kind, das sie von ihm erwartet, treibt sie ab. Am 21.1.1932, dem Tag, an dem Lytton Strachey an Magenkrebs stirbt, begeht Carrington ihren ersten Suizidversuch. Zwei Monate später, am 11.3.1932, „gelingt" er. Carrington ist 38 Jahre alt. Ihr Leichnam wird verbrannt; der Verbleib ihrer Asche ist unbekannt.

○ Jane Hill: *Dora Carrington – Leben zwischen Kunst und Liebe. Eine Biographie*, 1995

Cather, Willa

US-amerikanische Schriftstellerin
7.12.1873 Winchester/Virginia – 24.4.1947 New York City

Die Farmerstochter aus Virginia absolviert an der Universität von Nebraska ein Literaturstudium, zunächst unter dem Namen ihres imaginären Zwillingsbruders William. Danach unterrichtet sie Latein und Griechisch in Pittsburgh und arbeitet dann als Redakteurin und Zeitschriftenverlegerin, bevor sie sich ganz dem Schreiben widmet. 1905 erscheint Cathers erstes Buch *The Troll Garden*, eine Sammlung von Erzählungen, die ob ihrer sensibel-realistischen Darstellung der Lebensverhältnisse großes Aufsehen erregt. In der Folge entstehen zahlreiche weitere Romane und

Erzählungen über das Leben der Menschen im amerikanischen Westen, u. a. *O Pioneers!* (1913), *My Antonia* (1918) und *Death Comes for the Archbishop* (1927, dt. *Der Tod kommt zum Erzbischof).* Für *One of Ours* (dt. *Einer von uns*) erhält Cather 1922 den Pulitzer-Preis. Die Autorin, die das Thema Homosexualität in ihren Texten nur verschlüsselt verarbeitet, bezeichnet die herausragende Qualität ihres Werkes als „die unerklärbare Anwesenheit von Dingen, die nicht beim Namen benannt werden." Cathers Leben ist von mehreren stürmischen, oftmals unglücklichen Liebschaften geprägt, bevor sie mit der Lektorin Edith Lewis eine mehr als vierzig Jahre andauernde Partnerschaft eingeht. Beide liegen heute nebeneinander begraben.

• *A Lost Lady*, 1923; *Lucy Gayheart*, 1935
• Ph. Gerber: *Willa Cather*, 1975

Chamberlain, Richard
(eigentlich George Chamberlain)

amerikanischer Schauspieler
31.3.1935 Los Angeles

Chamberlain wächst in einer wohlhabenden Familie in Beverly Hills auf, der Vater ist Fabrikant, die Mutter Konzertsängerin. Er beginnt ein Designstudium in Claremont/Kalifornien und macht erste schauspielerische Erfahrungen in Aufführungen der Studentenbühne. Nach Ableistung seines Militärdienstes in Korea nimmt er Gesangs- und Schauspielunterricht. Nach ersten kleineren TV- und Filmrollen (wie in der Westernserie *Gunsmoke)* schafft er 1961 den Durchbruch mit der Titelrolle in der Fernsehserie *Dr. Kildare* (1961-66) und spielt auch einige Schallplatten ein. Ab 1967 lebt und arbeitet er in England, nimmt ein Theaterengagement in Birmingham an und arbeitet für die BBC. 1971 Rückkehr in die USA, Engagements in Seattle und Los Angeles. Ab 1975 ist er auf dem Höhepunkt seiner Laufbahn. Er spielt unter Ken Russels Regie →Tschaikowski in *The Music Lover* (1970, dt. *Tschaikowsky – Genie und Wahnsinn)* und in einigen Musketier-Filmen von Richard Lester und wird mit TV-Produktionen wie *The Count of Monte Cristo* (1974, dt. *Der Graf von Monte Christo*) oder *Shogun* (1980) einem Millionenpublikum bekannt. Vor allem aber bestimmt die Rolle des Pater Ralph in *The Thorn Birds* (1983, dt. *Die Dornenvögel)* sein weiteres, internationales Image. In den 90er Jahren übernimmt er nur noch sporadisch Rollen in TV-Filmen; 1996 tourt er als Mr. Higgins in einer deutschen Produktion von *My Fair Lady*. „Ich kann die Lüge nicht mehr ertragen", sagt er 1991 in einem Interview und bekennt sich erstmals öffentlich zu seiner Homosexualität. „Ich habe das Versteckspiel satt." 1985 stirbt sein Lebensgefährte John Allison an den Folgen von Aids. Heute lebt er zusammen mit seinem Freund, dem TV Produzenten Martin Rabbett, auf Hawaii.

Chanel, Coco
(eigentlich Gabrielle Chanel)

französische Modedesignerin
19.8.1883 Saumur – 10.1.1971 Paris

Sie hat die Mode des 20. Jhs. entscheidend beeinflußt: Coco Chanel steht für Eleganz, Individualität und Unabhängigkeit. Die uneheliche Tochter eines Hausierers verdient ihr erstes Geld als Hutmacherin, bevor ihr ein reicher Engländer 1910 die erste eigene Boutique in der Pariser Rue Cambon finanziert. Von da an geht es Schlag auf Schlag: 1918 entwirft sie Pyjamas für Frauen, 1920 läßt sie von dem russischen Exilanten Ernst Beaux den absoluten Parfüm-Klassiker „Chanel No. 5" kreieren– das erste Parfüm übrigens, das nicht nach einer Blume riecht, sondern nach der Essenz eines tropischen Baumes –, 1926 erfindet sie das „Kleine Schwarze". Während des zweiten Weltkrieges schließt sie ihr Modehaus, um es 1954 mit der Präsentation ihres Spätwerkes, des weltberühmten paspelierten Tweedkostüms, wiederzueröffnen. Chanels Mode, die bevorzugt in Schwarz oder Grau gehalten und auf Funktionalität und Geradlinigkeit ausgerichtet ist, gilt auch heute noch als der Inbegriff klassischen Chics.
Chanels Liebesleben ist eine einzige Abfolge von teils kürzeren, teils länger andauernden Beziehungen zu wohlhabenden Männern und immer wieder auch Frauen, u.a. Nikki Arrivabene, der Pro-forma-Gattin des Regisseurs →Luchino Visconti.

○ M. Haedrich: *Coco Chanel*, 1989; A. Madsen: *Chanel – A Woman of Her Own*, 1990 (dt. *Chanel – Die Geschichte einer emanzipierten Frau*)

Chapman, Tracy

US-amerikanische Musikerin
30.3.1964 Cleveland/Ohio

Tracy Chapman, die sich bis dahin hauptsächlich durch Bostoner Cafés gesungen hatte, gelingt 1988 der Aufstieg in die internationalen Charts mit ihrem Auftritt im Londoner Wembley-Stadion anläßlich der weltweit übertragenen Feier zu Nelson Mandelas 70. Geburtstag. Da Stevie Wonder unvorhergesehenerweise absagen muß, wird Chapmans Auftritt kurzfristig ausgeweitet. Millionen in aller Welt verfolgen hingerissen, wie die junge, schüchterne Folk-Sängerin eins ums andere selbstkomponierte Lieder vorträgt und sich dabei souverän auf der Gitarre begleitet. Kurz darauf landet sie mit ihrer ersten Single *Fast Car*, für die sie den Grammy erhält, einen internationalen Hit.

Chapman, die ihre Liebeslieder hinsichtlich der sexuellen Orientierung bewußt offenläßt, hat sich bislang noch nicht öffentlich zu dem Vorwurf, sie würde nicht zu ihrer Homosexualität stehen, geäußert.

• CDs: *Crossroads*, 1989; *Matters of the Heart*, 1992; *New Beginning*, 1997

Chevalier, Maurice (eigentlich Maurice Edouard Saint-Léon Chevalier)

französischer Sänger und Schauspieler
12.9.1888 Ménilmontant bei Paris – 1.1.1972 Paris

Mit zwölf Jahren bereits gilt er als Wunderkind. In den 20er Jahren beginnt er in den Pariser Musikhallen seine steile Karriere als Entertainer,

Chansonnier und Schauspieler. Zusammen mit seiner Filmpartnerin Jeanette MacDonald verleiht er frühen Hollywood- Komödien und Filmoperetten Charme und Individualität, etwa in Lubitschs *The Love Parade* (1930) und Mamoulians *Love Me Tonight* (1932). Das im letzten Film von ihm gesungene Lied *Mimi* wird zu seinem Markenzeichen. 1957 Comeback auf der Leinwand mit Billy Wilders *Love in the Afternoon.* Ob *The Merry Widow* (1934), *Gigi* (1958) oder *Can-Can* (1960) – Chevaliers Leinwand-Image ist das des Charmeurs und Frauenhelden. Im wahren Leben jedoch ist er mehr den Männern zugetan, zudem wenn es noch Jünglinge waren. Besonderen Gefallen soll →Marcel Prousts Geliebter Felix Mayol an dem jungen Chevalier gefunden haben. Er bietet ihm 100 Franc und ein Fahrrad für eine gemeinsame Liebesnacht. 1944 wird Chevalier der Kollaboration bezichtigt, weil er vor deutschen Soldaten aufgetreten ist. Kurzzeitig werden seine Filme in den USA nicht mehr vorgeführt. 1951 wird ihm die Einreise in die USA untersagt, weil er den Stockholmer Appell zur Ächtung der Atomwaffen unterschrieben hat. 1958 erhält er einen Ehren-Oscar für seinen „über ein halbes Jahrhundert währenden Beitrag zur Welt der Unterhaltung."

- *Mein glückliches Leben*, 1972; *Bravo Maurice* (hrsg.): *A Compilation from the Biographical Writings*, 1973
- ○ Gene Ringgold/DeWitt Bodeen: *The Films and Career of Maurice Chevalier*, 1973

Christina

schwedische Königin
8.12.1626 Stockholm – 19.4.1689 Rom

Die zukünftige Königin sorgt schon bei ihrer Geburt für Verwirrung am Hofe: Ihr biologisches Geschlecht ist nicht eindeutig zu bestimmen. 1654, nach zehn Jahren Regentschaft, dankt sie zum Erstaunen Europas ab und verläßt Schweden, um sich in Rom niederzulassen, wo sie in der Folgezeit aktiv das politische Leben beeinflußt. Insbesondere ist sie bekannt für ihre schützende Haltung gegenüber den Juden. Nach dem Tode von Charles X. kehrt sie nach Schweden zurück und versucht erfolglos 1660 und 1667, erneut den Thron zu besteigen. Ihre letzten Lebensjahre verbringt sie in Italien. Ihr Leichnam befindet sich noch heute in der St. Peters Basilika in Rom.

Die mutmaßliche Hermaphroditin Christina kleidet sich gerne männlich und interessiert sich zeitlebens sowohl für Männer als für Frauen. Mit ihrer Hofdame Countess Ebba Sparre verbindet sie eine mehr oder minder offene, durch zahlreiche Briefe belegte Liebschaft: „Wenn du dich an die Macht erinnerst, welche du über mich hast, wirst du dich auch daran erinnern, daß ich seit zwölf Jahren das Pfand deiner Liebe besitze; ich gehöre dir so endgültig, daß du mich nie wirst verlieren können; und erst wenn ich sterbe, werde ich aufhören, dich zu lieben." Gemunkelt wird, daß Christina aufgrund der Liebe zu dieser Edelfrau abdanken muß. Greta Garbo verkörpert Christina im Film *Queen Christina* (1933, dt. *Königin Christina*).

Ciccone, Christopher

US-amerikanischer Tänzer, Filmregisseur, Maler, Innenausstatter
1961 Bay City/Michigan

Obgleich der vielseitig talentierte Ciccone unter einer großen Menge

Berufsbezeichnungen wählen kann, ist er für die meisten in erster Linie immer noch der Bruder von →Madonna. Immer wieder hat Christopher Ciccone auch für sie gearbeitet. Zunächst studiert er an der Western Michigan University Modern Dance, nach zwei Jahren bricht er die Ausbildung jedoch ab und wird als 19jähriger Mitglied einer kanadischen Tanztruppe, mit der er zwei Jahre lang auf Welttournee geht. Mit dieser Erfahrung im Rücken ist er gut genug für Schwester Madonna, um 1984 an ihrer Seite im Video *Lucky Star* zu tanzen. Für ihre *Blond Ambition*-Tour 1989 entwirft er die aufwendige Bühnenausstattung und auch für ihren Film *Truth or Dare* (1991) ist er für das Setdesign zuständig. Madonnas *Girlie*-Show inszeniert er dann auch gleich selbst. Nach einigen Regiearbeiten für Videoclips (u.a. für Dolly Partons *Peace Train*, 1997) sind 1997 gleich zwei Spielfilme in Vorbereitung: die Verfilmung der Lebensgeschichte der legendären Drag Queen Holly Woodlawn, *A Low Life in High Heels* sowie *Blade to the Heat*, die Filmversion eines Theaterstückes über einen schwulen Boxer in den 50er Jahren. Immer wieder gibt Madonna ihrem Bruder durch Aufträge entscheidende Hilfestellungen für seinen Weg ins Showbusiness. Nachdem er ihr Apartmenent im New Yorker Upper West Side innenarchitektonisch gestaltet, wird ihm u.a. die Ausstattung des Filmschickeria-Restaurants *Atlantic* in Los Angeles und der *Liquid Lounge* am South Beach angeboten. Im Gegenzug profitiert die Sängerin und Schauspielerin durch Christopher Ciccone, indem er sie ständig mit der schwulen Szene und Kultur in Kontakt bringt, die sie letztlich sehr gewinnbringend und effektiv in ihre eigene Arbeit einfließen läßt.

Clift, Montgomery (eigentlich Edward Montgomery Clift)

US-amerikanischer Schauspieler
17.10.1920 Omaha/Nebraska – 24.7.1966 New York City

Theaterdebüt als 14jähriger im Amateurtheater von Sarasota/Florida, Broadway-Debüt 1935 in *Fly Away Home*, danach umfangreiche Theaterarbeit in New York und in Tourneeproduktionen. Ab 1942 Mitglied des Group Theatre, 1945 Star der Broadway-Inszenierung von *Foxhole in the Parlor*, 1947 Mitbegründer des Actors Studio. Clift verweigert sich zunächst dem Film und debütiert 1948 in Howard Hawkes' Western *Red River (Panik am roten Fluß)* als introvertierter Cowboy. Oscar-Nominierung für seine Rolle in *The Search (Die Gezeichneten*, 1948). Clift, der privat als eigenbrötlerisch und schwierig bezeichnet wird, verkörpert auch im Film den Typus des nonkonformistischen jugendlichen Rebellen. Sein gutes Aussehen macht ihn kurzzeitig zu einem gefragten romantischen Helden. Trotz der breiten Anerkennung seiner schauspielerischen Leistungen halten sich später die Filmangebote in Grenzen. 1957 wird sein Gesicht durch einen Autounfall entstellt. Die anschließende chirurgische Behandlung ist nur bedingt erfolgreich. Clift leidet zeitlebens unter seiner Homosexualität und wird von Selbsthaß und Selbstverachtung geplagt. Seine Homosexualität spricht sich auch in Hollywood herum, John Wayne und Frank Sinatra gehören zu seinen Kollegen, die ihn deshalb verspotten. Der als homophob bekannte Regisseur John Huston engagiert ihn für *Freud* (1963), erfährt allerdings erst während der Dreharbeiten von Clifts sexuellen Neigungen – angeblich, als er ihn im Bett mit einem Mann erwischt. Huston bedauerte öffentlich seinen Mißgriff in der Besetzung. Clift wird alkohol- und drogenabängig. Zwar versucht er verkrampft Beziehungen zu Frauen, letztlich aber kehrt er immer wieder zu seinen flüchtigen homosexuellen Begegnungen, meist mit Strichern, zurück. Der prominente homosexuelle New Yorker Psychiater William Silverberg versucht, ihm mit einer Therapie zu einem schwulen Selbstbewußtsein zu verhelfen, jedoch mit der Folge einer völligen psychischen Abhängigkeit von seinem Arzt. Zu seinen wenigen Freunden, die auch in den Jahren seines psychischen wie physischen Niedergangs zu ihm halten, gehört Elizabeth Taylor, mit der er in *A Place in the Sun (1951, dt. Ein Platz in der Sonne) und Suddenly Last Summer* (1959, dt. *Plötzlich letzten Sommer)*, nach →Tennessee Williams' Stück gemeinsam vor der Kamera steht.

- Filmrollen (Auswahl): *From Here to Eternity*, 1953 (dt. *Verdammt in alle Ewigkeit); Wild River*, 1960/61 (dt. *Wilder Strom); Judgement at Nuremberg*, 1962 (dt. *Urteil von Nürnberg)*

○ Patricia Bosworth: *Montgomery Clift. A Biography*, 1978

Cocteau, Jean

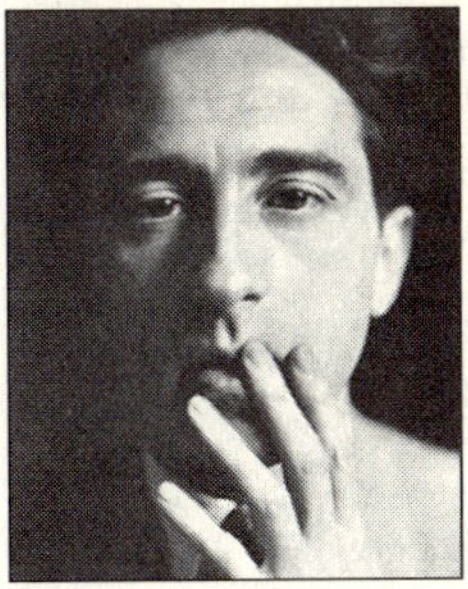

französischer Schriftsteller, Zeichner, Filmregisseur, Choreograph
5.9.1889 Masons-Lafitte – 11.10.1963 Milly-la-Forêt

Cocteau gehört zu den vielseitigsten und originellsten europäischen Künstlern des 20. Jhs. Er ist außerordentlich experimentierfreudig und sympathisiert mit modernen, radikalen Bestrebungen innerhalb der Kunst. Aus klassischen Anfängen entwickelt er sich zum Kubisten, Futuristen, Dadaisten und Surrealisten. Leitmotivisch beschäftigt er sich in seinem vielfältigen Werk (Ballett, Malerei, Zeichnungen, Plastik, Graphik, Literatur, Theater, Film, Design) immer wieder mit dem Tod, dem Irrealen und den Mythen. Seinen ersten Lyrikband *La Lampe d'Aladin* (1909) veröffentlicht Cocteau noch auf eigene Kosten. Noch im gleichen Jahr wird er Redakteur des Luxusmagazins *Schéhérazade*. 1910 lernt er den Choreographen Sergej Diaghilew und den Tänzer →Nijinski kennen. Er entwirft für deren Produktionen Plakate und schreibt 1912 zusammen mit →Prousts Lebensgefährten Reynaldo Hahn das Ballettlibretto *Le Dieu bleu* für Diaghilew und Nijinski. Weitere Libretti folgen, u.a. *Parade* (1917) für Erik Satie und *Le Train Bleu* (1924) für Darius Milhaud. 1914 Gründung der Zeitschrift

Le Mot, von der bis 1915 20 Ausgaben erscheinen. 1920 gründet er – gemeinsam mit seinem zeitweiligen Liebhaber, dem Schriftsteller Raymond Radiguet *(Le diable au corps*, 1925, dt. *Der Teufel im Leib*) – das Magazin *Le Coq*. 1921 entsteht das erste Theaterstück, *Le Gendarme Incomris*, gemeinsam mit Radiguet. Zu Cocteaus bekanntesten und erfolgreichsten Dramen gehören *Orphée* (1925), *La voix humaine* (1930, dt. *Die geliebte Stimme), La machine infernale* 1932, dt. *Die Höllenmaschine*) und *Les parents terribles* (1938, dt. Die schrecklichen Eltern). 1930 dreht er seinen ersten Film, *Le sang d'un poète* (dt. *Das Blut des Dichters)*. Für seinen Lebensgefährten, den Schauspieler →Jean Marais, schreibt er eigens Theater- und vor allem Filmrollen, die ihm den Weg zur Weltkarriere ebnen, etwa *La Belle et la Bête* (1946, *Die Schöne und das Biest)* und *Orphée* (1950), der als filmisches Hautpwerk Cocteaus gilt. Seine erste, tragische Liebe zu dem Mitschüler Dargelos schildert Cocteau u.a. in seinem Roman *Les enfants terribles* (1929, dt. *Kinder der Nacht;* dramatisiert von →Klaus Mann), als auch in dem zunächst anonym erschienenen und mit homoerotischen Zeichnungen illustrierten Bekenntnisbuch *Le Livre Blanc*, 1928, dt. *Das Weißbuch)*. Mit 15 Jahren hat er ein kurzzeitiges Verhältnis mit dem Schauspieler Edouard de Max, der ihm den Weg in die Pariser Künstlerszene eröffnet, wo Cocteau im Laufe der Zeit so ziemlich jeden wichtigen Künstler seiner Zeit – von →Gide über Proust bis Picasso und Strawinsky – kennenlernt. 1933 begegnet er dem Schriftsteller Marcel Khill, der zeitweilig sein Liebhaber wird und mit dem er eine Reise um die Welt in 80 Tagen unternimmt. Einen späteren Lebensgefährten, den Maler Edouard Dermit, den Cocteau 1947 kennenlernt, macht er zu seinem Adoptivsohn. Cocteau stirbt nur wenige Stunden nach →Edith Piaf, einer seiner besten Freundinnen.

- *Die große Kluft*, 1988; *Thomas der Schwindler*, 1988; *Ich war im Paradies. Liebesgedichte an Jean Marais*, 1988
- Frederick Brown: *Jean Cocteau. Eine Biographie*, 1985. Monique Lange: *Jean Cocteau. Prinz ohne Reich*, 1991

Cohn, Roy

US-amerikanischer Jurist und Politiker
20.2.1927 New York City – 1986 ebd.

Cohn macht als New Yorker Prominentenanwalt (u.a. für Norman Mailer, Frank Sinatra, FBI-Chef →J. Edgar Hoover, Milliardär Donald Trump und Ronald Reagan) eine rasche Karriere, indem er skrupellos Gebrauch von Beziehungen und Selbstdarstellung macht. Als rechte Hand des Senators McCarthy wirkt er maßgeblich an der Verfolgung von Intellektuellen und Kommunisten mit. Besonders energisch setzt er sich für die Hinrichtung des der Spionage verdächtigten Ehepaares Ethel und Julius Rosenberg ein. Dreimal wird Cohn wegen illegaler Methoden gerichtlich verurteilt, kann sich jedoch stets aus der Affäre ziehen. Privat lebt Cohn seine homosexuellen Neigungen aus, als öffentliche, politische Figur jedoch verfolgt er Homosexuelle und kämpft gegen die Gleichstellung der Homosexuellen in den USA. So verhindert er ein Antidiskriminierungsgesetz für Schwule im Staate New York. Das doppelte Spiel macht ihm scheinbar keinerlei Probleme: „Jeder, der mich kennt, wird es unheimlich schwer haben, mich mit irgendeiner Art von Homosexualität in Verbindung zu bringen. Jeder Aspekt meiner Persönlichkeit, meine Aggressivität, meine Härte ist völlig unvereinbar mit so etwas." Die Angst vor der öffentlichen Enttarnung seiner sexuellen Orientierung hindert ihn dennoch daran, für den Senat zu kandidieren. Statt dessen sabotiert er durch politische Juristerei mehrere Kampagnen demokratischer Präsidenten. Als er schließlich von der Anwaltskammer ausgeschlossen wird, weil er Geld von Klienten geliehen hatte, leidet er bereits im fortgeschrittenen Stadium an den Folgen von Aids. Der Dramatiker →Tony Kushner setzt Cohn mit *Angels in America (1990)* ein literarisches Denkmal.

- Nicholas von Hoffman: *Citizen Cohn*, 1988

Colbert, Claudette (eigentlich Lily Claudette Chauchoin)

US-amerikanische Schauspielerin französischer Herkunft
13.9.1903 (a.Q. 1905) Saint Mandé bei Paris

Nach kleineren Rollen in Stummfilmen und am Theater entwickelt sich Colbert durch zahlreiche Auftritte in heiteren Screwballkomödien zu einer der beliebtesten Filmschauspielerinnen der 30er und 40er Jahre. Für ihre Rolle als Partnerin von Clark Gable in *It Happened One Night* (1934, dt. *Es geschah in einer Nacht*, Regie Frank Capra) erhält Colbert den Oscar als beste Hauptdarstellerin. 1961 verabschiedet sie sich mit *Parrish* (dt. *Sein Name war Parrish*) vom Filmgeschäft, tritt aber weiterhin in zahlreichen Theaterinszenierungen am Broadway auf. Die Diva lebt heute auf Barbados.
Colbert, die in ihrer aktiven Zeit als Filmschauspielerin den Ruf hatte, schwierig und unberechenbar bei der Arbeit zu sein, legt großen Wert darauf, grundsätzlich von der richtigen Seite photographiert zu werden, was manchmal zu recht seltsamen Kameraeinstellungen führt. Der Star aus *No Time for Love* (1943, dt. *Keine Zeit zur Liebe*) hat, so munkelt Hollywood, in Wirklichkeit wohl eher keine Zeit für Männer – statt dessen für Frauen wie →Marlene Dietrich.

- Filmrollen (Auswahl): *Bluebeard's Eighth Wife*, 1938 (dt. *Blaubarts achte Frau*); *Cleopatra*, 1934; *Palm Beach Story*, 1942 (dt. *Atemlos nach Florida*)

Colette, Sidonie-Gabrielle

französische Schriftstellerin
28.1.1973 Saint-Sauveur-en-Puisaye/Yvonne – 3.8.1954 Paris

Die erfolgreiche Schriftstellerin und Dramatikerin erregt bereits mit ihren früheren, leicht erotisch eingefärbten Romanen – der sogenannte Claudine-Serie – großes Aufsehen. Colette, die ab 1906 als Sängerin, Kabarettistin und Tänzerin in Pariser Variétés aufgetreten war, besitzt laut der Journalistin →Janet Flanner „dieses doppelte Verständnis, das es ihr erlaubt, die Natürlichkeit der Sexualität zu verstehen und zu akzeptieren". Dieses Verständnis drückt sich auch in Colettes unkonventioneller Lebensform aus. Obgleich dreimal verheiratet, hat sie mehrere z.T. längere Liebschaften mit Frauen, u.a. mit „Missy" de Belboeuf, die sich gerne betont maskulin gibt und mit Max anreden läßt, während Colette mit Begeisterung den femininen Part spielt. Colette verarbeitet in ihren Werken vielfach unverschlüsselt autobiographische Erfahrungen und reale Personen, weshalb ihr Roman *Le Pur et l'Impur* (1930, dt. *Diese Freuden*) bei den porträtierten Pariser Lesben auf große Empörung stößt. Colette, die als erstes weibliches Mitglied 1944 in die Académie Goncourt aufgenommen wird, erhält für ihr Werk mehrere bedeutende Auszeichnungen, u.a. das Große Kreuz der Ehrenlegion. Sie wird als erste Frau mit einem französischen Staatsbegräbnis gewürdigt.

- *Claudine à l'école*, 1900 (dt. *Claudine erwacht*); *Mitsou*, 1919; *Gigi*, 1945

○ H. Lottmann: *Colette*, 1991

Commerçon, Markus

deutscher Aids-Aktivist
13.11.1963 Neunkirchen/Saar – 29.3.1996 Kempten/Allgäu

Nach jahrelangem Ringen um seine sexuelle Identität und nach Abschluß seiner Berufsausbildung als Bäckermeister gründet Commerçon gemeinsam mit seinem Lebensgefährten ein eigenes Bäckereifachgeschäft. Dann jedoch stirbt der Freund an den Folgen von Aids. Für Commerçon ist dies der Auslöser, seine Homosexualität nicht mehr zu verleugnen. Seine Bäckerei gibt er auf und widmet sich, als Mitarbeiter der Aids-Hilfe Ulm, ganz der Aids-Prävention. Mit zahllosen Vorträgen, Diskussionsveranstaltungen und Auftritten in Fernsehsendungen will Commerçon gegen die Diskriminierung Aids-Erkrankter und Homosexueller ankämpfen. 1994 entsteht ein Fernsehdokumentarfilm über sein Leben und seinen Aktivismus (*Für mich soll's rote Rosen regnen*, Regie Michael Steinbrecher). Im gleichen Jahr erscheint sein Buch *Aids – Mein Weg ins Leben*, das sich zu einem Bestseller entwickelt. Für sein Engagment wurde er 1994 mit dem Bundesverdienstkreuz ausgezeichnet.

- *Mein Gott Aids*, 1995

Copi (eigentlich Raul Damonta)

argentinischer Dramatiker und Comiczeichner
1939 Barcelona – 14.12.1987 Paris

Bereits mit 16 Jahren schreibt Copi sein erstes Theaterstück. Zehn weitere folgen; darunter einige Solostücke, die er oft selbst auf der Bühne interpretiert. 1962 zieht er nach Paris. Dort löst er 1969 mit *Eva Peron* einen Theaterskandal aus; die Uraufführung wird von einem rechtsradikalen Schlägertrupp gestört. In seinen Romanen (u.a. *Le Bal des folles*, 1977; dt. *Die Schlange von New York* und *La guerre de pédés*, 1982, dt. *Der Krieg der Samba*) persifliert er selbstironisch und scharfzüngig den Mief des Schwulenmilieus der 70er Jahre und verschont dabei auch die einsetzende Emanzipationsbewegung nicht. Außerdem betätigt sich Copi erfolgreich als Comiczeichner und veröffentlichte zehn Bände mit sarkastischen teilweise sexuell sehr deutlichen Zeichnungen. Er stirbt zwei Monate vor der Uraufführung seines letzten Stückes, die Aids-Farce *Ein ungelegener Besuch*, an den Folgen von Aids.

Corigliano, John

US-amerikanischer Komponist
16.2.1938 New York City

Corigliano gehört zu den etablierten, zeitgenössischen Komponisten in den USA. 1990 wird seine *Symphony No. 1*, ein Auftragswerk des Chicago Symphony Orchestra zu dessen 100jährigem Bestehen, unter Leitung von Daniel Barenboim uraufgeführt. Das Werk wird angeregt durch den Aids-Quilt und „entstand aus Gefühlen von Verlust, Wut und Frustration heraus" (Corigliano). Programmatisch heißt auch der erste der vier Sätze *Apologue: of Rage and Remememberance*. Seine erste Oper *A Figaro for Antonia* (1991) ist ein Auftragswerk der Metropolitan Opera New York und spielt mit Motiven aus Mozarts *Figaros Hochzeit*. Das Libretto entsteht in Zusammenarbeit mit dem schwulen Dramatiker William M. Hoffman, der vor allem durch sein Aids-Drama *As is* (1985, dt. *Wie du*) bekannt ist.

Cornell, Katharine

US-amerikanische Schauspielerin
16.2.1893 Berlin – 9.6.1974 Vineyard Haven/Massachusetts

Die große, dunkelhaarige Theaterschauspielerin mit der geheimnisvollen Aura ist für zahllose junge Kolleginnen *das* Vorbild der 20er und 30er Jahre. Cornell, die ihre Vorliebe für Frauen, u.a. →Mercedes de Acosta und →Beatrice Lillie, hinter einer Scheinehe mit dem bisexuellen Broadway-Regisseur Guthrie McClintic versteckt, feiert Mitte der 30er Jahre mit *A Bill of Divorcement* (dt. *Eine Scheidung*) und *The Green Hat* (dt. *Der grüne Hut*) ihre größten Broadwayerfolge, hält sich aber zeitlebens vom Filmgeschäft fern.

Coward, Noël

britischer Komponist, Schauspieler, Entertainer und Regisseur
16.12.1899 Teddington bei London – 26.3.1973 Jamaica

Coward ist ein Kind armer Leute und einfacher Herkunft; am Ende seines Lebens ist er nicht nur in den Adelsstand erhoben, zu seinem engen Freundeskreis gehören sowohl Schauspielerinnen wie →Marlene Dietrich, Kim Novak und →Tallulah Bankhead, als auch Prinzessin Margaret und die britische Königin. Bühnendebüt als Kinderdarsteller 1911 als Prinz Mussel in Lila Fields *The Goldfish*. 1920 spielt er in seiner ersten selbstverfaßten Komödie *I'll Leave It to You*. Mit *The Vortex (1924)* gelingt ihm der erste große Erfolg. Seine Stücke stehen in der Tradition Oscar Wildes wie des *Camp*-Humors und spielen – mit großem Wortwitz und kultivierter Eleganz – mit dem Interesse des Publikums an frivolen Späßen und sexuellem Skandal. Zu den wichtigsten und auch in Deutschland zu Klassikern avancierten Komödien gehören *Private Lies* (1930) *Design for Living* (1933) und *Blithe Spirit* (1941). Viele Stücke werden zu Filmen adaptiert (u.a. *The Queen was in the Parlour*, 1927; *Tonight at 8:30*, 1952). In den 50er Jahren läßt der Publikumserfolg seiner Dramen nach, und Coward beginnt

eine zweite Karriere als Entertainer und Sänger. Seine Homosexualität ist ein offenes Geheimnis, in seiner Arbeit als Autor thematisiert er sie jedoch nicht (mit Ausnahme der Dreiecksbeziehung in *Design for Living* und in einigen bewußt zweideutigen Versionen in manchen Songs.)
Der zeit seines Lebens charmante, mit bissigem Humor begabte und von unerschütterlichem Selbstbewußtsein geprägte Schöngeist schreibt vor allem über sich und jene Reichen, Schönen und Berühmten, mit denen er verkehrt. „Auch wenn er eine offensichtliche Begabung für die Freundschaft hatte", schreibt der schwule Komponist Ned Rorem über Coward, „schien er kein Privatleben zu haben, keine innigen Beziehungen, keinen Sex."

○ Sheridan Morley: *A Talent to Amuse: A Biography of Noël Coward*, 1969; Cole Lesley: *Remembered Laughter: The Life of Noël Coward*, 1977; John Lahr: *Coward, the Playwright*, 1982; Richard Briers: *Coward & Company*, 1989; Joseph Morella/George Mazzei: *Genius and Lust. The Creativity and Sexuality of Cole Porter and Noël Coward*, 1995

Cramm, Gottfried Freiherr von

deutscher Tennisspieler
7.7.1909 Nettlingen – 7.1.1976 Gizeh bei Kairo

Der Sohn eines Gutsbesitzers will vom väterlichen Landwirtschaftsbetrieb nichts wissen und verläßt die niedersächsische Provinz, um beim Berliner Tennisclub Rot-Weiß Sportkarriere zu machen. Mit 21 Jahren heiratet er Lisa von Dobenbeck; die Ehe wird – nach seinen Angaben – jedoch nie vollzogen. Zu diesem Zeitpunkt gehört von Cramm bereits zur Welttennis-Elite und reist von Turnier zu Turnier. Von 1933 bis 1953 ist er Nummer eins der deutschen Rangliste, 1937 auf Platz zwei der Weltrangliste, zweimal steht er im Finale in Wimbledon. 1931 lernt er den damals 18jährigen Schauspieler Manasse Herbst in einer Schwulenbar kennen. Weil dieser Jude ist, wird ihm 1933 das Engagement am Großen Schauspielhaus Berlin gekündigt, und Herbst geht nach Paris. Cramm besucht ihn dort so oft wie möglich und unterstützt ihn finanziell. 1938 wird von Cramm von der Gestapo wegen Devisenvergehens und Verstoßes gegen den §175 verhaftet und zu zwei Jahren Gefängnis verurteilt. Selbst die Fürsprache des schwedischen Königs Gustaf V. Adolf kann ihn davor nicht bewahren. Nach der Entlassung wird von Cramm als Soldat an die Ostfront geschickt. Seine Tenniskarriere nimmt er gleich nach dem Krieg erfolgreich wieder auf. Lediglich Turniere in den USA kann er nicht besuchen: Seine Verurteilung nach §175 gilt als „unmoralisches Verhalten" und verbietet ihm als Ausländer die Einreise. Auch die überraschende Heirat mit der US-amerikanischen Woolworth-Erbin Barbara Hutton nutzt nichts. Die 1955 geschlossene Ehe wird 1961 wegen „seelischer Grausamkeit" geschieden. Ihre Bemühungen, ihn zur Heterosexualität zu bewegen, bleiben erfolglos. Als Abfindung erhält er ca. eine Million Dollar, die er erfolgreich in ein eigenes Unternehmen zum Bau von Tennishallen investiert. Bei einer Geschäftsreise in Ägypten kommt er bei einem Autounfall ums Leben.

• Egon Steinkamp: *Gottfried von Cramm, der Tennisbaron*, 1990

Crisp, Quentin
(eigentlich Denis Pratt)

britischer Exzentriker, Autor
und Schauspieler
25.12.1908 Sutton

Im puritanischen England kann aus ihm, der „ohne jegliches Talent" und dafür auffallend und selbstbewußt feminin und exzentrisch ist, nichts werden. Er versucht es als Illustrator, Werbemann und Modell. Seine Berufung allerdings ist es, Lebenskünstler zu sein, sich selbst zum Kunstwerk zu machen. New York wird schließlich seine Wahlheimat. Für die Zeitschriften *Christopher Street* und *Home & Garden* schreibt er regelmäßig Kolumnen und liefert bon mot-durchsetzte Beiträge zu Film, Etikette und dem „richtig Leben" für zahlreiche große US-Zeitungen. In One-Man-Shows doziert er seine Lebensweisheiten zu Liebe, Sex und Selbstverwirklichung. Innerhalb der Schwulenszene ist Crisp jedoch aufgrund seiner recht wertkonservativen Ansichten nicht unumstritten. Dennoch fungiert er weltweit als schwule Ikone, die trotzig das „Anderssein" gegen alle Widrigkeiten der Gesellschaft und des Lebens behauptet. Mit 60 Jahren schreibt er seine Autobiographie *The Naked Civil Servant, 1968 (Crisperanto, dt. 1988)*, die 1975 mit John Hurt in der Hauptrolle verfilmt wird. Mit *Resident Alien* liefert er 1996 eine Art Fortsetzung über sein Leben in New York. Er agiert als Nebendarsteller u.a. in *Philadelphia*, *Too Wong Foo* und *The Bride*, Seite an Seite des Popmusikers Sting, der ihn musikalisch in dem Lied *An Englishman in New York* verewigt. In *Orlando* übernimmt er die Rolle der Königin Elizabeth. 1996 kommt ein „Quentin Crisp Scotch Whiskey" auf den Markt, der zugunsten eines schottischen Aids-Hospizes verkauft wird. Immer wieder für Anstoß sorgt Crisp mit seinen im hohen Alter zunehmend geäußerten Statements, die Welt sei ohne Homosexuelle schöner und besser, die Homosexualität selbst schrecklich und erbärmlich. Er wünsche sich, die Homosexalität könnte bereits bei Föten im Mutterleib festgestellt werden, um sie rechtzeitig abtreiben zu können.

- *How To Go To The Movies. A Guide for the Perplexed*, 1991; *How To Become a Virgin*, 1996

Cruse, Howard

US-amerikanischer Comiczeichner
1944 Birmingham/Alabama

Der Sohn eines Pastors beginnt in den 70er Jahren mit dem Zeichnen von Comics. 1980 gibt er den Band *Gay Comix* heraus. Von 1983 bis 1989 zeichnet er für das US-amerikanische lesbisch-schwule Magazin *The Advocate* die humoristische Serie *Wendel*, Geschichten aus dem gewöhnlichen Alltag seines schwulen Titelhelden und dessen Freundes Ollie. 1993 wid Cruse für seinen Beitrag zur Homosexuellenemanzipation und -kultur mit dem mit 25.000 Dollar dotierten Stonewall Award ausgezeichnet. Gleich mehrfach prämiert, u.a. mit dem Don Thompson Memorial Award und dem UK Comic Award für den besten *graphic novel* wird sein Comicroman *Stuck Rubber Baby* (1995, dt. *Am Rande des Himmels*). In diesem stark autobiographischen Werk erzählt Cruse die Geschichte einer Gruppe von Freunden in den USA der 60er Jahre und des jungen Helden Toland Polk, der sich im Jahr der Ermordung Kennedys und der berühmten „I Have a Dream"-Rede Martin Luther Kings zu seinem Coming-out und der Liebe zu einem schwarzen Mann entschließt. Mehr als vier Jahre arbeitet Cruse an diesem Buch. Möglich wird dies nur durch ein Sponsorenmodell, das u.a. →Tony Kushner, →Armistead Maupin, →Randy Shilts, →Harvey Fierstein und Martin Duberman unterstützen.

Cukor, George Dewey

US-amerikanischer Filmregisseur
7.7.1899 New York City – 24.1.1983 Los Angeles

Cukor arbeitete anfangs als Inspizient und Bühnenregisseur am Broadway. Er wird in Hollywood zunächst als Dialogregisseur engagiert (*All Quiet on the Western Front*, 1930), bevor er seinen ersten, vielversprechenden Film (*Tarnished Lady*, 1931) mit → Tallulah Bankhead inszeniert. Innerhalb weniger Jahre wird Cukor zu einem der erfolgreichsten und produktivsten Regisseure Hollywoods. Seine Regiearbeiten, die auf fremden Stoffen basieren (*Dinner At Eight*, 1993, *David Copperfield*, 1934, *Romeo and Juliet*, 1936) zeichnen sich durch Originaltreue aus, während sie zugleich alle vorhandenen Möglichkeiten des Films ausschöpfen. Vor allem seine Schauspielerinnen weiß er in seinen Filmen zu Glanzleistungen zu führen. Höhepunkt: *The Women* (1939, dt. *Die Frauen*) mit rein weiblichem Ensemble. Aus seiner Homosexualität macht Cukor nie ein Geheimnis; er versucht sogar im Rahmen seiner Möglichkeiten gegen die Homophobie seines Studios, der MGM, vorzugehen. Andererseits vertuscht das Studio einen möglichen Skandal, als Cukor beim Cruisen von Seemännern überfallen wird. Das Regieangebot für die Verfilmung von →Tennessee Williams *Cat on a Hot Tin Roof* (dt. *Die Katze auf dem heißen Blechdach*) lehnt er ab, als im Drehbuch alle Hinweise auf die Homosexualität der Hauptfigur eliminiert werden. Berühmt-berüchtigt sind die privaten Pool-Partys in Cukors Villa, die regelmäßig sonntags (mit ausschließlich männlichen Gästen) stattfinden. 1939 soll Cukor Regie bei *Gone With The Wind* führen; die Vorbereitungen hat er bereits abgeschlossen, als Clark Gable beim Studiochef David O. Selznick gegen Cukor protestiert: „Wenn eine Schwuchtel Regie führt, mache ich nicht mit." Hintergrund ist ein viele Jahre zurückliegender Vorfall auf einer Party, bei der Gable von einem engen Freund Cukors, dem Schauspieler →William Haines, verführt worden war. Erst mit *A Star Is Born* (1954) hat Cukor wieder die Gelegenheit, einen Film mit größerem Aufwand zu produzieren. An den Erfolg dieses Musicals knüpft er mit *Les Girls* (1957) und *My Fair Lady* (1964) an.

○ Patrick McGillian: *George Cukor. A Double Life*, 1993; Emanuel Levy: *George Cukor, Master of Elegance*, 1994

D

Dahmer, Jeffrey

US-amerikanischer Massenmörder
21.5.1960 Milwaukee/Wisconsin – 28.11.1994 Columbia Gefängnis/Wisconsin

Am 22. Juli 1991 bringt der Zufall Streifenpolizisten in die Wohnung von Jeffrey Dahmer, die so einen sadistischen Massenmörde überführen. In seinem Kühlschrank und seiner Gefriertruhe finden sie Leichenteile von 17 zwischen 1978 und 1991 ermordeten, zumeist farbigen, jungen Männern, allesamt, wie sich später herausstellt, Sexpartner des bei der Verhaftung 31jährigen Dahmer. Der Prozeß wegen Mordes und Kannibalismus wird zu einem der aufsehenerregendsten der US-Geschichte. 1994 wird der zwei Jahre zuvor zu 15facher lebenslanger Haftstrafe veurteilte Dahmer von einem Mitgefangenen zu Tode geprügelt. 1996 sollten die Mordwerkzeuge und Möbel aus dem Nachlaß Dahmers versteigert werden, was zuletzt jedoch gerichtlich verhindert wird.

○ *Don Davis*: *The Milwaukee Murders*, 1991 (dt. *Jeffrey Dahmer*, 1992); Brian Masters: *The Shrine of Jeffrey Dahmer*, 1993 (dt. *Todeskult. Der Fall Jeffrey Dahmer*, 1995); Lionel Dahmer: *Mein Sohn ist ein Mörder. Geschichte eines Vaters*, 1995

Dallesandro, Joe

US-amerikanischer Schauspieler
31.12.1948 Pensacola/Florida

Entdeckt von →Andy Warhol spielt er zunächst in von Warhol produzierten und Paul Morrissey inszenierten Filmen, nicht selten spärlich oder gar nicht bekleidet. Besonders wenig Kostüm benötigt er in *Flesh* (1968) als Callboy. Dieser Film läßt ihn zum schwulen Kultstar und Objekt erotischer Begierden werden. Es folgen *Trash* (1970), *Heat* (1972) und *Andy Warhol's Frankenstein* (1973) – und dann ganz lange nichts mehr. Dallesandro wird Taxifahrer. →John Waters entdeckt ihn neu für *Cry Baby* (1990). Der bisexuelle Dallesandro war lange Zeit mit einer Drag Queen und einem Hairstylisten in Hollywood liiert, aber später auch mit einer Frau verheiratet. Er ist Vater von sieben Kindern.

Daly, Mary

US-amerikanische Theologin und Philosophin
16.10.1928 Schenectady/New York

Als Dalys radikalfeministisches Werk *The Church and the Second Sex* (dt. *Kirche, Frau und Sexus*) 1968 erscheint, wird die angesehene Theologiedozentin umgehend mit dem Verlust ihrer Stelle am Boston College bestraft. Dalys harsche Kritik an den patriarchalischen Strukturen innerhalb der katholischen Kirche macht sie zur bis heute bekanntesten radikalfeministischen Theologin. Mit *Gyn/Ecology: The Metaethics of Radical Feminism* (1978; dt. *Gyn-Ökologie: eine Metaethik des radikalen Feminismus*) und *Pure Lust: Elemental Feminist Philosophy* (1984; dt. *Reine Lust: elemental-feministische Philosophie*) geht Daly, die mit 26 Jahren bereits zu unterrichten begonnen hatte, noch weiter, indem sie den Zusammenhang zwischen Patriarchat und Sprache einer fundierten Analyse unterzieht und in eine eigene feministische Terminologie übersetzt.

Dannecker, Martin

deutscher Sexualwissenschaftler
1942

Privatdozent am Institut für Sexualwissenschaft des Klinikums der Universität Frankfurt/Main. Nach einer Ausbildung zum Industriekaufmann arbeitet Dannecker zunächst als Schauspieler und studiert schließlich an der Universität Frankfurt Philosophie und Soziologie. Mitarbeit am Drehbuch zu →Rosa von Praunheims *Nicht der Homosexuelle ist pervers, sondern die Situation, in der er lebt* (1971). 1974 erscheint die gemeinsam mit Reimut Reiche 1971 durchgeführte empirische Studie *Der gewöhnliche Homosexuelle*, die erste und immer noch als Standardwerk geltende Untersuchung dieser Art über Schwule in Deutschland. Engagement in der Schwulenbewegung und kontinuierliche Auseinandersetzung zu Fragen homosexuellen Lebens und der Homosexualität im Rahmen seiner sexualwissenschaftlichen Arbeit. Er beschäftigt sich dabei kritisch mit dem Konstruktivismus und bestimmt eine eigene Position zwischen Sigmund Freud und →Michel Foucault. Seit den 80er Jahren widmet sich Dannecker verstärkt dem veränderten Sexualverhalten der Schwulen unter dem Einfluß von Aids. Direkt an die Studie *Der gewöhnliche Homosexuelle* schließt seine Untersuchung *Homosexuelle Männer und Aids. Eine sexualwissenschaftliche Studie zu Sexualverhalten und Lebensstil* (1990) an. Eine essayistische Zusammenfassung der Ergebnisse erscheint 1991 (*Der homosexuelle Mann im Zeichen von Aids*). Weil durch das Bundesministerium für Jugend, Frauen und Familie finanziert, wird 1987 beim Beginn der Fragebogenaktion zu dieser Untersuchung zu einem Boykott innerhalb der Schwulenszene aufgerufen (u.a. durch Günter Amendt in der Mai-Ausgabe von *Konkret* und am 27. August auf einer Pressekonferenz des Bundesverbandes Homosexualität). Befürchtet wird eine gezielt falsche Interpretation des Datenmaterials zugunsten einer restriktiven Aidspolitik. Der Boykott bleibt weitgehend ohne Wirkung.

- *Der Homosexuelle und die Homosexualität*, 1978; *Das Drama der Sexualität*, 1987, *Vorwiegend homosexuell*, 1997

Dean, James
(eigentlich James Byron Dean)

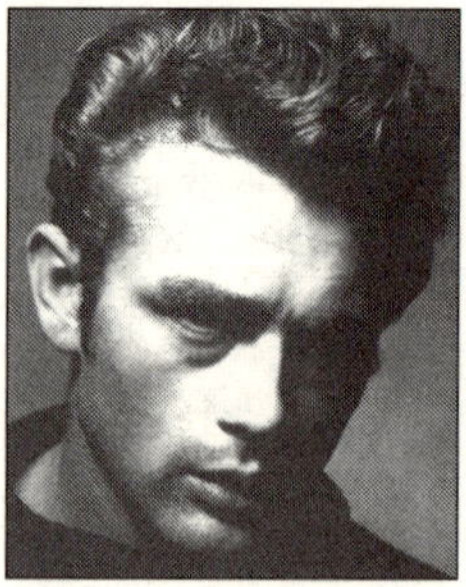

US-amerikanischer Filmschauspieler
8.2.1931 Fairmont/Indiana – 30.9.1955 Salinas/Kalifornien

Jurastudium an der University of California (abgebrochen), Schauspielunterricht in New York am Actors Studio bei Lee Strasberg und Elia Kazan. 1950 erster Werbespot, 1951 erste kleine Filmrolle als Soldat in Samuel Fullers *Fixed Bayonets.* Erster Bühnenerfolg 1953 am Broadway bei *The Immoralist* (nach →André Gide), verschiedene TV-Filme. Durch drei Kinofilme wird Dean zum Symbol einer innerlich zerrissenen und aufsässigen Jugend und zum idolhaften Prototyp des jugendlichen Rebellen und neben Marilyn Monroe und Elvis Presley zu Ikonen dieser Epoche: *East of Eden* (1955, dt. *Jenseits von Eden*), *Rebel without a Cause* (1955, dt. *Denn sie wissen nicht, was sie tun),* *Giant* (1956, dt. *Giganten).* Oscar-Nominierung für seine erste große Filmrolle, Cal Trask in *East of Eden*, posthum für seine letzte Rolle in *Giant.* Der gerade erst 24 Jahre junge, begeisterte Autofahrer verunglückt mit seinem Porsche 550 Spyder. Zwar war innerhalb Hollywoods James Deans Homo- bzw. Bisexualität weitgehend ein offenes Geheimnis, doch noch viele Jahre nach seinem Tod versuchen Fans und Filmstudios die sexuelle Orientierung des Stars zu kaschieren und zu negieren. Schon zu Lebzeiten sieht sich Dean gezwungen, sich mit Schauspielerinnen wie Pier Angeli und Ursula Andress photographieren zu lassen, um ein heterosexuelles Image zu fundamentieren. Er selbst baut seine Karriere ganz gezielt über homosexuelle Verbindungen und sexuelle Gefälligkeiten mit Entscheidungsträgern in den Filmstudios auf. Sein Sexualleben ist vor allem während seiner New Yorker Zeit ausschweifend und rastlos; Versuche eines ruhigen Lebens in romantischer Zweisamkeit scheitern. Seine große Liebe, Jonathan Gilmore, ist leider heterosexuell. Der Kult um James Dean hält auch Jahrzehnte nach seinem Tod ungebrochen an. 1995 wird durch die Vermarktung von ca. 350 James-Dean-Lizenzen (u.a. Turnschuhe, Jeans, Parfüm) über 30 Millionen Dollar umgesetzt.

○ Paul Alexander: *Boulevard of Broken Dreams: The Life, Times, and Legend of James Dean*, 1995

Dee, Georgette (Pseudonym)

Diseuse
9.9.1958 Bergen bei Celle

Ihren bürgerlichen Namen will Georgette Dee für sich behalten und soll auch an dieser Stelle nicht verraten werden. Auf der Bühne erscheint sie/er als ein sexuelles Zwischenwesen, das weder mit Travestie, schon gar nicht mit Transvestismus etwas zu tun hat. Viele Jahre sind Georgette Dee und ihr Pianist Terry Truck (der ihre selbstverfaßten Chansontexte auch vertont) ein Geheimtip vor allem in der schwulen Szene, seit Anfang der 90er Jahre wird Dee einhellig als „Deutschlands größte lebende" und auch beste Diseuse gefeiert. Nach dem Abschluß einer Ausbildung zum Krankenpfleger 1979 in Hamburg ist Dee mit der schwulen Kultur in Person von →Corny Littmann und →Ernie Reinhardt in Berührung gekommen. Erste Auftritte mit klassischen Chansons von Bert Brecht, Hildegard Knef und Hana Hegerova. Bei einer Reise nach London 1981 lernt Dee den britischen Komponisten und Pianisten Terry Truck kennen; es entwickelt sich eine ideale künstlerische Liaison. Erste wichtige Produktionen entstehen im Theater am Turm in Frankfurt/Main (u.a. *Nachts – Lieder zur Zigarette*, 1984) 1988 ist Dee als erster West-Berliner Künstler offiziell zu einem Gastspiel in Ost-Berlin (in die kleine Bühne „Das Ei" des Friedrichstadtpalastes) eingeladen. Mit einem Konzert in Berliner Schillertheater schafft Dee 1992 endgültig den Schritt vom Off-Theater zum allseits gefeierten Chanson-Star. Weitere Auftritte wie im Hamburger Schauspielhaus und den Münchner Kammerspielen folgen. Lediglich die Wiener *Presse* versucht 1993 aus Anlaß eines Gastspiels mit der Schlagzeile „Ein Transvestit im Burgtheater" und der Bemerkung die „Burg" sei ein „repräsentatives Repertoiretheater für die dramatische Weltliteratur" und „kein Sammelbecken für Männer in Frauenkleidern und Perverse" am Ruf und Ruhm Dees zu kratzen – erfolglos. Im gleichen Jahr wird Dee mit dem Deutschen Kleinkunstpreis ausgezeichnet.

- Filmrollen: *Verführung: Die Grausame Frau*, 1984, Regie →Elfi Mikesch und →Monika Treut; *All of me*, 1989, Regie, Bettina Wilhelm; Drehbuch Georgette Dee; Theaterarbeiten u.a.: Salomé in *Gesang der Salomé*, Mannheim 1985; Graf Charme in →Witold Gombrowicz *Operette*, Regie Henryk Baranowski, Hebbel-Theater Berlin, 1987; *Amok ... oder mich?*, Buch Georgette Dee, Regie Emmanuelle Weisz, Künstlerhaus Mousonturm Frankfurt/Main, 1989
- CDs (Auswahl): *Mehr verliebte Lieder*, 1991; *Live im Schillertheater*, 1992; *Schon schön*, 1997
- *Gib mir Liebeslied. Chansons, Geschichten, Aphorismen*, 1992

DeGeneres, Ellen

US-amerikanische TV-Komikerin
26.1.1958 Jefferson Parish/Louisiana

Am Flughafen von Los Angeles drückt Ellen versehentlich einen falschen Knopf, aktiviert so die Mikrophonanalage und teilt schließlich auf diese Weise den versammelten Passagieren, die auf den Flug nach Pittsburgh warten, versehentlich mit, daß sie lesbisch ist. Und bald darauf weiß es die ganze Nation. So geschehen im April 1997 – zwar im Rahmen einer Fernsehserie, aber dennoch die Wahrheit. Denn Ellen DeGeneres, die Hauptdarstellerin in der gleichnamigen Serie, hatte schlichtweg keine Lust mehr, sich zu verstecken. Und als die populäre Blondine kurze Zeit später von der Titelseite des Magazins *Time* herunterlächelt, gekrönt von der knalligen Überschrift: „Yes, I'm gay!", erhebt sich ein Sturm des Aufruhrs in den Vereinigten Staaten. Der Autokonzern Chrysler und die Fast-Food-Kette Wendy's ziehen prompt ihre Werbefilme aus *Ellen* zurück, ein Sender aus Alabama schaltet ab, als die Folge gesendet wird, in der die Komikerin sich outet, und christliche Fundamentalisten laufen Amok. DeGeneres aber juckt das wenig. Statt dessen schmust sie kurz darauf derart innig mit ihrer Freundin, der Filmschauspielerin Anne Heche (*Volcano*, 1997), beim Presseball im Weißen Haus, daß es Präsident Clinton ganz anders zumute wird. Wahrlich ein Pärchen mit Vorbildfunktion!

DeLaria, Lea

US-amerikanische Entertainerin

Lea DeLaria ist die erste offen lesbische Komödiantin („Ich bin nur eine Vagina mit Beinen"), die 1993 zur legendären *Arsenio Hall Show* eingeladen wird. Über eine Million begeisterte Lesben und Schwule quittieren ihren Auftritt auf dem Washington March 1993 mit ohrenbetäubendem Beifall. Kurz darauf tritt sie erstmalig im US-amerikanischen Fernsehen auf. Die rundliche Komödiantin mit dem unwiderstehlichen Lachen und der kräftigen Stimme verfügt über ein schier unglaubliches Reservoir an Mimik und Gesten, vor allem, wenn sie sich mit anzüglichen Bemerkungen ins Zeug legt – zuletzt hinsichtlich →Jodie Foster in →Pratibha Parmars Film *Jodie – An Icon* (1996): „Wenn ich Hannibal Lector wäre", grinst sie genüßlich, „würde ich mehr als ihre Leber essen." Über Hilary Clinton sagt sie: „Endlich haben wir eine First Lady, die man ficken kann." Statt sich für diese Bemerkung zu entschuldigen, fügt DeLaria hinzu: „Aber die Tochter würde ich auch nehmen."

• *Box Lunch*, 1997

Dickinson, Emily

US-amerikanische Lyrikerin
10.12.1830 Amherst/Massachusetts – 15.5.1886 ebd.

1852 schreibt die sensible Lyrikerin ihrer Freundin Susan Gilbert einen Liebesbrief: „Susie, verzeih mir, für jedes Wort, das ich sage – mein Herz ist voll von dir, niemand anders als du bist in meinen Gedanken." Die Liebe zu Gilbert inspiriert zahlreiche der fast 1200 Gedichte Dickinsons, die sämtlich erst nach ihrem Tode veröffentlicht werden (*Der Engel in Grau*, 1956). Ihre kühnen Metaphern und ihre ironische, antithetische Ausdrucksform weisen Dickinson heute als eine der genialsten Lyrikerinnen Amerikas aus.
Ihre letzten zwanzig Lebensjahre verbringt die verkannte Dichterin in vollkommener Abgeschiedenheit. In ihrem Nachlaß werden zahlreiche an einen mysteriösen Meister gerichtete Liebesgedichte und Briefe gefunden.

○ R. Patterson: *The Riddle of Emily Dickinson*, 1951

Dietrich, Marlene (eigentlich Maria Magdalena Dietrich)

US-amerikanische Schauspielerin deutscher Herkunft
27.12.1901 Berlin – 6.5.1992 Paris

Von Beginn an spielt die in Berlin aufgewachsene Tochter einer Leutnantswitwe bei ihren Auftritten im Kabarett, auf der Bühne und im Film mit einer aufreizenden Kühle und unverhohlenen Sinnlichkeit, die ihr Publikum zugleich provoziert und fesselt. Als junge Mutter und vielbeschäftigter Star schafft sie 1930 mit *Der blaue Engel* den Grundstein zu ihrem Image als mondäner Vamp, das schon zu Lebzeiten zur Legende werden sollte. Im gleichen Jahr geht sie nach Hollywood, wo sie sechs weitere Filme mit dem Regisseur Josef von Sternberg dreht, in denen jeweils eine Szene enthalten war, die sie in Männerkleidung zeigt (u.a. *Marokko*, 1930, dt. *Herzen in Flammen* und *Blonde Venus*, 1932, dt. *Die blonde Venus*). Dietrich liebt das ausschweifende Nachtleben und pflegt häufig wechselnde Liebschaften mit Männern und Frauen, von denen sie ihrem Ehemann Rudolf Sieber in langen Briefen berichtet: „Papilein, ich habe →Mercedes de Acosta wiedergesehen. Die →Garbo macht ihr offensichtlich das Leben schwer, nicht nur, weil sie sich mit anderen abgibt, – deshalb liegt sie übrigens mit Tripper im Krankenhaus ..." (1932).

1939 nimmt Dietrich die US-amerikanische Staatsbürgerschaft an und tritt 1944/45 bei der Truppenbetreuung amerikanischer Soldaten in Europa auf. Als sie 1960 zum ersten Male wieder im Rahmen einer Tournee nach Deutschland kommt, wird sie daher von Demonstranten als „Vaterlandsverräterin" beschimpft. 1947 lernt Dietrich in New York die französische Sängerin →Edith Piaf kennen, mit der sie mehrere Jahre lang eine stürmische Liebschaft unterhält. Dietrich, die ihre berühmten Beine hoch versichern läßt, tritt bis zu einem Oberschenkelhalsbruch, der 1975 ihre Bühnenkarriere beendet, mit einer eigenen Show als Sängerin auf. Danach lebt sie bis zu ihrem Tod äußerst zurückgezogen in Paris. Sie wird auf ihren Wunsch hin in Berlin beigesetzt. Ihre Tochter Maria Riva veräußert den Nachlaß der sammelwütigen Dietrich 1993 dem Land Berlin. Er umfaßt u.a. 3.000 Kleidungsstücke, 15.000 Photos, 400 Hüte, rund 300.000 Blatt Papier, zumeist Briefe, 80 Koffer und 300 Plakate, Zeichnungen und Gemälde, bis hin zum ramponierten Telefon aus ihrer Pariser Wohnung. Die Lebensgeschichte Marlene Dietrichs ist Grundlage einer großen Zahl von Musicals und One-Woman-Shows, wobei die lesbische Seite der Künstlerin im allgemeinen völlig ausgespart bleibt. Ihr letztes großes Interview gibt Dietrich 1984 dem Filmregisseur Maximilian Schell, der sie sechs Tage lang befragen, aber nicht filmen darf. Aus dem Material entsteht der international beachtete Dokumentarfilm *Marlene*. Ihr wird u.a. der Titel Ritter der Ehrenlegion vom französischen Staat verliehen, später wird sie durch Staatspräsidenten Pompidou zum „Offizier" und durch Mitterand zum „Kommandeur" ernannt. 1998/1999 verfilmt Katharina Trebitsch die Lebensgeschichte Dietrichs mit Katja Flint in der Hauptrolle.

- *Ich bin, Gott sei Dank, Berlinerin – Autobiographie*, 1987

○ Maria Riva: *Meine Mutter Marlene*, 1992; W.K. Martin: *Marlene Dietrich*, 1995; F. Ostrowski: *Adieu Marlene. Nachrufe aus Deutschland*, 1992; R. Mentele: *Auf Liebe eingestellt. Marlene Dietrich's schöne Kunst*, 1993; D. Spoto: *Marlene Dietrich*, 1992

Dijk, Lutz van

deutscher Schriftsteller und Photograph
7.8.1955 Berlin

Van Dijk arbeitet ab 1979 als Sonderschullehrer in Hamburg, 1987 promoviert er mit einer Arbeit über *Oppositionelles Lehrerverhalten 1933-1945* und ist engagiert in der Initiative „Pädagoginnen und Pädagogen für den Frieden". 1992 Übersiedlung nach Amsterdam, wo er pädagogischer Mitarbeiter des Anne Frank Hauses wird. 1993 ändert er seinen Familiennamen van Dick in die ursprüngliche Schreibweise van Dijk um. Neben Sachbüchern aus dem pädagogischen Bereich (u.a. *Als Nazi geboren wird keiner. Gegen Fremdenhaß und Gewalt in Schule und Elternhaus*, 1993) veröffentlicht er vor allem Bücher für Jugendliche zum Nahostkonflikt (*Feuer über Kurdistan*, 1991), Rassismus und Ausländerhaß (*Von Skinheads keine Spur*, 1995) und dem Themenbereichen Homosexualität und Faschismus, meist in der Form dokumentarischer Romane. U.a. *Der Partisan* (1993); *Der Attentäter. Herschel Grynszpan und die Vorgänge um die „Kristallnacht"* (1988; 1994 von van Dijk auch zu einem Dokumentarfilm verarbeitet) und *Verdammt starke Liebe. Eine wahre Geschichte* (1991) über die Liebe eines polnischen Jugendlichen zu einem deutschen Soldaten während des zweiten Weltkrieges. 1992 erscheint der Band *„Ein erfülltes Leben – trotzdem ..."* mit den Erinnerungen Homosexueller 1933-1945; 1997 werden die Berichte von schwulen und lesbischen Jugendlichen aus aller Welt, *Coming out*, publiziert.

- *Am Ende der Nacht. Abschied von Bob.* Roman, 1994; *Anders als du denkst. Geschichten über das erste Mal*, 1996

Divine
(eigentlich Harris Glenn Milstead)

US-amerikanischer Sänger
und Schauspieler
19.10.1945 Baltimore – 7.3.1988 Los Angeles

Seine Eltern verschaffen ihm eine Ausbildung in einer Friseurschule. Doch Harris Glenn Milstead kann sich dafür nur wenig begeistern, obgleich er später ausgefallenste hochtoupierte Perücken zu lieben beginnt. Er zieht nach Provincetown und arbeitet in einem Feinkostladen. Später eröffnet er ein eigenes Geschäft: „Divine Trash". In den 60er Jahren dreht er mit einem Nachbarjungen, →John Waters, Super8-Filme, die sich in San Francisco als Underground-Hits entpuppen. Waters, Student der Filmakademie in Maryland, holt Milstead zu sich und besetzt ihn erstmals als Fummeltrine: Er spielt Jackie Kennedy. Mit den folgenden abendfüllenden Produktionen beginnt Waters und Divines Karriere. *Pink Flamingos* (1971/72) sollte der ekelerregendsten Film aller Zeiten werden, und so frißt Divine frische Pudelscheiße vor der Kamera. Scham- und geschmacklos schlüpft Divine immer wieder in die Rolle verkommener Schlampen, etwa in *Polyester* (1981). Als Gangster Hilly Blue spielt er in *Trouble in Mind* (1985) seine erste Männerrolle. Parallel zu seiner Filmkarriere beginnt Divine Mitte der 80er Jahre mit einer Musikkarriere. Mit rauchig-schreiender Stimme, unterlegt mit HiNRG-Rhythmen, singt der angeblich 150 Kilo schwere Divine 1985 *I'm So Beautiful* und *Shoot Your Shot.* Das John Waters-Filmmusical *Hairspray* (1988) wird zu seinem Vermächtnis. Mit 42 Jahren erstickt Divine infolge seines Übergewichtes in einem Hotel in Los Angeles.

○ Bernard Jay: *Not simply Divine. Beneath the Make-up, Above the Heels and Behind the Scenes with a Cult Superstar,* 1994

Doolittle, Hilda

US-amerikanische Dichterin
10.9.1886 Bethlehem/Pennsylvania – 28.9.1961 Küsnacht/Schweiz

Doolittle, die aus Philadelphia über New York nach London gekommen war, veröffentlicht dort 1919 ihren ersten Gedichtband *Sea Garden*, der ihre Karriere als innovative Lyrikerin begründet. Nach einer ersten Ehe lernt Doolittle, die sich stets H.D. nennt und unter diesem Namen auch veröffentlicht, 1918 die Schriftstellerin →Bryher kennen, mit der sie eine lebenslange Beziehung eingeht, unbeeinflußt von mehreren weiteren heterosexuellen Beziehungen. In den folgenden Jahren lebt H.D., die 1919 ihre Tochter Perdita zur Welt gebracht hatte, zusammen mit Bryher abwechselnd in London und in der Schweiz, bis sie 1933 nach Wien geht, wo sie sich einer Analyse bei Sigmund Freud unterzieht. Nach Kriegsende läßt sich H.D., die zunehmend unter psychischen Problemen leidet, in der Schweiz nieder, wo sie unermüdlich an ihrem bereits beträchtlich umfangreichem Werk weiterarbeitet. Ihre letzten, dort entstandenen Werke *Tribute to Freud* (1956, dt. *Huldigung an Freud: Rückblick auf eine Analyse*) und *Helen in Egypt* (1961) zählen heute zu ihren erfolgreichsten Werken.

Drops, Charla (Pseudonym)

deutsche Tänzerin
13.12.1957 Köln

Im Jahre 1980 findet im Berliner „Orlanda", Europas erstem „Kultur-Café nur für Frauen", eine schicksalshafte Begegnung statt: Die diplomierte Gymnastiklehrerin Charla Drops stößt auf die studierte Psychologin Eva Hass. Oder war's andersrum? Sie beide jedenfalls waren's, und sie machen was aus ihrem Glück: 1983 gründen sie das Berliner Off-Theater Unart, um von da an 13 Jahre lang regelmäßig ihre eigenen, höchst erfolgreichen Tanztheaterproduktionen zur Aufführung zu bringen. *Die Kunsthure im Einsatz, Tarnung vor dem Hunde, Hals über Kopf, Rühr meine Urne um* heißen ihre in Eigenregie konzipierten und inszenierten expressionistischen Minidramen. Charla Drops tänzerische, komödiantische und mimische Kapriolen, meist begleitet von einer nicht minder umwerfenden Eva Hass unter wechselndem Namen, ziehen das Publikum von einer surrealen Identität in die nächste. Die beiden ausdrucksstarken Künstlerinnen, würdevolle und moderne Nachfolgerinnen der großen Grotesktänzerinnen Valeska Gert und →Anita Berber, touren seit der Schließung des Unart im Jahr 1996 mit ihren Programmen durch ganz Europa.

Du Maurier, Dame Daphne

britische Schriftstellerin
13.5.1907 London – 19.4.1889 Cornwall

Zusammen mit ihren beiden Schwestern Angela und Jeanne wächst Du Maurier als Tochter eines bekannten Schauspielerehepaars auf. Unter dem Einfluß ihrer Lehrerin auf einer Pariser Privatschule beginnt sie zu schreiben, um im Alter von 24 mit dem Erscheinen ihres ersten Romans *The Loving Spirit* (1931, dt. *Der Geist von Plyn*) einen ersten Triumph verbuchen zu können. Mit ihren zahlreichen Romanen, die in traditioneller Erzählweise, aber ausgesucht spannend und flüssig geschrieben sind, reiht sich in der Folgezeit ein Bestseller an den nächsten. Zu Du Mauriers bekanntesten Werken zählen u.a. *The Glassblowers* (1963, dt. *Die Glasbläser*) und *Growing Pains* (1973, dt. *Wachstumsschmerzen*). Zahlreiche ihrer Werke werden verfilmt, u.a. auch die Erzählung *Don't Look Now* (1971, dt. *Spätestens in Venedig*, Filmtitel: *Wenn die Gondeln Trauer tragen*). Du Maurier, die 1932 heiratet und zwei Töchter und einen Sohn zur Welt bringt, kämpft im Gegensatz zu ihren Schwestern zeitlebens gegen ihre lesbischen Neigungen an. Von ihr stammt der berühmte Ausdruck „Der Junge in der Schachtel", ein Synonym für unterdrückte und verdrängte lesbische Neigungen. Nach dem Ende des zweiten Weltkrieges und dem Zerbrechen ihrer Ehe beginnt Du Maurier, ihre diesbezüglichen Wünsche auszuleben – u.a. mit der Schauspielerin →Gertrude Lawrence. Nach deren Tod 1952 leidet sie zunehmend unter Depressionen, die Anfang 1989 dazu führen, daß sie jegliche Nahrungsaufnahme verweigert und kurz darauf im Schlaf stirbt.

Duncan, Isadora

US-amerikanische Tänzerin
27.7.1878 San Francisco – 13.9.1927 Nizza

Die begnadete Tänzerin ist eine der schillerndsten Persönlichkeiten der 20er Jahre – nicht nur in den Staaten, wo sie als das Sexsymbol der Intellektuellen schlechthin gilt, sondern auch in Europa. Duncan, auch im Privatleben kein Kind von Traurigkeit, fasziniert MalerInnen, LiteratInnen und vor allem auch reiche Mäzene jedweden Alters. Ihre Leidenschaft gilt jedoch Frauen, u.a. →Mercedes de Acosta, mit der sie auch nach Ausklang ihrer Affäre im Jahre 1917 eine innige Freundschaft verbindet. De Acosta ist es dann auch, die Duncan zehn Jahre später in einem heruntergekommenen Pariser Hotel aufspürt und unter die Arme greift. Duncans Tod ein paar Monate später ist ebenso spektakulär wie ihr Leben: Während sie einem neuen Liebesabenteuer entgegeneilt, wird sie von ihrem eigenen Schal erdrosselt, der sich um die Achse des Bugatti gewunden hatte.

- *Memoires*, 1988 (dt. *Memoiren*)

○ Mary Desti: *The Untold Story: The Life of Isadora Duncan*, 1981

Dworkin, Andrea

US-amerikanische Publizistin
26.9.1946 Camden

Als die junge Studentin während einer Demonstration gegen den Vietnamkrieg verhaftet wird, bekommt sie erstmalig die brutalen Auswirkungen der herrschenden Männergewalt zu spüren. Die Erfahrung, im Gefängnis geschlagen und gedemütigt zu werden, bringt Dworkin dazu, sich intensiv mit der Struktur der männerdominierten Gesellschaft auseinanderzusetzen – drei Jahre später veröffentlicht sie ihr erstes Buch mit dem einprägsamen Titel *Woman Hating: A Radical Look at Sexuality* (1974). Dworkins radikale Sicht auf frauenverachtende Institutionen und Umgangsformen prädestinieren sie zu einer der führenden Persönlichkeiten der Frauenbewegung. Als Sprecherin der National Organization for Women tritt sie mit zahlreichen Reden und Vorträgen an die (akademische) Öffentlichkeit, u.a. auch während der Lesbian Pride Week in New York 1975. Ab 1976 engagiert sich Dworkin in Rede und Wort vorrangig in der US-amerikanischen Pornographie-Debatte (*Pornography: Men Possessing Women*, 1981; dt. *Pornographie: Männer beherrschen Frauen*). Neben ihren theoretischen Arbeiten ist die streitbare Publizistin ab 1980 auch mit literarischen Werken bekannt geworden (*Ice and Fire*, 1986, dt. *Eis und Feuer*).

E

Eckert, Albert

deutscher Politiker
2.11.1960 München-Pasing

Studium der Germanistik, Psychologie und Politikwissenschaft in Berlin. Diplomarbeit gemeinsam mit Andreas Salmen über die deutsche Schwulenbewegung. Von 1989 bis 1995 parteiloses Mitglied der Fraktion der Alternativen Liste (nach der deutschen Vereinigung: Fraktion Bündnis 90/Die Grünen) mit Schwerpunkt Rechts- und Kulturpolitik. Das Treffen Berliner Schwulengruppen (TBS) schlägt ihn gemeinsam mit Dieter Telge der AL als Schwulenpolitiker vor. Unter seiner Mitwirkung wird das Referat für gleichgeschlechtliche Lebensweisen eingerichtet, das erste dieser Art in Deutschland. 1990 wird Eckert zum (bis dato jüngsten) Vizepräsidenten des Berliner Abgeordnetenhauses gewählt. Seine Amtszeit währt jedoch nur vom 22.3. bis 3.4.1990. In einer Schmutzkampagne, die von der Berliner Boulevardzeitung *B.Z.* losgetreten worden ist, wird Eckerts frühere Tätigkeit als Masseur als die Tätigkeit eines Strichers gewertet und zu einem Skandal hochgeschaukelt. Eckert tritt, von der Medienschlammschlacht frustriert, von seinem Amt zurück. Er ist weiterhin u.a. aktiv in der Humanistischen Union, beim Verein Kunst im Knast und in der Initiative HomoMonument Berlin. Seit Juli 1997 ist Eckert Pressesprecher der Heinrich-Böll-Stiftung in Berlin.

- mit Andreas Salmen: *20 Jahre bundesdeutsche Schwulenbewegung 1969-1989*, 1989

Edward II.

englischer König
25.4.1284 Caernarvon - 21.9.1327 London

Sohn Edwards I., einem bedeutenden Herrscher der englischen Geschichte, der Wales erobert und seinen Anspruch auf die Krone Schottlands durchsetzt. Um seinen etwas effeminierten Sohn Edward II., Prince of Wales, Härte und Männlichkeit beizubringen und so auf sein späteres Königsamt vorzubereiten, weist er ihm als Lehrer den jungen Ritter Piers Gaveston aus der damals zu England gehörenden Gascogne zu. Ironie des Schicksals: Edward II. und Piers Gaveston werden ein Liebespaar. Edward I. verbannt Gaveston des Landes. Aber kaum ist der Vater verstorben und sein Sohn hat den Thron bestiegen, läßt Edward II. seinen Geliebten aus Irland zurückrufen und macht ihn zum Earl of Cornwall. Unfähig, das politische Erbe seines Vaters zu verwalten, vertraut Edward II. bei seinen Regierungsgeschäften immer mehr seinem Geliebten. Doch auch seine Heirat mit Isabella, der Tochter Philipps IV. („der Schöne") von Frankreich, verbessert nicht die grundsätzlichen Beziehungen zum Königreich Frankreich. 1312 findet die Verärgerung des englischen Hochadels über Edwards Entschlußlosigkeit vor allem im Kampf um die schottische Krone, aber auch über seine Günstlingswirtschaft, einen Höhepunkt. Er wird gezwungen, ein Beratergremium von 21 Lords zu akzeptieren. Gaveston wird von den Baronen gefangengenommen und ermordet. 1314 verliert Edward bei Banockbourn die Schlacht und damit die Macht über Schottland. 1322 hält sich Edward erneut Günstlinge für die politischen Geschäfte, und erneut rebellieren die Barone. Dieses Mal jedoch wehrt sich der König mit Waffengewalt, schlägt deren Heer und läßt die Anführer enthaupten. Der Versuch, seine Ehefrau Isabella bei ihrem Bruder in Frankreich über die Zukunft der Gascogne verhandeln zu lassen, führt zu einem Komplott. Sie beginnt dort ein Verhältnis mit Roger Mortimer, einem exilierten Vertreter der Barone und rüstet ein Invasionsheer aus, das 1326 in England einfällt und König Edward II. stürzt. 1327 dankt er ab und wird ermordet. Mortimer übernimmt kurzzeitig die Regentschaft, bis Edward III. den Thron besteigt. Der englische Dramatiker →Christopher Marlowe (1564-1593) stellt das Schicksal des Königs in seinem Drama *Edward II.* dar und deutet die Ermordung als Rache für seine offen gelebte Homosexualität. Dies ist historisch auch belegt – im Gegensatz zur Hinrichtungsart. Bei Marlowe wird dem gestürzten König ein glühender Eisenstab als symbolischer, pervertierter analer Sexualakt in den Hintern gestoßen. →Derek Jarman nimmt die Lebensgeschichte zur Grundlage seines Spielfilms *Edward II.* (1991).

- Natalie Fryde: *The Tyranny and Fall of Edward II. 1321-1326*, 1979; Hilda Johnstone: *Edward of Carnvarvon, 1284-1307*, 1946

Eggert, Heinz

deutscher Politiker und Theologe
6.5.1946 Rostock

Der Einmarsch der Warschauer-Pakt-Staaten in die Tschechoslowakei 1968 soll sein Weltbild entscheidend erschüttert haben. Eggert verläßt alle

„Massenorganisationen", – der SED hatte er nie angehört –, studiert in Rostock evangelische Theologie und ist als Gemeindeseelsorger bzw. Studentenpfarrer u.a. in Oybin/Oberlausitz und Zittau tätig. Während dieser Zeit sind bis zu zehn Mitarbeiter der Staatssicherheit zur Bespitzelung auf ihn angesetzt. In der Endphase des SED-Regimes ist Eggert als Mitglied des Neuen Forums engagiert und am „Runden Tisch" beteiligt. 1990 wird er CDU-Mitglied und 1991 in der sächsischen Landesregierung unter Führung von Ministerpräsident Kurt Biedenkopf zum Staatsminister des Innern ernannt, wo er sich insbesondere in Fragen rechtsextremistischer Gewalt engagiert. 1992 wird er als einer von vier stellvertretenden Parteivorsitzenden der CDU gewählt und 1994 im Amt bestätigt. Bei der Landtagswahl in Sachsen 1994 erzielt Eggert in seinem Wahlkreis Sächsische Oberlausitz 2 das beste Erststimmenergebnis. Am 19. Juni 1995 wird Eggert auf eigenen Wunsch beurlaubt, nachdem männliche Mitarbeiter in seinem Büro Vorwürfe wegen sexueller Belästigung erhoben hatten. Eggert, der alle Vorwürfe zurückweist und eine Überprüfung der Anschuldigungen beantragt, kann jedoch nicht die breite Medienschlammschlacht verhindern. Eggert, verheiratet und Vater von vier Kindern, wird in den Presseberichten stets als bisexuell bezeichnet. Am 10. Juli 1995 erklärt er seinen Rücktritt als sächsischer Innenminister, behält aber zunächst sein Mandat im Landtag. Er arbeitet danach bei der Treuhand-Liegenschaftsgesellschaft und versucht sich 1996 erstmals als TV-Talkmaster gemeinsam mit Erich Böhme.

Eichhorn, Christoph

deutscher Schauspieler und Regisseur
8.9.1957 Kassel

Durch seinen Vater, der als Schauspieler am Bochumer Schauspielhaus engagiert ist, wo seine Mutter zudem als Souffleuse arbeitet, hat Eichhorn bereits als Kind Kontakt zum Theater und agiert als Statist und in Kinderrollen. Nach seiner Mittleren Reife tritt er in Bochum unter der Ära Peter Zadeks ein Anfängerengagement an. In →Rosa von Praunheims Inszenierung von *Menschen im Hotel* (u.a. mit Evelyn Künnecke) übernimmt er sechs Statistenrollen. →Werner Schroeter besetzt ihn in seiner *Lucretia*-Produktion. In Ulli Lommels Spielfilm *Zärtlichkeit der Wölfe* spielt Eichhorn 1972 zum ersten Mal eine Filmrolle: als junges Opfer des Massenmörders →Fritz Haarmann. Schlagartig berühmt wird Eichhorn durch Hans W. Geißendörfers Verfilmung von →Thomas Manns Roman *Der Zauberberg*, die parallel als Kinoproduktion und TV-Serie gedreht wird und in der Eichhorn die Hauptrolle des Hans Castorp übernimmt. Der große Durchbruch jedoch bleibt aus. Zu sehr hat die Rolle sein Image geprägt. Eichhorn spielt nun vor allem in TV-Serien wie *Derrick*, *Der Fahnder*, *Praxis Bülowbogen* und zumeist auch schwule Rollen, aber auch in der internationalen TV-Großproduktion *Peter der Große*. Außerdem wirkt er in Lowbudget-Filmen schwuler Kollegen, etwa *Geierwally* von →Walter Bockmayer und *Westler* von →Wieland Speck mit. Nach einigen Kurzfilmen (u.a. *Freia und Ferry*, ein 14minütiges Remake des Klassikers *Fahrstuhl zum Schafott*, und *Der Weg zum Ruhm*) führt er 1989 bei *Jenseits von Blau* erstmals Regie in einer abendfüllenden Kinoproduktion Es folgen Regieaufträge für Fernsehfilme.

Eisenstein, Sergej Michailowitsch

russischer Filmregisseur
23.1.1898 Riga – 11.2.1948 Moskau

Seine Laufbahn beginnt Eisenstein als Theaterregisseur und Theoretiker der Filmkunst. Erste Filme entstehen 1925 *Statschka* (dt. *Streik*) und *Bronenosez Potjemkin* (dt. *Panzerkreuzer Potemkin*), der seinen Ruf als Meister der Montage begründet. Legendär ist die sogenannte Treppenszene, in der herabmarschierende Kosaken in eine fliehende Menge schießen. Besonderen Wert legt Eisenstein in seinen ersten Filmen auf Kontraste, die den Zuschauer wachrütteln sollten. Weitere Filme im Dienste der Revolution waren *Oktjabr* (1927, *Oktober*) und *Generalnaja linija* (1929, dt. *Die Generallinie*). In den 30er Jahren scheitern zwei große Projekte: sein Film über Mexiko, den der US-Schriftsteller Upton Sinclair finanzieren will, und *Beshin lig* (dt. *Die Beshin-Wiese*). 1938 entsteht mit *Alexander Newski* ein Film, der vor allem den deutschen Faschismus treffen sollte. Eisenstein bemüht sich hier verstärkt um einen architektonischen Bildaufbau und ein abgestimmtes Verhältnis von Bild und Ton. Ein Hauptwerk wird der zweiteilige Film *Iwan Grosnyi* (1944-46, *Iwan der Schreckliche*). Der zweite Teil wird als Kritik an Stalin angesehen und daher erst 1958 uraufgeführt. Sergej Eisenstein thematisiert seine homosexuellen Neigungen niemals direkt in seinen Filmen, erst in jüngster Zeit werden seine Arbeiten auf homoerotische Konnotationen und insbesondere seine Darstellung von Männlichkeit hin untersucht. Auf dem Weg nach Mexiko 1929 macht Eisenstein Zwischenstop in Berlin, wo er u.a. auch das legendäre schwule Kabarett *Eldorado* besucht. Die dort auftretenden geschminkten und effeminierten jungen Männern bestärken seine Haltung, daß er seinen homosexuellen Wünschen nicht nachgeben dürfe. Er besucht auch das sexualwissenschaftliche Institut →Magnus Hirschfelds, angeblich nur aus rein wissenschaftlichem Interesse, „Meine Beobachtungen führen mich zu dem Schluß, daß die Homosexualität in jeder Hinsicht ein Rückschritt ist, eine Rückkehr zum Zustand vor der Zellteilung und vor der Fortpflanzung. Sie ist eine Sackgasse", erklärt er später seiner Biographin Marie Seton.

- *Ich selbst. Memoiren*, 1988

○ E. Weise: *Eisenstein*, 1988

Etheridge, Melissa

US-amerikanische Musikerin
29.5.1961 Leavenworth/Kansas

Die amerikanische Rockmusikerin und Grammy-Gewinnerin ist eine der wenigen internationalen Stars, die sich offen zu ihrer Homosexualität bekannt haben: „Es war wunderbar. Es war ein wunderbares Jahr. Ich glaube, wenn jemand aufsteht und sagt: He, so bin ich, dann wissen die Leute das zu schätzen". Die Rockröhre mit der wirren Lockenmähne beginnt ihre erfolgreiche Karriere 1988 mit dem Album *Melissa Etheridge*, ihre vier weiteren, seither erschienenen Alben tragen z.T. Namen, die sich auf deutlich mehr als nur Songtexte beziehen: *Yes I Am* (1993) genauso wie *Your Little Secret* (1995). Seit 1989 lebt Etheridge mit der Ex-Frau des Schauspielers Lou Diamond Phillips, Julie Cypher in Long Beach, Kalifornien, zusammen – und seit dem 10.2.1997 ist die Familie komplett: Julie bringt eine gesunde Tochter zur Welt.

Eugen von Savoyen

österreichischer Prinz und General
18.10.1663 Paris – 20.4.1736 Wien

Der schmächtige und nicht besonders hübsche Knabe Eugen wird zunächst dafür bestimmt, in den geistlichen Stand zu treten. Die geringschätzige Behandlung durch Ludwig XIV. – mit dessen transvestitischem homosexuellem Bruder Philippe, Herzog von Orléans, er eng befreundet ist – veranlaßt ihn jedoch, 1683 nach Wien zu fliehen und in österreichische Dienste zu treten. Dort entwickelt sich Eugen von Savoyen zu einem der erfolgreichsten Feldherrn und Diplomaten seiner Zeit. Er befehligt im Türkenkrieg 1683-99 und in der Schlacht von Zenta in Ungarn 1697 und führt im Spanischen Erbfolgekrieg die erfolgreichen Anfangsgefechte. Inzwischen zum Hofkriegsrat ernannt besiegt er gemeinsam mit dem Herzog von Marlborough das bayrisch-französische Heer bei Höchststädt (1704). Weitere Siege feiert er in Turin (1706), in Oudenaarde (1708) und Malplaquet (1709). Er führt die Friedensverhandlungen in Rastatt und Baden (1714) und beteiligt sich zwei Jahre später in den neu aufgeflammten Krieg gegen die Türken. Als 71jähriger zieht er noch einmal bei Ausbruch des Polnischen Erbfolgekrieges (1734) als Führer des Reichsheeres in die Schlacht. Insgesamt dient er drei Kaisern.
Seine lebenslange enge Beziehung zur Gräfin Elenore Batthyány hat keinerlei sexuellen Züge; über das gemeinsame Kartenspiel reichen die Intimitäten nicht hinaus. Eugen von Savoyen bleibt unverheiratet. Einer seiner engsten Freunde ist der ebenfalls homosexuelle Prinz von Turenne am Hofe Ludwigs XIV., der ihn auf seiner Flucht nach Wien begleitet. Nicht nur innerhalb des Militärs ist Eugens Vorliebe für Männer ein offenes Geheimnis und daher Anlaß für verschiedene Spottlieder und Spitznamen wie „Mars ohne Venus".

○ Derek McKay: *Prince Eugene of Savoy*, 1977; Nicholas Hendersen: *Prinz Eugen*, 1986

Eulenburg und Hertefeld, Fürst Philipp zu

deutscher Adliger und Politiker
12.2.1847 Königsberg – 17.9.1921 Liebenberg bei Templin

Eulenburg, ehemaliger Gardeoffizier, Jurist und Erbe eines beträchtlichen Vermögens, tritt 1877 in den deutschen Diplomatischen Dienst ein. Als persönlicher Freund des zukünftigen deutschen Kaisers, dessen Interesse für Spiritismus er teilt, macht er eine steile politische Karriere und wird zum kaiserlichen Botschafter in Wien ernannt. 1900 wird er in den erblichen Fürstenstand erhoben. Als engster und mächtigster Vertrauter Seiner Majestät nimmt er eine dem Kanzler nicht unähnliche Funktion ein, kann Diplomaten- und Ministerkarrieren fördern oder aber enden lassen und wird zuletzt selbst Opfer intriganter Politik.

Im Mai 1908 wird Eulenburg wegen des Verdachts homosexueller Betätigung verhaftet. Ausgelöst wird sie durch Beschuldigungen des Journalisten Maximilian Harden in der politischen Wochenzeitschrift *Die Zukunft*, der sich auf Äußerungen des aus dem Auswärtigen Amt geschaßten Grafen Holstein stützt. Holstein hatte bei seiner Entlassung eine Machenschaft Eulenburgs vermutet und sich rächen wollen. Harden beschreibt den Fürsten, Ehemann und Vater von acht Kindern, als Kopf einer „Kamarilla von sexuell abnormen Männern", die schädlichen Einfluß auf die deutsche Außenpolitik ausüben. Die „Liebenberger Tafelrunde" (benannt nach Eulenburgs Schloß Liebenberg), zu der auch der als homosexuell bereits bekannte französische Botschaftssekretär Raymond Lecomte gehöre, bilde einen festen, verschwörerischen „weibischen" Kreis Seiner Majestät und bestimme die Weltpolitik. Eulenburg stellt daraufhin Strafantrag gegen sich selbst. Der Skandal wird international von der Presse verfolgt und mit Hähme und Schadenfreude kommentiert. Da Harden keine Beweise erbringen kann, wird er wegen Verleumdung zu vier Monaten Gefängnis verurteilt; das Verfahren wird eingestellt. Zwei Jahre später jedoch ist Harden in der Lage, zwei Zeugen zu präsentieren, die gegen Eulenburg aussagen: Fischer vom Starnberger See, die in den 80er und 90er Jahren mit Eulenburg intimen Verkehr gehabt haben wollen. Nun stellt sich Kaiser Wilhelm II. gegen seinen ehemaligen Berater und dessen Freundeskreis: „Eulenburg, Hohenau, Kuno Moltke habe ich jetzt als pervers erkannt. Sie sind für mich erledigt. Hier muß vor aller Welt und unnachsichtig ein moralisches Exempel statuiert werden." Das Verfahren gegen Eulenburg wegen Verstoßes gegen den §175 und wegen Meineids wird bereits am 29.6.1908 eröffnet, aber nach drei Wochen wegen des schlechten Gesundheitszustandes des Beklagten vertagt und schließlich nie wieder aufgenommen. Die letzten Jahre seines Lebens verbringt er gesellschaftlich ruiniert auf einem Landsitz, muß sich allerdings alle sechs Monate einer gesundheitlichen Untersuchung unterziehen. Der Skandal schlägt in der Öffentlichkeit große Wellen und macht auch alle Bemühungen, den §175 abzuschaffen, zunichte. Bereits 1907 macht die SPD in ihrem Parteiorgan *Vorwärts* einen Rückzieher und versagt ihre Unterstützung. Der Petitionsausschuß spricht sich im Januar 1908 in seinem Bericht sogar für eine Verschärfung des Anti-Homosexuellen-Paragraphen aus. Sein literarisches Schaffen ist weitgehend in Vergessenheit geraten. Neben Dramen, wie *Der Seestern* (1887) und den *Skaldengesängen* (1892), betätigt sich Eulenburg auch als Lyriker. Seine *Rosenlieder* werden von Richard Strauß vertont.

○ Isabell V. Hull: *The Entourage of Kaiser Wilhelm II. 1888-1918*, 1982

Everett, Rupert

britischer Schauspieler
29.5.1959 Burnham Market/
Schottland

Der Vater ist hochrangiger Armeeoffizier und Diplomat, weswegen während Rupert Everetts Kindheit die Wohnorte sich sehr häufig wechseln. Mit 15 Jahren verläßt er die Schule, verweigert sich den väterlichen Karriereplänen, ebenfalls in den diplomatischen Dienst einzutreten und geht nach Paris und London, wo er auch Erfahrungen als Stricher sammelt. Er arbeitet als Bühnenarbeiter bei der Royal Shakespeare Company. Kurzzeitiger Besuch der Central School for Speech and Drama in London. Beginn der professionellen Theaterkarriere in London, zunächst am Citizens Theatre, Glasgow, danach in der Uraufführungs-Produktion von Julian Mitchells *Another Country* als homosexueller Spion Guy Bennett im Londoner West End. Die Inszenierung wird ein Überraschungserfolg, und Everett übernimmt auch die Rolle in der Verfilmung des Stoffes 1984. Es folgen mehrere internationale Großproduktionen, u.a. *Dance with a Stranger* (1985, Regie Mike Newell), *Gli Occhiali d'oro* (1987, Regie Guilano Montaldo, dt. *Brille mit Goldrand*), *Cronaca di un amore (1986,* Regie Francesco Rosi, *dt. Chronik eines angekündigten Todes*), *The Comfort of Stranger* (1991, Regie Paul Schrader). 1992 erscheint sein erster, autobiographisch gefärbter Roman *Hello Darling, Are You Working* (dt. *Wildes Weekend in Tanger*)– die mit britischem Witz erzählte Geschichte eines bisexuellen Gigolos in Paris. Weniger erfolgreich ist sein Versuch, auch als Sänger zu reüssieren. Der ausgebildete Pianist Everett gibt mit der „housey acid dance music"-Single *Generation of Solitude* sein Debüt als Popstar.

F

Fassbinder, Egmont

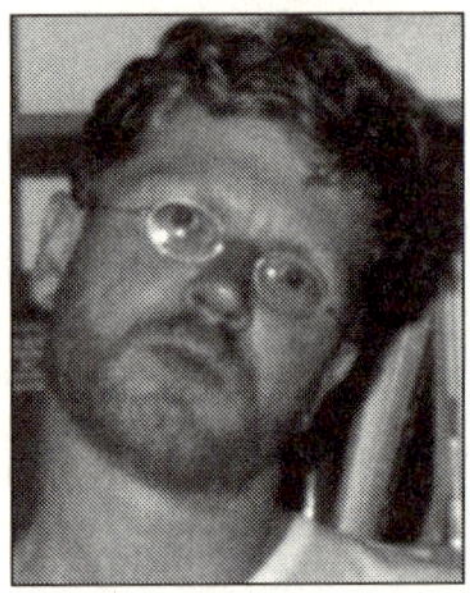

deutscher Verleger
26.7.1945 Kippenheim/Lahr

Gymnasium und Coming-out in Heidelberg, Aktivist der Studentenbewegung und Gründungsmitglied zahlreicher Schwulengruppen und -vereine. 1978 kommt Fassbinder zum Kollektiv des ersten schwulen Verlags der neuen deutschen Schwulenbewegung, dem Verlag rosa Winkel; ab 1981 ist er der einzige Beschäftigte dieses „autonomen Projekts". Neben Romanen deutsch- und fremdsprachiger Autoren und Sachbüchern verlegt Fassbinder vor allem Buchreihen, die in rein kommerziellen Verlagen keine Chance hätten: Reprints grundlegender Werke der schwulen Geschichte (wie die Schriften von →Karl Heinrich Ulrichs, →Magnus Hirschfeld und Heinrich Hössli) sowie Trouvaillen homosexueller Literatur, literaturwissenschaftliche und soziologische Arbeiten zur Homosexualität.

Fassbinder, Rainer Werner

deutscher Filmemacher, Schauspieler und Dramatiker
31.5.1946 Bad Wörishofen – 10.6.1982 München

Zwischen 1966 und 1982 dreht er 44 Filme, tritt in 19 eigenen sowie in 21 Filmen anderer Regisseure als Darsteller auf, schreibt 14 Theaterstücke, sechs Stückbearbeitungen, vier Hörspiele, inszeniert 25 Theaterstücke und verfaßt 33 Drehbücher, darunter die achtteilige Familienserie *Acht Stunden sind kein Tag* (1972) und die 14teilige TV-Verfilmung *Berlin Alexanderplatz* (1979-80). Wie kein anderer Regisseur des Nachkriegsfilms beeinflußt Fassbinder nachhaltig das Filmschaffen und das Bild des deutschen Films im Ausland. 1964-1966 Schauspielschule in München. Erste Schauspielertätigkeit, erstes Stück *Nur eine Scheibe Brot*, erster Kurzfilm *This Night* (verschollen). Er fällt sowohl 1966 als auch 1967 durch die Aufnahmeprüfung der Filmhochschule Berlin. Mitarbeit und Regie beim Münchner Action-Theater, (u.a. *Der amerikanische Soldat).* 1968 Gründung des *antitheaters* in München, u.a. mit Irm Hermann, Peer Raben, Kurt Raab und Hanna Schygulla. Es entstehen die Stücke *Preparadise sorry now*, *Anarchie in Bayern* (beide 1969), parallel dazu verstärkt die Arbeit als Filmregisseur (*Liebe ist kälter als der Tod*, *Götter der Pest*, *Katzelmacher* (alle 1969). Erste Erfolge bei den Berliner Filmfestspielen, *antitheater*-Festival am Theater am Goetheplatz Bremen. Beginn der einjährigen Beziehung mit dem Schauspieler Günther Kaufmann. 1970 Heirat mit der Schauspielerin und Sängerin Ingrid Caven (Scheidung 1972), 1971-1973 Beziehung mit El Hedi ben Salem M'Barek Mohammed Mustafa, ab 1974 mit Armin Meier (stirbt 1978 vermutlich an einer Überdosis Tabletten). Zentrale Themen Fassbinders Arbeiten sind immer wieder die vergebliche Suche nach Liebe und Geborgenheit in einer anonymen Gesellschaft, in der die Realisierung dieser Sehnsucht unmöglich gemacht ist. Kontinuierlich erarbeitet sich Fassbinder einen Zyklus zur deutschen Geschichte (von den 20er Jahren – *Berlin Alexanderplatz* – über die 40er *Lili Marleen* bis zu *Lola*, *Die Ehe der Maria Braun*). Homosexualität wird immer wieder in seinen Stücken (*Blut am Hals der Katze*, 1965/66; *Die bitteren Tränen der Petra von Kant* 1971, verfilmt 1972) und am Rande auch in den Filmen behandelt. Zentrales Thema ist sie in *Faustrecht der Freiheit* (1974) mit Peter Chatel und Karl-Heinz Böhm – die Geschichte von Franz, der durch einen Lottogewinn den Aufstieg ins gutbürgerliche neureich-schwule Leben erhofft und dabei zugrunde geht. Außerdem in Fassbinders letztem, beendeten Film *Querelle* nach →Jean Genets Roman.

- *Sämtliche Stücke*, 1991; *Filme befreien den Kopf. Essays und Arbeitsnotizen.* Hg. von Michael Töteberg, 1984

○ Herbert Spaich: *Rainer Werner Fassbinder. Leben und Werk*, 1992; Juliane Lorenz (Hg.): *Das ganz normale Chaos. Gespräche über Rainer Werner Fassbinder*, 1995; Peter W. Janssen/Wolfram Schütte (Hg.): *Rainer Werner Fassbinder*, 1992

Fetting, Rainer

deutscher Künstler
31.12.1949 Wilhelmshaven

1972-78 Studium der Malerei an der Hochschule der Künste Berlin, Mitbegründer der Galerie am Moritzplatz Berlin zusammen mit Helmut Middendorf, seinem zeitweiligen Lebensgefährten →Salomé, Luciano Castelli und Bernd Zimmermann. 1978 DAAD-Stipendium in New York, 1989 IG Metall-Kunstpreis. Erste Einzelausstellung 1977 in Berlin, erste Retrospektive 1985 in der Galerie Raab, Berlin. Weitere umfangreichere Einzelausstellungen mit Malerei, Zeichnungen und Skulpturen 1989 Barcelona (Museo di Barcelona), 1990 Weimar und Berlin/DDR (Nationalgalerie); 1993 Buenos Aires (Museo des Bellas Artes), 1995 St. Petersburg (Staatliches Russisches Museum). Vertreter der neoexpressionistischen, gegenständlichen Malerei, die zu Beginn der 80er Jahre unter dem Schlagwort der „Jungen Wilden" weltweit für Aufsehen und kommerziellen Erfolg sorgte. Zu seinen Motiven gehören zunächst vor allem Berliner Stadtszenen und die Mauer, später auch Straßenszenen aus New York und Stilleben. Nach Öffnung der Mauer malt er große Bilderzyklen von Rapsfeldern und Landschaften aus dem (Ost)Berliner Umland. Seit Ende der 80er Jahre entstehen immer wieder Aktbilder sowie -plastiken, als Modell fungiert zumeist sein Lebensgefährte Desmond Cadogan. 1976-88 verschiedene Super8-Experimentalfilme *(A Room Full of Mirrors*, 1981; *Hawaii*, 1986). Für den Innenhof der neuen SPD-Parteizentrale in Berlin entwirft Fetting 1996 eine Bronzeplastik Willy Brandts. Lebt und arbeitet in Berlin und New York.

- *Berlin New York. Gemälde und Skulpturen*, 1990; *Fetting 1990-1991. Bilder, Skulpturen, Aquarelle*, 1991

Fichte, Hubert

deutscher Schriftsteller
21.5.1935 Perleberg/Brandenburg – 8.3.1986 Hamburg

Fichte, Halbjude und Halbwaise, wächst bei seiner Großmutter in Hamburg auf. Kinderdarsteller an Hamburger Theatern, wo die Mutter als Souffleuse arbeitet. Er lebt als Knecht und Schafhirt in Südfrankreich, beginnt in Deutschland eine Ausbildung zum Landwirt. Erste literarische Veröffentlichungen (*Aufbruch nach Turku*, Erzählungen 1963). Freundschaft mit →Hans Henny Jahnn und mit der Photographin Lenore Mau, die seine Lebensgefährtin und Begleiterin auf seinen ausgedehnten ethnographischen Reisen durch die Karibik, den Persischen Golf, Chile, Westafrika und

Südamerika wird. Seine Aufzeichnungen und Beobachtungen etwa über Voodoozeremonien in Haiti, afroamerikanische Religionen und Schamanenkulte bezeichnet er als „Ethnopoesie" (u.a. *Xango*, 1976; *Petersilie*, 1980; *Lazarus und die Waschmaschine*, 1985). Erster literarischer Erfolg mit seinem Roman *Die Palette* (1968) über eine Szenekneipe in Hamburg, der als Beginn der deutschen Popliteratur gefeiert wird. Weitere autobiographische Romane über seine Kindheit und Jugend (*Das Waisenhaus*, 1965; *Detlevs Imitation ‚Grünspan'*, 1971; *Versuch über die Pubertät*, 1974). Letztlich alle seine literarischen Arbeiten sind deutlich autobiographisch gekennzeichnet. Die Romanfigur Jäcki wird zu seinem literarischen Alter ego. Seine bisherigen Veröffentlichungen – Hörspiele, Theaterstücke, Essays, Interviews, Prosa – versteht Fichte als Grundlage für sein auf 19 Bände angelegtes monumentales Hauptwerk *Die Geschichte der Empfindlichkeit*, das er erst nach Abschluß vollständig veröffentlichen will und sich an →Marcel Prousts *Auf der Suche nach der verlorenen Zeit* messen lassen sollte. In der Struktur ähnlich assoziativ und collageartig wie seine Prosa selbst, besteht der Zyklus aus Romanen, Tagebuchnotizen, Interviews, Essays (zur Homosexualität und Literatur). Grundlage für das Projekt bildet die eigene Lebensgeschichte, die Auseinandersetzung mit der Bi- bzw. Homosexualität sowie die gemeinsamen Reisen mit Leonore Mau. Der Zyklus bleibt unvollendet und wird von 1987 bis 1993 posthum herausgegeben. Der Band *Die zweite Schuld* bleibt bis 2006 durch Hubert Fichte für die Veröffentlichung gesperrt.

○ Hartmut Böhme: *Hubert Fichte. Riten des Autors und Leben der Literatur*, 1992; Michael Fisch: *Personalbibliographie zu Leben und Werk von Hubert Fichte. Unter Berücksichtigung des Werkes von Leonore Mau*, 1994; Johann Nikolaus Tilling: *Hauchbilder der Erinnerung. Biographische Spuren und die Entwicklung literarischer Motive im Werk Hubert Fichtes*, 1996

Fierstein, Harvey

US-amerikanischer Dramatiker und Schauspieler
6.6.1954 Bensonhurst/Brooklyn, New York

Mit 18 Jahren kommt Fierstein nach New York und macht dort eine umfangreiche Schauspielausbildung. Erste Versuche als Autor und Darsteller. Bei seinem Debüt steht er gemeinsam mit →Andy Warhol auf der Bühne. Sein erstes eigenes Stück *In Search of the Cobra Jewels* wird 1973 in New York uraufgeführt; es folgen *Freaky Pussy* und *Flatbush Tosca*. Den Durchbruch als Dramatiker schafft er mit seinen drei Einaktern *Torch Song Trilogy*. Als komplettes, vierstündiges Bühnenwerk ab 1982 über tausendmal am Broadway mit ihm selbst in der Hauptrolle des Travestiedarstellers Arnold Beckoff. Fierstein wird mit zwei Tony-Awards – als bester Autor und bester Hauptdarsteller – ausgezeichnet. Er spielt auch 1988 die Hauptrolle in der Verfilmung von Paul Bogart. Auch für sein Libretto für das Muscial *La Cage aux Folles* (1983) wird Fierstein mit einem Tony ausgezeichnet. 1987 Uraufführung seiner Einakter-Trilogie *Safe Sex* über das veränderte Sexualverhalten schwuler Männer im Zeitalter von Aids. Neben zahlreichen Bühnenarbeiten seit 1984 verstärkt Kino- und TV-Rollen. Filmdebüt in Sidney Lumets *Die Göttliche* (1984). Weitere Rollen: als schwuler Maskenbildner in *Mrs. Doubtfire* (1993*), Bullets over Broadway* (1994), *Independence Day* (1996) und *Kull the Conqueror* (1997). Sein Markenzeichen, die rauhe, tiefe Stimme, leiht er 1984 dem Oscar-prämierten Dokumentarfilm *The Times of→Harvey Milk.*

Finland, Tom of
(eigentlich Touko Laaksonen)

finnischer Zeichner
6.5.1920 Kaarina – 7.11.1991 Helsinki

Nach seinem Kunststudium arbeitet Laaksonen als Pianist, Mode- und Werbezeichner. Als die Nazis sich mit Finnland verbünden, ist er von den Soldaten und ihren SS-Uniformen fasziniert und verwendet sie unbedarft in seinen erotischen Zeichnungen. 1956 schickt er einige Arbeiten an das US-amerikanische Schwulenmagazin *Physical Pictorial*, das ihm den Künstlernamen Tom of Finland verleiht. 1960 wird Tom of Finland Art-Director einer schwedischen Werbeagentur, daneben entstehen jedoch seine comicartigen zeichnerischen Phantasien von „glücklichen schwulen Männern, die glücklichen schwulen Sex" haben. Mit seinen mehr als 3.500 ausgearbeiteten Zeichnungen und ca. 2.000 Grobskizzen, die sein Werk umfassen, schafft Tom of Finland Ikonen des super-virilen schwulen Machos, die allesamt in einer in sich geschlossen, rein schwulen Welt erscheinen. Er hat damit wie kein zweiter Künstler die Bilderwelt schwuler Subkultur (vor allem innerhalb der Lederszene) der 70er und 80er Jahre beeinflußt und dominiert. Es sind stets Muskelmänner – Holzfäller, Matrosen, Polizisten, Cowboys, Motorradfahrer in Leder und Jeans – mit Schnauzbart und stiefelbewehrt mit ausladenden Oberkörpern, überdimensionierten Geschlechtsteilen und Hintern wie Bowlingkugeln. Kurz vor seinem Tod ehrt ihn sein Heimatland offiziell für sein künstlerisches Werk, das inzwischen von einer Stiftung verwaltet wird. 1992 entsteht, ebenfalls dank offizieller staatlicher Unterstützung – Ilppo Pohjolas Dokumentation *Daddy and the Muscle Academy* über Leben und Werk Tom of Finlands.

○ F. Valentine Hooven III.: *Tom of Finland – Sein Leben, seine Kunst*, 1992

Fischer, Tim

deutscher Chansonnier
12.3.1973 Delmenhorst

Noch während seiner Schulzeit in Oldenburg an der Freien Waldorfschule hat Fischer als 15jähriger bereits seine ersten Auftritte mit Liedern von Kurt Weill, Friedrich Hollaender und Robert Gilbert in Nachtlokalen. Fischer hat das Chanson für sich nach eigenem Bekunden entdeckt durch →Rainer Werner Fassbinders Film *Lili*

Marleen und die dort verwandten Songs aus den 30er und 40er Jahren. Mit 17 Jahren tritt er in der Schmidt Mitternachts-Show am Hamburger Schmidt-Theater auf. 1989 lernt er den Pianisten und Komponisten →Rainer Bielfeldt, seinem zeitweiligen Lebensgefährten, kennen. Mit ihm erarbeitet er den Chansonabend *Zarah ohne Kleid* mit Liedern von Zarah Leander, jedoch fernab von purer Imitation oder gar Travestie. 1991 übernimmt Fischer eine Rolle in der Wilhelmshavener Uraufführungsproduktion von Bielfeldts Musical *Kennwort: Einsames Herz.* Das daraus stammende Stück *Die Rinnsteinprinzessin* wird neben seiner Interpretation des Hollaender-Chansons *Stroganoff* zu Fischers Erkennungsliedern. Umzug nach Berlin. Es folgen Solo-Programme (u.a. *Wenn die Liebe ausgeht*, 1993; *Weil mir so ist*, 1993; *„... und habt mich gern"*, 1994) und ein Duett-Programm gemeinsam mit →Cora Frost. Zahlreiche CD-Einspielungen, u.a. *„... und habt mich gern"* (1994); *Na so was* (1994) und das Doppelalbum *Chanson live* zusammen mit dem Hollaender-Zyklus *Lieder eines armen Mädchens* (1996).

Flanner, Janet

US-amerikanische Journalistin
13.3.1892 Indianapolis – 7.11.1978 New York City

Auf dem Umweg über New York kommt Flanner 1922 zusammen mit ihrer Lebensgefährtin, der Dichterin →Solita Solano, nach Paris. Flanner, die 1925 einen Roman über New York – *The Cubicle City* – veröffentlicht hatte, will eigentlich Schriftstellerin werden, entwickelt sich dann jedoch zu einer der bedeutendsten und bekanntesten Kolumnistinnen des 20. Jhs. Unter dem Künstlernamen „Genêt" schreibt sie für die zweiwöchentlich erscheinende Zeitung *New Yorker* über fünf Jahrzehnte hinweg die legendären *Letters from Paris*, in denen sie zunächst die kulturelle und soziale, später auch die politische Entwicklung Frankreichs kommentiert. Ihre Kolumne, in der sie aus einem sehr persönlichen Blickwinkel berichtet, wird zu einer eigenständigen Institution, in der nahezu alle Pariser KünstlerInnen und SchriftstellerInnnen verewigt werden. Für ihre Arbeit wird Flanner mehrfach ausgezeichnet, u.a. 1947 mit der Aufnahme in die französische Ehrenlegion.

Flanner, die während des zweiten Weltkrieges als Kriegskorrespondentin arbeitet, verbringt die zweite Hälfte ihres Lebens abwechselnd in Frankreich und den USA. Neben ihrer lebenslangen Beziehung mit Solano ist sie auch mit der amerikanischen Sängerin Noel Murphy und der italienisch-stämmigen Radiojournalistin →Natalia Danesi Murray liiert.

- *Pariser Tagebuch 1945-1965*, 1967; *Darlinghissima – Letters to a Friend*, 1985 (dt. *Darlinghissima, Briefe an eine Freundin*); *Paris-Germany, Europäische Reportagen, 1931-1950*, 1992; *Legendäre Frauen*, 1993

Flickenschildt, Elisabeth Ida Marie

deutsche Schauspielerin
16.3.1905 Blankenese bei Hamburg – 26.10.1977

Tochter eines Kapitäns. Nach der Volks- und Realschule arbeitet sie in einem Hamburger Modesalon und nimmt nebenbei Schauspielunterricht. Erste Engagements in Hannover und Hamburg. 1933 entdeckt sie Otto Falckenberg und holt sie an die Münchner Kammerspiele, 1936 geht sie ans Deutsche Theater nach Berlin. Ihre erste Filmrolle hat sie in Carl Lamacs *Großreinemachen* (1935), größere Bekanntheit erlangt sie mit der UFA-Produktion *Ein Mädchen geht an Land* (1938). Sie entspricht zwar keineswegs den üblichen Standards der Leinwandschönheit und Glamourstars, sie erarbeitet sich jedoch mit teilweise nur recht kurzen, aber sehr prägnanten Auftritten (etwa in der Fontane-*Verfilmung Der Schritt vom Weg* (1938/39) oder als Concierge in Käutners *Romanze in Moll* (1943) Respekt und Anerkennung für ihre schauspielerischen Fähigkeiten. Auch nach dem Krieg arbeitet Flickenschildt parallel für Theater und Film. 1955 geht sie zu →Gustaf Gründgens ans Hamburger Schauspielhaus, mit dem sie sehr eng befreundet ist und der wohl einer der wenigen Kollegen ist, mit dem sie sich auch über ihr Lesbischsein auseinandersetzt. Mit dem Tode Gründgens 1963 kündigt sie auch ihr Engagement in Hamburg. In den 60er Jahren ist sie vor allem als skurrile Alte oder liebenswürdig-schroffe Haushälterin in Ludwig-Thoma- und Edgar-Wallace-Verfilmungen zu sehen. Zu ihren letzten großen Bühnenrollen gehört die Claire Zachanassian in Friedrich Dürrenmatts *Der Besuch der alten Dame*. Seit 1940 bewirtschaftet Flickenschildt neben ihrer Schauspielerei einen Bauernhof, zunächst im Chiemgau, später in der Nähe von Stade. Sie kommt bei einem Autounfall ums Leben.

Folkerts, Ulrike

deutsche Schauspielerin
14.5.1960 Kassel

Mit ihren Fernsehauftritten als lässig-kühle Kommissarin Lena Odenthal in der Krimi-Reihe *Tatort* sorgte die Berliner Schauspielerin Ende der 80er Jahre für gesteigerte Einschaltquoten. Aber auch die sorgfältig eingeflochtenen Liebschaften der Kommissarin mit jungen, muskulösen Männern konnten die eingeschworene Fangemeinde nicht von der Heterosexualität der Kommissarin überzeugen. Mit ihren offenen Auftritten bei den Gay Games in New York 1994 und den Euro Games in Berlin 1996 hat die engagierte Sportlerin allen Spekulationen rigoros ein Ende gesetzt. Den Zuschauerzahlen tat das keinen Abbruch: Der herbe Charme Ulrike Folkerts' ist mittlerweile nicht mehr nur in diversen Fernsehserien, sondern auch auf der Kinoleinwand (*Nur über meine Leiche*, 1995) zu bewundern. Folkerts lebt gemeinsam mit ihrer langjährigen Lebensgefährtin am Stadtrand Berlins.

Forbes, Malcolm

US-amerikanischer Verleger
19.8.1919 New York City – 24.2.1990 ebd.

Nach seinem Studium der politischen Wissenschaften an der Princeton University wird Forbes 1946 Mitherausgeber und Vizepräsident bei Forbes Inc., dem Verlagskonzern seines Vaters. 1957 ist er Alleininhaber und auch Chefredakteur des *Forbes Business Magazine*, das unter seiner Führung an Auflage und Renommee gewinnt. Ab 1980 übernimmt er auch den Vorsitz im Verwaltungsrat seines weitverzweigten Verlags- und Wirtschaftsunternehmens. Als Privatmann posiert er gerne für Photos vor seiner großen Motorrad-Kollektion oder in Heißluftballons, seiner zweiten sportlichen Leidenschaft. Sein Versuch, 1985 den Atlantik mit einer Stratosphärengondel zu überqueren, scheitert jedoch. Im gleichen Jahr wird seine Ehe mit Roberta Laidlaw geschieden. Vier Söhne und eine Tochter entstammen dieser Beziehung. Als Forbes 1989 seinen 70. Geburtstag feiert, gehört er dank seinem wachsenden Imperium zu den reichsten Männern der Welt. Zu seiner Party in seinem Palast in der marokkanischen Hafenstadt Tanger kommen 800 ausgewählte prominente Gäste aus Kultur, Politik und Gesellschaft. Drei Wochen nach seinem Tod ist Forbes Titelthema des New Yorker Lesben- und Schwulenmagazin *Outweek*, das sich den prominenten Industriellen als einen der ersten versteckten Homosexuellen für die beginnende Outing-Debatte gewählt hatten. In der Reportage über „Das geheime schwule Leben des Malcolm Forbes" wird von einem *headhunter* berichtet, der eigens dafür eingestellt gewesen sei, attraktive Männer für Forbes als Leibwächter, Kellner oder Chauffeur zu engagieren.

○ Christopher Winans: *Malcolm Forbes. The Man Who Had Everything. A Candid Biography*, 1990

Forrest, Katherine V.

kanadische Schriftstellerin
20.4.1939 Windsor/Ontario

Der erste Roman der damals noch nahezu unbekannten Autorin, *Curious Wine*, erscheint 1983 und ist für manch eine Amerikanerin ein Pfeiler auf dem Weg zum Coming-out. Inzwischen sind Forrests Krimis mit der charismatischen Kommissarin Kate Delafield in mehrere Sprachen übersetzt, und die Schriftstellerin, die sich stark in der Lesben- und Schwulenbewegung engagiert, hat bislang zweimal den Lambda-Literatur-Preis „Lammy" für lesbische Krimis gewonnen – *The Beverly Malibu* (1991, dt. *Beverly Malibu*) und *Murder by Tradition* (1991, dt. *Tradition*): „Für mich war immer klar, daß ich eine lesbische Schriftstellerin bin, die für ein lesbisches und schwules Publikum schreibt." Die gebürtige Kanadierin lebt heute in Los Angeles.

• *Liberty Square*, 1996

Forster, Edward Morgan

englischer Schriftsteller
1.1.1879 London – 8.6.1970 Coventry

Da der Vater bereits verstirbt, als E.M. Forster erst zwei Jahre alt ist, wird er nur von weiblichen Verwandten, die einer evangelischen Sekte angehörten, aufgezogen. Studium am King's College in Cambridge. Dort erlebt er seine erste homoerotische Erfahrung in einer jedoch weitgehend platonischen Beziehung mit seinem Mitstudenten H.O. Meredith, dem er später im Roman *Maurice* in der Figur des Clive ein literarisches Denkmal setzt. 1901 wird Forster in die Geheimgesellschaft der Universität, „The Apostels", aufgenommen, wo er u.a. →John Maynard Keynes und dem Schriftsteller Lytton Strachey begegnet. Forsters erotische Vorliebe für Männer aus dem einfachen Volk beeinflußt im entscheidenden Maße seine politische wie auch literarische Entwicklung. Nach einem Jahr Aufenthalt in Italien, gemeinsam mit seiner Mutter, beginnt Forster 1902 Unterricht an einem Arbeiter-College zu geben; für ihn ist dies ein Beitrag, die Barrieren zwischen den Klassen aufzuheben. In seinem Roman *Maurice*, den er im Juli 1914 fertigstellt hatte, entwirft er eine idealisierte Beziehung zwischen einem Adligen und einem einfachen Jagdgehilfen. Forsters Liebhaber entstammen stets einfachen Verhältnissen und unteren Gesellschaftsschichten. Bis ins Alter von 40 Jahren ist er zu längerandauernden Beziehungen jedoch nicht fähig. 1915 kommt er durch das Rote Kreuz nach Ägypten, wo er den griechischen Lyriker →Konstantinos Kavafis kennenlernt und ihm bei der Publizierung seines Werkes behilflich ist. Dort trifft er auch auf den Straßenbahnschaffner Mohammed ed Ald, seine erste Beziehung. Ed Ald stirbt 1922; Forster kehrt nach England zurück. Mehrfach besucht Forster Indien (1912-13 sowie 1921-22) als Privatsekretär eines jungen Maharadschas. Seine Erlebnisse verarbeitet er später in dem Roman *A Passage to India* (1924). Sein Interesse am Land wird durch den jungen Inder Syed Ross geweckt, den er 1906 in England kennenlernt.

Mit seinen Romanen *Where Angels Fear to Tread* (1905), *The Longest Journey* (1907), *A Room with a View* (1908) und *Howards End* (1910) macht sich Forster als Romancier einen Namen und sichert seinen Platz in der englischen Literatur. Bereits mit seinem Debüt erlangt Forster die Anerkennung der Bloomsbury Gruppe, deren Mitglied er wird. Nach seiner Rückkehr aus Indien betätigt er sich nur noch als Essayist, Rezensent und Professor am Trinity College in Cambridge. Seine Vorträge dort werden unter dem Titel *Aspects of the Novel* (1927) veröffentlicht. Er setzt sich auch gegen das Verbot des lesbischen Romans *The Well of Loneliness* von →Radclyffe Hall ein. Sein Roman *Maurice*, der einem homosexuellen Selbstbekenntnis gleichkommt, gibt er auf Anraten seiner Freunde, aber auch aus eigener Angst vor möglichen juristischen wie gesellschaftlich negativen Folgen erst für die Veröffentlichung nach seinem Tode frei. Zu Lebzeiten ist der Roman lediglich einigen Freunden bekannt. D.H. Lawrence verwendet Forster als Modell für seinen Roman *Lady Chatterley's Lover*. 1960 überarbeitet Forster noch einmal *Maurice*, 1971 wird das Buch aus dem Nachlaß publiziert. Forsters Bedenken, die Zeit könnte für einen solchen Roman noch nicht reif sein, scheinen sich zu bestätigen. Das Buch verursacht in Großbritannien großes Aufsehen, und einige renommierte Kritiker sehen sich bemüßigt, Forster die literarische Größe abzusprechen. Sein Romanwerk erhält durch die kontinuierlichen Verfilmungen durch →James Ivory und Ismail Merchant (u.a. *Room with a View*, 1985; *Maurice*, 1987; und *Howards End*, 1992) eine neuerliche große Aufmerksamkeit.

○ P.M. Furbank: *E.M. Forster. A Life*, 1978; Claude J. Summers: *E.M. Forster*, 1983; *E.M. Forster: A Guide to Research*, 1991;

Nicola Bauman: *Morgan. A Biography of E.M. Forster*, 1994

Foster, Jodie
(eigentlich Alicia Christian Foster)

US-amerikanische Schauspielerin und Regisseurin
19.11.1962 Los Angeles

Jodie Foster steht bereits als Dreijährige in Werbespots vor der Kamera und wird 1976 durch ihre Rolle als frühreife Prostituierte an der Seite von Robert de Niro in *Taxi Driver* (Regie Martin Scorsese) weltbekannt. 1988 erhält sie den Oscar für die beste Hauptdarstellerin in *Accused* (dt. *Angeklagt*); 1992 bekommt sie die gleiche Auszeichnung für ihre Rolle als junge FBI-Agentin in *The Silence of the Lambs* (dt. *Das Schweigen der Lämmer*, Regie Jonathan Demme). Ohne ihre Karriere als Filmschauspielerin zu vernachlässigen, absolviert Foster in den 80er Jahren ein erfolgreiches Literaturstudium an der renommierten Yale-Universität. 1991 debütiert sie als Regisseurin mit *Little Man Tate* (dt. *Das Wunderkind Tate*). 1991 bezeichnet OutPost, eine New Yorker Organisation, die es sich zur Aufgabe gemacht hat, homosexuelle Prominente zu outen, Jodie Foster auf einem Flugblatt als „absolute Lesbe". In einer Umfrage nimmt Foster bei der Frage nach der am meisten gewünschtesten prominenten Persönlichkeit, die sich endlich zu ihrer Homosexualität bekennen soll, mit Abstand den ersten Platz ein. Trotz der heftigen zwiespältigen Reaktion der Öffentlichkeit auf diese mehr oder weniger bedrängenden Versuche, sie zu einem Coming-out zu bewegen, hat Foster sich zu diesem Thema weder dementierend noch bestätigend geäußert. Das tut statt dessen ihr Bruder Buddy: In seiner 1997 erschienenen Autobiographie *Foster Child* gibt er nicht nur intime Details über sein Leben und das seiner Schwester preis, sondern erklärt auch: „Ich habe immer angenommen, daß Jodie lesbisch oder bisexuell ist." Jodie Foster, die sich in ihrer 31jährigen Filmkarriere nicht zu einer einzigen Romanze – weder hetero- noch homosexuell bekennt – erhält indessen im Mai desselben Jahres die Ehrendoktorwürde der amerikanischen Elite-Universität Yale dafür, daß sie mit ihrer Arbeit als Schauspielerin, Regisseurin und Produzentin Frauen neue Wege beim Film geebnet hat.

- Filme (Auswahl): *Alice Doesn't Live Here Anymore*, 1975 (dt. *Alice lebt hier nicht mehr*); *Nell*, 1995 (Regie)

Foucault, Michel

französischer Philosoph, Historiker und Schriftsteller
15.10.1926 Poitiers – 25.6.1984 Paris

Foucault beginnt seine Hochschullaufbahn 1960 in Clermont-Ferrand, wo er von 1968 bis 1970 als Professor für Philosophie tätig ist. 1970 übernimmt er diese Funktion am Collège de France. Ab 1973 leitet er zudem die Monatszeitschrift *Zone des tempêtes*. Im Zentrum seiner Arbeit steht die Auseinandersetzung mit dem wissenschaftlichen Diskurs. Seine letztlich sehr verschiedenen Projekte faßt er einmal folgendermaßen zusammen: „Wie ist in den abendländischen Gesellschaften die Produktion von Diskursen die (zumindest für eine bestimmte Zeit) mit einem Wahrheitswert geladen sind, an die unterschiedlichen Machtmechanismen und -institutionen gebunden?" Foucault exponiert sich als einer der wichtigsten Initiatoren des Strukturalismus und macht auch mit kulturhistorischen und soziologischen Studien auf sich aufmerksam. Als der 35jährige 1961 mit seiner Untersuchung der Geschichte der Psychiatrie *L'Historie de la folie à l'âge classique* an die Öffentlichkeit tritt, ist diese Verbindung von Philosophie, Gegenwartskritik, literarischer Sprache und Geschichte ein Novum. Die Überschreitung disziplinärer Grenzen löst Irritationen aus und wird zu seinem Markenzeichen. Auch die weiteren Arbeiten folgen diesem Prinzip, etwa über die Geschichte von Verbrechen und Strafvollzug *(Surveiller et punir: naissance de la prison*, 1975; dt. *Überwachen und Strafe)* oder *Sexualität und Wahrheit*, seine 1976 begonnene, auf sechs angelegte und in drei Bänden fertiggestellte Untersuchung zur Geschichte der Sexualität, in der er sich u.a. ausführlich mit der Rolle der Homosexualität in der Antike auseinandersetzt. Seine eigene Homosexualität, sein damit verbundenes Anderssein, beschäftigt ihn zwar zeitlebens, darüber öffentlich reden, sie dezidiert auch zum Thema seiner Forschung zu machen gelingt ihm erst gegen Ende seines Lebens. Dennoch wird seine Homosexualität weitgehend diskret behandelt, ebenso sein Tod infolge von Aids. Die Familie gibt als offizielle Todesursache Krebs an und bemüht sich sogar, daß die entsprechenden Hinweise in den Krankenhausunterlagen vernichtet werden. Hervé Guibert war es schließlich, der in seinem autobiographischen Roman *Á l'ami qui ne m'a sauvé pas ma vie* (1990, dt. 1991 *Dem Freund, der mir das Leben nicht gerettet hat*) in der leicht zu entschlüsselnden Figur des Muzil die letzten Monate des Philosophen und dessen Umgang mit der Aids-Erkrankung beschreibt und damit allen weiteren Gerüchten um die Todesursache ein Ende setzt. Wie sehr jedoch hat Foucaults eigene Homosexualität, seine sexuellen Interessen seine Philosophie beeinflußt? Sein französischer Kollege Marcel Gauchet ist der Ansicht. daß Foucaults gesamtes Werk „ein Plädoyer *pro domo* für seine Homosexualität" sei. James Miller geht in seinem umstrittenen und skandalisierenden Buch *The Passion of Michel Foucault* (1995) soweit zu behaupten, Foucault habe absichtlich „die Umarmung mit dem Tod" gesucht und ganz bewußt bei seinen sexuellen Eskapaden in der New Yorker S/M-Szene auf Safer-Sex verzichtet. Patricia Duncker liefert 1996 mit ihrem Roman *Hallucinating Foucault* (dt. *Die Germanistin*, 1997*)* eine Hommage auf den Philosophen und berücksichtigt dabei insbesondere auch seine Homosexualität.

- *Die Ordnung der Dinge. Eine Archäologie der Humanwissenschaften*, 1989; *Von der Freundschaft. Michel Foucault im Gespräch*, 1984; *Schriften zur Literatur*, 1988
- ○ Didier Eribon: *Michel Foucault. Eine Biographie*, 1993; Wilhelm Schmid: *Die Geburt der Philosophie im Garten der Lüste. Michel Foucaults Archäologie des platonischen Eros*, 1994; David Macey: *The Lives of Michel Foucault*, 1994

Franck, Katharina

deutsche Musikerin
28.7.1963 Düsseldorf

Die damals spektakuläre Hitsingle *Blueprint* schallt heute noch nahezu täglich aus deutschen Radios. Katharina Francks sanft-groovige Stimme ist 1987 die Grundlage für den internationalen Höhenflug der Berliner *Rainbirds*. Zwei Jahre später bricht die Stammbesetzung der Band wegen musikalischer Differenzen auseinander. Ein vielversprechendes, aber nicht ganz so erfolgreiches Duo bleibt übrig: Die Sängerin, Songwriterin und Gitarristin Franck nimmt zusammen mit ihrer Partnerin, der avantgardistischen Komponistin und Keyboarderin Ulrike Haage, zwei weitere Platten auf, die ein gänzlich anderes Konzept als ihre Vorgängerin zeigen. Gefällige Melodien sind auch auf der 1996 erschienenen CD *Making Memory* nicht mehr zu finden, minimalistisch arrangierte Klangverbindungen stehen in eigenwilligem Kontrast zu den literarisch ambitionierten Texten.

Freitag, Thomas

deutscher Kabarettist
17.6.1950 Alsfeld

Erst nach einer ordentlich abgeschlossenen Lehre zum Bankkaufmann erfüllt sich Freitag seinen eigentlichen Berufswunsch und nimmt ab 1974 in Stuttgart bei Carlo Fuß Schauspielunterricht. Erstes Engagement beim Renitenz-Theater Stuttgart, danach am Stadttheater Gießen (1975-77). Als Solokabarettist tritt er erstmals 1976 auf, im Jahr darauf bereits wird er Ensemblemitglied im Düsseldorfer *Kom(m)ödchen*. Freitag versteht sich vor allem als Satiriker und politischer Kabarettist denn Alleinunterhalter oder Spaßmacher. Sein besonderes Talent für die stimmliche und mimische Parodie von Politikern wie Helmut Kohl oder Franz Josef Strauß macht ihn ab Mitte der 80er Jahre zu einem der gefragtesten Kabarettisten in Deutschland. Neben seinen Bühnenprogrammen gestaltet er regelmäßig eigene Kabarettsendungen im Fernsehen. 1995 spricht er in einem Interview mit dem Schwulenmagazin *magnus* über seine Homosexualität.

Freud, Anna

britische Kinderpsychologin österreichischer Herkunft
3.12.1895 Wien 8.10.1982 London

Die jüngste Tochter des Psychoanalytikers Sigmund Freud spezialisiert sich nach der Lehranalyse bei ihrem Vater auf Kinderpsychoanalyse und entwickelt noch vor ihrer Emigration nach Großbritannien im Jahr 1938 die Theorie der Abwehrmechanismen, mit denen das Ich Angstzustände und unerträgliche Erlebnisse verdrängen kann. Freud gründet 1947 die Hampstead Child-Therapy Course and Clinic und schafft während ihrer Leitung derselben in den Jahren 1952-82 das therapeutische und wissenschaftliche Fundament der Kinderpsychologie. Auf ihrer Arbeit basieren die Grundlagen der heutigen Kinderpsychotherapie.

Von 1925 bis 1979 lebt Anna Freud mit der amerikanischen Kinderpsychologin →Dorothy Tiffany Burlingham zusammen, eine symbiotische Beziehung, die erst mit dem Tod Burlinghams endet. Freud stirbt drei Jahre später an den Folgen eines Schlaganfalls.
Zeitlebens weist Freud alle Verdächtigungen aus psychoanalytischen Zirkeln, daß sie lesbisch sei, entschieden zurück. Offiziell definieren sie und Burlingham sich als Freundinnenpaar mit den Ähnlichkeiten eineiiger Zwillinge. Kaum verwunderlich – bis heute ist die überwiegende Mehrheit der Fachwelt übrigens der Meinung, daß Homosexuelle nicht als Analytiker zugelassen werden dürfen.

- *Technique of Child Psychoanalysis*, 1927; *The Ego and the Mechanisms of Defense*, 1936 (dt. *Das Ego und die Abwehrmechanismen*)
- ○ U.H. Peters: *Anna Freud, Ein Leben für das Kind*, 1979

Frick, Grace

US-amerikanische Übersetzerin
12.1.1903 Toledo/Ohio – 18.11.1979 Mount Desert Island/Maine

Nach dem Studium der englischen Literatur unterrichtet Frick zunächst an einem College, um danach als Lektorin zu arbeiten. 1937 lernt sie in einem Pariser Hotel die Schriftstellerin →Marguerite Yourcenar kennen, die ihr ein Jahr später nach New York folgt. Eine lebenslange Beziehung beginnt – Frick und Yourcenar ziehen zunächst nach Connecticut, wo Frick am Hartford College unterrichtet, 1949 dann auf Mount Desert Island in Maine. Frick gibt ihre Lehrerinnentätigkeit auf, um Yourcenar in ihrer Arbeit zu unterstützen und ihre Werke zu übersetzen – so arbeitet sie über zehn Jahre an Yourcenars wichtigstem Werk *Memoires d'Hadrien* (1951, dt. *Ich zähmte die Wölfin*).
Frick stirbt nach jahrzehntelanger Krankheit im Alter von 76 Jahren an Krebs.

Friedländer, Benedikt (eigentlich Adolph Nathan Carl Benedict Friedlaender)

deutscher Naturwissenschaftler
18.7.1866 Berlin – 20.6.1908 ebd.

Nach ausgedehnten Studien promoviert der Sohn des Professors für Nationalökonomie Carl Jacob Friedlaender 1888 mit einer Arbeit über das Zentralnervensystem des Regenwurms. Fortsetzung der Studien zur Wurmforschung. Parallel Studien zur Philosophie und Nationalökonomie (Schopenhauer, Darwin, Eugen Dühring, Jacques Loeb). Zweijähriger Aufenthalt an der Zoologischen Station Neapel, 1893-1900 Weltreise und vulkanologische Studien. Ab 1902 Mitarbeit im Wissenschaftlich-humanitären Komitee unter →Magnus Hirschfeld. Führt hier u.a. die Auswertung einer selbst entworfenen Statistik durch. In seinem Hauptwerk *Die Renaissance des Eros Uranios. Die physiologische Freundschaft, ein normaler Grundtrieb des Menschen und eine Frage der männ-*

lichen Gesellungsfreiheit (1904) entwickelt Friedlaender die Vision einer Wiederherstellung der griechischen Gesellschaft der Lieblingsminne mit ihrem Verständis der platonischen Liebe ohne „Pfaffentrug" und „Weiberherrschaft". Ausgehend von einer Abhandlung Gustav Jägers über die Bedeutung von Duftstoffen für das Liebesleben verfolgt Friedlaender die Theorie, daß sich die Anziehungskraft zwischen Männern durch Gestalt, Stimme und Berührung, aber vor allem Seele, Verstand und Intellekt, letztlich also ein physikalisch-chemisches Geschehen zurückzuführen sei. Die von Hirschfeld und →Karl Heinrich Ulrichs propagierten Begriffe wie „Urning", „Drittes Geschlecht" und „sexuelle Zwischenstufen" lehnt er energisch ab und glaubt, „dass die meisten Menschen von Natur mehr oder minder bisexuell sind – dass sie sozusagen eine homosexuelle Ader haben." Außerdem verbindet Friedlaender in seinen Schriften Sexual- und Sozialtheorie und entwickelt die Ansicht, daß die gleichgeschlechtliche Liebe eng mit dem „sozialen Instinct" verknüpft sei und die Entwicklung von Staat und Kultur nur auf dieser Basis der „physiologischen Freundschaft" möglich sei. Friedlaender überwirft sich mit Hirschfeld und Max Spohr, verläßt das WhK und gründet die „Sezession des WhK", den „Bund für männliche Kultur", der jedoch kaum nennenswerte Aktivitäten entwickelt, zumal Friedlaender im Herbst 1907 unheilbar an einem Darmleiden erkrankt und kaum mehr handlungsfähig ist. Am 20. Juni 1908 wählt er den Freitod. Seine Schriften und Theorien werden auch nach seinem Tod nur wenig rezipiert. Zustimmung findet er u.a. bei →Hans Blüher,→ John Henry Mackay und Elisar von Kupffer.

Friedrich II. von Preußen

preußischer König
24.1.1712 Schloß zu Berlin – 17.8.1786 Sanssouci

Sein Vater, der tyrannische König Friedrich Wilhelm I. (der „Soldatenkönig"), versucht den für die Künste und insbesondere die Musik interessierten Sohn die „weibischen" Vorlieben abzugewöhnen und erzieht ihn mit aller Strenge zum Soldaten – bis hin zur öffentlichen Züchtigung. Als der Vater stirbt, übernimmt Friedrich II. mit 28 Jahren den Thron und geht als Friedrich der Große in die Geschichte ein. Er widmet sich nun den Künsten, der Literatur und Philosophie, und wird ein ausgezeichneter Komponist und Flötist. In seinem ersten Amtsjahr als aufgeklärter Monarch lädt er zahlreiche Künstler zu seinem Amtssitz nach Berlin, verkündet die Pressefreiheit, veröffentlicht die Abhandlung *Antimachiavell* über die Pflichten eines Monarchen – und marschiert ins benachbarte Schlesien ein, der erste von vielen Kriegen, die er im Laufe seiner Regierungszeit führt. Trotz aller Vorlieben für das Französische und seine aufklärerische, humanistische Grundhaltung, läßt er beispielsweise Fahnenflüchtigen dennoch auf grausame Weise Ohren und Nasen abschneiden. Seine aufwendige Hofhaltung verschlingt große Summen. Ein besonders teures

Hobby ist seine Sammlung von Tabak- und anderen brillantverzierten Döschen.

Mit 18 Jahren versucht Friedrich II., damals Offizier in der Armee, gemeinsam mit seinem Freund Hans Hermann von Katte in das aufgeschlossenere England zu fliehen. Die beiden werden jedoch gefangen, von Katte vor Augen des Geliebten enthauptet und Friedrich II. von seinem Vater gezwungen, in die Ehe mit Elisabeth-Christine von Braunschweig-Bevern einzuwilligen. Gleich nach des Vaters Tod verbannt er seine Ehefrau auf ein anderes Schloß, künftig sind Frauen an seinem Wohn- und Arbeitssitz kaum geduldet. Sowohl seine wie die Homosexualität des Bruders Heinrich ist am Hofe ein offenes Geheimnis. Ein zumindest platonisches, vielleicht auch sexuelles Verhältnis hat Friedrich der Große zu seinem Vorleser, Sekretär und literarischen Gehilfen Claude Etienne Darget, den er in seinem gotteslästerlichen und frivol-homosexuellen Poem *Palladion* (1749) zum Helden macht. Voltaire, häufiger Gast am Hofe, beschreibt ein morgendliches Ritual, bei dem sich der König stets einen Kadetten, Pagen oder Leutnant zur sexuellen Befriedigung in sein Schlafzimmer beordert. Einem Neffen rät Friedrich II. in einem Brief, „griechische Vergnügungen" (sprich: passiven Analverkehr) zu meiden, da sie wenig angenehm seien, wie er aus „persönlicher Erfahrung" bezeugen könne.

- ○ Hans Pleschinski (Hg.): *Voltaire – Friedrich der Große. Briefwechsel*, 1992. Christian Graf von Krockow: *Friedrich der Große. Ein Lebensbild*, 1993; Nancy Mitford: *Frederick the Great*, 1995

Friedrich, Su

US-amerikanische Regisseurin
1954 New Haven/Connecticut

Nach dem Studium der Kunst und Kunstgeschichte beginnt Friedrich 1978 Filme, fast ausschließlich in schwarz-weiß, zu drehen. Viele ihrer Arbeiten entstehen in Personalunion, fast alle bewegen sich als Dokumentarfilme auf dem schmalen Grat zwischen einer poetischen und einer nüchternen Darstellung der gewählten Themen mit oftmals homosexuellem Bezug: *Hide and Seek*, Friedrichs jüngstes Werk von 1996, untersucht die Kindheitserfahrungen lesbischer Frauen im Hinblick auf ihre spätere sexuelle Präferenz. Friedrich, die für ihre Filme zahlreiche Auszeichnungen und Stipendien erhält, lebt seit 1976 in New York.

- *Rules of the Road*, 1993; *Sink or Swim*, 1990

Frings, Matthias

deutscher Publizist und Moderator
14.4.1953 Aachen

Während des Studiums der Anglistik und Germanistik in seiner Heimatstadt Aachen ist Frings in der Schwulengruppe, den Printenschwestern, engagiert. Neben ersten Erfahrungen im Fernsehbereich (mit Beiträgen für das ZDF-Kulturmagazin *Aspekte)* ist

Frings auch als Schauspieler in freien Theatergruppen tätig. Ab 1980 lebt und arbeitet er als Journalist für Zeitungen, Zeitschriften und den Rundfunk. Daneben veröffentlicht er verschiedene Buchpublikationen, u.a. *Männer. Liebe* (1982) und *Heiße Jahre* (1983, beide zusammen mit →Elmar Kraushaar), *Liebesdinge - Bemerkungen zur Sexualität des Mannes* (1984), *Ein Bild vom Mann* (1986). 1992 entwickelt er in Köln im neugegründeten privaten Fernsehsender VOX das wöchentliche Magazin zur Sexualität, *Liebe. Sünde*. Die Sendung ist die erste dieser Art im deutschen Fernsehen und ist sowohl beim Publikum als auch in der Kritik erfolgreich. Später verlegt er den Sitz seiner TV-Produktionsfirma *mea culpa* nach Berlin und gibt die Moderation 1995 an Andrea Thilo ab. Er bleibt weiterhin als Produzent der Sendung aktiv, betätigt sich aber wieder verstärkt als Moderator von Talkshows, Podiumsgesprächen etc., zumeist in schwulenpolitischen und Aids-Zusammenhängen.

Frost, Cora

deutsche Chansonette
5.7.1963 München

„Das Größte und Gefährlichste, was der deutschen Kleinkunst zustoßen konnte", urteilt die *FAZ* wohlig schaudernd über die dunkelhaarige Sängerin und Alleinunterhalterin mit der eindringlichen Stimme. Entdeckt und gefördert von der Schauspielerin Marianne Sägebrecht und vom Theaterregisseur Johann Kresnik als Tänzerin engagiert, steigt die ehemalige Stripperin aus München 1994 zum neuen deutschen Stern am Varietéhimmel auf - mit ihren Soloprogrammen *Starimbiß* (1994), *So blau* (1996) und *Fugu* (1997) genauso wie mit ihren Duettvorstellungen an der Seite →Tim Fischers (*Niemand liebt dich so wie ich*, 1994). Wie kaum eine andere beherrscht Frost, die seit 1981 eigene Lieder präsentiert, den Wechsel zwischen Introvertiertheit und Aggression. Mal singt sie mit sanfter Stimme selbstgetextete Liebesballaden, in denen - wie sie selbst auch - eine Frau eine andere liebt (*Dicke Marie*, *Die Ballade von Paula Maus*), mal rückt Frost ihrem verblüfften Publikum mit sadistischen Späßen auf die Pelle. Frost erhält 1996 den höchst angesehenen Deutschen Kleinkunstpreis.

• CDs: *Starimbiß*, 1995; *So blau*, 1997

G

Garbo, Greta
(eigentlich Greta Gustafsson)

US-amerikanische Schauspielerin schwedischer Herkunft
18.9.1905 Stockholm - 15.4.1990 New York City

„Alles, was sie tat, hatte mich erregt" – so spricht die „Göttliche" nach ihrer ersten Liebesnacht mit der Dramatikerin →Mercedes de Acosta. Es sollte nicht bei dieser einen Nacht bleiben – mehr als dreißig Jahre dauert die stürmische Beziehung zwischen den beiden prominenten Frauen, und sie endet erst 1960, als Garbo mit de Acosta bricht, nachdem diese in ihrer Biographie Intimes ausgeplaudert hatte.
Als drittes Kind einer armen schwedischen Arbeiterfamilie aufgewachsen beginnt Garbo mit 16 Jahren, als Hutverkäuferin in einem schicken Stockholmer Kaufhaus zu arbeiten. Ihre Abende verbringt sie in Theatern, wo sie emsig Kontakte zu Regisseuren und Darstellern knüpft. Schließlich gelingt es ihr, ein Stipendium an der Königlichen Schauspielschule zu bekommen. Weniger aufgrund ihres Talents als vielmehr ihrer erotischen Ausstrahlung wegen wird sie 1923 von Mauritz Stiller für die Hauptrolle in seiner Verfilmung von →Selma Lagerlöfs *Gösta Berling*, Garbos Lieblingsbuch aus Kinderzeiten, engagiert. Zwei Jahre später ruft Hollywood – und Garbos Aufstieg zum absoluten Superstar beginnt mit *The Torrent* (1926, dt. *Fluten der Leidenschaften*). Nach 13 Stummfilmen dreht Garbo 1930 ihren ersten Tonfilm *Anna Christie*, in dieser Zeit beginnt ihre Beziehung mit de Acosta und später auch anderen Frauen. Garbo, die sich nach außen hin gerne den Anschein gibt, mit niemanden liiert zu sein, feiert als *Mata Hari* (1931) und *Königin →Christina* (1933, *Queen Christina*) ihre größten Erfolge. Ihre gefühlvolle Darstellung großer historischer und mythenumwobener Frauengestalten animiert zahllose Schauspielerinnen in aller Welt zur Nachahmung. 1951, zehn Jahre nach ihrem letzten Film *The Two-Faced Woman* (1941, dt. *Die Frau mit den zwei Gesichtern*), zieht Garbo nach New York, wo sie den Rest ihres Lebens äußerst zurückgezogen verbringt.

○ R. Payne: *The Great Garbo*, 1976 (dt. *Greta Garbo*); A. Walker: *Greta Garbo, ein Porträt*, 1983

Garland, Judy
(eigentlich Frances Gumm)

US-amerikanische Schauspielerin
10.6.1922 Grand Rapids/Minnesota – 22.6.1969 London

Die Tochter eines schwulen Filmmanagers tanzt und singt bereits als Zweieinhalbjährige mit ihren beiden Schwestern auf öffentlichen Bühnen. Mit 13 wird sie für ihre erste Filmrolle engagiert, um sich von da an zum beliebtesten Musical-Kinderstar der 30er und 40er Jahre zu entwickeln. Schon als Teenager wird Garland von ihrer Werbeagentin Betty Asher nicht nur in die Freuden des Alkohol- und Drogengenusses, sondern auch in die der lesbischen Liebe eingeweiht. Um den ewigen Gerüchten ein Ende zu machen, heiratet Garland, die mit ihrer Rolle als Dorothy in dem Märchenfilm *The Wizard of Oz* (1939, dt. *Das zauberhafte Land)* ihren größten Erfolg feiert, 1945 in zweiter Ehe den homosexuellen Regisseur

Vincente Minnelli. Ein Jahr später wird Tochter Liza geboren.
Ab 1950 besteht Garlands Leben aus einer Aneinanderreihung von Nervenzusammenbrüchen, gescheiterten Ehen und Beziehungen, Drogenentzügen und Comebacks auf der Bühne und im Film. Bis zu ihrem Selbstmord fast zwanzig Jahre später kann sie sich durch ihre Konzerttourneen ihre Popularität erhalten. Für viele Schwule in den 60er Jahren ist Garland die Ikone schlechthin, denn sie verkörpert eine einzigartige Mischung aus Wunder und Leid, überwindet alle Hindernisse, steht nach jeder Niederlage immer wieder auf. Als sie im Juni 1969 stirbt, stehen über 20.000 Menschen Schlange, um vor ihrem aufgebahrten Sarg Abschied zu nehmen. Einige schwule Kneipen schmücken sich sogar mit schwarzem Crêpe-Papier zur Trauer. Viele behaupten, Garlands Tod trägt entscheidend dazu bei, daß es zu den Stonewall-Krawallen in New York City kommt.

○ J. Juneau: *Judy Garland. Ihre Filme – ihr Leben*, 1980, Joe Morella/Edward Z. Epstein: *Judy – The Complete Films and Career of Judy Garland*, 1990

Gaultier, Jean-Paul

französischer Modemacher
24.4.1952 Arcueil/Paris

Bereits als Kind entwirft er für seine Puppen neue Kleider, als Schüler frisiert und schminkt er in der Wohnung der Großmutter – einer Kartenlegerin und Kosmetikerin – deren Kundinnen. Mit 18 Jahren wird er von Pierre Cardin als Assistent engagiert, wechselt frustriert zu Jaques Esterel, dann zu Jean Patou und wieder zu Cardin. Eine eigene Schmuckkollektion floppt. 1976 folgt die erste eigene Modekollektion, die wie die beiden nachfolgenden ein Mißerfolg wird. Verschuldet zieht er sich in die elterliche Wohnung zurück. Durch einen Glücksfall entdeckt ihn der japanische Textilkonzern Kashiyama, der in Europa Fuß fassen will, und Gaultier wird sofort engagiert. In seinen Kollektionen greift er auf Fundstücke vom Flohmarkt und auf Inspirationen aus dem Fernsehen sowie der Popkultur zurück und vermischt Trends, Tradition und Humor. Er selbst gibt sich stets jugendlich-lausbubenhaft mit Matrosen-Ringelhemd. 1985 erregt er Aufsehen mit seinen Röcken für Männer, im gleichen Jahr Eröffnung der ersten eigenen Boutique in Paris. Mit seinen Models begeht er, wie auch bei den Kollektionen, mehrfachen Stil- und Tabubruch. Als einer der ersten setzt er farbige Models ein und läßt Profis und Laien, androgyne Frauen neben übergewichtigen Walkürengestalten, knabenhafte Jünglinge neben grauhaarigen älteren Damen auf den Laufsteg gehen. 1990 modelt für ihn eine seiner prominentesten Kundinnen, Madonna, für die er die aufsehenerregende, spitzbusige Korsage entwirft. 1989 nimmt Gaultier seine erste Schallplatte *House Couture* auf. Ab 1992 betätigt er sich auch als Möbeldesigner. Für Peter Greenaway stattet er den Film *The Cook, The Thief, His Wife and Her Lover* (1989) aus, für Luc Besson *Das Fünfte Element* (1997).
1983 wählen ihn führende internationale Modejournalisten zum besten Designer. 1987 erhält er den Mode-Oscar als bester Designer des Jahres.

Gaynor, Janet
(eigentlich Laura Gainor)

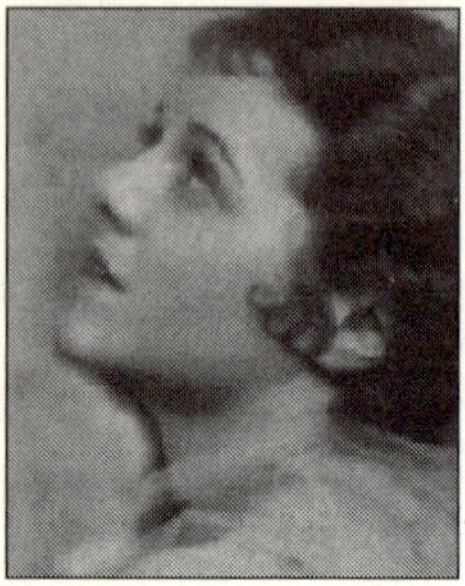

US-amerikanische Schauspielerin
6.10.1906 Philadelphia – 14.9.1982 Palm Springs/Kalifornien

Für ihre frische, unschuldige Darstellung der weiblichen Hauptrolle in *Sunrise* (1927, dt. *Sonnenaufgang*) erhält Gaynor den ersten Oscar, der für die beste Schauspielerin vergeben wird. Obwohl sie den Übergang zum Tonfilm im Gegensatz zu vielen Kolleginnen mühelos schafft, gelingt es ihr in der Folge jahrelang nicht, die schablonenhafte Rolle als „America's Sweetheart" abzuschütteln. Erst mit *A Star Is Born* (1937, dt. *Ein Stern ist erschienen*) emanzipiert sie sich als ernsthafte Charakterdarstellerin. Gaynor, Mitglied des lesbischen Hollywooder „Nähkreises", leidet dennoch weiterhin unter dem Auseinanderklaffen von Sein und Schein: Für Frauen wie sie, erklärt sie in den 30er Jahren etwas verschlüsselt, sei „es mehr oder weniger zur Gewohnheit geworden, daß wir unsere wahren Gefühle verbergen." Die Schauspielerin, die eine Scheinehe mit →Adrian, dem führenden Kostümdesigner von MGM, eingegangen war, stirbt 1982 an den Folgen eines Autounfalls.

Geffen, David

US-amerikanischer Musik- und Filmproduzent
21.2.1943 Brooklyn/New York

Geffen, der aus einer ärmlichen Familie russischer Einwanderer abstammt – die Mutter hat einen kleinen Laden für Damenkorsettagen –, soll sich angeblich als Kind bereits vorgenommen haben, eine amerikatypische Karriere vom Tellerwäscher zum Millionär zu machen. Dieses Ziel hat er weit übertroffen: Er gehört zu den bestverdienenden Männern der USA. Eine geplante Karriere im Showbusiness scheitert an seinen mäßigen Schulzeugnissen: Er wird zur Universität gar nicht erst zugelassen. Mit einem gefälschten College-Abschluß erschleicht er sich eine Anstellung in der Versandabteilung der William Morris Agency. Nach eineinhalb Jahren ist er bereits Junior Manager dieser Musikagentur. 1966 gründet er eine eigene Plattenfirma, Tunafish Music, die er 1969 für 4,5 Millionen Dollar an CBS verkauft. Bei seinen neuen Unternehmen Asylum Records und der Musikagentur Geffen-Roberts hat er Künstler wie Joni Mitchell, Linda Ronstadt und Jackson Browne unter Vertrag. Anfang der 70er Jahre ist Geffen bereits einer der einfluß- und erfolgreichsten Unternehmer im Musikbereich. 1971 verkauft er Asylum Records an den Medien-Mogul Warner, bleibt aber Präsident der Plattenfirma. 1976 zieht er sich als vermeintlich krebserkrankt aus dem Management zurück und beschränkt sich auf Lehraufträge an den Universitäten Yale und UCLA. Als sich vier Jahre später die Fehldiagnose herausstellt, steigt er erneut in das Musikbusiness ein und gründet Geffen Records. Auch hier hat Geffen sehr schnell wieder Popgrößen unter Vertrag, u.a. → Elton John, Donna Summer, John Lennon, später kommen *Guns N'Roses*, *Whitesnake* und *Aerosmith* dazu. Als er auch diese Firma wieder veräußert, ist sie 700 Millionen Dollar wert. Ab 1982 beginnt er auch Filme zu produzieren *(Personal Best*, 1982; *Risky Business*, 1983; *Beetlejuice*, 1988), ab 1981 auch Musical- und Theaterinszenierungen wie *Cats* (1982) und *Miss Saigon* (1991). 1990 gründet er erneut eine Plattenfirma: DGC. Im Filmproduktionsbereich arbeitet Geffen mit seiner Firma *DreamWorks* eng mit Steven Spielberg *(The Lost World*, dt. *Vergessene Welt)* zusammen. Seit Anfang der 90er Jahre äußert sich Geffen selbstbewußt und offen zu seiner Homosexualität und engagiert sich in der Aids-Arbeit persönlich wie finanziell durch hohe Spenden. 1994 vermeldet eine französische Zeitschrift Geffens Verlobung mit dem Star aus einem seiner Filme, Keanu Reeves. Die Nachricht erweist sich jedoch als Zeitungsente und Wunschdenken manches schwulen Reeves-Fans.

Gehrke, Claudia

deutsche Verlegerin
1.6.1953 Berlin

Noch als Studentin der Germanistik, Philosophie und Mathematik gründet sie 1978 gemeinsam mit einem Freund im idyllischen Tübingen den linken konkursbuchverlag, der zunächst mit politischen Schriften von sich reden macht. Mit der regelmäßigen Herausgabe des Jahrbuchs für Erotik *Mein heimliches Auge* wandelt sich das Profil des erfolgreichen Verlags – und die umtriebige Verlegerin wird zu einer der umstrittensten und bekanntesten Figuren in der deutschen Literaturszene. Gehrke, die wegen ihres couragierten Engagements für die Freiheit der sexuellen Orientierung und der erotischen Künste vor allem von Seiten der Frauenbewegung heftig angefeindet und von vielen Frauenbuchläden boykottiert wird, hat mit schöner Regelmäßigkeit Prozesse wegen des Verdachts auf Verbreitung pornographischer Schriften am Hals. Zum Programm der bekennenden Bisexuellen, die im Privatleben allerdings seit Jahren ausschließlich Frauen zugetan ist, zählen neben erotischen Büchern und Photobänden mit oftmals lesbischen Thematiken auch Werke renommierter AutorInnen wie →Yoko Tawada.

Genet, Jean

französischer Schriftsteller
19.12.1910 Paris – 15.4.1986 ebd.

Jean Genet umgibt sich zeitlebens mit der Aura von Gewalt und Verbrechen und kreiert einen eigenen Mythos um seine Person: der schreibende Dieb und Strichjunge, der „poète maduit". Wieviel davon Dichtung, und was Wahrheit ist, läßt sich auch heute nicht eindeutig auseinanderdividieren. Weitgehend gelungen ist dies →Edmund White in seiner monumentalen Biographie *Jean Genet* (1993). So kriminell und fern jegli-

cher bürgerlicher Erziehung, wie sich Genet gerne gibt, ist er dennoch nicht. Zwar wird er insgesamt 13mal verurteilt zu zusammengerechnet 44 Monaten Haft, doch zumeist wegen recht banaler Kleinstdiebstähle, meist von Büchern.
Der 1910 bei Zieheltern aufgewachsene Genet, flieht bald aus der dörflichen Enge, landet in Erziehungsanstalten und schließlich im Gefängnis. In der Hölle der Anstalt von Mettray, berichtet Genet, habe er gelernt, sich zu seinen drei Grundwerten zu bekennen: zur Homosexualität, zum Diebstahl und zum Verrat. „Ich erschuf in mir selbst, im Alter von 12 oder 15 Jahren, den Beobachter, der ich sein wollte und somit den Schriftsteller, der ich werden wollte." Genet bleibt heimatlos, ohne festen Wohnsitz, sogar noch, als er längst ein berühmter, reicher und selbst von konservativen Kreisen geehrter Schriftsteller wird. Die Faszination des Verbrechens und die zelebrierte eigene Homosexualität werden zu Leitthemen seiner Romane, vom *Le journal du voleur (*1949, dt. *Tagebuch eines Diebes)* bis zu *Pompes funèbres* (1947, dt. *Das Totenfest)*, die literarische Verarbeitung seiner Liebe zu einem deutschen Nazi während des zweiten Weltkieges. Er selbst hat für seine Homosexualität ein sehr eigenes Verständnis: „Was ist ein Homosexueller? Ein Mann, ... der sich weigert, in jenes System einzutreten, nach dem sich die ganze Welt organisiert. Der Homosexuelle lehnt es ab, verneint es, zerstört es, ob er will oder nicht ... Es ist das Gegenteil des gesellschaftlichen Zwanges, der Gesellschaftskomödie. Daraus folgt, daß der Homosexuelle, wenn er mehr oder weniger darauf eingeht, eine Rolle in dieser Komödie zu spielen wie →Proust oder wie →Gide, betrügt, er lügt: Alles, was er sagt, wird suspekt. Meine Phantasie ist in Verworfenheit getaucht, doch zumindest in dieser Hinsicht ist sie edel, ist sie rein. Ich lehne Irreführung ab." Genets Werke sind in Frankreich lange Zeit als pornographisch verboten, namhafte französische Schriftsteller wie Albert Camus, Paul Eluard, →Jean Cocteau und André Malraux setzen sich für ihn ein. Auch in Deutschland können die Romane Genets zunächst nicht frei verkauft werden. Insbesondere die Romane *Notre-Dame-de-Fleures* (1948) und *Querelle de Brest* (1947, 1982 verfilmt von →Rainer Werner Fassbinder) erregen durch die Darstellung homosexueller Beziehungen den Unmut der Bundesprüfstelle für jugendgefährdende Schriften. Ähnlich ergeht es ihm in den USA, wo ihm sogar 1965 die Einreise wegen „sexueller Abweichung" verweigert wird. Die Außenseiter, die Verachteten der Gesellschaft macht Genet zu Helden in der Literatur und er sich zu ihren Verbündeten im politischen Kampf. In seinen letzten Lebensjahren, als er als Dramatiker (*L'arbalète*, 1963, dt. *Die Zofen*; *Les nègres*, 1958; dt. *Die Neger*) und Romancier bereits verstummt war, engagiert er sich bei der Black Panther-Bewegung, setzt sich für die deutschen Angehörigen der RAF ein und besucht zuletzt 1983 ein Palästinenser-Lager im Libanon. Seine Erfahrungen dort beschreibt er in seinem letzten, posthum 1986 erschienenen Buch, *Un captif amoureux* (dt. *Ein verliebter Gefangener).* Genet erhält nur wenige Literaturpreise, z.T. weil er sie selbst ablehnt, z.T. weil er als ihrer nicht würdig empfunden wird. Um so überraschender ist es, als ihm 1983 der Grand Prix National, der höchste französische Ehrenpreis, zu-

erkannt wird. Neben seinen Arbeiten als Dichter, Romancier und Dramatiker schreibt Genet auch Drehbücher und dreht auch selbst einen Film, *Un chant d'amour (1950)* – homosexuelle Phantasien von Wärtern und Häftlingen in einem Gefängnis – der zu den Klassikern des schwulen Films gehört. Eine seiner wichtigsten Liebesbeziehungen ist jene zu dem Akrobaten Abdallah Bentaga, den er 1957 als 18jährigen kennenlernt. Um dessen Hochseilunterricht finanzieren zu können, verkauft er u.a. die Rechte an seinem Drehbuch *Verbotene Träume*, das Tony Richardson 1966 mit Jean Moreau unter dem Titel *Mademoiselle* umsetzt. Als Bentaga, der als Seiltänzer immer wieder scheitert, sich 1964 das Leben nimmt, vernichtet Genet all seine Manuskripte und will nie wieder schreiben. Tatsächlich veröffentlicht Genet weitgehend nur noch Aufsätze, engagiert sich aber politisch. 1974 lernt er in Tanger seinen letzten Lebensgefährten, Mohammed el Katrani kennen. 1975 gewährt der pressescheue Genet ›Hubert Fichte ein dreitägiges Interview, das 1976 zunächst in der Wochenzeitung *Die Zeit*, und später auch in Buchform erscheint. Genet, der lange Zeit schon an Kehlkopfkrebs erkrankt ist, stirbt in einem kleinen Hotelzimmer. Genet hat zeitlebens nie einen festen Wohnsitz. Sein Leichnam wird in Marokko auf dem alten spanischen Friedhof über Larache beigesetzt, nur wenig entfernt vom Wohnhaus seines Lebensgefährten El Katrani.

○ Edmund White: *Jean Genet. Biographie*, 1993; Albert Dichy/Pascal Fouché: *Jean Genet. Versuch einer Chronologie 1910-1944*, 1993

Giacobino, Margherita

italienische Schriftstellerin
1952 Turin

Ursprünglich sollte es ein Gag sein. Nur so zum Spaß verfaßt Giacobino, im Hauptberuf als Versicherungs-Sachbearbeiterin tätig und nebenbei mit Übersetzungen der Werke Emily Brontës und Margaret Atwoods beschäftigt, für ein feministisches Regionalblättchen die erfundene Biographie der fiktiven Schriftstellerin Elinor Rigby. Doch die Leserinnen rennen den Buchhandlungen auf der Suche nach Rigbys Werken die Türen ein. Nun sind sie zu haben: Giacobino gibt ihren Brotberuf auf und schreibt unter dem Pseudonym ihrer erfundenen Figur den Erzählband *Eine Amerikanerin in Paris* und den Roman *Casalingha all'inferno* (1995, dt. *Hausfrauen in der Hölle*), worin aus einem Gerangel unter lauter Paaren nur ein einziges unbeschadet hervorgeht: ein lesbisches Paar übrigens. Damit hat sich Giacobino zur einzigen zeitgenössischen italienischen Autorin von Rang gemausert, die nicht nur über lesbisches Leben und Lieben schreibt, sondern sich auch offen dazu bekennt.

Gide, André

französischer Schriftsteller
22.11.1896 Paris – 19.2.1951 ebd.

Sohn einer wohlhabenden, angesehenen Familie. Der Vater, Professor für Rechtswissenschaften, verstirbt früh; die übervorsichtige, puritanische Mutter erzieht den Sohn zu einem verschüchterten Neurotiker. 1916 Promotion, danach widmet er sich dem Reisen, der Literatur und Musik und gesellschaftlichen Fragen. Bekennt sich mit seiner 1911 zunächst anonym erschienenen Streitschrift *Corydon* als homosexueller Päderast, heiratet jedoch nach dem Tod seiner Mutter die Cousine Madeleine, in die er sich bereits als 13jähriger verliebt hatte und mit der er eine nicht-sexuelle Bindung eingeht. Bei einer Reise nach Tunis 1893 macht Gide seine erste homosexuelle Erfahrung mit einem 14jährigen Araber. Ein Jahr später begegnet er in Algier Lord Alfred Douglas und →Oscar Wilde, der ihn mit dem jungen Musiker Mohammed verkuppelt. Eine engere Bindung erlebt Gide mit dem 15jährigen Diener Athman, den er nach Paris mitnehmen will, Gides Mutter sträubt sich jedoch dagegen. Gide leidet unter der Trennung und holt Atham vier Jahre später dann doch noch nach. Élizabeth van Rysselberghe, die Tochter eines langjährigen Freundes, bittet er, mit ihm ein Kind zu zeugen. Sie erklärt sich dazu bereit; 1923 kommt die gemeinsame Tochter Cathérine zur Welt, und er erklärt öffentlich seine Vaterschaft. Mit 47 Jahren verliebt er sich in den 16jährigen Sohn seines Trauzeugen, Marc Allégret (1900-1973). Die flüchtige Affäre mit dem späteren Filmregisseur *(Le Bal du Comte d'Orgel*, 1969; *L'Amant de Lady Chatterley*, 1955) entwickelt sich zu einer intensiven Freundschaft. Ehefrau Madeleine rächt sich am Gatten für die „geistige Untreue", indem sie alle Briefe Gides an sie verbrennt. Er beteuert jedoch immer wieder, daß sie die einzige Liebe seines Lebens sei. Mit seinen autobiographisch gefärbten Romanen *L'immoraliste* (1902, dt. *Der Immoralist)* und *Les fauxmonnayeurs* (1925, dt. *Die Falschmünzer*) begründet Gide seinen literarischen Ruhm und formuliert seine Haltung für eine tolerante, humane Moral. Weder Kirche noch gesellschaftliche Konventionen dürften die Verwirklichung des Individuums behindern. Seine Autobiographie *Si le grain ne meurt* (1924; dt. *Stirb und werde*) ist zugleich ein unspektakuläres, homosexuelles Bekenntnis. Die intellektuelle Rechte beginnt bereits 1921, als die ersten Auszüge aus *Stirb und werde* erscheinen, heftig zu polemisieren. Als dann, trotz eindringlicher Warnungen enger Freunde, *Corydon* unter Gides Namen erscheint und bald darauf *Die Falschmünzer*, überschlagen sich z.T. die Reaktionen. Die katholische Kirche setzt 1951 sein Gesamtwerk auf den Index; 1947 erhält er den Nobelpreis für Literatur.

- *Les caves du Vatican*, 1914. (dt. *Die Verliesse des Vatikans). La symphonie pastorale*, 1919 (dt. *Pastoral-Symphonie). L'école des femmes*, 1929 (dt. *Schule der Frauen)*

○ Klaus Mann: *André Gide und die Krise des modernen Denkens*, 1984; Claude Martin: *André Gide*, 1963; Michael Lucey: *Gide's Bent. Sexuality, Politics, Writing*, 1995

Giehse, Therese
(eigentlich Therese Gift)

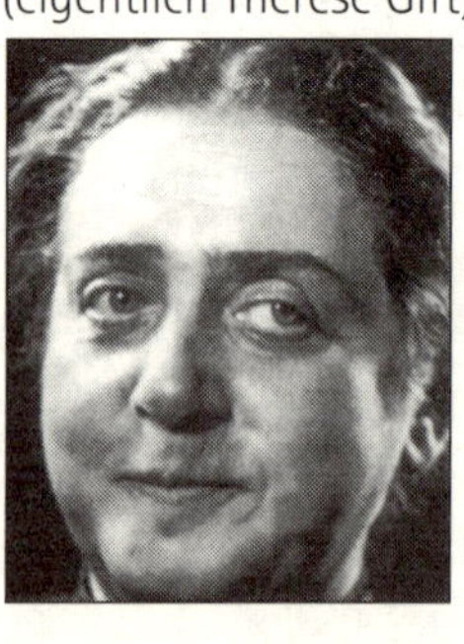

deutsche Schauspielerin
6.3.1898 München – 3.3.1975 ebd.

Das Leben und Werk der großen Charakterdarstellerin und einzigartigen Brecht-Interpretin ist von einem konsequenten Eintreten für eine menschlichere Welt geprägt. Die überzeugte Sozialistin und Antifaschistin tritt erstmals 1920, nach ihrer Schauspielausbildung, auf einer Bühne in das Licht der Öffentlichkeit. Engagements bei mehreren bayrischen Bühnen folgen, bis sie eine feste Anstellung bei den Münchner Kammerspielen erhält. 1933 emigriert Giehse in die Schweiz, wo sie gemeinsam mit ihrer Freundin und Geliebten →Erika Mann in Zürich das politische Kabarett Die Pfeffermühle betreibt. Nach einem kurzen Aufenthalt in den USA kehrt sie nach Zürich zurück, wo sie 1941 zum ersten Mal als „Mutter Courage" in dem gleichnamigen Stück von Bertolt Brecht auftritt. In den folgenden Jahren etabliert Giehse sich auf deutschen und schweizerischen Bühnen in zahlreichen Brecht- und später auch Dürrenmatt-Inszenierungen (*Die Physiker*, 1962) als eine der größten und kraftvollsten Schauspielerinnen dieses Jahrhunderts. Giehse, die sich zeitlebens entschieden gegen Kapitalismus und Profitdenken wendet, ist mit vielen bedeutenden, politisch aktiven Schriftstellerinnen und Künstlerinnen, darunter Marieluise Fleißer und Helene Weigel, befreundet. Kurz nach Fertigstellung der Dreharbeiten zu *Black Moon* (1974, Regie Louis Malle) stirbt Giehse nach einer Augenoperation an Nierenversagen.

○ Monika Sperr: *Therese Giehse – Ich hab nichts zum Sagen, Gespräche*, 1973

Gielgud, John
(eigentlich Artur John Gielgud)

britischer Schauspieler
14.4.1904 London

Großneffe der Schauspielerin Ellen Terry und Bruder des Schriftstellers Val Gielgud. Schauspielausbildung an der Lady Benson's Acting School und an der Royal Academy of Dramatic Art. Ab 1921 Statist, 1922-24 in einer Theatergruppe. 1924 einziger Auftritt in einem Stummfilm *(Who Is the Man?)*. 1928 Bühnendebüt in New York, 1930 erstmals als Hamlet am Old Vic in London. Ab 1932 Arbeit auch als Regisseur, zeitweilig zudem als Theaterleiter. Neben Laurence Olivier zählt Gielgud zu den besten Schauspielern seiner Generation, einen Ruf, den er sich vor allem als Shakespeare-Darsteller – auf der Bühne, wie im Film – erwirbt. Zu seinen Rollen in Shakespeare-Adaptionen gehören sein Clarence in *Richard III.* (1955, Regie Laurence Olivier), Henry IV. in Orson Welles' *Chimes at Midnight* (1966) und in Peter Greenaways *Prospero's Books* (1990/91). Für seinen König Louis VII. in Peter Glenvilles *Becket* wird er 1965 für den Oscar nominiert, für seine Rolle in *Arthur* (1980) erhält er den Oscar als bester Nebendarsteller. 1953 wird er für seine schauspielerischen Leistungen von Queen Elizabeth in den Adelsstand erhoben. Von 1945 bis

1953 zieht er sich aus dem Filmgeschäft zurück und spielt und inszeniert an Londoner und New Yorker Theatern. Gielgud betätigt sich auch als Schriftsteller, u.a. *Early Stages* (1939), *Stage Directions* (1963), *Distinguised Company* (1972) und seine Autobiographie *An Actor and His Times* (1979). Sir John Gielgud gehört lange Zeit zu den wenigen offen schwulen Schauspielern seines Landes und engagiert sich mit seiner prominenten Stimme immer wieder zu Fragen der *gay rights*. Als öffentlich wird, daß er einmal wegen Sex in einer öffentlichen Toilette verhaftet worden war, wird ihm daraufhin kurzzeitig die Einreise in die USA verweigert.

Giese, Hans (eigentlich Hans-Ernst Friedrich Giese)

deutscher Sexualwissenschaftler
26.6.1920 Frankfurt/Main – 21. (a.Q. 22.) 7.1970 St. Paul de Vence/Frankreich

Studium 1939-45 (Promotion in Deutscher Philologie und Medizin) sowie Philosophiestudium. Ab 1941 Mitgliedschaft in der NSDAP. 1949 Gründung des Instituts für Sexualforschung zunächst in Kronberg/Taunus, später Frankfurt/Main. Im gleichen Jahr „Eingabe" des Instituts an den Gesetzgeber mit dem Schluß, „daß Homosexualität unter Erwachsenen nicht strafwürdig" sei. 1950 Organisation einer sexualwissenschaftlichen Tagung, der ersten nach Kriegsende. Gründung der *Zeitschrift für Sexualforschung*, die jedoch nach einem Jahr eingestellt wird. Lernt seinen Lebensgefährten August Engert kennen, mit dem er bis zu dessen Tod 1969 zusammenlebt. Ab 1952 Mitherausgeber der *Beiträge zur Sexualforschung*, von 1955 bis 1957 der *Beiträge zur Sexualpädagogik*. 1959 Habilitation in Hamburg mit der empirisch-psychopathologischen Studie *Der homosexuelle Mann in der Welt*. An der Frankfurter Medizinischen Fakultät wird seine Habilitation aufgrund seiner Homosexualität verhindert. Verlegung des Instituts für Sexualforschung nach Hamburg zur dortigen Universität. 1968 Veröffentlichung der gemeinsam mit Gunter Schmidt verfaßten empirischen Studie *Studenten-Sexualität*. 1970 Gutachter im Prozeß gegen den Mörder →Jürgen Bartsch.
Giese versucht mit seiner sexualwissenschaftlichen Arbeit die Homosexualität aus dem Bereich des Perversen, Krankhaften und Kriminellen zu befreien. Er selbst wird in seiner Jugend wegen seiner Homosexualität mehrfach angezeigt und gemaßregelt, muß die Schule wechseln und wird vom Vater zu einem Psychiater geschickt. Giese versucht das Tabu Homosexualität zu entschärfen, indem er die Homosexuellen in moralisch Akzeptable, in die Gesellschaft Eingliederungsfähige und eindeutig Kranke, sozial Unangepaßte aufteilt. →Martin Dannecker sieht darin 1978 ein „getreues Spiegelbild der von Ambivalenz gekennzeichneten Toleranz". Gleichwohl gilt Gieses Position in seiner Zeit als fortschrittlich und wegweisend. Maßgeblichen Einfluß hat er mit der Erweiterung des juristischen Krankheitsbegriffes bei den Reformen des Sexualstrafrechtes 1969 und 1973. Der Sexualwissenschaftler Volkmar Sigusch bezeichnet Gieses Lehre als triebfeindlich, da sie Beziehung und Treue zu Werten an sich hochstilisiere und alles Flüchtige, Ungebundene als apersonal und süchtig abwerte. „Dem verheerenden Binarismus erlag Giese, indem er die ‚disziplinierten' Homosexuellen dem Griff

von Medizin, Recht und Moral zu entwinden suchte, die ‚undisziplinierten' Homosexuellen aber weiterhin medizinischen Eingriffen, rechtlichen Sanktionen und allgemeiner Verachtung überließ. Damit aber hat er an dem Tabu, das auf der Homosexualität liegt, nicht wirklich gerührt." (Sigusch)

- *Mensch, Geschlecht, Gesellschaft*, 1954, mit A. Willy; *Die Sexualität des Menschen. Handbuch der medizinschen Sexualforschung*, 1955 (hg.); *Psychopathologie der Sexualität*, 1962
- ○ Sigmar Sigusch: *Hans Giese*. In: *Homosexualiät* (Hg. Rüdiger Lautmann, 1993. Barbara Zeh: *Der Sexualforscher Hans Giese. Leben und Werk*. Diss., 1988

Ginsberg, Allen

US-amerikanischer Dichter
3.6.1926 Newmark/New York – 5.4.1997 New York City

Ginsberg gehört zu den herausragenden Vertretern der avantgardistischen Literatur in den USA. „Ich sah die besten Köpfe meiner Generation vom Wahn zerstört/hungrig hysterisch nackt" – so beginnt sein umstrittener, programmatischer Gedichtband *Howl and other Poems (*1956, dt. *Geheul*), mit dem er Mitte der 50er Jahre gemeinsam mit seinen Freunden und Kollegen Jack Kerouac und William S. Burroughs die literarische Bewegung der Beatniks mitbegründet. Diese Autorengruppe lehnt alle tradierten Werte der amerikanischen Gesellschaft radikal ab. Ginsberg gilt als unerbittlicher Kritiker des bürgerlichen Amerikas, engagierter Gegner des Vietnamkrieges und Vorkämpfer für die Rechte der Homosexuellen. Im *Who's Who* hat er sich als verheiratet mit seinem Lebensgefährten Peter Orlovsky eintragen lassen. Ginsbergs Texte sind Gesänge, Litaneien, form- und traditionslos wirkende ekstatische Verse mit feinem Gespür für Rhythmik und Metrum, die Ginsberg bei seinem Vorbild →Walt Whitman gelernt hatte. Visionäre Prophetien, endlose Kaskaden von Reflexionen und Blasphemien. Eine wahre Bilderflut hektischer Impressionen und Momentaufnahmen voll konkreter Details, Zitate und Anspielungen. Seine Inhalte sind die Schönheit des Alltäglichen, seine Erfahrungen aus sexuellen Erkundungen und politisch wachem Aufbegehren. Privates, Intimes ist eins mit der kritischen Auseinandersetzung mit der US-amerikanischen Wirklichkeit. „Es sollte", so erklärt er, „keinen Unterschied geben zwischen dem, was wir niederschreiben, und dem, was wir wirklich wissen, so wie wir es jeden Tag miteinander erfahren. Und die Heuchelei der Literatur hat ein Ende." Ginsberg studiert zunächst Jura, dann aber an der Columbia University in New York Literatur und erhält schon während des Studiums einen angesehenen Lyrikpreis.

- *Kaddish*, 1960; *Planet News*, 1968; *Indian Journals*, 1970; *Notizbücher 1952-1962*, 1980; *Reality Sandwiches. Photographien*, 1989
- ○ Barry Miller: *Ginsberg – A Biography*, 1990; Michael Schumacher: *Dharma Lion – A Critical Biography of Allen Ginsberg*, 1994

Gittings, Barbara

US-amerikanische Lesbenaktivistin
31.7.1932 Wien

Die Tochter eines US-amerikanischen Diplomaten gilt als eine der führenden Aktivistinnen der Lesbenbewegung in den 50er und 60er Jahren. Aufgewachsen in Wien und Montreal, wird sie sich während ihres Studiums ihrer Homosexualität bewußt. Unzufrieden mit den Erklärungen, die Gesellschaft und Psychologie bieten, bricht Gittings ihr Studium ab und zieht nach Philadelphia, wo sie beginnt, sich intensiv mit Literatur zu diesem Thema auseinanderzusetzen. In San Francisco hört sie 1956 von der kurz zuvor entstandenen Lesbenorganisation Daugthers of Bilitis und gründet 1958 in New York den dortigen Ableger. Als deren Präsidentin beginnt Gittings, radikal an deren Umstrukturierung, vor allem der Sichtbarmachung von Lesben in der Öffentlichkeit zu arbeiten. Mit der Gründung der Zeitschrift *The Ladder*, die als erste das bislang vermiedene Wort „lesbisch" im Namen führt, beginnen die Differenzen mit der eher konservativen Leitung der nationalen „DOB", die schließlich zum Ausscheiden Gittings führen. Gittings, die weiterhin in verschiedenen Lesben- und Schwulenorganisationen tätig ist, richtet ihr Augenmerk in der Folge vorrangig darauf, schwul-lesbische Literatur in die Bibliotheken und damit in die Hände der Öffentlichkeit zu bringen. Sie ist Vorstandssmitglied bei der National Gay Task Force und der Gay Rights National Lobby: „Dazu gehe ich noch auf Demos, setze mich für die Bewegung ein, gebe praktische Ratschläge und feuere andere AktivistInnen an." Gittings lebt heute gemeinsam mit ihrer Freundin und Mitstreiterin Kay Lahusen in Wilmington/Delaware.

Glen, Marla

US-amerikanische Musikerin
3.1.1960 Chicago

Glens rauchig-tiefe Stimme mit dem unvergleichlich kehligen Timbre läßt 1994 bei Erscheinen ihres ersten Albums *This Is Marla Glen* Lesben weltweit die Ohren spitzen. Kann so eine Traumfrau lesbisch sein?
Sie kann. Um ihre Homosexualität weiß die Tochter einer Künstlerin und eines Ingenieurs, die bereits mit fünf Jahren von Muddy Waters eine Mundharmonika geschenkt bekommt, schon von frühester Jugend an. Sie nimmt's gelassen, wie auch ihren gesamten Werdegang, der wie eine unglaubliche Mischung aus schicksalshaften Fügungen und purem Zufall klingt. Glen, schon als Kind überaus musikbegeistert,

schlägt sich nach dem Abitur zunächst in New York und dann in Los Angeles mit verschiedenen Gelegenheitsjobs durch. Während sie gerade als Sicherheitskraft ein Bürogebäude in L.A. bewacht, kommt die Blueslegende Nina Simone vorbei und fragt nach der Toilette. Kurz darauf ist Glen als ihre Leibwächterin, Köchin, Putzfrau und Begleiterin engagiert. Und dann gewinnt sie auch noch einen Musikwettbewerb in New Orleans, was ihr ein Ticket nach Paris beschert, wo die ersten öffentlichen Auftritte als Sängerin ihr sogleich einen Plattenvertrag einbringen. Glens selbstkomponierte Songs erzählen von Sehnsucht und der Härte des Lebens: „eine Art protestierende Gospelmusik", wie die bibelfeste Christin erklärt. Die androgyn wirkende Sängerin mit den kurzgeschorenen Haaren, die ausschließlich elegante Anzüge und weiße Hemden trägt, verwehrt sich vehement dagegen, als Paradepferd vereinnahmt zu werden: „Die organisierte Lesbenbewegung kann mich mal. [...] Ich bin ein menschliches Wesen."

- *Love & Respect*, 1996

Gloeden, Baron Wilhelm von

deutscher Photograph
18.9.1856 Schloß Volkshagen bei Wismar – 16.2.1931 Taormina/Sizilien

Sohn eines Forstmeisters. Studium der Kunstgeschichte und Malerei in Rostock und Weimar. 1877 Übersiedlung nach Taormina/Sizilien, wo er erste photographische Versuche unternimmt. Freundschaft zum Maler Francesco Paolo Michetti und zum Schriftsteller Gabriele d'Annunzio. 1893 erste Austellungsbeteiligung in London. Großherzog Friedrich II. von Mecklenburg-Schwerin schenkt ihm 1895 eine Plattenkamera. In den folgenden Jahren professionalisiert Gloeden seine photographische Tätigkeit und bereist Sizilien, Deutschland und Tunesien. Taormina entwickelt sich indessen zu einem internationalen Treffpunkt des europäischen Hochadels, Industrieller und Künstler, insbesondere von Homosexuellen, die in Sizilien – ähnlich wie in Nordafrika – ihre sexuellen Leidenschaften eher ausleben können als zu Hause. Zu Gloedens Gästen gehören u.a. →Oscar Wilde, Kronprinz August und der Industrielle Krupp. Ab 1897 finden Gloedens Arbeiten zunehmend internationale Anerkennung und werden vielfach ausgezeichnet – vor allem für seine Landschaftsaufnahmen, Porträts und dokumentarischen Photos, wie jene vom Erdbeben 1908 in Reggio Calabria und Messina sowie des Ausbruchs des Vulkans Ätna. 1911 beteiligt er sich an der Weltausstellung in Rom. 1915-1918 verläßt er wegen der drohenden Internierung als unerwünschter Ausländer das Land. 1930 beendet er seine photographische Arbeit, verkauft sein Anwesen für Wohnrecht und Leibrente. Im gleichen Jahr stirbt seine Halbschwester Sofia Raab, mit der er seit 1895 zusammengelebt hatte. 1933 konfiszieren und zerstören die italienischen Faschisten ca. 1000 Glasnegative und 2000 Abzüge seiner Arbeiten.

1939 wird erneut das von seinem ehemaligen Freund, Modell und Erben Pancrazio Bucini verwaltete Archiv beschlagnahmt. In einem daran anschließenden Prozeß wird Bucini jedoch vom Vorwurf der Verbreitung pornographischer Akte freigesprochen. Stein des Anstoßes bilden die Männer- und Jünglingsakte, die Gloeden meist nach griechisch-klassischen Vorbildern inszeniert. Es sind mit die ersten Aktaufnahmen in der Geschichte der Photographie. Noch lange nach seinem Tod beeinflußt Gloeden die Männeraktphotographie. In den 20er Jahren sind seine Photos längst zu begehrten Sammlerobjekten geworden und in Homosexuellenzeitschriften veröffentlicht. Seine Photographien werden vielfach von anderen Künstlern zitiert bzw. bearbeitet (u.a. von →Andy Warhol, →Salomé und Josef Beuys); →Roger Peyrefitte schreibt mit *Les amour singuliers* (1950) eine fiktive Biographie Gloedens.

○ Hans-Joachim Schickedanz: *Wilhelm von Gloeden – Akte in Arkadien*, 1987; Ulrich Pohlmann: *Wilhelm von Gloeden – Sehnsucht nach Arkadien*, 1988

Gluckstein, Hannah

britische Malerin
13.8.1895 London – 10.1.1978 ebd.

Nach dem Studium an der Londoner Kunstakademie beginnt Gluckstein, sich unter dem Künstlernamen Gluck auf Porträts, vornehmlich von Frauen (*You-We*, 1937), zu spezialisieren, mit denen sie in den 30er Jahren zunehmend auf Beachtung stößt. Gluck, die aus wohlhabenden Verhältnissen stammt und daher nicht auf den finanziellen Erfolg ihrer Bilder angewiesen ist, genießt in der Londoner Szene aufgrund ihrer betont maskulinen Erscheinung einen einzigartigen Ruf. →Romaine Brooks' Porträt der berüchtigten Herzensbrecherin (*Peter, a Young English Girl*, 1924) zeigt die Künstlerin in ihrer Lieblingspose – in Anzug, mit Pfeife und sinnlichem Blick.

Goldt, Max
(eigentlich Matthias Ernst)

deutscher Autor, Musiker und Sänger
1957

Gemeinsam mit Gerd Pasemann gründet Goldt Mitte der 80er Jahre die Berliner Band *Foyer des Artes*. Im Fahrtwind der Neuen Deutschen Welle gelangen sie mit *Wissenswertes über Erlangen* und *Die Königin mit Rädern untendran* (1982) unverhofft in die Charts. In der ZDF-Hitparade landet *Erlangen* hingegen mit 5,7 Prozentpunkten aller Stimmen auf dem letzten Platz. Gleichwohl produziert die Band bis in die 90er Jahre verschiedene LPs mit deutschsprachiger Popmusik zwischen Elektro-Avantgarde und Dada. Die skurril-absurden Texte erscheinen 1984 gesammelt in *Mein äußerst schwer erziehbarer schwuler Schwager aus der Schweiz*. Erste Bühnenerfahrungen als Sänger will Goldt bereits im Alter von 12 Jahren, leicht zugekifft, in der Aula seines Göttinger Gymnasiums mit seiner Eigenkomposition *Mein*

Asthma bringt mich noch mal um gemacht haben. Lange Zeit gilt Goldt als Geheimtip. Bis zum (finanziell einträglichen) Durchbruch arbeitet Goldt u.a. als Reisebegleiter bei Berliner Stadtrundfahrten. Mit seiner Kolumne *Onkel Max Kulturtagebuch*, später mit dem Titel *Informationen nur für Erwachsene* bzw. *Manfred Meyer berichtet aus Stuttgart* in der Satirezeitschrift *Titanic* wird Goldt und seine feinsinnige Beobachtungsgabe für das Banale des Alltags bekannt. Neben seiner schriftstellerischen Tätigkeit veröffentlicht er weiterhin CDs als Sänger bzw. mit Lesungen seiner eigenen Texte (*Die CD mit dem Kaffeeringcover*, 1994; *Die sonderbare Zwitter-CD*, 1995; *Weihnachten im Bordell*, 1996). Gemeinsam mit dem Zeichner Katz schreibt Goldt ab 1996 eine in der *Titanic* veröffentlichten Comicserie über die „zwei netten Homos", (gesammelt in *Wenn Adpotierte den Tod ins Haus bringen*, 1997).

- *Ungeduscht, geduzt und ausgebuht*, 1988; *Die Radiotrinkerin*, 1991; *Quitten für die Menschen zwischen Emden und Zittau*, 1993; *Schließ einfach die Augen und stell dir vor, ich wäre Heinz Klunker*, 1994; *Die Kugeln in unseren Köpfen*, 1995; *Ä*, 1997

Gombrowicz, Witold

polnischer Schriftsteller
4.8.1904 Malozyce - 25.7.1969 St.Paul-de-Vence/Frankreich

„Sie müssen wissen, ich bin kein und war nie ein Homosexueller, sondern betreibe das nur hin und wieder, wenn mich die Lust ankommt, denn es gibt nichts Schlimmeres, als dem heiligen Ruf des Leibes nicht zu folgen." Dieses Selbstbekenntnis des Witold Gombrowicz findet sich in einem Brief an den argentinischen Schriftsteller Juan Carlos Gómez ivon 1963. Wie sehr sich seine Scham über die eigene Homosexualität in seiner Literatur widerspiegelt, ist seit kurzem erst Thema der Literaturwissenschaft geworden. Von 1928 bis 1934 arbeitet der Jurist Gombrowicz an einem Warschauer Gericht, danach widmet er sich ganz der Literatur, die sich vor allem durch eine groteske Phantastik und satirische Elemente und Experimentierfreudigkeit auszeichnet. Es erscheinen u.a. 1933 der Erzählband *Memoiren aus der Epoche des Reifens* und 1938 der Anti-Bildungsroman *Ferydurke*, der ihn schlagartig berühmt macht. Im Sommer 1939 wird er auf einer Reise in Buenos Aires vom Ausbruch des Krieges überrascht und bleibt 24 Jahre in Argentinien, das für ihn zur zweiten Heimat wird. Zu seinen Hauptwerken zählen die Romane *Trans-Atlantik* (1953) und *Verführung* (1963) und das Drama *Yvonne, die Burgunderprinzessin* (1938). Erst 1963 kehrt er nach Europa zurück und lebt bis zu seinem Tode, mit einem Jahr Unterbrechung in Berlin, in Südfrankreich.

Gomez, Jewelle

US-amerikanische Schriftstellerin
11.9.1948 Boston

Nach ihrem Journalistik-Studium arbeitet Gomez zunächst bei verschiedenen Fernsehsendern, bevor sie Ende der 70er Jahre beginnt, Kreatives Schreiben und Frauenstudien zu unterrichten. Gomez, die sich seit ihrer Studienzeit intensiv für Frauen- und Lesbenrechte engagiert, ist seit 1980 mit Gedichten, Romanen und Erzählungen an die Öffentlichkeit getreten, in denen sie einerseits in klarer Sprache über lesbisches Leben und lesbische Sexualität berichtet, andererseits eine fundierte Analyse der schwul-lesbischen Kultur bietet. Gomez' äußerst konstruktive Kritik an den z.T. destruktiven Mechanismen innerhalb der *gay community* verweist auf erfrischende Weise immer wieder auf die ihr innewohnenden Kräfte, die genutzt werden wollen und sollten.

• *The Gilda Stories*, 1991; *Forty-Three Septembers*, 1993

Gorman, Greg

US-amerikanischer Photograph
1949 Kansas City/Missouri

Jimi Hendrix ist sein erstes prominentes Model. Gorman ist 18 Jahre alt, und mit der geliehenen Kamera eines Freundes photographiert er bei einem Konzert das Rockidol. Von 1967 bis 1969 studiert er an der Universität von Kansas Photojournalismus und beendet sein Studium an der Universität von Southern California 1972 mit einem Master of Fine Arts in Cinematography. Innerhalb eines Jahrzehnts entwickelt sich Gorman zu einem der gefragtesten Prominentenphotographen der USA. Als Produktionsphotograph begleitet er u.a. die Filmproduktion von *Terminator II*, *Dances with Wolves* (dt. *Der mit dem Wolf tanzt)* und *Total Recall.* Mit den Tantiemen für seinen ersten großen Auftrag, die Photos für die Werbekampagne zu *Tootsie* verdient sich Gorman angeblich sein luxuriöses Haus in Los Angeles. Zu den Popstars und Hollywood-Idolen, die er regelmäßig für die großen Magazine (u.a. *Rolling Stone, Vogue, Vanity Fair*) photographiert, gehören u.a. Michael Jackson, Bette Davis, Bette Midler, Barbra Streisand und Dustin Hoffman. Seine Männerakte inszeniert er wie Skulpturen, arrangiert sie wie Stilleben und stellt sich dabei stilistisch in eine Reihe mit seinen Kollegen →Herb Ritts und Bruce Weber.

• Greg Gorman. *Volume I*, 1991.; *Inside Life*, 1997

Grace, Della

US-amerikanische Photographin
26.7.1957 Kalifornien

Die aus kleinbürgerlicher Familie stammende Grace studiert am San Francisco Art Institute Photographie. Sie wird Stammgast in der S/M-Barszene von San Francisco, nachdem sie sich von ihrer vielbewunderten Haarpracht und damit ihrer alten Identität getrennt hat.
Sie arbeitet u.a. als Theaterphotographin und Phototechnikerin und ist „zur Erholung Prostituierte". 1982 zieht sie nach London und wird „lesbische Separatistin". Ihren Masters Degree erwirbt sie an der University of Derby. Grace hat die traditionellen Vorstellungen von Porträtphotographie vollkommen umgekrempelt. Wenn sie ihre (und unsere?) sexuellen Träume von ihren Modellen offenbaren läßt, verkleinert sie die Kluft zwischen Pornographie und Dokumentation, nicht ohne eine Spur Humor. „Die Stärke meiner Bilder ist die Stärke, die ich in den Modellen spüre. Meine Wertschätzung

der jeweiligen Person drückt sich darin aus." Ihre Modelle sind „gender outlaws" – Menschen, die sich über die bestehenden Normen der Geschlechter hinwegsetzen. Grenzen zwischen den Geschlechtern gibt es für Del La Grace nicht mehr. Er/sie ist Teil der *transgender*-Bewegung und nimmt auch konsequenterweise männliche Hormone, so daß er/sie mittlerweile auf seinen/ihren Kinnbart stolz sein kann, der die Mädchenlocken von einst ersetzt. Die Tyrannei des Entweder-Oder will sie niederreißen, die verbotenen Mechanismen der Erotik und damit das, was wir in uns selbst fürchten, freilegen. Mit ihrer/m Geliebten Simo Maronati bringt die Performance-Künstlerin den Sex vom Schlafzimmer ins Studio und erfindet für sich die Bezeichnung „hermaphrodyke". 1995 heiratet sie/er ihren/seinen besten schwulen Freund Johnny Volcano. Sie lebt in London.

• *Love Bites*, 1991; *Della Grace – Photographs*, 1996

Grahn, Judy
(eigentlich Judith Rae Grahn)

US-amerikanische Lyrikerin
und Publizistin
28.7.1940 Chicago

Mit ihrer fundierten Analyse der Sprache, Zeichen und Kodes der lesbisch-schwulen Kultur (*Another Mother Tongue: Gay Words, Gay Worlds*, 1984) liefert Grahn eine wegweisende Neudefinition homosexuellen Selbstverständnisses.
Mit 21 aufgrund ihres Lesbischseins unehrenhaft aus der Air Force entlassen, beginnt sie sich aktiv in der Lesben- und Schwulenbewegung zu engagieren. Zeitgleich mit ihren ersten lyrischen Veröffentlichungen (u.a. *She Who*, 1972) richtet sie ihr Augenmerk auf die Entstehungsbedingungen der von ihr postulierten homosexuellen Kultur. Grahns These, daß die homosexuelle Kultur auf lange gewachsenen Traditionen aufbaut und eine wichtige spirituelle Funktion für jedwede Gesellschaft besitzt, führt zu einem radikalen Umdenken und erstarkten Selbstbewußtsein nicht nur innerhalb der Schwulen- und Lesbenbewegung.

• *Work of a Common Women*, 1975; *The Highest Apple*, 1985

Grant, Duncan

englischer Maler
21.1.1885 Inverness – 9.5.1979 Aldermaston

Als junger Mann ist Grant zunächst Liebhaber des Schriftstellers Lytton Strachey, später des Wirtschaftstheoretikers →John Maynard Keynes. Sie alle zusammen gehören zum engeren Kreis der Bloombury Group, einer Gemeinschaft von (zumeist homosexuellen) Schriftstellern, Malern, Künstlern und Intellektuellen um →Virginia Woolf und ihre Schwester, die Malerin Vanessa Bell. Grant studiert in Italien und Frankreich Malerei, bevor er nach Ende des ersten Weltkrieges gemeinsam mit Vanessa Bell Omega Workshops gründet und von 1913 bis 1919 leitet. In diesem

modernen Designstudio, das für die britische Kunstwelt bahnbrechend ist, widmet man sich der Keramikkunst, Malerei, Textilgestaltung und Innenausstattung.
1916 gehen Grant, Vanessa Bell und der Schriftsteller David Garnett eine *ménage à trois* ein. Bell bekommt 1918 eine Tochter, Angelica, von Grant. In den späteren Jahren lebt Grant ausschließlich homosexuell. Anders als die Literaten des Bloomsbury Kreises sind die Malerei innerhalb dieser Gruppe nur bedingt erfolgreich. Für Grant kommt hinzu, daß seine Bilder – zumeist Männerakte – zu offensichtlich homosexuell, bisweilen bis zur Grenze des Pornographischen, und damit im Kunstmarkt kaum unterzubringen sind. Die Kritik und die Kunstwissenschaft wertet ihn, sofern sie ihn überhaupt wahrnimmt, als Epigonen von Henri Matisse ab.

○ Douglas Blair Turnbaugh: *Duncan Grant and the Bloomsbury Group*, 1987; ders.: *Private. The Erotic Art of Duncan Grant 1885-1978*, 1989

Gray, Eileen

irische Designerin und Architektin
9.8.1878 Brownswood – 31.10.1976 Paris

Gray, die seit 1902 in Paris Kunst studiert hatte, beginnt ihre designerische Laufbahn zunächst mit dem Entwerfen von Teppichmustern und Möbeln. Vom Kubismus und der niederländischen De-Stijl-Gruppe beeinflußt, fängt sie in den 20er Jahren an, sich mit architektonischen Entwürfen und sozialverträglichen städtebaulichen Planungen zu beschäftigen.1919 eröffnet sie in Paris ein eigenes Atelier. Während sie mit diesen revolutionären Konzepten auf Ablehnung stößt, erhält ihr 1926 nach eigenen Plänen erbautes Haus in Architektenkreisen große Anerkennung und geht später in den Besitz Le Corbusiers über. Finanziell unabhängig, widmet Gray sich weiterhin der Architektur von Wohnhäusern. In Castellar an der Riviera baut sie von 1932-1934 ihr zweites eigenes Haus. Ihre Möbel, z.B. Glas/Metall-Tische, gelten als Klassiker des Designs und werden auch heute noch produziert. 1972 wird sie von der London Royal Society of Art zum Royal Designer of Industry ernannt. 1978 nimmt das New York Museum of Modern Art ihren „Adjustable Table" in die Sammlung auf. Ihre letzten Lebensjahre verbringt sie, die u.a. eine Weile mit der beliebten Chansonniere Damia liiert gewesen war, in Gesellschaft ihrer Hausangestellten Louise Dany und ihrer Nichte, der Malerin Prunella Clough.

Green, Julien

französischer Schriftsteller
6.9.1900 Paris

Julien Green offenbart seine homosexuellen Empfindungen bereits in seinem 1931 veröffentlichten Roman *L'autre sommeil* (dt. *Der andere Schlaf),* die Geschichte einer zarten Jugendliebe, und später auch in seiner Autobiographie *Jeunesse* (1974). Doch wie sein Protagonist Jean in *Le malfaiteur* (1956, dt. *Der Übeltäter*) ist Green immer von Selbstzweifeln und vor allem auch religiösen Bedenken geplagt. „Zu welchem Glauben hätte ich konvertieren sollen", legt er Jean in den Mund, „nachdem ich in keiner Kirche mehr Hilfe fand, nach der ich suchte?" Zweimal konvertiert Green – seines Zeichens Mitglied der ehrwürdigen Académie francaise und Kommandeur der französischen Ehrenlegion – vom Protestantismus zum Katholizismus. Zeitweilig lebt er in den USA, wo er an der Universität von Virginia in Charlotteville u.a. auch Latein und Griechisch lernt, um die Bibel besser verstehen zu können. Falsche Moral und die engen religiösen wie gesellschaftlichen Konventionen sind es, die in seinen Romanen, wie in *Léviathan* (1929) oder *Epaves* (1932, dt. *Treibgut*), einen Art seelischen Kessel erzeugen, dem niemand mehr entrinnt, dessen Druck jedoch irgendwann nicht mehr zu ertragen ist. Die Folge sind dann mal Mord, wie im Falle des in einen Mitstudenten verliebten John Day in *Moira* (1950), oder der Freitod, wie in *Der Übeltäter*. Zu seinem Hauptwerk gehört das seit 1928 konsequent und detailliert geführte Tagebuch. Seine Dramen werden seit Mitte der 80er Jahre, parallel zu seiner Wiederentdeckung als Romancier, vielfach neu inszeniert, z.T. sogar jetzt erst uraufgeführt (u.a. *Sud*, (1953, dt. *Der Süden), Demain n'existe pas* (1979, dt. *Einen Morgen gibt es nicht)*. 1987 erscheint mit *Les pays lointains* (dt. *Von fernen Ländern*) der erste von bislang drei sehr voluminösen und kommerziell erfolgreichen Romanen aus der Zeit des amerikanischen Bürgerkriegs. Green, der sowohl die französische als auch die US-amerikanische Staatsangehörigkeit hat, lebt in Paris mit seinem ebenfalls offen homosexuellen Adoptivsohn, der Dramatiker und Romancier Eric Jourdan (geb. 1940). Von ihm ist bislang lediglich der Roman *Charité* (1991, dt. *Das Brot der Liebe*, 1993), auf deutsch erschienen, der in seiner kafkaesken Stimmung sehr an die frühen Werke Greens erinnert.

Grimké, Angelina Weld

US-amerikanische Dichterin
und Schriftstellerin
1880 Boston – 1958

Schon als Kind hört Angelina Grimké – die prominente weiße Führerin der Bewegung zur Abschaffung der Sklaverei – von einem schwarzen Mitstreiter gleichen Namens. Wie sich herausstellt, ist Archibald Henry Grimké ihr Neffe, der Sohn ihres Bruders John, eines Sklavenhalters, und einer seiner Sklavinnen. Angelina und Archibald, der seine Tochter nach seiner Tante benennt kämpfen fortan Seite an Seite.
Angelina Grimké jun. wird eine angesehene Lyrikerin und Schriftstellerin; gemeinsam mit ihren schwarzen, lesbischen Kolleginnen Georgia Johnson und Alice Dunbar-Nelson führt sie den Kampf ihrer Ahnen weiter. Viele ihrer Gedichte sind ihrer langjährigen Partnerin Mamie Burrill gewidmet.

Gründgens, Gustaf
(eigentlich Gustav Gründgens)

deutscher Schauspieler, Regisseur
und Intendant
22.12.1899 Düsseldorf-Oberkassel –
7.10.1963 Manila/Philippinen

Gründgens besucht ein Gymnasium in Düsseldorf und ein katholisches

Internat in Mayen. Nach dem Abitur meldet er sich 1916 als Kriegsfreiwilliger an die Westfront, wird 1917 Mitglied und bald darauf Leiter des Fronttheaters Saarbrückens. 1918 übernimmt er die Leitung der Theaterkanzlei des Soldatentheaters Thale/Harz. Nach Kriegsende Schauspielunterricht an der Hochschule für Bühnenkunst in Düsseldorf, und 1920-22 erste Engagements in Halberstadt, Kiel und Berlin. Ab 1923 ist er an den Hamburger Kammerspielen engagiert, wo er auch als Regisseur tätig wird. Er lernt das Geschwisterpaar → Erika und Klaus Mann kennen, dessen Dramenerstling *Anja und Esther* über ein „Erholungsheim für gefallene Kinder" er auf die Bühne bringt. Die Inszenierung geht mit großem Erfolg auf Tournee – nicht jedoch weil der Text oder die schauspielerischen Leistungen so grandios wären. Das Ereignis sind die berühmten Dichterkinder als Schauspieler; neben Erika und Klaus auch Pamela Wedekind (Tochter von Frank Wedekind). Gründgens hingegen wird zu seinem Ärger von der Presse weitgehend ignoriert. Ab 1927 ist er als Schauspieler und Regisseur in Berlin tätig; außerdem macht er gemeinsam mit Erika Mann, die inzwischen seine Ehefrau geworden ist, Kabarett. 1936 geht er eine zweite Ehe mit der Schauspielerin →Marianne Hoppe ein, die 1946 ebenfalls geschieden wird. Die Homosexualität Gründgens ist in der Öffentlichkeit kein Geheimnis. „Hoppe, Hoppe, Gründgens, wo bleiben denn die Kindgens" lautet ein spöttelnder Abzählreim aus jener Zeit. Später erklärt Hoppe in einem Interview, die Ehe sei sexuell niemals vollzogen worden und habe Gründgens zum Schutz vor Verfolgung als Homosexueller und ihrer Karriere dienen sollen.

Mit seiner Darstellung des Mephisto in Goethes *Faust* (1932) wird Gründgens zum unübertroffenen Theaterstar und das Stück zu einem Leitfaden durch seine Karriere. 1941/1942 inszeniert er beide Teile des *Faust* in Berlin, 1952 in Düsseldorf, 1957/58 und 1961 in Hamburg und übernimmt zumeist auch selbst die Rolle des Mephistopheles. Die Hamburger Inszenierung wird 1963 zudem Grundlage für eine filmische Dokumentation, die mit dem Bundesfilmpreis ausgezeichnet wird.
1934 wird Gründgens Intendant des Staatlichen Schauspielhauses und zum Staatsschauspieler ernannt. Ab 1929 ist er auch im Film erfolgreich und vor allem auf Rollen von Bonvivants und Hochstapler spezialisiert (u.a. in *M*, 1931 von Fritz Lang; *Liebelei*, 1932/34 von Max Ophüls und *Tanz auf dem Vulkan*, 1938 von Hans Steinhoff. Am Tag der Verhaftung des homosexuellen SA-Führers →Ernst Röhm wendet sich Gründgens an seinen obersten Dienstherren, den preußischen Ministerpräsidenten und damit Chef der Staatstheater Hermann Göring, mit der Bitte um Entlassung als Leiter des Schauspielhauses. Gründgens verweist dabei auf seine eigene Homosexualität. Göring nimmt das Rücktrittsgesuch jedoch nicht an. Im Gegenteil: 1937 wird Gründgens Generalintendant der Preußischen Staatstheater und übernimmt 1938 außerdem bei der UFA-Tochter *Terra* die Leitung einer eigenen Herstellungsgruppe. Hier entstehen u.a. die Filme *Zwei Welten* (1939) und *Friedemann Bach* (1941). Die ursprünglich sehr enge, fast geschwisterliche Freundschaft zwischen Klaus Mann und Gründgens hat sich 1935 bereits in Befremden und schließlich sogar Haß gewandelt. In seinem

Schlüsselroman *Mephisto. Roman einer Karriere* (1936) zeichnet Mann das Bild eines opportunistischen Künstlers im Dritten Reich angelehnt an die Lebensgeschichte seines Schwagers Gründgens. Dessen Adoptivsohn Peter Gründgens-Gorski erreicht 1965, daß die Neuausgabe des Romans wegen „Beleidigung, Verächtlichmachung und Verunglimpfung" innerhalb der Bundesrepublik Deutschland nicht mehr vertrieben werden darf. 1945/46 befindet sich Gründgens neun Monate in sowjetischer Internierungshaft und wird beim Entnazifizierungsverfahren freigesprochen. Ehemalige Kollegen, meist Schauspieler mit jüdischen Ehepartnern, die Gründgens vor der Deportation bewahrt hatte, verbürgen sich für ihn. Auch jetzt ist Gründgens wieder einer der bedeutendsten lebenden deutschen Theaterschauspieler und -regisseure. 1947 bis 1951 ist er Generalintendant der Städtischen Bühnen Düsseldorf sowie bis 1955 Geschäftsführer des Düsseldorfer Schauspielhauses. Danach wechselt er als Intendant des Deutschen Schauspielhauses nach Hamburg. Kurz nachdem Gründgens seinen geplanten Rücktritt vom Intendantenposten erklärt hat, wird er in einem Hotelzimmer in Manila mit einer Tablettenvergiftung tot aufgefunden. Ob er durch einen Unfall, Selbstmord oder Mord ums Leben kommt, bleibt ungeklärt.

- *Wirklichkeit des Theaters*, 1953; Rolf Badenhausen/Peter Gründgens-Gorski (Hg.): *Briefe, Aufsätze, Reden*, 1967; *Wie sind wir vornehm. Lyrik und Prosa*, 1993
- ○ Rolf Badenhausen (Hg.): *Gustaf Gründgens – „Laß mich ausschlafen". Lebensbilder*, 1982

Günderode, Karoline von

deutsche Schriftstellerin
11.2.1780 Karlsruhe – 26.7.1806 Winkel/Rhein

Von Günderode, die mehrere Jahre ihres Lebens in einem evangelischen Damenstift in Frankfurt verbracht hatte und als die „Sappho der Romantik" gilt, entbrennt um die Jahrhundertwende in heftiger Liebe zu ihrer Dichterkollegin Bettina Brentano, die sich ihrerseits eher für den Dichter – und ihren späteren Ehemann – Achim von Arnim interessiert. In vielen der empfindsamen Gedichte von Günderodes ist diese unglückliche Liebe mehr oder weniger verschlüsselt dokumentiert. Christa Wolf schreibt: „Redlich ist sie die Möglichkeiten durchgegangen, die ihr gegeben sind, in immer neue Rollen fliehend, die ihr wenigsten teilweise erlauben, ihr wahres Gesicht zu zeigen." Bekannt und viel gelesen werden seinerzeit ihre Hauptwerke *Gedichte und Phantasien* (1804) und *Melete von Ion*, das 1906, kurz bevor von Günderode sich im Alter von 26 Jahren aus Liebeskummer das Leben nimmt, veröffentlicht wird.

- Bettina von Arnim: *Die Günderode*, 1804

H

Haan, Jacob Israel de

niederländischer Schriftsteller
31.12.1881 Smilde – 30.6.1924 Jerusalem

Sohn eines Rabbi. Nach einer Ausbildung zum Lehrer folgt der Umzug nach Amsterdam und das Studium der Rechtswissenschaft. Er lernt den Schriftsteller und Gerichtspsychologen Arnold Aletrino kennen, der, obgleich selbst nicht homosexuell, sich in verschiedenen Schriften gegen die Pathologisierung der Homosexualität einsetzt. Die Begegnung mit Aletrino gibt de Haan den Anstoß zu seinem ersten stark autobiographischen wie sexuellen Roman, *Pijpelijntjes* (1904). Die Veröffentlichung, die einem Bekenntnis gleichkommt, hat Folgen. De Haan, aktives Mitglied der sozialistischen Arbeiterpartei, verliert seine tägliche Kinderkolumne in *Het Volk* wie auch seine Lehrerstelle. Ungeachtet dessen veröffentlicht er seinen zweiten, stilistisch der literarischen Decadènce verpflichteten Roman, *Pathologieën* (1908), eine explizit geschilderte, sadomasochistische Beziehung zweier schwuler Männer mit tödlichem Ausgang. De Haan heiratet, schließt 1915 sein Jurastudium ab und veröffentlicht künftig nur noch Lyrik (*Libertijnsche liederen*, 1914; *Het Joodsche lied*, 1915; *Kwatrijnen*, 1924), von denen einige homoerotische Themen aufweisen. Noch vor Ausbruch des zweiten Weltkrieges wird er orthodoxer Jude und wandert nach Palästina aus. Kurzzeitig schließt er sich den Zionisten an und unterstützt schließlich Agudat Yisrael, einen der bedeutendsten Orthodoxen dieser Zeit und Führer der Anti-Zionistischen Bewegung. De Haan wird einer ihrer wichtigsten Sprecher. Als Korrespondent für das niederländische *Algemeen Handelsblad* und die englische *Daily Press* verbreitet er ihre Meinungen in Europa; für die holländische Tageszeitung schildert er gleichzeitig aber auch seine erotische Faszination für arabische Jungs. Als gleichzeitig bekennender Päderast mit sozialistischer wie dekadenter Vergangenheit, orthodoxer, antizionistischer Jude gleichermaßen nimmt de Haan in der angespannten politischen Situation in Palästina eine recht schwierige Position ein. Er wird schließlich von extremen Zionisten der Hagana-Bewegung ermordet. Die Zionisten selbst streuen das Gerücht, er sei Opfer eines arabischen Strichjungen. Arnold Zweig verarbeitet das Schicksal de Haans in seinem Roman *De Vriendt kehrt heim* (1932). De Haan zählt in den Niederlanden heute zu den bedeutendsten Lyrikern des Landes.

○ Jaap Meijer: *De zoon van een gazzen*, 1967

Haarmann, Fritz

deutscher Altkleider- und Fleischhändler, Massenmörder
20.10.1879 Hannover – 15.4.1925 ebd.

Bereits auf der Unteroffiziersschule, in die Friedrich Heinrich Karl Haarmann 16jährig eintritt, machen sich „Anzeichen geistiger Störung" bemerkbar. 1896 wird das erste Strafverfahren wegen „unzüchtiger Handlungen" an Knaben gegen ihn eingeleitet. 1897 wird er aus dem Gefängnis entlassen und als „gemeingefährlicher Geisteskranker" ins Irrenhaus Hildesheim überwiesen, aus dem ihm nach einem halben Jahr die Flucht gelingt. Im Oktober 1900 wird er erneut Soldat. 1902 wird er ins Garnisonslazarett auf die Station für Nervenkranke eingeliefert und wenig später aus dem Militärdienst entlassen. Wegen Eigentums- und Sexualdelikten wird er in den kommenden Jahren immer wieder verhaftet und verurteilt. Mehr als ein Drittel der kommenden 20 Jahre verbringt er in U-Haft, Gefängnis und Zuchthaus. Nach einer fünfjährigen Zuchthausstrafe wird er 1918 erneut entlassen und nun von der hannoverschen Polizei als Spitzel im Verbrechermilieu eingesetzt. Daneben verdingt er sich als Altkleider- und Fleischhändler. 1918 begeht er nachweislich seinen ersten Mord – an einem 17jährigen Jungen. Zwischen Februar 1923 und Juni 1924 ermordet er mindestens 23 weitere junge Männer, die er meist am Bahnhof kennengelernt und zu sich mit nach Hause genommen hatte. Im Liebesrausch durchbeißt er seinen Opfern die Halsschlagader und zerlegt die Leichen anschließend fachmännisch. Knochen und Fleisch versenkt er in der Leine. Auch soll er das Fleisch selbst verzehrt bzw. als Freibankfleisch verkauft und verschenkt haben. Am 22. Juni 1924 wird Haarmann verhaftet, etwas später auch sein Freund Hans Grans, der mit den Kleidern der Ermordeten handelt. In einem spektakulären Prozeß wird Haarmann wegen 24fachen Mordes 24mal zum Tode verurteilt und schließlich hingerichtet. Hans Grans kommt wegen Beihilfe und Anstiftung zum Mord für 12 Jahre ins Zuchthaus. Ulli Lommel verarbeitet 1973 den Fall Haarmann zu dem Spielfilm *Die Zärtlichkeit der Wölfe*; 1995 dreht Romuald Karmakar den Spielfilm *Der Totmacher*, der auf den Verhörprotokollen basiert.

◦ Christine Pozsár/Michael Farin (Hg): *Die Haarmann-Protokolle*, 1995. Theodor Lessing: *Haarmann. Geschichte eines Werwolfs*, 1989

Hadrian (eigentlich Publius Aelius Hadrianus)

römischer Kaiser
24.1.76 Italica/Spanien – 10.7.138 Baiae/ Kampagnien

Der Nachfahre italienischer Söldner (der Name Hadrian von „adriatisch" abgeleitet) entstammt einer Senatorenfamilie und ist entfernt mit dem späteren Kaiser Trajan verwandt, der im Jahre 85 nach dem Tod des Vaters sein Vormund wird. Als Trajan im Jahr 97 von Kaiser Nerva adoptiert wird und im Jahr darauf den Thron übernimmt, findet sich auch Hadrian plötzlich im innersten Kreis der Macht. Im Jahr 100 heiratet er Trajans Großnichte Vibia Sabina, um seine Stellung innerhalb der Kaiserfamilie zu stabilisieren. Hadrian wird in Rom erzogen und durchläuft die übliche Ämterkarriere eines Senators. Er nimmt an den Dakerkriegen Trajans teil und erlebt ab 114 den Partherkrieg im kaiserlichen Generalstab. Wenige Tage vor Trajans Tod wird Hadrian von ihm adoptiert. Als ihn die Nachricht erreicht, ist Hadrian gerade als Gouverneur in Syrien und wird schließlich in Antiochia zum Kaiser ausgerufen. Er gibt sofort die imperialistischen Osteroberungen (Assyrien, Mesopotamien, Armenien) auf und zerschlägt den Widerstand trajanischer Generäle durch ihre Hinrichtung. Die finanzielle und militärische Kraft des Reiches scheint ihn zu überfordern. Die meiste Zeit seiner Regierung reist er durch das Imperium, inspiziert Truppen und stärkt die Grenzzonen. Er verbessert die Verwaltung und Rechtsprechung, gründet Städte in den Provinzen, organisiert ein Postsystem für das Römische Reich und entwickelt eine rege Bautätigkeit. Auf einer seiner ausgedehnten Reisen lernt er 123 den etwa 15jährigen Antinous kennen, von dem er sich in den folgenden sieben Jahren nicht mehr trennen wird. In zahlreichen Büsten, Reliefen und Gemälden läßt Hadrian die Schönheit seines Geliebten verewigen. Unter ungeklärten Umständen ertrinkt Antinous 130 bei einer Reise auf dem Nil. Die Spekulationen reichen vom Mord bis zum Freitod, oder aber von einem Selbstopfer Antinous, um den schwer an einer unbekannten Krankheit leidenden Hadrian davon zu befreien. In seiner Trauer verordnet Hadrian, Antonius künftig als Helden und Gott zu verehren. Zu seinen Ehren gründet er in Ägypten die Stadt Antinopolis, überall im Reich wird dem Verstorbenen mit kultischen Handlungen, Festen und Statuen gehuldigt. Mehr als 500 dieser Plastiken existieren noch. Die Dichter Pancrates und Nicomedes schreiben Lobgesänge auf ihn. Auch Hadrian wird nach seinem qualvollen Tod infolge seiner Erkrankung von seinem Nachfolger, seinem Adoptivsohn Antonius Pius, vom Senat zum Gott erklärt. →Marguerite Yourcenar macht Hadrians Liebe zu Antinous zum Thema ihres Romans *Mémoires d'Hadrien* (1951, dt. *Ich zähmte die Wölfin*, 1961). Hadrians Grabstätte befindet sich in einem prächtigen Mausoleum, der heutigen Engelsburg am Ufer des Tibers.

○ Royston Lambert: *Beloved and God. The Story of Hadrian and Antinous*, 1984

Hafis (eigentlich Schamsûddîn Mohammad)

persischer Dichter
ca. 1320 Schiras – ca. 1389 ebd.

Im Bereich der Dichtung Persiens gilt Hafis (dessen Name in etwa bedeutet „der den Koran auswendig weiß") als Lyriker von Weltrang. Der aus bescheidenen Verhältnissen stammende, schiitische Hafis ist Derwisch, Lehrer des Korans und der Rechtskunde an der Moscheehochschule in Schiras. Er ist stark interessiert an anderen Glaubensrichtungen, wie dem Sufismus und der islamisch-mystischen Bewegung. In seinen Gedichten besingt er die heimischen Gärten, die Liebe, den Wein als Führer in die Welt des Unbewußten wie auch beschaulichen Lebensgenuß. Darüber hinaus verfaßt er Satiren auf heuchlerisches Philistertum. Immer wieder widmet er sich auch der (göttlichen) Schönheit der Natur, vor allem jener der Jugend und der Männer, und seiner Liebe zu Knaben. Insbesondere die Form der Ghasele, einer arabischen Versgestaltung mit besonderer Folge der Reimpaare, findet in Hafis Dichtung höchste Vollendung. Nach seinem Tod werden die Gedichte durch einen Freund gesammelt und im *Dîvân* (dt. Sammlung) herausgebracht. Sie erreichen insbesondere durch den mystisch-philosophischen Grundgehalt weite Verbreitung. Eine erste deutsche Übertragung wird 1812-13 von Joseph von Hammer in zwei Bänden veröffentlicht. 1822 folgt eine weitere durch Friedrich Rückert. Beide wahren die homoerotischen Aspekte dieser Lyrik. →August von Platen greift in seiner eigenen Dichtung auf das Werk Hafis zurück; Johann Wolfgang von Goethe findet in zeitgenössischen Übersetzungen der Ghaselen entscheidende Anregungen für seinen eigenen *West-östlichen Divan.* Der iranische Ajatollah Khomeini äußerte sich verärgert gegen die westliche Sichtweise Hafis als Säufer, Päderast und Wüstling.

Hahnemann, Helga

deutsche Entertainerin
8.9.1938 Berlin – 20.11.1991 ebd.

Hahnemann beginnt ihre Karriere als Schauspielerin in zahlreichen DDR-Fernsehserien. Der Durchbruch gelingt ihr jedoch als Sängerin in Unterhaltungssendungen wie *Ein Kessel Buntes*, wo ihre unverwechselbare kräftige Stimme und ihre nicht minder kräftige Statur ihr den einprägsamen Spitznamen „Big Helga" oder auch „Henne" und eine ganze Anzahl von Schallplatten-, Rundfunk- und TV-Produktionen eintragen. Hahnemanns Mutterwitz und Kodderschnauze machen sie zu einem der beliebtesten Berliner Originale. Eigens für *Ein Kessel Buntes* zieht die Frau mit dem unverwechselbaren Humor Spitzenschuhe an und tanzt mit Bravour Sequenzen aus dem *Schwanensee* – eine Sensation im DDR-Fernsehen. Daß die fröhliche Entertainerin, die 53jährig einem Krebsleiden erliegt, eine besondere Vorliebe für das eigene Geschlecht besitzt, gilt in der DDR-Homoszene als ein offenes Geheimnis. Als eine der wenigen weiblichen DDR-Unterhaltungsgrößen ist sie ständiger Gast bei schwulen Events und Benefizveranstaltungen. Ihre letzten Lebensjahre verbringt Hahnemann zurückgezogen mit ihrer Freundin, die zahlreiche Texte für Hahnemann geschrieben hat, in Ost-Berlin.

- *Big Helga* (CD), 1989; *... unsre Helga: die besten Sketsche* (Video), 1992; H. Hahnemann u. A. Wolf: *Mensch, wo sind wir bloß hinjeraten! Erinnerungen*, 1994

Haines, William

US-amerikanischer Schauspieler und Innenausstatter
1.1.1900 Staunton/Virginia – 26.12.1973 Santa Monica/Kalifornien

Haines besucht die Militärakademie, studiert Theaterwissenschaft und nimmt nach dem Examen einen Job als Laufbursche an der Wallstreet an. 1922 gewinnt er einen New-Face-Wettbewerb der Filmproduktionsfirma von Samuel Goldwyn. 1923 hat er in *Three Wise Fools* seinen ersten Filmauftritt. Die nächsten sechs Jahre dreht er für MGM durchschnittlich sechs Filme pro Jahr, u.a. *Tower of Lies* (1924), *Tell It to the Marines* (1927) und *Show People* (1928). Er arbeitet unter u.a. unter der Regie von Victor Seastrom, Clarence Brown und King Vidor und wird zu einem der meistbeschäftigsten Schauspieler Hollywoods. 1928 ist er einer der ersten MGM-Stars, der sich in *Alias Jimmy Valentine* im Zuge des aufkommenden Tonfilms dem Mikrophon stellen muß. 1933 erscheinen die ersten Klatschmeldungen in den

Zeitungen, daß Haines schwul sei. MGM reagiert mit einer PR-Kampagne, in der behauptet wird, Haines habe sich gerade in Pola Negri verliebt. Es kommt jedoch noch schlimmer. Nicht nur, daß Haines in einer zwar diskreten, aber keineswegs verschwiegenen Beziehung mit seinem ehemaligen Filmdouble Jimmy Shields lebt. Haines, der ein ausgesprochenes Faible für Uniformen hat, wird bei einer Razzia in einem YMCA beim *tête-à-tête* mit einem Matrosen erwischt. Haines, der eng mit → George Cukor befreundet ist, wird gefeuert, spielt noch einige kleine schlechtbezahlte Rollen bei Kleinstfirmen und sattelt beruflich um zum Innenarchitekten. Schon 1930 kauft er seinem Lebensgefährten ein Einrichtungsgeschäft, dessen stiller Teilhaber er ist. In kurzer Zeit wird Haines auch in diesem Beruf ein vielbeschäftigter, erfolgreicher Mann. Zu seinen ersten Kunden gehören seine beste Freundin Joan Crawford sowie Lucille Ball, Norma Shearer und Walter Annenberg. Später ist er sogar für die Innenausstattung der US-amerikanischen Botschaft in London verantwortlich.
Das Paar lebt wie fast alle Schwulen in Hollywood zurückgezogen. Regelmäßig werden jedoch Partys in einem gemieteten Haus am entlegeneren Strand des kleinen Städtchens El Porto gefeiert. Im Juni 1936 färbt Haines im Übermut seinen Pudel Lord Peter Whimsy rosarot und macht ihn zur Attraktion des Strandes. In der Nacht des 3. Juni werden Haines und Shields von Männern der Weißen Legion (der südkalifornischen Variante des Klu-Klux-Klan) überfallen und niedergeschlagen. Als Haines 1973 an Krebs stirbt, vererbt er sein Vermögen an seine zwei Schwestern und seinem Lebensgefährten. Dieser jedoch wählt ein Jahr später den Freitod. In seinem Abschiedsbrief heißt es: „Ohne Billy ist alles sinnlos."

Hall, Radclyffe
(eigentlich Margaret Hall)

britische Schriftstellerin
12.8.1880 Bournemouth – 7.10.1943 Pimlico

Mit ihrem 1928 erschienenen und zeitweilig verbotenen Lesbenroman *The Well of Loneliness* (dt. *Quell der Einsamkeit)* entfacht Hall einen Skandal sondergleichen, der ihren Ruf als bekannteste lesbische Autorin bis heute begründet.
Hall, in wohlhabenden Verhältnissen aufgewachsen und von Privatlehrern erzogen, erbt 1921 das beträchtliche Vermögen ihres Großvaters und kann sich aufgrunddessen zeitlebens ungestört ausgiebigen Weltreisen und ihrer schriftstellerischen Arbeit widmen. Nach mehreren Frauenbeziehungen lernt sie 1915 die Schriftstellerin →Una Troubridge kennen, mit der sie bis an ihr Lebensende zusammenbleibt. Durch ihren Kontakt mit anderen Schriftstellerinnen beginnt Hall selbst zu schreiben und veröffentlicht insgesamt sieben Bücher. Hall, die sich selbst als Angehörige des „Dritten Geschlechts" begreift und sich seit ihrer Kindheit „John" nennt, stößt mit ihrem Skandalroman auf vielfachen Ärger und Unverständnis bei zeitgenössischen Lesben, die ihr die bedrückende und deprimierende Darstellung der lesbischen Liebe äußerst übelnehmen.

○ M. Bates: *Our Three Selves – A Life of Radclyffe Hall*, 1985

Hansberry, Lorraine

US-amerikanische Dramatikerin
19.5.1930 Chicago – 12.1.1965 New York City

Als einziges schwarzes Kind in einer weißen Nachbarschaft bekommt Hansberry früh die subtile und offene Feindseligkeit der US-amerikanischen Mittelschicht zu spüren. Ihr offensiver Umgang mit diesen Erfahrungen prägen Hansberrys kurzes Leben – nach ihrem Umzug nach New York im Jahre 1950 engagiert sie sich in der schwarzen Bürgerrechts- sowie der Lesben- und Schwulenbewegung, zeitgleich beginnt sie, als Dramatikerin auch das Thema Homosexualität offen zur Disposition zu stellen. *A Raisin in The Sun* (dt. *Eine Rosine in der Sonne*), das 1959 den New York Drama Critics' Circle Award gewinnt, ist das erste von einer schwarzen Frau geschriebene Theaterstück, das jemals am Broadway aufgeführt wird. Hansberrys vielversprechende Karriere wird durch ihre Krebserkrankung, der sie im Alter von 35 Jahren erliegt, jah beendet.

- *The Sign in Sidney Brustein's Window*, 1965; *Stücke*, 1976

Haring, Keith

US-amerikanischer Künstler
4.5.1958 Kutztown/Pennsylvania – 16.2.1990 New York City

Mit 16 Jahren entscheidet sich Keith Haring zu einem Leben als Künstler – als abstrakter Künstler. Es ist seine Form der Rebellion gegen den Vater, der als Cartoonist arbeitet. Die Designer-Schule – ein Wunsch der Eltern – verläßt er bald. 1979 geht er mit dem Bewußtsein, schwul zu sein und nicht das gesicherte Middle-Class-Leben der Eltern führen zu wollen, nach East Village in New York und studiert dort an der School of Visual Arts. 1981 entstehen die ersten Kreidezeichungen, die er mit Vorliebe auf freie Flächen in der Subway zeichnet. Er entwickelt die für ihn typische Graffiti-Zeichensprache: International verständlich, leicht reproduzierbar mit Kürzeln und Symbolen, die poetisch der nüchtern-technologischen Welt begegnen. Die U-Bahn-Bilder werden zu einem Medienereignis, so daß bereits 1982 die erste Einzelausstellung in der Galerie Tony Shafrazi folgt. Als jüngster Künstler wird er im gleichen Jahr zur documenta 7 nach Kassel eingeladen. Haring beginnt sich umfassend zu vermarkten. Er eröffnet in New York (später auch in anderen Großstädten der Welt) den „Pop Shop", wo es T-Shirts, Postkarten, Poster und andere Gebrauchsgegenstände mit Haring-Motiven zu kaufen gibt. Es ist sein Versuch, dem Kunstmarkt, der seine Bilder immer höher dotiert und konsumiert, Produkte entgegenzusetzen, die für jeden zu erwerben sind. Gleichzeitig will er die Vermarktung seiner Motive selbst kontrollieren können. Als offen schwuler und offen HIV-positiver Künstler setzt er sich mit seiner Kunst immer wieder engagiert für Außenseiter der Gesellschaft, gegen die Apartheid in Südafrika und gegen Kernkraft ein. Mit seinen Arbeiten unterstützt er auch ACT UP und Safer-Sex-Kampagnen und entwarf Embleme u.a. für den New York Gay Pride.

○ John Gruen: *Keith Haring. Die autorisierte Biographie*, 1992.. Keith Haring: *Tagebücher*, 1997; Germant Celant (Hg.): *Keith Haring*, 1992; Klaus Littmann (Hg.): *Keith Haring. Das druckgraphische Werk 1982-1990*, 1993

Hark, Sabine

Soziologin und politische Interventionistin
1962 Otzenhausen/Saarland

Schon früh ist das eigentliche Berufsziel von Hark klar. Unter Bundeskanzler – das wußte sie schon im Alter von drei – würde sie es nicht machen. Die Wege dahin sind allerdings meist gewunden und unvorhersehbar. So verläßt sie 1981 zunächst ihr heimatliches 1000-Seelen-Dorf, um in Mainz Politikwissenschaft und Soziologie zu studieren. Dort ereilt sie sogleich ihr Coming-out, von dem sie mit drei noch nichts geahnt hatte. Allerdings ist es der Fingerzeig dafür, daß es Hark vor allem um eins geht: nämlich, anders als die anderen zu sein. 1984 wechselt sie an die Universität Frankfurt/Main, an der sie 1988 mit einer Arbeit zu „Lesbische Frauen in der Heterozentrischen Ordnung" das Diplomstudium in Soziologie abschließt. Der Grundstein für eine weitere Schleife in ihrem Werdegang ist gelegt. „Dekonstruiert hauptberuflich lesbische Identitäten" schreibt 1996 der Berliner Querverlag über sie. Die Liebe führt sie 1988 zunächst nach Berlin, um von 1988 bis 1989 gemeinsam mit der Liebsten im lesbisch-schwulen Mekka San Francisco, USA, zu leben. Für die Identität als lesbische Wissenschaftlerin ein Segen, vom Ziel Bundeskanzler ist sie dort allerdings nicht nur geographisch weit entfernt. 1989, pünktlich zum Mauerfall, kehrt sie nach Berlin zurück.
1990 tritt sie eine Stelle als Wissenschaftliche Mitarbeiterin in der Soziologie an der Freien Universität Berlin an. 1991 organisiert Hark zusammen mit der Wienerin Hanna Hacker das erste deutschsprachige Lesbenforschungssymposium in Berlin. Mit einer Arbeit zu Paradoxen lesbischer Identitätspolitik dissertiert sie 1995 an der Freien Universität. Seitdem ist Hark als freiberufliche akademische Wanderarbeiterin in Sachen lesbischer Theorie bundesweit unterwegs. Seit zwölf Jahren lebt sie in der gleichen, immer wieder anderen Beziehung und ist eine leidenschaftliche Verfechterin der Abschaffung von Sonderrechten für Heterosexuelle. Ob sie damit allerdings Bundeskanzlerin werden wird, scheint ungewiß.

• *deviante Subjekte. Die paradoxe Politik der Identität*, 1996; *Grenzen lesbischer Identitäten* (Hg.), 1996; mit Stefan Etgeton (Hg.) *Freundschaft unter Vorbehalt. Chancen und Grenzen lesbisch-schwuler Bündnisse*, 1997

Hartley, Marsden

US-amerikanischer Künstler
4.1.1877 Lewiston/Maine – 2.9.1943 Ellsworth/Maine

Seine ersten Gemälde sind dem Postimpressionismus verhaftet, ab ca. 1909 stehen sie stark unter dem Einfluß von Cézanne, Matisse und Picasso. 1912 geht er nach Paris, wo er Stammgast in →Gertrude Steins Salon wird; im gleichen Jahr reist er für einige Monate nach Deutschland, wo er Wassily Kandinsky, Franz Marc und Gabriele Münter begegnet und 1913 am ersten Deutschen Herbstsalon teilnimmt. In seinen Bildern strebt er nun eine Synthese aus Fauvismus, Kubismus und Expressionismus an. Von Mai bis November 1913 lebt er in Berlin und ist von der schwulen Subkultur, als auch von den in der Stadt stationierten Soldaten begeistert. Er verliebt sich in den Leutnant Karl von Freyburg, der jedoch gleich zu Beginn des ersten Weltkrieges im Oktober 1914 fällt. Er verewigt diese Liebe in dem verschlüsselten, ikonenartigen Gemälde *Portrait of a German Officer* (1914), auf dem er Orden und Flaggen sowie die Initialen des Geliebten miteinander collagiert. Als er es 1916 in den USA ausstellen will, wird es als zu germanophil abgelehnt. In seinen weiteren Lebensjahren kehrt Hartley noch mehrere Male nach Berlin zurück, zeitweilig lebt er auch in Garmisch-Partenkirchen. wo er vor allem Berge als Symbol für Beständigkeit und feierlichen Ernst malt. Seine expressionistisch-ausdrucksstarken Landschaftsbilder, die u.a. in den USA, Mexiko und Europa entstehen, finden jedoch kaum ihren Markt. 1935 muß der kranke und niedergeschlagene Hartley hundert Werke vernichten, weil er die Lagerkosten nicht mehr bezahlen kann. Ab 1937 entsteht eine ganze Reihe explizit homoerotischer Bilder. Erst durch die Beteiligung an einer Gemeinschaftsausstellung mit Stuart Davids bringt ihm die lebenslang erhoffte Anerkennung durch die Kritik; der eigentliche Erfolg seiner Werke stellt sich jedoch erst nach seinem Tode ein. Auch seine Gedichte finden erst posthum größere Beachtung. Insgesamt hat er zeitlebens vier Bücher verfaßt.

- *Collected Poems*, 1945

○ Gail Scott: *Marsden Hartley*, 1988: Townsend Ludington: *Marsden Hartley. The Biography of an American Artist*, 1992

Hasse, O.E.
(eigentlich Otto Eduard Hasse)

deutscher Schauspieler
11.7.1903 Obersitzko/Posen – 12.9.1978 Berlin

Während der Schulzeit in Posen erste Theatererfahrungen als Laiendarsteller bei einem deutschen Theaterverein. In Berlin studiert er drei Semester Jura, danach wechselt er in die Schauspielschule von Max Reinhardt. 1924 ist er Statist in Friedrich Wilhelm Murnaus *Der letzte Mann*. Erste Bühnenrollen in Thale/Harz und an der Jungen Bühne, Berlin. 1926-29 ist er in Breslau, danach in München und Prag engagiert. Ab 1944 arbeitet er in der Hauptfilmstelle der Reichsluftwaffe und fungiert als Sprecher des Dokumentarfilms *Rettet den deutschen Wald*. Nach dem Krieg ist er vor allem an Berliner Theatern engagiert, arbeitet als Synchronsprecher (u.a. für →Charles Laughton, Humphrey Bogart und Spencer Tracy). Vor dem Krieg wird er beim Film lediglich in Nebenrollen eingesetzt (u.a. *Stukas*, 1941); in den 50er Jahren erarbeitet er sich internationalen Ruf, insbesondere in Uniformrollen und als Darsteller durchsetzungsfähiger, doch nie skrupelloser Charaktere. (u.a. *The Big Lift*, 1959, dt. *Es begann mit einem Kuß; Decision*

Before Dawn, 1951, dt. *Entscheidung vor Morgengrauen;* Hitchcocks *I Confess*, 1952/53 (dt. *Ich beichte)*. 1958 wird er für seine Rolle in *Der Arzt von Stalingrad* auf den Filmfestspielen von Brüssel und Vichy ausgezeichnet. Peter Zadek besetzt ihn 1975 in seinem spektakulären TV-Film *Die Geisel* nach Brendan Behan. Seinen letzten Auftritt hat er 1977 in einer Folge der TV-Krimiserie *Der Alte*. Seit Mitte der 50er Jahre ist Hasse mit dem Schweizer Max Wiener befreundet. „Hätte meine Freundschaft zu Max Wiener nach einem Vierteljahrhundert noch einer Bewährungsprobe bedurft", schreibt Hasse in *O. E. Unvollendete Memoiren* (1979), so sei es der Sommer 1976 gewesen, als er mit einem chronischen Bronchialkatarrh auf offener Bühne in Düsseldorf zusammenbricht. Wiener bringt ihn in eine Spezialklinik nach Basel und bleibt bei ihm bis zu seiner Genesung. Auch die letzte Zeit vor Hasses Tod weicht er nicht vom Krankenbett. „Seine letzten Jahre waren schwer, trotz aller Liebe, mit der ihn der Freund Max Wiener umhegte und fürstlich verwöhnte", bemerkt der Regisseur H.H. Stuckenschmidt bei seiner Grabrede auf Hasse. Er ist auf dem Waldfriedhof in Berlin-Dahlem beigesetzt.

Heap, Jane

US-amerikanische Verlegerin
Nov. 1883 Topeka/Kansas – 22.6.1964 London

Jane Heap wächst im mittleren Westen der USA unter den Patienten ihres Vaters auf, der eine psychiatrische Klinik leitet. Um 1915 macht sie in Chicago die Bekanntschaft von →Margaret Anderson, die gerade die erste Nummer ihrer Literaturzeitschrift *The Little Review* herausgegeben hatte, welche sich binnen kurzer Zeit als bedeutendes Forum der zeitgenössischen Literatur etabliert. Zwischen den beiden ungleichen Frauen – der dominanten, maskulin auftretenden Heap und der femininen Anderson – entwickelt sich eine dauerhafte Liebesbeziehung, trotz gelegentlicher Affären Heaps (z.B. 1918 mit →Djuna Barnes). 1918 siedeln Anderson und Heap, die mittlerweile Co-Herausgeberin geworden ist, nach New York über. Nachdem in mehreren Ausgaben der *Review* Auszüge aus James Joyces *Ulysses* erscheinen, werden die entsprechenden Nummern beschlagnahmt und die beiden Herausgeberinnen zu einer Geldstrafe von 100 Dollar wegen „Verbreitung von Obszönitäten" verurteilt. 1922 ziehen Heap und Anderson nach Paris, wo Anderson sich sowohl aus ihrer beider Beziehung als auch von der *Little Review* löst. Heap kehrt vorübergehend (1924-27) nach New York zurück, wo sie auf der Fifth Avenue eine eigene Galerie eröffnet, in der äußerst unkonventionelle Arbeiten gezeigt werden, z.B. Bühnenbilder aus der Sowjetunion (1926) oder eine Ausstellung zum Maschinenzeitalter (1927). Zugleich arbeitet Heap als alleinige Herausgeberin der *Little Review* bis zu deren Einstellung im Jahr 1929 weiter. Heap, die selbst ebenfalls schreibt und malt, nutzt ihre Position, um talentierten SchriftstellerInnen, wie z.B. →Gertrude Stein, mit der sie eng befreundet ist, zu helfen und deren Arbeit Verlegern und Herausgebern bekannt zu machen – trotz der Tatsache, daß ihre unverblümte Art, ihre Homosexualität offen zu demonstrieren und auszuleben, in den vorwiegend männlichen Literatenkreisen oftmals auf große Ablehnung stößt.

Heldt, Werner

deutscher Künstler und Lyriker
17.11.1904 Berlin – 3.10.1954 Ischia

Heldts künstlerische Anfänge in den 20er Jahren stehen im Zeichen einer berlinerischen Milieu- und Genremalerei, Heinrich Zille ist dabei sein Vorbild. Zum Ende des Jahrzehnts ist die menschliche Figur fast gänzlich aus Heldts Straßenszenerien verschwunden. Die Melancholie und Tristesse seiner Bilder spiegelt auch seinen inneren Seelenzustand wider. Seine als quälend empfundene Auseinandersetzung mit der eigenen Homosexualität stürzt ihn immer wieder in Depression und exzessiven Alkoholkonsum. Nach einer mehrwöchigen Reise nach Paris 1930 entwickelt sich seine Malerei weiter zu hellerer Farbigkeit und ausgeprägterer abstrahierenden Flächenhaftigkeit. 1933 mit dem Machtantritt der Nationalsozialisten Emigration nach Mallorca. Dort lebt er drei Jahre unter Bauern und Fischern im Dorf Andraix. Der Spanische Bürgerkrieg zwingt ihn zur Rückkehr nach Deutschland, wo er Unterschlupf in der Berliner Ateliergemeinschaft Klosterstraße findet (gemeinsam mit →Käthe Kollwitz, Werner Gilles, Ludwig Kasper). Heldt leidet unter der allgemeinen Bedrohung und fürchtet als Homosexueller die Verfolgung und Ermordung. Erst nach Ende des Krieges findet er aus der Lethargie zu seiner Schaffenskraft zurück. Im poetischen Bild „Berlin am Meer" verbindet er sein melancholisches Erlebnis der Metropole mit der Sehnsucht nach Meer und Ferne. Die Ruinen der Stadt werden in seinen Arbeiten nun zu Chiffren der Vergänglichkeit. Die Stadtlandschaft ist in stillebenartiger Inszenierung mit symbolischen Requisiten ausgestattet und ins Lyrische übertragen. Seine Arbeiten sind nun geprägt vom Kubismus und beeinflußt von Künstlern wie Georges Braque und Juan Gris.

○ Wieland Schmied: *Werner Heldt*, 1976. Lucius Griesebach (Hg.): *Werner Heldt*, 1989

Hellman, Lilian Florence

US-amerikanische Dramatikerin
20.6.1905 New Orleans – 30.6.1984 Boston

Hellman erregte mit ihren sozialkritischen und heftig umstrittenen Dramen (*The Children's Hour*, 1934; dt. *Die Stunde der Kinder*) und Drehbüchern ihrerzeit großes Aufsehen. Das Drehbuch zu *The Little Foxes* (1939; dt. *Die kleinen Füchse*) beschrieb den moralischen Niedergang einer reichen Südstaaten-Familie; der Film zählt heute zu den Klassikern des lesbischen Kinos. Ihre Drehbuchfassung zu *The Children's Hour* wird 1936 von William Wyler unter dem Titel *These Three* verfilmt – allerdings inhaltlich völlig entstellt: aus der Geschichte der zwei Lehrerinnen, die von einem boshaften Kind der lesbischen Liebe beschuldigt werden, macht Wyler eine heterosexuelle Dreiecksgeschichte, in der eine Lehrerin bezichtigt wird, mit dem Verlobten der Freundin ein Verhältnis zu haben. 1962 wird der Stoff noch einmal (nun mit Audrey Hepburn und Shirley McLaine) verfilmt (dt. *Infam*). Hellman, die neben ihrer fast dreißig Jahre währenden Liaison mit dem Krimiautor Dashiell Hammett auch dem eigenen Geschlecht zugetan ist, wird in der McCarthy-Ära wegen ihrer politischen Aktivitäten verfolgt, ohne sich davon einschüchtern zu lassen. Ihr umfangreiches dramatisches und literarisches Werk wird vielfach ausgezeichnet.

- *An Unfinished Woman*, 1969 (dt. *Eine unfertige Frau*)

Henze, Hans Werner

deutscher Komponist
1.7.1926 Gütersloh

Studium an der Musikschule Braunschweig. Einberufung zum Militär. Fortsetzung der Musikausbildung ab 1946 in Heidelberg bei Wolfgang Fortner. Ab 1949 in Paris bei René Leibowitz, Auseinandersetzung mit der Zwölftonmusik. Musikalischer Mitarbeiter am Deutschen Theater Konstanz unter Heinz Hilpert, 1950-53 Ballettdirigent am Staatstheater Wiesbaden. Erste Erfolge als Opernkomponist mit – *Der Landarzt* nach Franz Kafka (1951) und *Boulevard Solitude* (1952). Er entflieht schließlich dem Theaterbetrieb, läßt sich in Forio d'Ischia nieder und schließt sich der dortigen Intellektuellenkolonie an (→W.H. Auden,→ Golo Mann, William Walton). Später Umzug nach Neapel, dann Castel Gandolfi, zuletzt Marino in den Albaner Bergen. Es entstehen die Opern *Der Prinz von Homburg* (1960) und *Der junge Lord* (1965), beide Libretti von Ingeborg Bachmann. →W.H. Auden und sein Lebensgefährte Chester Kallman, die bereits für →Benjamin Britten als Texter gearbeitet hatten, verfassen *Elegy for Young Lovers* (1961) und *The Bassarids* (1966). 1967 Professur in den USA. Nach der Rückkehr nach Europa im Zuge der Studentenrevolte politische Engagement und Versuche, Musik als politisches Ausdrucksmittel zu gestalten. Die Uraufführung des Oratoriums *Das Floß der Medusa* in Hamburg 1968 verursacht einen Skandal und wird abgebrochen. Der Rhythmus des Schlusses, der Ho-Chi-Minh-Marsch, wird gar nicht erst gespielt. Seine Sechste Sinfonie widmet er der kubanischen Revolution.
Als Komponist versteht sich Henze als Ekletiker, der „Stil" als Kategorie kompositorischer Reinheit stets ablehnt und vielmehr polystilistische Fraktur anstrebt. Seit den 80er Jahren Betätigung als Pädagoge und Festivalleiter. 1988-1997 Leitung der von ihm ins Leben gerufenen Münchner Biennale für Neues Musiktheater; als Auftragsarbeiten entstehen u.a. Adriana Hölszkys *Bremer Freiheit* (1988) nach →Rainer Werner Fassbinder und *63: Dream Palace* (1990) von Hans-Jürgen von Bose nach James Purdys Romanvorlage. Henzes letzte große Kompositionen: *Requiem* (1993) als Hommage an einen befreundeten, an den Folgen von Aids verstorbenen Musiker, und die Opern *Das verratene Meer* (1990) nach →Yukio Mishima sowie *Venus und Adonis* (1996) nach →William Shakespeare. Zu seinem 70. Geburtstag 1996 ehrt ihn die Stadt München mit dem Kulturellen Ehrenpreis der Stadt. Zeitgleich erscheint seine Autobiographie *Reiselieder mit böhmischen Quinten. Autobiographische Mitteilungen 1925-1995*, in der er auch offen über seine Homosexualität und seinen Lebensgefährten und Adoptivsohn Fausto Moroni schreibt, mit dem er seit 1964 zusammenlebt.

- *Musik und Politik. Schriften und Gespräche 1955-1984*, 1984

○ P. Petersen: *Hans Werner Henze. Ein politischer Musiker*, 1988; D. Rexroth (Hg.): *Hans Werner Henze*, 1986

Heymann, Lida Gustava

deutsche Frauenrechtlerin
15.3.1868 Hamburg – 31.7.1943 Zürich

Aufgewachsen als Tochter einer wohlhabenden hanseatischen Kaufmannsfamilie, absolviert Heymann die übliche Ausbildung für höhere Töchter und beginnt sich mit Mitte 30 für Frauenfragen zu interessieren. Gleichzeitig übernimmt sie die finanzielle Verwaltung des Familienvermögens und fängt an, mit den Erträgen innovative Projekte aufzubauen, u.a. eine Reformschule. 1896 lernt sie während eines internationalen Frauenkongresses in Berlin →Anita Augspurg kennen, mit der sie bis zu ihrem Tod zusammenlebt und -arbeitet. Gemeinsam engagieren sie sich in der Frauenstimmrechts- und PazifistInnenenbewegung und gehören zu den führenden Frauenrechtlerinnen Deutschlands. 1917 wird Heymann wegen ihrer pazifistischen Agitation aus Bayern ausgewiesen. Zwei Jahre später gründen sie und Augspurg die feministische Frauenzeitschrift *Die Frau im Staat*. Bis zu ihrer erzwungenen Emigration in die Schweiz organisieren und besuchen Heymann und Augspurg feministische Kongresse in der ganzen Welt. Dank zahlreicher Spenden gelingt es ihnen, ihre politische Arbeit bis zu ihrem Tod fortzusetzen.

Highsmith, Patricia

US-amerikanische Schriftstellerin
19.1.1921 Fort Worth/Texas – 4.2.1995 Locarno/Schweiz

Highsmiths psychologisch ausgefeilten Kriminalromane und -erzählungen gehören zu den literarisch anspruchvollsten Klassikern ihres Genres. Ausgehend von der Erkenntnis, daß Täter zugleich auch Opfer sind, beschreiben ihre Werke detailliert und einfühlsam die durch ein einschneidendes Erlebnis hervorgerufenen, langsamen Veränderungen ihrer ganz normalen Helden, welche zwangsläufig in Gewalttätigkeit münden. Nach ihrem Examen in Literatur und Zoologie in New York widmet sich die gebürtige Texanerin ab 1950 – auf Wunsch ihres Verlages hin – ganz der Schriftstellerei. Zuvor hatte sie als Texterin der Superman-Comics gearbeitet. Bereits mit ihrem im gleichen Jahr erschienenen Roman *Strangers on a Train* (dt. *Zwei Fremde im Zug*) gelingt Highsmith der Aufstieg in die erste Garde der KriminalautorInnen – nur zehn Tage nach Erscheinen von *Strangers on a Train* erwirbt Alfred Hitchcock die Filmrechte. Mit der „Ripley"-Serie und einer ganzen Reihe weiterer Romane setzt sie ihren Erfolg ungebrochen fort. Die Katzenliebhaberin Highsmith, die zeitlebens ausgedehnte Europareisen unternimmt, siedelt 1983 in den Tessin über. Die in ihrem letzten Lebensjahrzehnt entstandenen Werke zeigen eine allmähliche Abkehr der Autorin vom Kriminalroman und ihre weitere Öffnung – bereits ihr autobiographisches Frühwerk *Carol* behandelt das Thema der lesbischen Liebe und wird zunächst unter Pseudonym veröffentlicht – gegenüber der literarischen Verarbeitung der eigenen Lebensform: in *Found in the Street* (1986, dt. *Elsies Lebenslust*) geht es vorrangig um die weibliche Homosexualität. Der letzte Roman *Small g – A Summer Idyll* (1995) spielt in der Zürcher Schwulenszene.

- *The Price of Salt*, 1952/1984; *Ediths Tagebuch*, 1978; *Der Geschichtenerzähler*, 1974; *TDer Schrei der Eule*, 1976

○ F. Cavigelli u. F. Senn: *Über Patricia Highsmith*, 1980

Hiller, Kurt

deutscher Publizist
17.8.1885 Berlin – 1.10.1972 Hamburg

Der promovierte Jurist, Publizist und Jude ist ein streitbarer Pazifist und gehört ab 1908 zu den engsten Mitarbeitern →Magnus Hirschfelds. Seine Publikationsliste umfaßt 33 Bücher und Broschüren wie auch ca. 1500 Zeitungs- und Rundfunkbeiträge zu Literatur, Philosophie, Außenpolitik und Strafrecht – schlagkräftig und ironisch formulierte, provozierende Aufrufe, Manifeste, Pamphlete und Polemiken. 1905 verliebt er sich in den 16jährigen Franz-Robert Georgy. Zwei Jahre später fallen die Liebesbriefe in die Hände dessen Vater, der die Beziehung fortan untersagt. Für Hiller ist dies der Auslöser für seine Dissertation: *Das Recht über sich selbst.* Von 1916 bis 1924 gibt Hiller das Jahrbuch *Das Ziel* heraus und ist darüber hinaus Autor verschiedener Zeitschriften der expressionistischen Bewegung. 1920 wird er Mitglied der Deutschen Friedensgesellschaft und 1926 Präsident der Gruppe revolutionärer Pazifisten. Aufgrund seines engagierten Eintretens für einen radikalen Pazifismus und für den Sozialismus wird er 1933 verhaftet und schließlich zu KZ-Haft verurteilt. 1934 gelingt ihm die Flucht nach Prag und 1938 nach London. Von 1939 bis 1946 ist er Vorsitzender der Gruppe unabhängiger Autoren. 1955 Rückkehr nach Deutschland; in Hamburg gründet er 1956 den Neusozialistischen Bund. Veröffentlichung kleinerer Beiträge in der Schwulenzeitschrift *Der Kreis.* 1962 initiiert er die Neugründung des WhK, um mit einer Neufassung der Petition Hirschfelds nunmehr an den Deutschen Bundestag für eine Streichung des §175 zu appellieren. Die „Erklärung" wird zwar gedruckt, jedoch nicht nach Bonn weitergeleitet. Die Aktion versandet. 1965 erscheint als Privatdruck die Gedichtsammlung *Archangelos*, 40 Liebesgedichte über die (unerwiderte) Liebe seines Lebens, Walter D. Schultz (1910-1964), der sich nach einer anfänglichen Romanze dann doch eher der Frauenwelt zugeneigt sieht. Auch eine andere Liebe bleibt unerfüllt, die zu dem homosexuellen kommunistischen Politiker Richard Linsert (1899-1933), dem Hiller eine Position im Wissenschaftlich-humanitären Komittee verschafft hatte.

- *Leben gegen die Zeit. Erinnerungen. Band 1: Logos*, 1969; *Band 2: Eros*, 1973

○ Horst H.W. Müller: *Kurt Hiller*, 1969; Rolf von Bockel (Hg.): *Kurt Hiller – Ein Leben in Hamburg nach den Jahren des Exils*, 1990

Hirschfeld, Magnus

deutscher Sexualwissenschaftler
14.5.1868 Kolberg/Pommern – 14.5.1935 Nizza

Hirschfeld gilt als einer der entscheidenden Mitbegründer der deutschen Sexualwissenschaft und der deutschen Schwulenbewegung. Gleich drei diskriminierte Minderheiten kreuzen sich in der Person Hirschfelds: Er ist Jude, Homosexueller und Sozialist. Als Student engagiert er sich in der Arbeiterpartei. 1888-92 Studium der Medizin in Straßburg, München, Heidelberg und Berlin, mit Unterbrechung durch seinen Militärdienst. 1896 Übersiedlung nach Berlin-Charlottenburg, Eröffnung einer Arztpraxis. Am 15. Mai 1897 gründet er in seiner Wohnung gemeinsam mit Eduard Oberg, dem Leipziger Verleger Max Spohr und Franz Josef von Bülow das Wissenschaftlich-humanitäre Komitee (WhK). „Auf Grund sichergestellter Forschungsergebnisse und der Selbsterfahrung vieler Tausender endlich Klarheit darüber verschaffen, daß es sich bei der Liebe zu Personen des gleichen Geschlechts, der sogenannten Homosexualität, um kein Laster und kein Verbrechen, sondern um eine von der Natur tief in einer Anzahl von Menschen wurzelnden Gefühlsrichtung handelt", heißt es in der Gründungserklärung. Im Dezember 1897 wird bereits eine Petition gegen den Anti-Homosexuellen-Paragraphen 175 beim Reichstag und beim Bundesrat eingereicht. Hirschfeld gibt eine Neuausgabe der Schriften →Karl Heinrich Ulrichs heraus; 1899 erscheint der erste Band des *Jahrbuch für sexuelle Zwischenstufen*, darin die erste Fassung des *Psychobiologischen Fragebogens.* 1901 erscheint die Aufklärungsbroschüre *Was soll das Volk vom dritten Geschlecht wissen?*. 1903 Fragebogenaktion unter 3000 Berliner Studenten zu deren sexueller Orientierung. Fünf Studenten zeigen Hirschfeld an, weil sie sich durch seine Umfrage beleidigt fühlen. Hirschfeld wird zu 200 Mark Strafe verurteilt. 1904 Befragungsaktion unter ca. 5700 Berliner Metallarbeitern. 1905/06 Auseinandersetzung mit Wilhelm Fleiß und Sigmund Freud über die Urheberschaft der Idee von der Bisexualität. Hirschfeld ist 1908 als Gutachter im Prozeß gegen Maximilian Harden beteiligt; er wird Herausgeber der *Zeitschrift für Sexualwissenschaft*. 1910 eröffnet er eine Spezialpraxis „für nervöse und seelische Leiden". Als Reaktion auf einen Angriff C.G. Jungs während des dritten Internationalen Psychoanalytiker-Kongresses in Weimar 1911 tritt Hirschfeld aus der Berufsvereinigung aus. Hirschfeld ist an der Konzeption des Homosexuellenfilms *Anders als die Anderen* (1919) beteiligt und spielt dort in einem Auftritt sich selbst als Sexualwissenschaftler. Im gleichen Jahr Eröffnung des Instituts für Sexualwissenschaft in Berlin. Internationale Anerkennung seiner wissenschaftlichen wie homosexuellenemanzipatorischen Leistungen, u.a. wird er Ehrenmitglied der British Society for the Study of Sex Psychology, dem englischen Pendant des WhK, und von der UdSSR-Regierung nach Moskau und Leningrad eingeladen. Eine 1930 begonnene Weltreise wird unerwartet zu einer Reise ins Exil. 1932 aus Asien und den USA in Europa zurück, bereitet er von Wien aus seine Übersiedlung gemeinsam mit seinem chinesischen Lebensgefährten Tao Li in die Schweiz vor. Von dort aus erlebt Hirschfeld die Zerstörung seines Lebenswerkes. Am 6. Mai 1933 wird das Institut für Sexualwissenschaft von NS-Studenten geplündert. SA-Trupps holen die Bibliotheksbestände ab, die zusammen mit anderen Büchern „undeutschen

Geistes" am 10. Mai auf dem Berliner Opernplatz verbrannt werden. In die Flammen wird auch eine Büste Hirschfelds geworfen. Weiterreise nach Paris. Am 8. Juni 1933 löst sich das WhK auf. Hirschfeld stirbt an seinem 67. Geburtstag in Nizza.

- *Die Homosexualität des Mannes und des Weibes*, 1914; *Sittengeschichte des Weltkrieges* (mit Andreas Gaspar), 1930; *Geschlechtskunde. 5 Bände*, 1926-30; *Von einst bis jetzt*, 1986; *Berlins Drittes Geschlecht. Schwule und Lesben um 1900*, 1991

○ Manfred Herzer: *Magnus Hirschfeld*, 1992

Höch, Hannah

deutsche Malerin und Graphikerin
1.11.1889 Gotha – 31.5.1978 Berlin

Als die Dadaisten in den Goldenen Zwanzigern zum Angriff auf die bürgerliche Kultur rufen, ist unter den zahlreichen „Anti-Künstlern" nur eine einzige Frau von Rang – Hannah Höch. Ihre Dada-Puppen und Montagen, dichte Klebebilder mit einer fast kinematographischen Schnittechnik, sind heute noch aktuell, denn wie in den nachfolgenden und gegenwärtigen Anti-Kunst-Bewegungen geht es den Dadaisten nicht um das abstrakt „Künstlerische", sondern um die soziale und politische Verantwortlichkeit der Künstler. Ein großes Thema Höchs ist die „Neue Frau", ihre Rolle innerhalb der Gesellschaft und das Verhältnis zwischen den Geschlechtern, aber auch zwischen gleichgeschlechtlichen PartnerInnen. Als ihr berühmtes Gemälde *Die Braut* (1927) entsteht, ist Höch, die sich ihren Lebensunterhalt lange Zeit als Graphikerin für den Ullstein Verlag verdient, schon ein Jahr mit der niederländischen Schriftstellerin Til Brugmann liiert. Das Paar wohnt zusammen in Den Haag bis 1929, dann ziehen sie nach Berlin. Neun Jahre hält die Beziehung – eine der längsten und stabilsten in Höchs Leben. Ihr vielfältiges künstlerisches Schaffen erstreckt sich bis in die 60er Jahre.
Höch, die zeitlebens im Schatten ihres ungleich berühmteren Kollegen Raoul Hausmann steht, wird 1997 mit einer großen Wanderretrospektive in den USA geehrt.

○ Berlinische Galerie: *Hannah Höch 1889-1978, ihr Werk, ihr Leben, ihre Freunde*, 1989; Künstlerarchiv der Berlinischen Galerie: *Hannah Höch, eine Lebenscollage*, 1995; H. Höch/E. Maurer: *Hannah Höch, jenseits fester Grenzen; das malerische Werk bis 1945*, 1995

Hockney, David

britischer Künstler
9.7.1937 Bradford/England

1953-57 Studium an der Bradford School of Art. Erste Gemälde. 1957-59 als Kriegsdienstverweigerer Arbeit in Krankenhäusern. 1959-62 Studium am Royal College of Art in London. Mitbegründer der englischen Pop Art. 1964 Übersiedlung in die USA. Beginnt seine Reihe der *Swimming Pool*-Gemälde, die zu seinen bekanntesten Arbeiten werden. 1966 erste Bühnenausstattung für Alfred Jarrys *Ubu Roi* am Royal Court Theatre, London. Lehrauftrag an der University of California, Los Angeles. 1968 Umzug nach London, 1973-74 nach Paris, ab 1976 wieder in Los Angeles. 1978-81 umfangreiche Tätigkeit für Bühnendekorationen in Glyndebourne und New York (u.a. *Zauberflöte* und *Le sacre du printemps).* 1981 gemeinsame Reise mit →Stephen Spender nach China. 1982 erste Photocollagen, 1986 erste Arbeiten mit Farbphotokopierer, 1990 erste Experimente mit Faxkunst. Hockney, der zu den bedeutendsten, bekanntesten und auch vielseitigsten zeitgenössischen Künstlern Großbritanniens zählt, bekennt sich bereits in den frühen 60er Jahren öffentlich zu seiner Homosexualität und verarbeitet sie in seinen Bildern. Die Titel seiner frühen Arbeiten – *Queer* (1960), *Going to be a Queen for Tonight* (1960) und *Doll Boy* (1960/61) – sind deutliche Interpretationsignale. Seine Lebensgefährten, etwa Peter Schlesinger und Gregory Evans, werden vielfach, z.T. mit erotischen Aktzeichnungen, porträtiert. 1974 dreht Jack Hazan den semidokumentarischen Film *A Bigger Splash*, in dem Hockney und seine Freunde sich selbst spielen. Zentral werden darin seine Beziehungen und das schwule Leben behandelt, u.a. die Trennung von seinem langjährigen Lebenspartner Peter Schlesinger. Zu seinen bekanntesten deutlich homosexuellen Motiven gehören auch die Radierungen zu Liebesgedichten von →Konstantinos Kavafis. Zu Hockneys berühmtesten Gemäldeporträts zählt das Doppelbildnis →Christopher Isherwoods mit seinem Lebensgefährten Don Bachardy. Auf dem Höhepunkt der britischen Debatte um das Anti-Homosexuellen-Gesetz Clause 28 sagt Hockney eine bereits vorbereitete Retrospektive in der Londoner Tate Gallery ab; die Ausstellung war schon in Los Angeles und New York gezeigt worden.

- *Die Welt in meinen Augen. Autobiographie*,1993
- *Eine Retrospektive*, 1988; Paul Melia/Ulrich Luckhardt: *David Hockney. Gemälde* 1994; *Ulrich Luckhardt: „Doll Boy" von David Hockney*, 1991

Hocquenghem, Guy

französischer Soziologe und Schriftsteller
1946 – 28.8.1988 Paris

Dozent für Philosophie an der Universität Vincennes, Mitstreiter und später Kritiker der französischen Linken des Mai '68. Mitbegründer der militanten Schwulenbewegung in Frankreich, der Front homosexuel de l'action revolutionnaire (F.H.A.R), die den Wunsch nach einer sozial gerechteren Welt mit der Forderung nach freier Entfaltung der (Homo)sexualität zu verbinden sucht. 1972 Veröffentlichung des ersten Buches *Le désir homosexuel* (dt. *Das homosexuelle Verlangen*, 1974), eine radikale Kritik der Freudschen Theorie aus einer marxistischen Perspektive. Unter Bezug von Deleuze/Guattaris *Anti-Ödipus* analysiert er die Herkunft der Begriffe Hetero- und Homosexualität, deckt die dahinterstehenden Ideologien auf und fragt, warum die Gesellschaft Interesse daran hat, dieses Geschlechterverständnis aufrechtzuerhalten – auch in Form liberaler Duldung der Homosexualität. Sein Schluß: „Nicht das homosexuelle Verlangen ist problematisch, sondern die Angst vor der Homosexualität." Entgegen der vorsichtigen, bedachtsamen Haltung bürgerlicherer Schwulengruppen und vieler prominenter Homosexueller, schockiert Hocquenghem die Öffentlichkeit mit dem selbstbewußten Bekenntnis „Je suis homosexuel", zu einem Zeitpunkt, als dieser Begriff allenfalls als denunziatorisches Mittel gebraucht worden war. Ein Doppelleben, ein Sich-Anpassen an die heterosexuelle Gesellschaft, um lediglich nachts kleine sexuelle Freiheiten erleben zu können, lehnt er ab. In späteren Jahren äußert sich Hocquenghem besorgt über den zunehmenden Fremdenhaß in Frankreich und kritisiert den Rechtsruck vieler ehemaliger, prominenter Mitstreiter aus der französischen Linken. Ab Mitte der 70er Jahre beginnt sich Hocquenghem auch als Schriftsteller zu etablieren. 1976 erscheint die erste Erzählungssammlung *Fin de section*, 1982 der erste Roman *L'Amour en relief.* In *Eve* (1987, dt. *Eva* 1991) ist eine seiner wenigen öffentlichen Auseinandersetzungen mit der Krankheit Aids, der er schließlich erliegt. Sein letzter Roman, *Les Voyages et aventures extraordinaires du frère Angelo* (1988) erscheint einen Tag nach seinem Tod. Bereits in *La colère de l'agneau* (dt. *Der Zorn des Lammes*) hatte er mit der Geschichte des Evangelisten Johannes ein religiöses Thema angeschnitten. Weitgehend unbeachtet und unbekannt bleibt sein Dokumentarfilm zur schwulen Geschichte, *Race d'Ep! Un siècle d'image de l'homosexualité.*

- In: *Elemente einer homosexuellen Kritik. Französische Texte 1971-1977*, 1979; mit René Schérer: *Co-ire – Album systématique de l'enfant*, 1976 (dt. *Co-ire. Kindheitsmythen*, 1977); *Drei Milliarden Perverse. Hrsg. von Bernhard Dieckmann und François Pescatore*, 1980

Holiday, Billie (eigentlich Eleanora Gough MacKay)

US-amerikanische Sängerin
7.4.1915 Baltimore – 17.7.1959 New York City

Die legendäre Sängerin mit der tragischen Ausstrahlung beherrscht wie kaum eine andere Jazz-Interpretin die enorme Modulationsfähigkeit ihrer kindlich-herben Stimme. Nach den Anfängen als Nachtclubsängerin in Harlem wird Holiday 1933 mit den ersten Plattenaufnahmen mit Benny Goodman quasi über Nacht berühmt. Auf eine überaus erfolgreiche Tournee mit Count Basie von 1937 bis 1939 folgen die Alben *Fine and Mellow* (1939) und *Lover Man* (1944); 1944 tritt Holiday als erste Jazz-Sängerin im Metropolitan Opera House in New York auf. Danach ist der Stern der „Lady Day" im Sinken begriffen – private Probleme, unglückliche Beziehungen zu Männern und Frauen und berufliche Rückschläge führen zu starkem Drogen- und Alkoholmißbrauch.

○ F. Witzel: *Schwarze Lady*, 1983

Holiday, Tony
(eigentlich Rolf-Peter Knigge)

deutscher Schlagersänger,
Texter und Komponist
24.12.1948 (a.Q. 24.2.1951) Hamburg – 14.2.1990 ebd.

Nach dem Abitur beginnt er zunächst eine Ausbildung als Textilvolontär und strebt eine Karriere als Modedesigner an. Eine Freundin seiner Eltern, die Opernsängerin Anneliese Rothenberger, bestärkt ihn in seinem sängerischen und tänzerischen Talent. Gleich mit *Tanze Samba mit mir* (1977) landet er einen der größten deutschen Schlagerhits der 70er Jahre. Das südamerikanisch angehauchte Lied prägt auch sein Image als strahlender Frauenschwarm und Verführertyp. Musikalisch bleibt er auf der Samba-Rumba-Welle festgelegt, und so versprühen all seine Nachfolgehits, ob *Nie mehr allein sein*, *Rio de Janeiro* oder *Copacabana*, brasilianisches Flair. Neue musikalische Wege, wie die in Eigenregie getextete, komponierte und produzierte Single *Die Karawane von Marrakesch,* werden finanzielle Mißerfolge. Er zieht sich mehr und mehr aus der aktiven Sängertätigkeit zurück und wird lediglich noch mit seinen alten Hits für Oldie-Shows und Stimmungssendungen eingeladen. Inzwischen betätigt er sich als Maler und gründet einen eigenen Musikverlag, die Palace Edition sowie eine Firma für Ledermoden. Im Sommer 1989 hat er, durch seine Aids-Erkrankung bereits sichtlich gezeichnet, in der Sendung *Schlager-Souvenirs* seinen letzten TV-Auftritt.

Holman, Libby
(eigentlich Elspeth Holzman)

US-amerikanische Schauspielerin
und Sängerin
23.5.1904 Cincinnati/Ohio – 23.6.1971 Stamford/Connecticut

Nach einem abgebrochenen Jurastudium in New York gibt Holman 1924 ihr Broadway-Debüt als Schauspielerin und kann sich in den nächsten Jahren als Jazzsängerin etablieren. Gemeinsam mit ihrer Geliebten, der reichen DuPont-Erbin Louisa Carpenter, besucht Holman, angetan mit Anzug und Melone, die Harlemer Nachtclubs, wo sie 1931 den Erben des Camel-Zigaretten-Vermögens, Zachary Smith Reynolds, kennenlernt, den sie kurz darauf heiratet. Acht Monate danach wird Reynolds mit einer tödlichen Schußverletzung aufgefunden, die schwangere Holman des Mordes angeklagt, aus Mangel an Beweisen jedoch freigesprochen. Gemeinsam mit Carpenter zieht sie ihren kurze Zeit später geborenen Sohn auf, der 1950 beim Bergsteigen ums Leben kommt. Nach einem mißlungenen Comeback 1938 kann Holman vier Jahre später an der Seite des schwarzen Pianisten Josh White als Jazzsängerin wieder Fuß fassen (*Blues till Dawn*); die rassistischen Vorurteile, mit denen das Duo bei seinen Auftritten konfrontiert wird, führen dazu, daß Holman sich für den Rest ihres Lebens aktiv gegen Rassismus und in der Bürgerrechtsbewegung engagiert. Mit der

1953 im Andenken an ihren Sohn gegründeten Christopher Reynolds Foundation unterstützt sie Menschenrechtler in aller Welt, u.a. Martin Luther King. Holman, die ab 1946 mit der Schriftstellerin →Jane Bowles befreundet ist, leidet in ihren letzten 15 Lebensjahren zunehmend unter psychischen und physischen Problemen und stirbt unter ungeklärten Umständen.

Hoover, J. Edgar

US-amerikanischer FBI-Chef
1.1.1895 Washington DC – 2.5.1972 ebd.

Spitzenstrümpfe und Stilettabsätze entfachen angeblich seine Leidenschaft, und beim Sex läßt der von intimen Freunden liebevoll „Mary" Genannte sich gerne aus der Bibel vorlesen. Das Bild, das posthum von J. Edgar Hoover gezeichnet wird, will so gar nicht zu jenem FBI-Chef passen, der während seiner Amtszeit von 1924 bis 1972 vor keiner Schnüffelei zurückschreckt und während der McCarthy-Ära die ausgedehnte Kommunistenverfolgung mit zu verantworten hat. Auch politische Gegner wie die Kennedys läßt er bespitzeln und selbst ihre sexuellen Gewohnheiten in Dossiers festhalten. Schwule werden als „sexuell Abartige" bezeichnet und hartnäckigst verfolgt. Seine engen Kontakte zur Mafia gehen wahrscheinlich auf seine eigenen homosexuellen und transvestitischen Vorlieben zurück, die ihn zu einem Epressungsopfer haben werden lassen, mutmaßt sein Biograph Anthony Summers. So soll es kompromitierende Photos Hoovers zusammen mit seinem Lebensgefährten Edgar Tolson gegeben haben, die Hoover dazu bringen, über hochrangige Vertreter des organisierten Verbrechens schützend die Hand zu halten. Als Hoover 1972 stirbt, ist er der erste Zivilist, dem in der Rotunde des Capitols ein großes Staatsbegräbnis zuteil wird.

○ Curt Gentry: *J. Edgar Hoover. The Man and the Secrets*, 1992; Anthony Summers: *Official and Confidential. The Secret Life of J. Edgar Hoover*, 1993 (dt. *Edgar J. Hoover. Der Pate im FBI*, 1993)

Hoppe, Marianne
(eigentlich Stefanie Paula Henni Gertrud Hoppe)

deutsche Schauspielerin
26.4.1911 Rostock

Die Schulzeit verbringt sie in Weimar und Berlin, ausgebildet wird sie an der Schauspielschule des deutschen Theaters in Berlin. Von 1928 bis 1939 spielt sie unter Max Reinhardt am Deutschen Theater, danach am Neuen Theater in Frankfurt und an den Münchner Kammerspielen. 1933 wird sie mit Franz Ostens *Der Judas von Tirol* für den Film entdeckt. In der UFA-Produktion *Heideschulmeister Uwe Karsten* (1933) hat sie ihre erste Hauptrolle. In ihren frühen Filmen werden besonders ihre herbe Erotik und knabenhafte Figur hervorgehoben. Später spielt sie auf der ihr eigenen spröden, maskulinen Art insbesondere Rollen, in denen Frauen ihren Mann stehen müssen. In

Schwarzer Jäger Johanna (1934) verkleidet sie sich als Junge und schmuggelt sich so beim preußischen Freikorps ein. In *Capriolen* (1937) ist sie eine Ozeanfliegerin auf Alleinflug, in *Kongo-Express* (1939) eine tropengeprüfte Abenteuerin. 1936 heiratet sie den ebenfalls homosexuellen →Gustaf Gründgens – eine Zweckehe, wie sie selbst später erklärt. Gleich nach dem Krieg lassen sie sich wieder scheiden, sie bleibt Gründgens, inzwischen Intendant am Düsseldorfer Schauspielhaus, jedoch als Schauspielerin bis 1955 erhalten. In den 60er Jahren spielt sie fast ausschließlich in Fernsehserien (u.a. *Der Alte, Der Kommissar* und *Kir Royal)* sowie in wenigen Fernsehfilmen (u.a. *Bei Thea*, 1992 von Dominik Graf und *Ich bin Elsa*, 1989 von Richard Blank). 1995 steht sie noch einmal auf der Bühne, in Heiner Müllers Inszenierung seines eigenen Stücks *Quartett* am Berliner Ensemble. Sie lebt in Berlin und Siegdorf/Oberbayern, wo sie einen Bauernhof betreibt.

Hudson, Rock
(eigentlich Roy Scherer Fitzgerald)

US-amerikanischer Schauspieler
17.11.1925 Winnetka/Illinois – 2.10.1985 Los Angeles

Besuch der New Trier High School, Winnetka. 1944-45 bei der US-Navy auf den Philippinen eingesetzt. 1948 Filmdebüt in *Fighter Squadron*. Ab 1949 Schauspielunterricht und Vertrag mit Universal, die ihn zunächst in Abenteuer- und Westernfilmen besetzt (*Iron Man*, 1950; *Tomahawk*, 1950; *The Deserthawk*, 1950). Sein Agent Henry Wilson kreiert sein Image als Frauenheld und gibt ihm den Künstlernamen Rock Hudson. Ab 1951 Zusammenarbeit mit dem Regisseur Douglas Sirk, der mit *Magnificant Obsession* (1954) Hudsons Weltkarriere einleitet. 1956 Oscar-Nominierung für seine Rolle in *Giant*. Im gleichen Jahr Gründung der eigenen Filmfirma 7 Pictures. Mit *Pillow Talk (*1959, dt. *Bettgeflüster)* beginnt eine Reihe Liebeskomödien mit Filmpartnerin Doris Day, u.a. *Lover Come Back* (1961, dt. *Ein Pyjama für zwei)*; *Man's Favorite Sport? (*1961, dt. *Ein Goldfisch an der Angel*), die zu den erfolgreichsten Filmen der 60er Jahre avancieren. In den 70er Jahren nur noch wenige Filmauftritte, Beginn umfangreicher TV-Arbeit u.a. 1971-77 Krimiserie *McMillan and Wife*, 1984/85 Gastrolle in *Dynasty (dt. Denver Clan)*. 1973 Bühnendebüt im Musical *I do! I do!*
Als 1954 die ersten Gerüchte um seine Homosexualität in der Klatschpresse auftauchen, arrangiert Hudsons Agent Willson 1955 die Ehe mit seiner Sekretärin Phyllis Gate. Drei Jahre später wird die Ehe geschieden. Danach mehrere Beziehungen mit Männern, u.a. mit dem *Jerry-Cotton*-Darsteller →George Nader; zuletzt mit Marc Christian. 1984 wird bei Hudson Aids diagonistiziert. Seine Filmpartnerinnen wie seinen Lebensgefährten läßt er uninformiert. Kurz vor seinem Tod gibt Hudson 1985 auf einer Pressekonferenz – begleitet von Doris Day – seine Erkrankung und Homosexualität bekannt. Dieser

bis dato einmalige Fall eines prominenten Aidskranken ist eine publizistische Sensation. Selbst Ronald Reagan, ehemaliger Filmpartner Hudsons und nunmehr US-Präsident, muß auf diese Meldung reagieren und sagt infolge dieses Bekenntnisses erstmals in der Öffentlichkeit das Wort Aids. 1989 spricht ein Richter in Los Angeles Marc Christian – obwohl er nicht infiziert wird und somit keinen gesundheitlichen Schaden davonträgt – eine Entschädigung in Höhe von 5,5 Millionen Dollar für den seelischen Schmerz und die Angst zu, die der Lebensgefährte Hudsons erleiden mußte, nachdem er erfahren hatte, daß sein Liebhaber an Aids erkrankt ist. Die Festsetzung der Entschädigung, obwohl kein direkter körperlicher Schaden eingetreten war, wird als Mahnung an HIV-Infizierte angesehen, ihre Partner vor dem Geschlechtsverkehr über den Immunstatus aufzuklären. Neben Joan Collins („Aids ist die gerechte Strafe Gottes für die Sünden Hollywoods") ist es zunächst Hudsons Filmpartnerin aus *Denver Clan*, Linda Evans, die Hudsons Verhalten als unverantwortlich bezeichnet und aufgrund eines Filmkusses mit ihm sich in Todesgefahr fürchtet. Einzig Elizabeth Taylor stellt sich auf die Seite ihres Kollegen. Sie nimmt seinen Tod zum Anlaß, eine eigene Aids-Stiftung zu gründen. Hudson vermacht ihr seinen gesamten Nachlaß, den Erlös aus der Versteigerung läßt sie der Aids-Arbeit zufließen. →Armistead Maupin, zeitweilig Geliebter Hudsons, schildert in seinem Schlüsselroman *Maybe The Moon* (1992, dt. *Die Kleine)*, als auch in *Further Tales of the City* (1982, dt. *Noch mehr Stadtgeschichten*, 1993) die Verlogenheit des Doppelleben des Hollywood-Schauspielers. Marc Christians Erinnerungen an sein Leben mit Hudson werden 1990 fürs Fernsehen verfilmt.

- mit Sara Davidson: *Rock Hudson: His Story*, 1986
- ○ Michael Althen: Rock Hudson. Sein Leben, seine Filme, 1986

Hunter, Alberta
(eigentlich Josephine Beatty)

US-amerikanische Sängerin
1.4.1895 Memphis/Tennessee – 17.10.1984 New York City

Die legendäre afro-amerikanische Bluessängerin läuft mit zwölf Jahren von zu Hause weg und tritt bereits drei Jahre später als Sängerin auf. Ab 1921, in Zusammenarbeit mit Louis Armstrong, beginnt der glanzvolle Aufstieg ihrer Karriere (*Downhearted Blues*). Ab 1956 legt Hunter eine zwanzigjährige Pause ein, um in einem Krankenhaus zu arbeiten. Das Personal ist zutiefst erstaunt, als sich später herausstellt, welche Berühmtheit da als Hilfskrankenschwester unter ihnen weilt. Als Hunters körperliche Kräfte nachlassen, wendet sie sich wieder dem Gesang zu und feiert 1977, im Alter von 82 Jahren, ein rauschendes Comeback (*The Glory of Alberta Hunter*, 1982; *Amtrak Blues*, 1985). Hunter, die mehrmals im Weißen Haus vor Präsident Carter auftritt, ist eng befreundet mit anderen Bluesgrößen wie →Ma

Rainey und →Bessie Smith; ihre Beziehung mit Lottie Tyler beginnt 1919 und hält über mehrere Jahre.

○ Frank C. Taylor & Gerald Cook: *Alberta Hunter: A Celebration in Blues*, 1987

I–J

Ian, Janis

US-amerikanische Musikerin
7.4.1951 Farmingdale/New York

Bereits mit ihrerm ersten Song *Society's Child*, der von den Schwierigkeiten einer schwarz-weißen Teenagerliebe handelt, gerät Ian Mitte der 60er Jahre, damals selbst noch ein Teenager, in die Schlagzeilen. Der Intervention des Meisterdirigenten →Leonard Bernstein ist es zu verdanken, daß der Song dennoch zu einem nationalen Mega-Hit wird – gleichwohl muß Ian noch jahrelang damit rechnen, bei Auftritten bespuckt und als „Niggerliebchen" beschimpft zu werden. Nach ihrem Umzug nach Los Angeles läßt der Teenagerstar seine Folk-Wurzeln hinter sich und gerät allmählich ins Vergessen, um 1973 mit einem Schlag wieder berühmt zu werden: Mit dem von Ian komponierten Song *Jesse* landet Roberta Flack unter den Top Ten – und Ian mit einem Vertrag bei Columbia Records. Ihr 1975 – im selben Jahr, in dem sie von *Village Voice* als Lesbe geoutet wird – erschienenes Album *Between the Lines* wird mit zwei Grammys ausgezeichnet, zahlreiche ihrer von namhaften Künstlern wie Bette Midler und John Cougar interpretierten Songs steigen in die Spitze der Charts auf. Seit 1986 lebt Ian mit ihrer Lebensgefährtin Pat und zwei Hunden in Nashville, Tennessee.

• *Breaking the Silence*, 1993; *Revenge*, 1995

Isherwood, Christopher William Bradshaw

englisch-amerikanischer Schriftsteller
26.8.1904 Disley/Cheshire – 4.1.1986 Santa Monica/Kalifornien

Während des Studiums Freundschaft mit →W.H. Auden und →Stephen Spender und Mitglied der linksextremen Gruppe Pylon Poets in Oxford. 1929 Reise nach Deutschland, lebt von 1929 bis 1933 in Berlin. Sowohl seine Beobachtungen und Erlebnisse des politischen Umbruchs von der Weimarer Republik zum Nationalsozialismus, als auch seine Erfahrungen in der (homosexuellen) Subkultur verarbeitet er in seinen stark autobiographisch gefärbten Romanen *Goodbye to Berlin* (1939, dt. *Leb wohl, Berlin*, 1949) und *Mr. Norris Changes Trains (1935, dt. Mr. Norris steigt um).* 1977 folgt seine Autobiographie *(Christopher and His Kind (dt. Christopher und die Seinen)*, in der er die literarisierten Figuren der Romane entschlüsselt. *Leb wohl, Berlin* wird Vorlage für das Theaterstück *Ich bin eine Kamera* (1951) von John van Druiten wie auch für das Musical *Cabaret*. 1946 wird Isherwood US-amerikanischer Staatsbürger. Er setzt sich intensiv mit dem Hinduismus auseinander, übersetzt Klassiker der Hindu-Philosophie und schildert in *My Guru and His Disciple* (1980) seine Konvertierung zur Vendata-Lehre und seine Freundschaft zum Swami Prabhavananda. Im Roman *A Meeting by the River* (1976, dt. *Treffen am Fluß*) verbindet er die Themen Homosexualität und Hinduismus. Seit den 70er Jahren ist Isherwood stark an der US-amerikanischen Gay Liberation Movement beteiligt und wird zu einem prominenten Vertreter der schwulen Kultur. *A Single Man* (1964, dt. *Einzelgänger*) gehört zu den wichtigsten schwulen Romanen der Vor-Stonewall-Ära. Von 1953 bis zu seinem Tode lebt Isherwood mit seinem Lebensgefährten, dem Maler Don Bachardy, zusammen.

• *Diaries volume one - 1939-1960*, 1996

○ Claude J. Summers: *Christopher Isherwood*, 1980; Brian Finney: *Christopher Isherwood. A Critical Biography*, 1978; Jonathan Fryer: *Eye of the Camera. A Life of Christopher Isherwood*, 1993

Ivory, James

US-amerikanischer Filmregisseur
7.7.1928 Berkeley/Kalifornien

Sohn einer wohlhabenden Holzhändler-Familie, aufgewachsen in Oregon. Ausbildung an der USC Film School. Dort entsteht 1957 sein erster, durch ein Geldgeschenk des Vaters finanzierter Dokumentarfilm. Bei einer Vorführung eines Dokumentarfilms über indische Miniaturmalerei lernt Ivory auf dem Indischen Konsulant von New York Ismail Merchant (geb. 1937 in Bombay) kennen. Merchant hatte bereits erste Erfahrungen und Erfolge als Filmemacher (Oscar-Nominierung als bester Kurzfilm 1961 für *The Creation of Women*). Merchant und Ivory werden beruflich wie privat ein Paar. Bei bislang über 20 Filmen ist Merchant als Produzent, Ivory als Regisseur beteiligt. Bereits beim ersten gemeinsamen Projekt, *The Householder* (1962), stammt das Drehbuch von Ruth Prawer Jhabvala, die für fast alle großen Merchant/Ivory-Filme als Autorin verantwortlich zeichnet. Mit wenigen Ausnahmen handelt es sich um aufwendige, stilsichere Verfilmungen (britischer) SchriftstellerInnen. U.a. *Quartet* (1981, nach Jean Rhys), *The Europeans* und *The Bostonians* (1979 und 1984, nach Henry James), *The Remains of the Day* (1993, nach Kazuo Ishiguro, dt. *Was vom Tage übrigblieb).* Ihr Interesse gilt dabei vor allem den interkulturellen Konflikten, Unterdrückungen von Individuen und Klassenunterschieden. Besondere Aufmerksamkeit widmet das Trio ab Mitte der 80er Jahre dem Werk →E.M. Forsters. Die Verfilmung von *Room with a View* (1985) wird ihr erster Kassenerfolg. Es folgen die homosexuelle Liebesgeschichte *Maurice* und *Howards End.* Sieht man von Vanessa Redgraves Rolle in *The Bostonians* (1984) und der *Maurice*-Adaption ab, spielen homosexuelle Figuren und Themen in den Merchant/Ivory-Produktionen keine besondere Rolle. 1996 tritt auch Merchant wieder als Regisseur hervor, seine Großproduktion *Jefferson in Paris* (mit Nick Nolte und Greta Scacchi) wird jedoch ein künstlerischer wie finanzieller Mißerfolg.

Jahnn, Hans Henny

deutscher Schriftsteller, Hormonforscher und Orgelbauer
17.12.1894 Stellingen bei Hamburg – 29.11.1959 Hamburg

Jahnn wächst in bürgerlichen, geordneten Verhältnissen auf. Mit 14 Jahren entstehen die ersten literarischen Versuche. Während der Oberrealschulzeit 1911 lernt er seinen Freund und späteren Lebensgefährten Gottlieb Harms kennen. Nach Ausbruch des ersten Weltkrieges emigrieren die beiden erklärten Pazifisten nach Norwegen. Dort entsteht das Drama *Pastor Ephraim Magnus* (1919), für das er den renommierten Kleist-Preis erhält und das ihn über Nacht bekannt macht. Harms und Jahnn wenden sich vehement gegen die christlichen Glaubens- und Moralvorstellungen und gründen als Folge daraus gemeinsam mit Franz Buse die Lebens- und Glaubensgemeinschaft Ugrino. Auf einem eigens dafür gekauften Areal in der Lüneburger Heide sollte die archaische Utopie gemeinsamen Lebens- und Arbeitens, wie die Schöpfung von kanonisierten, zeitlos-gültigen Kunstwerken, verwirklicht werden. Jahnn entwirft dafür Kult- und Profanbauten. Doch die immensen Summen für die Umsetzung können selbst potente Mäzene nicht aufbringen. Geblieben ist der Ugrino-Verlag, in dem einige Werke Jahnns sowie Kompositionen aus dem Frühbarock (wie Buxtehude und Scheidt) veröffentlicht werden. 1926 heiraten Harms und Jahnn das Schwesternpaar Ellinor und Monna Phillips, die mit ihnen zusammen in einer bohemehaften Künstlerclique leben. Als Autodidakt entwickelt sich Jahnn, neben seiner schriftstellerischen Tätigkeit, zum Orgelfachmann. Seine Restaurierung der Arp-Schnittger-Orgel in der Jakobikirche zu Hamburg wird weltweit beachtet. Im Februar 1931 stirbt Gottlieb Harms. 1934 verläßt Jahnn Deutschland und geht ins Exil. Auf Bornholm kauft er sich einen Bauernhof und widmet sich Hormonforschungen. 1950 kehrt er nach Hamburg zurück und wird Mitbegründer der Freien Akademie der Künste, deren erster Präsident er wird. 1956 wird er mit dem Lessing-Preis der Stadt Hamburg geehrt. Als Generalsekretär des PEN-Clubs setzt er sich leidenschaftlich für eine Verhinderung der sich abzeichnenden Spaltung zwischen Ost und West ein und engagiert sich bis zu seinem Tode gegen die Wiederbewaffnung Deutschlands und gegen die atomare Rüstung. Auf eigene testamentarische Verfügung wird er im Doppelgrab neben seinem Lebensgefährten Gottlieb Harms bestattet. Ihm hat Jahnn in der monumentalen Romantrilogie *Fluß ohne Ufer* (1948-1961) ein literarisches Denkmal gesetzt.

• *Die Nacht aus Blei*, 1956; *Armut, Reichtum, Mensch und Tier* (Uraufführung Hamburg 1948); *Thomas Chatterton* (Uraufführung Hamburg 1956)

○ Dietrich Molitor/Wolfgang Popp (Hg.): *Siegener Hans Henny Jahnn Kolloquium. Homosexualität und Literatur*, 1986; Thomas Freeman: *Hans Henny Jahnn. Eine Biographie*, 1986; Friedhelm Krey: *Hans Henny Jahnn und die mann-*

männliche Liebe, 1987; Elsbeth Wolffheim: *Hans Henny Jahnn*, 1989

Jarman, Derek

britischer Filmemacher, Maler, Autor und Schwulenaktivist
31.1.1942 Northwood/Middlesex – 20.2.1994 London

Studium der Malerei am King's College in London; erste Ausstellung 1969. Lernt Ken Russel und →David Hockney kennen. Weil der kommerzielle Erfolg als Maler ausbleibt, arbeitet er als Bühnenbildner beim Royal Ballet und 1970 als Ausstatter für Ken Russels *The Devils* sowie 1972 für *Savage Messiah*. 1970/71 erste Super8-Experimentalfilme; 1975 der erste eigene, bildhaft homoerotische Spielfilm *Sebastiane*, gedreht in lateinischer Sprache und mit nackten Darstellern, den →David Hockney finanziert. Ab Mitte der 70er Jahre Engagement in der Schwulenbewegung, später bei ACT UP. 1986 die erste große Produktion, *Caravaggio* (1986), ausgezeichnet mit dem Silbernen Bären bei den Berliner Filmfestspielen, in der er wie bereits mit *Sebastiane* und später mit *Edward II.* (1991) und *Wittgenstein* (1992) sich auf seine spezielle Art künstlerisch frei mit homosexuellen Heroen auseinandersetzt. *The Tempest* (1979) und *The Angelic Conversation* (1985) hingegen basieren auf Vorlagen →Shakespeares. In *The Garden* (1990) und am radikalsten in *Blue* (1993) beschäftigt er sich mit seiner eigenen Aids-Erkrankung. *Blue* entsteht als Reflex auf eine HIV-bedingte Augenkrankheit und die drohende Erblindung. Zu sehen ist nichts weiter als eine monochrom Yves Klein-blaue Leinwand, der eine Tonspur aus Worten, Geräuschen, Stimmen und Musik beigegeben ist – eine poetische Assoziation zur Farbe Blau und zugleich Konfrontation mit der Krankheit und dem drohenden Tod. In all seinen Arbeiten präsentiert sich Jarman als vehement (schwulen)politischer Künstler, der sich mit seinen zumeist geringen Budgets um so mehr mit kreativen Lösungen behilft. Nicht zuletzt durch seine konsequent politisch-ästhetischen Provokationen zählt er zu den wichtigsten britischen Filmemachern der 80er und 90er Jahre und zu den Mitbegründern des Queer Cinema. Insgesamt dreht er dreizehn abendfüllende Spiel- und Experimentalfilme, über 60 Kurzfilme sowie Videoclips für *The Pet Shop Boys* und *The Smiths*. Parallel zum Film Veröffentlichung mehrerer autobiographischer Bücher über seine Aids-Erkrankung und sein Selbstverständnis als schwuler Mann (u.a. *Dancing Ledge*, 1984; *At Your Own Risk. A Saint's Testament*, 1992, dt. *Auf eigene Gefahr*, 1996). Seit Mitte der 80er Jahre Rückkehr zur Malerei; es entstehen expressive Bilder mit agitatorischen Aussagen zur Aids- und Schwulenpolitik Großbritanniens. 1991 Heiligsprechung durch den schwulen Nonnenorden Sisters of Perpetual Indulgence. 1993 Verleihung des ersten →Rainer Werner Fassbinder-Preises in Berlin.

John, Elton (eigentlich Reginald Kenneth Dwight)

britischer Popmusiker
25.3.1947 Pinner/Middlesex

Als Kind Besuch der Royal Academy of Music, als Jugendlicher Barpianist. 1964 erste Band, *Bluesology*. Ändert seinen Namen in Elton John um. Seine Versuche, bei Plattenfirmen oder Bands unterzukommen, scheitern. Lernt den noch unbekannten Lyriker Bernie Taupin kennen, mit dem er fast alle seine Hits zusammen schreibt und schwülstige Balladen und Rock'n Roll-inspirierte Songs wie am Fließband produziert. Bis zur Veröffentlichung der Debütsingle *Lady Samantha* und dem ersten Album *Empty Sky* (1969) Auftragskompositionen u.a. für Engelbert Humperdinck. Mit *Your Song* ist Elton John erstmals in den britischen Charts. Innerhalb eines Jahres kann er in den USA fünf Alben in den Hitlisten plazieren. Seine Bühnenshows, mit denen er sich 1970 auch erstmals in den USA präsentiert, werden schriller und exzentrischer: überdimensionierte Brillen, verrückte Frisuren und Perücken, bzw. Kostüme werden zu seinem Markenzeichen. Nach dem Erfolg der Alben *Honky Chateau* (1972) und *Goodbye Yellow Brick Road* (1973) kommen Schminke und Federboa dazu. „Die Phase, in der Glitter und Maskeraden mein Markenzeichen wurden, hatte einen sehr persönlichen, fast psychologischen Hintergrund. Als Kind war ich unansehnlich und fett; egal, was ich anhatte – es sah furchtbar aus! Die 70er Jahre waren für mich so etwas wie eine Rebellion gegen die deprimierenden Erfahrungen meiner Kindheit." John trennt sich vorübergehend von seinem Autoren Taupin und verabschiedet sich im November 1977 mit einem Livekonzert im Londoner Wembley Station, um sein Image als Show-Clown zu überdenken. Als Konsequenz löst er sich bei einer spektakulären Versteigerungsaktion bei Sotheby's von seinen Glitterkostümen, der Art-nouveau- und der Brillensammlung. Die immer wieder in der Boulevardpresse aufgeworfenen Gerüchte um seine Homosexualität beantwortet er 1984 mit der Heirat der Münchner Toningenieurin Renate Blauel, von der er sich jedoch 1987 wieder trennt, um sich öffentlich zu seiner Homosexualität zu bekennen. Sein *Elton's Song* wird zum schwulen Bekenntnislied. 1988 gewinnt er eine Verleumdungsklage gegen das Boulevardblatt *The Sun*, die ihm sexuelle Exzesse mit Strichjungen unterstellt. Sein zeitweiliger Lebensgefährte Gary Clarke veröffentlicht 1994 seine Erinnerungen an diese Beziehung *(Elton, my Elton)*. Die Einnahmen des Aids-Liedes *The Last Song* (1992) widmet er der von ihm gegründeten Aids-Hilfsorganisation. 1973-87 Chairman des Watford Football Club. 1979 tritt er als erster westlicher Popstar in der UdSSR auf. Mit einem Jahresgesamteinkommen von knapp 100 Millionen Mark ist Elton John 1997 der meistverdienende britische Popmusiker.

- *Alben (Auswahl)*: *A Single Man*, 1978; *The Fox*, 1981; *Too Low for Zero*, 1983;

Duets, 1993; (Duette u.a. mit →RuPaul, →Little Richard, →George Michael)

○ Philip Norman: *Elton. The Definitive Biography*, 1988; Susan Crimp/Patricia Burstein: *Elton John – Rocket Man*, 1996

Johns, Jasper

US-amerikanischer Künstler
15.5.1930 Augusta/Georgia

Ausbildung zum Gebrauchsgraphiker an der School for Commercial Art in New York, danach Militärdienst. 1954 lernt er den Künstler →Robert Rauschenberg kennen, der ihn in die Kunstszene einführt und mit dem er eine sechs Jahre währende Beziehung führt. Im ersten Jahr ihrer Begegnung entwerfen sie gemeinsam noch Schaufensterdekorationen (u.a. für *Tiffany's)*, bald schon aber entstehen collagierte Kunstobjekte, die Johns später wieder zerstört. Inspiriert von einem Traum, malt Johns 1950 die amerikanische Flagge als die erste einer Werkreihe, deren Ziel es ist, die Bildsprache jener Dinge zu erforschen, „die in der Vorstellung bereits vertraut sind" – Zahlen, Zielscheiben, Flaggen und Buchstaben. Später beschäftigt er sich verstärkt mit hermetischeren Themen und der Verbindung von Sprache, Denken und Sehen und baut beispielsweise Bilderrätsel und Wortspiele in seine Arbeiten ein. Johns eigenes Kunstverständnis: „Ich möchte nicht, daß meine Kunst ein Ausdruck meiner Gefühle darstellt." Verweise auf seine Homosexualität lassen sich in seinen Arbeiten daher auch nur indirekt finden, etwa durch Widmungen und die genannten Inspirationen, wie die schwulen US-Dichter →Walt Whitman, Hart Crane und Frank O'Hara (*In Memory of My Feelings – Frank O'Hara*, 1961) oder der ebenfalls schwule Choreograph und enge Freund Johns, Merce Cunningham. (*Dancers on a Plane, Merce Cunningham*, 1980)

○ Richard Francis: *Jasper Johns*, 1984; *The Drawings of Jasper Johns*, 1990; Georges Boudaille: *Jasper Johns*, 1991

Johnson, Philip

US-amerikanischer Architekt
8.7.1906 Cleveland/Ohio

1979 widmet ihm das Nachrichtenmagazin *Time* die Titelstory. Der Anlaß ist sein Entwurf für den New Yorker Hauptsitz des Telefonkonzerns AT & T an der Madison Avenue. Noch bevor das Gebäude 1984 fertiggestellt wird, ist es längst zu einer Ikone der Postmoderne in der Baukunst geworden. Wie kaum ein anderer verkörpert Johnson ein Jahrhundert der US-Baukultur. 1932 veröffentlicht er gemeinsam mit Henry-Russell Hitchcock *The International Style* und fungiert als Kurator für das New York Museum of Modern Art für die gleichnamige Ausstellung. Damit fassen sie erstmals zusammen, was an moderner Architektur in Europa entstanden war. Als Verehrer der reinen ästhetischen Form hat er sich bereits 1932 in Deutschland für die Inszenierung von Menschenmassen und Macht begeistert („all die blonden, jungen Männer in schwarzem Leder!"). In seiner Heimat engagiert er sich in rechtsextremistischen Splittergruppen – ein Engagement, das er später bitter bereut. Von 1940 bis 1943 studiert er bei Marcel Breuer und Walter Gropius in Harvard Architektur. Für beide hat er nur wenig Respekt. Seine zentrale Figur zu dieser Zeit ist Mies van der Rohe, der ihm auch zu seinem ersten Bauauftrag, einem Wohnhaus in der Cambridge Ash Street, verhilft. 1947 dankt er ihm dafür mit einer Monographie und einer Ausstellung im Museum of Modern Art. 1948/49 beginnt er mit dem Bau seines weitgehend aus Glas bestehenden Wohnhauses in New Canaan (Connecticut), das seinen Ideen von entgrenztem Wohnen inmitten der Natur entspricht. Im Laufe der nächsten Jahrzehnte entsteht auf diesem weitläufigen Gelände ein Archtitekturpark, der zugleich zu einem Dokument für den Werdegang Johnsons wird. Immer wieder ändert er seine Stilrichtung und wird zum Wegbereiter für den International Style, die Postmoderne oder den Dekonstruktivismus in der Architektur. Gleichzeitig wird er zum Sinnbild der US-amerikanischen Wolkenkratzer-Bauweise. Neben vielen belanglosen Bürobauten („Ich bin Hure und werde für Hochhäuser wirklich gut bezahlt.") überrascht er seine Kritiker immer wieder mit innovativen Entwürfen, etwa der Synagoge Kneses Tifereth in Port Chester oder dem Atomreaktor Rehovot in Israel. Für das Areal am Berliner Checkpoint Charlie baut er 1995/96 einen „total altmodischen" Bürokomplex, das Philip-Johnson-Haus genannt wird. Anläßlich seines 90. Geburtstages 1996 präsentiert Johnson seinen Tribut an die *gay community*: den Entwurf einer Kathedrale für die größte schwul-lesbische Gemeinde in den USA, die Dallas Church. Das Gebäude mit 2500 Sitzplätzen soll vom Eingang in Wellen in die Höhe wachsen und in seiner Gesamthöhe manch gotische Kathedrale überragen: „Wir wollen, daß Sie durch die Eingangstüre treten und tot umfallen." Die 20 Millionen Dollar teure Kirche – „Sie wird größer als Notre-Dame und als mein größter Erfolg in die Geschichte eingehen" – soll zur Jahrtausendwende realisiert werden.

○ Franz Schulz: *Philip Johnson*, 1996; Peter Blake: *Philip Johnson*, 1996

K

Kändler, Friedhelm

deutscher Schriftsteller
7.11.1950 Hannover

Eigensinniger Hannoveraner Autor und Theaterkünstler. Der studierte Pädagoge kommt über die Arbeit mit einer Rockband zum Schreiben: Sprachspielerische Kurzszenen, Chansontexte, Bühnenstücke, Gedichte. Seine Arbeit faßt Kändler unter dem Begriff „WoWo" (im Gegensatz zu Dada) zusammen, um auf dumme Fragen, welcher Stilrichtung sein Werk zuzurechnen sei, endlich eine Antwort zu haben. Lange Jahre ist nur wenigen Künstlern gestattet, sein Werk aufzuführen, etwa der Diseuse Alix Dudel, dem Varietékünstler Markus Jeroch oder dem Chansonier →Jo van Nelsen. Inzwischen werden seine Texte immer häufiger von Theatergruppen als Bühnenstücke umgesetzt, desgleichen sein erstes Stück, ein absurd-groteskes Ehedrama *Es klingelt* (1981).

- *Wildkind. Ein Fortsetzungsmärchen* (Band I, 1992, Band II, 1993), *WoWo* (1995) und *WoWo Zwo* (1996)

Kavafis, Konstantinos

griechischer Dichter
29.4.1863 Alexandria – 29.4.1933 ebd.

Kavafis verbringt nach dem Tod seines Vaters die Kindheit und frühe Jugend in London und von 1880 bis 1885 in Konstantinopel. Danach lebt er bis zu seinem Tode in Alexandria. Mit 29 Jahren nimmt er eine feste Stellung im Ministerium für Wasserwirtschaft an, die er bis zur Pension behält. Die Auslandsaufenthalte ermöglichen ihm, zu den byzantinischen Traditionen auch die westliche Literatur kennenzulernen. Da er seine Jugend meist auf fremdem Boden verbringt, ist es nicht verwunderlich, daß seine Schreibweise der griechischen Sprache altertümliche und ungebräuchliche Formulierungen aufweist, was jedoch seinem Werk eine seltene Würde und Eindringlichkeit verleiht . Seine Dichtung, die historische Stoffe und persönliche Empfindungen zum Thema hat, bemüht sich nicht um vollkommene Formschönheit, sondern vermittelt durch ihre sprachliche und formale Einfachheit tiefen Ernst und direkte Anteilnahme. Kavafis gilt unumstritten als Wegbereiter der modernen griechischen Lyrik. Zu Lebzeiten hat er nie ein Buch mit seinen Gedichten zusammengestellt, sondern sie lediglich auf einzelne Blätter drucken lassen, die er großzügig an Freunde und Verehrer verteilt. Großteil erst posthum veröffentlicht werden die zahlreichen Liebesgedichte, in denen Kavafis direkt und unverschlüsselt seine Sehnsüchte, seine flüchtigen sexuellen Begegnungen, seine Momente der Verliebheit und der Einsamkeit festhält.

- *Um zu bleiben. Liebesgedichte*, 1989; *Die vier Wände meines Zimmers*, 1994; *Das Gesamtwerk*, 1997

○ John Liddell: *Cavafy. A Critical Biography*, 1974

Kerkeling, Hape (Hans Peter)

deutscher Entertainer
9.12.1964 Recklinghausen

Sohn einer Floristin und eines Tischlers. Die Mutter stirbt, als Hape Kerkeling acht Jahre alt ist. Er wächst danach bei den Großeltern auf. Mit 16 Jahren bereitet er sich gezielt auf eine Laufbahn als Entertainer vor und versucht Funk- und Fernsehanstalten mit Tonbändern und Videoaufnahmen auf sich aufmerksam zu machen. Nach ersten Auftritten im Kabarettbereich beginnt er nach dem Abitur 1984, als TV-Entertainer für Radio Bremen, den WDR und den Bayrischen Rundfunk zu arbeiten. Erster TV-Auftritt in der Sendung *Sprungbrett Theater* des WDR-Regionalfernsehens. 1985/86 moderiert er die Nonsens Musik-Show *Känguruh.* Es folgt u.a. die TV-Show *Hape's Happening* (1988), außerdem moderiert er 1989-91 die deutsche Endausscheidung für den Grand Prix d'Eurovision. Der große Durchbruch gelingt mit der medienkritischen Comedy-Show *Total Normal,* die er zusammen mit seinem Lebensgefährten Angelo Colagrossi und dem Musiker Achim Hagemann schreibt. Subversiv und naiv interviewt er Prominente und Größen der Medienwelt und führt das Fernsehmedium mit eigenen Mitteln ad absurdum. Für die Show wird er mit dem Adolf-Grimme-Preis, dem Bambi, dem Bayrischen Filmpreis und der Bronzenen Rose von Montreux ausgezeichnet. Im Dezember 1990 wird Kerkeling in der RTL-Sendung *Der heiße Stuhl* von →Rosa von Praunheim geoutet. „Es ging weiter wie gehabt und hat niemanden interessiert. Jeder, der mit mir gearbeitet hatte, wußte das sowieso", erklärt er 1993 in einem Interview. 1995 revidiert er ein wenig: „Schwul zu sein ist einer großen Fernsehkarriere wohl doch nicht so hilfreich." Für RTL produziert er die wenig erfolgreiche Comedy-Show *Cheese*, die an ihr Vorbild *Total Normal* nicht heranreicht. Auch seine WDR-Shows *Warmumsherz* (1995) und *Zappenduster* (1996/97) werden nach der ersten Staffel nicht fortgesetzt. Zu aller Überraschung gelangt er mit seinen Singles *Das ganze Leben ist ein Quiz* und *Hurz!* in die Charts. Nach seinem ersten Kinofilm *Kein Pardon* (Hauptrolle, Co-Regie und Co-Autor Hape Kerkeling, 1992) folgen Fernsehspiele in ähnlicher Mehrfachfunktion als Autor und Hauptdarsteller, so *Club Las Piranja* (1995) und *Willi und die Winzors* (1996).

- *Hannilein*, 1988; *Cheese*, 1993
- CDs: *Vorsicht Telefon!*, 1993; *Erwarten Se Nix*, 1991; *Kein Pardon*, 1995

Kertbeny, Karl Maria

deutsch-ungarischer Schriftsteller
24.2.1824 Wien – 23.1.1882 Budapest

Bereits seit seinem 16. Lebensjahr will Karl Maria Kertbeny sich mit dem Wesen des mann-männlichen Lebens beschäftigt haben. Hervorgegangen sind daraus eine Reihe sexualpolitischer Schriften, die sich vor allem gegen den preußischen Anti-Homosexuellen-Paragraphen 143 wenden. Eine eigene Theorie entwickelt er dabei nicht. Durch einen Briefwechsel mit →Karl Heinrich Ulrichs in seinen Absichten unterstützt, bemüht sich Kertbeny, der Homosexualität den Makel von Sünde, Krankheit und Verbrechen zu nehmen. Seine besondere Leistung dabei ist allerdings ein aus heutiger Sicht fast banaler: Kertbeny kreiert in seinen Schriften den Begriff der „Homosexualität", den es bis dahin noch nicht gegeben hatte. Seine semiprofessionelle Beschäftigung damit hält Kertbeny weitgehend geheim. In seinem offiziellen Leben arbeitet er, meist am Rande des materiellen Elends, für verschiedene deutschsprachige Zeitungen und Zeitschriften und als Übersetzer ungarischer Literatur ins Deutsche. Die Zahl seiner Artikel ist unüberschaubar, hinzu kommen etwa ein Dutzend Bücher mit Plaudereien über seine Begegnungen mit berühmten Zeitgenossen, etwa Heinrich Heine, →George Sand und Franz Liszt. Er betätigt sich aber auch als Buchhändler in Budapest, Angestellter in einer Wiener Weinexporthandlung und Handelsvertreter für die Weinbrand- und Likörfabrik Underberg. Zuletzt lebt er in seiner Wahlheimat Budapest von einer Art staatlichen Rente in Anerkennung seiner Übersetzer- und Mittlertätigkeit für die ungarische Kultur. Er stirbt nach schwer Krankheit vermutlich an den Folgen einer Syphillis.

○ Jean-Claude Féray/Manfred Herzer: „(Homo-)Sexualwissenschaft und Politik im 19. Jahrhundert: Karl Maria Kertbeny". In: *Sexualwissenschaft und Sexualpolitik. Hrsg. Von R. Gindorf und E.J. Haeberle*, 1990

Kessler, Harry Graf

deutscher Diplomat, Mäzen und Autor
23.5.1868 Paris – 30.11.1937 Lyon

Als Sohn eines deutschen Bankiers wächst Kessler standesgemäß in exklusiven Internaten in Deutschland und England auf. Jurastudium in Bonn und Leipzig. Seine halbherzig aufgenommene Karriere im diplomatischen Dienst gibt er bald wieder auf, um sich als Bohemien und weltläufiger *homme de lettre* ganz seinen Interessen für die Kunst und das Gesellschaftsleben zu widmen. Kessler gilt als Verkörperung der Fin-de-siècle-Stimmung dieser Zeit. Zu seinem großen Freundes- und Bekanntenkreis gehören neben Politikern aus dem In- und Ausland Künstler wie Max Beckmann, Max Reinhardt, →Jean Cocteau, Bertolt Brecht und George Bernard Shaw; als Kulturpolitiker in Weimar bzw. als privater Mäzen fördert er den Impressionismus und Jugendstil in der Kunst, später kritische Künstler wie George Grosz und John Heartfield. Kessler holt den belgischen Architekten und Designer Henry van de Velde an die Kunstschule nach Weimar, die Keimzelle des späteren Bauhauses, und ist Mitbegründer und Financier der Kunstzeitschrift *Pan*. Er ist außerdem maßgeblich an der buchkünstlerischen Gestaltung der Klassiker-Edition des Insel-Verlages beteiligt und gründet später seine eigene Cranach-Presse für bibliophile Buchausgaben. Mit Hugo von Hofmannsthal schreibt er das Libretto zur Oper *Der Rosenkavalier* und *Josephslegende* (1914), einem Ballet für Sergej Diaghilew. 1914 zieht er als preußischer Reserveoffizier bei den Garde-Ulanen als kaisertreuer Monarchist und glühender Patriot in den ersten Weltkrieg. Dort jedoch ändert sich sein Weltbild radikal, und er engagiert sich danach für die Republik, bzw. für den Völkerbund und als Pazifist. Zeitweilig sympathisiert er sogar mit der extremen Linken. Er wird kurzzeitig als wenig erfolgreicher deutscher Botschafter in Genf eingesetzt sowie als offizieller deutscher Verbindungsmann bei der Genfer Völkerbundversammlung. Als sein literarisches Hauptwerk gelten, neben der Biographie seines Freundes Walter Rathenau, die fast lebenslang geschriebenen, auf 15.000 Seiten angewachsenen Tagebücher – eine einmalige Chronik des deutschen politischen und kulturellen Lebens aus dem ersten Drittel dieses Jahrhunderts. Sie sind Teil seiner öffentlichen Selbstinszenierung als Dandy und Gentleman und beinhalten daher so gut wie keine Hinweise auf seine versteckt gelebte Homosexualität. Seine erste homosexuelle Liebeserfahrung macht er wahrscheinlich bei seinem Wehrdienst. Einer seiner späteren Liebhaber ist der 19 Jahre jüngere Rennradfahrer Gaston Collin, von dem sich einige Liebesbriefe an Kessler erhalten haben.

• *Gesichter und Zeiten. Erinnerungen*, 1962; *Tagebücher 1918-1937*, 1979; *Gesammelte Schriften in drei Bänden*, 1988

○ Peter Grupp: *Harry Graf Kessler. 1868-1937*, 1995

Keynes, John Maynard

englischer Wirtschaftstheoretiker
5.6.1883 Cambridge – 12.4.1946 Firle/Sussex

Keynes Homosexualität ist zentral zum Verständnis des Nationalökonomen und Konjunkturtheoretikers, da er durch sie immer wieder zur kritischen Distanz gegenüber vielen Konventionen gezwungen wird. Studium am Eton und King's College, Cambridge. Dort macht er auch seine ersten homosexuellen Erfahrungen. Zwei Jahre Arbeit im India Office, danach als Dozent an der Universität Cambridge. Mitglied des Bloomsbury-Kreises um →Virginia Woolf, Lytton Strachey und →E.M. Forster. Dort lernt er auch den Maler →Grant Duncan kennen, mit dem er 1908 eine Beziehung eingeht. Zuvor hat Keynes, der sich selbst als häßlich und daher nicht begehrenswert empfindet, Schwierigkeiten, seine Homosexualität mit Selbstverständlichkeit und für sich beglückend auszuleben.

1906-1908 im Innenministerium tätig, ab 1915 Berater im britischen Schatzamt. 1919 Teilnahme an den Friedensverhandlungen von Versailles als Chefunterhändler des britischen Finanzministeriums, ein für ihn tief deprimierendes und einschneidendes Erlebnis, weil er die Zerstörung der deutschen Industrie durch astronomische Reparationszahlungen, statt das geschlagene Deutschland für den Wiederaufbau Europas zu nutzen, für den falschen Weg hält. Er tritt von seinem Posten zurück und schreibt innerhalb weniger Monate *The Economic Consequences of the Peace* (1920, dt. *Die wirtschaftlichen Folgen des Friedensvertrages*) eine vernichtende Kritik der wirtschaftlichen Bestimmungen des Versailler Vertrages. Das mit brillantem Stil und beißendem Witz verfaßte Buch macht ihn schlagartig berühmt und ist sein folgenreichstes Werk, prägt es doch die Haltung der Westallierten am Ende des zweiten Weltkrieges und ermöglicht so den Wiederaufstieg Westeuropas nach 1945. Sein Plan für eine internationale monetäre Neuordnung der Währungsstabilität, *Proposals for an International Clearing Union* (1943), wird auf der Konferenz von Bretton Woods zwar von der US-Regierung abgelehnt, jedoch bei der Errichtung der Europäischen Währungsunion herangezogen. Als sein wichtigstes Grundsatzwerk gilt *The General Theory of Employment, Interest and Money* (1936, dt. *Allgemeine Theorie der Beschäftigung, des Zinses und des Geldes*). Später Versicherungs- und Investments-Manager. Seine späteren zahlreichen Affären, die z.T. sehr offenkundig sind, haben niemals juristische Konsequenzen, vermutlich, weil Keynes über sehr einflußreiche familiäre wie berufliche Kontakte verfügt. 1925 heiratet er die Ballerina Lydia Lopokova. Die Ehe bliebt kinderlos. Mit seiner finanziellen Hilfe gründet sie das Vic-Wells-Ballet.

○ Robert Skidelsky: *John Maynard Keynes*, 1983; Charles H. Hession: *John Maynard Keynes: A Personal Biography*, 1984; Jeffrey Escoffier: *John Maynard Keynes*, 1995

Kier, Udo

deutscher Schauspieler
14.10.1944 Köln-Mülheim

Drei Jahre arbeitet der junge Udo Kier in seinem erlernten Beruf als Großhandelskaufmann in der Werkzeugbranche, doch gibt es längst andere berufliche Pläne. Das nebenbei als Model auf Herrenmodenmessen verdiente und gesparte Geld reicht, um mit 19 Jahren nach London zu ziehen und dort eine Schauspielschule zu besuchen. Hatte er bei einem Urlaubsaufenthalt in Cannes bereits als Schüler Erfolg bei →Jean Marais und Arndt von Bohlen und Halbach, so lernt er in London →Luchino Visconti kennen. 1967 erste Filmrolle in *Road to St. Tropez,* 1969 folgt *Hexen bis aufs Blut gequält.* Ersten internationalen Ruhm erlangt er jedoch mit den beiden →Warhol-Produktionen *Carne per Frankenstein* und *Dracula vuole vivere* (Regie Paul Morissey). Nach Filmen mit Regisseuren des Neuen Deutschen Films, u.a. Robert van Ackeren und →Rainer Werner Fassbinder (*Lola, Die Dritte Generation, Lili Marleen*) spielt er in den 80er Jahren immer wieder kleinere und größere Rollen bei jungen, innovativen Filmemachern: Gus van Sant (in *My Own Private Idaho, Even Cowgirls Get The Blues),* Lars van Trier (*Medea, Europa, Breaking the Waves)* und Christoph Schlingensief (*Terror 2000, Das deutsche Kettensägenmassaker).* In den 90er Jahren beginnt Kiers kontinuierliche Karriere in Hollywood, wo man den „typischen Deutschen" mit seinem leichten Akzent zumeist als *supporting actor* und zunehmend auch tragende Rollen einsetzt, wie in *The Legend of Pinocchio* (1996), *Barb Wire* (1996), *Prinz Eisenherz* (1997), *Blade* (1997). Model in →Madonnas erotischem Photoband *Sex* (1993) und als Darsteller in ihren Videos *Erotica* und *Deeper and Deeper.* Ab Mitte der 90er Jahre eigene Kurzfilme und Videos, Versuch einer zweiten Karriere als Sänger.

• *Blue Hotel. Footprints,* 1991

King, Billie Jean

US-amerikanische Tennisspielerin
22.11.1943 Long Beach/Kalifornien

King, bis zum Erscheinen →Martina Navratilovas die erfolgreichste Tennisspielerin aller Zeiten, gewinnt während ihrer Karriere nahezu alle großen Damenturniere – darunter vier Titel bei den U.S. Open und sechs Einzeltitel in Wimbledon. 1973 gewinnt sie in Houston vor mehr als 30.000 Zuschauern – dem größten Publikum, das bis dahin jemals einem Tennismatch beigewohnt hatte – das legendäre „Gemischte Einzel" gegen ihren männlichen Herausforderer Bobby Riggs, den ausgesprochen frauenfeindlichen Wimbledon-Sieger von 1939, und etabliert damit das Frauentennis endgültig als anerkannte Sportart. Nicht minder erfolgreich ist King 1981 in einem Prozeß, den ihre frühere Friseurin, Sekretärin und Liebhaberin Marilyn Barnett nach der Trennung gegen sie anstrengt: Der Richter verwirft deren Forderung nach Unterhaltszahlungen. King, laut *Sunday Times* die „einflußreichste feministische Figur im weiblichen Nachkriegs-Sport", zieht sich 1979 aus ihrer aktiven Laufbahn zurück. „Ich habe jahrelang mit meiner Sexualität gerungen. In den Siebzigern hatten wir alle wahnsinnig viel Angst vorm Coming-out. Heutzutage ist es aber anders. Coming-out ist wichtig, da die Wahrheit immer eine Befreiung ist", sagt King bei einer Pressekonferenz der Virginia Slims Legends Tour am 26. April 1997.

• *Billie Jean*, 1982

Klein, Calvin

US-amerikanischer Modedesigner
9.11.1942 New York/Bronx

Sohn ungarisch-jüdischer Einwanderer. Besuch der High School of Art and Design und des Fashion Institute of Technology. Klein ist zunächst bei einer konservativen Mantel-Firma beschäftigt, entwirft aber bereits in seiner Freizeit eine erste eigene Kollektion mit Damenmode. 1967 gründet er mit seinem Jugendfreund Barry Schwartz eine eigene Firma. Durch einen Zufall gerät der Einkäufer der renommierten Kaufhauskette *Bonwitt Teller* in sein Atelier. Klein hat anschließend seinen ersten Großauftrag und wird gewissermaßen über Nacht bekannt. Entscheidend wird jedoch die Erweiterung seines Geschäftsbereiches um Parfüm, eine Jeans-Kollektion und schließlich die Herren-Unterwäsche. Dank Bruce Webers photographischem Einsatz und deutlicher Homoerotik in dessen Werbebildern kultiviert Calvin Klein den Designer-Schlüpfer für Männer, die er vor allem mit Rapper Marky Mark als Unterhosen-Model an den Mann bringt. Als Marky Mark durch homophobe Sprüche in die Schlagzeilen gerät, wird sein Vertrag gekündigt. Seit Ende der 80er Jahre ist die Kurzbezeichung *Calvins* bereits umgangssprachlich in den USA für Männerunterwäsche und vor allem in schwuler Literatur als Begriff gebräuchlich. Während sein Geschäftserfolg wächst, geht seine erste Ehe mit Jayne Centre in die Brüche – nicht zuletzt, weil Klein sich inzwischen der Ambivalenz seiner Sexualität bewußt geworden ist und mehr und mehr homosexuelle Affären hat. Männer, vor allem bodygestylte Models und jede Menge und Sorten von Drogen findet er u.a. in der legendären New Yorker Discothek *Studio 54*, zu deren Stammgästen er zählt. Er leidet jedoch an der Promiskuität der Schwulen und verliert sein Herz (und auch Geld) an meist heterosexuelle Callboys und gutaussehende Models. →Andy Warhol, mit dem er befreundet ist, berichtet in seinen Tagebüchern von Kleins entwürdigendem Abstieg in den Drogenkonsum und seinen Affären mit käuflichen Pornostars und männlichen Edel-Prostituierten. Ein 65-Millionen-Dollar-Kredit seines Freundes →David Geffen rettet das marode Unternehmen vor dem Niedergang. 1983 lernt er das Ex-Ralph Lauren-Model Kelly Rector kennen, die danach in seinem Unternehmen als Design-Assistentin arbeitet. Nach einer erfolgreichen Entziehungskur heiratet er sie 1986 – zur Überraschung vor allem seiner schwulen Freunde. 1996 wird auch diese Ehe geschieden. Mit „ck" bringt Calvin Klein 1996 das erste „androgyne" Parfüm für Männer wie Frauen auf den Markt. Es wird in kürzester Zeit zum meistverkauften Duft der Welt. Er engagiert sich geschäftlich jedoch auch weiterhin in seiner ursprünglichen Domäne: 1997 eröffnet er in

Paris seine erste Boutique im Mutterland der Mode.

○ Steven Gaines/Sharon Churder: *Obsession. The Lives and Times of Calvin Klein*, 1994

Kokula, Ilse

deutsche Soziologin
13.1.1944 Sagan/Schlesien

Prof. Dr. Kokula gilt als eine Koryphäe der deutschen Lesben- und Frauenbewegung. Von 1985 bis 1986 ist sie als Professorin für soziale Geschichte und Sozialisation lesbischer Frauen an der Universität Utrecht in den Niederlanden tätig und arbeitet danach im Referat für gleichgeschlechtliche Lebensweisen des Berliner Senats mit. In zahlreichen Veröffentlichungen und als Ausstellungsorganisatorin bezieht die streitbare Aktivistin als lesbische Vordenkerin seit 1972 Stellung zu brisanten feministischen/lesbischen Themen.

• *„Wir leiden nicht mehr, sondern sind gelitten": Lesbisch leben in Deutschland* (Hrsg.), 1987; *Jahre des Glücks, Jahre des Leids, Gespräche mit älteren lesbischen Frauen*, 1990

Koljada, Nikolai

russischer Dramatiker
1957 Kasachstan

Ab 1973 vierjährige Ausbildung an der Theaterschule Jekaterinenburg (ehemals Swerdlowsk), danach sieben Jahre als Schauspieler am örtlichen Akademischen Schauspieltheater engagiert. Ab 1983 Fernstudium der Literatur am Moskauer Gorki-Literaturinstitut. 1987 wird sein erstes Theaterstück *Igra v fanty* (dt. *Pfänderspiel*, deutsche Erstaufführung 1993 in Potsdam) uraufgeführt und innerhalb eines Jahres an mehr als 90 Theatern in der ehemaligen Sowjetunion inszeniert. 1991/1992 Gaststipendium der Akademie Schloß Solitude in Stuttgart. Dort erscheint auch eine Auswahl aus einem längeren autobiographischen Prosatext, *Der gedemütigte jüdische Knabe* (1993), in dem er sich auch mit seiner schwulen Identität auseinandersetzt. Im Rahmen dieses Deutschlandaufenthaltes lernt er den Berliner Theaterstudenten Alexander Kahl kennen, mit dem er eine Theateragentur für deutsch-russischen Kulturaustausch gründet und der seine Stücke ins Deutsche übersetzt. Innerhalb weniger Jahre schreibt Koljada mehr als 30 Stücke, die sich fast ausschließlich mit dem gesellschaftlichen Alltag in der ehemaligen UdSSR und im heutigen Rußland auseinandersetzen. In Rußland gehört er zu den erfolgreichsten Bühnenautoren des Landes; seine Arbeiten sind weltweit in zehn Sprachen übersetzt. Besondere Aufmerksamkeit erlangt er mit dem Stück *Rogatka* (dt. *Die Schleuder*), uraufgeführt 1989 in San Diego, deutschsprachige Erstaufführung in Essen. Koljada schildert die Beziehung zwischen dem Studenten Anton und dem alkoholkranken Rollstuhlfahrer Ilja. Eine Verfilmung durch den russischen Regisseur Waleri Ogorodnikow ist in Vorbereitung.

Kollwitz, Käthe

deutsche Graphikerin und Bildhauerin
8.7.1876 Königsberg – 22.4.1945 Moritzburg bei Dresden

Mit ihren sozialkritischen Radierungen, Lithographien und Holzschnitten erobert sich Kollwitz einen herausragenden Platz innerhalb der deutschen Graphikgeschichte. Bereits 1894 tritt sie mit der Lithographien- und Radierfolge *Ein Weberaufstand* ins Bewußtsein der Öffentlichkeit, mit dem Zyklus *Bauernkrieg* (1907) und den Holzschnitten *Krieg und Proletariat* (1922-25) schafft sie eindrucksvolle Dokumente des menschlichen Elends und der Not der Arbeiterklasse. Kollwitz, die 1891 heiratet, engagiert sich zeitlebens stark gegen soziale Mißstände und den aufkommenden Nationalsozialismus. Die angesehene Künstlerin, die von 1885 bis 1890 in Berlin, Königsberg und München studiert und in Frankreich und Italien arbeitet, bevor sie 1928 mit der Leitung des Meisterateliers für Graphik an der Akademie Berlin betraut wird, wird nach der Machtübernahme der Nazis umgehend mit einem inoffiziellen Ausstellungsverbot belegt und ihrer Lehrämter enthoben. Ungeachtet aller Restriktionen setzt Kollwitz die Arbeit an ihrem umfangreichen Werk fort, von dem vor allem die sensiblen Kohlezeichungen, oft mit dem Motiv Mutter und Kind, bis heute hohen Bekanntheitsgrad genießen. Die Mutter zweier Söhne macht aus ihrer Zuneigung zum eigenen Geschlecht nie einen Hehl: „Mitunter waren es Frauen, die ich liebte. [...] daß, wenn auch die Hinneigung zum männlichen Geschlecht die vorherrschende war, ich doch wiederholt auch eine Hinneigung zum eigenen Geschlecht empfunden habe, die ich mir meist erst später richtig zu deuten verstand. Ich glaube auch, daß Bisexualität für künstlerisches Tun fast notwendige Grundlage ist."

- *Ich will wirken in dieser Zeit*, 1962; *Ich sah die Welt mit liebevollen Blicken. Ein Leben in Selbstzeugnissen*, 1968

○ Otto Nagel: *Käthe Kollwitz*, 1963

Koltès, Bernard Marie

französischer Dramatiker
19. 4.1948 Metz - 15.4.1989 Paris

Regieausbildung an der Ecole du Théâtre National de Strasbourg, danach arbeitet er als Regisseur und Autor für Theater und den Rundfunk. Gleich sein erstes Hörspiel (*L'heritage*, 1972 dt. *Die Erbschaft)* wird von France Culture mit Maria Casarès produziert. Ab 1973 lebt Koltès in Paris, unterbrochen lediglich durch längere Aufenthalte in Afrika und Lateinamerika, die – neben dem Film – seine Stücke entscheidend prägen. Sein erstes produziertes Stück ist *La nuit juste avant les forêts* (1976, dt. *Die Nacht kurz vor den Wäldern*) das in Paris uraufgeführt wird. Seine international steile Karriere als Dramatiker hängt unmittelbar mit seinem Freund, dem Regisseur Patrice Chéreau, zusammen, der einige seiner Stücke inszeniert, z.T. sogar uraufführt: *Combat de nègre et de chiens* (1979, dt. *Kampf des Negers und der Hunde), Dans la solitude des champs de coton* (1987; dt. *In der Einsamkeit der Baumwollfelder*) und dadurch bekannt macht. Die Dramen leben maßgeblich durch ihre Sprachgewalt. Wie auch seine beiden aus dem Nachlaß veröffentlichten mehr genialischen denn tatsächlich literarisch überzeugenden Romane *La fuite a cheval tres loin dans la ville* (1984, dt. *Flucht zu Pferd bis ans Ende der Stadt)* und *Prologue (1991)* herrscht in den Stücken eine fast gänzlich von Männern dominierte, rauhe und mitunter mythisch durchtränkte Welt. Die bisweilen homoerotisch aufgeladenen Handlungen selbst sind spärlich, eher fragmentarisch, die Personen bleiben geheimnisvoll und rätselhaft. Sein letztes Stück *Roberto Zucco*, 1990 uraufgeführt von Peter

Stein an der Schaubühne Berlin, basiert auf der realen Gestalt eines französischen Mörders. Das Interesse für diesen Stoff wird bei Koltès durch Photos ausgelöst, die den Mörder nach einem Ausbruchsversuch nur noch mit einem Slip bekleidet auf dem Dach des Gefängnisses zeigen. Koltès stirbt an den Folgen von Aids.

- *Tabataba*, 1986; *Le retour au désert*, 1988 (dt. *Rückkehr in die Wüste)*

König, Ralf

deutscher Comiczeichner
8.8.1960 Soest/Westfalen

Nach einer abgeschlossenen Schreinerlehre studiert König von 1981 bis 1986 an der Staatlichen Kunstakademie Düsseldorf. Das legendäre schwule Festival Homolulu 1979 in Frankfurt/Main gibt ihm die Initialzündung, seine als Schüler entdeckte Liebe zum Zeichnen zu professionalisieren – und sich zugleich ganz bewußt und ausschließlich auf schwule Themen zu konzentrieren. Ab 1979 veröffentlicht er erste Arbeiten in der Nürnberger Schwulenzeitschrift *Rosa Flieder*, später werden seine Comics in Stadtzeitschriften, Satire- und Comicmagazinen und ab 1989 im Nachfolger-Magazin des *Rosa Flieder*, in *Magnus* abgedruckt. Hier erscheinen die Geschichten von *Konrad und Paul*, die 1993 und 1994 gesammelt publiziert werden und als Vorlage für 26 Trickfilme für die TV- und Kinoauswertung produziert werden sollen. Seine ersten Buchveröffentlichungen (*SchwulComix* I-IV, 1981-1986) werden in Auswahl unter den Titeln *Zitronenröllchen* (1990), *Sylvester-Tuntenball* (1991) und *Sahneschnittchen* (1992) neu aufgelegt. Darin beobachtet König selbstironisch mit einem treffsicheren, aber auch liebevollen Blick für das Groteske und Peinlich-Lächerliche im Lebens- und Liebesverhalten der schwulen Subkultur. Mit seinen Comicromanen *Lysistrata* (1987) und *Der bewegte Mann* (1987) bzw. der Fortsetzung *Pretty Baby* (1988) erobert er auch das heterosexuelle Publikum und avanciert zum wohl erfolgreichsten, in viele Sprachen übersetzten deutschen Comiczeichner. Seine Comics werden Vorlagen für Theaterstücke, Puppentheater (*Kondom des Grauens*, 1992; Regie Claus Vinçon) und nicht zuletzt Kinoverfilmungen. *Der bewegte Mann* (1994, Regie Sönke Wörtmann) wird einer der erfolgreichsten deutschen Filme der 90er Jahre (Bundesfilmpreis und Goldene Leinwand mit Sternchen). 1995 folgt *Das Kondom des Grauens* (Regie Martin Walz, mit Udo Samel als Luigi Makkaroni), der jedoch die hohen Erwartungen nicht erfüllt. Mehrfach werden die Indizierung seiner Comics bei der Bundesprüfstelle für jugendgefährdende Schriften (erfolglos) beantragt, insbesondere der Comicroman *Dicke Dödel 1: Bullenklöten* (1992). So etwa 1995 vom Bayerischen Landesjugendamt, das die Indizierung des Buches fordert, „um eine massive Desorientierung von Kindern und Jugendlichen zu vermeiden." Denn nicht nur würde „in zotigen Alltagsdialogen" eine „auf Sexualgenuß zentrierte Gedankenwelt nachdrücklich präsentiert" werden, sondern auch „wiederholt diskriminierende Äußerungen gegen Heterosexualität vorgebracht." Ralf König wird für sein zeichnerisches Werk mehrfach ausgezeichnet, u.a. 1988 mit der Internationalen Comicauszeichnung Joop-Klepzeiker-Preis, Amsterdam; 1990 beim Salon Européen de la Bande Dessinee, Grenoble als „Bester Deutscher Comic-Zeichner", 1992 mit dem Max und Moritz-Preis als bester deutschsprachiger Comic-Künstler und beim Saló del Comic de Barcelona als bester internationaler Comiczeichner. Seine Bücher wurden bislang in ein Dutzend Sprachen übersetzt und sind in mehr als 17 Ländern mit einer weltweiten Gesamtauflage von ca. 4,6 Millionen Exemplaren erschienen.

- *Macho Comix*, 1984; *Safere Zeiten*, 1988; *Beach Boys*, 1989; *Lysistrata*, 1987; mit →Detlev Meyer *Heiße Herzen. Liebeslesebuch*, 1990; *Konrad und Paul. Band 1-3*, 1993-97
- ○ Joachim Bartholomae *(Hg.)*: *Mal mir mal 'nen Schwulen. Das Buch zu Ralf König*, 1996

Kowalewskaja, Sofia

russsiche Mathematikerin
und Schriftstellerin
15.1.1850 Moskau – 10.2.1891 Stockholm

Kowalewskaja, die als Kind und junges Mädchen aufgrund ihres Geschlechts von mehreren Schulen abgewiesen wird, bevor sie eine ihrer Hochbegabung adäquate Ausbildung erhält, heiratet 1868, um einen Paß zu bekommen. Danach studiert sie in Berlin und Göttingen, wo sie 1884 promoviert. Kurz danach beginnt sie an der Stockholmer Universität zu unterrichten und wird fünf Jahre später als eine der ersten Frauen im mathematisch-naturwissenschaftlichen Bereich zur Professorin berufen. Zu dieser Zeit hatte sie bereits mit ihrer bahnbrechenden Arbeit am „Caucy-Kowalewskaja-Lehrsatz der Differentialgleichung" internationales Ansehen erlangt. Für ihr Werk erhält Kowalewskaja zahlreiche Auszeichnungen, u.a. den von der Französischen Akademie für herausragende Leistungen auf dem Gebiet der Mathematik verliehenen Prix Bordin im Jahre 1888. Auch auf literarischem Gebiet macht sie sich einen Namen: Unter dem Pseudonym Tanja Rerevski veröffentlicht sie eine Reihe in Rußland sehr populärer Erzählungen; gemeinsam mit ihrer späteren Geliebten, der Herzogin von Cajanello, schreibt sie mehrere Romane.

- *Jugenderinnerungen*, 1897/1968
- ○ Anna Maria Stuby: „Sofia Kowaleskaja: Prinzessin der Naturwissenschaften. Ein Beitrag zur Entheroisierung" In: *Feministische Studien*, 1/1985

Kowalski, Jochen

deutscher Opern- und Konzertsänger
30.1.1954 Wachow/Mark Brandenburg

Der Fleischermeistersohn arbeitet bereits direkt nach seinem Abitur bei der Deutschen Staatsoper Berlin, jedoch zunächst nur als Requisiteur. Studium an der Berliner Musikhochschule Hanns Eisler 1977-83. Seit 1981 arbeitet er mit der Gesangspädagogin Marianne Fischer-Kupfer, die seine Begabung für das Altfach entdeckt und fördert. Ihr Ehemann, der Regisseur Harry Kupfer, setzt Kowalski noch während der Studienzeit in den *Meistersingern von Nürnberg* ein. 1983 Debüt als Ensemblemitglied an der Komischen Oper Berlin. Den internationalen Durchbruch erzielt er mit der Titelpartie in Händels *Giustino* (1984). Es folgen Gastspiele in Wien, London, Amsterdam, Salzburg und Madrid. Ist er zu Beginn seiner Karriere noch in der Lage, zwischen Tenor- und Alt-Register zu wechseln, ist die Zweitstimme des Tenors inzwischen gänzlich verschwunden. Anders als sein sängerisches Vorbild Fritz Wunderlich erreicht Kowalski jedoch seine Stimmlage nicht durch Falsettieren, sondern es ist seine Naturstimme. Daher lehnt er eigentlich die Bezeichnung Countertenor für sich ab. Derzeit gibt es in Deutschland keinen Opernsänger mit vergleichbarer Stimmlage. Neben Rollen in diversen Barockopern (wo Kowalski ursprünglich für Kastraten gesungenen Partien singt), versucht er immer wieder mit Ausflügen in den Bereich der Salonmusik und der Berliner Chansons die musikalischen Grenzen zu sprengen.

Kramer, Larry

US-amerikanischer Dramatiker
und Aids-Aktivist
25.6.1935 Bridgeport/Connecticut

Bachelor of Arts-Abschluß in Yale 1957. Zunächst Filmautor und -produzent für die William Morris Agency und Columbia Pictures tätig. Eines seiner ersten Drehbücher, die Filmadaption von D.H. Lawrences *Women in Love* (1969), die er auch selbst produziert, wird für den Oscar nominiert. 1978 erscheint sein erster Roman *Faggots*, ein satirischer Blick auf das sexdominierte promiske Leben in Manhattan und auf Fire Island der 70er Jahre. Das Buch wird ein Verkaufserfolg und auch von der allgemeinen Presse sehr positiv wahrgenommen. Mit Beginn der Aids-Krise wird Kramer zu einer der treibenden Kräfte der Aids-Bewegung. 1981 zusammen u.a. mit →Edmund White Mitbegründer der weltweit ersten Aidshilfe-Organisation Gay Men's Health Crisis (GMHC) und 1988 von ACT UP (Aids Coalition to Unleash Power). Offensiv und energisch prangert Kramer das promiske Sexleben der Schwulen an und fordert eine konsequente Schließung aller Saunen und Darkrooms als mögliche Infektionsorte. Infolge dieser grundlegenden Auseinandersetzung wird Kramer von der GMHC ausgeschlossen. Sein erstes, mehrfach ausgezeichnetes Theaterstück *The Normal Heart* (1985), entstanden aus seiner eigenen Betroffenheit als HIV-Positiver und als Reflex auf seine Aids- und schwulenpolitische Arbeit, beschreibt die politischen Erfahrungen in den ersten Jahren der Krankheit. Es wird mit über 600 Produktionen ein internationaler Erfolg. Die mit Barbra Streisand (Regie und Produktion) lange vorbereitete Verfilmung wird 1996 endgültig von ihr abgesagt. Direkt an *The Normal Heart* knüpft das Stück *The Destiny of Me* (1992) an, eine eher persönliche Auseinandersetzung mit dem Leben mit Aids. Seine Erfahrungen schildert er als polemisch-politische Streitschrift in *Reports from the Holocaust: The Making of an Aids Activist* (1989). 1995 zieht er sich von seiner politischen Arbeit zurück. Er lebt in New York mit seinem Lebensgefährten, dem Architekten David Webster.

Kraushaar, Elmar

deutscher Journalist und Publizist
11.8.1950 Niederurff/Nordhessen

Studium der Germanistik und Romanistik (Magisterabschluß mit einer Arbeit über →Klaus Mann). 1977 gibt Kraushaar im Verlag rosa Winkel die Anthologie *Schwule Lyrik – Schwule Prosa* mit Texten junger deutscher Autoren heraus; es ist die erste Sammlung dieser Art der neuen deutschen Schwulenbewegung. Ab 1978 gehört Kraushaar für einige Zeit dem Kollektiv des Verlags an und arbeitet auch als Mitglied des Kollektivs des Berliner Lokals Schwarzes Café, wo er →Matthias Frings kennenlernt. Mit ihm gemeinsam entsteht *Männer. Liebe. Ein Handbuch für Schwule und alle, die es werden wollen* (1982).

Im Jahr darauf folgt ein weiteres gemeinsames Buch, *Heiße Jahre*, ein Lesebuch zur Pubertät. Als Alleinautor veröffentlicht Kraushaar u.a. *Rote Lippen* über den deutschen Schlager (1983), *Schwule Listen* (1994), *Der Mann von nebenan. Schwule Männer, schwules Leben* (1997), als Herausgeber *Hundert Jahre schwul* (1997). Seit Gründung der *tageszeitung* 1979 schreibt Kraushaar dort vor allem über schwule Themen und Schlager. 1986 wird Kraushaar der erste bezahlte Redakteur der Berliner Schwulenzeitschrift *Siegessäule*; zuvor hatte er bereits als Autor für die *Schwuchtel* und die *Berliner Schwulenzeitung* gearbeitet, Von 1987 bis 1990 ist er Chef vom Dienst der *tageszeitung*, ab 1990 Reporter und Nachrichtenredakteur von RIAS TV Berlin (ab 1992 Deutsche Welle TV).

Kröhnke, Friedrich

deutscher Schriftsteller
12.3.1956 Darmstadt

Kröhnke, Sohn eines Apothekers und einer Schriftstellerin, wird 1972 zusammen mit seinem Zwillingsbruder wegen „Rädelsführung" bei Schülerunruhen des Gymnasiums verwiesen. Nach dem Abitur Studium der Geschichte, Romanistik und Germanistik in Köln und Bochum, Promotion 1981. Von 1982 bis 1984 ist er mit zwei Brüdern Herausgeber der Literaturzeitschrift *Wanderbühne*. Zeitweilig arbeitet er als wissenschaftlicher Angestellter in Köln. Die Erfahrungen dort schlagen sich im Roman *Was gibt es heute bei der Polizei?* (1989) nieder. Seit 1986 lebt Kröhnke als freier Schriftsteller in Berlin, unterbrochen von regelmäßigen Auslandsreisen. Obsessives Suchen und Finden junger Burschen ist die Triebfeder seines Lebens und Schreibens. Er erfährt die Dinge der Welt gruppiert um diese Suche: das geteilte und wiedervereinigte Berlin (wie in der *Emil und die Detektive*-Variation *Grundeis*, 1990 und der Ost-West-Liebesgeschichte *P 14*), Asien, Schwimmbäder (*Aqualand*, 1996), Flughäfen, Bahnhöfe und Polizeiwachen. Sein als zentrales Werk angekündigter autobiographischer Roman *Die Attersee-Krankheit*, an dem Kröhnke seit geraumer Zeit arbeitet, wird voraussichtlich 1998 erscheinen.

• *Ratten-Roman*, 1986; *Knabenkönig mit halber Stelle*. Erzählungen, 1988; *Dieser Berliner Sommer*. Erzählungen, 1994

Kroymann, Maren

deutsche Schauspielerin
19.7.1950 Walsrode

Der Zeitpunkt ist günstig gewählt: Im September 1993, die Serie *O Gott, Herr Pfarrer* hat in der Gunst des Fernsehpublikums längst Kultstatus erreicht, outet Maren Kroymann alias Pfarrersgattin Claudia Wiegandt sich gemeinsam mit ihrer Lebensgefährtin, der Schauspielerin Susanne Evers, im *Stern*: „Weil die, die es sich leisten können, es tun sollten, damit es alltäglich, normal wird." Die unbestritten attraktivste Lesbe im deutschen Show-Biz kann es sich leisten, auch wenn es seit ihrem öffentlichen

Bekenntnis zunehmend schwieriger für die temperamentvolle Rotblonde mit dem Hang zum „Para-Seriösen" (Kroymann über Kroymann) wird, differenzierte und anspruchsvolle Rollen zu bekommen. Die Tochter aus besserem Hause, aufgewachsen im schwäbischen Tübingen, ist eine Frau der leisen, ironischen Töne, die es allerdings auch glänzend versteht, in den Kabarettsendungen *Nachtschwester Kroymann* und *Nachschlag* den Leuten mit Schmackes auf die Füße zu treten. Vielleicht oder gerade deshalb liegt ihr das gemischt-geschlechtliche Publikum im wahrsten Sinne zu Füßen: bei ihrem Soloprogramm *Auf du und du mit dem Stöckelschuh* genauso wie bei ihrem brillanten Auftritt als Moderatorin bei der Teddy-Gala auf den Berliner Filmfestspielen im Februar 1997.

Kuehl, Sheila James

US-amerikanische Schauspielerin
und Politikerin
9.9.1941 Tulsa/Oklahoma

Die junge vielversprechende Schauspielerin steht Mitte der 50er Jahre am Beginn einer glanzvollen Karriere: Ihr überwältigender Erfolg als Zelda in der US-amerikanischen *Dobie Gillis Show* hatte die Produzenten bereits zur Entwicklung einer eigens für sie geschriebenen Serie inspiriert, da wird offenbar, was nicht sein darf: Zelda ist lesbisch und leugnet es nicht! Kuehl, deren schauspielerische Laufbahn damit beendet ist, nimmt die Herausforderung an und geht in die Politik. Mit beachtlichem Erfolg – 1994 wird sie als erste offen lesbische Abgeordnete in das kalifornische Parlament gewählt: „Ein Platz am Tisch – einfach präsent zu sein – wird die Verhältnisse verändern."

Kühnen, Michael

deutscher Neonazi
1956-25.4.1991 Kassel

Kühnen, einziges Kind wohlhabender Eltern, studiert nach Besuch einer Klosterschule an der Bundeswehrhochschule. 1977 muß er jedoch wegen seiner Aktivitäten in der NPD den Dienst quittieren. In Hamburg gründet er die *Aktionsfront Nationaler Sozialisten (ANS)*, eine der ersten offen rechtsextremistisch auftretenden Gruppen zu dieser Zeit. 1979 wird er zum ersten Male wegen Aufstachelung zum Rassenhaß und wegen Gewaltverherrlichung vor Gericht gestellt und zu einer vierjährigen Freiheitsstrafe verurteilt. Insgesamt laufen zu diesem Zeitpunkt bereits annähernd 20 Ermittlungsverfahren gegen ihn. 1985 wird der selbsternannte „Führer der Bewegung" erneut wegen neonazistischer Hetze verurteilt. Er entwickelt sich jedoch damit zu einem Idol und Helden der Neonazi-Szene, der die zahlreichen, versprengten Gruppen unter dem Dach der neuen Organisation ANS/NA, eine Zusammenlegung der *Aktionsfront nationaler Sozialisten* und *Nationale Aktivisten*, zu bündeln versteht. So tritt er beispielsweise 1989 als Wahlkampfleiter der *Nationalen Sammlung* im hessischen Langen an, um aus der Kleinstadt die „erste ausländerfreie Stadt Deutschlands" zu machen.
Im September 1986 tritt Kühnen „aus dem aktiven politischen Kampf" zurück, nachdem sich innerhalb seiner Organisation anti-homosexuelle Stimmen verstärkt hatten. Von einem befreundeten, ebenfalls schwulen Nationalsozialisten, Michel Caignet, läßt er von Paris aus seine 60seitige Schrift *Nationalsozialismus und Homosexualität* verbreiten, in der er zu dem Schluß kommt, daß die (männli-

che) Homosexualität „weit davon entfernt ist, eine perverse Entartung zu sein – tatsächlich erst die Kultur- und Staatswerdung der Gattung Mensch ermöglicht." Gewidmet ist die Schrift „dem Blutzeugen unserer Bewegung Johannes Bügner." Dieser war im Mai 1981 im Rahmen einer Hetzkampagne gegen „verdächtige Kameraden" wegen seines Schwulseins ermordet worden. 1989 übernimmt Kühnen noch einmal uneingeschränkt die Führungsposition der FAP und sucht vor allem in der ehemaligen DDR nach neuen Anhängern. 1990 gründet er in Bremen eine neue Organisation, die „Deutsche Alternative" als bundesweite Partei. Im April 1991 wird er in Thüringen vorübergehend festgenommen, weil er ein Auto ohne die nötige Pflichtversicherung gefahren hatte. Nach seiner Überstellung in die Justizvollzugsanstalt Kassel wird der Haftbefehl aufgrund des fortgeschrittenen Stadiums seiner Aids-Erkrankung aufgehoben, der er zwei Wochen danach erliegt.

Kushner, Tony

US-amerikanischer Dramatiker
1956 Manhattan

Der in Lake Charles/Louisiana aufgewachsene Kushner studiert an der Columbia und der New York University und wird Mitarbeiter der Zeitschrift *American Theatre*. Sein erstes Stück *A Bright Room Called Day*, in dem er Parallelen zwischen Ronald Reagan und Adolf Hitler zieht, kommt 1984 nach Reagans Wiederwahl zur Uraufführung (dt. Erstaufführung 1997). Es folgen Adaptionen u.a. von Corneilles *Illusions* und Goethes *Stella*. Im Mai 1991 wird am Eureka Theatre in San Francisco *Angels in America. Part One: The Millenium Approaches (dt. Engel in Amerika. Teil eins: Die Jahrtausendwende naht)* uraufgeführt. 1993 folgt am Walter Kerr Theatre die Broadway-Inszenierung, die mit dem Pulitzer-Preis 1993 und vier Tony Awards ausgezeichnet wird. Kushners Breitenerfolg bringt sogar das Modekaufhaus *The Gap* auf die Idee, ihn als prominentes Model für Werbeplakate einzusetzen. Der zweite Teil (*Perestroika*) folgt im November 1993. In den Folgejahren wird *Angels in America* zu einem weltweiten Erfolg und zählt inzwischen zum festen Kanon der US-Dramatik: Allein im deutschsprachigen Raum entstehen mehr als 30 Inszenierungen. In *Engel in Amerika*, Untertitel *Schwule Variationen über gesellschaftliche Themen*, verbindet Kushner seine Beschäftigung mit dem jüdischen wie dem mormonischen Glauben mit der politischen Stimmung der Reagan-Ära und der Situation Homosexueller im Zeitalter von Aids. Eine Verfilmung des Stoffes ist von Robert Altman geplant. 1995 wird *Slawen!* in Louisville uraufgeführt, eine Szenenfolge über Korruption, Umweltverseuchung und den Niedergang des Sozialismus.

L

Lagerfeld, Karl

deutscher Modemacher
10.9.1938 Hamburg

Lagerfeld, Sohn eines Hamburger Fabrikanten (der u.a. die *Glücksklee*-Dosenmilch herstellt) zählt zu den erfolgreichsten und produktivsten Designern unserer Zeit. Er produziert für jede Saison bis zu zehn Kollektionen, u.a. Pelze für Feni, Haute Couture für Chanel. Seit 1996 auch für das Versandkaufhaus Quelle; daneben gestaltet er Schuhe, Unterwäsche, Porzellan, Uhren, Brillen, Accessoires, Bühnenkostüme, Stoffe und Tapeten, illustriert Bücher und betätigt sich als Innenausstatter (u.a. Hotel Vier Jahreszeiten Berlin-Grunewald.) Er kreiert eigene Parfümdüfte für Elizabeth Arden, u.a. Cloé, Lagerfeld und Photo. Für letzteres werden ihm 1990 vier Mode-Oscars verliehen: für das beste Produkt, beste Lancierung, beste Werbung, besten TV-Spot. Das Parfum wird 1989 gleichzeitig mit seiner ersten Photoausstellung präsentiert. Der erste Photoband (*Karl Lagerfeld, Fotograf*) ist zugleich eine Hommage an seinen langjährigen Lebensgefährten Jacques de Bascher, der 1989 38jährig an den Folgen von Aids verstirbt. Das erste Photo des Bandes zeigt ihn und trägt den Titel *Sic fuit*, frei nach Ovid, „So stand es im Buch des Schicksals"; das letzte Bild ist ein Selbstporträt Lagerfelds. Danach folgen inszenierte Photoromane mit prominenten Starmodels u.a. *Claudia Schiffer* (1995); *Off the Record* (1994) und *Faust* (1996).
Seit den 80er Jahren Aufstieg zum redseligen, umtriebigen Medienstar mit unverwechselbarem Outfit (Lagerfeld-Zopf, Armani-Anzüge und – wegen seiner Kurzsichtigkeit – Sonnenbrille sowie Fächer)
1954 als 16jähriger erster Preis für eine Mantelskizze beim Wettbewerb des Internationalen Wollsekretariats. Fünf Jahre Art-Director bei Jean Patou, 1963 bis 1983 Chefdesigner bei Cloé und ab 1965 auch bei Fendi. Er übernimmt 1983 die Leitung des Hauses Chanel und führt es binnen weniger Jahre wieder zu Weltruhm. Ab 1984 erste Kollektionen unter eigenem Namen, seit 1988 eine eigene Kaufhauslinie „KL by Lagerfeld" im Auftrag des deutschen Textilgiganten Klaus Steilmann, die inzwischen weltweit vermarktet wird. Entdecker und Förderer zahlreicher Models, u.a. von Claudia Schiffer und Nadja Auermann. Wohnsitze u.a. in Hamburg, Paris, Monte Carlo. Er lebt seit vielen Jahren nach eigener Auskunft asexuell.

• mit Anna Piaggi: *A Fashion Journal*, 1986

Lagerlöf, Selma Ottilia Lovisa

schwedische Schriftstellerin
20.11.1858 Gut Marbacka/Värmland – 16.3.1940 ebd.

Gleich ihr Romanerstling ist ein überwältigender literarischer Erfolg: *Gösta Berlings saga* (1891, dt. *Gösta Berling*) erzählt von der Welt des Eisenhandels, der Holzwirtschaft und der Herrenhöfe im schwedischen Värmland – einer Gegend, in der Lagerlöf selbst aufwächst. Nachdem sie als Lehrerin in verschiedenen Orten Schwedens tätig gewesen war und ausgedehnte Reisen in den Orient unternommen hatte, kauft sie 1909 das verschuldete väterliche Gut zurück – im gleichen Jahr, in dem sie als erste Frau den Nobelpreis für Literatur erhält. Weltruhm erlangte Lagerlöf, die 1914 als erstes weibliches Mitglied an die schwedische Akademie berufen wird, bereits einige Jahre zuvor mit ihrem Erzählband *Kristuslegender* (1904, dt. *Christuslegenden*) und dem Kinderbuch *Nils Holgerssons underbara resa genom sverige* (1906, dt. *Die wunderbare*

Reise des kleinen Nils Holgersson), das in 30 Sprachen übersetzt wird. Lagerlöfs umfangreiches Werk durchzieht eine originäre Mischung aus trockenem Humor und einer tiefen Sehnsucht nach Glück und Idyll. Weniger bekannt als ihre Werke ist Lagerlöfs jahrzehntelange Lebensgemeinschaft mit der noch weniger bekannten Autorin Sophie Elkan.

Lamberts van der Schuyr, Hendrickgen

niederländische Soldatin
1614 Amsterdam – ca. 1669 ebd.

Der Fall der Hendrickgen Lamberts van der Schuyr ist dank der ausführlichen Fallstudie des niederländischen Arztes Nicolaas Tulp in seinem *Observationum Medicarum libri tres* (1641) als einer der prominentesten Fälle des Pseudohermaphrodismus in die Medizingeschichte eingegangen. Der 27jährigen wird 1641 in Amsterdam der Prozeß gemacht. Beschuldigt wird sie zunächst als Frau, später als Mann verkleidet, Beziehungen zu Frauen unterhalten zu haben. Außerdem soll sie zwei Jahre lang unter dem Statthalter Friedrich Heinrich als Soldat gedient und dann offenbar wieder ausschließlich Frauenkleider getragen haben. Tatsächlich hat sie in einer festen Beziehung zu der 42jährigen Witwe und Mutter von sechs Kindern, Trijntje Barents, gelebt. Zunächst tragen beide ausschließlich Frauenbekleidung, dann beschließt van der Schuyr, wieder Männerkleidung zu tragen. Beim Verhör bemerkt Barents, daß sich daraufhin die sexuelle Beziehung merklich verbessert habe. Wahrscheinlich aufgrund eines psychologischen Effekts, weil das Verhältnis „nun mehr einer ‚richtigen' homosexuellen Beziehung ist". „Zuweilen wohl zwei- oder dreimal in der Nacht" habe van der Schuyr sie „fleischlich erkannt, ... auf die gleiche Weise wie ihr verstorbener Mann, ja manchmal noch heftiger." Tatsächlich wollen Hebammen, die die Angeklagte zu untersuchen hatten, zwischen den Schamlippen beim Blasenausgang ein hartes Teil gefunden haben, das wie ein Penis eines Knaben geformt gewesen und sogar etwas dicker gewesen sei. Bei einer Berührung habe sich dieser „Penis" allerdings sofort zurückgezogen. Weil sie allerdings auch nachweislich menstruiert, schließen Wissenschaftler den Fall testikulärer Feminisierung aus. Das Gericht zumindest sieht sie als Frau und verurteilt sie wegen „Tribadie", also homosexuellen Sexualverkehr zwischen Frauen.

---

lang, k.d.
(eigentlich Kathy Dawn Lang)

kanadische Musikerin
2.11.1961 Edmonton

Seufz! k.d.- ein Phänomen. „Elvis is back – she is beautiful!" haucht →Madonna Anfang der 90er Jahre verzückt. Deutsche Lesben mit einem Faible für Folk horchen schon Ende der 80er Jahre auf, als k.d.s klare, samtene Stimme im Duett mit Roy

Orbison *Crying* aus den Lautsprechern schmachtet. Mit 14 hatte sie ihren ersten Song geschrieben: ein Liebeslied für ihre Lehrerin. Mit dem Album *Absolute Torch and Twang*, für das k.d. lang 1989 den Country-Grammy erhält, und *Ingenue* (1992) schwappt die Begeisterungswelle endgültig nach Europa über. Das 714-Seelendorf Edmonton ist stolz auf ihre berühmteste Einwohnerin: „Home of k.d. lang" stand zeitweilig auf dem Ortsschild, bis einem Farmer der Zorn ausbricht, denn lang hatte sich bei der Tierschutzorganisation PETA für vegetarische Ernährung engagiert: „Eat meat, dyke!" schmiert er daraufhin auf das Schild.
k.d. lang bestätigt die hoffnungsvollen Gerüchte über ihre Homosexualität, und unzählige hingerissene Lesben drängeln sich auf ihrer Deutschlandtournee im Herbst 1992, um einen sehnsüchtigen Blick auf die dunkelhaarige, smarte Schönheit zu erhaschen, die im Jahr zuvor schon in Percy Adlons *Salmonberries* auf der Kinoleinwand eine äußerst gute Figur gemacht hatte. Und als k.d. 1993 den Grammy für die beste Pop-Sängerin des Jahres erhält, ist das Glück perkfekt: *Constant Craving*, ihr Mega-Hit, animiert bis heute die Fangemeinde in aller Welt zum meist erfolglosen Nachsingen. k.d. lang, die sich selbst als lesbische Musikerin in der zweiten Generation – nach Meg Christian und Heather Bishop – versteht, pendelt zwischen Vancouver und Los Angeles und bemüht sich, ihre Privatsphäre ein wenig mehr zu wahren, nachdem ihre Beziehung mit →Martina Navratilova immer wieder für Schlagzeilen gesorgt hatte.
„Ein gutes Album", sagt k.d. über ihre Arbeit, „muß so sein, daß du beim Anhören ficken, kochen, und autofahren kannst. Dann ist es für mich ein gelungenes Album." Auch *All You Can Eat* (1995) ist in dieser Hinsicht gelungen. 1997 veröffentlicht die erklärte Nichtraucherin *Drag*, ein Konzeptalbum über das Rauchen – von *Three Cigarettes in an Ashtray* bis *Don't Smoke in Bed.* Sie lebt mit der Musikerin Leisha Hailey, deren Band *The Murmers* sie auch produziert.

• CD: *Shadowland*, 1988

○ Victoria Starr: *k.d. lang – all you get is me*, 1994; William Robertson: *k.d. lang – Carrying the Torch*, 1992; Judy Francesconi: *All Access – A k.d. lang Photography Book*, 1997

Laughton, Charles

britisch-amerikanischer Schauspieler
1.7.1899 Scarborough/North Yorkshire – 15.12.1962 Hollywood

Laughton, Sohn eines Hoteliers, erlernt zunächst auch das Hotelgewerbe in London. Als Soldat wird er im ersten Weltkrieg bei einem deutschen Gasangriff vergiftet. Ab 1918 Arbeit im elterlichen Hotel und erste Auftritte bei Amateur-Theatern. 1925/26 Besuch der Royal Academy of Dramatic Art in London. 1928 Filmdebüt in Kurzfilmen H.G. Wells. 1929 lernt er die Tänzerin Elsa Lancaster kennen, die er später heiratet. 1932 Bühnendebüt am Broadway, daraufhin Vertrag mit der Paramount und ab 1933 erfolgreiche Hol-

lywood-Karriere, wie *The Private Life of Henry VIII.* (1933), *Mutiny on the Bounty* (1935), parallel zur Filmarbeit in England. 1937 gemeinsam mit Erich Pommer Gründung der Filmproduktionsfirma Mayflower Pictures, die allerdings nur drei Filme produziert. 1934 endgültige Übersiedling in die USA, ab 1950 US-amerikanischer Staatsbürger. *The Night of the Hunter (*1955, dt. *Die Nacht des Jägers*) bleibt sein einziger, künstlerisch sehr erfolgreicher Versuch, ins Regiefach zu wechseln.
Erst im zweiten Ehejahr erfährt Laughtons Gattin von seiner Homosexualität, als Laughton von einem ehemaligen Liebhaber erpreßt wird. Die Ehe wird aufrechterhalten, das Paar arrangiert sich. Lediglich das Sofa, auf dem Laughton sich heimlich mit Liebhabern vergnügt hatte, will die Gattin aus der Wohung geschafft wissen. Laughton hat regelmäßig langandauernde Beziehungen zu Männern, teilweise mehrere gleichzeitig. 1941 lernt er den Schauspieler David Roberts kennen, mit dem er über 20 Jahre liiert ist und der bei seinem Begräbnis auch einer der Sargträger ist. Die letzten beiden Lebensjahre verbringt Laughton mit dem weitaus jüngeren Geliebten Bruce Ashe, einem Photomodell, mit dem der passionierte Hobbygärtner Hongkong und Japan bereist. Bereits während der Dreharbeiten zu seinem letzten Film *Advice and Consent* (1962, dt. *Sturm über Washington)* ist ihm und seinem Regisseur Otto Preminger bekannt, daß er an Knochenkrebs leidet, woran er letztlich auch verstirbt. Ein mit →Christopher Isherwood als Drehbuchautor geplanter Film über →Sokrates wird nicht mehr realisiert.

• Weitere Rollen in: *The Hunchback of Notre Dame*, 1939 (dt. *Der Glöckner von Notre Dame); The Suspect*, 1944 (dt. *Unter Verdacht); The Paradin Case, 1947; Witness for the Prosecution*, 1957 (dt. *Zeugin der Anklage)*

○ Simon Callow: *Charles Laughton. A Difficult Actor*, 1989; Andreas Miessler: *Charles Laughton – Seine Filme, sein Leben*, 1990

Lawrence, Gertrude

US-amerikanische Schauspielerin
4.7.1898 London – 6.9.1952 New York City

Lawrence ist in den 20er und 30er Jahren einer der ganz großen Stars in Musicals, Theater- und Filmkomödien dies- und jenseits des Atlantiks. Gemeinsam mit ihrer Freundin und Kollegin →Beatrice Lillie zieht sie 1924 nach New York, wo sie an der Seite von →Noël Coward schnell zu Ruhm gelangt und bald als emsiges Mitglied der prominenten Damenzirkel für Aufruhr unter den New Yorker und Hollywooder Lesben sorgt. Lawrence, die eine Zeitlang mit der Schriftstellerin →Daphne Du Maurier liiert ist, heiratet 1940 – eine Ehe, zu der ihre langjährige Gefährtin Lillie lapidar bemerkt: „Armer Richard. Er glaubt, er hat Miss Gertrude Lawrence geheiratet. Bald wird er dahinterkommen, daß es *Myth* Lawrence ist." Einen ihrer größten Erfolge feiert Lawrence in der Filmversion von →Tennessee Williams *The Glass Menagerie* (1950, dt. *Die Glasmenagerie*). Das Leben der extravaganten Schauspielerin wird 1968 unter Verzicht auf jegliche Anspielung auf Lawrences Homosexualität mit Julie Andrews in der Hauptrolle verfilmt (*Star!)*.

• *Stage Door Canteen*, 1943 (dt. *Die Kantine zum Bühneneingang*); *A Star Danced* – Autobiographie, 1945

Leavitt, David

US-amerikanischer Schriftsteller
23.6.1961 Pittsburgh/Pennsylvania

Aufgewachsen in Palo Alto, Kalifornien, Studium an der Yale University, New Haven. Er arbeitet zunächst 1983-84 als Lektor im Verlag Viking Penguin, New York. Gleich mit seinen beiden ersten Erzählungen, *Territory* und *Out here*, veröffentlicht im *New Yorker*, macht er auf sich aufmerksam. Sie bilden zusammen mit sieben anderen den Band *Family Dancing* (1984, dt. *Familientanz)*, für den er für den PEN/Faulkner Award und den National Book Critics Circle Award nominiert wird. Sein Roman *The Lost Language of Cranes* (1986, dt. *Die Verlorene Sprache der Kräne*, 1992 verfilmt durch Nigel Finch) wird ein internationaler Erfolg. Auch seine beiden nachfolgenden Veröffentlichungen, der Erzählband *A Place I've Never Been* (1990, dt. *Alt genug, um fremd zu gehen)* und der Roman *Equal Affections* (1989, dt. *Alles was uns fehlt)*, verbindet schwule Themen mit jenen der US-amerikanischen Mittelklasse. Die Kritiken sind nun nach der überschwenglichen Begeisterung zu Anfang verhalten und enttäuscht. Ein Drehbuch für →John Schlesinger, das Aids-Drama *The Midday Sun*, wird nicht realisiert. Leavitt verläßt die USA und lebt als Stipendiat der Simon Guggenheim Foundation einige Zeit in Barcelona, danach in Italien. 1993 erscheint der Roman *While England Sleeps*, mit dem er zum ersten Male einen historischen Hintergrund wählt, den spanischen Bürgerkrieg und das Arbeitermilieu im England der 30er Jahre. →Stephen Spender klagt wegen Plagiats. Nachweislich hat Leavitt Spenders autobiographische Aufzeichnungen *World Within World* für seinen Roman herangezogen, ohne im Roman darauf hinzuweisen oder um Erlaubnis gefragt zu haben. Der Verlag muß die Auslieferung des Romans stoppen, und Leavitt veröffentlicht eine überarbeitete Ausgabe. 1997 erscheint der Erzählband *Arkansas*; der dort enthaltende Text *The Term Paper Artist*, ein satirisches Selbstporträt des Autors und Abrechnung mit der New Yorker Verlags- und Medienbranche, war als Vorabdruck für das *Esquire* vorgesehen und wird – angeblich aus Rücksicht auf die Anzeigenkunden – kurzfristig vor Drucklegung wieder aus dem Magazin genommen. Leavitt ist lange Zeit mit dem Autor Gary Glickman liiert. Gemeinsam mit seinem Lebensgefährten, dem Autor Mark Mitchell, gibt er 1994 *The Penguin Book of Gay Short Stories* heraus. Ebenfalls gemeinsam entsteht der Essayband *Italian Pleasures* (1996) mit Aufsätzen über das Land, Leben, Leute und Literatur ihrer Wahlheimat Italien. Sie leben in Rom und East Hampton/New York. Eine Biographie →E.M. Forsters ist Leavitts seit längerer Zeit größtes Projekt.

LeGallienne, Eva

britische Theaterschauspielerin
und Theaterdirektorin
11.1.1899 London – 3.6.1991 Weston/Connecticut

Als Tochter eines britischen Literaturkritikers und einer dänischen Journalistin wächst sie in Paris auf und gibt mit 15 in London ihr Schauspieldebüt. Ein Jahr später kommt sie nach New York, wo sie kurz darauf mit ihrer Hauptrolle in Ferenc Molnàrs Stück *Liliom* zu einer der gefeiertsten Theaterschauspielerinnen aufsteigt. Daneben gründet und leitet sie zwei eigene Theater. LeGallienne, die jahrelang mit →Alla Nazimova und →Mercedes de Acosta liiert ist, geht relativ offen mit ihrer Homosexualität um, da sie bis zum Alter von 56 Jahren, als sie erstmalig in einem Film auftritt, nie in die Verlegenheit kommt, im verlogenen Hollywood der 50er Jahre die Geliebte eines Mannes spielen zu müssen.

- *Prince of Players*, 1955 (*dt. König der Schauspieler*); *The Devil's Disciple*, 1959 (dt. *Der Teufelsschüler*)

Leibovitz, Annie
(eigentlich Anna-Lou Leibovitz)

US-amerikanische Photographin
2.10.1949 Westbury/Connecticut

Nach ihrem Malereistudium in San Francisco arbeitet Leibovitz von 1973 bis 1983 als Chefphotographin des amerikanischen Musikmagazins *Rolling Stone*, seitdem als Porträtphotographin von *Vanity Fair*. Ihre Prominenten-Porträts, darunter das legendäre Photo des nackten Ex-Beatles John Lennon, wenige Stunden vor seiner Ermordung aufgenommen, machen die in der New Yorker Schwulen- und Lesbenbewegung engagierte Photographin weltberühmt. 1991 wird ihre Arbeit erstmals in einer Museumsausstellung in der National Portrait Gallery in Washington präsentiert. In Deutschland sind vor allem ihre Werbephotographien für American Express bekannt, die wie ihre sonstigen aufwendig und originell in Szene gesetzten Prominentenporträts ausgefallen inszeniert sind. 1995 wird sie in Hamburg mit einer großen Einzelausstellung gewürdigt. Die Homogemeinde wartet bislang allerdings immer noch auf ein entsprechendes Porträt von Leibovitz' Lebensgefährtin →Susan Sontag.

Leonardo da Vinci

italienischer Künstler und Wissenschaftler
15.4.1452 Empoli – 2.5.1519 Amboise

Unehelicher Sohn eines florentinischen Notars und eines Bauermädchens. Wächst in der Familie des Vaters auf. Mit 15 Jahren wird er Lehrling in der Werkstatt des Künstlers Andrea del Verrocchio in Florenz, ab 1472 ist er als Maler Mitglied in der St. Lukas-Gilde beschäftigt. Zur künstlerischen Tätigkeit als Maler (u.a. *Mona Lisa* und *Das letzte Abendmahl)* und Bildhauer widmet er sich nun auch verstärkt technischen und wissenschaftlichen Studien und entwickelt sich so zu einem der vielseitigsten Allround-Genie und zum Inbegriff des Renaissance-Menschen. 1482 holt ihn der Mäzen Herzog Ludovico Sforza nach Mailand bis zur Eroberung der Stadt 1499 durch die Franzosen. Er betätigt sich als Ingenieur, Anatom, Erfinder, Städteplaner und entwirft militärische Festungsanlagen und Kriegsmaschinen. Beginnt mit der Niederschrift seiner *Notizbücher*, die auf mehr als 10 Bände anwachsen und z.T. rückwärts und in Spiegelschrift niedergeschrieben sind. Danach in Rom, wo er dem berüchtigten päpstlichen General Cesare Borgia als Militäringenieur dient. Ab 1503 wieder in Florenz, danach in Mailand. Die letzten Jahre seines Lebens verbringt er auf Einladung Franz I. auf einem Landsitz in Cloux an der Loire. Im April 1476 wird Leonardo da Vinci durch einen anonymen Brief an den Magistrat von Florenz als Homosexueller denunziert. Er soll sich gemeinsam mit vier weiteren Männern an dem halbwüchsigen Prostituierten Jacopo Saltarelli vergangen haben. Das Gespött der Öffentlichkeit und die ausführliche

Befragung über sein Sexualleben, dem er sich unterziehen muß, verursachen eine langanhaltende Demütigung. Die Anklage kann keine Beweise erbringen, und er wird freigesprochen. Wenige Wochen später wird er erneut homosexueller Vergehen beschuldigt und Verhören unterzogen. Die Anschuldigungen können diesmal nicht ausgeräumt werden, ihm wird jedoch Straferlaß erteilt. Danach stürtzt sich Leonardo da Vinci in die Arbeit und versucht bei seinen sexuellen Aktivitäten größtmögliche Geheimhaltung zu wahren. Über seine homosexuellen Neigungen verfaßt Leonardo selbst keine nachweisbaren Zeugnisse, jedoch Abschätziges über den heterosexuellen Akt: „Der Geschlechtsakt und die Körperteile, mit denen er ausgeführt wird, sind so schauderhaft, daß die Spezies Mensch ihre Menschenwürde verlieren würde, gäbe es nicht die Schönheit und die Ausschmückungen des Künstlers und die Befreiung des Geistes." Zeitgenössische Autoren hingegen (etwa der Künstlerbiograph Giorgio Vasari und der Schriftsteller Gian Paolo Lomazzo) schreiben offen über seine Homosexualität. Sigmund Freud nimmt Leonardos Kindheit als Grundlage zu einer psychologischen Studie über die Homosexualität *(Eine Kindheitserinnerung des Leonardo da Vinci).*

○ Kenneth Clarke: *Leonardo da Vinci*, 1986; K.R. Eissler: *Leonardo da Vinci. Psychoanalytische Notizen zu einem Rätsel*, 1992; Serge Bramly: *Leonardo da Vinci. Eine Biographie*, 1995

Liberace (eigentlich Wladziu Valentino Liberace)

US-amerikanischer Pianist
16.5.1919 West Allis/Wisconsin – 4.2.1987 Las Vegas

Die amerikanische Variante von Richard Claydermann: kitschig verpoppte Piano-Klassik, dargeboten in überbordend ausgestatteten Shows. Liberace läßt sich mit Rolls Royce auf die Bühne fahren, entsteigt ihm im meterlangen weißen Hermelin, die Hände mit dicken Brillantringen bestückt. Dem als Wladziu (polnisch für Walter) Valentino Liberace geborene Sohn eines italienischen Orchestermusikers und einer polnischen Mutter, wird dank einem Stipendium eine klassische Musikausbildung zuteil. Bereits mit 14 Jahren debütiert er als Solist beim Chicago Symphony Orchestra. Ab 1940 verdient er allerdings sein Geld als Barpianist, u.a. auch im Persian Room des Plaza Hotels New York. 1947 kehrt er dorthin wieder zurück: mit einem eigenen, überdimensionierten Flügel, auf dem ein leuchtender Kandelaber steht. Dieser wird im Laufe seiner steilen Karriere zum unverzichtbaren Utensil seiner pompösen Glamourshows. Liberace wird u.a. mit zwei Emmy Awards ausgezeichnet, erhält sechs goldene Schallplatten, gleich zwei Sterne auf dem Hollywood Walk of Fame – und einen Eintrag in das Guinessbuch der Weltrekorde: Als bestbezahlter Musiker und Pianist. Der Liebling vor allem älterer Damen, der sich gerne als „Mr. Showmanship" bezeichnen läßt, verstirbt an den Folgen von Aids. Drei Monate zuvor hat er seinen letzten öffentlichen Auftritt in der New Yorker Radio City Music Hall. Sein eigenwillig und pompös ausgestattetes Wohnhaus in Las Vegas wird zu einem Museum umgestaltet, in der seine Sammlungen mit Juwelen, seltener und historischer Klaviere, seine Rolls Royces und Bühnenkostüme zu besichtigen sind. Sein Vermögen wird auf seinen Wunsch in eine ei-

gens eingerichtere Stiftung für Kunststipendien eingebracht.
Als 1956 die Londoner Tageszeitung *Daily Mirror* über Liberace schreibt, er sei „das vollendete Geschlecht, zugleich männlich, weiblich und geschlechtslos. Eine Summe von allem, was er, sie und es sich schon immer wünschten", klagt der Entertainer auf Schmerzensgeld und gewinnt den Prozeß: Der *Daily Mirror* muß 240.000 Dollar zahlen. Er seinerseits wird 1982 zu einer Unterhaltszahlung in Höhe von 95.000 Dollar verklagt: für seinen ehemaligen Chauffeur und Lebensgefährten Scott Thorson. Dieser hatte ursprünglich 113 Million Dollar gefordert.

Lillie, Beatrice

kanadische Schauspielerin
29.5.1894 Toronto – 20.1.1989

Während ihrer fünfzigjährigen Bühnen- und später auch Filmkarriere erarbeitet sich Lillie den Ruf als „komischste Frau" der Welt. Die Markenzeichen der jungenhaften Schauspielerin mit dem ungezügelten Temperament sind kurze Haare, Kappe und ein legendärer ironischer Sarkasmus. Lillie, die in über 40 Bühnenshows auftritt und 1926 ihr Filmdebüt mit einer komischen Glanznummer in *Exit Smiling* (dt. *Abgang lächelnd)* gibt, wird durch ihre Heirat mit 24 Jahren zur Lady Peel. In Hollywood ist sie zeitweilig mit ihren Schauspielerkolleginnen →Eva LeGallienne, →Judith Anderson und →Katharine Cornell liiert.

Little Richard (eigentlich Richard Wayne Penniman)

US-amerikanischer Musiker
5.12.1935 Macon/Georgia

Aufgewachsenen in einer großen Predigerfamilie als eines von zwölf Kindern im Schwarzenghetto von Macon. Mitglied im Kirchenchor. Die Begegnung mit Dr. Nobillio, einem Stadtpropheten, weckt in ihm den Wunsch, auf der Bühne zu stehen. Mit 13 Jahren Abbruch der Schule und Mitglied in Doctor Hudson's Medicine Show, wo er u.a. singend Schlangenöl anpreist. Erste Band und erste Tour durch die Südstaaten, auf der er mehr und mehr Bekanntschaft mit der Tunten- und Schwulenszene macht. Als Junge hat er seinen ersten sexuellen Kontakt mit einem Gleisarbeiter aus der Nachbarschaft, den er in späteren Jahren für seine homosexuellen Neigungen verantwortlich macht. Selbst als vielfacher Plattenmillionär lebt Little Richard seine sexuellen Bedürfnisse fast ausschließlich auf Klappen aus. 1952 wird sein Vater von einem Betrunkenen erschossen; der 19jährige muß nun allein für die Familie sorgen. Die Konzerte werden zwar weiterhin bestens besucht, die Platten jedoch verkaufen sich schleppend. Erst als Little Richard bei den Aufnahmen selbst Klavier spielt und seine Bühnenpräsenz halbwegs sich auf den Platten bannen lassen, werden seine Songs schlagartig zu Hits: *Tutti Frutti* (1955), *Lucille* (1957), *Good Golly Miss Molly* (1958). Seine Auftritte werden zu hysterischen Massenveranstaltungen, er selbst wütet berserkerhaft auf der Bühne mit 30cm hoher Haartolle und grellen Glitzerkostümen. Auf dem Höhepunkt seiner Karriere glaubt er, ein göttliches Zeichen vernommen zu haben, und beginnt ein neues Leben in Armut, Demut und als Bibelverkäufer. Seine Ehe mit einer Evangelistin jedoch bezeichnet er selbst später als Farce: „Ich hätte nicht einmal geheiratet, wenn ich Diamanten als

Fußnägel und Rubine als Augäpfel hätte. Ich war ein furchtbarer Ehemann und mußte immer an jemand anders denken, irgendeinen Jimmy oder Johnny." 1962 Comeback in Großbritannien, zunächst als Gospelsänger sehr schnell jedoch Rückkehr zum Rock'n Roll. In den 70er Jahren Drogensucht. Der Bruder stirbt an einer Herzattacke infolge Kokaingenusses. Daraufhin erneut starke Hinwendung zur Kirche. Ein neuerlicher Comeback-Versuch 1986 mit dem Album *Lifetime Friend* scheitert.

○ Charles White: *The Life And Times of Little Richard*, 1985

Littmann, Corny

deutscher Schauspieler und Theaterleiter
21.11.1952 Münster

1976 hat der damalige Psychologiestudent Littmann seinen ersten Bühnenauftritt: als Ensemblemitglied der freien Theatergruppe Brühwarm in einer Revue mit Themen der zeitgenössischen Schwulenbewegung. Bis 1979 bleibt er Brühwarm verbunden. 1982 gründet er das Tourneetheater Familie Schmidt, dem sich später auch →Ernie Reinhardt anschließt. Bis 1988 entstehen sechs Theaterstücke mit Musik, u.a. *Aufrecht, deutsch, homosexuell* und *Happy Kadaver.* 1996 wird das erste Programm der Familie Schmidt *Wetten, das ist Frau Witten!* noch einmal neu inszeniert.

Seit 1979 ist Littmann bei den Grünen engagiert. Bei der Bundestagswahl 1980 ist er deren Hamburger Spitzenkandidat. Im gleichen Jahr enthüllt er mit einer spektakulären Aktion, daß die Hamburger Polizei auf örtlichen Klappen durch Spionspiegel Homosexuelle beobachtet und polizeilich registriert. Von 1982-85 beteiligt sich Littmann an der Leitung der freien Theatergruppen auf dem Hamburger Kampnagel-Gelände, 1990 wird er Vorstandsmitglied des Trägervereins. 1988 eröffnet er als künstlerischer Leiter mit drei weiteren Gesellschaftern das Schmidt-Theater auf St. Pauli und leitet damit die kulturelle Wiederbelebung der Reeperbahn ein. Im Eröffnungsstück *Sag bitte und ich sing* wirken auch →Georgette Dee, Terry Truck und Ernie Reinhardt mit. 1991 eröffnet Littmann in direkter Nachbarschaft das größere Schmidts Tivoli. Zwischen 1990 und 1993 ist er (neben Jutta Wübbe als Marlene Jaschke und Ernie Reinhardt als Lilo Wanders) in mehr als 30 Folgen als schwuler Herr Schmidt in der *Schmidt-Mitternachtsshow* zu sehen. Diese Fernsehshow, produziert vom Norddeutschen Rundfunk, wird von mehreren dritten Programmen übernommen und 1991 mit dem Adolf-Grimme-Preis in Silber ausgezeichnet. 1995 folgt die *Neue Schmidtsshow* gemeinsam mit Georgette Dee. Als Darsteller in Hausproduktionen des Schmidts Tivoli bzw. Schmidt-Theaters wirkt Littmann u.a. in *Marlene Jaschke ist Carmen* (1991), *Beiß mich – Ich will das Leben spüren* (1992), *OSCAR - die Kinorevue* (1997) und *Das Geheimnis der Irma Vep* (1997) mit. 1993 gibt er mit dem Musical *Cabaret* sein Debüt als Regisseur.

Livingston, Jennie

US-amerikanische Filmemacherin
1962 Los Angeles

Nachdem sie ihr Kunststudium in Yale mit Auszeichnung abgeschlossen hat, reist Livingston als Photographin durch Europa und die USA. 1985 zieht sie nach New York, um dort, enttäuscht „von der Stille des Mediums Photographie", Film zu studieren. Ihr erster großer Dokumentarfilm *Paris Is Burning* (1990), eine spritzige Studie der New Yorker Drag Queen-Szene und der Tuntenbälle in Harlem, avanciert binnen kürzester Zeit zum Kultfilm und heimst zahlreiche Preise ein, u.a. 1991 den Großen Preis der Jury beim angesehenen Sundance Festival sowie den Gay Teddy Bear bei der Berlinale.

Long, Robert (eigentlich Jan Gerrit Bob Levermann)

niederländischer Sänger, Schauspieler, Komponist, Textdichter
20.10.1943 Utrecht

Als 20jähriger steht er gemeinsam mit Freunden erstmals unter dem Bandnamen *The Yelping Jackals* auf der Bühne seiner Heimatstadt. Erste nationale Erfolge feiert Robert Long ab 1967 mit der Band *Unit Gloria*. Zu dieser Zeit ändert er seinen Namen Levermann in Long. 1971 startet er seine Solokarriere mit englischsprachigen Songs – ohne sonderlichen Erfolg. So versucht er es 1974 mit seiner LP *Vroeger Of Later* (Früher oder Später) mit Liedern in niederländischer Sprache, in denen er sich kritisch gegen Heuchelei, bürgerliche Verbote und kirchliche Gebote wendet. Gleichzeitig wird die Platte zu seinem offenen Bekenntnis zur eigenen Homosexualität. Allein in den Niederlanden wird das Album mehr als 500.000mal verkauft. 1979 erscheint seine erste deutschsprachige LP *Kurz über lang*, die den bis dahin unbekannten Liedermacher in die Charts bringt. Es folgen die Alben *Homo Sapiens* (1981), *Tag, kleiner Junge* (1984) und *Hinter dem Horizont* (1996). 1987 verläßt Long sein Heimatland und zieht nach Menaggio am Comer See. In den Folgejahren arbeitet er als Moderator einer niederländischen TV-Dokumentarserie über die Ursprünge des Niederländischen und als Romancier (*Wat Wil Je Ou*, 1988). Sein Album *Hartstocht* sorgt in der BRD wegen seines offenherzig-erotischen Covers für Aufsehen, so daß die deutsche Ausgabe *Leidenschaft* (1988) in einer neutraleren Aufmachung geliefert wird. Gemeinsam mit seinem Lebensgefährten, dem Autor und Regisseur Dimitri Frenkel, schreibt er 1988 das Musical *Tschechow*, das in Heilbronn uraufgeführt wird. Für seine breitgefächerte Arbeit als Textdichter und Komponist benutzt er u.a. die Pseudonyme Bob Revel und Tom Hak.

Lorde, Audre

US-amerikanische Lyrikerin und Aktivistin
18.2.1934 New York City – 20.11.1992 St. Croix/Virgin Islands

Sie versteht es, den Bedürfnissen, Ängsten und auch dem Zorn unzähliger Menschen eine Stimme zu geben: Audre Lourde ist Afro-Amerikanerin, lesbische Feministin, Lyrikerin und Schriftstellerin – und eine schier unerschöpfliche Quelle an Lebenswillen und Energie. In ihrem umfangreichen literarischen und essayistischen Werk widmet sie sich dem Kampf gegen Rassismus, Sexismus und Homophobie. Die Mutter zweier Kinder macht als erste offen lesbische afro-amerikanische Dichterin zahlreichen schwarzen Frauen Mut, zu ihrer Identität zu stehen.
Nach einer von Armut geprägten Kindheit in Harlem studiert Lorde in Mexiko und New York Bibliothekswissenschaften und arbeitet mehrere Jahre in verschiedenen Bibliotheken, bevor sie sich immer mehr dem Schreiben widmet. Bereits in ihrem ersten Lyrikband *The First Cities* (1968) fokussiert sie den Blick messerscharf auf ihre Realität als schwarze lesbische Frau.
Lorde, die für ihr Werk zahlreiche Auszeichnungen erhält, an verschiedenen Universitäten lehrt und auf Lese- und Vortragsreisen durch die ganze Welt unterwegs ist, verbringt seit 1984 jährlich mehrere Wochen in Berlin. Durch ihre Ausstrahlung und Bedeutung spielt sie eine entscheidende Rolle bei der Entstehung der Schwarzenbewegung in Deutschland. Ebenfalls in Berlin beginnt sie eine alternative Krebstherapie und begreift ihre Krankheit als politische Herausforderung. Sie verbringt ihre letzten Lebensjahre mit ihrer Gefährtin, der Aktivistin Gloria Joseph, auf St. Croix, Virgin Islands.

- *Auf Leben und Tod. Krebstagebuch*, 1984; *Zami: Eine Mythobiographie*, 1986; *Lichtflut – Essays*, 1988

Louganis, Greg (eigentlich Gregory Efthinios Louganis)

US-amerikanischer Sportler
29.1.1960 El Cajo/Kalifornien

Der Sohn eines 16jährigen Samoa-Indianers und einer gleichaltrigen Schwedin wird mit acht Monaten zur Adoption freigegeben. Sein Pflegevater, ein griechischer Einwanderer, mißhandelt ihn. Weil er Legastheniker ist und stottert, wird er von den Lehrern gehänselt, die Mitschüler beschimpften ihn als „Nigger“. Mit acht Jahren beginnt er zu trinken, mit zwölf unternimmt er einen Freitodversuch. Erst der Erfolg beim Sport, schreibt Louganis in seiner Autobiographie *Breaking the Surface* (1995, 1997 für einen US-Fernsehsender verfilmt), habe ihm den Lebensmut zurückgegeben. Fünfmal wird er zwischen 1976 und 1988 Weltmeister; bei den Olympischen Spielen 1984 und 1988 wird der Kunst- und Turmspringer jeweils zweimal mit Gold ausgezeichnet. Anläßlich der Gay Games 1994 in New York bekennt er sich erstmals öffentlich zu seiner Homosexualität. Im Februar 1995 berichtet er erstmals im Rahmen eines Interviews von seiner HIV-Infektion. Er habe sich bei seinem Lebensgefährten und Manager infiziert. Seitdem engagiert sich der US-Sportstar Louganis im Kampf für die

L

Gleichberechtigung für Schwule und Lesben. Maßgeblich sorgt er dafür, daß in Cobb County, einen Landstrich bei Atlanta, während der Olympiade 1996 nicht wie geplant die Volleyball-Wettbewerbe ausgetragen werden, weil die Bevölkerung dort nachweislich absolut homosexuellenfeindlich sei. Er nimmt die Verleihung des Robert J. Kane-Awards des US-amerikanischen Olympia-Komitees zum Anlaß, seinen Protest dagegen öffentlich zu verkünden. Insgesamt erringt Louganis in seiner Sportlerkarriere vier Olympia-Goldmedaillen, sechs Weltmeisterschaftstitel, und 47 US-Meisterschaften. 1984 wird ihm der Sullivan Award für den besten US-amerikanischen Athleten verliehen. Nach Ende seiner Sportlerkarriere beginnt Louganis eine zweite Karriere als Tänzer und Schauspieler (u.a. in der Off-Broadway-Produktion der Aids-Komödie *Jeffrey* von Paul Rudnick) und als Züchter von Rassehunden. In der April-Ausgabe 1997 des schwul-lesbischen Magazins *Out* antwortet Louganis auf die Frage, wie sein Traummann aussehe. „Ich weiß, es wird ganz bizarr klingen, aber ich finde Robin Williams furchtbar sexy. Er ist intelligent und lustig, hat Grips und ... eine behaarte Brust. Das gefällt mir." Zu der Buchpremiere im schwul-lesbischen Buchladen A Different Light in San Francisco kommen über 2000 Menschen – unter ihnen auch Robin Williams, der sich nach vorne drängelt, den Sportler heftig umarmt und kokett sagt: „Hier bin ich, dein Traummann!" Dann haut er ab und kauft nicht einmal ein Exemplar.

Lowell, Amy

US-amerikanische Lyrikerin
9.2.1874 Brookline/Massachusetts – 12.5.1925 ebd.

Aufgewachsen in einer prominenten, wohlhabenden Familie, pflegt Lowell ein geruhsames, ihrem Stande entsprechendes Dasein ohne große Aufregungen, bis sie 1912 die Lyrik für sich entdeckt – und zugleich die Schauspielerin Ada Dwyer Russell kennen- und liebenlernt. Von da an ist Lowells Leben von umfangreichen Aktivitäten erfüllt. Sie etabliert einen anspruchsvollen, etwas exzentrischen literarischen Salon und begeistert sich – gemeinsam mit Ezra Pound – für den Imaginismus. Mit ihrer exaltierten, draufgängerischen Art brüskiert und begeistert die rundliche Frau mit der Vorliebe für eine gute Zigarre viele ihrer Zeitgenossen, gleichwohl gilt Lowell als einflußreiche Vermittlerin zahlreicher innovativer Gedanken und Strömungen. Für ihren Gedichtband *What's O'Clock* erhält sie 1926 den Pulitzer-Preis. Lowells Werke, die z.T. Gedichte über Frauenbeziehungen enthalten (*Pictures of the Floating World*, 1919), wurden bislang nicht ins Deutsche übersetzt.

Ludwig II.

bayrischer König
25.8.1845 Schloß Nymphenburg bei München – 13.6.1886 Starnberger See

Ludwig II. ist Sohn des Königs Maximilian II. und selbst König von Bayern von 1864 bis 1886. Er setzt die von Ludwig I. begründete Tradition der Kunstförderung durch die bayrischen Könige in exzessivem Maße fort. U.a wird er Mäzen des Komponisten Richard Wagner und betätigt sich als Bauherr einer ganzen Reihe phantastischer Schlösser, die er sich in Stilen vergangener Jahrhunderte an einsamen Plätzen erbauen läßt (Herrenchiemsee; Linderhof). Das berühmteste, Schloß Neuschwanstein, wird Vorbild für das Schloß Schneewittchens in Disneyworld. Die Baukosten drängen Ludwig II., der sich als Nachfolger Louis XIV. und seines absolutistischen Königtums sieht, in den finanziellen Ruin. Bismarck soll den König durch eine beträchtliche Geldsumme dazu veranlaßt haben, nach Ausrufung des Deutschen Reiches 1871 dem Kaisertum der preußischen Hohenzollern zuzustimmen. Die letzten Jahre seines Lebens ist Ludwig II. den politischen Pflichten müde und läßt sich auch körperlich mehr und mehr gehen. Er wird schließlich entmündigt und dankt 1886 ab. Wenige Tage darauf ertrinkt er unter nicht geklärten Umständen im Starnberger See. →Klaus Mann interpretiert den Tod in seiner Novelle *Vergittertes Fenster.*
Spätestens nachdem Ludwig II. die lange aufgeschobene Hochzeit mit seiner Cousine Sophie 1867 endgültig absagt, beginnen die Gerüchte um seine Homosexualität sich zu verstärken. Genauere Hinweise, inwieweit verschiedene Männer seine Liebe beantwortet haben, fehlen zumeist. Den seinerzeit gefeierten Wiener Schauspieler Joseph Kainz läßt er sich für Privatvorstellungen ins Schloß holen und unternimmt mit ihm verschiedene Reisen. Mit Sicherheit auch sexueller Natur ist das Verhältnis zu dem Stallmeister Richard Hornig, der mit seiner burschikosen, bäuerlichen Art dem männlichen Idealbild Ludwig II. entspricht. Zeitweilig ist Hornig der einzige Mensch, der wirklichen Zugang zum König hat, weshalb er innerhalb der politischen Kreise in München als der „heimliche Kanzler Bayerns" bezeichnet wird. Das Leben Ludwig II. dient als Vorlage für verschiedene Verfilmungen, u.a. Helmut Käutner (1955), →Luchino Visconti (1972) und Hans-Jürgen Syberberg (1972).

○ Siegfried Obermayer (Hg.): *Das Geheime Tagebuch des König Ludwigs II. von Bayern*, 1986; Eduard Hanslik/Jürgen Wagner: *Ludwig II., König von Bayern (1845-1886). Internationale Bibliographie zu Leben und Wirkung*, 1986; Franz Herre: *Ludwig II. – Bayerns Märchenkönig. Wahrheit und Legende*, 1994

Lynes, George Platt

US-amerikanischer Photograph
15.4.1907 – 6.12.1955 New York City

Bei einem längeren Aufenthalt in Paris lernt Lynes u.a. →André Gide, →Jean Cocteau und →Gertrude Stein kennen, die auch zu seinen ersten Modellen gehören. Die Photographie erlernt er ab 1927 als Autodidakt, 1933 entschließt er sich, sie professionell zu betreiben und eröffnet in New York ein Studio, wo er bald zu einem erfolgreichen Modephotographen u.a. für *Harpers Bazaar* und *Vogue* aufsteigt. Außerdem arbeitet er für das American Ballett, die Air Force und später im Auftrag von Filmstudios in Hollywood. Ab Ende der 40er Jahre jedoch kann er finanziell nicht mehr an die großen Erfolge seiner Karriere anschließen und muß 1951 mit seinem Studio Konkurs anmelden. Die letzen vier Jahre seines Lebens verbringt er schwer an Krebs erkrankt sehr zurückgezogen. Zuletzt vernichtet er fast all seine Modephotos, wohl auch als Reaktion auf die nicht immer geliebte Branche. Es überleben jedoch seine Prominentenporträts, die ihn ursprünglich bekannt gemacht haben (u.a. von Igor Strawinsky, →Thomas Mann und Aldous Huxley), aber auch seine zeitlebens verfolgte Aktphotographie. In ihr setzte er sich mit den durch Zensur begrenzten Möglichkeiten der Aktdarstellung auseinander, indem er u.a. auf mythologische Darstellungen zurückgreift. Obgleich nur wenige seiner Photographien explizit homosexuelle Motive beinhalten, zählt Lynes zu den wichtigsten Männeraktphotographen seines Jahrzehnts und als Ahnherr homoerotischer Bild-Ästethik. Veröffentlichen kann er die Bilder in den USA jedoch nicht; 1950 überläßt er jedoch einige Photographien der Schweizer Homosexuellenzeitschrift *Der Kreis* zum Abdruck. Aus Angst vor Restriktionen wählt er aber ein Pseudonym. Eine große Anzahl homoerotischer Aktphotos, z.T. mit sehr explizit sexuellen Motiven gelangen in den Besitz des Sexualforschers Alfred Kinsey, der sie für sein Institut aufkauft. Zeitweilig teilt Lynes sein Atelier mit dem ebenfalls homosexuellen Maler →Marsden Hartley, der neben dem Maler Paul Cadmus und dem britischen Photographen → zu seinem engeren Freundeskreis gehört.

- *George Platt Lynes;* hg. von Peter Weiermair, 1989; *George Platt Lynes Photographien aus der Sammlung des Kinsey Insitute*, 1994

M

Mabley, Jackie „Moms"
(eigentlich Loretta Mary Aiken)

US-amerikanische Komödiantin
19.3.1897 Brevard/North Carolina – 23.5.1975 White Plains/New York

Mit 14 Jahren rennt Mabley ihrer Armut davon – und hinein in eine glanzvolle Karriere als eine der gefeiertsten schwarzen Entertainerinnen ihrer Zeit. Nach ein paar harten Jahren wird sie mit ihren offenherzigen Stand-up-Comedy-Darbietungen vor einem meist schwarzen Publikum zum Star des legendären Harlemer Cotton Clubs und des Club Harlem in Atlantic City, wo sie an der Seite von Jazz-Größen wie Count Basie und Duke Ellington auftritt. Als einer der ersten schwarzen Entertainerinnen gelingt es ihr, in späteren Jahren mit ihren Auftritten in Kultfernsehsendungen wie der *Johnny Carson Show* dem breiten US-amerikanischen Publikum bekannt zu werden. Mabley, deren beste Rolle die einer männerfressenden, älteren Frau ist, bezeichnet sich selbst als Lesbe. In ihren Shows macht sie sich vorrangig über Sexprotze lustig, um hintergründig auf die Überlegenheit des vermeintlich schwachen Geschlechts zu verweisen.

Mackay, John Henry

deutscher Schriftsteller
6.2.1864 Greenock/Schottland – 21.5.1933 Berlin

Mackay kommt als Zweijähriger nach Deutschland und lebt in verschiedenen Ländern Europas, bevor er sich endgültig 1892 in Berlin niederläßt. In seinem Werk, das im Wilhelminischen Deutschland aufgrund der Sozialistengesetze z.T. verboten ist, verbindet sich Max Stirners Anarchismus (*Max Stirner, Biographie*, 1898) mit dem sozialen Anliegen der Naturalisten, z.B. in den Romanen *Die Anarchisten* (1891), der in sieben Sprachen übersetzt wird, und *Der Schwimmer* (1901) sowie der Novelle *Staatsanwalt Sierlin* (1928). Die *Gesammelten Werke* erscheinen 1911 in acht Bänden. Arno Holz porträtiert Mackay im Drama *Socialaristokraten* (1896). Einige von Mackays Gedichten werden von Richard Strauß, Alban Schönberg und Eugen d'Albert vertont. 1913 erscheint in Paris die Gesamtausgabe der *Bücher der namenlosen Liebe*. In sechs, in sich geschlossenen kurzen Bänden versucht Mackay unter dem Pseudonym Sagitta eine Art literarisches Plädoyer für die Knabenliebe. Die von →Magnus Hirschfeld und dem Wissenschaftlich-humanitären Komitee propagierte These vom „Dritten Geschlecht" will Mackay/Sagitta nicht akzeptieren. Er kategorisiert Homosexuelle in zwei Gruppen: die mannmännliche Liebe, bei der einem Partner stets die Rolle des „Weibes" zugeordnet werden könne, und die Liebe zwischen Knaben und Mann. Mackay verlegt diese Bücher selbst und organisiert auch mittels Deckadressen den Vertrieb. Als die Knabenliebe zum Jahreswechsel 1907/1908 zu einem tagespolitischen Thema wird, schreibt Mackay das sechste Buch seiner *Bücher der namenlosen Liebe* mit dem Titel *Gehör! – Nur einen Augenblick ... ein Schrei*. Unterstützt von seinem Verleger Benedikt Friedlaender verschickt er 3340 Exemplare an Zeitungen und Büchereien sowie an 1200 Vorsteher von evangelischen Jünglingsvereinen. Die Folge: Zwei geistliche Empfänger klagen wegen Beleidigung. Am 12. März 1908 werden sowohl diese Flugschrift als auch die bereits erschienenen Bände Sagittas beschlagnahmt. Im Vorwort zur Gesamtausgabe schreibt Mackay 1913: „Wenn ich die Briefe wieder lese, die mir aus diesen Kreisen (von verschwindenden Ausnahmen abgesehen) als Antwort eingingen, stehe ich verständnislos vor dieser Flut niedriger Beschimpfungen, maßlosen Hasses und sinnloser Wut, wie vor einem Unbegreiflichen."

- *Die Bücher der namenlosen Liebe*, 1913/1979; *Die Anarchisten. Kulturgemälde aus dem Ende des XIX. Jahrhunderts*, 1891/1992

○ K. H. Z. Sonemann: *Der Bahnbrecher John Henry Mackay. Sein Leben und sein Werk*, 1979; Hubert Kennedy: *Anarchist der Liebe. John Henry Mackay als Sagitta*, 1990

Madonna (eigentlich Madonna Louise Ciccone)

US-amerikanische Sängerin
16.8.1958 Bay City/Michigan

Viele verehren sie ob ihrer freimütig zur Schau gestellten Sexualität, andere beschimpfen sie als „Pseudo-

Lesbe" – unzweifelhaft aber ist Madonna die erste große Mainstream-Musikerin, die schwul-lesbische Themen für die breite Masse behandelt und erläutert. Von Kindheit an betrachtet sich die Tochter italienischstämmiger Einwanderer als zum Weltstar vorherbestimmt – mit 26 Jahren ist sie dann soweit. Als ihr legendäres zweites Album *Like a Virgin* 1984 erscheint und sofort an die Spitze der internationalen Charts klettert, hatte die ehrgeizige, quirlige Blondine mit dem frechen Mundwerk sich längst nahezu autodidaktisch zur Tänzerin und Musikerin ausgebildet. Eng verknüpft ist Madonnas Aufstieg stets mit der schwulen Subkultur, aus der sie eine Vielzahl von Anregungen in ihre Selbstdarstellung und Performances übernimmt, am deutlichsten der von ihr via Video weltweit verbreite Tanzstil des *vogueing*, der uspründlich der schwarzen Drag Queen-Szene New Yorks entstammt. Durch ihren schwulen Bruder, den Tänzer, Choreographen, Regisseur und Künstler →Christopher Ciccone, der z.T. ihre Shows ausstattet und inszeniert, behält sie den künstlerischen Kontakt zur Schwulenszene. 1985 versucht sich Madonna erfolgreich als Schauspielerin in *Desperately Seeking Susan* (*Susan verzweifelt gesucht*), im Jahr darauf in *Shanghai Surprise* an der Seite ihres frischgebackenen Ehemannes Sean Penn. Mit *Who's That Girl?* (1987, Film und Album) kopiert sie auf höchst spektakuläre Weise Marilyn Monroe – ihre Markenzeichen, die knappen Dessous und spitzen, außen getragenen BHs werden in der Folgezeit von Millionen Teenies rund um die Welt kopiert. Danach beginnt Madonnas unaufhaltsamer Aufstieg zur Sex-Ikone – Sex in allen Ausprägungen ist *das* Thema ihrer Platten, Bühnenshows und Filme. Ihr Video *Justify My Love* (1990) wird aufgrund der ungehemmten Darstellung einer sexuellen Orgie von MTV nicht ausgestrahlt, die Skandale häufen sich, ungeachtet aller kommerziellen Triumphe. In ihrem Photoband *Sex* (1992) versucht sie bewußt, sämtliche erotische Spielarten, von lesbischem und schwulem Sex bis zu Exhibitionismus und S/M, auf sich zu vereinen. Heute führt Madonna, in deren zahlreichen Biographien ausführlich von ihren Affären mit Männern und Frauen, u.a. mit der Schauspielerin →Sandra Bernhard, berichtet wird, ein ruhigeres Leben – 1996 kommt ihre Tochter zur Welt, und die verruchten Auftritte gehören der Vergangenheit an. Vielmehr versucht sie sich (wie mit der hart erkämpften Titelrolle in *Evita*, 1997) als ernstzunehmende Schauspielerin zu etablieren. Gleichzeitig ist Madonnas Wirken vor allem in der Frage der Frauenemanzipation und der Darstellung von Sexualität bereits vielfach Thema wissenschaftlich-universitärer Auseinandersetzung. Unvergessen aber bleiben Madonnas Engagement für die Aids-Hilfe und ihr bahnbrechendes Bekenntnis: „Ich bin ein schwuler Mann im Körper einer Frau."

○ M. Bego: *Madonna, Blonde Ambition*, 1992 (dt. *Madonna, Who's That Girl?*); C. Andersen: *Unauthorized*, 1992 (dt. *Madonna unverhüllt*); Lisa Frank/Paul Smith (ed.): *Madonnarama. Essays on Sex and Popular Culture*, 1993; Diedrich Diedrichsen/Christel Dormagen et al: *Das Madonna-Phänomen*, 1993; Cathy Schwichtenberg (ed.): *The Madonna Connection. Representional Politics, Subcultural Identities and Cultural Theory*, 1993; Nicola Grigat: *Madonnabilder – Dekonstruktive Ästhetik in den Videobildern Madonnas*, 1995

Mahlsdorf, Charlotte von
(eigentlich Lothar Berfelde)

deutsche Museumsleiterin
und Restauratorin
18.3.1928 Berlin-Mahlsdorf

Zu Zeiten der DDR gehört Charlotte von Mahlsdorf zu den bekanntesten Schwulen des Landes. In Mahlsdorf, am Rande Berlins, setzt der Transvestit Lothar Berfelde alias Charlotte in jahrzehntelanger Arbeit ein Gutshaus instand, das er mit den Erträgen lebenslanger Sammelleidenschaft und Restaurierungsbemühungen zu einem Gründerzeitmuseum umgestaltet. Die Sammlung umfaßt komplette Zimmereinrichtungen, zahlreiche Trichtergrammophone, Haushaltsgeräte und eine vollständige historische Kneipeneinrichtung der Jahrhundertwende. Inoffiziell fungiert das Museum auch als Homosexuellentreffpunkt. Für den „Einsatz zur Rettung von Kulturgut" wird Charlotte von Mahlsdorf 1992 das Bundesverdienstkreuz überreicht. Im gleichen Jahr entsteht ein semidokumentarischer Spielfilm von →Rosa von Praunheim, der parallel zur gleichnamigen Autobiographie *Ich bin meine eigene Frau* gedreht wird. Das Buch wird in mehrere Sprachen übersetzt. 1997 zieht Charlotte von Mahlsdorf nach langwierigen Verkaufsverhandlungen mit den Berliner Behörden mit einem Teil der Sammlung nach Örebrolän in Schweden. Im gleichen Jahr wird bekannt, daß Charlotte von Mahlsdorf sich von 1971 bis 1976 auf „freiwilliger Basis" bei der DDR-Staatssicherheit als IM „Park" hatte verpflichten lassen. Die Zusammenarbeit wird jedoch wegen „unbefriedigender Leistungen" abgebrochen. Das eigentliche Gründerzeitmuseum in Berlin-Mahlsdorf bleibt durch den Verkauf erhalten und weiterhin öffentlich zugänglich.

- *Ich bin mein eigene Frau*, 1992; *Ab durch die Mitte. Ein Spaziergang durch Berlin*, 1994; *Farewell. CD*, 1996

Mann, Erika

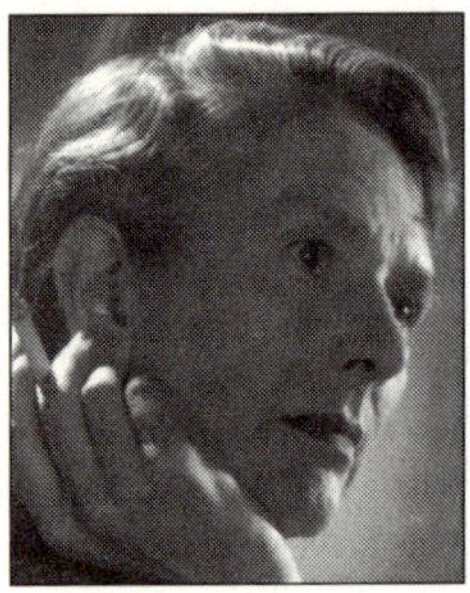

deutsche Schriftstellerin und Kabarettistin
9.11.1905 München – 27.8.1969 Zürich

Als Tochter des Schriftstellers →Thomas Mann steht Erika, genau wie ihr ein Jahr jüngerer und homosexueller Bruder →Klaus, lange im Schatten ihres überaus erfolgreichen Vaters. Erika Mann arbeitet zunächst als Schauspielerin, u.a. 1925 in dem Stück *Anja und Esther* ihres Bruders, wo sie zusammen mit ihrer Geliebten Pamela Wedekind ein lesbisches Paar darstellt. Nach einer dreijährigen Zweckehe mit dem Schauspieler Gustav Gründgens gründet sie 1932 zusammen mit ihrer Freundin →Therese Giehse in München das Kabarett Die Pfeffermühle, das mit scharf antifaschistischen Texten von ihr und ihrem Bruder arbeitet. Im Jahr darauf müssen Mann und Giehse in die Schweiz emigrieren, noch im gleichen Jahr wird dort Die Pfeffermühle wiedereröffnet und gastiert in vielen Ländern Europas als erfolgreichstes Exilkabarett. Einen weiteren Umzug nach New York im Jahr 1937 übersteht das Kabarett nicht mehr. Nachdem sie in der Zwischenzeit den Dichter →W.H. Auden geheiratet hatte, um einen englischen Paß zu bekommen, bleibt Erika Mann in den USA, wo sie während des zweiten Weltkrieges als Korrespondentin arbeitet und vehement gegen den Nationalsozialismus eintritt. 1938 publiziert sie dort ihren Bestseller *School for Barbarians* (dt. 1986, *Zehn Millionen Kinder – Die Erziehung der Jugend im Dritten Reich*). Mann ist auch als Kinderbuchautorin erfolgreich (*Stoffel fliegt übers Meer*, 1932); ihr wird die amerikanische Staatsbürgerschaft verweigert. 1952, drei Jahre nach dem Freitod ihres Bruders Klaus, zieht sie mit ihren Eltern wieder in die Schweiz zurück, wo sie sich nach dem Tod ihres Vaters im Jahre 1955 des literarischen Nachlasses von Bruder und Vater annimmt. Die Schriftstellerin, die bis zuletzt politisch aktiv ist, aber im Gegensatz zu ihrem Bruder erst spät ihre Homosexualität auslebt – 1944 brüskiert sie ihre Familie, als sie ihre Geliebte, die Kriegskorrespondentin Betty Knox, zur Silvesterfeier mit ins Elternhaus bringt –, stirbt im Alter von 64 Jahren an den Folgen einer Gehirntumoroperation.

- *The Lights Go Down*, Roman, 1940; *Mein Vater, der Zauberer*, Hrsg. von Irmela von der Lühe und Uwe Naumann, 1996

○ Irmela von der Lühe: *Erika Mann. Eine Biographie*, 1994

Mann, Golo (eigentlich Angelus Gottfried Mann)

deutscher Historiker und Publizist
27.3.1909 München – 7.4.1994 Leverkusen

Sohn des Schriftstellers →Thomas Mann, mit dem er 1933 nach seiner Promotion über Hegel bei Karl Jaspers in die Emigration geht. In den USA zeitweilig als Geschichtsprofessor beschäftigt, später zurück in Deutschland von 1958 bis 1959 und 1960 bis 1964 Gastprofessuren in Münster bzw. Stuttgart. Die erste wichtige Veröffentlichung wird die Monographie über den homosexuellen Politiker, Schriftsteller und Gegner Napoleons, *Friedrich von Gentz* (1948); ein vielbeachteter Auflagenerfolg ist seine *Deutsche Geschichte des 19. und 20. Jahrhunderts* (1959). Seine *Wallenstein*-Biographie (1971) wird 1978 zu einem mehrteiligen Fernsehspiel bearbeitet. Immer wieder äußert er sich zu aktuellen politischen Fragen und löst heftigen Widerspruch damit aus. So unterstützt er die Ostpolitik Willy Brandts, plädiert dafür, in den Terroristenprozessen der 70er Jahre ausschließlich Pflichtverteidiger einzusetzen, ist für eine Begrenzung der Asylbewerber und bezeichnet die Begründer der Frankfurter Schule, Theodor W. Adorno und Max Horkheimer als „Lumpen".
In seinen *Erinnerungen und Gedanken. Eine Jugend in Deutschland* (1986) geht er kaum auf seine Familie ein, sondern präsentiert sich vor allem als wacher politischer Beobachter. Privat-intime Erkenntnisse sind ebensowenig zu finden. Die letzten Jahre vor seinem Tod verlebt er in der Familie seines Adoptivsohnes Knut Beck-Mann in Leverkusen. Erst kurz vor seinem Tod äußert er sich in einem Zeitschrifteninterview zu seinen homosexuellen Neigungen,

die er jedoch aus Angst nie ausgelebt habe: „Ich hab' mich nicht oft verliebt. Ich hab' es sehr oft für mich behalten, das war vielleicht ein Fehler. Es war ja auch verboten, selbst in Amerika, und man mußte schon ein bißchen achtgeben." Golo Mann wird mehrfach für seine Arbeit ausgezeichnet, u.a. 1968 mit dem Büchner-Preis, 1969 mit dem Gottfried-Keller-Preis, 1985 mit dem Goethe-Preis.

Mann, Klaus

deutscher Schriftsteller
18.11.1906 München – 21.5.1949 Cannes

Sohn des Schriftstellers →Thomas Mann. Schreibt bereits als Schüler erste Gedichte und Novellen, geht 1925 als Theaterkritiker nach Berlin. Mit seiner Schwester →Erika, Pamela Wedekind und →Gustaf Gründgens gründet er ein Theaterensemble. Die Inszenierungen seiner eigenen Stücke, dem lesbischen Drama *Anja und Esther* (1925) und *Revue zu vieren* (1927) erregen Aufsehen. 1929 geht er mit Erika Mann auf Weltreise, die sie sich durch Vorträge und Reportagen finanzieren und in ihrem gemeinsamen Buch *Rundherum* (1929) dokumentieren. Bereits 1932 verfaßt Klaus Mann seine erste Autobiographie *Kind dieser Zeit*; 1942 folgt *Der Wendepunkt*. 1933 Emigration, zunächst nach Paris, dann Amsterdam, später in die USA. Veröffentlicht den Schlüsselroman *Mephisto* (1936) über seinen ehemaligen Schwager und Freund →Gustaf Gründgens, der inzwischen Theaterkarriere im NS-Regime gemacht hat. Nach dem Krieg will zunächst kein Verlag diesen Romans neu auflegen; die Neuausgabe 1968 wird dann auch prompt von den Erben Gründgens gerichtlich verboten.
In Amsterdam gibt Mann die Zeitschrift *Sammlung* heraus (1933-35) und engagiert sich innerhalb des PEN-Clubs und bei verschiedenen Schriftstellerkongressen sowie durch Aufsätze gegen die Nationalsozialisten. Die Erfahrungen des Exils verarbeitet er in den Romanen *Treffpunkt im Unendlichen* (1932), *Flucht in den Norden* (1934) und *Der Vulkan* (1939). In den USA wird er 1942 in die Army einberufen, wo er u.a. am Feldzug in Italien und Nordafrika teilnimmt. Ab 1943 US-Staatsbürger, 1945 Mitarbeiter der US-Armeezeitung *Stars and Stripes*, in deren Auftrag er Österreich und Deutschland besucht. Nach der Entlassung aus dem Armeedienst Rückkehr nach Deutschland, ohne festen Wohnsitz. Er lebt u.a. in Rom, Amsterdam, New York und Kalifornien. Politisch, künstlerisch und persönlich enttäuscht, verfällt er in Depressionen und nimmt sich in einem Hotelzimmer in Cannes mit einer Überdosis Schlaftabletten das Leben.
Anders als sein Vater Thomas und sein Bruder Golo lebt Klaus Mann seine homosexuelle Neigung immer offen aus. In seinem Roman *Der fromme Tanz* (1925) schildert er seine Erfahrungen in der schwulen Subkultur Berlins; auch in späteren Romanen hat er immer wieder homosexuelle Figuren als zentrale Helden oder zumindest Randfiguren dargestellt, sei es →Alexander der Große in *Alexan-*

der. Roman der Utopie (1929), den Komponisten →Peter Tschaikowski in *Symphonie Pathétique* (1935), →König Ludwig II. von Bayern in der Novelle *Vergittertes Fenster* (1937) oder das schwule Liebespaar Kikjou und Martin im Emigrantenroman *Der Vulkan* (1939). Immer wieder verbinden sich jedoch Homosexualität und Todessehnsucht und spiegeln dabei seinen eigenen Gemütszustand wider. Die meiste Zeit seines Lebens ist Klaus Mann stark drogenabhängig, seine Beziehungen zu Männern sind meist sehr flüchtig oder verlaufen unglücklich. Der Schriftsteller René Crevel erwidert seine Liebe nicht, sein Jugendfreund Ricki Hallgarten nimmt sich 1932 das Leben. Auch die Beziehung zu dem amerikanischen Journalisten Thomas Quinn Curtiss, den er 1937 kennenlernt, währt nicht lange.

- *Die Tagebücher 1931-1949*, 1995; *Escape to Life*, 1939; *André Gide. Die Geschichte eines Europäers*, 1943

○ Gerhard Härle: *Männerweiblichkeit. Zur Homosexualität bei Klaus und Thomas Mann*, 1988; Uwe Naumann: *Klaus Mann*, 1984; Stefan Zynda: *Sexualität bei Klaus Mann*. 1986; Frederic Kroll: *Klaus-Mann-Schriftenreihe*, 1976-96

Mann, Thomas

deutscher Schriftsteller
6.6.1875 Lübeck - 12.8.1955 Kilchberg/Zürich

Nach dem Tod seines Vaters, einem Senator, und der Auflösung der väterlichen Getreidefirma zieht Thomas Mann nach München. Kurze Zeit journalistische Mitarbeit beim Satireblatt *Simplicissimus*. Erste Novellen *(Der kleine Herr Friedemann*, 1898; *Tristan*, 1903) und Romane *(Buddenbrooks*, 1901; *Bekenntnisse des Hochstaplers Felix Krull*, 1911). In den Jahren des Kaiserreichs an Politik nicht interessiert, schlägt sich Mann 1914, für viele überraschend, auf die Seite der nationalkonservativen Verteidiger des Krieges, 1922 Hinwendung zur Repulik. Seine antifaschistische Publizistik zwingt ihn 1933 ins Exil, zunächst nach Südfrankreich, dann in die Schweiz. Hier entsteht sein biblischer Roman *Joseph und seine Brüder* (1933-43). 1936 offizielle Ausbürgerung aus dem Deutschen Reich. Übersiedlung in die USA, wo er sich weiterhin publizistisch gegen den Nationalsozialismus einsetzt. Ab 1939 Professur an der Universität von Princeton. 1952 Rückkehr nach Europa, verlebt die letzten Jahre seines Lebens in seinem Haus in Zürich. Thomas Mann gilt als einer der bedeutendsten deutschen Schriftsteller des 20. Jhs., der sich die realistische Erzähltradition durch vielfach ironische Brechungen neu erschließt und erweitert. Zu einem Leitthema wird der Konflikt zwischen Bürger- und Künstlertum. 1929 erhält er den Nobelpreis für Literatur. Kurz vor seinem Tode enthüllt Thomas Mann, daß seine erste Liebe dem Schulfreund Armin Martens gegolten habe, dem er in der Novelle *Tonio Kröger* (1903) ein literarisches Denkmal setzt. Eine spätere Liebe, der Maler Paul Ehrenberg, erscheint im Roman *Doktor Faustus* (1947) als bisexueller Musiker Rudi Schwerdtfeger. Thomas

Mann erlebt seine homosexuellen Neigungen stets nur als Schwäche, Krankheit und Versagen. Ein Makel, dem er mit Selbstzucht und Triebunterdrückung entgegenwirkt. Seine Ehe mit Katia Pringsheim ist eher kameradschaftlicher denn leidenschaftlicher Natur. Dennoch gehen aus dieser Bindung sechs Kinder hervor, drei davon ebenfalls homosexuell: →Erika Mann, →Golo und →Klaus Mann. Am deutlichsten verarbeitet Thomas Mann seine gleichgeschlechtlichen Empfindungen in der Künstlernovelle *Tod in Venedig* (1912). Die neuere Literaturwissenschaft jedoch hat in fast all seinen literarischen Arbeiten homoerotische Tendenzen ausgemacht. In seinen penibel geführten Tagebüchern, die erst posthum ediert werden durften, schreibt Mann sehr offen von seinen sexuellen Phantasien und dankt auch seiner Ehefrau für ihre Toleranz und Verständnis. Gleichwohl verstört ihn die offen gelebte Homosexualität seines Sohnes Klaus. Während er die gleichgeschlechtliche Liebe in Essays etwa über →Platen, →Michelangelo und den Alten Fritz verteidigt, äußert er sich in *Die Ehe im Übergang* (1925) abwertend über die Homosexualität: „Es ist kein Segen bei ihr als der der Schönheit, und das ist ein Todessegen. Ihr fehlt der Segen der Natur und des Lebens – das möge ihr Stolz sein, ein allerschwermütigster Stolz, aber sie ist gerichtet damit, verworfen, gezeichnet mit dem Zeichen der Hoffnungslosigkeit und des Widersinns."

- *Betrachtungen eines Unpolitischen*, 1918; *Der Zauberberg*, 1918; *Der Erwählte*, 1951

○ Marcel Reich-Ranicki: *Thomas Mann und die Seinen*, 1990; Gerhard Härle: *Männerweiblichkeit. Zur Homosexualität bei Klaus und Thomas Mann*, 1988; Karl Werner Böhm: *Zwischen Unzucht und Verlangen. Thomas Mann und das Stigma Homosexualität*, 1991; Marianne Krüll: *Im Netz der Zauberer. Eine Geschichte der Familie Mann*, 1993; Donald A. Prater: *Thomas Mann. Deutscher und Weltbürger. Eine Biographie*, 1995; Klaus Harprecht: *Thomas Mann. Eine Biographie*, 1996; Anthony Heilbut: *Thomas Mann. Eros and Literature*, 1996

Mansfield, Katherine (eigentlich Katherine Mansfield Beauchamp)

britische Schriftstellerin
14.10.1888 Wellington/Neuseeland – 9.1.1923 Fontainebleau/Frankreich

Mansfield gilt als Wegbereiterin der englischen Short Story; in ihren handlungsarmen, aber detailreichen Erzählungen liegt das Gewicht auf der Darstellung innerer Zustände und Veränderungen. Mansfield besucht von 1903 bis1906 ein Londoner College und kehrt danach wieder in ihre neuseeländische Heimat zurück. Nach einer drei Jahre dauernden Liebschaft mit der um neun Jahre älteren Malerin Edith Bendall siedelt Mansfield 1909 endgültig nach London über, um kurz darauf G. Bowden zu heiraten, den sie am gleichen Tag wieder verläßt. Ab 1912 lebt sie mit dem Literaturkritiker – und ihrem späterem Ehemann – J.M. Murry zusammen, verkehrt aber weiterhin in lesbischen Lokalen. Erst in ihren letzten Lebensjahren gelingt Mansfield der literarische Durchbruch; ihr Erzählbände *The Garden Party* (1922; dt. *Das Gartenfest und andere Geschichten*) und *The Dove's Nest* (1923, dt. *Das Taubennest)* machen sie international bekannt.

○ C. Tomalin: *Katherine Mansfield*, 1990

Mapplethorpe, Robert

US-amerikanischer Photograph
4.11.1947 New York City – 9.3.1989 ebd.

Wie kaum ein zweiter Photograph hat Robert Mapplethorpe durch seine perfektionistische, stets an die klassische Bildhauerei erinnernden Arbeiten die Männeraktphotographie beeinflußt und erweitert. Mapplethorpes Körperkult und unverstellter homosexueller Blick versetzt nicht zuletzt auch der Umsetzung und Darstellung schwuler Ästhetik entscheidende Impulse. Seine Aktbilder vollkommener, und daher fast schon wieder unnatürlich erscheinender Männerkörper werden in einer großen Zahl zu Bildikonen schwulen Begehrens. 1963-70 Kunststudium am Pratt Institute, New York. Beziehung zur Rocksängerin Patti Smith. Erst während des Studiums Hinwendung zur Photographie und erste Kontakte innerhalb der schwulen Subkultur. Ab 1969 Verarbeitung schwuler Pornohefte in seinen Collagen und Assemblagen. Seine Beziehungen zu John McKendry, Kurator am Metropolitan Museum of Art, und zu Sam Wagstaff, Sammler und Kurator an verschiedenen Museen, verschaffen Mapplethorpe sowohl die finanziellen Mittel als auch die entscheidenden Verbindungen zur Kunstszene. Neben seinen drastischen, stilisierten Aufnahmen homosexueller Akte und Aufnahmen der S/M-Szene, avanciert er zu einem gefragten Porträtisten. Seine Aktbilder schwarzer Models bringen ihm den Vorwurf des sexuellen Rassismus ein. 1989 wird in Chicago die Wanderausstellung „The Perfect Moment" kurzfristig abgesagt. Hauptangriffspunkt ist ein dreizehnteiliger Zyklus mit Männern bei sadomasochistischen Aktivitäten. Der nationale Kunstförderungsinstitution National Endowment of the Arts wird vorgeworfen, obszöne und anstößige Werke zu fördern. Der republikanische Senator Jesse Helmes fordert ein Gesetz, daß solche Kunst (u.a. solche mit Darstellungen von Sadomasochismus und Homoerotik) künftig nicht mehr staatlich finanziert werden soll. Der verantwortliche Direktor des Contemporary Arts Center Cincinnati wird wegen Obzönität vor Gericht gestellt, aber letztlich freigesprochen.
In den letzten beiden Lebensjahren wendet sich Mapplethorpe verstärkt der Farbphotographie zu; ein umfangreicher Zyklus mit Blumenstilleben entsteht. Der Eröffnung der Retrospektive im Whitney Museum New York am 27. Juli 1988, dem Höhepunkt seiner Karriere, kann Mapplethorpe nur für kurze Zeit und unter großen Schmerzen beiwohnen. Zwei Wochen später verstirbt er an den Folgen von Aids.

- *Ten By Ten*, 1988; *Robert Mapplethorpe – Die große Monographie. Hrsg. Mark Holbourn und Dimitri Levas*, 1992; *Altars*, 1995

○ Jack Fritscher: *Mapplethorpe – Assault with a Deadly Camera*, 1994; Patricia Morrisroe: *Robert Mapplethorpe*, 1996

Marais, Jean (eigentlich Jean Alfred Villain-Marais)

französischer Schauspieler und Künstler
11.12.1913 Cherbourg/Manche

Sohn eines Tierarztes. In seinen Memoiren *Histoire de ma vie* (1975) beschreibt er seine Kindheit als wenig glücklich und überschattet von traumatischen Erlebnissen, die ihn prägen: die frühe Trennung der Eltern, die wiederholt wegen ihrer Kleptomanie verurteilte Mutter, schulische Mißerfolge und die sexuelle Verführung durch einen Freund der Mutter. Seinen ursprünglichen Berufswunsch, Kunstmaler, kann Marais nicht verwirklichen, da er die Aufnahmeprüfung an der Akademie der Schönen Künste in Paris nicht besteht. Er übernimmt zunächst Gelegenheitsjobs u.a. Golflehrer und Retoucheur bei einem Photographen. Er nimmt Schauspielunterricht, u.a. bei Charles Dullin, der als Initiator des modernen Regietheaters gilt. Ab 1933 etabliert sich Marais als Theater- und Filmschauspieler, u.a. in Filmen von Marcel L'Herbier (*L'épervier*, 1933; *Nuits en feu*, 1937). Im Juli 1937 lernt er →Jean Cocteau kennen, mit dem er für einige Jahre eine enge Beziehung eingeht und mit dem ihn bis zu dessen Tod eine enge Freundschaft verbindet. Cocteau schreibt eigens für Marais Theaterstücke *(Oedipe re, Les chevalier de la table rond)* und Filmrollen (*La belle et la bête*, 1946; *Orphée*, 1950). Mit ihnen erlangt Marais internationale Anerkennung. Sowohl Cocteaus Liebesgedichte (dt. *Ich war im Paradies*, 1988) als auch seine Briefe an Marais *(Lettres à Jean Marais*, 1987, dt. 1991) werden publiziert. 1939-40 ist Marais kurzzeitig im Kriegsdienst, kehrt jedoch bald wieder ans Theater zurück. 1944 zieht er mit einer Inszenierung von *Andromache* den Zorn der deutschen Besatzungsmacht auf sich und geht in den Untergrund zur Resistance, wo er sich der Panzerdivision von Jacque Leclerc anschließt. Nach dem Krieg setzt er seine Filmkarriere fort, zunächst mit Cocteau, ab den 50er Jahren, u.a. mit *Der Graf von Monte Christo* (1953) und der *Fantomas*-Serie (1964) zunehmend in Abenteuerfilmen. Ab Ende der 60er Jahre wendet er sich verstärkt wieder dem Theater zu und betätigt sich als Schauspieler, Regisseur, Ausstatter und Choreograph. Zum Film kehrt er erst 1986 für Willy Rameaus *Le lien de parente* und 1996 für Bernardo Bertoluccis *Stealing Beauty* zurück. Parallel zu seiner schauspielerischen Tätigkeit baut Marais eine zweite Karriere als Künstler auf und betätigt sich als Maler, Töpfer und Textil- und Möbeldesigner. Neben seiner Autobiographie (dt. *Spiegel meiner Erinnerungen*, 1975) verfaßt er ein Ballett *(L'apprenti fakir*, 1957) und ein illustriertes Märchenbuch (1978). Mit der Text- und Szenenmontage *Cocteau-Marais* (1983) gelingt ihm eine sowohl in Deutschland als auch in Frankreich gefeierte Hommage an seinen Freund und Förderer.

Marbury, Bessie

US-amerikanische Theateragentin
19.6.1856 New York City – 22.1.1933 ebd.

1890 gründet Marbury ihre eigene Theateragentur in New York, um von da an in kürzester Zeit zur einflußreichen Doyenne des Broadway aufzusteigen. Als Agentin betreut sie nahezu sämtlichen führenden Bühnenautoren ihrer Zeit – darunter George Bernard Shaw, Georges Feydeau und →Mercedes de Acosta. Bereits 1887 war Marbury mit ihrer Lebensgefährtin, der Schauspielerin →Elsie de Wolfe, zusammengezogen, später kommt Anne Morgan als intime Freundin hinzu. Gemeinsam geben die „Drei Grazien", wie sie genannt werden, rauschende Partys in der Villa Trianon, die dafür sorgen, daß lesbische Haushalte fortan als „in" gelten. Ihren weitreichenden Einfluß und ihre gesellschaftliche und geschäftliche Prominenz nutzt Marbury, um sich einerseits aktiv in der Demokratischen Partei zu engagieren und andererseits notleidende KünstlerInnen - z.B. →Oscar Wilde - zu unterstützen.

Marcus, Jürgen
(eigentlich Jürgen Beume)

deutscher Schlagersänger
6.6.1948 Herne

Ausbildung als Maschinenschlosser. Mit sechzehn Jahren gründet er seine erste Band, *The Crashers*, die sich später in *The Gentlemen* umbenennt. 1967 gewinnt er den ersten Platz bei einem europäischen Nachwuchsfestival in Brüssel. 1969 wirkt er als Darsteller des Claude in der deutschen Fassung des Musical *Hair* mit. Dort entdeckt ihn der deutsche Musikproduzenten Jack White, der ihm fast sämtliche Hits schreibt, mit Texten zumeist von Fred Jay; u.a. *Eine neue Liebe ist wie ein neues Leben* (1972), *Festival der Liebe* (1973), *Ein Lied zieht hinaus in die Welt* (1975), Marcus wird mit diesen Titeln zu einem der populärsten deutschen Schlagersänger der 70er Jahre. An diese Verkaufserfolge kann er in den 80er Jahren (u.a. mit *Das Lied vom Glücklichsein*, 1982 und *Schau was die Liebe ändern kann*, 1989) nicht mehr anschließen. 1991 Coming-out in einem Interview mit der *Bild am Sonntag*. Seine erste homosexuelle Erfahrung habe er mit einem Ensemblemitglied bei *Hair* erlebt. Plattenproduzenten hätten ihm später gedroht, sein schwules Doppelleben an die Öffentlichkeit zu bringen, wenn er nicht die Verträge wunschgemäß unterschreibe. Seit Mitte der 90er Jahre tritt der in München lebende Marcus wiederholt als offen schwuler Sänger in Talkshows und bei schwulen Veranstaltungen auf.

Marlowe, Christopher

englischer Dramatiker und Lyriker
6.2.1564 Canterbury - 30.5.1593 Deptford

Sohn eines Schuhmachers. Dank eines Stipendium kann er jedoch in Cambridge studieren und schließt mit dem Magister der schönen Künste ab. Mit 25 Jahren steht er als Schauspieler und Dramatiker bereits auf der Höhe seines künstlerischen Ruhms. Ein Ruhm allerdings, der durch sein ausschweifendes Leben ziemlich befleckt wird. Nicht nur, daß Marlowe sich in düsteren Spelunken des Theaterviertels herumtreibt, ein berüchtigter Säufer und Spieler ist. Gotteslästerlich äußert sich der überzeugte Atheist obendrein. Jesus habe den Tod weit mehr verdient als Barrabas, Moses sei nichts weiter als ein elender Trickbetrüger, Jesus habe ein sexuelles Liebesverhältnis mit Johannes gepflegt, und

das Neue Testament sei katastrophal schlecht geschrieben.
Marlowe soll sich wegen Blasphemie vor einem Gericht verantworten, doch dazu kommt es nicht mehr. Gerade 30jährig stirbt er bei einer Prügelei in einem Wirtshaus in Deptford bei London. „Und so widerfuhr es in dieser Schlägerei, daß der besagte Frizar in Verteidigung seines Lebens mit dem Degen Christopher Marlowe auf der Stelle eine tödliche Wunde über dem rechten Auge zwei Zoll tief und einen Zoll lang zufügte", heißt es in einem Polizeiprotokoll, „an welcher der vorerwähnte Marlowe augenblicklich und unverzüglich verstarb". Frizar, der den tödlichen Hieb versetzt, steht im Dienst der Geheimpolizei wie einst auch Marlowe selbst. Er wird wenige Monate nach der Tat freigesprochen. Nicht allein deshalb gibt es Gerüchte, Marlowe sei im Auftrag des Geheimdienstes ermordet worden. Nach seinem Tode vermehren sich zudem die Gerüchte um seine Homosexualität sowie die Theorie, der Mörder könnte der Rivale um einen Geliebten gewesen sein.
Als Dramatiker führt Marlow den harten, reimlosen Blankvers ein und widersetzt sich damit den modischen Reimen seiner Zeitgenossen wie →William Shakespeare und Ben Johnson. Auf sein Drama *The Jew of Malta* (1589) reagiert Shakespeare mit *Der Kaufmann von Venedig*. Sein *Doctor Faustus* (ca. 1592), basierend auf einem deutschen Volksbuch, kehrt in Übersetzung in das Ursprungsland zurück und ist später eine entscheidende Anregung für Goethes Bearbeitung des Stoffes. Zwar gibt es auch in seinen anderen Stücken (wie *The Massacre at Paris, 1590*) und Dichtungen (*Hero and Leander*) auffällig viele homoerotische Szenen, in seinem Drama *Edward II.* (1594; 1941 neu bearbeitet von Bertolt Brecht) jedoch rückt die Liebe des Königs →Edward II. zu Gaveston ganz in den Mittelpunkt, und es kommt zum Konflikt zwischen politischer Pflicht und Liebe.

○ Paul H. Kochner: *Christopher Marlowe: A Study of His Thought, Learning and Character*, 1946; Judith Cook: *The Slicing Edge of Death – Who Killed Christopher Marlowe?*, 1994

Maupin, Armistead

US-amerikanischer Schriftsteller
1944 Washington DC

Aufgewachsen in North Carolina, Jurastudium an der University of North Carolina. Während des Vietnamkrieges als *communications officer* im Einsatz, kommt er 1970 als einer der letzten GIs aus Kambodscha zurück. Mitorganisator der Cat Lai Commune, einer Organisation von Vietnam-Veteranen, die nach Südostasien zurückkehren, um dort im Rahmen eines Wiederaufbauprogrammes für Unterkünfte von Kriegsopfern zu sorgen. Für seine Verdienste wird Maupin mit einer Presidental Commendation im Weißen Haus ausgezeichnet. Reporter für *News and Courier* in Charleston, South Carolina; ab 1971 als Journalist bei *Associated Press* in der Dependance in San Francisco. Er kündigt jedoch bereits nach fünf

Monaten und übernimmt Gelegenheitsarbeiten (Anzeigenverkäufer, Postbote, Schreibkraft). 1976 startet seine Serie *Tales of the City* im *San Francisco Chronicle*, ein Fortsetzungsroman über die Einwohner eines Hauses mit der (fiktiven) Adresse 28 Babary Lane, die in ihrer Zusammensetzung das multikuturelle, lesbisch-schwul dominierte Bild der Stadt widerspiegeln. Maupin verarbeitet die Zeitungsfolgen zu fünf Romanen, die die Form – kurze Szenen, witzige, geistreiche Dialoge, Schlußpointe bzw. Cliffhanger – beibehalten: *Tales of the City* (1981), *Further Tales of the City* (1982), *More Tales of the City* (1983), *Babycakes* (1984), *Significant Others* (1987) und *Sure of you* (1989). Weltauflage aller sechs Bände weit über eine Million Exemplare. Band 1 (1993) und Band 2 (1997) werden jeweils mit Hilfe der BBC als TV-Mini-Serie verfilmt. Weiterhin journalistische Tätigkeit, u.a. für →Andy Warhols *Interview* und *New York Times*. Dialogautor für *Beach Blanket Babylon*, das in San Francisco bislang am längsten gespielte Bühnenstück, außerdem für eine Produktion der San Francisco Opera von Offenbachs *La Pericole* (1976). 1992 erscheint sein erster Roman seit Abschluß der Hexalogie, *Maybe the Moon* (dt. *Die Kleine*, 1994), ein Schlüsselroman über die kleinwüchsige Tamara De Treaux, die in Spielbergs *E.T.* in das Kostüm des Außerirdischen geschlüpft war. In einer Nebenhandlung beschreibt Maupin satirisch das Doppelleben eines schwulen Hollywoodstars, hinter dem sich leicht erkennbar Maupins ehemaliger Geliebter →Rock Hudson verbirgt. Für Rob Epsteins und Jeff Friedmans Dokumentarfilm *The Celluloid Closet* (1996) fungiert Maupin als Autor und Interviewpartner.

Mayer, Hans

deutscher Literaturwissenschaftler
und Schriftsteller
19.3.1907 Köln

Entstammt einer großbürgerlichen, deutsch-jüdischen Familie. Studium der Staats- und Rechtswissenschaften, der Philosophie und Geschichte in Köln, Berlin und Bonn. 1930 Promotion über ein staatsrechtliches Thema, danach Vorbereitungen zur Habilitation. Nach Bestehen der Großen Juristischen Staatsprüfung wird er 1933 aus dem Staatsdienst entlassen und emigriert zunächst nach Frankreich, danach in die Schweiz. 1935-39 am New Yorker Institut für Sozialforschung und 1936-39 am Hochschul-Institut für Internationale Studien in Genf beschäftigt. 1938 wird ihm die deutsche Staatsbürgerschaft aberkannt. Im Oktober 1945 Rückkehr nach Deutschland. 1946-48 Chefredakteur des Hessischen Rundfunks, 1947-48 Dozent für Soziologie an der Akademie der Arbeit in Frankfurt/Main. 1940 übersiedelt Mayer in die sowjetische Besatzungszone und wird Ordinarius für Kultursoziologie und Literaturgeschichte an der Universität Leipzig und Direktor des Instituts für deutsche Literaturgeschichte. Als „Kommunist ohne Parteibuch", wie er sich damals bezeichnet, gerät er in das Spannungsverhältnis zwischen sozialistischer Utopie und Wirklichkeit. Man wirft ihm vor, die bundesrepublikanische Literatur zu überschätzen und die sozialistische nicht ausreichend parteilich darzustellen. Auch seine 1962 im Westen publizierten *Ansichten zur Literatur unserer Zeit* erregen Anstoß. Bei einem Besuch in der Bundesrepublik im September 1963 kehrt er nicht mehr in die DDR zurück. Erst 1986 besucht er auf Einladung der Ost-Berliner Akademie der Künste erstmals wieder die DDR. 1992 teilt ihm der sächsische Wissenschaftsminister mit, daß er seine einstige Privatbibliothek, die er 1963 zurücklassen mußte, zurückerhalten soll. 1965 übernimmt Mayer den Lehrstuhl für Germanistik an der TU Hannover und wird 1973 emeritiert. Gastprofessuren führen ihn u.a. an die Columbia-University in New York, ans Collège de France wie auch nach Japan, England, Frankreich und Italien. Die Universität Tübingen ernennt ihn 1975 zum Honorarprofessor. Mayer wird vielfach für sein essayistisches und literaturkritisches Werk ausgezeichnet, u.a. mit dem Nationalpreis der DDR, III. Klasse (1955), dem Heinrich-Böll-Preis (1980), dem Großen Bundesverdienstkreuz mit Stern und Schulterband (1987), Ernst-Bloch-Preis (1988), österreichisches Ehrenzeichen für Wissenschaft und Kunst (1990) und Offizier des Ordre des Arts et Lettre (1993). Neben seinen literaturwissenschaftlichen Publikationen u.a. zu →Thomas Mann, Georg Büchner, Bertolt Brecht, Johann Wolfgang von Goethe, zur deutschen Literaturkritik und Literaturgeschichte beschäftigt sich Mayer auch mit der Musik und veröffentlicht u.a. zu *Wagner und* seine *Versuche über die Oper* (1981). Mit *Außenseiter* (1975) erreicht er erstmals eine breitere Öffentlichkeit und Aufmerksamkeit. In diesem literaturwissenschaftlichen Essay analysiert er die Darstellung gesellschaftlicher Außenseiter wie Juden und Frauen. Das Kapitel „Sodom" ist der Homosexualität in der Literatur gewidmet, eine bis heute grundlegende Arbeit zu diesem Thema. Mayer veröffentlichte mehrere autobiographische Werke, so die *Erinnerungen an die DDR, Der Turm von Babel* (1989) und seine zweibändigen Lebenserinnerungen *Ein Deutscher auf Widerruf* (1992 und 1994).

- *Georg Büchner und seine Zeit*, 1946; *Deutsche Literatur und Weltliteratur, Reden und Aufsätze*, 1957; *Richard Wagner, Mitwelt und Nachwelt*, 1978; *Geliebte Literatur. Frankfurter Vorlesungen*, 1987; *Wendezeiten*, 1993

McCullers, Carson
(eigentlich Carson Smith)

US-amerikanische Schriftstellerin
19.2.1917 Columbus/Georgia – 29.9.1967 Nyack/New York

Bereits mit ihrem ersten Roman *The Heart is a Lonely Hunter* (1940, dt. *Das Herz ist ein einsamer Jäger*) sichert sich McCullers, die ursprünglich eine Karriere als Konzertpianistin angestrebt hatte, einen festen Platz in der amerikanischen Gegenwartsliteratur. Auch in ihrem nächsten Roman *Reflections in a Golden Eye* (1941, dt. *Spiegelbild im goldenen Auge*, verfilmt 1966 von John Huston) über einen schwulen Offizier gestaltet sie mit klarer, zarter Sprache und tiefem Einfühlungsvermögen ihre zwischen Einsamkeit und tiefen Leidenschaften zerrissenen Südstaatencharaktere – analog zu ihren eigenen Lebenserfahrungen. McCullers, die zeitlebens kränkelt und unter Alkoholproblemen und unglücklichen Liebesbeziehungen zu Frauen leidet, lernt 1940 über →Erika und →Klaus Mann →Annemarie Schwarzenbach kennen, die große, unerwiderte Liebe ihres Lebens.

- O. Evans: *Carson McCullers*, 1966; Virginia Spencer Carr: *The Lonely Hunter. A Biography*, 1985; *apropos: Carson McCullers*, 1997

McKellen, Sir Ian

britischer Schauspieler
25.5.1939 (a.O. 1935) Burnley/England

Schauspielausbildung in Cambridge. Verschiedene Engagements in Provinztheatern. Ab 1964 in London, dort erste größere Erfolge in West End-Produktionen und im National Theatre am Old Vic (in *Hamlet* und *Richard II.*). Vier Jahre lang ist er Ensemblemitglied der Royal Shakespeare Company, danach Gründungsmitglied der Actors' Company. 1979 spielt McKellen am Royal Court Theatre die Rolle des schwulen Max in Martin Shermans KZ-Drama *Bent.* Die erfolgreiche Produktion wird schließlich von einem West End-Theater übernommen und bringt McKellen den ersten von bisher insgesamt vier Olivier Awards. Für seine Rolle des Salieri in der New Yorker *Amadeus*-Produktion erhält er einen Tony. 1991 wird er für seinen Beitrag für das britische Theater geadelt. Er ist zu diesem Zeitpunkt der erste offen Homosexuelle, dem diese Ehrung zuteil wird. Innerhalb der britischen Schwulenbewegung debattiert man, ob McKellen diese Auszeichnung, die ihm auf Empfehlung der konservativen Thatcher-Regierung zuerkannt wird, annehmen oder aus Protest gegen deren homosexuellenfeindliche Politik ablehnen sollte. Als Reaktion auf die Debatte erklären sich 18 britische schwule Künstler in einer gemeinsamen, aufsehenerregenden Stellungnahme mit McKellen solidarisch und bezeichnen die Verleihung des Adelstitels als einen „bedeutenden Meilenstein" in der Geschichte der Schwulenbewegung. Zu den Unterzeichnern gehören der Filmregisseur →John Schlesinger, die Schauspieler Stephen Fry und Antony Sher und der Musical-Prodzent Cameron Mackintosh *(Cats).*
Erstmals spricht McKellen in einem BBC-Interview öffentlich von seinem Schwulsein als Reaktion auf die Anti-Homosexuellen-Gesetzgebung der Clause 28 in Großbritannien. Seitdem tut sich McKellen immer wieder als Sprecher des eher bürgerlich-konservativen Teils der britischen Schwulen- und Aidsbewegung und als Gegenpart zu Gruppierungen wie Outrage! und ACT UP hervor. 1991 lädt ihn der britische Premierminister John Major zu sich in die Downing Street No. 10, gewissermaßen als Vertreter der gesamten homosexuellen Bevölkerung Großbritanniens, um mit ihm über die Situation und Probleme der Homosexuellen in Großbritannien zu sprechen, weil er sich „schlecht informiert" fühlt und deren Forderungen kennenlernen wolle. Wichtigste Filme: *A Touch of Love* (1969), *Priest of Love* (1981), *Scandal* (1989), das Aids-Drama *And the Band Played On* (1993), *The Shadow* (1994). Für seine Adaption von *Richard III.*, (Regie, Drehbuch und Hauptrolle Ian McKellen), wird er mehrfach ausgezeichnet. 1981 erscheint seine Autobiographie *The South Bank.*

○ Joy Leslie Gibson: *Ian McKellen. A Biography*, 1990

McNally, Terrence

US-amerikanischer Dramatiker
3.11.1939 Saint Petersburg/Florida

Bereits in seiner ersten Broadway-Komödie, *And Things That Go Bump in the Night* (1965) über eine exzentrische Familie, die im selbstgewählten Exil in ihrem Keller lebt, führt McNally zwei schwule Charaktere ein, was zu dieser Zeit nicht unbedingt selbstverständlich ist. Die Kritiken sind z.T. vernichtend; McNally wird vor allem als Epigone →Edward Albees abgetan. Mit ihm ist McNally zuvor sechs Jahre liiert gewesen; das Paar hat sich jedoch längst getrennt, als McNally an diesem Stück arbeitet. Frustriert zieht er sich erst einmal vom Theater zurück und arbeitet eineinhalb Jahre als Redakteur der Zeitschrift *Columbia College Today*. In den 70er Jahren hingegen gelingt ihm schließlich eine ganze Reihe erfolgreicher Stücke. Den Durchbruch schafft er mit *The Ritz* (1975). Diese Komödie um zwei heterosexuelle Männer, die auf der Flucht vor der Mafia in einer schwulen Sauna in New York Unterschlupf finden, wird eine Sensation: zum erstenmal wird schwule Subkultur auf einer Broadway-Bühne dargestellt. *The Ritz* wird ein großer Publilkumserfolg und 1976 – mit stark verändertem Drehbuch – von Richard Lester verfilmt. Tony-Award für sein Musicallibretto für *The Kiss of the Spiderwoman*; mehrere Theaterpreise erhält er auch für seine Komödie *Love! Valour! Compassion!* (dt. *Liebe! Stärke! Mitgefühl!)* um schwule Lieben und Beziehungen und das Leben mit Aids (Uraufführung 1994, deutschsprachige Erstaufführung 1996 in Hamburg; verfilmt 1996). Bereits zuvor verschiedentliche Auseinandersetzung mit schwulem Leben im Zeitalter von Aids, u.a. das schwule Beziehungsdrama *The Lisbon Traviata* (1985), das TV-Drama *André Mother* (1988) und die Komödie *Lips Together, Teeth Apart* (1991). Weltweit nachgespielt sein Drama um die Operndiva Maria Callas, *Masterclass* (1996), für das er seinen zweiten Tony Award für das beste Stück erhält. Im Juni 1997 hat das Musical *Ragtime* in Los Angeles Premiere, für das McNally das Libretto, basierend auf E.L. Doctorows Roman, schreibt.

McQueen, Alexander

britischer Modemacher
1970 London

Entstammt einer vielköpfigen Arbeiterfamilie im Londoner East-End. Mit sechzehn Jahren verläßt McQueen die Schule und beginnt eine Lehre bei einem Nobelschneider. Kurzzeitig ist er als Kostümbildner am Theater, bei einem japanischen Modedesigner und dem italienischen Designer Romeo Gigli beschäftigt. Die St. Martins School of Design schließt er mit einem Master of Arts ab. Mit düster-skandalträchtigen Modeshows, für die er seine Models z.B. in Frischhaltefolie packt oder als blutverschmierte Vergewaltigungsopfer schminkt, erarbeitet er sich den Ruf als *enfant terrible* und rotzfrecher Provokateur der Modebranche. 1996 wird der Meisterschneider überraschend als Chefdesigner des Pariser Haute Couture-Hauses Givenchy berufen. Erfolgreiches Debüt im Januar 1997 mit einer Kollektion, bei der sich Theatralisches und Extravagantes mischen und er höchste handwerkliche Fähigkeiten demonstriert. In der Öffentlichkeit zelebriert McQueen das Image des Proletariers mit schlechten Zähnen und ohne Abitur:

Er trinkt Bier aus Dosen, knöpft sein Hemd nicht zu und verunsichert die Branche mit lästerlich-schamlosen Äußerungen. Sich selbst bezeichnet er als „fette Schwuchtel". „Mich interessieren Klamotten einen Scheißdreck. Wichtig sind für mich die Leute, die die Sachen tragen. Es geht mehr um Ästhetik", erklärt er im März 1997 in einem Interview. „Die Mehrheit der Bevölkerung hat Probleme, die Gefühle anderer Menschen zu verstehen, deren Art zu denken oder deren Lebenseinstellung zu akzeptieren." Die Realität zu spiegeln, die alltägliche Gewalt wie auch z.B. die Homophobie, seien für ihn die Beweggründe, sich auf seine Weise auf das Haute-Couture-Geschäft einzulassen und provozierend zu verstören.

Mead, Margaret

US-amerikanische Anthropologin
16.12.1901 Philadelphia – 15.11.1978 New York City

Meads eigene Tochter ist es, die in den Erinnerungen über ihre Eltern den intimen Charakter der Beziehung ihrer Mutter zu deren Kollegin →Ruth Benedict hervorhebt. Mead selber, die viermal verheiratet war, hält sich in dieser Hinsicht eher bedeckt. Zusammen mit Benedict gehört Mead zu den Begründerinnen der Kultur- und Persönlichkeitsforschung.
Nach ihrem Studium untersucht sie in z.T. jahrelangen Feldforschungen auf Samoa und Neuguinea die Sozialisation junger Mädchen und das sexuelle Verhalten von Jugendlichen und Erwachsenen. Eine ausgedehnte Forschungsreise führt sie auch nach Bali, wo sie in ihrer Arbeit von dem deutschen Künstler und Kulturwissenschaftler →Walter Spies unterstützt wird. Mead, deren Kritik an der Rolle der Frau in der amerikanischen Gesellschaft maßgeblichen Einfluß auf die internationale Frauenbewegung hat, arbeitet ab 1954 als Professorin an der Columbia-Universität in New York.

- *Male and Female*, 1949 (dt. *Mann und Weib*); *Blackberry Winter – Autobiographie*, 1972 (dt. *Brombeerblüten im Winter. Ein befreites Leben*, 1978)

Melville, Herman

US-amerikanischer Schriftsteller
1.8.1819 New York City – 28.9.1891 ebd.

Aufgewachsen in ärmlichen Verhältnissen einer calvinistischen Familie. Der Vater, schottisch-irischer Abstammung und Importeur französischer Textilien und Galanteriewaren, geht 1830 bankrott, wird geisteskrank und verstirbt zwei Jahre später. Herman Melville arbeitet zunächst als Verkäufer, Lehrer, Farmergehilfe und beginnt ein Studium des Ingenieurs- und Vermessungswesen. 1839 entschließt er sich, zur See zu gehen. Er heuert zunächst auf einem Postschiff an, später fährt er mit Walfängern in den Südpazifik und erlebt die Brutalität der Seefahrt. 1842 desertiert er während eines Aufenthalts auf den Marquesas-Inseln und lebt eine Zeitlang unter den Eingeborenen Polynesiens. 1844 Rückkehr nach Boston, wo er nach intensiver Lektüre und Recherche beginnt, seine Erlebnisse und Erfahrungen zu Romanen zu verarbeiten. Mit den Südseebüchern *Typee* (1846, dt. *Taipi*), *Omoo* (1847) und *White Jacket* (1850, dt. *Weißjacke*) wird er über Nacht als der „Mann, der unter Kannibalen gelebt hatte", berühmt. Der Erfolg ermutigt ihn, sich weiterhin ganz der Schriftstellerei zu widmen. Sein nächster Roman, *Moby Dick* (1851), geschrieben unter dem Einfluß seines Freundes und Schriftstellerkollegen Nathaniel Hawthorne, zählt zu den wichtigsten Werken der US-amerikanischen Literatur. Doch aufgrund seiner komplexen Psychologie und Sprache wird dieser, wie auch der nachfolgende Roman *Pierre* (1852) von der Kritik wie vom Publikum nicht angenommen, was ihn in starke finanzielle Bedrängnisse bringt. Melville, der 1847 geheiratet hatte und vier Kinder zeugte, kann die Familie nicht mehr ernähren. Er hält sich eine Weile mit Vortragsreisen über Wasser, verkauft schließlich seine Farm in der Nähe von Pittsfield und kehrt nach New York zurück. Hier tritt er1866 resigniert eine Stelle beim Hafenzoll an. 1888 veröffentlicht er noch einmal einen Gedichtband und kurz vor seinem Tod einen Privatdruck in Auflage von 25 Exemplaren. Als er stirbt, ist er wieder nahezu unbekannt. Erst in den 30er Jahren wird das Werk Melvilles wiederentdeckt und erstmals seine literarische Bedeutung gewürdigt. Auch die im Gesamtwerk immer wieder zu beobachtenden homoerotischen Subtexte werden erst von der neueren Literaturwissenschaft, vor allem den Homostudien, erforscht. Seine Romane und Erzählungen dienen vielfach als Vorlage für Theaterbearbeitungen, Musicals und vor allem Verfilmungen. Während im allgemeinen die homoerotischen Untertöne übersehen oder negiert werden, heben der Komponist →Benjamin Britten und sein Librettist →E.M. Forster diese in der Opernbearbeitung der posthum veröffentlichten Erzählung *Billy Budd* (1924) hervor.

○ Newton Arvin: *Herman Melville. A Critical Biography*, 1950; Robert K. Martin: *Hero, Stranger, and Captain. Male Friendship, Social Critique and Literary Form in the Sea Novels of Herman Melville*, 1986; Michael Rogin: *Subversive Genealogy. The Politics and Art of Herman Melville*, 1983

Mercury, Freddy
(eigentlich Frederick Bulsara)

britischer Popmusiker persischer Herkunft
5.9.1946 Sansibar/Ostafrika - 24.11.1991 London

Bevor Mercury 1959 mit seinen Eltern nach Großbritannien übersiedelt, lebt er einige Jahre bei Verwandten in Indien und Arabien. Während seines Kunststudiums in London steigt er in die Rockband *Smile* von Brian May und Roger Taylor, aus der sich die Heavy-Glam-Gruppe *Queen* entwickelt. Die Doppeldeutung des Bandnamens (Queen = Königin, bzw. Tunte) bekommt durch Mercurys exzentrische Auftritte bald einen unverkennbaren Sinn. Als sein wichtigstes Vorbild in dieser Hinsicht benennt er Liza Minnelli. Mit *Keep Yourself Alive* landet *Queen* 1973 ihren ersten Singlehit, 1974 folgt *Killer Queen*, 1975 *Bohemian Rhapsody*. In drei Jahrzehnten produzieren sie ca. 20 Alben und verkaufen über 135 Millionen Schallplatten ihrer unverkennbaren Melange aus Pop und Pomp, Bombast und Heavy-Rock, opernhafter Theatralik und ausgefeilter Technik. Mercury dominiert als Leadsänger mit seiner unverkennbaren Stimme, aber auch mit seinem Macho-Image das optische wie stimmliche Erscheinungsbild der Band. Sein Hang zu Verkleidungsexzessen und opernhaftem Schwulst findet einen Höhepunkt in seinem Soloalbum *Barcelona* (1988) mit der spanischen Primadonna Montserrat Caballé. Mercurys Homosexualität ist kein Geheimnis, sondern er lebt sie offenherzig aus. In

Deutschland liebt er insbesondere die Münchner Lederszene. Für das Video zu *I want to break free* schlüpft die gesamte Band in Fummel. Geht er mit seinem Schwulsein weitgehend offen um, so behält er hingegen seine HIV-Infektion geheim. Erst am Tage vor seinem Tod wird die Aids-Erkrankung offiziell bekanntgegeben. Posthum erscheint das Album *Made In Heaven* (1996), an dem Mercury noch bis zuletzt gearbeitet hat. Ein Gedenkkonzert im Londoner Wembley-Stadion 1992 u.a. mit →George Michael, Annie Lennox und David Bowie gerät zu einem der größten Rockkonzerte des Jahrzehnts. Der Erlös fließt in den eigens dafür gegründeten Mercury Phoenix Trust, eine weltweit agierende Aids-Hilfsorganisation. 1996 wird in Montreux, seinem letzten Wohnsitz, eine Statue zu seinem Gedenken enthüllt. London hat zuvor die Aufstellung des Kunstwerkes abgelehnt.

- *Queen*-Alben (Auswahl): *A Night at the Opera*, 1975; *The Game*, 1980; *Flash Gordon*. Soundtrack, 1980; *The Works*, 1984; *The Miracle*, 1989
- Freddie Mercury: *Mr. Bad Guy*, 1985
- ○ Jim Hutton/Tim Wasphott: *Freddie Mercury und ich*, 1995

Meyer, Detlev

deutscher Schriftsteller
12.2.1950 Berlin

Aufgewachsen in Berlin, Studium der Bibliotheks- und Informationswissenschaften in Berlin und Cleveland/Ohio. Arbeitet als Bibliothekar u.a. in Kanada sowie als Entwicklungshelfer in Jamaika. 1981 erste Buchveröffentlichung, der Gedichtband *Heute nacht im Dschungel*, in dem er in locker-witzigem, selbstironischem Parlando-Ton das schwule Leben in der Subkultur Berlins kommentiert. Hier wie auch in den nachfolgenden Lyrikbänden (*Stehen Männer an den Grachten*, 1990; *Versprechen eines Wundertäters*, 1993) finden sich immer wieder Rückgriffe auf klassische Vorbilder und Formen (etwa Friedrich Rückert und Stefan George). Zentrales Werk ist die dreiteilige *Biographie der Bestürzung (Im Dampfbad greift nach mir ein Engel*, 1985; *David steigt aufs Riesenrad*, 1987; *Ein letzter Dank den Leichtathleten*, 1989), drei in der Form locker gestaltete Erzählungen um die Figur des Schriftstellers Detlev Dorn, in denen selbstbewußt und humorvoll schwules Leben und Lieben literarisch gestaltet werden. Die Trilogie, auch von der allgemeinen Presse begeistert aufgenommen, zählt zu den zentralen literarischen Arbeiten deutschsprachiger schwuler Literatur nach 1945. Der Band *Ein letzter Dank den Leichtathleten* ist eine der ersten literarischen Auseinandersetzungen deutschsprachiger AutorInnen mit dem Thema Aids. Eine Auswahl seiner feuilletonistischen und glossierenden Arbeiten, zumeist für die Schwulenzeitschriften *Magnus* und *Siegessäule* sowie die Zeitschrift *Stern* werden 1996 im Band *Die PC-Hure und der Sultan* zusammengefaßt.

- *Heiße Herzen;* 1990, mit →Ralf König; *Teure Freunde. Zehn Porträts*, 1993; *In meiner Seele ist schon Herbst*, 1995

Meyer-Hanno, Andreas

deutscher Schwulenaktivist
18.2.1932 Berlin

Als Kind einer jüdischen Pianistin und eines Schauspielers erlebt Meyer-Hanno die Auswirkungen des Antisemitismus. Nach dem Abitur 1949 Studium der Musik- und Theaterwissenschaft, Promotion 1956. Bis 1959 ist er Regieassistent in Wuppertal, danach Regisseur. In 20 Berufsjahren entstehen über 100 Operninszenierungen. 1965-1972 Oberspielleiter am Staatstheater Karlsruhe, 1972-1976 am Staatstheater Braunschweig. Von 1976 bis 1992 ist er Leiter der szenischen Ausbildung an der Opernabteilung der Frankfurter Musikhochschule, danach Gastdozent. Seit 1973 ist er innerhalb der Schwulenbewegung aktiv. Zehn Jahre lang gehört er zum Kern der schwulen Theatergruppe *Die Maintöchter*. 1991 Gründung der gemeinnützigen *Hannchen-Mehrzweck-Stiftung für homosexuelle Selbsthilfe*, die er mit 100.000 DM Grundkapital aus eigenen Mitteln anschiebt und nach seiner Pensionierung auf 875.000 DM erhöht. 1993 wird ihm die Römer-Plakette der Stadt Frankfurt/Main verliehen, im gleichen Jahr der Preis Rosa Courage für sein schwules Lebenswerk.

Meyerinck, Hubert von

deutscher Schauspieler
23.8.1896 Potsdam – 13.5.1971 Hamburg

Zwar bildet ihn Max Reinhardt zum Charakterschauspieler aus, letztlich spielt er allerdings dann doch meist nur Knallchargen. Mit glattpolierter Glatze und feistem Grinsen umkreist sein Rollenspektrum zumeist den Typus des blasierten Preußen: mal Hochstapler, mal arroganter Baron oder aufgeplusterter Beamter. Die Sprache steif, die Haltung beinahe militärisch-akkurat – der Offiziersberuf des Vaters scheint da Spuren hinterlassen zu haben. So alberte und chargierte er sich als komisches und nicht selten recht tuntiges Original durch die deutsche Filmkomödie der 40er bis in die 70er Jahre, von *Münchhausen* (1943) und *Das Mädchen Rosemarie* (1958) zum *Spukschloß im Spessart* (1960) und *Wenn die tollen Tanten kommen* (1970). „Er war immer grotesk auf Volldampf. Er turnte Ausdruck. Er strampelte Mitteilung mimisch. Er konnte umwerfend komisch sein, aber eigentlich immer nur im Überdruck", schreibt der Kritiker Friedrich Luft 1971 in seinem Nachruf. Seine Freunde nennen ihn liebevoll Hubsi, und seine Memoiren betitelt er ebenso liebevoll *Meinen berühmten Freundinnen* (1967), auch wenn nicht wenige davon Männer sind.

Meysel, Inge

deutsche Schauspielerin
30.5.1910 Berlin

Die „Mutter der Nation" verkörpert in zahllosen Fernsehspielen und Theaterstücken die einfache Frau von der Straße, die sich, oft in der Rolle der energisch-liebevollen Mutter oder später auch rüstigen Großmutter, vehement mit Witz und Schlagfertigkeit gegen die „feinen Leute" zu behaupten weiß.

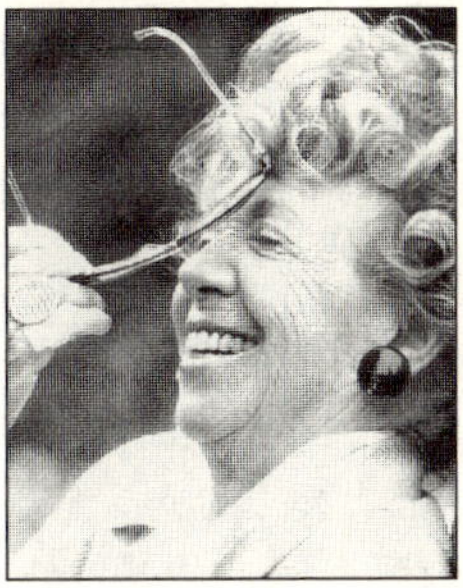

Nach ihrer Ausbildung und einem ersten Engagement am Schauspielhaus Leipzig 1933 von den Nazis aufgrund ihrer jüdischen Abstammung mit einem Auftrittsverbot belegt, gelingt Meysel gleich nach Kriegsende der künstlerische Durchbruch. Auf mehrere Theaterengagements folgt 1949 in *Liebe 47* ihre erste Filmrolle. In den folgenden Jahren arbeitet Meysel mit den renommiertesten deutschen Regisseuren, darunter Helmut Käutner und Wolfgang Liebeneiner, zusammen, bevor sie sich ab 1962 hauptsächlich der Fernseharbeit zuwendet. Rollen wie die Putzfrau Ada Harris, die sie in mehreren erfolgreichen Fernsehspielen verkörpert (*Ada Harris will ins Parlament*, 1984), und ihr Auftritt als Portiersfrau im Theaterstück *Fenster zum Flur* (1959) festigen ihren Ruhm als eine der populärsten deutschen Schauspielerinnen. Sie verkörpert auch die Hauptrolle in der deutschsprachigen Erstaufführung des damals umstrittenen Theaterstücks *Schwester George muß sterben.* Den homosexuellen Teil der Nation erfreut sie nebst zahlreichen Auftritten bei Solidaritätsveranstaltungen zugunsten der Aids-Hilfe („Meine Freunde sind überwiegend homosexuelle Männer. Weil sie empfindsamer sind und sensibler") 1987 mit ihrem freimütigen Bekenntnis, zu Frauen immer schon eine größere Nähe empfunden zu haben: „Männer waren gestrichen, bis 21. Aber da hatte ich schon längst eine Liebesbeziehung zu einer Frau. [...] Ich glaube, daß viele Frauen [...] merken, daß ihr Zärtlichkeitsbedürfnis durch eine Frau besser ausgefüllt wird."

- *Frei heraus – mein Leben*, 1991; mit. M. Pacher: *Die verborgenen Jahre: die nichtautorisierte Biographie*, 1991

Michael, George (eigentlich Georgios Kyriacos Panayiotou)

britischer Popmusiker
25.6.1963 Fincley/Middlesex

Der als Georgios Panayiotou geborene George Michael lernt auf der Bushey Meads Comprehensive School den gleichaltrigen Andrew Ridgeley kennen. 1979 gründen sie die Ska-Band *The Executive*; 1981 werden sie zum Duo *Wham!*. Ihre zweite Single *Young Guns (Go For It*, 1982) aus dem Debütalbum *Fantastic* entwickelt sich zum ersten der zahlreichen nachfolgenden internationalen Top Ten-Hits. 1986 trennen sich Michael und Ridgeley. George Michael beginnt anschließend eine Solokarriere. Seine erste Single, *I Want Your Sex* (1987), wird aufgrund des sexuellen Inhalts und des angeblich pornographischen Videos von der BBC boykottiert. Stilistisch entwickelt sich Michael vom Disco-Dance-Pop von *Wham!* zum Latinlover mit romantischen Soulballaden. Gemeinsam mit →Elton John singt er beim „Live Aid"-Konzert zum Gedenken an →Freddie Mercury im Londoner Wembley-Stadion 1985 *Don't Let The*

Sun Go Down On Me. 1992 wechselt er zu Sony und liefert 1996 ein Comeback mit dem Album *Older*, mit dem er seinen musikalischen Imagewechsel vom Schmusepop zum Disco Funk festigt. Inzwischen ist seine Homosexualität ein offenes Geheimnis geworden, er lehnt es jedoch strikt ab, sich dazu öffentlich zu äußern.

- mit Wham!: *Make It Big*, 1984
- *Faith*, 1987; *Listen Without Prejudice: Vol. 1*, 1990

Michelangelo Buonarroti

italienischer Künstler
6.3.1475 Caprese – 18.2.1564 Rom

Michelangelo betätigt sich als Maler, Bildhauer, Dichter und Architekt und verkörpert als Universalgenie die ausgehende Renaissance. Mit 13 Jahren beginnt er seine Ausbildung als Bildhauer in der Werkstatt des Florentiner Künstlers Domenico Ghirlandaio und kann von 1490 bis 1492 als Gast im Hause Lorenzos de' Medici seine Fähigkeiten und Kunstkenntnisse weiter ausbilden. Die dort entstandenen frühen Reliefarbeiten zeugen von der Auseinandersetzung mit dem Werk des homosexuellen Bildhauers Donatello (ca. 1386-1466) und der griechischen Antike. Seine Karriere und seine eigene künstlerische Entfaltung entwickelt sich aus der Spannung zwischen der Kunststadt Florenz und dem kirchenpolitischen Zentrum Rom. Im Auftrag des Vatikans fertigt er u.a. das Grabmal für Papst Julius II. (1505-1545), das Deckengemälde und die Altarwand in der Sixtinischen Kapelle (1536-1541), gestaltet den Capitolsplatz und ist am Bau des Petersdoms beteiligt. Zu seinen berühmtesten Plastiken gehörten die *Pietà*, aber auch die in Florenz aufgestellte Aktstatue des *David*, der zu einer Ikone schwuler Kunst wird. Michelangelos Faszination durch männliche Schönheit läßt sich künstlerisch umgesetzt in Form von Aktdarstellungen von Sklaven am Julius-Grabmal, aber auch im Deckengemälde der Sixtinischen Kapelle entdecken. Noch zu Lebzeiten Michelangelos wird die fehlende „irdische Scham" (Aretino) kritisiert, und ein Schüler Michelangelos muß die Nackten übermalen. El Greco will sogar die gesamte Decke neu bemalen lassen. Michelangelos literarisches Werk besteht aus über 300 Sonetten, die zumeist jungen Männern gewidmet sind und deren Liebe und Schönheit feiern. Besondere Bedeutung kommt hierbei dem Adligen Tommaso de' Cavalieri zu, den Michelangelo 1532 kennenlernt und dem er bis zu seinem Tod verbunden bleibt. Cavalieri hält ihm in der Sterbestunde die Hand. Ihm schickt Michelangelo als Zeichen der Liebe immer wieder Zeichnungen, darunter auch jene des Adlers (Michelangelo), der den schönen Ganymed entführt. Überliefert sind auch die Briefe Michelangelos an Cavalieri.

○ Helmut Grimm: *Das Leben des Michelangelo*, 1995

Mikesch, Elfi

österreichische Kamerafrau
und Regisseurin
31.5.1940 Judenburg

Nach ihrer Lehre als Photographin zieht die Tochter eines Filmvorführers 1965 nach Hamburg und Berlin und entwirft 1968 zusammen mit →Rosa von Praunheim den ersten deutschen Photoroman *Oh Muvie*. 1977 beginnt Mikesch, als Kamerafrau zu arbeiten. Heute gehört sie zu den Besten ihres Metiers. Mikeschs Arbeitsgebiet sind die Randzonen, wo die Welt verzerrt erscheint und die Normalität aus dem Lot geraten ist. Die individuelle Handschrift ihrer Kameraführung hat eine erstaunliche Anzahl von bekannten deutschen Filmen geprägt, wenngleich Mikeschs Anteil u.a. bei der Zusammenarbeit mit →Werner Schroeter (*Malina*, 1991), Rosa von Praunheim (dessen Filme sie fast alle photographiert hat) und →Monika Treut (*Die Jungfrauenmaschine*, 1988) wie üblich in diesem Beruf oftmals übersehen wird. Mikesch arbeitet selbst auch als Regisseurin (*Verführung: Die grausame Frau*, 1985, zusammen mit Monika Treut) und erhält für ihr Schaffen mehrere Preise, u.a. den Bundesfilmpreis 1989.

• *Verrückt bleiben, verliebt bleiben*, 1997

Milk, Harvey

US-amerikanischer Politiker
22.5.1930 New York City – 27.11.1978 San Francisco

Milk wächst als Enkel jüdischer Einwanderer in New York auf. 1955-59 Militärdienst bei der US-Marine, danach Lehrer für Mathematik und Geschichte, anschließend wird er Bankkaufmann. In San Francisco arbeitet er in der Bürgerrechts- und Schwulenbewegung. Seine bürgerliche Karriere prädestiniert ihn zur Karriere als Realpolitiker. Dreimal (1973, 1975 und 1977) kandidiert er bei den Stadtratswahlen. Beim dritten Anlauf schafft er es mit äußerst hohem Stimmanteil. Milk wird am 8.11.1977 als erster offen Schwuler als Distriktsabgeordneter in das Stadtparlament von San Francisco gewählt. Zu seinen WählerInnen gehören nicht nur Schwule und Lesben (schon vor seinem Sieg ist er der inoffizielle „Bürgermeister der Castro Street", also des Homosexuellenviertels von San Francisco), sondern auch andere Minoritäten: Einwanderer, sozial Schwache, Alte und Sozialhilfeempfänger. Beim traditionellen Empfang nach der Wahl, wo sich die frischgewählten „Supervisors" mit ihren Ehepartnern der Bevölkerung öffentlich vorstellen, zeigt sich Milk stolz mit seinem Lebensgefährten Scott Smith. Seine Wahl wird zur nationalen Sensation. Doch nur wenige Wochen später wird er in der City Hall – zusammen mit dem Bürgermeister George Moscone – von dem rechten Abgeordneten Dan White, der kurz davorsteht, seinen Sitz zu verlieren, in einem Racheakt erschossen. Beim spontanen Trauermarsch nehmen über 50 000 Menschen teil. White wird wegen angeblich eingeschränkter Zurechnungsfähigkeit – er selbst gibt als Grund seinen exzessiven Konsum von „Fast food" an – nur zu sieben Jahren und acht Monaten Haft verurteilt. Das milde Urteil führt zu schweren Straßenschlachten in San Francisco, weil es als Geringschätzung homosexuellen Lebens verstanden wird. Zwei Jahre nach seiner Haftentlassung nimmt sich White das Leben. Zu Ehren Milks, dessen Leistungen für die Homosexuellenbewegung der USA von historischer Bedeutung sind, wird ein Platz im Castro-Viertel sowie eine homosexuelle Bildungseinrichtung in San Francisco nach ihm benannt, ebenso die erste lesbisch-schwule

Schule in New York. Robert Epstein und Richard Schmiechen verarbeiten das Leben Milks zu dem 1985 als bester Dokumentarfilm mit einem Oscar ausgezeichneten *The Times of Harvey Milk.* 1994 wird das Musical *The Harvey Milk Show* in Atlanta uraufgeführt, 1995 die Oper *Harvey Milk* von Steward Wallace und Michael Kories. Die Pläne, →Randy Shilts akribische Buchdokumentation *The Mayor of Castro Street* (dt. *Im Namen der Hoffnung,* 1993) als Großprojekt zu verfilmen, sind gescheitert. U.a. waren zeitweilig Oliver Stone und Gus van Sant als Regisseure im Gespräch.

Millay, Edna St. Vincent

US-amerikanische Lyrikerin
und Dramatikerin
22.2.1882 Rockland/Maine – 19.10.1950
Steepletop/New York

Millay zählt zu den bekanntesten und auch kommerziell erfolgreichsten Lyrikerinnen ihrer Zeit. Mit Hilfe eines Stipendiums, das sie dem Erfolg ihrer ersten Gedichte zu verdanken hat, kann sie das Vassar College besuchen und zieht dann nach Greenwich Village, wo sie u.a. als Journalistin und Schauspielerin arbeitet. Millay, die sich, obwohl später verheiratet, immer wieder auch zu Frauen hingezogen fühlt – u.a. ist sie eine Zeitlang mit der Künstlerin →Thelma Wood liiert – verarbeitet in ihrem bekanntesten Theaterstück *The Lamp and the Bell* (um 1922) ihre eigenen lesbischen Erfahrungen. Viele ihrer Liebesgedichte sind Frauen gewidmet. Zunehmend unter Alkoholproblemen leidend, verbringt sie die letzten Lebensjahre sehr zurückgezogen.

Millett, Kate (eigentlich Katherine Murray Millett)

US-amerikanische Schriftstellerin
14.9.1934 St. Paul/Minnesota

Mit ihrer Doktorarbeit über die Ziele und Strategien der Frauenbewegung *Sexual Politics*, die 1970 in Buchform veröffentlicht wird, katapultiert sich Kate Millett ins Licht der Öffentlichkeit. Die These, daß das Private politisch sei, bestimmt fortan das Leben der Professorin für Englisch, Philosophie und Soziologie, die in Oxford und New York studiert hat. Millett, die 1965 einen japanischen Bildhauer geheiratet hatte, bekennt sich im Laufe der erregten Diskussionen über *Sexual Politics* zu ihrer Homosexualität und verarbeitet in ihren folgenden literarischen Arbeiten zunehmend autobiographische Erfahrungen. *Sita* (1975) und *The Basement: Meditations on a Human Sacrifice* (1980, dt. *Im Basement*) erzählen von den niederdrückenden Schwierigkeiten lesbischer Beziehungen. In der depressiven Grundstimmung ihrer Werke spiegeln sich Milletts psychische Probleme wieder; nach mehreren Aufenthalten in Nervenkliniken beschließt sie 1980, auf die weitere Einnahme von Psychopharmaka zu verzichten. Ihre wiedergewonnene Kraft zeigt sich in *The Loony-Bin Trip* (1990, dt. *Der Klapsmühlentrip*), einer brillanten Analyse des gesellschaftlichen Umgangs mit psychisch Kranken.

Minna, Christina

US-amerikanische Sängerin

1993 streift ein englischer Produzent und Songwriter durch die Gay-Szene von L.A., um Frauen zu finden, die seiner Vorstellung von „sexy Frauen, die sexy Songs für Frauen singen", entsprechen. Als besonders sexy fällt ihm Minna auf, die von sich selbst behauptet, daß Gott sie dazu vorgesehen hat, Frauen, insbesondere die Photographin Wendy Jill York, zu lieben. Kurz darauf ist das Quartett mit Linn Pompey und zwei Hetero-Damen komplett, und *Fem 2 Fem*, die erste Lipstick-Lesben-Band der Welt, war geboren. Das Debüt-Album *Woman to Woman* sorgt für gelinde Aufregung, jedoch mehr durch die strapslastigen Bühnenshows inklusive Zungenküsse als durch die Qualität der Songs. Mit zwei Singles gelangen sie immerhin in die US-Top 40 Billboard Dance Charts. 1995 folgt das zweite Album *Animus*, aber da ist der Stern des Quartetts bereits wieder im Sinken begriffen.

Mishima, Yukio
(eigentlich Kimitake Hiraoka)

japanischer Schriftsteller
14.1.1925 Tokio – 25.11.1970 ebd.

Der Vater ist ein kleiner Bürokrat und Verehrer Hitlers; die Mutter spielt im Haushalt kaum eine Rolle, die harte Erziehung übernimmt die herrschsüchtige Schwiegermutter, die den Sohn bis zum 12. Lebensjahr in ihrem abgedunkelten Krankenzimmer beinahe wie einen Gefangenen hält. Mishima entwickelt sich zu einem schwächlichen, kränkelnden jungen Mann, der von sado-masochistischen Fieberphantasien verfolgt wird. Seinen ersten Orgasmus habe er beim Anblick eines Bildes des gefesselten und mit Pfeilen durchbohrten St. Sebastian erlebt, schreibt Mishima in seinem autobiographischen Bekenntnisroman *Geständnisse einer Maske* (1949), seine erste, international gefeierte Romanveröffentlichung. Um seine schriftstellerische Tätigkeit vor dem kunstfeindlichen Vater zu verbergen, nimmt er den Künstlernamen Yukio Mishima an. Später legt er darauf wert, daß die Schriftzeichen dieses Namens auch als „Geheimnisvoller Teufel, vom Tode behext" gelesen werden können. Vom Kriegsdienst wird er aus gesundheitlichen Gründen freigestellt, was für Mishima eine persönliche Schmach darstellt. Er arbeitet statt dessen in einer Flugzeugwerft. Nach dem Krieg auf Drängen des Vaters Jurastudium. Die angesehene Stellung im Finanzministerium kündigt er bald wieder, um sich ganz der Literatur zu widmen. Neben Kurzgeschichten, Theaterstücken (u.a. *Madame de Sade*, 1966) entsteht ein umfangreiches Romanwerk (u.a. die Tetralogie *Das Meer der Fruchtbarkeit* (dt. 1985-88). Trotz seiner offen bekundeten und u.a. bei Reisen nach New York, Rio und Paris exzessiv ausgelebten Homosexualität heiratet Mishima und zeugt zwei Kinder. Die als Schande und Makel empfundene körperliche Schwächlichkeit seiner Jugend kompensiert der erwachsene Mishima durch fanatisch ausgeübtes Bodybuilding und verschiedene Kampfsportarten. Er versteht sich politisch als japanischer Nationalist und gründet den „Schildbund", eine aus rechtsradikalen Kaisertreuen bestehende Privatarmee. Mit ihr versucht er 1970 einen Putsch, bei dem er den General der japanischen Streitkräfte in Tokio gefangennimmt und in einer vom Balkon aus gehaltenen flammenden Rede ein Soldatenregiment zur Rückkehr zum alten Kaiserkult bewegen will. Der Putsch mißlingt, Mishima schlitzt sich nach altem Seppuku-Ritual mit einem Schwert aus dem 17. Jh. den Bauch auf und läßt sich von einem Gefolgsmann, seinem 25jährigen Gefährten und wahrscheinlich auch Liebhaber Masakatsu Morita, köpfen, der sich daraufhin seinerseits tötet. Der Roman *Das verratene Meer* dient →Hans Werner Henze als Vorlage für seine gleichnamige Oper (1990), Paul Schraders Film *Mishima* (1985) basiert auf dessen autobiographischen Romanen und Episoden aus seinem Leben.

○ Henry Scott Stokes: *Yukio Mishima. Leben und Tod*, 1986; →Marguerite Yourcenar: *Mishima oder die Vision der Leere*, 1988

Monnier, Adrienne

französische Buchhändlerin und Verlegerin
26.4.1892 Paris – 18.6.1955 ebd.

Mit 23 Jahren verwirklicht die gutem Essen und Geselligkeit zugeneigte Tochter eines Postbeamten ihren Kindheitstraum und eröffnet in der Pariser Rue de l'Odéon eine Buchhandlung. Zusammen mit dem gegenüberliegenden Buchladen ihrer Kollegin und jahrzehntelangen Lebensgefährtin →Sylvia Beach entwickelt sich „La Maison des Amis des Livres" zum legendären Treffpunkt von SchriftstellerInnen und KünstlerInnen aus aller Welt. Monnier und Beach engagieren sich stark für die kulturellen Beziehungen zwischen einheimischen und ausländischen KünstlerInnen und Intellektuellen; Monnier organisiert Lesungen und Ausstellungen in ihrer Buchhandlung und macht sich mit der Herausgabe mehrerer Zeitschriften und der französischen Übersetzung von James Joyces *Ulysses*, das 1922 von →Sylvia Beach erstmalig veröffentlicht wird, auch als Verlegerin einen Namen. Neben zahlreichen Zeitungsartikeln publiziert sie auch zwei eigene literarische Werke, einen Gedichtband und eine Prosasammlung. Monnier, die nach der räumlichen Trennung von Beach längere Zeit mit der deutschen Photographin Gisèle Freund zusammenlebt, gelingt es, während der Besatzungszeit ihre Buchhandlung weiterzuführen, ohne mit den Nazis kollaborieren zu müssen. 1955 verübt sie, unter extremen Ohrgeräuschen leidend, Selbstmord.

• *La Figure – Gedichte*, 1923

Morrissey (eigentlich Steven Patrick Morrissey)

britischer Popmusiker
22.5.1959 Manchester

Gemeinsam mit John Marr gründet Stephen Patrick Morrissey (der sich

nur nach seinem Nachnamen nennt) 1982 die Alternativ-Rock-Band *The Smiths*. Ihre erste Single *Hand in Glove* (März 1983) gelangt in die Independent-Charts, mit *This Charming Man* sind sie Ende 1983 in Großbritannien erstmals in den Top 30 vertreten. Ihre Musik ist geprägt von Marrs Gitarrenspiel und Morrisseys geheimnisvoll-poetischen, intellektuellen Texten; seine dandyhaften Auftritte bringen ihm die Bezeichnung „Oscar Wilde des Rock" ein. 1987 löst sich die Band auf, und Morrissey begibt sich auf Solopfade. 1988 erscheint die erste Single *Suedehead* und das Album *Viva Hate*, und 1990 *Bona Drag*. Die Alben *Your Arsenal* (1992) und *Beethoven Was Deaf* (1993) nutzt er als Experimentierpodium für unterschiedliche Musikstile. Mit *Vauxhall and I* (1994) und *Malajusted* (1997) kehrt er zum Brit-Pop zurück.
Morrisey pflegt zunächst das Image des Vegetariers und völlig Asexuellen. Seinen Sex hole er sich allabendlich bei Live-Auftritten, verkündet er 1990. Seine homosexuellen Gefühle erklärt er zur Privatsache und forciert sein Verwirrspiel um sexuelle Identität. „Ich finde es äußerst langweilig, daß in unserer Gesellschaft so viel Wert auf Sexualität gelegt wird. Ich finde die ganze Idee von Sexualität überflüssig. Begriffe wie Heterosexualität, Bisexualität, Homosexualität kann ich nicht akzeptieren. Sie sind nur Vorsilben, die dem Wort ‚Sexualität' vorangesetzt werden. Es ist daraus zu folgern, daß es große Unterschiede zwischen den Menschen gibt, und das stimmt nicht. Eigentlich brauchen alle Menschen genau das Gleiche. Ich kann Heterosexualität auf keinen Fall anerkennen. Sie existiert nicht, und ich bin davon überzeugt, Homosexualität existiert auch nicht." Gleichwohl tauchen in seinen Songs immer wieder homoerotische Themen oder Textpassagen auf, ob in seinem Song *Piccadilly Palare* über Stricher oder den Liebesliedern *He Knows I'd Love to See Him* und *Still Ill.*

○ Mick Middles: *The Smiths – Die authentische Biographie*, 1989; Johnny Rogan: *Morrissey & Marr. The Severed Alliance*, 1993; David Bret: *Morrissey. Landscapes of the Mind*, 1995

Mouron
(eigentlich Christine Mouron)

französische Chansonette
4.9.1954 Marseille

Mit zwölf Jahren beginnt Mouron, die Tochter eines Opernsängers, Liedtexte zu schreiben und hegt den Wunsch, in die Fußstapfen ihrer Vorbilder Barbara und Jacques Brel zu treten. Zunächst Sängerin der erfolgreichen französischen Musiktruppe *Le Big Bazar* um Michel Fugain, die mühelos auch das legendäre *Olympia* in Paris füllen. Mouron, „Petit Clown" der Band, trifft 1986 auf Romain Didier, der von ihren Texten begeistert ist und für sie komponiert. Dies ist der Startschuß für ihre Solokarriere. Erste Auftritte absolviert sie in der schwulen Kleinkunst-Bar *Piano Zinc* in Paris, danach im Théâtre de l'ortour (1987), beim Festival du

Printemps de Bourges (1987 und 1989). Eine Tournee führt sie u.a. nach Lausanne, Kairo und Warschau. 1987 erscheint ihre erste Solo-CD, 1990 folgt *à l'état brut*. 1987-90 arbeitet sie bei der Radiosendung *L'oreille en coin* von France Inter mit. Für die TV-Produktion →*Piaf, une breve rencontre* (1992) leiht sie ihre Stimme. Alfredo Arias engagiert sie 1992/93 für die Revue *Fous des Folies* im „Folies Bergères". 1995 trifft sie im *Piano Zinc* auf →Georgette Dee und ihren Pianisten Terry Truck, die sie in Deutschland bekannt machen. Auf deren Plattenlabel viellieb records erscheint 1996 die CD *mouron d'amour* unter der musikalischen Leitung von Truck.

Müller, Nicole

schweizerische Schriftstellerin
1962 Basel

Müller zählt zu den wenigen zeitgenössischen deutschsprachigen Schriftstellerinnen, die in ihren Büchern explizit lesbische Themen verarbeiten. Nach einer abgebrochenen Lehre als Taschenmacherin und einem unvollendeten Studium lebt sie vorübergehend in Paris, wo sie als Hilfslehrerin und Übersetzerin tätig ist und nebenbei für eine Biographie über die lesbische Schriftstellerin →Annemarie Schwarzenbach recherchiert: *L'ange inconsolable* (1989, dt. *Der untröstliche Engel*). Müllers Debütroman *Denn das ist das Schreckliche an der Liebe* (Zürich 1992) erzählt in vitaler und frischer Sprache die Geschichte einer Liebe zwischen zwei Frauen und stößt bei der Kritik auf einhelliges Lob. Mittlerweile hat Müller mehrere Auszeichnungen für ihre literarische Arbeit erhalten.

• *Mehr am 15. September*, 1995

Müren, Zeki

türkischer Schlagersänger
und Schauspieler
26.9.1931 – 24.9.1996 Istanbul

Seine Verehrer nennen ihn stolz „General". Unter diesem Ehrentitel komponiert Zeki Müren mehr als 100 Lieder und nimmt 50 LPs auf. Als er 1996 stirbt, gilt der Schlagersänger als einer der erfolgreichsten und berühmtesten Künstler der Türkei. Zehntausende nehmen an der Beisetzung in der Stadt Bursa teil, Trauerbekundungen kommen aus allen politischen Bereichen, und der Staatspräsident Süleyman Demirel verkündet: „Er war mein Freund." Die parteiübergreifende Trauer quer durch alle Gesellschaftsschichten überrascht zunächst, denn Müren ist unverkennbar schwul und tritt stets in auffallender Frauenkleidung, in hochhackigen Schuhen oder im Minirock auf. Seine Homosexualität ist kein Geheimnis, doch andererseits auch kein Thema. Müren liegt es fern, sich für die Rechte der Homosexuellen in der Türkei einzusetzen. In seinen 16 Filmen spielt Müren immer wieder starke Kerle, die um ihre Frauen kämpfen. Seine Wunschrolle kann er sich nicht mehr erfüllen: Eine Neuverfilmung von Tarzan – mit sich als Jane. Mürens Tod ist beinahe wie inszeniert. Aus Anlaß seines 65. Geburtstages widmet ihm der staatliche Radio- und Fernsehsender TRT eine mehrteilige Biographie unter dem Titel *Die Sonne, die nie untergeht*. Kurz nachdem eine Ehrung gedreht worden war – der Intendant schenkt ihm das Mikrophon, vor dem er vor 45 Jahren in den TRT-Studios aufgetreten war – bricht Müren mit einer Herzattacke zusammen und stirbt. In das laufende Programm des Senders wird der Schriftzug „Die Sonne ist untergegangen" eingeblendet.

Murray, Natalia Danesi

italienische Radiojournalistin
1902

Die Tochter der Herausgeberin der bekannten italienischen Zeitschrift *La Donna* folgt in den 30er Jahren ihrem amerikanischen Ehemann nach New York und beginnt dort, als Journalistin für einen italienischen Sender zu arbeiten. 1940 lernt Danesi Murray, deren eigene Radiosendungen während des zweiten Weltkrieges als „Stimme Amerikas in Italien" gelten, die zehn Jahre ältere Journalistin →Janet Flanner kennen, mit der sie bis zu Flanners Tod im Jahre 1978 zusammenbleibt. Von 1951 an leitet Danesi Murray das New Yorker Büro eines Mailänder Verlages, während Flanner als Korrespondentin durch die ganze Welt reist. Obwohl die beiden Frauen im Verlauf ihrer fast vierzig Jahre dauernden Liebesbeziehung nur kurze Zeit zusammenleben und sich vielfach auf verschiedenen Kontinenten aufhalten, bleibt ihre Beziehung stets intensiv, wie Flanners Briefe, von Danesi Murray kommentiert und herausgegeben, eindrucksvoll dokumentieren (*Darlinghissima – Letters to a Friend*, 1985, dt. *Darlinghissima, Briefe an eine Freundin*).

N

Nader, George

US-amerikanischer Schauspieler
19.10.1923 Pasadena/Kalifornien

Der deutschstämmige Nader – der Großvater, ein von Nader, war zur Jahrhundertwende vom Rheinland nach Chicago ausgewandert – ist in einer wohlhabenden Famile aufgewachsen. Der Berufswunsch Schauspieler steht schon früh fest. Nader nimmt Schauspieluntericht und macht erste Erfahrungen auf Provinzbühnen und mit Kleinrollen beim Fernsehen. *Monsoon* (1952, dt. *Monsun*) mit Filmpartnerin Ursula Thiess wird seine erste Hollywood-Produktion. In Deutschland wird Nader in den 60er Jahren vor allem durch die Rolle des FBI-Agenten Jerry Cotton bekannt. Nader und sein Lebensgefährte Mark Miller gehören zum engsten Freundeskreis von →Rock Hudson, dessen Liebhaber er zeitweilig ist. Nach Hudsons Tod erzählt Nader in einem Interview über diese Zeit: „Von allen anderen fühlten wir uns als Homosexuelle abgelehnt, aber wir akzeptierten uns gegenseitig und genügten uns selbst. Wir drei hatten eine enge Bindung zueinander und hielten unter allen Umständen zusammen." Nader lebt heute zusammen mit Mark Miller auf Hawaii und arbeitet als Schriftsteller, vor allem von Science-Fiction-Romanen. Der erste, *Chrome*, ist 1978 erschienen und hat auch homosexuelle Aspekte in der Handlung.

Nannini, Gianna

italienische Musikerin
14.6.1956 Siena

Kaum eine aus der riesigen deutschen Lesbenfangemeinde versteht zwar, was die Dame da eigentlich singt, aber das macht nichts: Gianna Nannini ist seit vielen Jahren eine der größten Ikonen der weiblichen Rockmusik. Nanninis Vorliebe für androgyne Kleidung und schwarze Lederhosen, ihre brüchige, rauhe Stimme, die kraftvollen, manchmal wütenden Texte – auf so was hatten die Lesben schon immer gewartet. 1980 ist es dann soweit: Mit der Singleauskopplung *AMERICA* landet die italienische Rockröhre ihren ersten Hit im deutschsprachigen Raum. Der Text – eine Masturbationsphantasie – führt allerdings in ihrem Heimatland zu einer öffentlichen Moraldiskussion, die die Sängerin als Herausforderung nimmt – schließlich handeln die meisten ihrer Lieder vom Kampf der Frauen um ihre ganz persönliche und explizit auch sexuelle Freiheit. Nannini, die ein Klavierstudium in Lucca absolviert hat, tritt bereits 1976 mit ihrer Debüt-LP *Gianna Nannini* an die Öffentlichkeit, mit *Latin Lovers* gelingt ihr sechs Jahre später der internationale Durchbruch, gefolgt von *Profumo* (1986) und *Malafemmina* (1988). Nannini, die 1994 für ihre Doktorarbeit in Philologie und Philosophie mit der Auszeichung „summa cum laude" bedacht wird, ist seit Jahren auf ausgedehnten Tourneen und nahezu allen wichtigen Solidaritätskonzerten in Europa zu hören und zu sehen. Die überaus erfolgreiche Musikerin ist in der Gunst des lesbischen Publikums noch gestiegen, seit sie 1983 ein lange schwelendes Gerücht bestätigte: Die Frau mit der Reibeisenstimme steht auch auf Frauen! „Es gibt Phasen, da interessiere ich mich mehr für Frauen, und Phasen, da sind es eher Männer."

- CDs: *Dispetto*, 1995

○ T. De Santis: *Nannini*, 1991 (dt. *Gianna Nannini*)

Navarre, Yves

französischer Schriftsteller
24.9.1940 Condom/Gascogne – 24.1.1994 Paris

Bereits in seiner Jugend sei es für ihn klar gewesen, Schriftsteller zu werden, schreibt Yves Navarre über sich. Schreiben sei stets die ursprüngliche Ausdrucksform seiner Person gewesen: „Ich habe mich immer in meinen Texten realisiert." Als 1971 sein erster Roman *Lady Black*, die Geschichte eines Transvestiten, erscheint, ist dies bereits sein achtzehntes Romanmanuskript. *Lady Black* wird zu einem Skandalerfolg; die Veröffentlichung fällt zusammen mit dem von großer Medienaufmerksamkeit begleiteten Auftreten der ersten französischen Schwulengruppen. Navarre fühlt sich zwar der Schwulenbewegung nahe, doch will er nicht als deren Sprachrohr mißbraucht werden. Er verwahrt sich dagegen, „homosexueller Autor" genannt zu werden; er sei Autor und homosexuell. Eine Gruppe der „Front Homosexuel d'Action Révolutionnaire" besetzt 1971 die Wohnung des durch den literarischen Erfolg verdächtig gewordenen Autors. Navarre ist als Autor bemerkenswert produktiv. Es erscheinen mehr als 20 Romane und ein Dutzend Theaterstücke. Zum einen beschäftigt er sich immer wieder mit Familienstrukturen (er selbst stammt aus einer großbürgerlichen Familie), zum anderen schreibt er Romane über schwule Liebesbeziehungen (z.B. *Loukoom*, 1973, dt. 1986). In *Le jardin d'acclimation* (1980, dt. *Vorbeugender Eingriff*, 1988) laufen diese beiden Stränge zusammen. Für diesen engagierten Roman über einen schwulen jungen Mann, dessen Familie ihn hirnchirurgisch von seiner Homosexualität heilen lassen will, erhält Navarre 1980 den Prix Goncourt, den bedeutendsten französischen Literaturpreis. Dennoch fühlt sich Navarre von der Literaturszene nicht genügend beachtet und ins Ghetto des Schwulenschriftstellers abgeschoben. 1989 kündet er anläßlich der Aids-Konferenz in Montreal an, Frankreich zu verlassen, und siedelt nach Kanada über. 1990 erscheint dort *La terrasse des audiences au moment de l'adieu*, seine Abrechnung mit dem Pariser Literaturbetrieb. 1992 Rückkehr nach Paris, wo er 1994 den Freitod wählt.

- *Le petit galopin de nos corps*, 1977; *Biographie 1* und *Biographie 2*, 1993; *Hotel Styx*, 1989. *Ce sont amis que vent emporte*, 1991

Navratilova, Martina

US-amerikanische Tennisspielerin tschechischer Herkunft
18.10.1956 Prag

Der Welt berühmteste Lesbe ist – Tennisspielerin. 167 Einzeltitel gewinnt Martina Navratilova im Laufe ihrer langen Karriere – darunter neun Siege in Wimbledon (1978-79, 82-87 und 90), zweimal bei den French Open, dreimal bei den Australian Open, viermal bei den US-Open – die Siegesliste der drahtigen Blondine mit dem öffentlich ausgeschlachteten Liebesleben ist schier atemberaubend. Schon 1975 erringt sie den „Federation Cup", damals noch für ihr Geburtsland, die Tschechoslowakei, sieben Jahre später erneut, diesmal für die USA, wohin sie mit 18 Jahren ausgewandert ist. Ihr Aufstieg an die Tennisweltspitze ist anfänglich von bösartigen Attacken seitens der Medien begleitet. Als Gegenstand des beispiellosen öffentlichen Interesses steht Martina Navratilova jahrelang als lesbische Identifikationsfigur im Rampenlicht und erringt damit mehr oder minder unfreiwillig unschätzbare Verdienste im Kampf um die Sichtbarmachung und Anerkennung lesbischer Frauen.
1981 outet ein New Yorker Journalist, dem Navratilova ihre Romanze mit der Schriftstellerin →Rita Mae Brown anvertraut hatte, die Sportlerin. Statt sich zu verstecken, geht sie in die Offensive – bis hin zur öffentlichen Trauungszeremonie mit ihrer Lebensgefährtin, der ehemaligen Schönheitskönigin Judy Nelson, Mitte der 80er Jahre. Ein paar Jahre später sorgt Navratilova wiederum für Schlagzeilen, als sie die Transsexuelle Renee Richards als Trainerin anstellt, die ihrerseits vor ihrer operativen Geschlechtsumwandlung Sieger der Herrenmeisterschaften der US-Junioren gewesen war. Navratilova, die 1993 als erste Frau einen internationalen Wettbewerb in Shorts bestreitet, opponiert im gleichen Jahr heftig und erfolgreich gegen die Antihomosexuellen-Gesetzgebung in Colorado – mit Erfolg: Die Drohung, ihre Schirmherrschaft über die Skigebiete von Aspen zurückzuziehen, erfüllt ihren Zweck. Seit ihrem Rückzug von der Profikarriere nutzt Navratilova ihre kritische und zornige Stimme, um sich verstärkt in der Schwulen- und Lesbenbewegung zu engagieren: „Ich sage: Kämpft und kommt raus,

damit unsere Namen ein Gesicht bekommen." Navratilova lebt heute mit diversen Hunden und Pferden in Aspen/Colorado.

• mit G. Vecsey: *Martina*, 1991 (dt. *So bin ich*); mit Liz Nickles: *Breaking Point*, 1997

Nazimova, Alla

russsiche Schauspielerin und Filmproduzentin
22.5.(a.Q. 4.6.)1879 Yalta/Krim – 13.7.1945 Los Angeles

Nach ihrem Musikstudium am St. Petersburger Konservatorium ist Nazimova bereits eine bekannte Violinistin, als sie mit neunzehn Jahren auf einer Moskauer Bühne ihr Schauspieldebüt gibt. Nach ihrer Emigration nach New York steigt sie am Broadway rasch zur begehrtesten Ibsen-Interpretin auf. Die dunkelhaarige Schönheit mit der feurigen Ausstrahlung, die u. a. mit der Dramatikerin →Mercedes de Acosta und der Schauspielerin →Eva LeGallienne liiert ist, folgt 1916 dem Ruf nach Hollywoood (*War Brides*, 1917, dt. *Kriegsbräute*). Ihr überwältigender Erfolg ermöglicht der „Frau der tausend Stimmungen" den Bau einer monumentalen Villa am Sunset-Boulevard, die sich bald als berühmt-berüchtigter Treff der Hollywooder Prominenz etabliert. In den 20er Jahren beginnt Nazimova selbst Filme zu produzieren: →Oscar Wildes *Salomé* (1923), ein stilisierter Stummfilm, ist nach dem Urteil der Kritik allerdings ein totaler Reinfall. Nach dem finanziellen Ruin durch weitere mißlungene Projekte wendet Nazimova sich wieder der Schauspielerei zu. 1944 triumphiert sie ein letztes Mal in der Verfilmung von →Thornton Wilders *The Bridge of San Luis Rey* (dt. *Die Brücke von San Luis Rey*)

• Gavin Lambert: *Nazimova*, 1997.

Ndegéocello, Me'Shell

US-amerikanische Musikerin
29.8.1969 Berlin

Aufgewachsen in Washington DC, zieht die ausgebildete Bassistin Anfang der 90er Jahre nach New York, wo 1993 ihr erstes Album *Plantation Lullabies* erscheint, das in der Presse als „die Zukunft des Funk" gefeiert und mit zahlreichen Auszeichnungen, u.a. vier Grammy-Nominierungen, geehrt wird. Ndegéocello – deren Name auf Swahili „frei wie ein Vogel" bedeutet, „N-day-gay-o-chello" ausgesprochen wird und damit bereits auf ihre Geschlechtsidentität verweist – hat sich mit ihren lyrisch-provokativen Texten, geschmeidigen Melodien und eindringlichen Sprechgesang als eine der wichtigsten schwarzen Rapperinnen profiliert. Die Songs in *Peace Beyond Passion* (1996) handeln von Rassismus, Drogen, Sex und Gewalt – insbesondere die spektakuläre Hitsingle *Leviticus: Faggot*. Die Mutter einer Tochter und überzeugte Muslimin outet sich 1996 als Lesbe und erfreut vor allem ihre muslimischen Mitschwestern mit einem offenherzigen Bekenntnis: „Es ist hart – während des Ramadan sollst du eigentlich noch nicht einmal an Sex denken. Aber ich will Sex haben, und ich bin lesbisch, und trotzdem kann ich eine gute Muslimin sein, auch wenn manche Leute da anderer Meinung sind." Zur Zeit ist sie mit der Choreographin Winifred Harris zusammen.

Near, Holly

US-amerikanische Musikerin
6.6.1949 Ukiah/Kalifornien

Mit sieben Jahren steht der Sprößling einer hochmusikalischen Familie erstmals singend auf der Bühne, als Teenager ist sie bereits in einer beachtlichen Anzahl von Filmen und Fernsehshows aufgetreten – den vorläufigen Höhepunkt markiert ihre Rolle im Broadway-Musical *Hair* Ende der 60er Jahre. Kurz darauf erwacht Nears politisches Bewußtesein – ihr Antikriegsengagment drückt sich auch in ihren populären Folksongs aus. Unzufrieden mit den eingeschränkten Entfaltungsmöglichkeiten, die ihr der Plattenvertrag mit einer führenden Musikgesellschaft auferlegt, gründet Near kurzentschlossen ihr eigenes Label „Redwood Records". Ihr erstes Album *Hang in There* (1973), dessen Songs auch lesbische Themen beinhalten, wird ein Renner wie auch die nachfolgenden Alben. Nears Song *Singing for Our Lives* wird in den 80er Jahren zur Hymne der US-amerikanischen Lesben- und Schwulenbewegung. Near, die Anfang der 90er Jahre ihr lesbisches Publikum mit einem neuerlichen Coming-out als Bisexuelle verblüfft, trägt entscheidenden Anteil an der Eroberung der bis dahin durch Männer besetzten Domäne der Rock-Musik durch fähige Musikerinnen in aller Welt.

- *You Can Know All I Am*, 1976; *Imagine My Surprise*, 1978; *Journeys*, 1984

Nelsen, Jo van
(eigentlich Jochen Bickert)

deutscher Chansonnier
28.8.1968 Bad Homburg vor der Höhe

Noch während seiner Schulzeit präsentiert van Nelsen sein erstes Solo-Chanson-Programm. Nach dem Abitur beginnt er eine Buchhändlerausbildung, hospitiert am Frankfurter Schauspiel und stellt 1989 im Gallus-Theater Frankfurt/Main seinen Chansonabend *La nuit en rose* vor. Im gleichen Jahr gelangt van Nelsen als Gastsänger der Gruppe *Culture Beat* mit dem Dancefloor-Titel *Der Erdbeermund* international in die Charts. Es folgen weitere Soloprogramme mit vorwiegend klassischen Chansons der 20er und 30er Jahre (u.a. *Lauter Lügen*, 1990; *Es leuchten die Sterne*, 1994), die deutsche Nachkriegsrevue *Küß mich unterm Gummibaum* (1991) und eine Hommage an Hildegard Knef *(Ich will*, 1994, als CD 1995). Für die mit der Band *Die Schwindler* eingespielte CD *Im Dunkel der Nacht* (1992) wird er mit dem Ralph-Benatzky-Chansonpreis ausgezeichnet. 1996 entwickelt er gemeinsam mit →Friedhelm Kändler das Programm *In aller Heimlichkeit* ausschließlich mit Texten und Chansons des Hannoveraner Autors. Seit 1992 betätigt sich van Nelsen neben Lesungen und Moderationen auch als Schaupieler (u.a.

1992 in *Eine Starke Blondine* nach →Dorothy Parker und in Per Olov Enquists *Die Nacht der Tribaden*, 1993; beide in den „mainzer kammerspielen"). 1993 spielt er in *Nachtrunden*, einem Fernsehfilm des Hessischen Rundfunks.

- „Heimat". In: *Ein Ort, überall. 18 Erfindungen von Heimat*, 1994

Neumeier, John

US-amerikanischer Choreograph, Tänzer und Ballettdirektor
24.2.1942 Milwaukee/Wisconsin

Nach einer ersten Tanzausbildung und dem Studium der Fächer Literatur- und Theaterwissenschaft und Englisch kommt Neumeier 1962 nach Europa zunächst zur Royal Ballet School London und 1962/63 zum Unterricht bei Vera Volkova nach Kopenhagen. Erstes Engagement in der Companie von Sybil Shearer (1960-62), ab 1963 bei John Cranko am Stuttgarter Staatstheater, wo er mittlere Solorollen tanzt und mit ersten Choreographien auf sich aufmerksam macht. 1969 wird er Ballettdirektor in Frankfurt/Main, wo er eine eigene Truppe aufbaut, die ihm 1973 fast geschlossen nach Hamburg folgt, wo er an der Hamburgischen Staatsoper als Ballettdirektor engagiert wird. Hier führt er die Compagnie und sich selbst mit mehr als 100 eigenen Choreographien binnen kurzer Zeit zu Weltruf. Höhepunkte sind Neuinterpretationen klassischer Werke (*Schwanensee*, 1976; *Le sacre du printemps*, 1977). Seit den 80er Jahren widmet er sich verstärkt großen Stoffen der Weltliteratur und der Musikgeschichte (*Endstation Sehnsucht*, 1983; *Othello*, 1985; *Medea* 1990). 1978 eröffnet er eine Ballettschule, seit 1989 sind Compagnie und Schule im „Ballettzentrum Hamburg – John Neumeier" untergebracht. In seiner Hamburger Wohnung besitzt Neumeier eine der größten Privatsammlungen von Tanzmemorabilia aller Art und eine mehr als 10.000 Bände umfassende Fachbibliothek.

Nightingale, Florence

britische Krankenschwester
12.5.1820 Florenz – 13.8.1910 London

Mit 17 vernimmt Nightingale die Stimme des Herrn, der ihr aufträgt, ihr Leben dem Dienst am Menschen zu widmen. Allerdings braucht die junge Frau aus großbürgerlichen Verhältnissen dann noch neun Jahre, um die Rolle, die ihr in diesem Sinne zugedacht war, genauer zu bestimmen – neun Jahre, die sie dazu nutzt, ihre Liebe zu Frauen, insbesondere zu ihrer Tante Mai Smith und danach ihrer Cousine Marianne Nicholson, zu entdecken. 1846 beschließt sie, sich am Salisbury Hospital zur Krankenschwester ausbilden zu lassen, um sich in kürzester Zeit zu einer Expertin auf dem Gebiet der öffentlichen Gesundheit zu entwickeln. 1854, während des Krimkrieges, wird die tatkräftige Reformerin schließlich aufgrund ihres unermüdlichen Einsatzes für die verwundeten Soldaten zu jeder Tages- und Nachtzeit als „Die Lady mit der Lampe" berühmt und kehrt als Nationalheldin nach England zurück. Nightingale, die den Rest ihres Lebens der Gesundheitsfürsorge und der Ausbildung von Krankenschwestern widmet, wird 1907 vom König als erster Frau der Order of Merit verliehen.

Nijinski, Waslaw
(andere Schreibweise: Vaclaw)

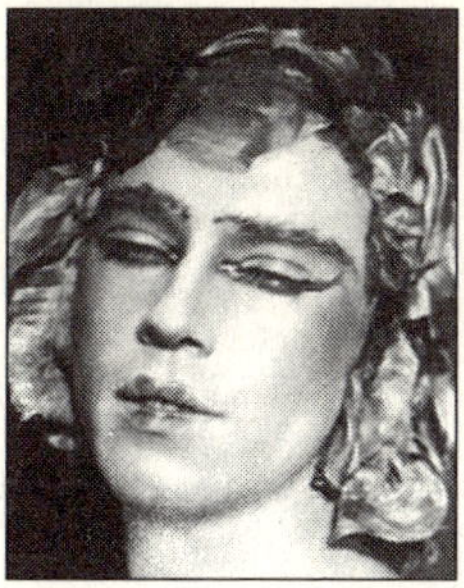

russischer Tänzer und Choreograph
28.2.1890 (a. Q. 12.3.1890, 12.3.1888, bzw. 17.9.1889) Kiew – 11.4.1950 London

Sohn einer Tänzerfamilie, geht bereits mit drei Jahren auf Tournee. 1907 Abschlußprüfung an der Kaiserlichen Ballettschule in St. Petersburg und Engagement als Solotänzer am Kaiserlichen Russischen Ballett. 1908 lernt er den 30jährigen Prinzen Pavel Dmitriewitsch Lwow kennen, seine erste homosexuelle Erfahrung. Lwow, enttäuscht über Nijinskis kleinen Penis, beginnt sich mit ihm zu langweilen und vermittelt ihm die erste heterosexuelle Erfahrung mit einer Prostituierten – für Nijinksi ein traumatisches Erlebnis. Lwow stellt ihn dem offen homosexuell lebenden, 20 Jahre älteren Choreographen Sergej Diaghilew vor, der Nijinski beruflich wie privat so eng wie möglich an sich bindet. In Diaghilews „Ballets Russes" tanzt er seine legendären Rollen in *Le sacre du printemps, Petruschka* und *L'après-midi d'un faune*. Weil er in der Schlußszene dort eine Masturbation simuliert, droht die Polizei mit einem Verbot. Nijinski weigert sich jedoch, die Choreographie zu ändern, und die Vorstellungen verlaufen ungestört. Statt sich Diaghilews Drängen nach einer homosexuellen Dreierbeziehung nachzugeben, heiratet Nijinski 1913 während einer Tournee die Gräfin Romola de Pulszki, die wie andere Frauen auch, ihn heftig umworben hatte. Aus der Ehe gehen zwei Kinder hervor. Diaghilew fühlt sich verstoßen und entläßt den Tänzer aus seinem Ensemble. Nijinski gründet eine eigene Tanzgruppe, mit der er in Großbritannien und in den USA auftritt, jedoch ist er nach wenigen Monaten bereits bankrott. Während des ersten Weltkrieges wird er als vermeintlicher russischer Spion bis 1916 inhaftiert. Nijinski ist dem Tauziehen um seine Person – neben seiner Ehefrau werben sowohl die Herzogin von Durcal als auch erneut Diaghilew um seine Gunst – nicht gewachsen. 1919 erleidet er auf einer Tournee einen Nervenzusammenbruch und gibt den Tanz auf. Den größten Teil seines restlichen Lebens verbringt er, von Depressionen und Verfolgungswahn geplagt, in einer Nervenklinik in der Schweiz.

- *Ich bin ein Philosoph, der fühlt. Tagebuch 1918*, 1996
- ○ Peter Ostwald: *Ich bin Gott. Waslaw Nijinski – Leben und Wahnsinn*, 1997

Nin, Anaïs

US-amerikanische Schriftstellerin
21.2.1903 Neuilly/Paris – 14.1.1977 Los Angeles

Bereits in ihrer Jugend rebelliert Nin heftig gegen die gesellschaftlichen Verhältnisse, bricht deshalb die Schule ab und arbeitet zunächst als Model und Tänzerin. Ab 1916 lebt sie abwechselnd in Paris und den USA, wo sie bald der Mittelpunkt eines vielseitigen Künstlerkreises wird und u.a. Henry Miller, ihren späteren Lebensgefährten, kennenlernt. Nins Kurzgeschichten und Romane, die den Einfluß Joyces und der Freudschen Psychoanalyse widerspiegeln, setzen sich in fast surrealistischer Sprache mit Inzest, Einsamkeit und Identitätsproblemen auseinander (*The House of Incest*, 1936; dt. *Das Haus des Inzests*). Bekannt wird Nin vor allem durch ihre 10-bändigen Tagebücher (1966-83), ein hochrangiges kunst- und kulturgeschichtliches Werk, in dem zahlreiche Zusammenhänge des geistigen Lebens im 20. Jh. erhellt werden, sowie durch ihre intellektuell-(homo)erotischen Arbeiten *Delta of Venus* (1977, dt. *Das Delta der Venus*) und *Henry, June and me* (posthum 1986; dt. *Henry, June und ich*), in dem Nin ihre sexuelle Dreiecksbeziehung zu Henry Miller und dessen Frau June schildert.

Nomi, Klaus
(eigentlich Klaus Sperber)

deutscher Sänger
6.8.1945 (a.Q. 1944, bzw. 1947) Berlin – 6.9.1983 New York City

Keine drei Jahre dauert die außergewöhnliche Karriere Klaus Nomis. Gerade als er im Begriff ist, mit seiner musikalischen Verschmelzung von Pop und Klassik den Sprung zum Weltruhm zu schaffen, erliegt er 1983 in New York der damals noch kaum bekannten Krankheit Aids. Bis dahin hatte man ca. 600 Tote gezählt. Nomi ist einer der ersten Prominenten, der an der Seuche verstirbt. Als Klaus Sperber absolviert er in seiner Heimatstadt zunächst eine Konditorlehre. Einige Semester studiert er an der Musikhochschule, danach erhält er jedoch kein Engagement an einem Opernhaus. Später gibt er zwar an, er habe an der Deutschen Oper Berlin gesungen, tatsächlich aber verdient er sich lediglich als Straßensänger *vor* dem Opernhaus sein Geld. 1972 zieht er nach New York und arbeitet in einer Patisserie. 1976 lernt er bei seinen Bemühungen, sich sängerisch und künstlerisch weiterzubilden, den Gesangslehrer Ira Siff kennen, der später Karriere als Vera Galupe-Borszsch der Opern-Drag Queen-Gruppe *La Gran Scena Opera Company* macht. Siff erkennt zwar Nomis außerordentliche Fähigkeit zum Falsettgesang, rät ihm aber, sich für die Tenorstimme zu entscheiden, weil an hochsingenden Männern zu dieser Zeit noch überhaupt kein Bedarf bestand. Seine exzentrische Künstlernatur lebt Nomi eine Zeitlang noch in anderen Projekten aus, etwa als Loreley in Charles Ludlams Wagner-Parodie *Der Ring Gott Farblonjet* (1977). Im Jahr darauf entwickelt Nomi gemeinsam mit dem Tänzer Boy Adrian eigene Bühnennummern, die sie in der von dem schwulen Künstler David McDermott organisierten New Wave Vaudeville Show erstmals präsentieren. Sperber ändert seinen Nachnamen in Nomi (ein Anagramm seiner Lieblingszeitschrift, dem Cyber-Punk-Science-Fiction-Blatt *OMNI*), entwirft für sich ein bizarres, Roboter- und extraterrestrisches Outfit und singt mit seiner Mezzosopran-Stimme Arien und Punksongs von Nina Hagen. Eine Zufallsbegegnung verschafft ihm die Bekanntschaft mit David Bowie, der ihn zur *Saturday Night Live Show* der NBC mitschleppt. Nomi wird über

Nacht ein Star. Der Künstler Kenny Scharf entwirft für ihn nun die Kostüme. Nomi wird als neuer Star der jungen New Wave-Szene zu Auftritten eingeladen und findet sich in einer gemeinsamen Familie mit anderen Jungstars wie →Madonna, Jean-Michel Basquiat und →Keith Haring wieder. Ausgerechnet die französische Dependance der Plattenfirma RCA nimmt Nomi schließlich unter Vertrag und investiert viel Geld in die Produktion und Promotion des ersten Albums *Simple Man.* Die zweite LP *Encore* erscheint bereits posthum. Auf ihr findet sich auch der *Cold Song* aus Henry Purcells Semioper *King Arthur*, eines der vielen unverwechselbaren Highlights aus dem schmalen Werk Nomis. Der Musiker Eberhard Schoener, der Nomi im Dezember 1981 in seiner europaweit übertragenen TV-Show *Klassik-Rock-Nacht* erstmals in Deutschland als Star präsentiert, veröffentlicht 1997 eine CD-Einspielung seiner Kurzoper *Cold Genius,* in der er die letzten Stunden Nomis vor seinem Tode thematisiert.

Nurejew, Rudolf

russisch-österreichischer Tänzer, Choreograph und Ballettdirektor
17.3.1938 Razdlnaja – 6.1.1993 Paris

Nurejew, Sohn eines Politoffiziers tartarischer Abstammung, kommt bei einer Fahrt in der Transsibirischen Eisenbahn auf die Welt. Mit elf Jahren nimmt er Ballettunterricht. Allerdings gelingt ihm erst 1954, nachdem er sich einige Jahre mit Volkstanzvorführungen und als Tanzlehrer in Arbeiterkollektiven durchgeschlagen hat, die Aufnahme in die Ballettschule der Oper in Ufa. 1958 ist er bereits Solist beim Kirow-Ballett. 1961 setzt er sich unter großem Aufsehen bei einer Tournee in Paris ab und beginnt seinen weltweiten Siegeszug als wohl spektakulärster Tänzer der zweiten Hälfte dieses Jahrhunderts. In den 60er und 70er Jahren setzt er neue Maßstäbe für den Männertanz im westlichen Ballett, meist an der Seite der 20 Jahre älteren Primaballerina Margot Fonteyn. 1965 übernimmt er die erste eigenständige Choreographie eines zeitgenössischen Balletts, →Hans Werner Henzes *Tancredi e cantilena* an der Wiener Staatsoper. Furore macht er auch mit drei legendären →Nijinski-Rollen, *Le Spectre de la Rose*, *Petruschka* und *L'après-midi d'un faune.* Ab 1975, mit der Premiere von Rudi van Dantzigs *Blown in a Gentle Wind* in Amsterdam, beginnen sich die kritischen Stimmen zu häufen; für die Kritik ist Nurejew aus den Prinzen-Rollen herausgealtert. Gewissermaßen als Antwort darauf taucht er 1992 unerwartet als böse Fee Carabosse in einer *Dornröschen*-Inszenierung an der Deutschen Staatsoper Berlin auf. Als Ballettchef der Pariser Oper (1983-89) ist er wenig erfolgreich; auch versucht er sich als Dirigent und Filmschauspieler (u.a. in *Exposed*, 1982, *Cinderella* 1986, und in Ken Russels Spielfilm über →Rudolph Valentino, 1977). Sein letzter öffentlicher Auftritt findet 1992 zur Premiere seines Balletts *La Bajadère* in Paris statt, wo ihm Jack Lang den Kulturorden *Commandeur des Arts et des Lett-*

res des französischen Staates überreicht . Bereits 1988 war er zum Mitglied der Ehrenlegion ernannt worden. Nurejew ist bereits schwerst an den Folgen von Aids erkrankt und leitet die Choreographie von seinem Bett hinter den Kulissen aus. Seit 1981 ist Nurejew österreichischer Staatsbürger, er lebt jedoch zumeist in Paris bzw. auf seinem Schloß in Monte Carlo. Insgesamt verfügt er über sieben Wohnsitze.

• *An Autobiography with Pictures*, 1963

○ Peter Watson: *Nurejew. Die Biographie*, 1995; Otis Stuart: *Nurejew. Die Biographie*, 1996

O

Oestergaard, Heinz

deutscher Modeschöpfer
15.8.1916 Berlin

Der an einer privaten Kunsthochschule ausgebildete Zeichner und gelernte Konfektionsschneider eröffnet 1946 seinen ersten Modesalon in Berlin und gilt mit 30 Jahren als Deutschlands jüngster Modeschöpfer und der erste mit internationalem Rang. Außerdem gehört er zu den wichtigsten Ausstattern des deutschen Nachkriegsfilms und entwirft Kostüme u.a. für Zarah Leander, Romy Schneider und Maria Schell. Als einer der ersten der Branche setzt Oestergaard auch seinen Namen für andere Produkte wie Strümpfe und Parfüm ein. Über Jahrzehnte versorgt er die deutsche Frau mit edlem Chic, Mode mit Weltniveau zum Preis von Stangenware. Denn nicht Exklusivität, sondern Masse ist sein Ziel. Bereits in den 50er Jahren entwirft er für große Unternehmen Kollektionen für die Massenanfertigung. 1967 gibt er sein Berliner Unternehmen auf und gründet in München das „studio für creative design". Als Modeberater des Fürther Großversandhauses *Quelle* (1967-1985) sorgt er für die Demokratisierung der Mode: Ein Hauch von Paris für jede Hausfrau. In den 70er Jahren beginnt Oestergaard sich intensiv mit Arbeitskleidung zu beschäftigen und gestaltet u.a. die Uniformen für den Straßendienst des ADAC, die Berliner Polizei und die russische Handelsmarine. Von 1978 bis 1986 hat er einen Lehrauftrag für Mode und Design an der Fachhochschule Pforzheim. 1985 zieht sich Oestergaard aus der Modebranche zurück und entwirft nun Gläser, Mobel und Teppiche für internationale Firmen.

○ Christine Waidenschlager: *Heinz Oestergaard. Mode für Millionen*, 1992

Oesterle-Schwerin, Jutta

deutsche Politikerin
1941 Jerusalem

Erste offen lesbische Abgeordnete im Deutschen Bundestag (1987-1990), zahlreiche Bundestags-Initiativen für Lesben und Schwule. 1988 will der Bundestagspräsident Philipp Jenninger der Abgeordneten verbieten, die Worte „Lesben" und „Schwule" in ihren Anträgen zu verwenden, da sie „... nicht als Bestandteil der Hochsprache [...] anerkannt werden." Oesterle-Schwerin nimmt den Fehdehandschuh auf und schreibt zurück: „... Es sind nicht die Worte, an denen Sie [...] sich stören, sondern eine bestimmte Lebensform, die abgelehnt wird [...]. Wenn die Bezeichnungen ‚Lesbe' und ‚schwul' für den Bundestag nicht gut genug sind, wie ungemein schlecht muß es dann erst sein, als Lesbe oder als Schwuler zu leben?" Die Auseinandersetzung um die schlimmen Worte überdauert drei BundestagspräsidentInnen. Oesterle-Schwerin setzt sie auch dann noch fort, als sie nicht mehr Abgeordnete ist, sondern als wissenschaftliche Mitarbeiterin im Bundestag arbeitet. 1991 hat sie damit Erfolg. Seitdem ist die Verwendung der Begriffe „lesbisch" und „schwul" im Bundestag selbstverständlich.
Der Homoehe steht die Feministin von Anfang an skeptisch gegenüber und hält es für einen Trugschluß, daß diese die Akzeptanz von Lesben oder Schwulen erhöhen würde: „Bleiben Schwarze für ihre Feinde nicht auch dann ‚Neger', wenn sie ihre Nasen operieren lassen und ihr Kraushaar glätten? Und wie wirksam war die Assimilation der Juden?" 1994 nimmt Jutta Oesterle-Schwerin Abstand von der ihrer Meinung nach von außen aufoktroyierten Zusammengehörigkeit von Lesben und Schwulen. Ihr *taz*-Artikel „Lesben sind keine Homos" führt zu lebhaften Diskussionen. 1995 gründet sie zusammen mit anderen die Feministische Partei DIE FRAUEN.

Ottinger, Ulrike

deutsche Filmemacherin
6.6.1942 Konstanz

Auch zwanzig Jahre nach ihren Anfängen als experimentelle Undergroundkünstlerin hat sich die Berliner Regisseurin, die mit den visionären Spielfilmen *Freak Orlando* (1981), *Dorian Gray im Spiegel der Boulevard-Presse* (1984), *Johanna D'Arc of Mongolia* (1989) und den Dokumentarfilmen *China. Die Künste – Der Alltag* (1985) und *Taiga* (1992) auch große internationale Beachtung findet, ihre ungewöhnliche Sichtweise auf das Skurrile im Alltäglichen bewahrt. Ottingers Filme stehen für ein unkonventionelles, kostüm- und bilderreiches Kino der Attraktionen, in dem sich die Grenzen zwischen Realität und Fiktion verwischen. Großes Gewicht liegt dabei auf der Auseinandersetzung mit Machtverhältnissen und Minoritäten und dem spielerischen Umgang mit Androgynität, Homo- und Transsexualität: „Man kann nie etwas Neues, einen Ausweg aus Sackgassen finden, wenn man nicht anfängt, mit Möglichkeiten zu spielen."

P

Paglia, Camille

US-amerikanische Humanwissenschaftlerin
1947

Als 1991 in den USA die wuchtige Streitschrift *Sexual Personae – Art and Decadence from Nefrtiti to Emily Dickinson* (dt. Die *Masken der Sexualität*) erscheint, bricht (nicht nur) un-

ter Feministinnen ein beispielloser Sturm der Empörung los. Die italienischstämmige Professorin aus Philadelphia, die für ihr Werk mehr als zehn Jahre lang einen Verlag gesucht hatte, scheint mit ihren provokanten Thesen über die Geschlechter der Frauenbewegung hart in den Rücken zu fallen. Laut Paglia ist die Menschheitsgeschichte eine Orgie von Sex und Gewalt, bevölkert von triebgesteuerten AkteurInnen, die sich stets hinter ihren sexuellen Masken verstecken. Männliches und weibliches Verhalten sei nicht von der Sozialisation, sondern der Biologie diktiert, vom ewigen Unterschied zwischen Männern und Frauen, der eine kulturelle Angleichung unmöglich macht. Die vornehmlich von Männern geschriebene Kulturgeschichte erscheine als permanenter Verdrängungskrieg gegen die heidnisch ungebändigte Sexualität, der Feminismus als törichter Versuch, Sexualität zu domestizieren. Gleichzeitig seien schwule Männer, vom Fortpflanzungstrieb ausgenommen, die Garanten der kulturellen Entwicklung, in Paglias Augen gewissermaßen sogar die Krone der Schöpfung. („Schwule suchen vielleicht Sex ohne Gefühle; Lesben finden sich aber oft mit Gefühlen ohne Sex.")
Paglias höhnische und giftige Tiraden gegen die schlaffen Bewegungsschwestern („Schauen Sie sich doch diese jämmerlichen alternativen Frauen-Studienprogramme an ...") treiben vielen Lesben die Schamesröte ins Gesicht, zumal die publicitysüchtige Dame selbst dem eigenen Geschlecht zugeneigt ist und keine Gelegenheit ungenutzt läßt, sich öffentlich abfällig über den lesbischen Lebensstil zu äußern. Vielleicht, weil keine Frau mit ihr ins Bett will? – „Ich bezeichne mich jetzt als bisexuell, früher hätte ich gesagt, daß ich lesbisch bin. Aber ich fand keine Frau, die mit mir schlafen wollte. Frauen wollen keinen Sex. Sie wollen zusammen sein, über ihre Mütter reden, Volleyball spielen und schmusen, schmusen, schmusen."

- *Sex, Art and Culture in America*, 1992 (dt. *Der Krieg der Geschlechter – Sex, Kunst und die Medienkultur in den USA*)

Paris, Bob

US-amerikanischer Bodybuilder
14.12.1959

In dem Bodybuilding-Magazin *Ironman* bekennt sich das *Playgirl*-Model und der Profi-Bodybuilder Bob Paris – u.a. als Mr. Universe und Mr. America ausgezeichnet – für die Sportszene überraschend zu seiner Homosexualität. Ein bis dahin einmaliger Fall. Der Status als schwule Identifikationsfigur verstärkt sich weiter, als er 1989 in einer Zeremonie Rod Jackson, ebenfalls Bodybuilding-Profi, heiratet und beide offiziell den Doppelnamen Jackson-Paris annehmen. Die Geschichte ihres Kennenlernens, ihre Liebe und Partnerschaft halten sie in ihrer gemeinsamen Autobiographie *Straight from the Heart – A Love Story* (1995) fest. Innerhalb der Debatte um die Anerkennung der gleichgeschlechtlichen Partnerschaften in den USA werden Jackson-Paris zum schwulen Vorzeigepaar, das sich zudem in Talkshows, Interviews, Vorträgen für Coming-out-Hilfe, Gleichberechtigung, Aids-Aufklärung und nicht zuletzt die Möglichkeit einer schwulen Ehe einsetzt. Zusammen gründen sie die auf Spenden aufgebaute „Be True to Yourself"-Foundation, die sich speziell um jugendliche Schwule und Lesben kümmert. Als ideal-athletisches

Paar werden sie von →Herb Ritts, Tom Bianchi und David LaChapelle immer wieder als Models eingesetzt, u.a. für einzig ihnen gewidmeten Bildbänden (*Duo* von Ritts, *Bob & Rod* von Bianchi) aber auch für Werbezwecke, etwa ein Anzeigenmotiv der Jeansfirma *Diesel*, das sie als küssendes Matrosenpaar zeigt. In *Straight From the Heart* beschreiben sie sowohl ihr eigenes Coming-out als auch die Entwicklung ihrer langjährigen Beziehung. Bereits1995 jedoch beginnt die Beziehung des „ideal gay couple" *(The Advocate)* unter Eindruck des ständigen öffentlichen Lebens zu kriseln. Am 18. Juli 1996 verkünden Rod und Bob Jackson-Paris das Ende ihrer siebenjährigen Ehe.

- *Bob Paris' Guide to Achieving the Ultimative Look*, 1991; *Gorilla Suit: My Adventures in Bodybuilding*, 1997

Parmar, Pratibha

britische Regisseurin indischer Herkunft
11.2.1955 Nairobi

Die Gewinnerin des Frameline Award von 1993 zählt zu den engagiertesten lesbischen Filmemacherinnen der Gegenwart. Seit 1986 arbeitet die in London lebende Parmar kontinuierlich an Dokumentationen über soziale und politische Reizthemen, wie z.B. schwarze Lesben (*Emergence*, 1986), Aids (*Reframing Aids*, 1988) oder Rassismus und Diskriminierung asiatischer Lesben (*Khush*, 1991). *Warrior Marks* (1993), in Zusammenarbeit mit der schwarzen Schriftstellerin →Alice Walker entstanden, greift in mutiger und sensibler Weise das Thema der immer noch praktizierten Klitorisbeschneidung auf. Parmars Filme zeigen das, was im alltäglichen Kampf von Frauen und Lesben um Anerkennung und manchmal auch pures Überleben oftmals aus dem Blickwinkel verschwindet: tief verwurzelte Traditionen und unterschiedliche kulturelle Dispositonen, die nur durch eingehende Reflexion überdacht und aufgebrochen werden können. Ihr Film *Jodie* (1996) ist eine mit lesbischem Blick erzählte, ironische Dokumentation und Hommage auf die Schauspielerin →Jodie Foster.

Parnok, Sophia

russsiche Opernlibrettistin und Lyrikerin
1885 Taganrog – 1933 Karinskii

Die aus wohlhabenden Verhältnissen stammende Parnok arbeitet zunächst als Übersetzerin (unter männlichem Pseudonym), bevor sie sich hauptsächlich der Lyrik zuwendet. Bis zum Publikationsverbot im Jahr 1929 erscheinen zahlreiche Gedichtbände, u.a. *Muzyka* (1926, dt. *Musik*). Danach hat Parnok, die für ihre häufig wechselnden Affären bekannt und eine Zeitlang mit der Dichterin →Marina Zwetajewa liiert war, bis zu ihrem Lebensende unter dem repressiven Klima zu leiden; erst 1979 dürfen ihre Werke, in denen immer wieder lesbische Themen auftauchen, in der Sowjetunion wieder veröffentlicht werden.

Pasolini, Pier Paolo

italienischer Filmemacher und Schriftsteller
5.3.1922 Bologna – 2.11.1975 Ostia

Pasolini wächst in verschiedenen Städten Friauls auf, studiert an der Universität Bologna und wird Lehrer. Seine ersten Veröffentlichungen, Lyrik und Tagebuchberichte, schreibt er z.T. im Friauler Dialekt. 1949 wird der bekennende Marxist wegen seiner Homosexualität aus der Kommunistischen Partei entlassen. 1950 zieht er nach Rom, wo er zunächst unter sehr ärmlichen Bedingungen in einem Vorort lebt. Dort findet er den Stoff für die Romane *Ragazzi di Vita* (1955), *Una vita violenta* (1959, verfilmt 1962) und *Il sogno di una cosa* (1962), mit denen erstmals in der italienischen Literatur gegen das *dolce vita* der römischen Boheme das von Gewalttätigkeit und sozialer Desorientierung geprägte Leben in den Vorstädten gestellt wird. Mehr geschätzt wird er zunächst jedoch für seine Lyrik wie *Le ceneri di Gramsci* (1957, dt. *Gramscis Asche*) und seine kulturkritischen Essays. 1968 entsteht sein erstes Theaterstück, *Orgia*. Bereits 1961 debütiert Pasolini mit *Accatone* als Filmregisseur. Es folgen u.a. *Mamma Roma* (1962), seine Verfilmung des Evangeliums nach Matthäus, *Il Vangelo Secondo Matteo* (1964), den er dem von ihm verehrten Papst Johannes XXIII. widmet. Homosexuelle Themen, Figuren und Handlungen lassen sich u.a. in *Teorema* (1968, basierend auf seinem gleichnamigen Roman) und seiner Version der *120 Tage von Sodom*, seinem letzten Film, finden. Diese Auseinandersetzung mit den Fantasien des Marquis de Sade und mit Mussolinis Salò-Republik wird von der italiensichen Filmzensur wegen seiner drastischen Darstellung sexueller Perversionen zunächst verboten und kann erst im November 1975 in Paris uraufgeführt werden. Pasolini wird auf einem abgelegenen Platz in Ostia von einem Strichjungen erschlagen und mit dem Auto mehrfach überfahren. Es bleibt ungeklärt, ob es sich um einen Akt der Notwehr des Strichers oder, wie vermutet worden war, um einen Auftragsmord politischer Gegner Pasolinis handelt.

Ragazzi di Vita ist zwar der erste veröffentlichte Roman Pasolinis, aber bereits einige Jahre zuvor, 1948/49, arbeitet er an „zwei Romanen über die Freundschaft" – *Amado Mio* und *Unkeusche Handlungen*, in denen er vor allem seine ersten homosexuellen Lieben verarbeitet. Als Grundlage dienen ihm seine Tagebücher, die sogenannten „Roten Hefte", die er bis 1947 geführt hat, als er als Dorfschullehrer im Heimatort seiner Mutter in der Region Friaul arbeitete. Kaum ein größerer Kontrast innerhalb seines literarischen Werkes ist denkbar als zwischen den anrührenden, traurigschönen Schilderungen in *Amado Mio* (1982, dt. 1992) und dem ebenfalls unvollendeten und nachgelassenen groß angelegten Roman *Petrolio* (1994), in dem er ausgedehnte Schilderungen – homo-, wie heterosexueller – Sexszenen fern jeglicher Romantisierung und schamhafter Zurückhaltung einarbeitet; so heftig und überdeutlich, daß sich sein italienischer Verlag Einaudi erst nach langem Ringen zu einer Veröffentlichung entschließen kann, und der Ruf nach Verbot dieser „Pornographie" begleitet das Erscheinen von *Petrolio*.

○ Nico Naldini: *Pier Paolo Pasolini. Eine Biographie*, 1991; Enzo Siciliano: *Pasolini. Leben und Werk*, 1994

Perkins, Anthony

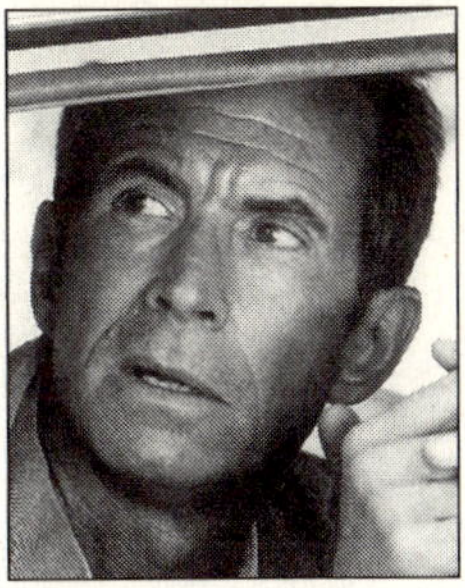

US-amerikanischer Schauspieler
4.4.1932 New York City – 12.9.1992 Hollywood

Die Rolle des Norman Bates verfolgt ihn sein Leben lang wie ein Fluch. Viermal wird aus Anthony Perkins der schizophrene Mann mit Mutterkomplex. In *Psycho III* führt er dann auch erstmals selbst Regie. Der wirre, leise, ängstliche Psychopath: darauf beschränkt sich nach dem sensationellen Erfolg mit Hitchchocks *Psycho* (1960) meist sein Rollenspektrum. Dieses Klischee seiner Selbst reproduziert der aus einer Schauspielerfamilie stammende Perkins auch in seinem vorletzten Film, in Petra Haffters kläglicher Ruth Rendell-Verfilmung *Der Mann nebenan (1991).* Seine Karriere beginnt vielversprechend nach dem Besuch des Rollins College in Winter Park/Florida und einem Geschichtsstudium an der New Yorker Columbia University mit Bühnenerfolgen am Broadway. Filmdebüt in →George Cukors *Theaterfieber* (1953). Für seine Darstellung eines Quäker-Sohnes in William Wylers *Friendly Persuasion* wird er 1956 für den Oscar als bester Nebendarsteller nominiert. Doch diese schauspielerische Leistung wird wie seine Hauptrolle in Orson Welles Kafka-Verfilmung *Der Prozeß* (1962) und über 30 weiteren Kinofilmrollen überschattet von der Legende *Psycho.* Seit Anfang der 70er Jahre verstärkt TV-Arbeit in Europa und den USA sowie häufige Rückkehr zum Theater (1960 im Musical *Greenwillow*, 1977 in Peter Shaffers *Equus*). Seine Aids-Erkrankung wie seine Homosexualität hält Perkins bis wenige Jahre vor seinem Tod geheim. Nach einer Psychotherapie sei er von seinen homosexuellen Neigungen geheilt worden und habe so mit 39 Jahren eine enge Beziehung zu einer Frau beginnen können. Im Alter von 60 Jahren verstirbt Perkins „friedlich im Beisein der Ehefrau und des Sohnes", wie es in einer offiziellen Mitteilung der Familie heißt. Kurz vor seinem Tod wendet sich Perkins an die Öffentlichkeit: „Es gibt viele, die die Krankheit für eine Rache Gottes halten, aber ich glaube, sie ist gesandt worden, um die Menschen zu lehren, wie man liebt, einander versteht und jeder für den anderen Mitleid hat. Ich habe mehr über Liebe, Selbstlosigkeit und menschliches Verstehen gelernt von jenen, die ich bei diesem großen Abenteuer in der Welt von Aids getroffen habe, als in der halsabschneiderischen, von Konkurrenz geprägten Welt, in der ich mein Leben verbrachte."

○ Ronald Bergan: *Anthony Perkins. A Haunted Life*, 1994; Charles Winecoff: *Split Image. The Life of Anthony Perkins. Biography*, 1996

Perry, Janice

US-amerikanische Kabarettistin
25.10.1955 Burlington/Vermont

Ihre erste Solo-Performance hat Janice Perry 1981 bei der National Organization of Woman in Sarasota/Florida 1981 mit einem einzigen, selbstgeschriebenen Song: einem

Liebeslied für Lois Lane, der Freundin Supermans. Innerhalb kurzer Zeit wird Janice Perry zu verschiedenen US-Festivals und bald auch zu Gastspielen nach Europa eingeladen. Seit 1982 tourt Perry mit eigenen Shows in Rundfunk und Fernsehen (USA, Großbritannien) wie auch mit One-Woman-Cabaret-Shows in USA und Europa. Als Privatmensch wie als Bühnenfigur ist sie offen lesbisch. In ihren Shows setzt sie sich ironisch und *politically incorrect* mit Sex in jeglicher Erscheinungsform, insbesondere der homosexuellen, mit Frauenrollen in der Gesellschaft, dem Psychowahn und dem alltäglichen Sexismus auseinander. Zu ihren bisherigen Solo-Performances gehören *Janice Perry AKA Gal* (1982); *Have You Heard Of This?* (1984); *It's Not TV* (1986); *What! A Woman!* (1988); *World Power Sex Control* (1990); *Queen Lear* (1993); *Devil With a Blue Dress* (1995) und *Out From Underground* (1997).

Sie ist Sängerin einer Heavy-Metal-Band, Dozentin für Performance an verschiedenen Colleges und Universitäten, arbeitet als Komponistin und Sängerin einer A-Capella-Gruppe, inszeniert verschiedene →Shakespeare-Stücke, dreht diverse Comedy-Kurzfilme fürs britische und US-amerikanische Fernsehen, schreibt und spielt eine Radio Comedy. Literarische Beiträge von ihr sind verschiedene Anthologien (u.a. in Roz Warren (ed.): *The Best Contemporary Women's Humor*, 1994 und Anne Palin (ed.): *Creme de la Femme*, 1997. Bislang dreimal wird sie mit einem Stipendium des Vermont Council of the Arts ausgezeichnet und bislang einmal auch zu „Vermont's Best Dressed Woman" gewählt.

Peyrefitte, Roger

französischer Schriftsteller und Diplomat
17.8.1907 Castres/Tarn

Nach einer exzellenten Schul- und Universitätsausbildung erwirbt sich Peyrefitte, Sohn eines südfranzösischen Gutsbesitzers, das Diplom der Ecole libre des sciences politique in Paris und legt dort 1930 das Diplomatenexamen ab. Er arbeitet u.a. in der französischen Gesandtschaft in Athen und in der Kulturabteilung des Quai d'Orsay. 1945 muß er wegen angeblicher homosexueller Verfehlungen den auswärtigen Dienst quittieren. Peyrefitte, der aus seiner Homosexualität kein Geheimnis macht, klagt und gewinnt 1960 den Prozeß. Der Staat muß das Gehalt eines Gesandtschaftsrates nachzahlen. Peyrefitte nimmt jedoch keinen diplomatischen Posten mehr an, zumal er bereits seit 1944 sich als Schriftsteller hatte etablieren können. In seinem autobiographisch gefärbten Roman *Les amitiés particulières* (1944, dt. *Heimliche Freundschaften;* verfilmt von Jean Delannoy) erzählt er von homosexuellen Freundschaften in einem Jesuiteninternat. In seinen zweibändigen Memoiren *Les ambassades* (1951, *Diplomaten*) und *La fin des ambassades* (1953, dt. *Diplomatische Missio-*

nen) plaudert er Intimitäten aus seiner Diplomatenzeit aus. Peyrefitte zufolge ist ein Großteil der französischen Oberschicht heimlich oder offen homosexuell. Mit seinen Romanen *Les clefs de Saint Pierre* (1955, dt. *Die Schlüssel von Sankt Peter*), *Jeunes profes* (1956, *Junge Beute*) sowie mit seinem im Pariser Herrenmagazin *Lui* veröffentlichten Artikel *Excès homo* (1976) schreibt er über Homosexualität innerhalb der katholischen Kirche. In seinem *Lui*-Aufsatz übt er harsche Kritik an der Sozialethik des Vatikans und schreibt von einem angeblichen homosexuellen Vorleben des Papstes Paul VI. Skandalträchtig sind Peyrefittes Romane fast immer, im Falle von *Les americains* (1968) fühlt sich →Marlene Dietrich beleidigt und verklagt den Autor erfolgreich zu 20.000 DM Schadensersatz. Peyrefitte hatte von der Schauspielerin behauptet, sie ändere je nach PR-Bedürfnissen ihre politische Gesinnung. Peyrefitte offenbart in seinen Romanen sein eigenes Privatleben, etwa in autobiographischen Romanen über seine Homosexualität: *Notre amour* (1968, Dt. *Die unmögliche Liebe*), *L'enfant de coeur* (1978, *Herzbube*). Hier schildert er seine Beziehung zu dem 26jährigen Alain-Philippe, für dessen luxuriösen Lebenswandel Peyrefitte schließlich sogar gezwungen ist, seine umfangreiche erotische Bibliothek und seine Sammlung erotischer Kunstwerke zu verkaufen. Peyrefittes anerkanntestes und weltweit erfolgreichstes Werk ist seine dreibändige Romanbiographie über →Alexander den Großen (1977-81).

- *Die Söhne des Lichts*, 1961; *Die Juden*, 1965; *Paris ist eine Hure*, 1970

Phettberg, Hermes
(eigentlich Josef Fenz)

österreichischer TV-Moderator und Autor
5.10.1952 Hollabrunn

Katholisch, schwul, masochistisch. Mit diesen drei Adjektiven ist Hermes Phettbergs Lebensweg und -gestaltung weitreichend charakterisiert. Der Angestellte einer Raiffeisenbank tritt für zwei Jahre ins Stift Klosterneuburg und wird über den zweiten Bildungsweg Pastoralassistent der Erzdiözese Wien. Dann aber kommt ihm sein Geschlechtsleben dazwischen. Als man ihn auf den diversen Wiener Klappen erwischt, wird er 1981 entlassen. Er widmet sich sadomasochistischer Aktionskunst und immer mehr der Zunahme seines Leibesumfangs. Weil er offiziell nicht mehr von der Kanzel predigen darf, erscheint ab 1992 in der Wiener Stadtzeitung *Hermes Phettbergs Predigtdienst* (gesammelt 1995 als Buch). Phettberg wird zur Undergro-und-Kultfigur. Im Wiener „Sparverein"-Theater moderiert er eigenwillge Talkshows, in denen es vielmehr um seine (sexuellen) Vorlieben geht denn um die Gäste. Das ORF beginnt die Shows aufzuzeichen. Phettberg wird zunächst in Österreich, dann auch in Deutschland zu einem vielbeachteten Außenseiter der Talkshow-Kultur. 1997 räumt Phettberg, der nichts mehr haßt als Körperpflege und Ordnung zu halten, unter großer Aufmerksamkeit der Medien seine Wohnung auf und läßt mehrere Transporterladungen Müll hinausschaffen.

• *Predigtdienst*, 1995; *Frucade oder Eierlikör*, 1996; mit Fritz Ostermayer: *Hermes Phettberg räumt seine Wohnung zamm*, 1995

○ Klaus Kamolz: *Hermes Phettberg. Die Krücke als Zepter*, 1996

Piaf, Edith (eigentlich Edith Giovanna Gassion)

französische Sängerin
19.12.1915 Belleville – 11.10.1963 Paris

Der aus ärmlichen Verhältnissen stammende „Spatz von Paris" erhält 1935 sein erstes Engagement in einem Nachtclub, nachdem dessen Besitzer die kleine Dunkelhaarige auf der Straße hatte singen hören. Elf Jahre später ist Piaf die Königin des französischen Chansons – ihre mit unvergleichlich trauriger Stimme interpretierten Lieder, darunter *La vie en rose*, *Milord* und *Non, je ne regrette rien* werden zu Welterfolgen. Piaf, die Ende der 40er Jahre eine leidenschaftliche Liebschaft mit →Marlene Dietrich unterhält – beginnt in späteren Jahren selbst Chansontalente, z.B. Charles Aznavour und Gilbert Bécaud, zu entdecken und zu fördern.

• *Les plus grands succès*, 1963

○ Margaret Crosland: *Piaf*, 1986; Joelle Monserrat: *Edith Piaf – Non, je ne regrette rien*, 1992; Bernard Marchois (ed.): *Piaf – Emportée la foule*, 1993

Pierre & Gilles (Pseudonyme)

französische Künstler
Roche-sur-Yon bzw. Le Havre

Ihre Geburtsnamen halten sie ebenso geheim wie ihr Alter. Als sich die beiden 1976 auf einer Party des japanischen Modemachers Kenzo kennenlernen, hatte Pierre in Genf Photographie studiert und Gilles in Le Havre die Kunsthochschule besucht. Seit 1977 leben und arbeiten sie zusammen. Im gleichen Jahr wird die erste Gemeinschaftsarbeit von der Zeitschrift *Façade* veröffentlicht. Die kunstvoll arrangierten, häufig sehr homoerotischen Photos von Pierre – schwülstig-süßliche Arrangements mit Anleihen an Kitschpostkarten und Heiligenbildchen – werden anschließend von Gilles malerisch nachbearbeitet. 1978 Entwurf der Einladungskarte für eine Modenschau von Thierry Mugler. Danach folgen weitere Aufträge des Modemachers. Reisen nach Indien, Marokko, Sri Lanka. Die Einflüsse spiegeln sich in späteren Arbeiten wider. Erste Covergestaltungen u.a. für *Playboy* und *Marie-Claire*, ab 1980 auch für das französische Schwulenmagazin *Gai Pied*; in Deutschland für *Männer aktuell*, das Magazin der *Frankfurter Allgemeinen Zeitung* und *Tempo*. Plattencover für Amanda Lear, Marie France, später für →Marc Almond, Deee Lite, →Boy George, Erasure und Khaled. Ab 1983 Einzelausstellungen u.a. Musée d'Art Contemporain, Paris (1984), Retrospektive in der japanischen Ginza Gallery (1985), Musée d'Art

Contemporain, Lausanne (1993). Zu ihren prominenten Modellen gehören u.a. Nina Hagen, Jeff Stryker und Paloma Picasso.

○ Bernard Macadé/Dan Cameron (Hg.): *Pierre & Gilles. Das komplette Werk 1976-1996*, 1997

Plant, Richard
(eigentlich Richard Plaut)

US-amerikanischer Germanist und Autor
22.7.1919 Frankfurt/Main

Als Jude, Sozialist und Homosexueller ist Richard Plaut dreifach gefährdet und emigriert bereits 1933 in die Schweiz und 1938 schließlich in die USA. Als Journalist u.a. für →Klaus Manns Zeitschrift *Decision* und *Der Aufbau*, aber auch Autor von Kriminalromanen und Kinderbüchern hält er sich in der ersten Zeit über Wasser, bis er schließlich 1942 als Texter in der psychologischen Kriegsführung gegen Hitler-Deutschland eine erste Anstellung findet. Mit der Einbürgerung in die USA ändert er seinen Familiennamen von Plaut in Plant. Nachdem sein autobiographischer Roman *The Dragon in the Forest* (1948) wenig beachtet wird, gibt er seine schriftstellerischen Pläne auf und wird Professor für deutsche Literatur am New York City College. Neben germanistischen Arbeiten verfaßt er u.a. das Libretto zur Oper *Lizzie Borden* (1965). 1986 erscheint sein Buch *The Pink Triangle* (dt. *Rosa Winkel. Der Krieg der Nazis gegen die Homosexuellen*, 1991), eine der ersten historischen Untersuchungen zu diesem Thema.

○ Andreas Sternweiler (Hg.): *Frankfurt, Basel, New York: Richard Plant*, 1996

Platen-Hallermünde, August Graf von

deutscher Dichter
24.10.1796 Ansbach – 5.12.1835 Syrakus

„Bist du nicht gewohnt vor Allen/Als der Einsamkeit Geweihter/Ohne Fußpfad und Begleiter/Durch den stillen Forst zu wallen?" Als Graf August von Platen-Hallermünde diese Verse schreibt, ist er 22 Jahre alt und weiß schon zu genau, daß auch der Rest seines Lebens nicht viel Freude für ihn bereithalten wird. Denn wirkliches Glück würde er nur in den liebenden Armen eines Mannes finden, und dies schien ihm unerreichbar. Der Abkömmling einer verarmten Adelsfamilie und Sohn eines Oberforstmeisters lebt nach seiner Erziehung in einer bayerischen Kadettenanstalt einige Jahre als Page und Unterleutnant in Diensten des bayerischen Königshauses. 1815 zieht er in den Krieg gegen Frankreich, quittiert jedoch den Dienst und beginnt ein breitgefächertes Studium. Der „der Einsamkeit Geweihte" verbringt seine Tage und Nächte allein in der Welt der Bücher. 1824 findet er eine Anstellung als Bibliothekar und unternimmt eine erste Italienreise, wo er vermutlich seine ersten homosexuellen Erfahrungen macht. Der Kampf zwischen eigener Natur und bürgerlicher Moral ist aussichtslos, aber Platen nimmt ihn auf, und vor allem: Er beschreibt ihn – so ausführlich und selbstergründend wie sonst noch kein anderer Schriftsteller in deutscher Sprache. „Platen war ein Revolutionär. Platen hat zum ersten Mal in der Literatur die Geschichte der Empfindungen eines normalen Homosexuellen entworfen; er hat die kompliziertesten Metren der Lyrik – ähnlich wie →Sappho – in den Ton natürlicher Sinnlichkeit verwandelt", schreibt Schriftsteller →Hubert Fichte fast 150 Jahre nach August Platens Tod und führt damit die (Wieder-)Entdeckung Platens für eine homosexuelle Leserschaft und die Rehabilitierung an. Oden und Hymnen nach antikem Vorbild, aber auch die persische Ghasele hat Platen in deutscher Sprache neu erschaffen. Die einen qualifizieren sein Werk als das blutleere Kunsthandwerk eines Formkünstlers ab, für andere erscheinen diese starren Versvorschriften als sein Weg, das innere Chaos zu bändigen und zu ordnen. Doch selbst wenn er sich den Normen etwa eines Sonetts unterwirft: Das Leiden des Einsamen, die Sehnsucht des unglücklich Liebenden, das Verlangen nach Schönheit und Leben spricht dennoch, unüberhörbar, aus diesen Versen, auch in seinem wohl bekanntesten Gedicht *Tristan*. Wo Heinrich Heine (1797-1856) versucht, die Romantik mit Ironie zu überwinden, tut dies Platen mit überhöhtem Pathos. Aber nicht nur diese Außenseiterrolle in der deutschen Literatur des 19. Jhs. verbindet die beiden. Heine und Platen liefern sich einen heftigen, literarisch ausgefochtenen Streit, der weit unter die Gürtellinie zielt. Konkurrenzneid ist der Auslöser für diesen 1829 entfesselten Literaturskandal, bei dem sich Heine in seiner Reiseschilderung *Die Bäder von Lucca* (1828) als homophob und Platen im *Romantischen Ödipus* (1829) als Antisemit bloßstellen. Platen kommt 39jährig auf der Flucht vor der Cholera auf Sizilien jämmerlich zu Tode – die Folge überhöhten Medikamentenkonsums. Auch nach seinem Tod bleibt Platen im literarischen Abseits, verstärkt auch durch Goethes Verdikt, seiner Dichtung fehle es an Liebe. Dieses Mißverständnis wird erst in den letzten Jahrzehnten durch maßgebliche schwule Literaturwissenschaftler ausgeräumt. Und nicht von ungefähr trägt eine der Universität Siegen angeschlossene Stiftung zur Förderung literaturwissenschaftlicher Arbeiten im Themenumfeld Homosexualität den Namen August von Platens.

- *Tagebücher.* Auswahl und Nachwort von Rüdiger Görner, 1968; *Wer die Schönheit angeschaut mit Augen. Ein Lesebuch*, 1996

○ Christian Mücke (Hg.): *„... bleibe ich doch wunderbar unglüklich." August von Platens Aufenthalt in Würzburg 1818-1819 und seine Liebe zu Adrast. Tagebücher, Gedichte, Briefe*, 1993; Peter Bumm: *August Graf von Platen. Eine Biographie*, 1990

Plato

griechischer Philosoph
427 v. Chr. Athen – 347 v. Chr. ebd.

Platon stammt aus einer vornehmen Athener Familie und strebt zunächst eine politische Laufbahn an. Durch Sokrates' Einfluß, dessen Schüler er von 407-400 v. Chr. ist, wendet er sich der Literatur und der Philosophie zu. Nach dessen Tod reist Platon u.a. nach Megara und Syrakus zu Dionysios I. Dort entwickelt sich eine enge Freundschaft, wahrscheinlich auch Beziehung zu Dion, dem Neffen des Tyrannen, weswegen ihn Dionysios der Stadt verweist. Auf Umwegen kehrt Platon wieder zurück nach Athen. Unterwegs wird Platon gefangengenommen, als Sklave verkauft und wieder befreit. 387 Gründung der eigenen Philosophieschule als wissenschaftliche Forschungs-, Lehr- und Lebensgemeinschaft in einem dem Helden Akademos gewidmeten Park, daher „Akademie" genannt. Sein Versuch, in Syrakus gemeinsam mit Dionysios I. einen Idealstaat zu verwirklichen, scheitert. Seine Philosophie legt Platon in verschiedenen Prosaschriften, meist in Gesprächsform nieder. In *Phaidros* etwa zeigt er den Weg der Seele zur Ideenschau über die Liebe. Im Mittelpunkt steht die Lehre von den Ideen, die – ewig, unveränderlich und den Sinnen nicht zugänglich – Urformen der sinnlich erfahrbaren Dinge der Welt darstellen. Der Mensch kann das wahrhaft Gute und Schöne nur erkennen, wenn er sich von den diesseitigen Wünschen und Erscheinungen löst und die Denkkraft der Seele siegen läßt. In *Symposion (Das Gastmahl*, ca. 380 v. Chr.) diskutiert er das Wesen des Eros und entwickelt dabei seine Theorie der reinen, sublimierten (platonischen) Liebe als höchstes anzustrebendes Ziel. In der Diskussion um die mann-männliche und homosexuelle Liebe wird das Gastmahl später immer wieder herangezogen, →Johann Joachim Winckelmann greift sie in seiner Neuformulierung der klassizistischen Ästhetik auf, im 19. Jh. →J. A. Symonds und →Edward Carpenter, im 20. Jh. Heinrich Hössli, →E.M. Forster und →André Gide (in *Corydon*).

Porter, Cole

US-amerikanischer Komponist und Texter
9.6.1892 (a.Q. 1893) Peru/Indiana – 15.10.1964 Santa Monica/Kalifornien

Der aus wohlhabendem Elternhaus stammende Porter studiert Musik und Jura an den Universitäten von Harvard und Yale. Während des ersten Weltkrieges als Soldat in Frankreich. Dort begegnet er Linda Lee Thomas, die er 1919 heiratet. Das folgende Jahrzehnt verbringt das Ehepaar auf ausgedehnten Reisen durch Europa. Porter kehrt nur gelegentlich in die USA zu Produktionen seiner Shows zurück. Zeitweilig wird er von seinem engen, ebenfalls homosexuellen Freund Monty Wooley begleitet. In seinen Songs, für die Porter sowohl die Musik als auch den Text verfaßt, beschreitet er immer wieder die Grenzen des noch Machbaren, was sexuelle bzw. homosexuelle Ein- und Mehrdeutigkeiten betrifft. Vielfach gelingt es ihm, durch diskrete Andeutungen oder einschlägige Signalwörter entsprechende Subtexte zu transportieren. Songs wie *Love for Sale* und *My Heart Belongs to Daddy* waren trotz ihrer Bekannt- und Beliebtheit lange Zeit von US-Radiosendern nicht gespielt. 1936 schreibt Porter die Musik zum Hollywood-Musical *Born to Dance*, einem der ersten Filme dieser Art. Im Jahr darauf verletzt er sich bei einem Reitunfall beide Beine.

In den folgenden Jahren muß er sich 35 Operationen unterziehen, um eine vollständige Amputation zu umgehen. Ist seine erste Lebenshälfte davon überschattet, aus Karrieregründen seine Homosexualität soweit wie möglich zu verheimlichen, ist es später der Zustand der Invalidität, der sein Leben kennzeichnet. Zunächst erträgt Porter die Schmerzen noch stoisch, später beeinträchtigen sie zunehmend seine Psyche. Gerüchten zufolge sei so die sadomasochistische Tendenz seiner Beziehung zu dem Schauspieler Jack Cassidy zu erklären. Ingesamt verfaßt Porter die Musik zu 24 Musicals (u.a. *Gay Divorce*, 1932; *Anything Goes*, 1934; *Kiss Me Kate*, 1948; *Can-Can*, 1953; *Silk Stockings*, 1958) sowie zu acht Filmen. Viele seiner Songs werden Evergreens und Jazz-Standards, u.a. *I've Got You Under My Skin* (1936), *Ev'ry Time We Say Goodbye* (1944) und *True Love* (1956). 1990 entsteht das Album *Red Hot & Blue*, eine Compilation mit Coverversionen seiner Songs, eingespielt von Rock- und PopsängerInnen, das erste Album einer ganzen Reihe Fundraising-Alben zugunsten der Aids-Hilfen.

○ Robert Kimball (ed.): *The Complete Lyrics of Cole Porter*, 1983. Charles Schwartz: *Cole Porter: A Biography*, 1977; David Grafton: *Red, Hot & Rich! – An Oral History of Cole Porter*, 1987; Joseph Morella/George Mazzei: *Genius and Lust. The Creativity and Sexuality of Cole Porter and Noel Coward*, 1995

Power, Tyrone Edmund

US-amerikanischer Schauspieler
5.5.1913 Cincinnati/Ohio – 15.11.1958 Madrid/Spanien

Entstammt einer großen Schauspielerfamilie. Schauspielausbildung an

der Shakespearean Drama School; erste professionelle Bühnenrolle in *The Merchant of Venice* in Chicago. Zieht 1935 nach New York, Broadway-Debüt 1936. Seine Erfolge verhelfen ihm zu einem Vertrag mit 20th Century Fox. Ab 1936 Filmkarriere in Hollywood. Durchbruch mit seinem dritten Fox-Film, *Lloyds of London* (1936). Danach vor allem als romantischer Held eingesetzt, darunter viele Mantel- und Degenfilme (u.a. *The Mark of Zorro*, 1940; *Blood and Sand*, 1940). Ab Mitte der 40er Jahre verstärkt dramatische Rollen (*The Razor's Edge*, 1946; *Witness for the Prosecution*, 1957). Während seiner Filmkarriere kehrt Power immer wieder als Schauspieler ans Theater zurück. Stirbt während der Dreharbeiten zu King Vidors *Solomon and Sheba* an einem Herzinfarkt.
Während seiner New Yorker Broadway-Zeit lernt Power Robin Thomas kennen, den Stiefsohn John Barrymores. Die Beziehung dauert bis zu Powers Wegzug nach Hollywood. Dort heiratet er sehr überstürzt die Schauspielerin Annabella; die Ehe wird 1948 wieder geschieden. Danach geht Power noch zweimal eine Ehe ein. Aus den Ehen gehen die Kinder Tyrone III. (dessen Patenonkel →Rock Hudson wird) und die Tochter Romina hervor, die später als italienische Schlagersängerin

Karriere macht. Kürzere Liebesaffären hat Power mit dem Schauspieler Errol Flynn und dem Musicaltexter Lorenz Hart *(The Boys From Syracuse)*, eine längere Beziehung mit einem unbekannten Schauspielkollegen bei 20th Century Fox.

○ Fred Lawrence Guiles: *Tyrone Power – The Last Idol*, 1970; Hector Arce: *The Secret Life of Tyrone Power*, 1991

Praunheim, Rosa von
(eigentlich Holger Bernhard Bruno Mischwitzky)

deutscher Filmemacher
25.11.1942 Riga

Sohn eines Ingenieurs und aufgewachsen in Teltow bei Berlin, später im Rheinland und Frankfurt/Main. Anfang der 60er Jahre benennt er sich nach dem Frankfurter Stadtteil um in Rosa von Praunheim. Verläßt das Gymnasium noch vor der Mittleren Reife und studiert an der Werkkunstschule Offenbach, später an der Hochschule für Bildende Kunst Berlin (West). Versucht sich als Galerist, wendet sich ab 1967 dem Film zu. 1968 kurzzeitig Assistent des schwulen Experimentalfilmers Gregory Markopoulos. Erste eigene Filmarbeiten (*Rosa Arbeiter auf goldener Straße*; 1967; *Schwestern der Revolution*; 1969), z.T. in Zusammenarbeit mit →Werner Schroeter. Es erscheinen die Buchpublikationen *Männer, Rauschgift und Tod – die Leidenschaften des Rosa von Praunheim* (1967) und der gemeinsam mit →Elfi Mikesch gestaltete Photoroman *Oh Muvie* (1968). Der erste längere Film, das Fernsehspiel *Die Bettwurst* (1970) wird ein kleiner Überraschungserfolg, an den von Praunheim mit der Fortsetzung *Berliner Bettwurst* (1973) jedoch nicht anknüpfen kann. Aufsehenerregender ist der dokumentarische Spielfilm *Nicht der Homosexuelle ist pervers, sondern die Situation, in der er lebt* (1970, zusammen mit →Martin Dannecker). Das ARD zeigt ihn 1973, der Bayerische Rundfunk schaltet sich jedoch von der Ausstrahlung aus. Teilweise ausgelöst durch die zahlreichen Diskussionen über diesen Film bilden sich einige Gruppen der neuen deutschen Schwulenbewegung. Durch den Medienrummel gilt Rosa von Praunheim als einer der bekanntesten bekennenden Schwulen der Bundesrepublik, der in den folgenden Jahren durch neuerliche Skandale und Diskussionen immer wieder von sich reden macht. Seine politischen Haltungen und Aktionen werden von der Schwulenbewegung häufig sehr kritisch betrachtet, teilweise heftig diskutiert. Gleichwohl gilt von Praunheim noch bis Anfang der 90er Jahre innerhalb der allgemeinen Medien als der führende Kopf und Sprecher der bundesdeutschen Schwulen. Seine besondere Affinität zu älteren Damen führt u.a. zu den Filmen *Unsere Leichen leben noch* (1981) und *Rote Liebe* (1980/81), und zur Verlobung mit Evelyn Künnecke, die 1974 in seinem Film *Axel von Auersperg* einen Erzbischof spielt. Das ZDF zeigt das Fernsehspiel erst nach einer Kürzung von 30 Minuten. Für *Horror Vacui* (1984) und *Anita – Tänze des Lasters* (1988) entdeckt er Lotti Huber. Über sie dreht er 1990 den halbdokumentarischen Film *Affengeil – eine Reise durch Lottis Leben.* Auf den Einbruch von Aids reagiert von Praunheim 1986 mit der Satire *Ein Virus kennt keine Moral.* Zum Start seiner dokumentarischen Aids-Trilogie *(Schweigen = Tod*, 1989; *Positiv*, 1990; *Feuer unterm Arsch*, 1990) veröffentlicht Praunheim einen Aufsatz im Nachrichtenmagazin DER SPIEGEL, in dem er den Aids-Hilfen Untätigkeit und Selbstgefälligkeit, den Schwulen pauschal unsafes Sexualverhalten vorwirft. Auch mit seiner Outing-Kampagne 1990 verstärkt von Praunheim die Schar seiner Kritiker in den eigenen Reihen und wird andererseits von den Medien als Skandaleur instrumentalisiert.

- *50 Jahre pervers. Die sentimentalen Memoiren des Rosa von Praunheim*, 1993
- Filme (Auswahl): *Stadt der verlorenen Seelen*, 1985; *Ich bin meine eigene Frau*, 1992; *Neurosia – 50 Jahre pervers*, 1995; *Ich bin verliebt in einen tätowierten Schwanz*, 1997

Preusse, Georg
(alias Mary Morgan)

deutscher Travestiekünstler und Schauspieler
25.8.1950 Ankum bei Osnabrück

Der gelernte Radio- und Fernsehtechniker und studierte Informatiker beginnt Mitte der 70er Jahre als Sänger und Travestiekünstler durch Nachtlokale zu tingeln. 1978 gelingt ihm gemeinsam mit Robert Kohler der Durchbruch als *Mary & Gordy.* Bis 1987 folgen Fernsehshows und ausgedehnte, erfolgreiche Tourneen. Kohler zieht sich aus gesundheitlichen Gründen aus dem Showgeschäft für einige Zeit zurück. Kohlers Solo-Comeback bleibt wenig erfolgreich. Er stirbt 1995 an den Folgen von Aids in Berlin, offiziell jedoch an Krebs im Kreise der Familie in seiner Heimat am Bodensee. Preusse hingegen gelingt eine erfolgreiche Solokarriere als Mary. 1991/92 erhält er in der ARD eine eigene TV-Show; für die Marmeladenmarke *Zentis* tritt er im Mary-Kostüm im Werbefernsehen auf. Parallel zur Karriere als Travestiekünstler spielt Preusse seit 1988 klassische Theaterrollen, so in Dürrenmatts *Achterloo* (Zürich, 1988), als Zaza im Musical *Ein Käfig voller Narren* (1992) bzw. in Jean Poirets Dramenvorlage *Der Narrenkäfig* (1997) sowie als Conferencier im Musical *Cabaret* (1993).

- CD: *Mein Körper ist mein Kapital*, 1991

Proust, Marcel

französischer Schriftsteller
10.7.1871 Auteuil – 18.11.1922 Paris

Der dem Großbürgertum entstammende Proust fühlt sich früh zum Schreiben berufen und erarbeitet sich die klassische und moderne französische Dichtung. Gegen den Anspruch der Philosophie objektiver Erkenntnis will er die subjektive Erfahrung der Wirklichkeit wiedergeben. Dichtung ist für ihn weder naturalistisches Experiment noch realistische, objektive Spiegelung der Welt.
Proust fordert von der Literatur vielmehr, daß sie das vom Blickpunkt des Dichters aus gesehene Bild der Welt und Gesellschaft nachzeichne. Der Prosaband *Les plaisirs et les jours* (1896, *Tage der Freuden*) zeigt schon die für die späteren Werke wichtigen Themen: die Zeit als verändernde Kraft, spontane Erinnerung, durch die ein Bereich der Vergangenheit aus dem Unterbewußtsein ins Bewußtsein gehoben wird. Der unvollendete Roman *Jean Santeuil* (1952) und der Essay *Contre Sainte-Beuve* (1954) münden in das Hauptwerk, den siebenbändigen, in der Ich-Form geschriebenen Roman *A la recherche du temps perdu* (1913-1927; dt. *Auf der Suche nach der verlorenen Zeit)*. Dieses mit vielen autobiographischen Elementen durchsetzte, voluminöse Werk erzählt vom Leben in der Pariser Gesellschaft in der Zeit vor dem ersten Weltkrieg. Auch homosexuelle Handlungsstränge finden sich in diesem 3.000 Seiten umfassenden Gesellschaftspanorama. Neben der offenkundig homosexuellen Figur des Baron de Charlus, der im Band „Sodom und Gomorrha" eine tragende Funktion erhält, ist es besonders der Charakter der Albertine, die in der Literaturwissenschaft besondere Beachtung findet, da sich hinter dieser weiblichen Figur letztlich die Erfahrungen Prousts mit einem Mann verbergen sollen. Diese Form der Camouflage ist inzwischen als Albertine-Komplex in die Literaturgeschichte eingegangen. Tatsächlich ist Proust bis ca. 1906 nicht bekennend homosexuell, obgleich seine Affären mit Männern nicht unbekannt sind. 1897 hegt der Kolumnist Jean Lorrain im Rahmen einer Besprechung von Prousts Gedichten und Erzählungen Zweifel an der Männlichkeit des Autors. Proust fordert den Rezensenten zum Pistolenduell heraus, das tatsächlich stattfindet, bei dem aber niemand verletzt wird. Prousts Beziehungen zu Frauen beschränken sich weitgehend auf rein sexuelle Affären, wobei er ältere, verheiratete Frauen (zumal von Freunden) der Einfachheit halber vorzieht. Tiefere emotionale Bindungen hat er zu Männern, etwa zu dem Komponisten und Musiker Reynaldo Hahn, mit dem er zwei Jahre liiert ist. Später verliebt er sich in den 16jährigen Lucien Daudet. Eine weitere große Liebe ist Alfred Agostinelli, den er zunächst als Chauffeur, danach als Sekretär einstellt. Weil Agostinelli eigentlich heterosexuell ist, läßt sich Proust auf eine schwierige ménage à trois mit Agonistellis Lebensgefährtin Anna ein. Proust überschüttet seinen Geliebten mit Liebesgaben und finanziert ihm auch auf seinen Wunsch eine Fliegerausbildung. Bei seinem ersten Alleinflug stürzt Agostinelli nur wenige hundert Meter von der Küste ins Meer und ertrinkt. Als ein Diener des Herzogs von Rohan namens Albert le Cuziat sich gewissermaßen selbständig macht und im ehemaligen Pariser Hotel Marigny ein Freudenhaus für Männerliebhaber eröffnet, unterstützt Proust freizügig den jungen Geschäftsmann und stiftet für das neue Etablissement diverse Möbel und Teppiche aus dem Nachlaß seiner Eltern.

○ Claude Mauriac: *Marcel Proust*, 1958; J. E. Rivers: *Proust & the Art of Love. The Aesthetics of Sexuality in the Life, Times & Art of Marcel Proust*, 1980; Renate Wiggershausen (Hg.): *Proust. Leben und Werk in Texten*, 1992; Jeanine Huas: *L'Homosexualité au temps de Proust*, 1992; Philippe Michel-Thiriet: *Das Marcel Proust-Lexikon*, 1992

Puig, Manuel

argentinischer Schriftsteller
28.12.1932 General Villages/Provinz Buenos Aires – 22.7.1990 Cuernavaca/Mexiko

Die Titel vieler seiner Bücher wie *Pubis angelical* (1979, dt. *Die Engel von Hollywood), La traición de Rita Hayworth* (1968, dt *Verraten von Rita Hayworth*, 1976) und die Lebenswelt seiner Protagonisten verbindet ein Motiv: die Sehnsucht nach Zelluloid-Kitsch, die Flucht in die Traumwelten Hollywoods. Puigs Charaktere fliehen aus der Armut ihres Lebens und finden im Kino jene Farben, Träume und überschäumende Gefühle, zu denen sie im wahren Leben niemals gelangen. Auch Puigs erfolgreichstes Buch – das er auch als vielgespieltes Drama bearbeitete und das 1985 von Hector Babenco verfilmt wird –, *Der Kuß der Spinnenfrau* (1976, dt. 1979), gehört in diese Reihe. Ein Schwuler und ein politischer Revolutionär, die gemeinsam in einer Gefängniszelle einsitzen, klammern sich an nacherzählte Film-Geschichten, beziehen daraus die nötige tägliche Energie, um den Druck von außen zu überstehen.
Puig hatte nach dem Studium der Philosophie und Architektur in Rom die Filmhochschule besucht. Aus einem Drehbuch entsteht 1968 der Roman *Verraten von Rita Hayworth*, dem sieben weitere folgen. Die Romane *Sangue de amor corresondido* (1982, dt. *Herzblut erwiderter Liebe*) und *Boquitas Pintadas* (1969, dt. *Der schönste Tango der Welt*, 1975) lehnt sich in der Form an die populären Radionovelas an. Einige seiner Bücher können in Argentinien nicht erscheinen. Nach der Machtübernahme durch Péron 1973 verläßt Puig das Land und geht zunächst nach Mexiko, später nach New York und Brasilien.

Pusch, Luise F.

deutsche Sprachwissenschaftlerin
14.1.1944 Gütersloh

Luise F. Pusch beschäftigt sich als eine der wichtigsten zeitgenössischen Sprachwissenschaftlerinnen seit 1979 hauptsächlich mit dem Forschungsschwerpunkt „Feministische Linguistik". Die angesehene Professorin für Sprachwissenschaft, die als freie Publizistin, Wissenschaftlerin und Herausgeberin tätig ist, zeichnet sich in ihren vielseitigen Arbeiten durch eine für dieses Metier seltene allgemeinverständliche Sprache aus. Neben diversen Büchern und Aufsätzen zur Grammatik des Deutschen, Englischen, Italienischen und Lateinischen hat Pusch verschiedene Bände mit Frauenporträts sowie den jährlich erscheinenden Kalender *Berühmte Frauen* herausgegeben. Die erfrischend kritische Stimme im schwerfälligen akademischen Betrieb lebt offen lesbisch in Hannover.

- *Das Deutsche als Männersprache. Aufsätze und Glossen zur feministischen Linguistik*, 1984; *Schwestern berühmter Männer*, 1985; *Töchter berühmter Männer*, 1988; *Alle Männer werden Schwestern*, 1990

Pütz, Claudia

deutsche Schriftstellerin
14.5.1958 Düren

Nach dem Besuch einer Nonnenschule mit zweifelhaftem Erfolg arbeitet Pütz fast acht Jahre lang als Bahnhofswärterin und holt nebenbei das Abitur auf der Abendschule nach. Auf ein abgebrochenes Germanistik- und Philosophie-Studium folgt 1987 der Beginn der schriftstellerischen Tätigkeit, im Jahr darauf erscheint der vielbeachtete erste Erzählband *Morphinblaue Engel.* Heute lebt Pütz, die für ihre unkonventionelle, dem Dadaismus verwandte Arbeit mehrfach ausgezeichnet wird und zahlreiche Stipendien erhält, mit ihrer Lebensgefährtin, der Bildhauerin Katharina Eckart, und zwei Hündinnen in Bonn, wo sie die Objekt-Literaturzeitschrift *Pips* herausgibt. 1998 wird im deutschen Fernsehen die erste gemeinsame Drehbucharbeit der beiden Frauen zu sehen sein: Die Verfilmung der lesbischen Beziehungskomödie *Das Hochzeitsgeschenk.*

- *Moderne Gladiatoren*, Erzählungen, 1988

R

Raddatz, Fritz Joachim

deutscher Schriftsteller und Literaturkritiker
3.9.1931 Berlin

Raddatz, Sohn eines Direktors der UFA-Filmstudios, studiert an der Humboldt-Universität in Ost-Berlin Germanistik, Theaterwissenschaften, Kunstgeschichte und Amerikanistik. Er arbeitet bis 1958 als stellvertretender Cheflektor beim DDR-Verlag Volk und Welt und wechselt zum Kindler Verlag nach München. Von 1960 bis 1969 ist er stellvertretender Leiter des Rowohlt Verlags in Reinbek bei Hamburg. Parallel zur Verlagsarbeit unterrichtet er an verschiedenen Hochschulen, so ab 1968 an der TU Hannover, wo er 1971 habilitiert und heute eine Honorarprofessur für Neuere Deutsche Literatur innehat. 1977 bis 1985 ist Raddatz Feuilletonchef der Hamburger Wochenzeitung *Die Zeit* und baut seine Stellung als Großkritiker innerhalb der deutschen Literaturszene aus. 1985 muß er aus diesem Amt ausscheiden, bleibt dem Blatt jedoch als Kulturkorrespondent erhalten. Er ist Herausgeber u.a. des Werkes von Walter Mehring als auch der (als sehr fahrlässig ediert kritisierten) Werkausgabe Kurt Tucholskys. Neben biographischen Arbeiten (u.a. zu Karl Marx, Kurt Tucholsky und Heinrich

Heine), veröffentlicht Raddatz mehrere Bände mit Essays (gesammelt u.a. in *Die Nachgeborenen*, 1980; *Lebenfresser* 1996), in denen er sich auch explizit mit homosexuellen Autoren, etwa →James Baldwin, →Hubert Fichte oder →Hans Henny Jahnn, auseinandersetzt. 1996 wirkt er in der TV-Dokumentation zu Homosexualität und Literatur *Es ist ein großes Geschrei über Sodom* von Michael Gleich und Holger Preuße mit. 1984 debütiert er mit der Erzählung *Kuhauge* auch als literarischer Schriftsteller. Seine Arbeiten werden von der deutschen Kritik z.T. vernichtend besprochen, in Frankreich hingegen recht freundlich aufgenommen. Es folgen die autobiographisch gefärbten Romane *Der Wolkentrinker* (1987), *Die Abtreibung* (1991) und *Gestörte Balance* (1996.) Er wird u.a. mit dem Adolf-Grimme-Preis und dem Orden „Officier de l'ordre des arts et des lettres" ausgezeichnet.

- *„Lieber Fritz". Briefe an Fritz J. Raddatz 1959-1990*, 1991; *Männerängste in der Literatur. Frau oder Kunst*, 1993; *Süchtig nach Kunst. Bekenntnisse zur Figuration*, 1995; *Taubenherz und Geierschnabel. Heinrich Heine*, 1997

Radszuweit, Friedrich

deutscher Verleger und Schwulenaktivist
15.4.1876 Klein-Stobingen/Ostpreußen – 15.3.1932 Berlin

1901 macht sich Radszuweit in Berlin mit einem Betrieb für Damenkonfektion und einer Boutique selbständig. Er hat zwar schon Kontakt zur Schwulenbewegung, sein aktives Engagement beginnt jedoch erst mit dem Jahre 1919. 1922 wird er zum Vorsitzenden der Berliner *Vereinigung der Freunde und Freundinnen* gewählt, die der 1920 gegründeten Dachorganisation *Deutscher Freundschafts-Verband* angeschlossen war. Er benennt den Zusammenschluß im Mai 1922 um in *Bund für Menschenrecht (BfM)* und baut ihn zu einer homosexuellen Massenorganisation mit zeitweilig mehr als 48.000 Mitgliedern aus. Sein Führungsstil ist straff und duldet keinen Widerspruch. Seine Kritiker und Gegner finden sich vor allem innerhalb der Mitarbeiter der Verbandszeitschrift *Freundschaft*, so daß es ihm sehr gelegen kommt, als das Blatt durch die Folgen der Inflation eingestellt werden muß. 1923 gründet er die *Blätter für Menschenrechte;* die Anteilseigner des herausgebenden Orplid-Verlages sind Mitglieder, bald jedoch ist Radszuweit Alleininhaber. Bereits 1924 erweitert er sein Verlagsangebot: es erscheint das Lesbenblatt *Die Freundin*, die literarisch orientierte Zeitschrift *Insel* und ab 1925 die Wochenschrift *Das Freundschaftsblatt* sowie *Das 3. Geschlecht*, das sich an den „ordentlichen Transvestiten" wendet. Nach seinem Tod übernimmt sein Lebensgefährte Martin Budsko-Radszuweit die Verlagsgeschäfte und auch einen Teil der politischen Verantwortung und Arbeit im *Bund für Menschenrecht.*

Rainey, Ma
(eigentlich Gertrude Pridgett)

US-amerikanische Sängerin
26.4.1886 Columbus/Georgia – 22.12.1939 ebd.

Mit 14 steigt Rainey ins Musikgeschäft ein. Als eine der ersten großen schwarzen Bluessängerinnen tourt sie durch den Süden und Südwesten der Vereinigten Staaten und begeistert ihr Publikum mit Liedern, in denen es vor allem um Sex und Liebe

geht. Besonders bekannt werden ihre mit dem Jazzmuskier Louis Armstrong eingespielten Songs (*Jelly Bean Blues*, *Counting the Blues* und *See See Rider*, alle 1925). Rainey, die nach ihrer Heirat mit dem Musiker Will („Pa") Rainey zu ihrem Künstlernamen kommt, scheut sich nicht, in ihren Texten die lesbische Liebe zu thematisieren: *Prove It on Me Blues* erzählt von der unverhohlenen Neigung zum eigenen Geschlecht.
Auf der Höhe ihres Erfolges Ende der 20er Jahre hat Rainey bereits über 90 Songs veröffentlicht und reist mit ihrer eigenen Show, zu der auch zeitweilig ihre Geliebte, die Sängerin →Bessie Smith, gehört, durch die Lande, bis sie sich 1933 aus dem Business zurückzieht.

• *Blame It on the Blues*, 1923

Rauschenberg, Robert
(eigentlich Milton Rauschenberg)

US-amerikanischer Künstler
22.10.1925 Port Arthur/Texas

Ab 1942 Militärdienst bei der US-Marine, wo er als Techniker in neuropsychiatrischen Krankenhausabteilungen arbeitet. 1946-47 setzt er sein vor dem Krieg am Kansas City Art Institute begonnenes Kunststudium in Paris fort, 1948-50 wechselt er zum Black Mountain College in North Carolina. Rauschenberg ist einer der ersten US-amerikanischen Künstler, die sich mit der Minimal-Malerei beschäftigen. Lange Zeit arbeitet er mit dem schwulen Künstlerpaar John Cage (Komponist von Minimal-Music) und Merce Cunningham (Choreograph) zusammen.
Ihrem Beispiel folgend, integriert Rauschenberg Bestände der Außenwelt in seine Arbeiten und überläßt dem Zufall eine fundamentale Rolle im kreativen Prozeß. Ab Mitte der 50er Jahre entstehen die ersten, innovativen „combine paintings": Assemblagen aus mit Farbe bespritzten Bildern, Photographien und Kunstobjekten, in denen er sämtliche herkömmlichen Vorstellungen von der Natur der Kunst und ihrer Entstehung in Frage stellt. 1952 ist er mit John Cage am vermutlich ersten Happening der Kunstgeschichte beteiligt, später schreibt er auch Theaterstücke, in denen er selbst auftritt. Zwischen 1955 und 1965 ist er als Manager, Bühnenbildner und technischer Direktor für die Merce Cunningham Dance Company tätig.
1985 startet er das internationale Kulturaustauschprogramm „Rauschenberg Overseas Culture Interchange", eine Welttournee seiner Arbeiten und solcher, die eigens für den jeweiligen Ausstellungsort geschaffen werden. Das Projekt ist dem Weltfrieden gewidmet und ist u.a. in Mexiko, Tibet, Malaysia und Kuba zu sehen. Endstation der Tournee ist eine große Retrospektive 1991 in der National Art Gallery in Washington.
1954 lernt Rauschenberg →Jasper Johns kennen, mit dem er eine sechsjährige Lebens- und Arbeitsgemeinschaft eingeht. Zusammen mit ihrem engen Freund →Andy Warhol gehören sie zu den wichtigsten Vertretern der Pop Art. „Es war eigentlich etwas ganz Neues in der Kunstszene, daß die zwei bekanntesten und talentiertesten Kerle, eine Liebesbeziehung miteinander hatten", erklärt Rauschenberg Jahre später einem Interviewer.

○ *Robert Rauschenberg im Gespräch mit Barbara Rose*, 1989; Mary Lynn Kotz: *Rauschenberg. Art and Life*, 1990; *ROCI – Rauschenberg Overseas Culture Interchange*, 1991

Rebroff, Ivan
(eigentlich Hans-Rolf Rippert)

deutscher Sänger, Schauspieler und Moderator
31.7.1931 Berlin-Spandau

Studium und Gesangsausbildung an der Staatlichen Musikhochschule in Hamburg. Sein Künstlernamen Rebroff ist einem Sänger des Moskauer Bolschoi-Theaters entlehnt, der für ihn während dieser Zeit Vorbild ist. 1954 wird der Baß-Bariton mit 4 1/2 Oktaven Stimmumfang in den Chor der Schwarzmeer-Kosaken aufgenommen. 1959 gewinnt Rebroff den ersten Preis im Internationalen Musikwettbewerb in München und beginnt seine Karriere als Solist. 1960 wird er an die Oper in Gelsenkirchen engagiert, von 1963 bis 1969 an den Städtischen Bühnen in Frankfurt/Main. Anschließend ist er in Paris, wo er 1969 mit der Rolle des Milchmanns Tevje im Musical *Anatevka* den internationalen Durchbruch schafft. Bis 1981 ist er fast tausendmal in dieser Rolle zu sehen. Populär wird er hingegen vor allem durch seine Interpretationen russischer Folklore. Insgesamt erhält er für seine Plattenaufnahmen mehr als 30 Goldene Schallplatten. In den 80er Jahren erhält Rebroff die griechische Staatsangehörigkeit. Wohnsitze hat er in Griechenland und auf Burg Weilstein im Taunus.

Redl, Alfred

österreichischer Militär
14.3.1864 Lemberg – 25.5.1913 Wien

Der Sohn aus einer kinderreichen und armen Eisenbahnerfamilie schafft es durch Fleiß und Intelligenz, in die Militärschule der österreichisch-ungarischen Armee aufgenommen zu werden. Seine Karriere verläuft steil nach oben: Er wird Major in Galizien, Oberstleutnant in Wien und wird schließlich beauftragt, den militärischen Abwehr- und Kundschafterdienst auszubauen. Redl jedoch ist selbst ab 1902 als Spion Rußlands eingesetzt, um sein ursprünglich kärgliches Einkommen für seinen eher luxuriösen Lebenswandel aufzustocken. Außerdem benötigt er Geld, um die militärische Ausbildung des Leutnant Stefan Horninka zu finanzieren, in den er sich verliebt hat. Am 24. Mai 1913 wird Redl von seinen eigenen Kollegen bei der Spionageabwehr enttarnt, als er in einem Postamt zwei Umschläge mit Geldzahlungen der Russen abholen will. In seinem Hotelzimmer wird Redl zur Rede gestellt; man überläßt ihm eine Pistole, damit er standesgerecht Selbstmord begehen kann. Nach seinem Tod findet man in seinem Zimmer reichlich Indizien auch für das zweite Geheimnis seines Lebens neben der Doppelspionage: männliche Aktphotos und parfümierte Briefe von Männern. Redls Verrat wird als einer der Hauptgründe für Österreichs Niederlage im ersten Weltkrieg eingeschätzt und wird in der Diskussion um die Gleichberechtigung Homosexueller immer wieder als Negativbeispiel zitiert. Selbst noch 1950 führt ein Untersuchungsbericht des US-Senats Redl als Beweis dafür an, daß Homosexuelle beim Militär ein Sicherheitsrisiko darstellten. Der Prager Journalist Egon Erwin Kisch verfaßt 1924 ein Buch über Redl, *Der Fall des Generalstabs-Oberst Redl*, das bereits viermal als Vorlage für einen Film gedient hat, zuletzt für Istvan Szabòs *Oberst Redl*

(1985) mit Klaus Maria Brandauer in der Titelrolle.
○ Georg Markus: *Der Fall Redl*, 1986

Reimann, Aribert

deutscher Komponist und Pianist
4.3.1936 Berlin

Reimann wächst in einer musikalischen Familie auf: Der Vater ist Organist und Chorleiter, die Mutter Konzert- und Oratoriensängerin und Professorin an der Berliner Hochschule für Musik. Dort studiert 1955-59 auch Reimann, u.a. bei Boris Blacher und Otto Rausch. Reimann beginnt seine Karriere als Pianist, vor allem als Begleiter u.a. von Elisabeth Grümmer und Dietrich Fischer-Dieskau. Das kompositorische Frühwerk besteht vor allem aus lyrisch verhaltenen Vokal- und Kammermusiken in Nachfolge des späten Webern. Ab den 60er Jahren beschäftigt sich Reimann zunehmend mit Oper und erreicht mit diesen Arbeiten internationale Anerkennung. Neben →Hans Werner Henze ist er der meistgespielte international renommierte zeitgenössische deutsche Komponist. Zu seinen wichtigsten Bühnenwerken, die meist literarische Werke zur Vorlage haben, gehören *Ein Traumspiel* (1965), *Lear* (1978), *Gespenstersonate* (1984) und *Das Schloß* (1992). Bis 1982 ist er Professor für Interpretation moderner Musik an der Musikhochschule Hamburg, seither lehrt er an der Hochschule der Künste in Berlin. Zu seinen Auszeichnungen gehören der Musikpreis der Stiftung Prince Pierre von Monaco (1986), Bachpreis Hamburg (1987) und der Frankfurter Musikpreis (1991).

Reinhardt, Ernie

deutscher Schauspieler
22.9.1955 Celle

Aufgewachsen in der Lüneburger Heide. Sein in Hamburg begonnenes Studium des Bibliothekswesens bricht er ab. Ab 1980 ist Reinhardt als Schauspieler in freien (schwulen) Theatergruppen aktiv, so bei den *Spalding-Sisters* (mit Gunter Schmidt), *Transitiv* (mit Claus Plänkers und Rita Bastardo) sowie dem *Hamburger Tuntenchor*. 1982 kommt Reinhardt zur kabarettistischen Theatergruppe *Familie Schmidt – aufrecht, deutsch, homosexuell*, von →Corny Littmann und Gunter Schmidt, die damit (in Nachfolge der Truppe *Brühwarm*) völliges Neuland in Deutschland mit dieser Art von selbstbewußt schwulem und politisch engagiertem Theater betreten und nachhaltigen Eindruck und Einfluß auf die Schwulenszene wie auf die langsam entstehende schwule Kultur der 80er Jahre ausüben. Nach dem Ausscheiden von Gunter Schmidt entstehen insgesamt sechs weitere Theaterstücke mit wechselnden Partnern (u.a. →Georgette Dee und Terry Truck), die in ausführlichen Tourneen gezeigt werden. *Familie Schmidt* wird auch Namensgeber des *Schmidt-Theaters*, das ein Signal zur kulturellen Neubelebung der Hamburger Reeperbahn setzt. Reinhardt

ist bis 1995 Mitinhaber und Mitbetreiber des Theaters, zu dem später auch das benachbarte *Schmidt's Tivoli* hinzukommt. Zu den ersten legendären Eigenproduktionen gehört auch die *Schmidt's Mitternachtsshow*, die für das NDR-Fernsehen live produziert wird und wegen des offenherzigen Umgangs mit der Homosexualität für Aufsehen, aber auch Skandal sorgt. Dort fungiert Ernie Reinhardt in der Rolle der Kunstfigur Lilo Wanders als Co-Moderator und erlangt bundesweite Popularität. Den ersten Auftritt als Wanders hat Reinhardt jedoch bereits im „Volksstück mit Musik" *Blaue Jungs* (1989/90). Seit Juni 1994 moderiert Reinhardt/Wanders das Sexualitätsmagazin *Wa(h)re Liebe* des privaten TV-Senders VOX sowie auch verschiedene Varieté-Programme und Benefizveranstaltungen zugunsten von Aids-Projekten und im Rahmen schwuler Veranstaltungen. Zudem veröffentlicht Lilo Wanders ihre Autobiographie *(Tja, meine Lieben*, 1996) und eine Single *(Gern hätt ich den Mann geküßt*, 1996) und ist einzige Darstellerin des Kurzfilms *Angesichts ihrer fatalen Veranlagung scheidet Lilo Wanders freiwillig aus dem Leben* (1994, Regie Jörg Fockele). Weitere Filmrollen: in *Die Ratte* (1992, Regie Klaus Lemke), *This is always* (Anfang der 80er, Regie Robert Berghoff), *Alice und der Colifragor* (1995, Regie Jörg Fockele) sowie eine Gastrolle als Königin Silvia in der TV-Serie *Großstadtrevier* (1994).
1990 musikalisches Kabarettsolo mit *Ausziehn! Ausziehn*! (als CD 1991), *Lands End* (1994, als CD 1995). 1995 folgt das Musikprogramm *Wahre Lügen.* Verschiedene Rollen in Produktionen von Schmidt's Tivoli, u.a. in Terry Trucks Vampirmusical *Beiß mich!* und als Fräulein Schneider in *Cabaret.*

Ernie Reinhardt lebt mit Frau und Mann und drei Kindern in Hamburg.

- „Briefe aus Deauville an den Verleger". In: *Ein Ort. Überall. 18 Erfindungen von Heimat*, 1994

Reinig, Christa

deutsche Schriftstellerin
6.8.1926 Berlin

Die Arbeitertochter macht während des Krieges eine Blumenbinderlehre und ist danach als Bauarbeiterin tätig, um in den Besitz der Lebensmittelkarte für Schwerarbeiter zu kommen. 1953 holt sie ihr Abitur auf der Arbeiter- und Bauernfakultät nach, studiert dann Kunstgeschichte und Archäologie und wird 1958 wissenschaftliche Museumsassistentin. Ihre ersten Gedichte werden bereits 1948 in der satirischen DDR-Zeitschrift *Ulenspiegel* veröffentlicht. Später publiziert Reinig ausschließlich im Westen, 1960 erscheint dort ihr erster Gedichtband *Die Steine von Finisterre*, drei Jahre später erhält sie den „Bremer Literaturpreis". Nach der Verleihung kehrt die unbequeme Lyrikerin nicht nach Ostberlin zurück und lebt seither zurückgezogen in München. Mit der radikalen Eindeutigkeit in *Entmannung* (1976), ihrem zweiten Roman, in dem Reinig die Frauen auffordert, die Axt zu gebrauchen und den Mann zu töten, beginnt ihr literarischer Einstieg in den bundesrepublikanischen Feminismus. Seither befassen sich alle ihre Werke mit der kritischen Sicht auf die Stellung der Frau (und Lesbe) am Rande der männlichen Welt. Sie veröffentlicht außerdem Hörspiele (u.a. *Tenakeh*, 1965; *Das Aquarium*, 1967) und das Kinderbuch *Hantipanti*

(1972). Ihr Gedichtband *Müßiggang ist aller Liebe Anfang* (1979) ist eine Liebeserklärung an ihre Lebensgefährtin, der sie über genau ein Jahr hinweg jeden Tag einen Vierzeiler widmet.

- *Prüfung des Lächelns*, 1980; *Der Wolf und die Witwen*, 1980; *Nobody und andere Geschichten*, 1989

Reiser, Rio (eigentlich Ralph Christian Möbius)

deutscher Rockmusiker
9.1.1950 Berlin – 20.8.1996 Fresenhagen/Nordfriesland

1966 schmeißt Reiser für seine, gemeinsam mit seinen beiden Brüdern gegründete Band *Die Galaxis* seine Photographenlehre hin. Eine gemeinsam erarbeitete Rockoper, die am Berliner Theater des Westens mit großem Aufwand uraufgeführt wird, verspricht den großen Durchbruch. Das Projekt aber stürzt kläglich ab. Immerhin sind zur Premiere Ringo Starr, Charlie Watts, Ray Davies und Pete Townsend erschienen. Legendär jedoch wird Reiser mit seiner Anarcho-Rockband *Ton Steine Scherben*, die aus seinem *Hoffmann's Comic Theater* hervorgegangen ist. 1970 erscheint die erste Single *Macht kaputt, was euch kaputt macht*. ein Credo und bald schon Slogan für die Hausbesetzer- und Alternatviszene in Deutschland. 1985 löst sich die Band auf, und Reiser beginnt eine Solo-Karriere. Mit dem selbstironischen Lied *König von Deutschland* gelingt ihm ein überraschenderweise chartstauglicher Schlager – später schreibt er einige Liedtexte für Marianne Rosenberg und wird dafür mit demRalph Benatzky-Preis ausgezeichnet –, der ihm plötzlich die Einladung zur ZDF-Hitparade und Interviews mit Frauenmagazinen und Boulevardzeitungen einbringt. Dort jedoch will man von seiner selbstbewußt gelebten und vorgetragenen Homosexualität nichts wissen und druckt solche Interviewpassagen nicht – vermeintlich, um ihn zu schützen. Für die erste deutsche Schwulentheatertruppe *Brühwarm* um →Ernie Reinhardt und →Corny Littmann schreibt Reiser bereits in den 70er Jahren die Songs. Seinen Künstlernamen hatte Reiser nach Karl Philipp Moritz' psychologischem Roman *Anton Reiser* gewählt.

- Soloalben (Auswahl): ****(Sternchen)*, 1990; *Rio I*, 1996
- mit Hannes Eyber: *König von Deutschland. Von Ton Steine Scherben in die Hitparaden, Autobiographie*, 1994

Renault, Mary (eigentlich Eileen Mary Challans)

britische Schriftstellerin
4.9.1905 London – 13.12.1983 Südafrika

Die ausgebildete Krankenschwester beginnt während des zweiten Weltkrieges zu schreiben, zunächst in der Hauptsache heterosexuelle Liebesschmonzetten. In den 50er Jahren wendet sie sich der Entwicklung homosexueller Thematiken und Charaktere zu. *The Charioteer* (1959) erzählt vom Coming-out eines jungen Soldaten während des Krieges. Renault braucht sechs Jahre, um einen Verleger für das waghalsige Werk zu finden; fortan verlegt sie ihre Romanhandlungen ins alte Griechenland, um homosexuelle Beziehungen auch für Verleger und Leserschaft akzeptabel erscheinen zu lassen. Mit *The Persian Boy* (1974, dt. *Ein Weltreich zu erobern: der Roman Alexanders des Großen*) etabliert sich Renault schließlich als eine der bekanntesten Autorinnen historischer Romane. Renault, in deren Arbeiten zwar viele schwule, aber kaum lesbische Charaktere auftauchen, lebt mehr als fünfzig Jahre mit ihrer Geliebten Julie Mullard zusammen.

○ Peter Wolfe: *Mary Renault*, 1969; Bernard Dick: *The Hellenism of Mary Renault*, 1972

Reve, Gerard (eigentlich Gerard Kornelis van het Reve)

niederländischer Schriftsteller
14.12.1923 Amsterdam

Ursprünglich will Reve Graphiker werden und kommt über den Journalismus zur Literatur. In seinen ersten Veröffentlichungen gestaltet er novellistisch Probleme von Heranwachsenden (u.a. *De Avende*, 1947, dt. *Die Abende*, 1986). Als provozierend und entsprechend aufsehenerregend wird sein Roman *Opweg naar het einde* (1963), in dem er sich zu seiner Homosexualität bekennt und *Nader tot U* (1965, dt. *Näher zu dir*, 1970), in dem er sein erotisches Verhältnis zu Gott formuliert. Gott in Gestalt eines Esels läßt die Bücher des Ich-Erzählers hochloben und bietet sich zum Geschlechtsverkehr an. Der Prozeß wegen Gotteslästerung zieht sich vom Erscheinen 1966 bis 1968 hin und endet mit einem Freispruch. Reve, geschickter Selbstdarsteller und Medienvirtuose, nutzt den Wirbel und festigt seinen Rang als einer der bedeutendsten wie bekanntesten niederländischen Gegenwartsautoren und Klassiker zu Lebzeiten. 1974 produziert er gar fürs niederländische Fernsehen die *Große Gerard Reve Show*. Auch in den kommenden Jahren bleibt Reve seiner Rolle als Skandaleur treu; homosexuelle Themen finden sich immer wieder in seinen Romanen. Bereits in den 60er Jahren hatte er in einer öffentlichen Zeremonie seinen Lebensgefährten „geheiratet". Gleichzeitig aber entzieht sich Reve einer Vereinnahmung durch die Schwulenbewegung. Emanzipationsgedanken sind mit seinem Werk und seinem öffentlichen Auftreten nicht verbunden. Eine Einladung etwa zu einem Kongreß homosexueller Autoren in Rotterdam 1988 lehnt er entsprechend harsch ab. Zu seinen bekanntesten und erfolgreichsten Romanen gehört *Der vierte Mann* (1981, dt. 1993), ein mit magischen Einsprengseln versehener Krimi, den Paul Verhoeven 1983 verfilmt.

- *De ondergang van de familie Boslowits*, 1950; *Vier pleidooien*, 1971; *De taal der liefde*, 1972; *Lieve jongens*, 1973

Rexhausen, Felix

deutscher Schriftsteller und Satiriker
31.12.1932 Köln – 6.2.1992 Hamburg

Aufgewachsen in Leipzig und Hamburg, Studium der Wirtschafts- und Sozialwissenschaften, Promotion 1959. Ab 1961 arbeitet er als Journalist, anfangs als Redakteur beim Westdeutschen Rundfunk, später beim *Kölner Stadtanzeiger* und beim *SPIEGEL*. 1966 erscheint sein satirischer Roman *Das Lavendelschwert – Dokumente einer homosexuellen Revolution* über einen Aufstand von 20.000 Schwulen gegen die homophobe CDU/CSU-Regierung in Bonn. Die schwulen Buchläden in Edinburgh und Köln benennen sich nach diesem Romantitel. 1968 gibt er seine Festanstellung auf und arbeitet seitdem als „Selbstständiger Gewerbetreibender (Textherstellung)", also freier Schriftsteller. Unter dem Pseudonym Stefan David kommt 1969 in dem für die Veröffentlichung von pornographischer bzw. der Pornographie verdächtigter Literatur berühmt-berüchtigten Verlag Olympia Press sein Roman *Berührungen* heraus. Diese autobiographischen Skizzen befriedigen allerdings weniger die Erwartungen an Ein-Hand-Literatur, sondern liefern ein Panorama schwulen Lebens und den Aufbruch in die neue (sexuelle) Freiheit dieser Zeit. Seine Satiren über Deutschland, die Deutschen und ihre Sexualität veröffentlicht er weitgestreut in Zeitungen und Zeitschriften bzw. in Buchform (u.a. *Mit deutscher Tinte. Briefe und Ansprachen für alle Wechselfälle des Lebens*, 1965; *Die Sache. 21 Variationen*, 1968). Gleichzeitig schreibt er für schwule Publikationen (insbesondere die Zeitschrift *Du & Ich*) Glossen und Kommentare. Für die Anthologie *Vorletzte Worte* mit eigenen Nachrufen deutscher Autoren verfaßt er 1970 den Nekrolog „Auf seinem Leichenstein wünschte er unter dem Namen die Feststellung: ‚So viele Träume'. Er galt als Satiriker. Er ist tot."

- *Gedichte an Büllbül*, 1968; *so und so. 30 x 30 Geschichten*, 1976; *Die Lavendeltreppe. Verschwiegene Lyrik der Völker*, 1979; *Die Märchenklappe. Allerlei Zwischenmännlichkeiten*, 1982; *Der heutige Homosexuelle und Weihnachten. Großer Umfragebogen*, 1987; *Die deutsche Weihnacht*, 1989

Rhein, Eduard

deutscher Journalist, Schriftsteller, Erfinder und Ingenieur
23.8.1900 Königswinter/Rhein – 15.4.1993 Cannes

Rhein gilt nicht nur als eine der wichtigsten Persönlichkeiten der bundesdeutschen Presselandschaft der 50er Jahre, sondern – betrachtet man allein die Verkaufszahlen – zu den erfolgreichsten Schriftstellern dieses Jahrzehnts. Die Gesamtauflage seiner Bücher beträgt mehr als 50 Millionen Exemplare. Zudem hat er mit seinen Erfindungen im Bereich der Unterhaltungselektronik entscheidende Weichen gestellt.
Der Diplom-Physiker Rhein arbeitet zunächst zwei Jahre bei der AEG in Berlin, später als Referent beim Zentralverband der Deutschen Elektroindustrie. Bereits in den 20er Jahren veröffentlicht er seine ersten Romane, wie den Krimi *Das mechanische*

Gehirn (1928). Ab 1929 ist er Redakteur beim Ullstein-Verlag, wo er mit seinen populärwissenschaftlichen Büchern wie *Du und die Elektrizität* Auflagen von über 600.000 Exemplaren erzielt. Parallel widmet sich Rhein jedoch weiteren technischen und wissenschaftlichen Forschungen. Er erfindet u.a. einen Schnell-Einschalter für Radios, der später auch bei Fernsehgeräten verwendet wird, baut während des zweiten Weltkrieges das Radargerät *FK 1* und schreibt zwischenzeitlich das Libretto für die Künneke-Operette *Traumland.* 1946 geht er zum Verlag Axel C. Springer, der ihn beauftragt, eine Fernsehprogrammzeitschrift zu konzipieren: Rhein entwickelt die *Hör zu*, die mit einer Spitzenauflage von 4,5 Millionen Exemplaren 1965 die größte Zeitschrift dieser Art in Europas ist. Weil ihm das nicht genug ist, schreibt er unter Pseudonymen wie Hans-Ulrich Horster, Klaus Hellmer, und Adrian Hülsen auch die in *Hör zu* abgedruckten Fortsetzungsromane mit Titeln wie *Suchkind 312* (1955), *Ein Student ging vorbei* (1959) und *Ehe-Institut Aurora* (1961), die z.T. verfilmt werden. Er kreiert das *Hör zu*-Maskottchen Mecki und schreibt die entsprechenden Kinderbücher dazu, insgesamt 14 Stück. Seine eigenen homosexuellen Vorlieben finden hingegen Eingang in seine „Novellen aus der Welt der anderen", schwule Kitschromanzen wie *Romeo und Julius* und *Verdammt nochmal, ich liebe dich,* die er unter dem Namen Claude Borell veröffentlicht. 1965 wird er von Axel Springer „zwangspensioniert", wahrscheinlich, vermutet Rhein, weil er sich innerhalb des Verlagshauses eine zu große Macht erarbeitet hatte. Er verliert allerdings seine wissenschaftlich-technischen Interessen nicht aus den Augen. Zu seinen Erfindungen gehören u.a. das Füllschriftverfahren, die enge Rillenpressung bei Schallplatten, die den Durchbruch zur Langspielplatte ermöglicht. Außerdem setzt sich Rhein – gegen den Widerstand der Rundfunkanstalten – für den Ausbau der UKW-Programme und den Stereoempfang und gegen die „Schleichwerbung" ein. Diese Wortschöpfung stammt von Rhein selbst. 1977 ruft er eine mit 10 Millionen DM Grundkapital ausgestattete Eduard-Rhein-Stiftung ins Leben, die u.a. den wissenschaftlichen Nachwuchs fördern und Verdienste um den Aufbau von Rundfunk und Fernsehen honorieren soll. 1986 erhält Rhein das Große Bundesverdienstkreuz mit Stern; für seine Verdienste um die Berliner Funkausstellung wird er 1986 zum Professor e.h. ernannt.

• *Der Mann des Jahrhunderts*, 1991

Rich, Adrienne

US-amerikanische Lyrikerin
16.5.1929 Baltimore/Maryland

In den vierzig Jahren ihrer literarischen Karriere wandelt Rich sich von der folgsamen Dichterin in der Tradition →W.H. Audens zu einer radikalfeministischen, lesbischen Poetin. Bereits mit ihrem ersten Gedichtband *A Change of the World* (1951) hatte Rich den Yale Younger Poets Prize gewonnen, in der Folge wendet sie sich zunehmend modernen, revolutionären Inhalten und experimentellen Formen zu, in denen sie eine ungewöhnlich kraftvolle weibliche Sicht auf Konventionen und Regeln transportiert. Rich, die aus einer frühen Ehe drei Kinder hat und seit Jahren mit der Schriftstellerin Michelle Cliff zusammenlebt, befaßt sich ab 1976 vermehrt mit feministischer Theorie und trägt mit ihren eigenen Essays stark zur Entwicklung neuer Ansätze bei. In ihrem Essay *Compulsory Hetereosexuality and Lesbian Existence* (1981, dt. *Zwangsheterosexualität und lesbische Existenz*) prägt sie einen Begriff für die Allmacht heterosexueller Normen in der modernen Gesellschaft.

- *The Dream of a Common Language – Gedichte*, 1978 (dt. *Der Traum einer gemeinsamen Sprache*)

Ridley, Philip

britischer Schriftsteller
wahrscheinlich 1960 London

Der in London lebende Maler und Schriftsteller hatte bereits mehrere Kinderbücher (wie *Krindelkrax*, 1991) und Kurzgeschichten (*Flamingoes in Orbit*, 1990) und seinen Roman *In the Eyes of Mr. Fury*, 1989 (dt. *Wer hat Angst vorm schwarzen Mann*, 1991) veröffentlicht, als er mit seinem ersten Drama *Der Disney-Killer* (Uraufführung 1991 in London) durchschlagenden Erfolg erzielt. 1992 folgt *Die schnellste Uhr im Universum* über einen schwulen Narziß, der zum wiederholten Male seinen 19. Geburtstag feiert. Nach einigen Kurzfilmen (*Visiting Break*, 1987; *The Universe of Dernot Finn*, 1989) und dem Drehbuch zu *Die Krays* (1990) macht Ridley 1991 seinen ersten abendfüllenden Spielfilm *Reflecting Skin* (dt. *Der Schrei in der Stille*). Auch hier bleibt er innerhalb seines Kosmos: eindrucksvolle, poetische, aber auch abstruse und apokalyptische Bilder, die bisweilsen ins Surreale reichen, unbewäligte Kindheitstraumata und latente bis ausgelebte Homosexualität. Sein zweiter Film *The Passion of Darkly Noon* (1996) wird zu einem künstlerischen wie finanziellen Mißerfolg.

Ritts, Herb

US-amerikanischer Photograph
1952 Los Angeles/Kalifornien

Ritts, der ursprünglich Wirtschaftswissenschaft studiert, schlittert eher zufällig in seine steile Karriere als Mode-, Werbe- und Prominentenphotograph hinein. Zu seinen Models für seine kontrastreiche Schwarz-Weiß-Photographie gehören u.a. Sylvester Stallone, Brigitte Nielsen, Diana Ross und John Huston, aber auch der schwule Tänzer Bill T. Jones und der Turmspringer →Greg Louganis sowie →k.d. lang und Cindy Crawford als sich küssendes Paar auf einem Friseurstuhl. Er hatte sich in Los Angeles als Möbeldesigner und -hersteller niedergelassen und für einen jungen befreundeten Schauspieler – Richard Gere – einige Porträtphotos gemacht. Als dieser sechs Monate später seine erste Filmrolle bekommt, werden sie überraschenderweise in *Elle*, *Vogue* und *Esquire* veröffentlicht, was Ritts zahlreiche Aufträge als Photograph in Zeitschriften wie *Vogue*, *Vanity Fair*, *GQ* und *Rolling Stone* einbringt. Außerdem gestaltet er Werbekampagnen für verschiedene Bekleidungshersteller wie *The Gap* und *Armani* und Werbeclips für *Levi's* und *Chanel* gedreht. Seine sicherlich nachhaltigste Anzeigenkampagne gelingt ihm mit der Unterhosenwerbung für →Calvin Klein, für die er den Rapper Marky Mark einsetzt und, ausgehend von der schwulen Szene, damit einen weltweiten Designer-Underwear-Trend schafft. Als einer der ersten Modephotographen bezieht sich der offen schwule Ritts ganz gezielt auf seine Erfahrungen aus der Männeraktphotographie und spricht durch die mehr als unterschwellige Homoerotik gezielt auch schwule Käuferschichten an. 1996 wird ihm im Boston Museum of Fine Art eine Retrospektive auf seine photographischen Arbeiten der vergangenen 15 Jahre gewidmet.

- *Pictures*, 1989; *Notorious*, 1993; *Work*, 1996

Robinson, Tom

englischer Rockmusiker
1.6.1950 Cambrigde

Nach Internatsjahren in einem Heim für „Jungen mit Anpassungsschwierigkeiten" gründet Tom Robinson 1973 seine erste Band *Cafe Society.* Unterstützt wird er dabei vom offen schwulen Bandmitglied der *Kinks*, Ray Davis, der die Cabaret-Folkband für sein eigenes Label engagiert. Das Unternehmen floppt. Erst 1977 landet die Tom Robinson Band mit *2-4-6-8 Motorway* einen Single-Erfolg, dem 1978 die erste (und zugleich erfolgreichste) LP *Power in the Darkness* folgt. Das Bekenntnislied *Glad to Be Gay* sorgt nicht für Medienaufmerksamkeit, sondern entwickelt sich zur Schwulenhymne der späten 70er Jahre. Die nachfolgenden Veröffentlichungen können allerdings an diesen frühen Erfolg nicht mehr anschließen. Seit 1982 ist Robinson nur noch solo unterwegs. Anfang der 80er Jahre lebt er für einige Zeit in Deutschland, weil er „deutsche Autos, deutsches Essen und deutsche Jungs" besonders möge. In Hamburg entsteht die LP *North By Northwest* (1982). Aber weder dieses, noch die Nachfolgealben können sich in den Charts plazieren. 1988 trennt er sich nach 15 Jahren von seinem Lebensgefährten und geht danach eine Bindung mit einer Frau ein. Nichtsdestotrotz versucht er 1994 ein Comeback – u.a. wieder mit der Schwulenhymne *Glad to Be Gay.*

Röhm, Ernst

deutscher SA-Führer und NS-Politiker
28.11.1887 München – 30.6.1934 ebd.

Der Reichswehr-Hauptmann und Freikorpskämpfer ist Teilnehmer am mißglückten Hitlerputsch von 1923, wofür er zu Festungshaft auf Bewährung verurteilt und aus der von ihm mitbegründeten Schwarzen Reichswehr ausgeschlossen wird. 1924/25 leitet er die ebenfalls von ihm ins Leben gerufene Sturmabteilung (SA), den Wehrverband der NSDAP. 1931 wird er zum Stabschef dieser Parteimiliz ernannt. Unter Röhm wächst die SA zur größten Massenorganisation und zum wichstigsten Terrorinstrument der NSDAP an und hat maßgeblichen Anteil an der Machtübernahme 1933. Als Reichsminister, zu dem er im Dezember 1933 ernannt wird, will Röhm seine durch Eingliederung anderer paramilitärischer Verbände auf fast vier Millionen Mitglieder angewachsene SA zu einem Volksheer ausbauen. Hierbei nutzt er die Hoffnungen der überwiegend kleinbürgerlichen Mitglieder auf eine „zweite Revolution", die die antikapitalistischen Versprechen der NSDAP einlösen werde. So wird Röhm führenden Wirtschaftskreisen verdächtig, bedroht mit der SA das militärische Monopol der Reichswehr und gilt als Konkurrent Hitlers. Wirtschafts-, Partei- und Reichswehrführer suggerieren angebliche Putschabsichten und liquidieren am 30.6.1934 außer Röhm führende SA-Politiker, u.a. Kurt von Schleicher. Röhm wird in Bad Wiessee angeblich nach einer homosexuellen Orgie von Hitler aus dem Bett geholt und verhaftet. Zwei Tage später wird er von SS-Leuten erschossen, nachdem er sich geweigert hatte, sich selbst das Leben zu nehmen. Insgesamt werden in dieser sogenannten Nacht der langen Messer 85 Männer ermordet. Die NS-Medien begründen die Morde als Vergeltungsaktion für den angeblich geplanten Putsch der SA. Die nachträglich per Gesetz und Reichsgerichtsbeschluß für rechtens erklärte Mordaktion („Staatsnotstand") bewirkt das Einverständnis der Reichswehr mit der Übernahme der Reichspräsidentenschaft durch Hitler, festigt Hitlers Stellung und erbringt eine Machtverschiebung zugunsten der SS. Herausgestellt wird in den Berichten stets die „unglückliche Veranlagung" Röhms, ein „Einschreiten zur rücksichtslosen Aufräumung dieser Pestbeule" (Hitler) sei unumgänglich gewesen. Röhms Vertrauten werden als „krankhafte Individuen" bezeichnet. Goebbels hebt in der Presse hervor, daß Hitler sehr erschüttert gewesen sei, als er von Röhms Homosexualität erfahren habe. Tatsächlich aber ist dies Hitler, wie auch vielen anderen innerhalb der Parteiführung lange schon bekannt. Auch verkehrt Röhm recht offen in der homosexuelle Szene Berlins.

Bereits 1931 wird Röhm durch die Links-Presse der Homosexualität bezichtigt. →Adolf Brand kommentiert diese Bloßstellung in *Der Eigene* als richtig. Denn wenn sich jemand der NSDAP anschließe, habe „mit dem Augenblick [...] auch sein eigenes Liebesleben aufgehört, eine Privatsache zu sein. Wenn die nationalsozialistische Partei die homosexuelle Bewegung öffentlich bekämpft, dann darf sich diese Partei, die in ihrer Presse jede homosexuelle Betätigung so gern für eine Schweinerei erklärt, auch nicht wundern, wenn man jetzt aus Anlaß des Falles Röhm ohne jede Zimperlichkeit einmal feststellt, wie stark der homosexuelle Verkehr gerade in ihren eigenen Reihen selber verbreitet ist."

○ Heinz Höhne: *Mordsache Röhm*, 1984; Otto Gritschneider: *Der Führer hat Sie zum Tode verurteilt ...; Hitlers „Röhm-Putsch"- Morde vor Gericht*, 1993

Roosevelt, Eleanor

US-amerikanische Politikerin
11.10.1884 New York City – 7.11.1962 ebd.

Eleanor Roosevelt ist zweifellos die einflußreichste Frau ihrer Zeit und die erste Ehefrau eines amerikanischen Präsidenten, die aktiv in die Weltpolitik eingreift. 1905 heiratet die Nichte Theodor Roosevelts ihren Cousin Franklin Delano Roosevelt, dem sie innerhalb der nächsten zehn Jahre sechs Kinder gebärt. Als Franklin D. Roosevelt, der 1921 an Kinderlähmung erkrankt und den Rest seines Lebens im Rollstuhl verbringt, 1933 zum amerikanischen Präsidenten gewählt wird, beginnt die bisherige Hausfrau und Mutter, sich ebenfalls in der Politik zu engagieren. 1933 gibt sie die erste Pressekonferenz, die je von einer Präsidentengattin abgehalten wird, um sich danach weit über ihre traditionellen repräsentativen Pflichten hinaus für die Rechte der Frauen, soziale Minderheiten und die Friedensbewegung einzusetzen. 1941 wird sie zur Assistentin des Verteidigungsministers berufen und beginnt mit ausgedehnten Truppenbesuchen in den USA, England und auf den pazifischen Inseln während des zweiten Weltkrieges. Nach F. Roosevelts Tod im Jahre 1945 wird sie von Präsident Truman in die Generalversammlung der Vereinten Nationen berufen, von 1945 bis 1961 steht sie der UN-Kommission für Menschenrechte vor. Während der 50er Jahre fungiert sie als eine der Führerin des liberalen Flügels der Demokratischen Partei, und 1961 wird sie erneut in die UN-Generalversammlung berufen. Kurz vor ihrem Tod wird die energische „First Lady of the World" zur meistbewunderten Frau Amerikas gewählt. Eleanor Roosevelt, die viele lesbische Frauen zu ihren Freundinnen zählt, ist in den 30er Jahren längere Zeit mit der Journalistin Lorena Hicock liiert. Eine Reihe von leidenschaftlichen Liebesbriefen, die dieses offene Geheimnis belegen, lagern heute in der Franklin Delano Roosevelt Bibliothek, wo sie der Öffentlichkeit zugänglich sind.

Rule, Jane

kanadische Schriftstellerin
US-amerikanischer Herkunft
28.3.1931 Plainfield/New Jersey

Im Alter von 25 Jahren wandert Rule nach Vancouver aus, um an der dortigen Universität Englisch zu unterrichten. 1964 erscheint ihr erster Roman *Desert of the Heart*, eine tragikomische Liebesgeschichte zwischen einer Lesbe und einer bisexuellen Frau. Rule nimmt durch ihren offenen Umgang mit (ihrer eigenen) Homosexualität und ihre zahlreichen literarischen sowie wissenschaftlichen Publikationen zu diesem Thema eine führende Position innerhalb der kanadischen Lesbenbewegung ein. *Lesbian Images* (1976, dt. *Bilder und Schatten*), eine Sammlung von Biographien lesbischer Schriftstellerinnen, zählt zu den Klassikern der Frauenliteratur. Durch Donna Deitchs erfolgreiche Verfilmung von *Desert of the Heart* (dt. *Desert Hearts*) wird Rule 1985 auch über die Grenzen des amerikanischen Kontinents hinaus bekannt.

- *The Young in One Another's Arms*, 1977; *Outlander*, 1981; *Memory Board*, 1987

RuPaul
(eigentlich RuPaul Andre Charles)

US-amerikanischer Travestiekünstler und Popsänger
1960 (a.Q. 1964) San Diego

Seit den frühen 80er Jahren erprobt der in San Diego als RuPaul Andre Charles aufgewachsene Popsänger, Schauspieler und Selbstdarsteller in diversen Musikformationen immer wieder sein sängerisches, wie darstellerisches Talent. Nach und nach etabliert RuPaul eine Kunstfigur, die sich selbstironisch zu einer Ikone der Popkultur, Drag Queen-Bewegung wie der schwulen Subkultur stilisiert. RuPaul verbreitet dabei androgynen Glamour und amazonenhafte Feminität, und dies allesamt bei einer Körpergröße von 2,13 m (inklusive Highheels). Die ersten LP *Sex Freak* (1985) bleibt ein Szenehit. Die 1992 veröffentlichten Songs *Supermodel* und *House of Love* hingegen schaffen den Sprung in die Charts und sind der Beginn einer Discostarkarriere, die auch den europäischen Kontinent erreicht. Das *Supermodel of the World*, so der Albumtitel 1993, wird tatsächlich bestbezahltes Model für Modeschauen und für eine Werbekampagne der kanadischen Kosmetikfirma „M.A.C." Neben Gastrollen in Musikvideos u.a. von *B-52's*, Diana Ross und Robert Palmer, spielt RuPaul in über einem Dutzend Undergroundfilmen (*Starbooty I-III* von John Witherspoon, verschiedenen Filmen von Wayne Hollowell, u.a. *American Porn Star, Connie Francis Story, Psycho Bitch)* sowie Gastrollen in diversen Hollywood-Produktionen, so etwa *Crooklyn* von Spike Lee, *The Brady Bunch Movie* von Betty Thomas und *To Wong Foo, Thanks For Everything, Julie Newmar* von Keeban Kidron. 1995 übernimmt er in der Aids-Komödie *Red Ribbon Blues* (Regie Charles Winkler) erstmals eine Filmrolle ganz ohne Fummel und Perücke. RuPaul betätigt sich auch als DJ beim New Yorker Dance Music Sender WKTU und VJ bei RuPaul's Party Show des Videosenders VH1

- *Lettin It All Hang Out. An Autobiography*, 1995; CD: *Foxy Lady*, 1996

Russo, Vito

US-amerikanischer Filmhistoriker
1946 – 7.11.1990 New York City

Der Name Vito Russos ist vor allem verbunden mit seinem Buch *The Celluloid Closet. Homosexuality in the Movies* (1981, Neuausgabe 1987; dt. 1990), das immer noch als ein Standard- und Grundlagenwerk zum Thema gilt. Nach seinem Filmstudium an der New York University beginnt Russo mit seinen Recherchen. Die Ergebnisse stellt er in Vorträgen an über 200 Universitäten, Museen und Filmfestivals rund um die Welt vor. Die Umsetzung in einen Dokumentarfilm ist bereits zu seinen Lebzeiten von seinen engen Freunden, den Filmemachern Robert Epstein und Jeffrey Friedman, angeregt worden, kann jedoch erst 1995/96 umgesetzt werden. Zur Finanzierung trägt maßgeblich die Schauspielerin →Lily Tomlin bei, für die Russo Material für ihre Bühnenshows geschrieben hatte. Russo arbeitet als Filmkritiker u.a. für die US-Zeitschriften *Film Comment, Moviegoer* und das lesbisch-schwule Magazin *The Advocate*. Seit den 70er Jahren ist Russo aktiv in der Schwulenbewegung der USA engagiert, zunächst in der *Gay Activists Alliance*. 1983 ist er Co-Moderator des lesbisch-schwulen TV-Programms *Our Time* im New Yorker Kabelnetz, 1985 Mitbegründer der *Gay and Lesbian Alliance Against Defamation* (GLAAD). 1986 verstirbt sein Lebensgefährte Jeffrey Sevcik an den Folgen von Aids. In dem Oscar-prämierten Dokumentarfilm *Common*

Threads: Stories from the Quilt (1989) von Epstein/Friedman spricht er über seine Trauer und den Umgang mit dem Sterben. Bis zu seinem eigenen Tod infolge von Aids ist Russo vor allem in verschiedenen Aids-Organisationen wie ACT UP (Aids Coaliton to Unleash Power) aktiv.

S

Sackville-West, Vita (eigentlich Victoria Mary Sackville-West)

britische Schriftstellerin
9.3.1892 Knole Castle/Kent - 2.6.1962 Sissinghurst Castle

Die Enkelin einer spanischen Zigeunertänzerin schreibt neben Reiseberichten und Naturlyrik vor allem Gesellschaftsromane über die englische Aristokratie, angelehnt an die eigene Familiengeschichte: *The Edwardians* (1930, dt. *Schloß Chevron*) und *No Signposts in the Sea* (1963, dt. *Weg ohne Weiser*) werden in viele Sprachen übersetzt. Sackville-West ist mit dem homosexuellen Diplomaten Harald Nicholson, mit dem sie lange Zeit in Persien lebt, verheiratet; ihre eigentliche Liebe gilt jedoch Frauen, vor allem ihrer Jugendliebe und langjährigen Partnerin Violet Trefusis: „Ich habe dir gesagt, daß ich Angst vor dir habe. Das ist wahr. Ich will mich nicht schon wieder in dich verlieben ... Aber wenn du mich wirklich willst, werde ich für dich da sein, immer und überall." In den 20er Jahren ist Sackville-West, die fest daran glaubt, daß „viel mehr Menschen meines Typs existieren, als unter dem heutigen System der Scheinheiligkeit allgemein zugegeben wird", mit der Schriftstellerin →Virginia Woolf und danach mit deren älterer Schwester, der Malerin Vanessa Bell, liiert. Die Mutter zweier Söhne, von der Woolf gekränkt, behauptet, sie habe es „mit jeder wildgewordenen Heringsköchin" getrieben, verkleidet sich gerne, vorzugsweise als Mann. Woolfs legendärer Roman *Orlando* (1918) stellt ein verschlüsseltes Porträt ihrer charismatischen Geliebten dar.

• *Pepita*, 1937 (dt. *Die Tänzerin und die Lady*)

○ V. Glendinning: *Vita*, 1983 (dt. *Vita Sackville-West: Eine Biographie*); V. Trefusis: *Violet to Vita*, 1989 (dt. *Trunken von deiner Schönheit. Violet Trefusis an Vita Sackville-West*); S. Amrain: *So geheim und vertraut: Virginia Woolf und Vita Sackwille-West*, 1994

Sagan, Leontine

österreichische Regissseurin
13.2.1889 Budapest - 20.5.1974 Pretoria

Sagan wird in Wien von Max Reinhardt als Bühnenregisseurin ausgebildet und gibt später selbst an des sen Schule Unterricht in Regie. Ihr erster, überaus erfolgreicher Film *Mädchen in Uniform* (1931), eine Adaption des von ihr vorher auch im Theater inszenierten Stückes *Gestern und heute* handelt von einer lesbischen Internatsliebe und gilt heute als *der* Klassiker des lesbischen Kinos schlechthin. Nach einem weiteren Kinofilm verlegt sich Sagan wieder auf Theaterregie in England, Rhodesien und Südafrika, wo sie das südafrikanische Nationaltheater mitbegründet.

Saint-Laurent, Yves

französischer Modemacher
1.8.1936 Oran/Algerien

Bereits als Schüler gewinnt er mit einer Skizze für ein Cocktailkleid einen Wettbewerb des internationalen Wollsekretariats. 1954 Besuch der Schule des Chambre Syndicale de la Haute Couture. 1955 wird ihm Christian Dior vorgestellt, der ihn gleich engagiert. Innerhalb weniger Monate arbeitet sich Saint Laurent an die Spitze des Hauses vor und übernimmt die Leitung. Bei der Präsentation seiner ersten eigenen Kollektion als Chef lernt er seinen späteren Lebens- und Geschäftspartner Pierre Bergé kennen. Erst 1991 spricht er erstmals in einem Interview mit *Le Figaro* öffentlich über seine Homosexualität. Ihre gesellschaftliche Ächtung habe ihm schon als Kind das Leben zur Hölle gemacht.
1960, mitten im Erfolgsrausch, Einberufung zum Militärdienst. Er verbringt 2 1/2 Monate im Pariser Armeekrankenhaus mit Depressionen, die den Rest seines Lebens immer wieder seine Karriere und seinen Gesundheitszustand stark beeinflussen und belasten werden. Nach der Entlassung und Regeneration soll er von der Dior-Zentrale in die Filiale nach London versetzt werden. Saint Laurent zieht die Konsequenzen und eröffnet mit seinem Lebenspartner Bergé und mit finanzieller Hilfe eines US-amerikanischen Investors ein eigenes Couturehaus in Paris. Erste Kollektion 1962. Schließt sich dem allgemeinen Trend der Prêt-à-Porter an und eröffnet in Paris die Boutique Saint Laurent Rive Gauche mit preiswerter Mode. In den 60er Jahren ist Saint Laurent immer wieder Trendsetter, läßt sich von Bildern Mondrians inspirieren, führt die Pop Art in die Mode ein, entwickelt den Transparent-Look und den Damensmoking. 1985 ruft er die zweite Minirockwelle aus. Als einer der ersten erkannten Saint Laurent und Bergé die Möglichkeiten der Vermarktung des Markennamens. 1971 wirbt Saint Laurent, nur mit seiner typischen Hornbrille bekleidet, für sein eigenes Parfüm. Das Photo macht Werbegeschichte, das Parfüm *YSL* wird zum Welterfolg. Es folgen Make-up und Körperserien und andere Parfüms *(Opium, Jazz)*. 1990 macht das Haus 85% seines Umsatzes mit Accessoires und Parfümerieprodukten. 1989 wird die YSL-Gruppe an der Börse eingeführt; die Aktien sind sofort um das 250fache überzeichnet. Entwirft Ausstattungen für Theateraufführungen, Ballet-

te und Filme. 1983 Retrospektive seiner Arbeit im Metropolitan Museum New York, 1985 in Peking und Moskau, 1990 in Tokio. 1985 überreicht ihm Staatspräsident François Mitterand die Insignien eines Ritters der Ehrenlegion. Ebenfalls 1985 Mode-Oscar für sein Gesamtwerk als größter Couturier. 1998 wird Yves Saint Laurent die Kleidung für die Funktionäre und Mitarbeiter der Fußball-Weltmeisterschaft in Frankreich entwerfen.

○ Laurence Benaïn. *Yves Saint Laurent*, 1993; Alice Bawsthorne. *Yves Saint Laurent. Biography*, 1996

Salomé (eigentlich Wolfgang Ludwig Cihlarz)

deutscher Künstler
24.8.1954 Karlsruhe

1974-1980 Studium an der Hochschule der Künste, Berlin; Meisterschüler von K.H. Hödicke. 1977 Mitbegründer der Galerie am Moritzplatz, Berlin (gemeinsam u.a. mit seinem Liebhaber und Künstlerkollegen →Rainer Fetting). 1980 künstlerische Zusammenarbeit mit Luciano Castelli. Es entsteht das Hörspiel *The Boys in the Band-Memory* (Radio Basel). Schallplatten und Auftritte mit der Band *Die geilen Tiere.* Seine erste Einzelausstellung 1977 in Berlin gilt als die Geburtsstunde der „Jungen Wilden". Weitere Ausstellungen u.a. 1984 Kassel (Kunstverein), 1988 Chicago (Walter Bischoff Gallery), 1995 Berlin (Haus am Waldsee), Teilnahme an der documenta 7, Kassel 1982 und Biennale Venedig 1982.
Er zieht 1972 nach Berlin, engagiert sich dort innerhalb der Homosexuellen Aktion Westberlin (HAW) und legt sich den Namen Salomé zu. Durchbruch als neoexpressionistischer Maler 1980 in der Gruppenausstellung Heftige Malerei im Berliner Haus am Waldsee. Internationaler Erfolg in der Kunstszene, vor allem in den USA, als „Junger Wilder". Seit den späten 70er Jahren thematisieren seine Bilder schwulen Sex, Transvestitismus, Sado-Masochismus und die schwule Lebenswelt. Er malt sich selbst in provokativen Selbstporträts in Stöckelschuhen und Strapsen und erotische Momentaufnahmen mit nackten Männern und Schwimmern sowie Duschszenen. 1979 entstehen seine *Klappen-Bilder*, 1988 die →*Gloeden-Serie*. Immer wieder dominieren in seinem Gesamtwerk Selbstporträts im Reflex von Egozentrik, Exhibitionismus und Narzißmus. Ende der 80er Jahre, unter Einfluß ausgedehnter Asienreisen, entstehen Sumo-Ringer und Land-schafts- und Naturbilder, vor allem Seerosenteiche. Seit 1994 ist er mit dem US-amerikanischen Künstler Hal Meltzer liiert.

• *Salomé by Salomé*, 1992

Salzgeber, Manfred

deutscher Filmverleiher und Filmaktivist
10.1.1943 Lodz – 12.8.1994 Berlin

Früh entdeckt der in Stuttgart aufgewachsene Manfred Salzgeber seine Leidenschaft fürs Kino. In Berlin beginnt er eine Buchhändlerlehre und wird ab 1963 Mitarbeiter bei den „Freunden der Deutschen Kinemathek Berlin" und Mitbegründer des Programmkinos Arsenal und des Internationalen Forums des Jungen Films der Berliner Filmfestspiele. 1971 eröffnet er sein eigenes Programmkino in Berlin, das Bali, dem später noch zwei weitere folgen. Die Stammheim-Affäre 1977 wird für ihn der endgültige Auslöser, die Bundesrepublik zu verlassen. Er übersiedelt nach Amsterdam, wird Filmkritiker und Mitarbeiter bei verschiedenen internationalen Filmfestivals. 1980 kehrt er nach Berlin zurück und übernimmt die Leitung des Panorama-Programmes der Berliner Filmfestspiele, wo fortan schwerpunktmäßig Filme zu lesbisch-schwulen Themen gezeigt werden. Als für den ersten US-Film zu Aids, Arthur J. Bressans *Buddies*, kein Verleih zu finden ist, gründet Salzgeber die Edition Salzgeber. In den Folgejahren baut er ein Programm mit mehr als 200 Filmen zur Homosexualität und zu Aids auf. Er ist Initiator des lesbisch-schwulen Filmpreises der Berlinale, dem *Teddy*, und versucht außerdem die Vernetzung schwul-lesbischer Filmschaffender in die Wege zu leiten.

Samel, Udo

deutscher Schauspieler und Regisseur
25.6.1953 Eitelsbach/Trier

Samel erhält während seiner Internatszeit eine umfangreiche musikalische Ausbildung (Fagott, Klavier, Gesang, Komposition) und studiert zunächst Slawistik und Philosophie in Frankfurt/Main. 1974 wechselt er auf die dortige Schauspielschule. Erstes Gastengagement am Staatstheater Darmstadt 1976, von 1978 bis 1992 gehört er zum Ensemble der Berliner Schaubühne. Mit seinen Rollen u.a. in den Inszenierungen von Botho Strauß' *Groß und Klein* (1978) und *Kalldewey, Farce* (1982); Aischylos' *Orestie* (1980) und →Jean Genets *Die Neger* (1983) etabliert sich Samel als einer der besten Schauspieler auf deutschen Bühnen. Parallel zu seiner Theaterkarriere, die er als Gastschauspieler u.a. bei Produktionen der Salzburger Festspiele und am Wiener Burgtheater fortsetzt, spielt Samel seit Mitte der 80er Jahre auch zunehmend in TV- und Kinofilmen. Für seine Rolle als Franz Schubert in *Mit meinen heißen Tränen* (1986) erhält er einen Grimme-Preis. Weitere Filmrollen u.a.: *Kaspar Hauser* (1992), *71 Fragmente einer Chronologie des Zufalls* (1995), und 1996 in der →Ralf König-Verfilmung *Das Kondom des Grauens.* 1996 gelingt ihm mit *Wozzek* in Weimar ein gefeiertes Debüt als Opernregisseur, dem 1997 *Don Pasquale* in Bremen folgt.

Sampson, Deborah

US-amerikanische Soldatin
17.12.1760 Plympton/Massachusetts – 29.4.1827 Sharon/Massachusetts

Unter dem Namen Robert Shirtliff schmuggelt sich Sampson am 20.5.1782 in die Armee ein, um während des Unabhängigkeitskrieges als Soldat zu dienen. In ihrer männlichen Verkleidung hat sie immer wieder Verhältnisse mit anderen Frauen, eine mündet schließlich in einer Ehe: Nach dem Krieg läßt Sampson alias Shirtliff sich an die Grenze nach Ohio versetzen, befreit dort eine junge Weiße aus indianischer Gefangenschaft und heiratet sie. Nachdem ihr wahres Geschlecht durch einen Zufall entdeckt wird, entläßt man die verdiente Soldatin am 25.10.1783 ehrenhaft aus der Armee. Bis zum Lebensende erhält sie eine stattliche Pension.

○ Jill Canon: *Heroines of the American Revolution*, 1995

Sand, George (eigentlich Amandine-Lucie-Aurore Dupin)

französische Schriftstellerin
1.7.1804 Paris – 7.6.1876 Nohant/Indre

Sand, deren Vorliebe für Männerkleidung immer wieder Anlaß zu Tratsch und Spekulationen gibt, ist eine der glühendsten Verfechterinnen der Gleichberechtigung der Frau und der freien Liebe (*Indiana*, 1832; *Lélia*, 1833). Nachdem sie sich nach neunjähriger Ehe von ihrem Mann getrennt hatte, lebt sie in Paris als Schriftstellerin und Journalistin ein für ihre Zeit außerordentlich freizügiges Leben. Mit ihrem öffentlichen Bekenntnis, romantische Beziehungen zu Frauen zu unterhalten – wie z. B. zur bekannten Schauspielerin Marie Dorval – bringt Sand das von den Revolutionswirren geschüttelte Frankreich nur noch mehr durcheinander. Die ehemalige Geliebte von so bekannten Persönlichkeiten wie Alfred de Musset und Chopin, die immer wieder mit der skandalumwitterten Dichterin und Schauspielerin Adah Isaacs Menken gesehen wird, zieht sich nach Jahren des politischen und sozialen Engagements enttäuscht von den Ergebnissen der französischen Revolution auf Schloß Nohant zurück, wo sie sich auf das Schreiben erfolgreicher Heimatromane wie *La mare au diable* (1846) konzentriert.

○ André Maurois: *Dunkle Sehnsucht – Das Leben der George Sand*, 1957

Sander, Jil
(eigentlich Heidemarie Siline)

deutsche Modedesignerin
7.11.1943 Wesselburen

Die erfolgreichste deutsche Modedesignerin eröffnet 1968 im Alter von 25 Jahren ihre erste Boutique in der Hamburger Milchstraße. Von da aus tritt Sanders „Vision von purem Design" in Gestalt strenger, puristischer Damenkollektionen ihren Siegeszug um die ganze Welt an. 1997 versucht die Modedesignerin, deren Gesicht seit Jahren auf Plakatwänden in ganz Deutschland zu sehen ist, sich erstmals mit einer Herrenkollektion zu etablieren, worauf ihr Kollege Joop spöttisch bemerkt: „Ich kann mir nicht vorstellen, wie eine Frau Männermode machen will, in deren Firma sich niemand für Männer interessiert." Sanders Interesse an Frauen gilt trotz der strikten Abschottung ihres Privatlebens – „ich möchte meine private Sphäre wahren ... Allerdings gibt es bei mir auch überhaupt nichts, was ich verbergen müßte" – als offenes Geheimnis.

Sandmann, Gertrude

deutsche Malerin
16.10.1893 Berlin – 6.1.1981 ebd.

Sandmann wird als Tochter einer wohlhabenden, jüdischen Kauf-

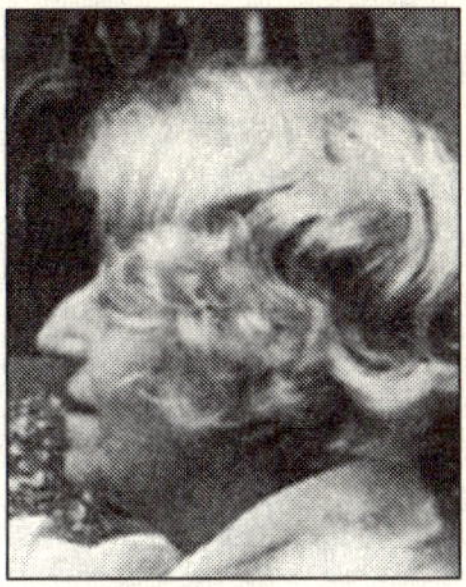

mannsfamilie in Berlin geboren. Sie studiert bei Otto Kopp in München und nimmt Privatunterricht bei →Käthe Kollwitz. Sie hält sich eine Zeitlang in Paris auf. Während des Faschismus wird sie als Jüdin mit Arbeitsverbot belegt, kann jedoch nicht mehr emigrieren, sondern wird nach einem fingierten Selbstmord von ihrer Freundin Hedwig Koslowski versteckt. Nach dem Krieg bezieht sie eine Atelierswohnung in Schöneberg, wo sie bis zu ihrem Lebensende mit ihrer neuen Lebensgefährtin Tamara Streck zusammenlebt. Bis zu Tamaras Tod 1979 sind die beiden unzertrennlich; geradezu spartanisch leben sie von Wiedergutmachungsgeldern und dem geringen Lohn, den Tamara für ihre Arbeit als Kraftfahrerin verdient, sowie von der Unterstützung durch die Familie Kollwitz. Gemeinsam mit anderen bekannten Künstlerinnen wie →Hannah Höch und Kollwitz gehört Sandmann nach dem ersten Weltkrieg dem Verein Berliner Künstlerinnen an und tritt vehement für die Förderung weiblicher Kunstschaffender ein. In einem Interview sagt sie: „Ich habe bisher, weil ich Lesbierin bin, weder privat noch beruflich Schwierigkeiten gehabt. Als bildende Künstlerin ist man gleicherweise unabhängig, man ist niemandem über das Privatleben Rechenschaft schuldig. Die Künstler-Kollegen zeigen sowieso meist mehr Toleranz für ihre Mitmenschen, als es sonst üblich ist, und bei den anderen hat has heitere Künstlervölkchen ‚ein Stück Narrenfreiheit'".

- *Was ich über meine Zeichnungen sagen kann*, 1974

○ Claudia Schoppman: „‚Finden sie mich oder finden sie mich nicht' – Gertrude Sandmann". In: *Zeit der Maskierung*, 1993; Marcella Schmidt: „Gertrude Sandmann (1893-1981)". In: *Eldorado – Ausstellungskatalog*, 1984

Santing, Mathilde

niederländische Musikerin
24.10.1958 Amsterdam

Ihre glasklare Stimme läßt seit vielen Jahren ihr Publikum, ob männlich, ob weiblich, in Verzückung geraten. Zu Beginn ihrer Laufbahn tritt sie zwar nur mit ihrer kleinen Rhythmus-Maschine auf die Bühne, aber dennoch gelingt es ihr dank ihrer unvergleichlich fließenden Stimme, der sanften Melodien und der ruhigen und doch überaus charismatischen Bühnenpräsenz, von Anbeginn an ganze Konzertsäle zu füllen. Zahlreiche Songs der Kultsängerin der 80er Jahre werden zu Ohrwürmern (*Downtown*, *I've Grown Accustomed to Her Face*, *The Gentleman is a Dope*). Mathilde, einst stets im Knaben-Konfirmanden-Outfit und blondem Burschenhaarschnitt präsent, macht heutzutage in deutlich femininerer Kleidung eine ebenso gute Figur –, und sie ist gewiß eine der wenigen Künstlerinnen, die ihre üppige Körperfülle aufs beste zu präsentieren wissen. Längst ist Santing nicht mehr nur ein Insidertip: Das Eröffnungskonzert der alljährlich stattfindenden Open-air-Sommerkonzertreihe im Amsterdamer Vondel-Park wird seit geraumer Zeit von ihr bestritten.

- CDs: *Carried Away*, 1991; *Ballads*, 1994; *Water under the Bridge*, 1985; *Breast and Brow*, 1989; *Out of this Dream*, 1986; *Ballads*, 1994

Sappho

griechische Lyrikerin
um 610 v.Ch. Mytilen/Lesbos – 560 v. Ch. ebd.

Noch heute kichern junge Mädchen verschämt im Unterricht, wenn der Name Sappho erwähnt wird. Die jungen Mädchen, die von der adeligen Dichterin seinerzeit auf der griechischen Insel Lesbos in Poetik unterrichtet werden, haben vermutlich noch mehr Spaß dabei. Von dieser Tätigkeit und ihren leidenschaftlichen Gefühlen für ihre Schülerinnen erzählen Sapphos Gedichte, die in äolischem Dialekt und einfacher Sprache verfaßt werden. Sappho ist schon zu Lebzeiten eine legendäre Gestalt: Ihre Arbeiten beeinflußen die wichtigsten Dichter des Altertums, z.B. Catull und Horaz. Plato bezeichnet sie als die „zehnte Muse", und nach ihr wird die „sapphische Strophe" benannt. Und woher die Bezeichnungen „sapphische Liebe" und „lesbisch" sich ableiten, dürfte nun klar sein: „Schöne Frauen, meine Gefühle für euch werden niemals schwanken ..."

- J. Schikel (Hrsg.): *Sappho. Strophen und Verse*, 1995

Sarton, May

US-amerikanische Schriftstellerin und Lyrikerin belgischer Herkunft
3.5.1912 Wondelgem/Belgien – 1996 York/Maine

1916 kommt Sarton mit ihren Eltern in die USA und erhält 1924 die US-amerikanische Staatsbürgerschaft. Als Erwachsene lebt sie sehr zurückgezogen und öffentlichkeitsscheu. „Die radikalen Lesben verlangen, daß auch ich radikal bin. Aber das bin ich halt nicht", sagt sie in einem Interview für die *Paris Review*. Die meisten Schwulen und Lesben kennen aber ihren Roman *Mrs. Stevens Hears the Mermaids Singing* (1965, dt. *Mrs. Stevens hört die Meerjungfrauen singen*, 1980) über eine 70jährige Dichterin, die Männer und Frauen geliebt hat und sich mit ihrem Gärtner anfreundet, der ihr gesteht, selbst homosexuell zu sein. Nach der Veröffentlichung von *Mermaids* verliert Sarton ihre Stelle als Dozentin, da Rückschlüsse auf das Privatleben der Autorin gemacht werden. Ihr letzter Roman *The Education of Harriet Hatfield* (1990) handelt von einer 60jährigen Frau, die einen feministischen Buchladen in Boston aufmacht und versucht, die Kluft zwi schen Schwulen, Lesben und Heteros zu überbrücken. Wenn diese Geschichte auch ziemlich harmlos klingt, ist es vielen Eltern im Bundesstaat New Hampshire zuviel: Sie haben es auf den Index setzen lassen. Sartons Oeuvre umfaßt mehr als 26 Werke: Gedichte, Romane, Sachbücher, Autobiographien, Kinderbücher und Drehbücher.

- *I Knew A Phoenix: Sketches for an Autobiography*, 1959; *The Small Room*, 1961; *Plant Dreaming Deep: An Autobiography*, 1968; *A Reckoning*, 1978 (dt *Eine Abrechnung*, 1885); *The Magnificent Spinster*, 1985

○ Marita Simpson und Martha Wheelock (Hrsg .): *May Sarton: A Self-Portrait*, 1986; Margot Peters: *May Sarton: A Biography*, 1997

Scheel, Cornelia

deutsche Publizistin
1963

Ihre Verwandtschaftsverhältnisse haben sie bekannt gemacht: Cornelia Scheel ist die Adoptivtocher des Altbundespräsidenten Walter Scheel, die leibliche Tochter seiner Frau Mildred und seit 1991 die Frau der bekanntesten deutschen Lesbe, der Schauspielerin und Entertainerin →Hella von Sinnen. Fast jedenfalls, denn die Heiratsklage von Scheel und von Sinnen vor dem Bundesverfassungsgericht 1992 ist leider erfolglos. Mit 15 entdeckt Scheel ihre Liebe zu Frauen – insbesondere zu ihrer Reitlehrerin – und wird prompt von ihrer Mutter in flagranti im Bett erwischt. Nach dem großen Aufruhr, der auf dieses einschneidende Erlebnis folgt, versucht Scheel danach mehr oder minder erfolgreich, mit Männern, in der Hauptsache aber für ihre Arbeit bei der von ihrer Mutter gegründeten Krebshilfe zu leben, bis sie 1989 auf der Funkausstellung in Berlin Hella von Sinnen kennenlernt. Aus der zunächst heimlichen Affäre wird nach einigem Hin und Her endlich die große Liebe – und seither sind die beiden „nicht eine Nacht getrennt." Heute arbeitet Schell eng mit von Sinnen zusammen und ist an mehreren erfolgreichen Soloprogrammen ihrer Lebenspartnerin als Co-Autorin und -Regisseurin beteiligt.

Schenk, Christina

deutsche Politikerin und
Diplom-Physikerin
8.7.1952 Ilmenau/Thüringen

Nach einem 1976 abgeschlossenen Physikstudium an der Humboldt-Universität Berlin arbeitet Christina Schenk bis 1989 als wissenschaftliche Mitarbeiterin an der Akademie der Wissenschaften der DDR. 1989 nimmt sie ein postgraduales Studium der Soziologie auf, das mit einer Aspirantur an der Humboldt-Universität zur Situation lesbischer Frauen in der DDR einhergeht, 1990 jedoch im Zuge der Vereinigung beider deutschen Staaten abgewickelt wird. 1994 beginnt Schenk ein Fernstudium der Politologie und der Sozialen Verhaltenswissenschaften in Hagen. Von 1973 bis 1981 ist sie Mitglied der SED. Nach ihrem Austritt bleibt sie parteilos. Ab 1984 ist sie in der Oppositionsbewegung der DDR unter dem Dach der evangelischen Kirche (Lesbengruppe Berlin) aktiv. 1989 gehört sie zu den Mitbegründerinnen des Unabhängigen Frauenverbandes (UFV). Als deren Vertreterin sitzt sie mit am Zentralen Runden Tisch und ist Leiterin der Arbeitsgruppe „Gleichstellung von Frau und Mann". Bei der Bundestagswahl 1990 ist Schenk Spitzenkandidatin des UFV/Liste der BürgerInnenbewegungen. 1994 kandidiert sie auf der Offenen Liste der PDS zur Bundestagswahl, Landesliste Sachsen, ist frauenpolitische Sprecherin der Bundestagsgruppe der PDS und Leiterin des Arbeitskreises Feministische Politik. Sie ist die einzige Abgeordnete des Deutschen Bundestages, die offiziell beim Stichwort Familienstand als in „lesbischer Lebensgemeinschaft" lebend geführt wird. Die leidenschaftliche Mountain-Bike-Fahrerin ist Mitglied des Kuratoriums der Volksuni e.V., der Frauenredaktion des Argument-Verlages und der Gesellschaft für Sexualwissenschaft e.V.

- „Lesbische Existenz in der DDR – ein Rückblick mit Aussichten". In: Agnes Joester/Ines Schönigh (Hrsg.): *So nah und doch so fern*, 1992; „Lesbians and their Emancipation in the German Democratic Republic: Past and Future". In: *Gender Politics and Post Communism*, 1993

Scherer, Hans

deutscher Journalist und Autor
24.1.1938 Trier/Mosel

Nach einem Volontariat bei der *Trierischen Landeszeitung* übernimmt Hans Scherer 1968 die Redaktion der Zeitschrift *Düsseldorfer Hefte*. 1970-1973 Feuilletonredakteur der *Nürnberger Zeitung*. Danach Redakteur der *Frankfurter Allgemeinen Zeitung* und zeitweilig Paris-Korrespondent des Blattes. Seine vielbeachteten Reisereportagen, die immer auch den schwulen Blick auf das Gesehene und Erlebte erkennen lassen, sind in Buchform u.a. in *Lauter Zwischenstationen* (1989), *Tanzen zwischen den Krisen* (1991) und *Stopover* (1995) veröffentlicht. Für diesen letztgenannten Band wird er 1996 mit dem „Preis der Bergbahnen Innsbruck für Reisejournalismus" ausgezeichnet. 1997 erscheint sein autobiographischer Roman *Remeurs Sünden*, eine schwule *éducation sentimentale*, die von der ersten Penetration auf Norderney bis zu den Klappen in Paris über Bordellzimmer bis hin zu einer Scat-Party in Amsterdam führt.

Schernikau, Ronald M.

deutscher Schriftsteller
11.7.1960 Magdeburg – 20.10.1991 Berlin

Er ist gerade 20 Jahre alt, als sein erfolgreicher Erstling *kleinstadtnovelle* (1980) erscheint; ein literarisch ambitioniertes Stück über das Coming-out eines Schülers in der Provinz. Geboren war Schernikau in Magdeburg, aufgewachsen in Lehrte bei Hannover. Die DDR prägt jedoch

weiterhin seine Sozialisation. Er sei mit DDR-Kinderbüchern und Ost-Fernsehen großgeworden. Folgerichtig geht er drei Jahre lang als Stipendiat ans Johannes-R.-Becher-Institut für Literatur nach Leipzig. Seine Erfahrungen beschreibt er in seinem Buch *die tage in L. darüber, daß die ddr und die brd sich niemals verständigen können, geschweige denn mittels ihrer literatur.* Das Buch erscheint 1989 in einem West-Verlag. Im Osten, so meint er selbst, wäre es wohl nie gedruckt worden. Dennoch hält Schernikau am Kommunismus fest und an der Idee des Sozialismus auf deutschem Boden: Konsequenterweise siedelt er am 1. September 1989 offiziell in die DDR nach Ost-Berlin über. Auf dem letzten DDR-Schriftstellerkongreß im März 1990 warnt er vor dem kapitalistischen Westdeutschland: „Meine Damen und Herren. Sie wissen noch nichts von dem Maß an Unterwerfung, die der Westen jedem einzelnen seiner Bewohner abverlangt. Am 9. November hat in Deutschland die Konterrevolution gesiegt. Ich glaube nicht, daß man ohne diese Erkenntnis in der Zukunft wird Bücher schreiben können." Schernikau wird ausgebuht.
1991 stirbt Schernikau an den Folgen von Aids. Sein monumentaler Roman *legende* wird – bis auf einen kurzen Auszug – nicht publiziert. Auch sein Stück *Die Schönheit*, uraufgeführt 1987 von einem Tuntenensemble im West-Berliner Schwulenzentrum SchwuZ, ist bislang nicht neu für die Bühne entdeckt worden.

- *Dann hätten wir noch eine Chance. Briefwechsel mit Peter Hacks. Texte aus dem Nachlaß*, 1992

Schiller, Greta

US-amerikanische Regisseurin
1954 Detroit

Schiller zählt zu den erfolgreichsten unabhängigen Filmemacherinnen der jüngsten Filmgeschichte. Die mehrfach ausgezeichnete Regisseurin erhält bereits für ihre erste Regiearbeit bei *Before Stonewall*, einer Dokumentation der US-amerikanischen Schwulen- und Lesbenbewegung, 1984 einen Emmy für den besten Dokumentarfilm und wird in der Kategorie „Beste Regisseurin" nominiert. Auch die beiden folgenden Dokumentarfilme über die Geschichte amerikanischer Jazzmusikerinnen, *Maxine Sullivan: Love to Be in Love, International Sweethearts* (1986) und *Tiny & Ruby: Hell Divin' Women* (1988) werden mehrfach ausgezeichnet. Zusammen mit ihrer Partnerin, der Autorin und Filmemacherin →Andrea Weiss, gründet Schiller 1984 die in New York und London ansässige Filmgesellschaft Jezebel Productions.

- *Paris Was a Woman* (Dokumentarfilm), 1995 (dt. *Paris war eine Frau*)

Schlesinger, John Richard

britischer Film- und Theaterregisseur
16.2.1926 London

Schauspielerfahrungen während seiner Militärzeit im zweiten Weltkrieg.

Er arbeitet zunächst für das Fernsehen, bevor er mit *A King of Loving* (1962) sein Filmdebüt gibt. Es folgen *Billy Liar* (1963) und *Darling* (1965), die Julie Christie den Weg zum Welterfolg ebnen. Nach der mißglückten Thomas Hardy-Adaption *Far from the Madding Crowd* (1967) Übersiedlung in die USA. Fortan arbeitet er abwechselnd in den USA und in Großbritannien. Mit *Midnight Cowboy*, der Oscar-prämierten Geschichte einer Freundschaft zwischen einem Stricher (Jon Voigt) und einem behinderten Mann (Dustin Hoffman), erster großer Erfolg bei Publikum und Kritik. In den USA wird der Film erst ab 21 Jahren freigegeben. Auch sein nächster Film *Sunday, Bloody Sunday* (1971) mit Glenda Jackson und Peter Finch wird ein Meilenstein in der schwulen Filmgeschichte. Zum ersten Mal küssen sich in einem britischen Film zwei Männer. 1986 dreht er die TV-Produktion *An Englishman Abroad* mit Alan Bates über den homosexuellen Spion Guy Burgess, dessen Lebensgeschichte u.a. auch Vorlage für Marek Kanievskas *Another Country* (1984) ist. Nach dem wenig erfolgreichen *The Day of the Locust* (1975) inszeniert er 1976 den kassenträchtigen Thriller *The Marathon-Man*. Es folgen u.a. *Madame Sousatzka* mit Shirley McLaine (1988) und *Pacific Heights* (1990). Seine jüngsten Projekte reichen künstlerisch kaum noch an seine großen Erfolge heran und werden mehrheitlich Flops *(The Innocent* nach dem Roman von Ian McEwan, 1991 und *Eye for an Eye*, 1994, dt. *Auge um Auge)*. Das Angebot des US-Dramatikers →Larry Kramer, sein Stück *The Normal Heart* zu verfilmen, lehnt Schlesinger ab. Er selbst läßt sich mit *The Midday Sun* von →David Leavitt einen eigenen Stoff für einen Aids-Film entwickeln, der jedoch bislang nicht realisiert wird, ebenso wenig wie seine Filmadaption des Andrew Lloyd Webber-Musicals *Aspects of Love*. In Nigel Finchs Verfilmung des Leavitt-Romans *The Lost Language of Cranes* ist Schlesinger in einer Gastrolle zu sehen.

Schoppmann, Claudia

deutsche Historikerin und Autorin
17.2.1958 Stuttgart

„Hätte ich nicht so einen schlechten, konservativen Geschichtsunterricht in der Schule gehabt, in dem vor allem die Nazizeit fast völlig vernachlässigt wurde, hätte ich mich wohl kaum so für Geschichte interessiert", mutmaßt Claudia Schoppmann heute. Folgerichtig beginnt sie Germanistik und Geschichte zu studieren, zunächst in Münster und ab 1979 in Berlin (West), wohin es sie nicht zuletzt der Frauen wegen zieht. Hier lebt sie seit einigen Jahren in einem Lesbenwohnprojekt. Tabuthemen und bislang Unerforschtes sind bis heute eine besondere Herausforderung für sie. „Jede Minderheit muß ihre Vergangenheit kennen, um auch in der Gegenwart verantwortlich handeln zu können. Diese Geschichte möchte ich transparent machen, ohne Lesben per se zu Opfern der Geschichte zu erklären", meint Schoppmann, deren Interesse besonders den Biographien lesbischer Frauen gilt. 1990 promoviert sie über die geschlechtsspezifische Bekämpfung der Homosexualität im „Dritten Reich" und veröffentlicht seitdem mehrere Bücher zur NS-Zeit, zu Exil und jüdischer Geschichte. 1997 erhält sie den Osnabrücker Rosa Courage-Preis für ihren Beitrag zur Sichtbarmachung von Lesben und das Bewahren der

„Schwestern von gestern" vor dem Vergessenwerden.

- *Nationalsozialistische Sexualpolitik und weibliche Homosexualität*, 1986/1997. *Zeit der Maskierung. Lebensgeschichten lesbischer Frauen im „Dritten Reich"*, 1993

Schroeter, Werner

deutscher Theater- und Filmregisseur
7.4.1945 Georgenthal/Thüringen

Einen Teil seiner Jugend verbringt Schroeter in Neapel; die Verbindung zu dieser Stadt drückt sich in dem Gastarbeiterdrama *Neapolitanische Geschwister* (1978) aus, einem seiner erfolgreichsten Filme, u.a. mit dem Adolf-Grimme-Preis ausgezeichnet. Nach drei Semestern Studium der Psychologie Aufnahmeprüfung an der Filmhochschule in München, die er jedoch nach wenigen Wochen bereits wieder verläßt. Arbeitet zeitweilig als Filmkritiker. Erste autodidaktische Erfahrungen mit Experimentalfilmen. Lernt 1968 →Rosa von Praunheim kennen, mit dem er in den nächsten Jahren zusammenarbeitet. Er kauft sich eine 16mm-Kamera. Mit den ersten Arbeiten in diesem Format hat er auf dem Hamburger Filmfestival 1969 großen Erfolg, →R.W. Fassbinder bezeichnet ihn als den „wichtigsten, spannendsten, entscheidendsten sowie entschiedensten Regisseur des alternativen Kinos". Im gleichen Jahr gewinnt er mit *Eika Katappa* in Mannheim den Joseph von Sternberg-Preis, der eine TV-Ausstrahlung zur Folge hat. Fast alle weiteren Filmarbeiten werden nun vom Fernsehen co-produziert, allerdings erst *Neapolitanische Geschwister* findet den Weg in die Kinos. Thematisch und stilistisch sind seine Filme zumeist dominiert von Schroeters Leidenschaft für die Oper, die sich bis zu den jüngsten Theater- und Filmarbeiten verfolgen läßt (*Callas Porträt*, 1969; *Der Rosenkönig*, 1984-86). In den 80er Jahren entstehen weitgehend Dokumentarfilme; parallel zur Filmarbeit inszeniert Schroeter für Theater und Oper in u.a. Düsseldorf, Bremen, Hamburg, Kassel, Berlin, Köln und Bochum und erarbeitet sich den Ruf als einer der umstrittensten deutschen Regisseure dieser Dekade. 1995 mißglückt die deutschsprachige Erstaufführung von →Tony Kushners *Engel in Amerika* am Hamburger Schauspielhaus. 1997 wird ihm beim Filmfestival von Locarno aus Anlaß der Uraufführung seines Dokumentarfilmes *Poussières d'amour – Abfallprodukte der Liebe* der „Pardo d'onore" für sein filmisches Gesamtwerk verliehen.

- Peter W. Janssen/Wolfram Schütte (Hg.): *Werner Schroeter*, 1980; Sabina Dhein: *Werner Schroeter*, 1991

Schuchardt, Helga

deutsche Politikerin
2.8.1939 Hannover

„Es ist das Normalste der Welt, mit einer Frau zusammenzuleben, so wie zwei Männer zusammenleben oder ein Mann und eine Frau ..." Diese wohltuenden Worte spricht im August 1992 eine ranghohe deutsche Politikerin aus: Helga Schuchardt, ihrerzeit Ministerin für Wissenschaft und Kunst in Niedersachsen, hat genug vom Versteckspiel. Die dunkelhaarige Feministin ist von 1972 bis 1983 Mitglied des Bundestags, bis 1982 als Vertreterin der FDP, danach parteilos. Mit dem Wechsel nach Hamburg, wo sie zur Kultursenatorin berufen wird, übernimmt Schuchardt 1983 die damalige Pressereferentin Inge Volk, aus der alsbald ihre Lebensgefährtin wird. 1987 scheidet sie aus ihrem Amt aus und gründet mit Volk eine Agentur für Kulturveranstaltungen, bis sie 1990 zur Ministerin nach Hannover berufen wird, wo sie mit Inge Volk zusammenzieht.

Schulman, Sarah

US-amerikanische Schriftstellerin
und Aids-Aktivistin
28.7.1958 New York City

Schulmans zornige und kritische Romane über Randgruppen der Gesellschaft werden in viele Sprachen übersetzt und erhalten zahlreiche Auszeichnungen. Das politische Engagement der New Yorkerin hat eine zentrale Bedeutung für ihre literarische und journalistische Arbeit. Seit 1987 Mitglied von ACT UP, ist sie zudem Mitinitiatorin des New York Lesbian and Gay Experimental Festival und Aktionistin der Lesbian Avengers. Seit 1983 konzentriert sich Schulman hauptsächlich auf das Thema Aids, ihre entschiedene Infragestellung der „Aids-Hysterie" unter Lesben ist bei ihren Lesereisen immer wieder Anlaß für erregte und fruchtbare Diskussionen.

- *After Delores*, 1988 (dt. *Ohne Delores*); *People in Trouble*, 1990 (dt. *Leben am Rand*); *Empathy*, 1992 (dt. *Einfühlung*)

Schwarzenbach, Annemarie

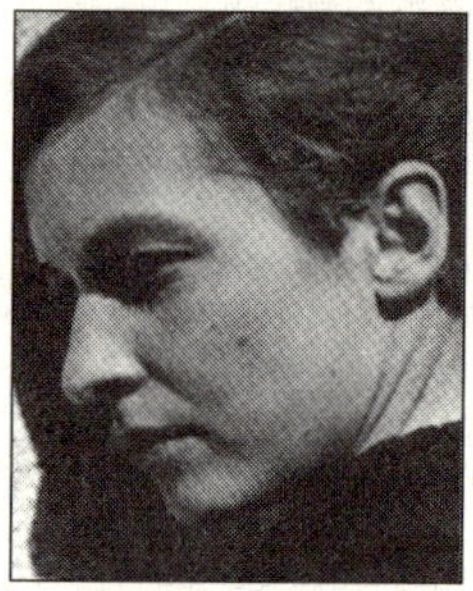

schweizerische Schriftstellerin
23.5.1908 Zürich – 15.11.1942 Sils

Trotz der poetischen Kraft ihrer literarischen und journalistischen Arbeiten ist es eher ihr außergewöhnlicher, tragischer Lebensweg, der die lange vergessene Autorin seit einiger Zeit wieder ins Blickfeld der Öffentlichkeit geraten läßt. Nach einer behüteten Kindheit in äußerst wohlhabenden Verhältnissen studiert Schwarzenbach ab 1927 in Zürich und Paris Geschichte, bevor sie Anfang der 30er Jahre in München und Berlin als Journalistin arbeitet. In diese Zeit fallen auch ihre ersten literarischen Arbeiten (wie der verschlüsselt homoerotische Roman *Freunde um Bernhard*, 1931), ihr antifaschistisches Engagement sowie die Freundschaft mit →Erika und →Klaus Mann – und der Beginn einer lebenslangen, unerwiderten Liebe zu Erika. Schwarzenbach, die sich in der *Lyrischen Novelle* (1933) als eine der ersten ihrer Zeit verschlüsselt zu ihrer Homosexualität bekennt, leidet in den folgenden Jahren zunehmend unter Depressionen und schwerem Drogenmißbrauch. Als Schriftstellerin zwar überaus produktiv, aber relativ erfolglos, arbeitet sie mehrere Jahre lang als Reisejournalistin (*Winter in Vorderasien. Tagebuch einer Reise*, 1934) und hält sich über längere Zeit immer wieder in den USA, Afrika und Kleinasien auf. Nach einigen Selbstmordversuchen, mehreren unglücklichen Liebesbeziehungen und einer ebenso unglücklichen Heirat kehrt Schwarzenbach 1942 wieder in die Schweiz zurück, wo sie nach einem Sturz vom Fahrrad im Alter von 34 Jahren verstirbt. Ihr Werk wird seit den 90er Jahren neu entdeckt und ediert.

○ Nicole Müller/D. Grente: *Der untröstliche Engel. Das ruhelose Leben der Annemarie Schwarzenbach*, 1995; Areti Georgiadu: *„Das Leben zerfetzt sich in tausend Stücke". Annemarie Schwarzenbach, eine Biographie*, 1995

Scott, Randolph (eigentlich George Randolph Crane Scott)

US-amerikanischer Schauspieler
21.1.1898 Orange/Virginia – 2.3.1987 Bel Air/Kalifornien

Besuch einer Privatschule und des Georgia Institute of Technology in Atlanta. Er arbeitet als Ingenieur, als er plötzlich erkrankt. Sein Arzt empfiehlt ihm, zur Genesung und des besseren Klimas wegen nach Westen zu gehen. Er nimmt Schauspielunterricht an der University of North Carolina, Chapel Hill, zieht nach Kalifornien und gehört eine Zeit zum Ensemble des Pasadena Community Playhouse. Erste Kleinstrollen im Film 1928 (Debüt in John G. Blystones *Sharp Shooters)*, die erste Hauptrolle in *Hot Saturday* (1931/32), Seite an Seite mit Cary Grant, als dessen Sprachtrainer er engagiert worden war und mit dem er einige Jahre in einer offenherzigen Lebensgemeinschaft verbringt. In den offizielleren Biographien ist stets von einer Not-Wohngemeinschaft der beiden finanziell zu diesem Zeitpunkt noch nicht sehr erfolgreichen Schauspieler die Rede. Gemeinsam spielen sie auch in *My Favorite Wife* (1940). Die Beziehung zerbricht, sie bleiben jedoch lebenslang eng befreundet. Zuvor ist Scott der Geliebte von Regisseur Howard Hughes, den er auf einem Golfplatz kennengelernt hatte. Scott, durch sein Elternhaus bereits sehr wohlhabend, vermehrt sein Vermögen durch eine Heirat. Ab 1949 Imagewandel zum Westernhelden (*Ride Lonesome*, 1959; *Comanche Station* 1960; *Ride the High Country/ Guns in the Afternoon*, 1962). Insgesamt spielt er in annähernd 100 Komödien, Musicals und Western. In den späten 60er Jahren zieht sich Scott aus dem Filmgeschäft zurück und investiert erfolgreich in Öl und Immobilien.

Sedlmayr, Walter (eigentlich Walter Richard Johann)

deutscher Schauspieler
6.1.1926 München – 14.7.1990 ebd.

Nach der Oberschule Besuch des Priesterseminars in Freising. Während des zweiten Weltkrieges als Flakhelfer eingesetzt. 1945 erste Beschäftigung als Sprecher bei Radio München, dem Vorläufer des Bayrischen Rundfunks sowie als Regie-

assistent an den Münchner Kammerspielen. Zwei Jahrzehnte ist er als Kleindarsteller am Theater und beim Film beschäftigt, darunter in zwei Dutzend Heimatfilmen. In den 60er Jahren versucht er sich kurzzeitig als TV-Regisseur und Autor von Fernsehspielen. Durchbruch als seriöser Filmschauspieler in Hans-Jürgen Sybergs *Theodor Hirneis oder Wie man ehemaliger Hofkoch wird* (1972) über den Leibkoch →König Ludwig II. Sedlmayr wird für diese Darstellung mit dem Bundesfilmpreis ausgezeichnet. Es folgen Filme mit →Rainer Werner Fassbinder und schließlich zahlreiche Fernsehserien, die ihn zu einem populären, volkstümlichen Schauspieler werden lassen: u.a. *Kottnick und Erben* (1974), *Spannagl & Sohn* (1975) und *Polizeiinspektion 1*, für die er ab 1976 in 130 Folgen spielt. 1989 eröffnet er sein Restaurant „Zum Sedlmayr". Das Lokal betreibt er gemeinsam mit seinem Freund und „Ziehsohn" genannten Wolfgang Werlé, der zuvor ein schwules Lokal wieder schließen mußte, weil die Polizei den dortigen Darkroom beanstandet hatte. Werlé ist zeitweilig sein Liebhaber, später organisiert er für Sedlmayr Strichjungen, aber auch Antiquitäten, die aus Einbrüchen stammen. Werner Dahms, Sedlmayrs Privatsekretär und Chauffeur, findet die Leiche des durch Hammerschläge ermordeten Schauspielers in dessen Bett gefesselt liegen. Die Ermittlungen der Polizei erstreckten sich über zwei Jahre, bis zuletzt Werlé und sein Halbbruder Manfred Lauber als Mörder festgenommen werden.
Währenddessen wird das Sexualleben in einer für die bundesrepublikanische Geschichte bis dahin einmaligen Schlammschlacht von den Boulevardmedien an die Öffentlichkeit gezerrt. Vor allem Sedlmayrs regelmäßiger Kontakt zu Strichjungen und Callboys sowie seine angebliche Vorliebe für sado-masochistische Sexualpraktiken sorgen für Schlagzeilen. Die Ermittlungen der Münchner Polizei geraten dabei zu einer riesigen, langanhaltenden Razzia innerhalb der Münchner Schwulen- und Stricherszene, bei der angeblich mehr als 100 ehemalige Sexualpartner Sedlmayrs ausfindig gemacht und verhört werden. Kurze Zeit nach dem Mord wird das von Schwulen in der Ost-Berliner Mainzer Straße besetzte Tuntenhaus kurzfristig in „Walter-Sedlmayr-Haus" umbenannt.

Shaffer, Peter

britischer Dramatiker
15.5.1926 Liverpool

Vor seiner schriftstellerisch-dramatischen Arbeit ist Shaffer zunächst im Kohlebergbau (1944-47), in der New York Public Library und als Literatur- und Musikkritiker tätig. Seinen ersten Bühnenerfolg gelingt ihm mit *Five Finger Exercise* (1958). Hier, wie auch in den nachfolgenden Stücken *Black Comedy* (1965, dt. *Komödie im Dunkeln*) und *Equus* (1973, verfilmt 1973) arbeitet Shaffer mit homoerotischen Motiven und wird damit zu einem der klassischen britischen Autoren des „closeted drama", Theaterstücke also, in denen es zwar um schwule Figuren und Themen geht, Homosexualität aber nie deutlich ausgesprochen wird. Shaffer tut dies nur einmal explizit, in *White Liars* (1967), in der er die Beziehung eines älteren Mannes zu einem jüngeren thematisiert. Shaffers größter Erfolg ist *Amadeus* (1979), über den Mozart-Rivalen Salieri, das 1984 verfilmt wird. Für das Drehbuch wird Shaffer mit dem Oscar ausgezeichnet. Für andere Stücke erhält er verschiedene Theaterpreise, u.a. den Evening Standard Award for Best Comedy für *Love and Lovage* (1988, dt. *Laura und Lotte*).

Shakespeare, William

englischer Dramatiker
getauft 26.4.1564 Stratford-upon-Avon – 23.4.1616 ebd.

Als Sohn eines Bürgermeisters und wohlhabenden Handschuhmachers kommt er um 1587 nach London und avanciert dort zu einem der erfolgreichsten Schauspieler, Regisseure und Dramatiker seiner Zeit. Als Mitbesitzer des Globe Theatre und des Blackfriar's Theatre und geschickter Geschäftsmann erlangt er Wohlstand und Ansehen. Über sein Leben bis 1592 ist wenig bekannt; Forscher vermuten, daß er als Lehrer oder Wanderschauspieler beschäftigt ist. Seine erste Veröffentlichung ist die Verserzählung *Venus und Adonis* (1593), die ganz dem Stil der Renaissancedichtung entspricht. In London etabliert er sich in der Theaterszene und kann sich von seinem erworbenen Vermögen 1597 in seiner Heimatstadt Grundbesitz kaufen.
Die Chronologie seines dramatischen Schaffens ist umstritten, ebenso seine Autorenschaft. Immer wieder wird bezweifelt, ob der Schauspieler Shakespeare mit dem Dramatiker Shakespeare identisch sei. U.a. werden seine Werke dem Philosophen Francis Bacon, dem Dramatiker Christopher Marlowe und dem Earl of Rutland zugeschrieben, jedoch nie stichhaltig nachgewiesen. Neben zwei großen Historienzyklen (u.a. *King Henry VI.*, *King Richard III.* und *King Henry V.)*, entstehen romantische Komödien *(A Midsummer-Night's Dream)*, eine Reihe klassischer Tragödien (*Coriolanus, Julius Caesar, Romeo and Juliet)* und Romanzen *(The Tempest, Winter's Tale)*. In den Verwechslungskomödien *(As You Like it, Twelfth Night or What You Will)* sind Geschlechtertausch und Elemente der Travestie vorzufinden. Vermutlich zwischen 1592 und 1594 entstehen die 154 Sonette, Shakespeares einziges Werk, in denen ein lyrisches „Ich" spricht. 126 dieser Gedichte sind an einen schönen jungen Mann gerichtet, der unverhohlen erotisch angesprochen wird. Bei dem Angebeteten handelt es sich vemutlich um Henry Wriothesly, Graf von Southampton. Andere Vermutungen konzentrieren sich auf einen jungen Schauspieler in Shakespeares Theatertruppe. 1582 heiratet Shakespeare die acht Jahre ältere Anne Hathaway, mit der er drei Kinder hat. Ab 1611 zieht sich Shakespeare mehr und mehr aus dem Theater zurück und verlegt seinen Hauptwohnsitz nach Stratford, wo er sich Grundstücksgeschäften widmet. Nach dem Verkauf seiner Geschäftsanteile an den Theatern und durch Verleihung eines Wappens ist er angesehen und wohlhabend. Er stirbt 1616 am 23. April, der wahrscheinlich auch sein Geburtstag ist.

○ Samuel Schoenbaum: *William Shakespeare. A Documentary Life*, 1975; Alan Posener: *William Shakespeare*, 1995

Shilts, Randy

US-amerikanischer Journalist
8.8.1951 Davenport/Iowa – 17.2.1994 Guerneville/Kalifornien

Shilts berichtet sehr früh seit Bekanntwerden der Epidemie intensiv für seine Zeitung, die *San Francisco Chronicle*, über Aids. 1987 veröffentlicht er sein Buch *And the Band Played On* (dt. *... und das Leben geht weiter, 1989;* 1993 verfilmt durch Roger Spotiswood), über das Versagen der US-amerikanischen Gesundheitsbehörden in den ersten Jahren der Seuche. Shilts gehört in diesen ersten Jahren der Aids-Krise zu jenen, die darauf drängen, als unumgängliche Präventionsmaßnahme sämtliche Schwulensaunen zu schließen, was ihm in seiner Heimatstadt San Francisco herbe Kritik einbringt. Auch seine genau recherchierte Geschichte des offen schwulen Bezirksbürgermeisters von San Francisco, Harvey Milk, (*The Mayor of Castro Street*, 1982) soll Vorlage zu einem Spielfilm werden. Bislang jedoch ist das Projekt mehrfach gescheitert. Shilts hält seine Aids-Erkrankung bis zuletzt geheim, um seine Arbeit als Journalist vor allem zum Thema Aids nicht dem Vorwurf der Befangenheit auszusetzen. Kurz vor seinem Tode 1993 erscheint sein Buch *Conduct Unbecoming* über Lesben und Schwule im US-Militär, das zu einem TV-Film verarbeitet werden soll.

Silbermann, Alphons

deutscher Soziologe, Kommunikationswissenschaftler und Schriftsteller
11.8.1909 Köln

Ist Silbermann bis 1989 lediglich Soziologen und Kommunikationswissenschaftlern ein Begriff, so ändert sich dies schlagartig, als seine Autobiographie *Verwandlungen* erscheint und der betagte Selbstdarsteller und *homme de lettre* ein gern gesehener Gast in Talkshows wird – nicht zuletzt auch, weil er mit kauzigem Charme auch über seine Homosexualität spricht. Parallel zu seinem Jura- und Soziologiestudium absolviert der aus einer wohlhabenden jüdischen Kaufmannsfamilie stammende Silbermann ein Zweitstudium in Musik. Nach seiner Promotion 1934 verläßt er Deutschland und landet über Holland und Paris schließlich in Australien, wo er in Sydney ein kleines Hamburger-Fastfood-Imperium aufbaut. 1938 wird er Musiklektor am State Conservatorium of Music in Sydney, Anfang der 50er Jahre geht er nach Paris, wo er einen Forschungsauftrag des französischen Rundfunks erhalten hatte. 1954 organisiert er den ersten Weltkongreß zu soziologischen Aspekten der Musik beim Rundfunk. Erst 1970 kehrt er in seine Heimatstadt Köln zurück, unterrichtet an der Musikhochschule und am Institut für Soziologie, deren

Abteilung Massenkommunikation er zu internationaler Anerkennung führt. Sein Interesse für Musik findet Ausdruck in musiksoziologischen Abhandlungen wie *Wovon lebt die Musik* (1957) und seiner biographischen Studie *Das imaginäre Tagebuch des Herrn Jacques Offenbach* (1960). Erst in den 80er Jahren widmet sich Silbermann zunehmend dem deutsch-jüdischen Verhältnis und dem Antisemitismus (*Der ungeliebte Jude*, 1981; *Was ist jüdischer Geist?*, 1984).

Sillge, Ursula

deutsche Aktivistin
7.1.1946 Thüringen

Zur erweiterten Oberschule nicht zugelassen, lernt Sillge in der Landwirtschaft und qualifiziert sich nach Tätigkeiten wie Lehrausbilderin und Redakteurin bis zum Diplom als Agrar-Ingenieur an der Universität. Dort verliebt sie sich in eine Frau. Sie sucht Informationen, MitstreiterInnen und eine Freundin. 1976 bekommt sie zunächst ein Kind, aber schon 1978 organisiert sie das erste republikweite Lesbentreffen der DDR. Neben Tätigkeiten in der Wohnungswirtschaft bzw. als Protokollantin am Gericht engagiert sie sich für die Interessen von Lesben und Schwulen in einem Dutzend Institutionen und findet dabei nicht nur Gleichgesinnte, sondern auch ihre Lebensgefährtin. Rechtswissenschaft zu studieren wird ihr verwehrt, aber nach vierjährigem Warten und Nachhaken ist ein Fernstudium der Soziologie an der Karl-Marx-Universität möglich. Die Bewerbungen um eine Arbeitsstelle werden in dieser Zeit alle zurückgeschickt, die Aufnahme in den Schriftstellerverband verweigert und die Bemühungen zu promovieren mittels Vorwänden abgelehnt.
Es ist auch Sillge zu verdanken, daß 1984 an der Humboldt-Universität zu Berlin zahlreiche ProfessorInnen in eine interdisziplinäre Arbeitsgruppe Homosexualität unter der Leitung des Prorektors für Gesellschaftswissenschaften berufen werden, daß ein Buch zum Thema Homosexualität in der DDR erscheinen darf, daß die NVA ihre Kaderrichtlinien ändert und daß insgesamt drei Tagungen zu psychosozialen Problemen der Homosexualität stattfinden.
An der Gründung des Sonntagsclubs, dessen Veranstaltungen im Februar 1986 beginnen, ist Sillge maßgeblich beteiligt. Sie gehört 1987 in Budapest zu den GründerInnen der osteuropäischen Regionalkonferenz der International Lesbian and Gay Association. Mit Hartnäckigkeit und Schwejkscher List erreicht sie 1988 eine Aspirantur und promoviert 1991 zu Lesben und ihrer Emanzipation in der DDR. Seit 1991 ist sie geschäftsführende Mitarbeiterin im Lila Archiv, in dem das Augenmerk der Situation von Frauen und Männern in der Gesellschaft gilt, wobei Lesben und Schwule gebührende Aufmerksamkeit finden.

- *Un-Sichtbare Frauen, 1991*

Silver, Nicky

US-amerikanischer Dramatiker
1960 Philadelphia

Entstammt einer jüdischen Mittelklasse-Familie. Mit 17 Jahren nach New York, Studiengang „Experimentelles Theater" an der New York University, u.a. bei Charles Ludlam. Arbeitet für den Lebensunterhalt als Verkäufer von Herrenoberbekleidung und als Kellner. Autor greller, comicstripartiger Komödien mit surrealen Handlungsverläufen um Homosexualität, Fettleibigkeit, Kannibalismus, Sexualität und Perversion in verschiedenster Ausrichtung und Psychoprobleme in der Tradition von →Tennessee Williams und Neil Simon. 1991 Durchbruch als Dramatiker mit *Fat Men in Skirts* (*Fette Männer im Rock*, deutschsprachige Erstaufführung 1997). Auch die Nachfolgestücke, die Aids-Farce *Pterodactyls* (1993), *The Food Chain* (1995, dt. *Hackordung*) und *Raised in Captivity* (1995, dt. *Zwillingsbrut*) werden erfolgreich und vielfach ausgezeichnet. Seit 1996 werden seine Stücke auch in deutschsprachigen Ländern vielfach inszeniert.

Sinnen, Hella von
(eigentlich Hella Kemper)

deutsche Schauspielerin und Entertainerin
2.2.1959 Gummersbach

Hella von Sinnen ist garantiert der erste (und meist auch einzige) Name, der deutschen BürgerInnen einfällt, wenn sie nach prominenten Lesben gefragt werden. Hella von Sinnen, Komikerin, Entertainerin, Kabarettistin und Schauspielerin, ist dick, lesbisch, schrill, offensiv und nimmt kein Blatt vor den Mund – eine absolute Ausnahmeerscheinung in der deutschen Fernseh- und Kabarettszene und ein mittlerweile etwas angeschlagener Kulterfolg.

Nachdem es von Sinnen trotz mehrfacher Versuche nicht gelungen war, auf einer Schauspielschule aufgenommen zu werden, beginnt sie an der Kölner Uni ein Studium der Theater-, Film- und Fernsehwissenschaften und zugleich eine autodidaktische Schauspielausbildung, zunächst an der Studiobühne der Uni, bis sie zusammen mit dem schwulen Schauspieler →Dirk Bach die Kabarett-Comedy-Gruppe Die Stinkmäuse gründet. Nach dem Abbruch des Studiums widmet von Sinnen (O-Ton: „Ich habe ein Talent, mit Menschen zu kommunizieren.") sich Soloauftritten als „Putzfrau Schmitz" und später u.a. der Theatergruppe Sprungbrett, bis sie 1988 von RTL für die Fernsehshow *Alles nichts, oder?* engagiert wird. Mit Hella von Sinnen als schrillster Ulknudel der Nation wird die Sendung ein – wie auch das ebenfalls von ihr moderierte Weibermagazin *Weiber von Sinnen* – Publikumsrenner, bis der Quotenterror fünf Jahre später das Aus bringt. Statt auf dem Bildschirm ist von Sinnen seither vorrangig in satirischen Soloprogrammen auf deutschen Theaterbühnen zu sehen.
Das Multitalent, das seine Homosexualität niemals verleugnet hat, ist schon in jungen Jahren in der Frauenbewegung aktiv und sorgt 1992 für europaweites Aufsehen, als sie gemeinsam mit ihrer Lebenspartnerin →Cornelia Scheel und 250 weiteren lesbisch-schwulen Paaren öffentlich das Aufgebot bestellt. Leider erfolglos – die Klage wird vom Bundesverfassungsgericht abgeschmettert. Aber, wie Cornelia Scheel zu sagen pflegt: „Reg dich nicht auf. Du bist doch Hella von Sinnen!"
Verschiedene Versuche, erneut eine eigene Fernsehshow zu erhalten, sind bislang gescheitert; ein Comedy-

Projekt für RTL wird eingestellt, andere Konzepte nicht verwirklicht. Seither ist Hella von Sinnen im Fernsehen zumeist in Gastrollen, Talkshows und als Entertainerin zu erleben. 1995 hat ihre Solo-Kabarett-Show *Ich bremse auch für Männer!* Premiere, mit der sie durch Deutschland, Österreich und die Schweiz tourt und die auch als CD veröffentlicht wird. Außerdem gehört Hella von Sinnen zu den Initiatorinnen der lesbisch-schwulen Karnevalsveranstaltung Rosa Sitzung. 1996 stellt sich von Sinnen auch erstmals mit einer eigenen Ausstellung *(Zu Risiken und Nebenwirkungen fragen Sie Ihren Arzt oder Hella von Sinnen)* vor – ironisch-satirisch zusammengestellte und betextete Videoprints von Fernsehbildern.

- *Ich bin's von Sinnen!*, 1992

Sintenis, Renée

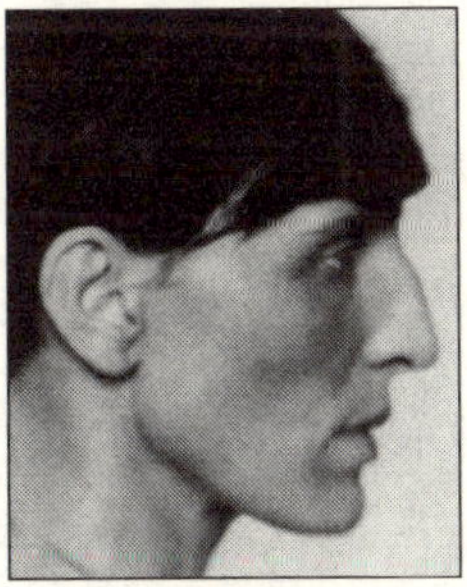

deutsche Bildhauerin
20.3.1888 Glatz/Schlesien – 22.4.1965 Berlin

Sintenis, eine der erfolgreichsten Bildhauerinnen ihrer Zeit, wird nach dem Studium an der Berliner Kunstgewerbeschule 1931 in die Preußische Akademie der Künste aufgenommen, muß diese aber auf Druck der Nationalsozialisten hin drei Jahre später wieder verlassen. Erst nach Ende des Krieges finden Sintenis Arbeiten, vor allem ihre Tierplastiken, wieder breite Anerkennung. Sie wird in verschiedene Lehrämter berufen und erhält zahlreiche Auszeichnungen. Ihr wohl bekanntestes Werk ist die Vorlage zu jener Bärenplastik, die seit 1951 als Goldener und Silberner Bär an die PreisträgerInnen der Berlinale überreicht wird. Mehrere Jahrzente lang lebt Sintenis mit ihrer Haushälterin und späteren Nachlaßverwalterin Magdalena Goldmann zusammen, die heute neben ihr begraben liegt.

Smith, Bessie
(eigentlich Elizabeth Smith)

US-amerikanische Sängerin
15.4.1894 Chattanooga/Tennessee – 26.9.1937 Clarksdale/Missouri

Die ehemalige Straßensängerin erhält 1912 ihr erstes Engagement bei einer Zeltshow, der auch u.a. →Ma Rainey angehört, um sich einige Jahre später mit einer eigenen Revue selbständig zu machen. Von Smiths erster Schallplattenaufnahme *Down Hearted Blues* (1923) verkaufen sich innerhalb eines halben Jahres fast 800.0000 Stück; von da an verzaubert die schwarze Sängerin mit der harten, bitteren Stimme ein Millionenpublikum in den gesamten Staaten, das bei ihren Tourneen oft jedes

Lied mit einem „Amen!" begleitet. Legendär wird u.a. ihre Interpretation des *St. Louis Blues*. 1930 beginnt mit dem Wechsel zu aktuelleren Songs Smiths künstlerischer Abstieg, der mit starken Alkohol- und Drogenproblemen einhergeht. Smiths exzessives Leben ist von zahllosen Liebschaften mit Männern und immer wieder Frauen geprägt, u.a. war sie zeitweilig mit der Nichte ihres Mannes liiert.

Smyth, Dame Ethel

britische Komponistin
23.4.1858 Sidcup/Essex – 8.5.1944 Woking/Surrey

Gegen den Willen ihrer Eltern geht die 19jährige nach Leipzig, um am dortigen Konservatorium Musik zu studieren. Als eine der ersten weiblichen Komponistinnen wird sie später international bekannt. Nach ersten kammermusikalischen Werken wendet Smyth sich großen Chor- und Orchesterwerken zu, insbesondere der Oper. Ihre erste Oper *Fantasio* wird 1889 in Weimar uraufgeführt. In England, wo Smyth sich ab 1910 aktiv an der Suffragettenbewegung beteiligt, gründet sie ein eigenes Frauenorchester mit angeschlossenem Chor und widmet der Frauenbewegung die Hymne *March of the Women* (1911). Zu Smyths umfangreichem Werk zählen neben Orchester- und Kammermusikstücken zahlreiche Lieder und sechs Opern, u.a. *The Wreckers* (1906) und *The Boatswain's Mate* (1916). Die exzentrische Komponistin, die schon früh ihre leidenschaftlichen Gefühle für Frauen entdeckt hatte, sieht in der Schriftstellerin →Virginia Woolf, die sie im Alter von 71 kennengelernt hatte (und die Smyth ihrerseits liebevoll als „Riesenkrabbe" bezeichnet), ihre große Liebe.

○ C. St. John: *Ethel Smyth – A Biography*, 1959

Sokrates

griechischer Philosoph
469 (a.Q. 470) Athen – ca. 399 v. Chr. ebd.

Sohn des Bildhauers Sophronicus und der Hebamme Phaenarete. Mit Sokrates, der selbst seine Lehre niemals schriftlich niedergelegt hat, beginnt eine neue Epoche der griechischen und damit auch europäischen Philosophie. Informationen über sein Leben sind lediglich durch Zeugnisse von →Platon, Xenophon, Aristoteles, Aischines und, in karikierender Komödienform, durch Aristophanes bekannt. Demnach ist Sokrates bereits in jungen Jahren sehr belesen und bevorzugter Schüler und wohl auch Geliebter des Philosophen Archelaus. Er nimmt während des Peloponnesischen Krieges (431-404 v. Chr.) an verschiedenen Feldzügen teil. In Platons *Phaidros* und *Symposium* wird Sokrates Konzept von Liebe erläutert. Sie liegt für ihn in der erotischen Passion eines älteren Mannes zu einem jüngeren Knaben, wobei jedoch sexuelle Aspekte grundsätzlich ausgeschlossen sind. Vielmehr scheint für Sokrates in der Schönheit des Knaben die philosophische Schönheit auf. Somit führt die Liebe in der Verbindung des Guten, Schönen und Wahren zur Sittlichkeit und Erkenntnis. Im Jahr 399 wird Sokrates wegen Verführung der Jugend und Einführung neuer Götter zum Tode durch den Schierlingsbecher verurteilt.

○ Herbert Spiegelberg (ed.): *The Socratic Enigma*, 1964

Solanas, Valerie

US-amerikanische Radikalfeministin
Mai 1936 Atlantic City/New Jersey – 1989 San Francisco

Am 3. Juni 1968 um 16. Uhr 15 betritt eine grimmige Frau die „Factory", →Andy Warhols riesiges Loft in New York, zieht eine 32er Baretta aus einer Papiertüte und streckt den Künstler mit drei Schüssen nieder. Das ist das vorläufige Ende von Warhols exzessivem Künstlerleben und zugleich der tragische Höhepunkt einer lebenslangen Suche der Täterin nach Anerkennung und Akzeptanz. Solanas, die als Kind von ihrem Vater sexuell mißbraucht wird, schließt an der Universität von Maryland ein Psychologiestudium erfolgreich ab, bevor sie nach New York zieht, wo sie sich mit Gelegenheitsprostitution und Schnorren durchschlägt. Getrieben von einer lodernden Wut auf die Welt und die Männer insbesondere, benutzt Solanas ihren messerscharfen Verstand, um als Gründerin, Vorsitzende und dummerweise auch einziges Mitglied der „SCUM – Society for Cutting Up Men" radikalfeministische Thesen und Gedanken unters Volk zu bringen, vorrangig in Gestalt des von ihr erstellten *S.C.U.M.-Manifesto* (1968; dt. *Manifest der Gesellschaft zur Vernichtung der Männer*): „Den Mann ein Tier zu nennen, heißt ihm schmeicheln. Er ist eine Maschine, ein Gummipeter auf zwei Beinen." Durch eine Bekannte erhält Solanas Eintritt in die legendäre Künstlerclique um Warhol und überläßt dem von ihr sehr bewunderten Künstler ihr Theaterstück-Manuskript *Up Your Ass* zu Produktionszwecken. Warhols anfängliche Begeisterung für die junge Frau schwindet jedoch rasch – nachdem Solanas mehrfach durch unkontrollierte Wutausbrüche aufgefallen war, lassen er und seine Entourage sie links liegen. Bis Solanas sich rächt. Gleich nach der Tat stellt sie sich der Polizei. Auf der eilig einberufenen Pressekonferenz gibt sie als Antwort auf die Frage nach ihrem Motiv: „Ich habe eine Menge schwerwiegender Gründe. Lesen Sie mein Manifest, und Sie werden wissen, wer ich bin." Tatsächlich hatte Solanas bisher ihr Manifest per Hand vervielfältigt und auf der Straße verkauft. Der New Yorker Verleger der Olympia Press, eines inzwischen legendären Verlages für zumeist der Pornographie verdächtigten Literatur wie z.B. von →Jean Genet, wird auf Solanas aufmerksam und kauft ihr die Buchrechte ab. Es erscheint schließlich in z.T. hohen Auflagen in viele Sprachen übersetzt und gilt noch heute als ein grundlegendes Werk des Feminismus. Solanas freilich hat vom Erfolg ihrer Schrift finanziell keine Teilhabe.
Die überzeugte Lesbe (etwaige Sexualpartnerinnen werden allerdings nie ausfindig gemacht) wird zu drei Jahren Haft in einem Krankenhaus für Geisteskranke verurteilt. Nach ihrer Entlassung ist Solanas die meiste Zeit ohne festen Wohnsitz; 1989 stirbt sie in einem Obdachlosenheim in San Francisco an Lungenentzündung. Ihre Lebensgeschichte wird 1996 unter dem Titel *I Shot Andy Warhol* von Mary Harrons mit Lily Taylor in der Hauptrolle verfilmt.

Solano, Solita
(eigentlich Sarah Wilkinson)

US-amerikanische Journalistin und Schriftstellerin
1888 Troy/New York – Nov. 1975 Orgeval/Frankreich

Zusammen mit ihrer Freundin, der Journalistin →Janet Flanner, gehört

Solano zum engsten Kreis der Pariser KünstlerInnenszene der 20er und 30er Jahre. Solano, die Flanner nach der Trennung von ihrem Ehemann gegen Ende des ersten Weltkrieges in New York kennengelernt hatte, arbeitet zunächst als Theaterkritikerin für die *New York Tribune*, dann für *National Geographic*. Nach einer Rechercheréise durch Südeuropa und den Orient lassen sich die beiden Frauen 1921 in Paris nieder, wo Solano für verschiedene amerikanische Zeitungen tätig ist. Solanos erster Roman *The Uncertain Feasts* (1924) stößt auf sehr positive Resonanz, die sie mit ihren beiden folgenden Werken nicht wieder erreichen kann. Solano, die auch Lyrik veröffentlicht (*Statue in a Field*, 1934) wendet sich in der Folge wieder verstärkt ihrer journalistischen Arbeit zu. Gegen Ende des zweiten Weltkrieges kehren Flanner und Solano vorübergehend gemeinsam in die USA zurück. Nachdem sich die Beziehung der beiden zu lösen beginnt, zieht Solano wieder nach Frankreich, um den Rest ihres Lebens mit ihrer neuen Lebensgefährtin Elizabeth Jenks Clark in ihrem Haus in Südfrankreich zu verbringen.

Sollorz, Michael

deutscher Schriftsteller
7.2.1962 Berlin

Eigenen Angaben zufolge entwickelt sich seine künstlerische Karriere vom Dachdecker zum Zirkusarbeiter und Zootierpfleger zum Schriftsteller. Neben journalistischen Arbeiten und Hörspielen folgt 1991 das Drehbuch zu *Banale Tage*, einem der letzten DEFA-Produktionen. Nach *Paul und andere ... Geschichten aus'm Osten* (1992) folgt 1994 der erste Roman *Abel und Joe*. In seinem Roman *Orakel (1996)* entwirft er das Porträt Berlins als eine sich im Umbruch befindlichen (schwulen) Metropole, samt ihrer Widersprüche und Schattenseiten. Thematisch durchziehen sich durch sein Gesamtwerk motivisch die Auseinandersetzung mit der niedergegangenen DDR, melancholische Liebeserfahrungen und subjektivistische, bisweilen surreal anmutende Erfahrungen und Wahrnehmungen der Großstadt und der schwulen Subkultur. Sollorz lebt gemeinsam mit zwei Katzen und seinem Lebensgefährten, dem Übersetzer Dino Heicker, in Berlin-Friedrichshain.

- *Weltmeister im Seitensprung*, 1997

Somerville, Jimmy

britischer Popmusiker
22.5.1961 Glasgow

Bäckerlehre, danach Gelegenheitsjobs. Er beteiligt sich an einem Dokumentarfilmprojet seiner Schwulen- und Lesbengruppe und schreibt dafür einen Song. Bei dieser Arbeit lernt er Steve Bronski und Larry Steinbachek kennen, mit denen zusammen er 1984 die Band *Bronski Beat* gründet. Ihre Debütsingle *Smalltown Boy* schafft es bis Platz 3 der britischen Charts. Es folgen weitere erfolgreiche Songs zu schwulen Themen im Elektro-Pop-Stil, die von Somervilles Falsettstimme geprägt sind. Um dem schnellen Ruhm zu entgehen und sich mehr für die schwule Bewegung in England engagieren zu können, trennt er sich von *Bronski Beat* und gründet mit seinem Lebensgefährten Richard Coles *The Communards.* Auch hier stehen in der leicht konsumierbaren und charttauglichen Musik wieder politisch engagierte Texte im Vordergrund. Ihre erste Single *You Are My World* (1986) wird von der BBC auf den Index gesetzt, weil Somerville es als ein Liebeslied an einen Jungen bezeichnet hatte. Nach drei Jahren löst Somerville die international erfolgreiche Band wieder auf und verstärkt seine Mitarbeit bei ACT UP London und bei den Aktionen gegen das antihomosexuelle Gesetz Clause 28. In einem Interview 1989 outet er →Neil Tennant und Chris Lowe von den *Pet Shop Boys:* „Sie benutzen bewußt ihren schwulen Background und die schwule Szene für ihre Karriere, aber sie geben den Schwulen nicht mehr als ein bißchen Popmusik. Wir brauchen allerdings mehr Unterstützug als ein paar Disco-Hits." Somerville setzt seine Musikkarriere als Solist fort; in den USA, wohin er zeitweilig seinen Wohnsitz verlegt hatte, kann er sich als offen schwuler Popmusiker jedoch nicht durchsetzen. 1993 u.a. mit Isaac Julien Mitbegründer der schwulen Filmproduktionsfirma Normal Films, die 1994 mit *Postcards from America* nach einer literarischen Vorlage von David Wojnarowicz ihren ersten Spielfilm präsentiert. 1997 meldet sich Somerville mit der Single *Safe in These Arms* und dem Album *Ginger Beer* musikalisch zurück im Popgeschäft.

- Bronski Beat: *The Age of Consent*, 1984
- The Communards: *The Communards*, 1986; *Red*, 1987
- Jimmy Somerville: *Read My Lips*, 1989

Sondheim, Stephen

US-amerikanischer Komponist
22.3.1930 New York City

Nach der Scheidung seiner Eltern wächst Sondheim auf einer Farm in Pennsylvania auf, in direkter Nachbarschaft zu dem Musicalautor Oscar Hammerstein II. Durch ihn lernt Sondheim, der seit seinem 7. Lebensjahr Klavierunterricht erhält und sich autodidaktisch als Musicaltexter und -komponist versucht, die nötigen Grundkenntnisse über Struktur von Songs und Bühnenstücken. Sondheim arbeitet später zunächst als Drehbuchautor in Hollywood für die TV-Serie *Topper.* Während dieser Zeit lernt er den schwulen Drehbuch- und Theaterautor Arthur Laurents (u.a. *Rope*, dt. *Cocktail für eine Leiche*) kennen, der gerade mit →Leonard Bernstein an einer *Romeo und Julia*-Adaption zusammenarbeitet. Über diese Beziehung kommt Sondheim zu seinem ersten Auftrag als Songtexter, nämlich Bernsteins *West Side Story* (1957). Aufgrund des Erfolges wird er für *Gypsy* (1963, Musik Jule Styne) engagiert. Mit der Komödie *A Funny Thing Happend on the Way to the Forum* (1962, dt. *Zustände wie im alten Rom;* verfilmt 1966 von Richard Lester) schreibt Sondheim sein erstes eigenes Musical (Musik und Songtexte) und landet einen Broadway-Hit, der ihm sechs Tony Awards einbringt. Es folgen u.a. *Company* (1970) und *Follies* (1971), ausgezeichnet mit sieben Tonys, u a. für das beste musikalische Werk. *Losing my Mind* wird einer von vielen Sondheim-Songs aus seinem Werk, die zu Klassikern des Genres werden und vielfache Interpretationen erfahren (z.B. durch Liza Minnelli und den *Pet Shop Boys*) Mit *A Little Night Music* (1973) nach Ingmar Bergmanns Film *Lächeln in einer Sommernacht* beginnt Sondheim die Grenzen hin zur Oper zu überschreiten; mit *Into the Woods* (1987), einem satirischen Verwirrspiel auf Basis der Grimmschen Märchen als Vorlage setzt Sondheim seinen Weg als innovativer und die klassische Musicalform sprengender Komponist und Texter fort. Für den Song *Sooner or Later*, den er neben anderen für →Madonna und den Film *Dick Tracy* schreibt, wird er 1990 mit einem Oscar ausgezeichnet.

- Weitere Musicals (Auswahl): *Pacific Ouvertures*, 1976; *Sunday in the Park with George*, 1984; *Assassins*, 1993

○ Craig Zadan: *Sondheim & Co*, 1974; Martin Gottfried: *Stephen Sondheim*, 1993

Sontag, Susan

US-amerikanische Schriftstellerin und Essayistin
28.1.1933 New York City

Susan Sontag gilt als eine der vielseitigsten und brillantesten KulturtheoretikerInnen unseres Jahrhunderts. In zahlreichen, in verschiedenen avantgardistischen Kunst- und Literaturzeitschriften veröffentlichten Essays beschäftigt sich die einstige Dozentin für Philosophie und Englisch seit 1962 mit nahezu allen wichtigen Problemen dieses Jahrhunderts – so auch mit den aktuellsten Trends in Kunst, Literatur und Kultur wie z.B. abstrakter Malerei und Pornographie. Sontag, der es bereits als literarisch ambitoniertem Teenager gelingt, von →Thomas Mann zum Tee eingeladen zu werden, studiert in Berkeley, Chicago und Harvard, nach ihrem Magister im Jahre 1954/55 auch in Paris und Oxford. Nach einer kurzen akademischen Laufbahn beginnt sie im Alter von 28 Jahren ihre literarische Karriere, für die sie mehrfach ausgezeichnet wird (*The Benefactor*, 1963, dt. *Der Wohltäter*). Neben Essays, Romanen und Kurzgeschichten verfaßt sie auch Filmdrehbücher und führt selbst Regie (*Duett for Cannibals*, 1969, dt. *Duett für Kannibalen*). Internationale Berühmtheit erlangt Sontag 1964 mit ihrem Essay *Notes on Camp* (dt. *Anmerkungen zu Camp*), der die neue Sensibilität in der Gegenwartskunst reflektiert. Camp, so Sontags vieldiskutierter ungewöhnlicher Ansatz, stellt den Triumph des Stils über den Inhalt, des Ästhetischen über das Moralische, der Ironie über die Tragödie dar. In weiteren, vielbeachteten Aufsätzen wendet sich die kritische Autorin gegen jegliche Form der Interpretation, die sie als Zerstörung eines Kunstwerks versteht. Großes Aufsehen verursacht auch ihre 1975 unter dem Titel *Fascinating Fascism* veröffentlichte Studie über Leni Riefenstahl, in der Sontag die faschistische Substanz der vielgelobten Riefenstahl-Arbeiten und die Affinität Schwuler zur Nazikunst drastisch herausarbeitet. 1976 an Brustkrebs erkrankt, setzt sie nach ihrer Gesundung ihre Erkenntnisse über die figurative Sprache von Krankheit in der bahnbrechenden Analyse *Illness as Metaphor* (1978, dt.

Krankheit als Metapher) und 1989 in *Aids and Its Metaphors* (dt. *Aids und seine Metaphern*) überaus wirkungsvoll dazu ein, die Imagination der Erkrankten von unnötigen Angstvorstellungen zu befreien.
1992 gelingt es Sontag, erstmalig mit einer belletristischen Arbeit – *The Vulcano Lover* (dt. *Der Liebhaber des Vulkans*) – die amerikanischen Bestsellerlisten zu erobern. Der öffentlichen Person Sontag, die mit ihren brillanten Arbeiten unaufhörlich verkrustete Denkstrukturen sprengt, fehlt, wie der Schriftsteller →Armistead Maupin meint, eigentlich nur noch eins zur Vollendung des Ruhms: das öffentliche Bekenntnis, lesbisch zu sein und seit Jahren mit der Photographin →Annie Leibovitz zusammenzuleben.

- *Against Interpretation*, 1966 (dt. *Kunst und Antikunst, 24 literarische Analysen*)

Speck, Wieland

deutscher Filmemacher und Festivalleiter
28.7.1951 Mühlheim/Baden

Aufgewachsen in Freiburg/Breisgau geht Speck 1973 zum Studium (Theaterwissenschaft, Ethnologie und Germanistik) nach Berlin. 1975 ist er Mitbegründer des Männerverlages „mann-o-mann", in dem verschiedene Zeitschriften und Publikationen der Männerbewegung und der erste Männerkalender veröffentlicht werden. Er übersetzt, realisiert und spielt auch selbst in dem Theaterstück *Halt mich bis zum Morgen.* Von 1976 bis 1979 ist er Theaterleiter der Berliner Kinos *Tali* und *Off-Off*, in denen er insbesondere auch schwule Filme präsentiert. 1980 entsteht der erste eigene: *David, Montgomery und ich*, den er z.T. in San Francisco dreht, wo er von 1979 bis 1981 am San Francisco Art Institute Film studiert. Neben Videos für Nina Hagen (1981) entstehen u.a. *Das Geräusch rascher Erlösung* (1983) und 1985 der erste abendfüllende Spielfilm *Westler*, eine Berliner Ost-West-Liebesgeschichte zweier schwuler Männer. Der Film wird nach der Fernsehaustrahlung von der Kritik und dem Publikum äußerst positiv aufgenommen und anschließend auf zahlreichen Festivals weltweit gezeigt. Ab 1982 unterstützt er →Manfred Salzgeber bei der Organisation der Sektion Panorama der Berliner Filmfestspiele, dem traditionellen Ort für lesbisch-schwule Filme auf der Berlinale. 1992 wird er Leiter des Panorama. 1990 dreht Speck Videos zu den *Gay Games Vancouver* und in Berlin *CSD – Der Film.* 1991 entstehen im Auftrag der Deutschen Aids-Hilfe eine Reihe von Safer-Sex-Spots, die vor allem im Nachspann von Pornovideos eingesetzt werden. Eine Auswahl seiner Kurzfilme faßt Speck 1993 zu dem Programm *Unter Männern* zusammen. Speck ist Mitinitiator des Teddy, des lesbisch-schwulen Filmpreises der Berliner Filmfestspiele, und engagiert sich in verschiedenen Aids-Initiativen, für schwule Projekte und bei der internationalen Vernetzung lesbisch-schwuler Filmarbeit.

- „Von Draußen und Drinnen". In: *Ein Ort, überall. 18 Erfindungen von Heimat*, 1994

Spender, Stephen

britischer Schriftsteller
28.2.1909 London – 9.7.1995 ebd.

1929 verbringt der aus großbürgerlichen Verhältnissen stammende Spender einige Monate in Hamburg, 1930 in Berlin gemeinsam mit seinen Freunden →W.H. Auden und →Christopher Isherwood. Diese Reise hat immensen Einfluß auf seinen künstlerischen Werdegang, aber auch in seiner Selbstfindung als Homosexueller. Die Erlebnisse und Eindrücke verarbeitet er 1929 zu dem autobiographischen Roman *The Temple*, der allerdings erst 1988, überarbeitet, erscheint (dt. *Der Tempel*, 1991). Zurück in London verschafft er sich als ehrgeiziger Lyriker bald Zutritt zur literarischen Elite und zum Bloomsbury-Kreis. Gemeinsam mit Auden gründet er während der Studienzeit in Oxford eine marxistische Dichtergruppe. Sein Lebensgefährte Jimmy Younger, ein Arbeitersohn, engagiert sich als Kommunist im Spanischen Bürgerkrieg, und Spender verbringt selbst einige Monate dort. Die in Spenders Tagebüchern ausführlich dokumentierten Erfahrungen verwendet→David Leavitt 1993 für seinen Roman *While England Sleeps.* Spender klagt erfolgreich gegen diese nicht genehmigte Adaption. Doch unter dem Eindruck der dortigen Erlebnisse wendet er sich wieder vom Kommunismus ab. Gemeinsam mit Arthur Koestler, →André Gide und Ignazio Silone legt er diese Abkehr in *The God That Failed* (1950) dar. 1936 Heirat mit Anges Marie Inez Pearn, 1941 mit der Pianistin Natasha Litvin. Nach dem Krieg ausgedehnte Reisen u.a. nach Deutschland und durch die USA, z.T. mit W.H. Auden und Christopher Isherwood. Er arbeitet für die UNESCO und ist Universitätsdozent in den USA und Großbritannien. Seine Gedichte *(Ruins and Visions,* 1942 und *The Generous Days,* 1971) zeigen Einflüsse von Yeats, Elliot und Rilke. Er übersetzt u.a. Schiller, Goethe, Toller und Rilke ins Englische, begründet mehrere Zeitschriften *(Horizon, Encounter)* und schreibt Versdramen, Essays und Short Stories.

- *Journals 1939-1983*, 1992; *Welt in der Welt. Eine Autobiographie*, 1992; *Deutschland in Ruinen. Ein Bericht*, 1995

Spies, Walter

deutscher Maler, Musiker, Komponist, Ethnologe
15.9.1895 Moskau – 19.1.1942 vor der Küste Sumatras

Sohn eines deutschen, lange Jahre in Rußland tätigen Kaufmanns und Vizekonsuls. Hier lernt Spies u.a. Rachmaninoff und Scriabin kennen. Schulausbildung in Dresden. Wird 1917 in Moskau verhaftet und im Ural interniert. 1918 Flucht mit der Familie nach Deutschland. Wohnsitz in Dresden. Beteiligung an einer Ausstellung der Novembergruppe. Freundschaft mit Otto Dix und Oskar Kokoschka. Umzug nach Berlin. Der

Filmregisseur Friedrich Wilhelm Murnau wird sein Lebensgefährte. Spies beschäftigt sich verstärkt mit Musik, lernt u.a. Busoni, Krenek und Hindemith kennen. Um sich aus der zunehmend bedrängenderen finanziellen Abhängigkeitsbeziehung zu Murnau zu lösen, heuert Spies 1923 in Hamburg als Matrose auf einem Frachtschiff in Richtung Batavia (Jakarta) an. Dort arbeitet er zunächst als Bar-Pianist, dann im Kasino des niederländischen Militärs, bis ihn Sultan Hamengku Buwono VIII. als Kapellmeister des fürstlichen Symphonieorchesters engagiert. Spies studiert die einheimische Gamelan-Musik und entwickelt für sie eine eigene Notenschrift. Der Fürst von Ubud, Cokorde Gede Raka Sukawati, lädt ihn nach Bali ein, wo sich Spies 1927 in einer Bambushütte niederläßt. In den folgenden Jahren ausgedehnte ethnologische, geologische Untersuchungen und Studien der Flora und Fauna. Er studiert die einheimische traditionelle Kunst und beginnt als erster, sie für ein Museum zu sammeln. Es entstehen die wichtigsten, stark von der balinesischen Kunst beeinflußten malerischen Arbeiten. Für Reisende aus Europa wird Spies zu einem wichtigen Vermittler zwischen den Kulturen; u.a. für Charlie Chaplin, die Ethnologin →Margaret Mead und die Schriftstellerin Vicki Baum, die auf der Insel ihren Roman *Liebe und Tod auf Bali* schreibt. Victor von Plessen unterstützt er bei den Dreharbeiten zu *Insel der Dämonen*. Er engagiert sich in der 1936 gegründeten Künstlervereinigung *Pita Maha*, deren Ziel es ist, den einheimischen Künstlern zu helfen, ihre künstlerische Qualität und Originalität zu bewahren und sich nicht einem flüchtigen Touristengeschmack auszuliefern. 1938 beginnt die niederländische Kolonialregierung in Niederländisch-Indien eine Kampagne gegen Homosexuelle. Wie andere Männer auch, hatte Spies auf Bali, wo mann-männliche Beziehungen keinen besonderen Anstoß erregen, ein privates, sexuelles Paradies gefunden. Er wird mit anderen europäischen Homosexuellen wegen sexuellen Mißbrauchs Minderjähriger zu einem Jahr Gefängnis verurteilt. 1939 Rückkehr aus der Haft nach Bali. Als Reaktion des deutschen Überfalls auf die Niederlande wird Spies erneut, diesmal wegen seiner deutschen Staatsangehörigkeit, verhaftet und lebt von 1940 bis 1942 in Lagern auf Java und Sumatra. Zusammen mit 411 Zivilinternierten soll er auf dem Frachtschiff *Van Imhoff* nach Ceylon transportiert werden, um die Befreiung der Deutschen durch die japanische Armee zu verhindern. Das Schiff unter niederländischer Flagge wird von japanischen Jagdbombern beschossen und sinkt.

- mit Berryl de Zoete: *Dance and Drama in Bali*, 1952

○ Hans Rhodius: *Walter Spies. Maler und Musiker auf Bali 1895-1942*, 1965

Sprinkle, Annie
(eigentlich Ellen Steinberg)

US-amerikanische Performerin
23.7.1954 Los Angeles/Kalifornien

Die ehemals schüchterne Tochter eines jüdischen Lehrerehepaares gelangt während ihrer jahrzehntelangen Karriere als Pornodarstellerin in über 150 Filmen, Hure und Performerin nach und nach zu einer spirituellen Form von Sinnlichkeit.
Nachdem sie in den 80er Jahren mit ihren spektakulären „Post Porn Modernist"-Shows, in denen sie dem Publikum mittels Spekulum einen tiefen Einblick in ihren Gebärmutterhals offenbart und ihre beachtlichen Brüste zum Kaiserwalzer hüpfen läßt, in den USA und Europa für eine Sensation sorgt, liegt der Schwerpunkt der Multi-Media-Hure und laut eigenem Bekenntnis frischgebackenen Lesbe nun auf Selbsterfahrungs-Workshops der Vorführung tantrischer Orgasmen.

- Filme (Auswahl): *Jack'n Jill*, 1979; *Deep Inside Annie Sprinkle*, 1981; *My Father Is Coming*, 1990 (Regie: →Monika Treut)

Staël, Madame de (eigentlich Anna Louise Germaine Baronne de Stael-Holstein)

französische Schriftstellerin
22.4.1766 Paris – 14.7.1817 ebd.

Die lebenslustige Baronin mit ihrem exzessiven Lebensstil ist eine der wichtigsten Denkerinnen ihrer Zeit. Nach ihrer Heirat im Alter von 20 Jahren unterhält sie um 1800 den führenden Pariser Salon und wird 1802 von Napoleon zur Emigration in die Schweiz gezwungen. Auf zahlreichen Reisen durch ganz Europa lernt de Staël u.a. Goethe, Schiller, und die Gebrüder Schlegel kennen und vermittelt die entscheidenden Impulse für die französische Romantik. Ihr Hauptwerk *De l'Allemagne* (1810, dt. *Deutschland)* prägt das Image von Deutschland als einem verträumten Land der Dichter und Denker. Mit *Corinne ou l'Italie* (1807, dt. *Corinna oder Italien*) und weiteren Frauenromanen bringt de Staël zudem die geistige und erotische Emanzipation der Frau kräftig voran – und handelt fleißig selbst danach: Zahlreiche männliche wie weibliche Geliebte säumen ihren Weg.

- *Delphine*, 1804
- Christopher Herold: *Madame de Staël: Dichterin und Geliebte*, 1982

Stanwyck, Barbara (eigentlich Ruby Stevens)

US-amerikanische Schauspielerin
16.7.1907 Brooklyn/New York – 20.1.1990 Santa Monica/Kalifornien

Barbara Stanwyck, die ihre Karriere mit 15 als Revuetänzerin bei Ziegfeld begonnen hatte, spielt in über 80 Filmen, u.a. in *This is My Affair* (1937, dt. *Unter vier Augen*) und *Titanic* (1953, dt. *Untergang der Titanic*), die Rolle der starken, selbstsicheren Frau und begeistert mit ihrer sinnlichen Ausstrahlung Männer wie Frauen gleichermaßen. In ihrem Privatleben allerdings ist Stanwyck weniger souverän; ihre 1928 geschlossene Ehe mit dem Komiker Frank Fay gerät mit den Jahren zu einer psychischen und physischen Folter, da Fay zunehmend unter Alkoholproblemen leidet und zu Gewalt neigt. Stanwyck, die eng mit der Schauspielerin Joan Crawford befreundet ist, schottet ihr Privatleben, vor allem ihre Homosexualität, strikt ab. Dennoch gilt sie neben der →Garbo als Hollywoods berühmteste versteckte Lesbe. In den 60er Jahren beginnt Stanwyck hauptsächlich für das Fernsehen zu arbeiten; 1982 erhält sie für ihr Gesamtwerk den Oscar.

Stefan, Verena

schweizerische Schriftstellerin
3.10.1947 Bern

Von Beruf Krankengymnastin, studiert Stefan in Berlin Soziologie, bevor sie 1975 mit *Häutungen* eines der wichtigsten Bücher der im Aufbruch befindlichen neuen Frauengeneration schreibt, das bei seinem Erscheinen heftige, kontroverse Diskussionen auslöst. Über Mund-zu-Mund-Propaganda erreicht *Häutungen*, in dem die Autorin entschieden für lesbische Beziehungen als Alternative eintritt, Auflagen in schwindelnder Höhe und sichert damit der Frauenliteratur einen festen Platz in deutschen Buchhandlungen. Stefan zieht sich zunächst mit ihrer Freundin, der Malerin Antonia Werney, auf einen schleswig-holsteinischen Bauernhof zurück, um weiter in ihrem bürgerlichen Beruf und als Übersetzerin zu arbeiten, und siedelt später nach München über. Mit dem Erlös ihres Buches unterstützt sie verschiedene feministische Buch- und Frauenprojekte.

- *Es ist reich gewesen. Bericht vom Sterben meiner Mutter*, 1993

Stein, Gertrude

amerikanische Schriftstellerin
3.2.1874 Allegheny/Pennsylvania – 27.7.1946 Paris

Bereits zu Lebzeiten eine Legende, genießt die charismatische Gestalt der Gertrude Stein heute den Ruf als die bekannteste Lesbe aller Zeiten und Urmutter der lesbischen Intellektuellen.
Stein wächst, nachdem sie einen Großteil ihrer Kindheit in Paris und Wien verbracht hatte, als jüngstes und fünftes Kind eines wohlhabenden Geschäftsmannes in Oakland auf. Mit 17 zur Vollwaise geworden, studiert sie zunächst bis 1897 Psychologie am Radcliffe College und später in Baltimore Medizin. 1903 zieht Stein, die bereits in jungen Jahren entschlossen war, Schriftstellerin zu werden, gemeinsam mit ihrem Bruder Leo, einem Kunstkritiker, nach Paris, wo die beiden sich bis 1912 eine Wohnung teilen. Leidenschaftlich an der Kunst interessiert, beginnen die Geschwister, junge, kubistische Künstler, darunter Picasso, Matisse und Braque, zu fördern und ihre Arbeiten zu sammeln, während sich ihre Wohnung zugleich als magisches Zentrum der künstlerischen Elite jener Zeit etabliert. 1907 begegnet Stein →Alice B. Toklas, wie sie selbst Amerikanerin jüdischer Herkunft, mit der sie den

Rest ihres Lebens verbringen und als das berühmteste Lesbenpaar aller Zeiten in die Geschichte eingehen sollte. Toklas, klein, dunkel und mit einem auffallenden Damenbart ausgestattet, schreibt in ihren Memoiren, sie habe die große, füllige und sehr männlich wirkende Stein sofort als Genie erkannt. Stein selbst allerdings ist lange Zeit der Meinung, daß das Genie männlichen Geschlechts sei. Das lange Ausbleiben ihres schriftstellerischen Erfolges scheint sie zunächst in dieser Annahme zu bestätigen – Stein, deren erstes, noch klassisch erzählendes Buch *Three Lives* 1909 (dt. *Drei Leben*) im Selbstverlag erschienen war, wendet sich unter dem Einfluß des Kubismus der Aufgabe zu, die Welt ihrem Empfinden nach sprachlich und klanglich zu reproduzieren – durch Verdrehungen der Grammatik und Syntax, Wortwiederholungen, fortwährenden Wechsel der Pronomen und bewußte Monotonie. Nach und nach nimmt ihr revolutionärer Prosastil derart abstrakte Formen an, daß er von den meisten Leuten nicht mehr verstanden wird. Erst 1934 gelingt Stein der Durchbruch – bezeichnenderweise mit der flüssig und unterhaltsam geschriebenen Biographie *The Autobiography of Alice B. Toklas* (dt. *Autobiographie von Alice B. Toklas*). Im Alter von 58 Jahren erhält Stein so ihren ersten Buchvertrag und die Anerkennung, für die sie zeitlebens gearbeitet hatte.

In der Folge werden auch ihre von Toklas im selbstgegründeten Verlag Plain Editions herausgegebenen, komplizierteren Werke bekannt – und heftig umstritten. Geniale Dichtkunst oder dilletantischer Wortschrott, die Frage beschäftigt Literaturkritiker bis heute. Steins literarische Salons, Treffpunkt der künstlerischen Avantgarde in den 20er und 30er Jahren, finden mit dem Ausbruch des zweiten Weltkrieges ein jähes Ende. Die Kriegszeit verbringen die beiden Frauen mit ihrem Königspudel Basket auf ihrem Landhaus in Südfrankreich, um später wieder nach Paris zurückzukehren, wo Stein kurz darauf einem Krebsleiden erliegt. Ihre umfangreiche Kunstsammlung wird vom New Yorker Museum of Modern Art angekauft; Toklas, mittellos zurückgeblieben, verbringt den Rest ihres Lebens damit, Steins literarischen Nachlaß zu verwalten.

- *Tender Buttons*, 1914 (dt. *Zarte Knöpfe*, 1979); *The Making of Americans*, 1925 (dt. *Die Machart von Amerikanern*); *Lectures in America*, 1935 (dt. *Was ist englische Literatur*); *Everybody's Autobiography*, 1937 (dt. *Jedermanns Autobiographie*); *Ida*, 1941

○ Elizabeth Sprigge: *Gertrude Stein. Her Life and Work*, 1957; Richard Bridgeman: *Gertrude Stein in Pieces*, 1970; Diana Souhami: *Gertrude und Alice. Gertrude Stein und Alice B. Toklas. Zwei Leben – eine Biographie*, 1994

Sylvester
(eigentlich Sylvester James Hurd)

US-amerikanischer Popmusiker
1946 (a. Q. 1948) Los Angeles – 16.12.1988 San Francisco

Bereits mit acht Jahren beginnt der farbige Sänger seine Karriere. Seiner ausgeprägten Falsettstimme wegen ist er ein geschätzter Gospelsänger. Als junger Mann kommt er während der auslaufenden Flower-Power-Ära von Los Angeles nach San Francisco, wo er zunächst durch Auftritte als Entertainer mit Piano, in Musikrevuen und Travestieshows eine regionale Berühmtheit wird, vor allem mit seiner Drag Queen-Gruppe *The Cockettes*. 1973 nimmt er für Fantasy Records seine ersten Platten auf. Den weltweiten Durchbruch schafft er jedoch erst Jahre später bei Megatone. Dort erscheint 1978 seine LP *Sylvester*, die den Disco-Soul chartfähig macht und Musikgeschichte wird. Die Single *You Make Me Feel (Mighty Real)* steigt 1979 erstmals in die Top 40 der US-Charts und bleibt dort ganze 36 Wochen. Seine energiegeladene Disco-Musik und die eindrucksvolle Stimme beeinflußten die spätere Hi NRG-Welle, ebenso wie sich *Bronski Beat* von ihm inspiriert fühlen. Mit seinen gewagten Glitzer-Outfits und Highheels bringt er modische Elemente der Drag Queen-Szene in das Musikbusiness und setzt optische Maßstäbe für die Disco-Ära. Er ist neben →Klaus Nomi und→Rock Hudson einer der ersten prominenten Persönlichkeiten, die an Aids verstorben sind.

Symonds, John Addington

englischer Schriftsteller
und Homosexuellenaktivist
5.10.1840 Bristol - 19.4.1893 Rom

Bereits in sehr frühem Alter erkennt Symonds seine Homosexualität; in seinen Memoiren beschreibt er erotische Träume aus seiner Kinderzeit, in denen er von nackten Seemännern umgeben ist, obgleich er zu diesem Zeitpunkt noch niemals einen nackten Mann gesehen hatte. Als Student entdeckt Symonds→Plato für sich und begeistert sich an den Idealen der griechischen Päderastie und platonischen Liebe zwischen Mann und Knaben. Homosexuelle Gefühle sind für ihn nur romantisiert und sublimiert denkbar. Der Zwiespalt zwischen platonischen und sexuellen Männerbeziehungen tritt schließlich während seiner Schulzeit zutage, als er erfährt, daß der dortige Rektor Dr. Vaugham ein Verhältnis mit einem Schüler hat. Symonds stellt ihn bloß, was die Entlassung des Rektors zur Folge hat. Viele Freunde, die von Symonds eigenen homoerotischen Empfindungen wissen, verstehen sein Verhalten nicht und distanzieren sich von ihm. In den nachfolgenden Jahren hat Symonds einige enge Freundschaften, meist mit Schuljungs, die jedoch über das Küssen und Nackt-Nebeneinander-Schlafen nicht hinausgehen. Erst im Alter von 41 hat er die erste, tiefergehende homosexuelle Beziehung mit einem Mann, mit dem venezianischen Gondoliere Angelo Fusati. Viele dicht aufeinanderfolgende Ereignisse ermöglichen Veränderungen in Symonds Haltung und Wesen. Entscheidend ist der Tod des Vaters, wie auch Symonds lebenslange Lungenerkrankung, wegen der er seine Universitätskarriere abbrechen muß und sich nun ganz der Literatur widmen kann. Er veröffentlicht u.a. eine größere Arbeit über Dante, übersetzt →Michelangelos Sonette und reist nach Sizilien und Griechenland. Eher zufällig ist er auf die Schriften →Karl Heinrich Ulrichs gestoßen, mit dem er ebenso in ausgedehnte Korrespondenz tritt, wie mit dem noch unbekannten →Walt Whitman und →Edward Carpenter, einem anderen englischen Vorkämpfer der Homosexuellenbewegung. Die Abhandlung A *Problem in Greek Ethics* (1883), einer verklärenden Schrift zur griechischen Päderastie, entsteht unter dem Leseeindruck Ulrichs. 1891 lernen sie sich bei einer Reise Symonds nach Italien persönlich kennen. In *A Problem in Modern Ethics* (1891) fordert er die Straffreiheit für gleichgeschlechtlich Empfindende und ein Ende ihrer moralischen Verurteilung. Beide Schriften erscheinen lediglich als Privatdruck in Kleinstauflagen von 10 bzw. 50 Exemplaren. Er beginnt eine Zusammenarbeit mit dem englischen Sexualwissenschaftler Havelock Ellis (1859-1939), für dessen Buch *Sexual Inversion* er ein Kapitel schreibt. Es erscheint erst nach seinem Tode. Seine Verwandten untersagen dabei, daß Symonds Name und Biographie in der englischen Ausgabe des Buches verwendet werden. 1889 beginnt Symonds seine Memoiren zu schreiben, den Bericht über ein gequältes, wenig freudiges Leben voller persönlicher Enttäuschungen. In 18 Monaten verfaßt er mehrere 1000 Seiten und schildert dabei vor allem auch seinen Prozeß der homosexuellen Selbstfindung und der langsam sich entwickelnden Erkenntnis, daß er mit seinen Gefühlen nicht alleine auf der Welt ist. Das Manuskript bleibt bis 1976 in der British Library unter Verschluß und wird erst 1984, stark gekürzt, publiziert.

- *Renaissance in Italy, 7 Bde*, 1875-1886; *The Life of Michelangelo Buonarroti, 2 Bde.*, 1893; *Memoirs*, hrsg. von Phyllis Grosskurth, 1984
- ○ Phyllis Grosskurth: *The Woeful Victorian: A Biography of John Addington Symonds*, 1974; Rainer Guldin: *Verbrüderung. J. A. Symonds, E. Carpenter, E.M. Forster*, 1991

Szymanowski, Karol

polnischer Komponist
6.10.1882 Tymoszówka/Ukraine – 29.3.1937 Lausanne/Schweiz

Der landadlige Szymanowski studiert ab 1901 in Warschau Musik. Seinen internationalen Durchbruch als Komponist erlebt er 1911 durch Aufführungen seiner 2. Symphonie in Wien, Leipzig und Berlin. Bereits wiederholt war Szymanowski nach Italien gereist, am eindrucksvollsten für ihn sind die Aufenthalte in Taormina auf Sizilien im Frühjahr 1911 und 1914. Bei diesem Besuch der Insel, wo er recht wahrscheinlich auch auf den deutschen Adligen und Photographen →Baron Wilhelm von Gloeden trifft, erlebt er seine homosexuelle Selbstfindung. Sein Freund, der Pianist Arthur Rubinstein, schildert Szymanowskis Begeisterung und Veränderung in seiner Autobiographie: „Er war jetzt manifest homosexuell und eröffnete mir das auch mit funkelnden Augen." Während der Russischen Revolution 1918/19 wird das Gut der Eltern zerstört, und Szymanowski verbringt einige Zeit in Elisabethgrad. Da er dort nicht komponieren kann, beginnt er einen Roman niederzuschreiben, mit dem er Ordnung in seine Gedanken zur Homosexualität zu bringen gedenkt. Der Roman ist lediglich für sich selbst und enge Freunde bestimmt. In Elisabethgrad verliebt er sich in den 16jährigen Russen Boris Kochno (1903-1990), dem er das, in der Form eines sokratischen Gesprächs verfaßte Kapitel des Romans *Das Gastmahl* ins Russische übersetzt. Das Gesamtmanuskript des Romans verbrennt 1939 in Warschau in der Wohnung seines Vetters, lediglich dieses übertragene Kapitel hat sich erhalten. Es wird im Nachlaß des Ballettänzers und Choreographen Sergej Diaghilew gefunden, dessen Geliebter Kochno später geworden war. Sein Taormina-Erlebnis verarbeitet Szymanowski indirekt zu seiner Oper um den Dionysos-Kult, *König Roger* (uraufgeführt 1926 in Warschau). Der französische

Schrifsteller Dominique Fernandez bezeichnet in seiner Kulturgeschichte der Homosexualität, *Der Raub des Ganymed,* dieses Werk als die einzige Oper, „die die Homosexualität außerhalb ihres gesellschaftlichen und psychologischen Umfeldes preist, wie eine Flucht aus den menschlichen Grenzen, ein Drang, mit der Weite des Kosmos zu verschmelzen."

T

Tawada, Yoko

japanische Schriftstellerin
23.3.1960 Tokio

Nur vorübergehend, zum Germanistik-Studium, kommt die in Japan geborene und aufgewachsene Tawada Mitte der 80er Jahre nach Hamburg. Sie ist dort geblieben, und seit einigen Jahren schreibt sie, deren Werke ab 1987 zunächst in Deutschland erschienen und aus dem unveröffentlichten Manuskript ins Deutsche übersetzt werden, abwechselnd in japanisch und deutsch. 1997 veröffentlicht sie ihr erstes Theaterstück *Wie der Wind im Ei* (Uraufführung in Graz, 1997) Die überaus produktive Autorin, die für ihre außergewöhnliche sprachliche Gelassenheit und präzise Beobachtungsgabe zahlreiche Preise und Auszeichnungen erhält – darunter 1993 den wichtigsten japanischen Literaturpreis Akutagawa-Sho, und den Chamisso-Preis 1996 – macht um sich selbst, ihre Werke und ihr Lesbischsein wenig Aufhebens.

- *Nur da wo du bist da ist nichts*, Gedichte/Prosaerzählung, 1987; *Tintenfisch auf Reisen*, 3 Geschichten, 1994; *Talisman*, 1996; *Aber die Mandarinen müssen heute abend noch geraubt werden. Poetische Texte*, 1997

Tennant, Neil

britischer Popmusiker
10.7.1954 Gosforth/Northumberland

1981 gründet Tennant, bis dahin Redakteur der britischen Musikzeitschrift *Smash Hits* gemeinsam mit Chris Lowe die Band *Pet Shop Boys*. Nach zwei Jahren Vorbereitung nehmen sie gemeinsam mit dem Disco-Produzenten Bobby „O" Orlando die Single *West End Girls* (1984) auf. Die Platte floppt in Großbritannien, wird jedoch in Frankreich und Belgien ein Verkaufserfolg. Sie beginnen danach ihre jahrelange Zusammenarbeit mit dem schwulen Musikproduzenten Tom Watkins, der auch *Take That* und anderen Männerbands zum Erfolg verholfen hatte. Das erste Album *Opportunities* (1985) wird freundlich aufgenommen, das von Stephen Hague produzierte Remake von *West End Girls* (1986) bringt dann den erhofften Durchbruch. Mit ihren folgenden Alben (*Actually*, 1987; *Introspektive*, 1988; *Behaviour*, 1990; *Very*, 1993) prägen die *Pet Shop Boys* stilistisch die Elektronic-Disco-Musik der 80er und 90er Jahre. Mit *Bilingual* (1996) gelingt dem Duo mittels südamerikanischer Rhythmik und Salsa-Elementen sich vom Gros der elektronischen Musik abzusetzen und sich entscheidend weiterzuentwickeln. Als Produzenten von Dusty Springfield (*Nothing Has Been Proved*) und Liza Minnelli *(Losing My Mind)* verhelfen sie den beiden Sängerinnen zu Charterfolgen. Erstmals eindeutige Texte zur Homosexualität und Aids auf dem Album *Actually*, u.a. *Dreaming of the Queen*, *Can You Forgive Her*. Mit dem Remake des *Village People*-Hits *Go West* knüpfen die *Pet Shop Boys* bewußt an die Tradition dieser schwulen Pophymne an. Tennant äußert sich erstmals 1995 in einem Interview zu seiner Homosexualität. →Jimmy Somerville hatte der Band zwei Jahre zuvor öffentlich vorgeworfen, zwar von der schwulen Popkultur zu profitieren, aber der *gay community* außer ein paar Discosongs nichts zurückzugeben. Aufgrund Chris Lowes' fortgeschrittener Aids-Erkrankung geht das Duo seit 1996 nicht mehr auf Tour, sondern gibt nur noch vereinzelt Live-Auftritte. Jedoch produziert die Band weiterhin Songmaterial im Studio. Tennant beginnt zudem 1997 die Arbeit mit dem Theater- und Drehbuchautor Jonathan Harvey *(Beautiful Thing)* an einem gemeinsamen Musical. Auch einen Film haben Tennant und Lowe schon über sich gedreht (*Pet Shop Boys,* 1988; Regie Jack Bond). Aber dieser inspirationslose Endlosclip ist zurecht in der Versenkung verschwunden.

○ Chris Heath: *Pet Shop Boys, Literally,* 1990

Thomas, Martha Carey

US-amerikanische Pädagogin
2.1.1857 Baltimore/Maryland – 2.12.1935 Philadelphia/Pennsylvania

Schon als Kind weiß die spätere Schlüsselfigur in der Geschichte des amerikanischen Bildungssystems, daß sie weder heiraten noch eine gewöhnliche Lehrerin werden wird. Gegen den Widerstand ihres Vaters besucht sie das College und geht danach mit ihrer Gefährtin Mamie Gwinn nach Zürich, wo sie ihr Studium schließlich mit dem Doktortitel beendet. Nach der Rückkehr mit Gwinn in die USA wird Thomas Dekanin am neugegründeten Women's College of Bryn Mawr und 1894 – unter dem Einfluß ihrer wohlhabenden Zweitgeliebten Mary Garrett – zu dessen Präsidentin gewählt. Während der 28 Jahre, die Thomas dem College vorsteht, bringt sie die Gleichberechtigung im Erziehungswesen um Riesenschritte voran. Beharrlich ihrer Überzeugung folgend, daß Mädchen genausogut wie Jungen lernen können, verwendet sie Garretts Millionen darauf, technische und medizinische Fachschulen für Frauen zu gründen, hervorragende LehrerInnen zu verpflichten und Stipendien für ärmere Schülerinnen einzurichten. Thomas, der es dank eines ausgeklügelten Zeitplans gelingt, ihren beiden Geliebten gleichviel Aufmerksamkeit zuteil werden zu lassen, ebnet mit ihrem Engagement der breiten Masse US-amerikanischer Frauen den Weg zu einer adäquaten Ausbildung und akademischen Karriere.

Thompson, Dorothy

US-amerikanische Journalistin
9.7.1894 Lancaster/New York – 30.1.1961 Lissabon

Nach ihrem Studium an der Syracuse University arbeitet Thompson mehrere Jahre für die Women's Suffrage Party, um danach nach Wien überzusiedeln, wo sie als Auslandskorrespondentin tätig ist. Die im Laufe ihres turbulenten Lebens dreimal verheiratete Thompson geht 1924 als Berichterstatterin nach Berlin, wo sie den zukünftigen Literaturnobelpreisträger Sinclair Lewis kennenlernt, den sie 1928 heiratet. In Wien beginnt Thompson 1932 eine leidenschaftliche Affäre mit der deutschen Schriftstellerin →Christa Winsloe, die drei Jahre später zu Ende geht. Die mittlerweile sehr erfolgreiche Journalistin kehrt nach Europa zurück, um dort über den wachsenden Faschismus kritisch Bericht zu erstatten. Thompson, die ihre lesbischen Neigungen zeitlebens zu bekämpfen versucht, schildert in ihren Tagebüchern und Notizen zahlreiche erotische und sexuelle Beziehungen zu Frauen, die nach dem Bruch mit Winsloe allerdings ein Ende finden.

Thürmer-Rohr, Christina

deutsche feministische Theoretikerin und Musikerin
17.11.1936 Pommern/Polen

1941 fällt Thürmer-Rohrs Vater, ein evangelischer Pfarrer, in Rußland. 1942 siedelt sie mit Mutter und Schwester nach Westfalen um und wohnt von 1945-1956 in der evangelischen Krankenanstalt Bethel bei Bielefeld. Bereits 1953-1956 ist sie als Orgelschülerin regelmäßige Hilfsorganistin in der Zionskirche Bethel. Sie studiert zuerst Germanistik und Romanistik an der Uni Freiburg und Gesang an der Musikhochschule Freiburg. Es folgt ein Studium der Psychologie und Philosophie an der Uni Freiburg und in Heidelberg. Ab 1972 ist sie Professorin an der PH Berlin, Institut für Sozialpädagogik. Im gleichen Jahr wird ihr Sohn Til Thürmer geboren. 1976 gründet sie den Studienschwerpunkt Frauenforschung an der PH Berlin. Von 1978-1983 singt und spielt sie in den Rockbands *Johanna Revolta* und *Außerhalb* Piano, Synthesizer. 1983 nimmt sie mit *Außerhalb – Rock experimentell* eine Schallplatte auf. Ab 1980 ist sie Professorin an der TU Berlin, Studienschwerpunkt Frauenforschung/Feministische Forschung im Fachbereich Erziehungswissenschaften. Thürmer-Rohr macht sich vor allem einen Namen durch ihre zahlreichen Publikationen zur feministischen Forschung und Kritik wie z.B. *Vagabundinnen*, das 1987 zum theoretischen Kultbuch avanciert, *Mittäterschaft und Entdeckungslust*, das kontroverse Debatten in der Frauenbewegung auslöst, und *Verlorene Narrenfreiheit*. Neben ihrer wissenschaftlichen Arbeit beschäftigt sie sich kontinuierlich mit klassischer und experimenteller Musik an der Orgel und am Klavier. Seit 1993 hat sie wieder zahlreiche Auftritte als Musikerin, und zwar mit ihrer Lebensgefährtin, der Pianistin Laura Galatti. Ihre gemeinsamen Projekte sind u.a. *Die Kunst der Fuge* von J.S. Bach, Fassung für zwei Klaviere und *Dialogisches Denken* – Text und experimentelle Musik für zwei Klaviere.

Tobias, Herbert

deutscher Photograph
14.12.1924 Dessau – 17.8.1982 Hamburg

Herbert Tobias zählt zu den herausragenden deutschen Photographen der 50er und frühen 60er Jahre. Bereits um 1952 entstehen unverhohlen homoerotische Männerakte. Mit dieser Aktphotographie prägt er in den 70er Jahren das Erscheinungsbild des Schwulenmagazins *Him/Applaus*. Tobias betätigt sich darüber hinaus als Dokumentarist von Stadtlandschaften, wie das Nachkriegs-Berlin bzw. Frankfurt/Main und das Paris der 50er Jahre. In Berlin avanciert er zu einem der begehrtesten Modephotographen. Viele seiner Aufnahmen verhehlen weder den Hang zum Kitsch, zum reinen Gefühl, noch die eigenen Sehnsüchte, die unverstellt in den Bildern zu erkennen sind. Er formt damit allerdings auch eine poetische und erzählende Bildsprache in der Schwarz-Weiß-Photographie. Nach einer Lehre als Landvermesser beim Katasteramt in Höxter wird Herbert Tobias zum Kriegsdienst an die Ost- und Westfront eingezogen. Er desertiert und kommt in amerikanische Gefangenschaft. 1945 kehrt er nach Hause zurück und besucht ab 1947 eine Schauspielschule in Siegburg. 1948 erhält er das erste Engagement bei einem Tourneetheater, das mit der Währungsreform finanziell zusammenbricht. Mit zwei Schauspielern tingelt er als „Intimes Theater" im Heidelberger Raum. Dort lernt er seine erste große Liebe, den US-Amerikaner Dick, Zivilangestellten der Besatzungsmacht, kennen. Das Paar wird denunziert; Dick muß zurück in die USA. Sie treffen sich jedoch wieder in Paris, wo Dick ein Studium aufnimmt. Tobias arbeitet als Helfer in der Dunkelkammer des Photographen Maywald – und beginnt selbst zu photographieren. Seine Bilder gelangen zur *Vogue*-Redaktion und werden für ihn überraschend veröffentlicht. Doch dann wird Tobias „wegen öffentlichen Ärgernisses" und „Widerstand gegen die Staatsgewalt" (ein Handgemenge mit einem Polizisten in Zivil) festgenommen und nach Deutschland abgeschoben. Der steile Karrierestart setzt sich allerdings hier fort. Er gewinnt den Titelseiten- Wettbewerb der *Frankfurter Illustrierten* und veröffentlicht fortan in allen großen Zeitschriften. Er zieht von Berlin nach Hamburg, um sich dem Establisment, zu dem er inzwischen gehört, zu entziehen und sich seinem eigenen neuen Selbstverständnis als links-politischer Mensch gerecht zu werden. Immer häufiger versucht er sich in anderen künstlerischen Sparten. Er führt Regie bei Schallplattenaufnahmen (u.a. Stefan Zweigs *24 Stunden aus dem Leben einer Dame* mit Lil Dagover und Valeska Gert), plant eine Gesangskarriere und beginnt zu schreiben. Bild- und Textelemente werden mehr und mehr zu künstlerischen Einheiten. Im Eigenverlag veröffentlicht er Bildserien (z.B., *Marlene, Chansons in Bildern von Kerlen, Chant d'amour* nach →Jean Genet). Künstlerisch ist er jedoch Mitte der 60er Jahre zum Stillstand gekommen; Tobias lebt von seiner Legende und von ungeliebten, aber finanziell notwendigen Aufträgen für Homosexuellenzeitschriften.

• *Photographien*, 1987; *Bilder der Sehnsucht. Photographien 1951-1960*, 1994

Toklas, Alice B.

US-amerikanische Schriftstellerin
30.4.1877 San Francisco – 7.3.1967 Paris

Zusammen mit ihrer Lebensgefährtin, der Schriftstellerin →Gertrude

Stein, ist Toklas als das bedeutendste Lesbenpaar aller Zeiten in die Geschichte eingegangen.
Toklas, einziges Kind wohlhabender jüdischer Eltern, studiert zunächst in Washington Musik, um sich dann aber bis zu derem Tode um ihre krebskranke Mutter zu kümmern. Mit einer entfernten Verwandten Gertrude Steins befreundet, hört Toklas auf diesem Wege erstmals von den legendären Pariser Salons der Schriftstellerin und macht sich 1907 nach Paris auf. Die Begegnung mit Stein erweist sich als schicksalshaft; die beiden Frauen bleiben mehr als vierzig Jahre lang, bis zu Steins Tod, unzertrennlich. Stein und Toklas, die ihre Beziehung niemals verhehlten, gründen ihr gemeinsames Leben auf einer strikten Rollenverteilung. Ehefrau Toklas dient Stein ein Leben lang als Muse, Haushälterin und ab 1934 auch als Verlegerin: Nachdem sie Steins Enttäuschung über die endlose Reihe von Ablehnungen nicht mehr ertragen kann, gründet sie den Verlag Plain Editions, in dem Steins Werke fortan erscheinen. Viele von Steins Arbeiten sind Huldigungen an ihre oftmals als „Schatten" bezeichnete Geliebte – u.a. das Gedicht *A Rose is a Rose is a Rose* ..., das ohne seine aufschlußreiche Schlußzeile „She is my rose" zu ihrer bekanntesten Arbeit werden sollte.
Nach Steins Tod an Krebs im Jahre 1946 bleibt Toklas mittellos zurück, da Steins Familie deren Erbschaft für sich beansprucht. Dem letzten Willen ihrer Geliebten entsprechend, verbringt sie die folgenden zwei Jahrzehnte damit, Steins nachgelassene Manuskripte zu veröffentlichen. In dieser Zeit schreibt Toklas selbst mehrere Bücher, darunter ein Kochbuch sowie die Memoiren *What Is Remembered* (1963).

○ *Aromas and Flavour of Past*, 1958; Edward Burns (ed.): *Staying Alone. Letters of Alice B. Toklas*, 1974. Diana Souhami: *Gertrude und Alice. Gertrude Stein und Alice B. Toklas. Zwei Leben – eine Biographie*, 1994

Tolar, Günter

österreichischer Fernsehmoderator und Autor
9.7.1939 Wels

Studium der Germanistik und Musik (Lehrfach), lebt seit 1957 in Wien. Tolar betätigt sich als Schauspieler, Kabarettist, Fernsehredakteur, zeitweilig Ressortleiter im ORF-Fernsehen. Er moderiert dort u.a. die Unterhaltungssendungen *Wer 3x lügt*, *Rätselbox* und *Made in Austria*. Dokumentarbeiträge und Konzeptionen von Spiel- und Rätselsendungen. Aus dem Zusammenhang seiner Sendungen entstehen zahlreiche Buchveröffentlichungen. 1993 innerhalb der österreichischen Medien mit großer Resonanz aufgenommenes Coming-out nach dem Aids-Tod seines Lebensgefährten. Die Geschichte ihrer Beziehung und das Sterben des Freundes erzählt er in seinem autobiographischen Roman *Sein Mann. Liebe, Aids und Tod* (1993). Es folgt im gleichen Jahr der Roman um ein tragisches homosexuelles Schicksal auf dem Lande *Wer hat die Karten gemischt?*.

Gründung der privat organisierten Organistation *Positiv Leben* zur finanziellen Unterstützung HIV-Positiver und Aids-Erkrankter in Notlagen. Kolumnen zur schwulen Emanzipation in verschiedenen österreichischen Zeitschriften der Schwulenbewegung.

Tomlin, Lily
(eigentlich Mary Jean Tomlin)

US-amerikanische Schauspielerin
1.9.1939 Highland Park/Michigan

Die von Kindheit an kinobesessene Tomlin will ursprünglich Medizin studieren, ergattert aber 1966 durch Zufall einen Job in einer Fernsehshow: Sie jobbt als Sekretärin des verantwortlichen Casting Directors. Zu diesem Zeitpunkt hatte Tomlin allerdings bereits Bühnenerfahrung als Standup-Comedienne gesammelt. In der *Gary Moore Show* hat sie ihren ersten TV-Auftritt als Entertainerin. 1969 gelangt sie über ihre Rolle als Telefonistin Ernestine in der Fernsehserie *Rowan and Martin's Laugh-In* zu nationaler Prominenz. Ihr Talent als Komödiantin hat sich Tomlin dann auch während ihrer späteren Karriere als Alleinunterhalterin und „ernsthafte" Filmschauspielerin bewahrt, die 1975 mit Robert Altmans *Nashville* beginnt. Die Oscar-Nominierung für die beste Nebenrolle als „Linnea" ist bis heute kennzeichnend für Tomlins Werdegang: Sie kann sich nie richtig als Hollywood-Star etablieren. Abonniert auf die Rolle der traurig-verhärmten Mittvierzigerin, verkörpert die reservierte Schauspielerin u.a. in *Blue in the Face* (1996) das weibliche Pendant des ewigen Verlierers. Neben zahlreichen dramatischen wie komödiantischen Fernsehrollen konzentriert sich Tomlin in den 70er und 80er Jahren auf ihre Karriere als Bühnenentertainerin, in der sie in männliche wie weibliche Rollen schlüpft. Texte hierzu steuert u.a. ihr enger Freund, der Schriftsteller →Armistead Maupin bei. Tomlin revanchiert sich, indem sie für Maupins Filmdokumentation über die Darstellung von Schwulen und Lesben in Hollywood, *The Celluloid Closet*, ihre Stimme dem Off-Kommentator leiht. Tomlin engagiert sich bereits im Vorfeld dieses Projektes auf Basis des gleichnamigen Buches von →Vito Russo, indem sie in San Francisco eine Foundraising-Party zur Produktion des Films organisiert und moderiert. Tomlins Solo-Bühnenshows werden von ihrer Lebensgefährtin Jane Wagner produziert und teilweise auch geschrieben. Sie führt auch Regie in Tomlins künstlerisch wie finanziell größtem Flop, dem Spielfilm *Moment by Moment* (1972, mit John Travolta). Ähnlich enttäuschend gerät Joel Schumachers Satire *The Incredible Shrinking Woman* (1981). Nachdem Tomlins Solo *The Search of Signs for Intelligent Life in the Universe* sich zu einem Broadway-Hit entwickelt hatte, verfilmt Jane Wagner diese One-Woman-Show 1991 zu einer zweistündigen Filmkomödie.

- weitere Filmrollen: *Big Business*, 1988 (dt. *Zwei mal Zwei)*; *Shadows and Fog*, 1992 (dt. *Schatten und Nebel)*; *Short Cuts*, 1993; *And the Band Played On*, 1993 (dt. *Und das Leben geht weiter*)

Tondelli, Pier Vittorio

italienischer Schriftsteller
14.9.1955 Correggio – 16.12.1991 ebd.

Studium an der Universität Bologna, lebt als freier Schriftsteller in Mailand. Mit seinem ersten Buch *Altri Libertini* (1980, dt. *Andere Freiheiten*, 1990) wird er gleich als große literarische Entdeckung in Italien gefeiert. Diese sechs Erzählungen werden aufgrund ihrer freizügigen homosexuellen Inhalte zeitweilig verboten und so zu einem Skandal-Erfolg. In *Pao Pao* (1982, dt. *Pao Pao – Gruppenbild mit Mann, 1989)* erzählt er leidenschaftlich und mit großer Selbstironie von der Sexualität junger Männer während des Militärdienstes. Ebenfalls ins Deutsche übersetzt wird sein Ferienroman *Rimini* (1986). *Camera Separate* (1989, dt. *Getrennte Räume*), melancholischer und ruhiger als die vorangegangenen Romane, ist eine Liebeserklärung an einen verstorbenen Freund. Tondelli begründet die Literaturzeitschrift *Panta*, gibt die Anthologie *Under 25* heraus und verfaßt u.a. auch ein Theaterstück, *Dinner Party*. Zuletzt veröffentlicht er den umfangreichen Essayband *Un week-end postmoderno*. Er stirbt an den Folgen von Aids. Unvollendet bleiben eine Theaterfassung des *Kleinen Prinzen* von Antoine de Saint-Exupéry und eine Studie über den italienischen Schriftsteller Antonio Delfini.

Treut, Monika

deutsche Filmemacherin
6.4.1954 Mönchengladbach

Ihr Studium der Literatur- und Kunstwissenschaften schließt Treut 1982 mit einer Doktorarbeit über Sacher-Masochs Roman über den Marquis de Sade *Venus im Pelz* ab, die 1984 unter dem Titel *Die grausame Frau* in Buchform erscheint. Der darauf basierende Film *Verführung: Die grausame Frau*, der 1985 in Zusammenarbeit mit der Kamerafrau und Regisseurin →Elfi Mikesch entsteht, begründet Treuts Ruf als eine der interessantesten zeitgenössischen deutschen Filmemacherinnen. Treut, die 1984 mit Mikesch die Filmproduktion „Hyäne" gründet, ist seither mit zahlreichen weiteren Videodokumentationen, Dokumentar- und Spielfilmen, die oftmals den freizügigen Umgang mit Sexualität in jeglicher Form beinhalten (*Die Jungfrauenmaschine*, 1988; *My Father Is Coming*, 1990; der Dokumentarfilm *Female Misbehavior*, 1983-92, u.a. mit →Camille Paglia und →Annie Sprinkle) bekannt geworden. Die engagierte Medienarbeiterin, die für internationale Film- und Kunstzeitschriften schreibt, lebt in Hamburg und New York.

Troubridge, Una Lady

britische Zeichnerin
8.3.1887 – 24.9.1963 Rom

Bis zu ihrer Begegnung mit →Radclyffe Hall, mit der sie den Rest ihres Lebens verbringen wird, führt die talentierte Zeichnerin das standesgemäße Leben einer reichen verheirateten Frau und Mutter einer Tochter. Bereits während der folgenden ausgedehnten Reisen mit Hall beginnt Troubridge damit, sämtliche Werke ihrer Geliebten zu redigieren und zu korrigieren. Troubridge, deren wichtiger Beitrag zum Entstehen der Bücher nirgends erwähnt wird, leidet ab Mitte der 30er Jahre zunehmend unter gesundheitlichen Problemen. Während Hall sich, wie schon zu Beginn der Beziehung, ab 1931 eine zweite Geliebte zulegt, weist Troubridge alle Annäherungsversuche anderer Frauen ab. Nach Halls Tod im Jahre 1943 widmet sie sich ausschließlich dem literarischen Nachlaß ihrer verstorbenen Lebensgefährtin. 1949 zieht Troubridge, die als Alleinerbin Halls finanziell abgesichert ist, nach Florenz, später nach Rom.

Tschaikowski, Peter Iljitsch

russischer Komponist
7.5. (a.Q. 25.4.) 1840 Kamsko-Wotkinsk – 6.11.(a. Q. 25.10.)1893 St. Petersburg

Nach dem Besuch der Rechtsschule in St. Petersburg ab 1859 in der Justizbehörde. Ab 1863 widmet er sich ganz der Musik und wird Schüler von Anton Rubinstein (1829-1894). 1866-78 Dozent am Moskauer Konservatorium. Der Großteil seines kompositorischen Schaffens (insgesamt sieben Sinfonien, zehn Opern, darunter *Eugen Onegin*, 1879 und *Pique Dame*, 1890 sowie Ballettmusiken wie *Schwanensee*, 1877 und *Der Nußknacker*, 1893) entsteht in den Jahren 1869-75. Seine Musik orientiert sich an westeuropäischen Einflüssen, ohne ihren russischen Nationalcharakter zu verleugnen.
Tschaikowski neigt zeitlebens zu Depressionen, z.T. sicherlich auch bedingt durch seine homosexuellen Neigungen, die er als quälend empfindet. In seinen Tagebüchern umschreibt er sie durch das Kürzel „Z", auch in seinen Briefen an den ebenfalls homosexuellen Bruder Modest wagt er sie kaum beim Namen zu nennen. Seine Beziehungen zu Männern, wie zu seinem Schüler Wladimir Schilowsky, hält er streng geheim. 1877 geht er mit Antonia Miljubkowa, einer seiner Schülerinnen am Konservatorium, die sich in ihn verliebt hatte und die ihn trotz seiner Homosexualität heiraten wollte, die Ehe ein. Berichten von Zeitgenossen zufolge ist sie recht einfältig und schlicht und neigt bereits zu diesem Zeitpunkt zu Wahnvorstellungen. Bereits drei Monate nach der Hochzeit kann Tschaikowski ihre Gegenwart nicht mehr ertragen. Verschiedene Versuche, eine Scheidung zu ermöglichen, mißlingen. Auch als sie sich mit immer neuen Männern einläßt und von ihnen Kinder bekommt, trennt er sich nicht von ihr, wohl auch aus Angst, sie könnte seine Geheimnisse ausplaudern. Er sorgt bis zu seinem Tode für sie. Drei Jahre danach wird sie in eine Irrenanstalt gebracht, wo sie 1917 stirbt. Die zweite wichtige Frau in seinem Leben ist die musikbegeisterte Nadeschda Filaterowna von Meck, die ihn 14 Jahre lang finanziell unterstützt und mir er sie in engstem brieflichen Kontakt steht. Sie vermeiden es jedoch, sich jemals persönlich kennenzulernen. Im Oktober 1893 dirigiert Tschaikowski die Uraufführung seiner 6. Symphonie (*Pathétique*), die meist als fatalistisches, autobiographisches Werk gedeutet wird. →Klaus Mann nimmt sie als Leitfaden in seinem Tschaikowski-Roman *Symphonie Pathétique* (1935). Die Ursache für Tschaikowskis überraschenden Tod ist weitgehend ungeklärt. Eine

Version behauptet, er habe sich (wissentlich) durch ein Glas ungekochtes Wasser mit der Cholera infiziert. In einer anderen Version geht man davon aus, Tschaikowskis Verhältnis zum Neffen des Herzog von Stenbock-Fermor sei dem einflußreichen Adligen zu Ohren gekommen, worauf er sich direkt an den Zaren Alexander III. gewendet habe. Tschaikowski sei daraufhin zum Selbstmord durch Gift gezwungen worden, um einer schamvollen Verhandlung und Verurteilung zu entgehen.

• *Die Tagebücher*, 1992

○ David Brown: *Tschaikovsky Remembered*, 1993; Nina Bernerova: *Tschaikowsky – eine Biographie*, 1994; David Brown: *Tchaikovsky. The Final Years, 1885-1893*, 1995; Alexander Poznansky: *Tchaikovsky. The Quest for the Inner Man*, 1995

Turing, Alan

britischer Mathematiker
23.6.1912 Paddington/London – 7.6.1954 Wilmslow/Cheshire

Seit seiner 1937 erschienenen Arbeit *On Computable Numbers*, in der er das Prinzip des abstrakten Universalrechners entwickelt, gilt Alan Mathison Turing als der Erfinder des Computers. Er legt auch die Grundlagen für das heute Künstliche Intelligenz genannte Forschungsgebiet.
Während des zweiten Weltkrieges stellt sich Turing in den Dienst seines Landes. Er ist der Kopf jener Forschungsgruppe, der es in Bletchley Park gelingt, die Chiffriermaschinen der deutschen Wehrmacht namens „Enigma" zu entschlüsseln und so den Funkverkehr im Echtzeitbetrieb abhören zu können. Um den stets sich ändernden Code zu knacken, so errechnet Turing, hätte ein einzelner Mann 42 000 Jahre arbeiten müssen. Die Bedeutung dieser Errungenschaft und ihre Folgen für das weitere Kriegsgeschehen wird erst in den 80er Jahren in seinen Ausmaßen bekannt. Turings Fall beginnt 1952. Er hatte sich nicht an das Gentlemen's Agreement gehalten, wonach homosexuelle Handlungen geduldet sind, so lange nicht darüber geredet wird. Als ihn ein Liebhaber beraubt, zeigt er diesen an und gibt damit seine gleichgeschlechtlichen Handlungen offen und naiv zu. Statt ihn ins Gefängnis zu stecken, bietet man ihm an, ihn von seiner Homosexualität zu heilen. Als er allerdings aufgrund der Hormontherapie impotent wird und ihm Brüste zu wachsen beginnen, nimmt er sich mittels eines mit Zyankali vergifteten Apfels das Leben. Sein Entwurf für eine schachspielende Maschine bleibt unvollendet. Die Lebensgeschichte Turings dient als Vorlage für das Bühnenstück *Breaking the Code* von Hugh Whitmore und für die Erzählung *Alan Turing* von Rolf Hochhuth (1987)

○ Andrew Hodges: *Alan Turing, Enigma*, 1989

U–V

Ulrichs, Karl Heinrich

deutscher Jurist und Schriftsteller
28.8.1825 Aurich/Ostfriesland – 14.7.1895 Aquila

Ulrichs, Jurist und Schriftsteller aus Hannover, ist der wahrscheinlich wichtigste Pionier der frühen Homosexuellenbewegung. Am 29. August 1867 hält Ulrichs eine für die deutsche Schwulengeschichte denkwürdige Rede beim Deutschen Juristentag in München. Denn zum ersten Male fordert ein Homosexueller öffentlich für sich und seinesgleichen eine rechtliche und moralische Gleichstellung in der Gesellschaft. Ein zweiter Versuch, diese Resolution schriftlich einzubringen, wird 1868 zurückgewiesen. Was diese heldenhafte Aktion um so bemerkenswerter macht: Ulrichs, der mit dieser Verlesung seiner Resolution gegen den preußischen Antihomosexuellen-Paragraphen seine Berufsehre aufs Spiel setzt, ist ein völliger Einzelkämpfer, der von einer Organisation oder gar Bewegung der Homosexuellen träumt, die es jedoch noch nicht gibt. Diese entsteht erst 30 Jahre später in Berlin mit der Begründung des Wissenschaftlich-humanitären Komitees durch den Sexualwissenschaftler →Magnus Hirschfeld. Völlig auf sich allein gestellt, durchleidet und durchschreitet Ulrichs sämtliche Stufen der homosexuellen Selbsterkenntnis und des Coming-outs und versucht auf mutige, selbstentschlossene Art, dem *Räthsel der mannmännlichen Liebe* auf die Spur zu kommen, um so das Verständnis der Mitmenschen zu erlangen. Ein erster Schritt in die Öffentlichkeit ist 1862 ein Schreiben an die Schwester, die er um „gefällige Zirkulation" der Zeilen im Familienkreise bittet. Der Brief ist ein Bekenntnis: „Der liebe Gott hat mir die Liebe in derselben Richtung gegeben, in der er sie den Weibern giebt, d.i. auf Männer gerichtet." Für Ulrichs ist klar, daß diese Liebe weder krankhaft sei noch ein Verbrechen, nicht durch Verführung entsteht oder falsche Erziehung. Denn da es seine Gefühle sind, muß es seine Natur sein. Und die Natur ist rein und gut.

Ulrichs studiert in Göttingen und Berlin Rechtswissenschaft und ist zunächst als Amtsassessor im Hannoverschen Verwaltungs- und Justizdienst tätig. 1854 scheidet er dort freiwillig aus dem Dienst aus, um einem Disziplinarverfahren wegen seiner Homosexualität zuvorzukommen. Er lebt wieder einige Zeit bei seiner Mutter und nimmt schließlich erneut das Studium auf, diesmal in Frankfurt/Main zur Poetik, zur germanischen Mythologie und zum öffentlichen Recht. In dieser Zeit beginnt er auch die Ergebnisse seiner ganz privaten Forschung zu publizieren. Zunächst noch unter dem Pseudonym „Numa Numantius" und mit sich selbst als Gegenstand der Untersuchung versucht er zu erklären, weshalb Männer sich anderen Männern liebend zugetan fühlen können. Anfänglich vermutet er einen „passiven animalischen Magnetismus", den Männer auf ihn ausüben. Später, als er Literatur über Hermaphrodismus studiert hat, entwickelt er eine weitere Theorie. Die Richtung sexueller Anziehung sei niemals einheitlich und werde nicht vom Körper, sondern von der Seele bestimmt. Weil in den ersten Lebenswochen eines Embryos die Geschlechtsorgane noch nicht eindeutig entwickelt sind, vermutet Ulrichs, daß in dieser Phase noch alle beiden Möglichkeiten der Entwicklung – männlich oder weiblich – offen seien, oder aber in Ausnahmefällen sogar beide gleichzeitig, nämlich Hermaphroditen.

1880 verläßt Ulrichs Deutschland und findet in Italien eine neue Heimat, zunächst in Aquila (Abruzzen), ab 1883 in Neapel. Seinen Lebensunterhalt verdient er sich als Sprachlehrer, außerdem gibt er eine Zeitschrift heraus, die er vollständig in lateinischer Sprache schreibt und die zum Ziel haben soll, Latein als internationale Sprache wiederzubeleben. Ulrichs stirbt an einer Nierenentzündung und wird in Aquila neben dem Grab der Familie seines Förderers und Gönnners, des Marquis Niccolò Persichetti, bestattet.

- *Forschungen über das Räthsel der mannmännlichen Liebe.* Nachdruck 1995

○ Hubert Kennedy: *Karl Heinrich Ulrichs. Sein Leben und sein Werk*, 1990

Valentino, Rudolph (eigentlich Rudolfo Alfonzo Raffaelo Pierre Filibert Guglielmi di Valentina d'Antongulla)

italienisch-amerikanischer Schauspieler
6.5.1895 Castellaneta/Italien – 23.8.1926 New York City

Besuch von Internaten in Italien. 1913 Emigration in die USA. Gelegenheitsjobs als Tellerwäscher, Gärtner, Straßenhändler, Tanzlehrer und Eintänzer in Nachtclubs. Erster Kontakt mit der Filmbranche 1914 als Tanzkomparse und als Statist für D.W. Griffith *(The Battle of the Sexes)* und bei den Universal Studios. 1921 setzt die Drehbuchautorin June Mathis seine Besetzung in *The Four Horsemen of the Apocalyse* durch. Beginn seiner steilen Karriere als Film-Latin Lover und romantischer Frauenschwarm. George Melfords *The Sheik* (1921, dt. *Der Scheich)* macht ihn zum Millionär und bildet den Grundstein für seinen Ruf als eine der ersten großen Hollywood-Legenden. Für seine weiteren Filme, u.a. *Moran of the Lady Letty* (1922, dt. *Das Piratenschiff), Beyond the Rocks* (1922), *The Eagle* (1925) und *Son of the Sheik*, erhält er jeweils Millionengagen. Obwohl der in Luxus badende, sich mit Nerzen, Seidenschals und anderen extravaganten Kleidungsstücken gewandende Valentino von der Presse als effeminierter „Pink Powder Puff" diffamiert wird und sich ehemalige Liebhaber aus zurückliegenden ärmeren Zeiten mit Enthüllungsgeschichten an die Öffentlichkeit wenden, bleibt sein Status als Frauenheld unberührt. Die Paramount organisiert dennoch zwei hollywoodtypische Scheinehen, die beide nur wenige Wochen andauern, u.a. mit der lesbischen Schauspielerin Natasha Rambova. Eine dritte, mit der Schauspielerin Pola Negri, wird nicht mehr realisiert. Zu seinen Liebhabern gehört der Schauspieler Ramon Novarro (1899-1968), der ironischerweise von seiner Produktionsfirma als konkurrierender Film-Latin Lover zu Valentino aufgebaut wird (*Ben Hur*, 1926, *The Student Prince in Old Heidelberg*, 1927). Als Valentino 1926 infolge einer Herzklappenentzündung gerade 31jährig stirbt, wird das Krankenhaus von Tausenden weiblicher Fans umlagert, der Aufbahrungsort zur Pilgerstätte. Bei der Beisetzungsfeier soll es Hunderte ohnmächtiger Frauen gegeben, zahlreiche Anhängerinnen sollen sich aus Verzweiflung das Leben genommen haben. Lewis Allen dreht 1951 den biographischen Spielfilm *Valentino* mit Anthony Dexter; Ken Russel folgt 1976 mit →Rudolf Nurejew in der Titelrolle.

- *How Can You Keep Fit*, 1923; *My Private Diary*, 1929

Veidt, Conradt (eigentlich Hans Walter Conradt Veidt)

deutscher Schauspieler
22.1.1893 Berlin – 3.4.1943 Hollywood

1913 nimmt Veidt an Max Reinhardts Theaterschule seine Schauspielausbildung auf und wird in kleineren Rollen eingesetzt. 1914 wird er zum Militärdienst eingezogen und 1916 für das Fronttheater freigestellt. Bis 1923 ist er an Berliner Theatern engagiert und startet dann seine Karriere beim Film. In den melodramatischen Sittenfilmen Richard Oswalds spielt er zerrissene Sensibelchen und elegante Negativhelden und erprobt dabei seine expressive Gebärdensprache, die ihn zum Idealdarsteller des expressionistischen Films macht. Robert Wienes *Das Cabinett des Dr. Caligari* macht ihn und seine stilbildende Spielweise weltberühmt. 1919 dreht Richard Oswald in Zusammenarbeit mit →Magnus Hirschfeld *Anders als die Andern* (den ersten deutschen schwulen Film), in dem er einen Geiger spielt, der wegen seiner Homosexualität erpreßt wird. Mit Filmen wie *Das indische Grabmal* (1921), *Das Wachsfigurenkabinett* (1923) und *Der Geiger von Florenz* (1925) gehört er neben Emil Jannings zu den bestbezahlten Schauspielern in Deutschland. Zwischen 1927 und 1929 dreht er vier Filme in Hollywood (u.a. *The Man Who Laughs*, 1927/28). 1933 Emigration nach England, wo er erneut zum Star aufsteigt. 1934 übernimmt er die Titelrolle in Lothar Mendes *Jew Süss*. 1938 erhält er die britische Staatsangehörigkeit, ab 1940 lebt er in Hollywood, wo er sich gegen die Nationalsozialisten engagiert. Eine seiner letzten Rollen spielt er in *Casablanca* (1942) – den Nazi-Major Strasser. Über Veidts Homosexualität sind keine autobiographischen Zeugnisse überliefert, allerdings Berichte und Hinweise von Zeitzeugen, wie etwa →Christopher Isherwood, der ihn aus der Berliner Schwulenszene und von einem Tuntenball 1929 kennt.

○ Daniela Sannwaldt: *Conradt Veidt*, 1984; Wolfgang Jacobsen: *Conradt Veidt. Lebensbilder*, 1993

Veigel, Werner

deutscher Nachrichtensprecher
9.11.1928 Den Haag – 2.5.1995 Hamburg

Veigel wächst zweisprachig als Kind deutscher Einwanderer in Holland auf. Nach dem Krieg erste Erfahrungen als Nachrichtensprecher beim niederländischen Rundfunk in Hilversum. 1954 kommt er als Rundfunksprecher zum NDR nach Hamburg. 1966 Beginn seiner Laufbahn als Nachrichtensprecher der *Tagesschau*. Nach dem Tod Karl-Heinz Köpckes wird er Chefsprecher. Bis 1989 außerdem Moderator von Kulturhörfunksendungen beim NDR. 1995 Coming-out in einem Interview des *STERN*, in dem er sowohl über seinen Gehirntumor als auch über seinen Partner Carlheinz Faust spricht, mit dem er seit 1955 zusammenlebt. Neben Wilhelm Wieben gehört er nun zu den bekanntesten offen schwulen Nachrichtensprechern im deutschen Fernsehen. Veigel gilt auch als Entdecker und Förderer des ebenfalls schwulen Tagesschausprechers und TV-Moderators Jens Riewa.

Verlaine, Paul

französischer Schriftsteller
30.3.1844 Metz – 8.1.1896 Paris

Der Offizierssohn Verlaine gilt als einer der großen französischen Schriftsteller des 19. Jhs. und neben Baudelaire, Rimbaud und Mallarmé als wichtigster Stilbildner des Symbolismus. In Paris versucht er, sich zunächst mit der bürgerlichen Existenz eines kleinen Präfekturalbeamten zu arrangieren und heiratet 1870 Mathilde Mauté. Im Jahr darauf begegnet er dem 16jährigen ebenfalls dichtenden Artur Rimbaud (1854-1894), dem er ganz und gar verfällt. Verlaine verläßt Frau und Kind und reist mit seinem Geliebten durch Belgien und Holland. Immer wieder kommt es zu heftigen Auseinandersetzungen, Trennungen und 1873 sogar zu einem ernsthaften tätlichen Angriff: Verlaine verletzt Rimbaud durch einen Pistolenschuß und wird daraufhin zu 18 Monaten Gefängnis verurteilt. Rimbaud gibt die Dichtkunst ganz und gar auf und geht als Abenteurer, Waffenhändler und Handelsagent nach Indien, Arabien, Ägypten und Abessinien. Verlaine, der seine sexuellen Erfahrungen mit Rimbaud u.a. in dem Gedichtzyklus *Hombres* verarbeitet, verfällt mehr und mehr dem Alkohol und bekommt sein Leben kaum in den Griff. Seine Liebesverhältnisse gelten künftig entweder dämonischen Jünglingen oder mutterhaften Frauen. 1879 verliebt er sich in einen 19jährigen Bauernsohn namens Lucien Létinois, der ihn finanziell ausnimmt. Verlaine zahlt ihm eine exquisite Ausbildung in London. Als Lucien sich dort in ein Mädchen verliebt, holt er ihn zurück, kauft seiner Familie ein Bauernhaus in Frankreich und hofft auf ein gemeinsames, romantisches Leben auf dem Lande. Lucien jedoch geht zum Militär und Verlaine in den Bankrott. Als Lucien 1883 an Typhus stirbt, läßt Verlaine ihn in ein jungfräulich weißes Tuch gehüllt begraben und versucht seine Trauer durch Herumvagabundieren und exzessive homosexuelle Affären zu vergessen. Seine Freundschaft zu dem jungen Pariser Künstler und Schriftsteller F.A. Cazal bleibt platonisch. Die letzten Jahre seines Lebens gerät Verlaine in die Fänge zweier alternder Prostituierter, Philomène Boudin und Eugénie Krantz, die ihm seine Sehnsucht nach masochistisch-verderbtem Sex stillen und ihm dafür Gedichte abzwängen, die sie an Redaktionen und Verleger verkaufen. Als Verlaine schließlich stirbt, kümmert sich Eugénie Krantz wie eine Witwe um die Beisetzung. Eine Zeitlang lebt sie gut dank einem lebhaften Handel mit gefälschten Erinnerungsstücken, bis auch sie sich zu Tode getrunken hat.

• *Männer/Hombres*, 1986; *La Trilogie Erotique*, 1989

Versace, Gianni

italienischer Modemacher
2.12.1946 Reggio di Calabria – 15.7.1997 Miami/Florida

Studium der Architektur. Mitarbeit im Schneidergeschäft der Mutter. 1972 Umzug nach Mailand und Beschäftigung als Designer von *Genny*, *Callaghan* und *Complice*. 1978 macht sich Versace selbständig. Sein Markenzeichen wird ein Medusenhaupt. Erstes Aufsehen erregt er mit ungewöhnlichen Materialmixturen (wie Seide/Jute; Leder/Crêpe de Chine). Als erster bringt er Jeans auf den Laufsteg. Leuchtende Farben und auffallende Muster prägen seine Mode bis heute. Als erster Modeschöpfer der Welt darf er 1985 im Victoria and Albert Museum London eine Kollektion vorstellen. Für sein kreatives Werk wird er vielfach ausgezeichnet, aber auch mit dem Crystal Apple Award, Los Angeles für sein Engagement im Kampf gegen Aids. Seit den 80ern übernimmt er regelmäßig die Ausstattungen für Theater, Oper und Ballett. Neben seiner Kollektionen für Damen, Herren und Kinder tragen inzwischen auch Parfüms, Accessoires und sogar Fliesen seinen Namen. Besonderen Anteil nimmt Versace an der Homoerotisierung der Männermode. Seine großformatigen Männerkataloge läßt er regelmäßig von Bruce Weber photographieren, wobei jedoch die zu vermarktende Unter- bzw. Oberbekleidung zunehmend zugunsten der reinen Aktphotographie in den Hintergrund tritt. In seinem Buch *Mann ohne Krawatte* erläutert Versace sein Verständnis von männlicher Schönheit, deren Ideal er vor allem in der griechisch-römischen Klassik sieht. Er selbst ist Besitzer einer umfangreichen Sammlung antiker und französischer Antiquitäten, die sich in seinem Palazzo in Mailand bzw. in Como befinden. Der in seiner Präsentation offen vorgeführten Homoerotik entspricht sein diskreter, aber ebenso offener Umgang mit seiner eigenen Homosexualität. Sein langjähriger Lebensgefährte Antonio d'Amico ist als hochrangiger Designer im Hause Versace beschäftigt. Das Versace-Mode-Imperium in Mailand (Jahresumsatz 1996 845 Millionen Mark) liegt ganz in der Hand der Familie: Bruder Santos ist Geschäftsführer, unterstützt von Schwester Donatella. Ihr US-amerikanischer Ehemann Paul Beck leitet die Herrenlinie. Seit Mitte der 80er Jahre bringt Versace mehrere Zweitlinien auf den Markt, u.a. *Versus, Instante, Signatur, Versace Jeans.*

Am 15. Juni 1997 wird Versace vor seiner Villa in Miami Beach von dem 27 Jahre alten schwulen Callboy und Serienmörder Andrew Phillip Cunanan erschossen, der zu diesem Zeitpunkt zu den meistgesuchten Kriminellen des FBI gehört. Zehn Tage später nimmt sich Cunanan das Leben. Der Mord erregt ein weltweites Medienspektakel, nicht zuletzt aufgrund der Homosexualität von Opfer und Täter. Bereits wenige Stunden nach der Tat sind drei Biographien über den Mörder in Auftrag gegeben, u.a. an den britischen Krimiautor Wensly Clarkson. Auf der Trauerfeier für Versace in Mailand erscheinen u.a. Prinzessin Diana, Naomi Campbell und →Karl Lagerfeld. →Elton John, der eng mit Versace befreundet war und Bühnenmusik zu seinen Modeschauen komponiert hatte, singt zusammen mit Sting den Psalm 23.

- *Mann ohne Krawatte*, 1995; *Rock & Royalty*, 1997

○ *Versace: Magier der Mode*, 1997

Viett, Inge

deutsche RAF-Aktivistin
1943

1983 taucht die per Haftbefehl gesuchte RAF-Terroristin Inge Viett unter dem Namen Eva Maria Schnell in der DDR unter, wo sie fortan ein unauffälliges Dasein führt – fast jedenfalls, denn die Nachbarin Inge Schiffke weiß gleich, daß mit der Blondine etwas nicht stimmt: „Daß sie eine Schlampe war, habe ich schon nach einer Woche gemerkt. Dann kriegten wir auch noch mit, daß sie lesbisch war – und jetzt auch noch Terroristin! Mein Gott, was ist aus diesem Haus geworden!" Mit dem Fall der Mauer ist dann die trügerische Sicherheit – und die langjährige Liebesbeziehung Vietts zu einer Schuldirektorin – gänzlich vorbei: Viett wird, wie eine ganze Reihe anderer ehemaliger RAF-Genossen, die sich in der DDR eine neue Existenz aufgebaut hatten, aufgespürt und 1992 wegen versuchten Mordes an einem französischen Polizisten zu dreizehn Jahren Haft verurteilt. Die gelernte Kindergärtnerin, die gemeinsam mit anderen AktivistInnen in Berlin die „Bewegung 2. Juni" gegründet hatte, war bereits 1972 und 1976 festgenommen worden, beide Male kurz darauf geflohen und hatte sich 1979 dem bewaffneten Kampf der RAF angeschlossen. Im Januar 1997 wird Viett vorzeitig aus der Haft entlassen, da sie sich inzwischen von der RAF losgesagt hatte.

- *Nie war ich furchtloser*, 1997

Visconti, Luchino

italienischer Regisseur
2.11.1906 Mailand – 17.3.1976 Rom

Sohn aus adligem und reichem Elternhaus; der Vater ist Herzog und Nachfahre Karls des Großen, die Mutter Millionenerbin des italienischen Pharmakonzerns Erba. Visconti besucht eine Kavalleristenschule und will zunächst Rennpferdtrainer werden. In Paris lernt er →Coco Chanel kennen, die ihn mit dem Regisseur Jean Renoir bekanntmacht. Renoir beeinflußt ihn künstlerisch und politisch. Visconti bekennt sich zum Marxismus, ohne aber tatsächlich in letzter Konsequenz in die kommunistische Partei einzutreten. Erste eigene Regiearbeit ist *Ossessione* (1942), einem klassischen Beispiel des italienischen Neorealismus, wie auch die nachfolgenden *Senso* (1954) und

Rocco e i suoi fratelli (1960, dt. *Rocco und seine Brüder*). Danach beginnt seine Periode ausladender und epischer, international co-produzierter Gesellschaftsdramen (wie *Il Gattopardo*, 1963, dt. *Der Leopard).* Mit besonderem Blick für männliche Schönheit ebnet er in seinen Filmen immer wieder jungen Schauspielern den Weg zum internationalen Erfolg, etwa Alain Delon, Helmut Berger, →Dirk Bogarde (in der Verfilmung von →Thomas Manns Novelle *Tod in Venedig).* Die Arbeit für das Theater, und später verstärkt auch für die Oper, verliert Visconti nie aus den Augen. Er gründet eine eigene Theatertruppe, die er selbst finanziert und für die er u.a. Stücke von →Tennessee Williams, →Jean Cocteau und Jean-Paul Sartre inszeniert.
1946 lernt er den noch unbekannten Bühnenbildner und Schauspieler Franco Zeffirelli kennen, der für lange Zeit sein Lebensgefährte wird und den er finanziell wie beruflich fördert. 1966 übernimmt der Schauspieler Helmut Berger diese Position. Visconti macht ihn mit *Metti, una sera a cena* (1970, dt. *Die Verdammten*), *Ludwig II.* (1972) und *Gruppo di famiglia in un interno* (1974, dt. *Gewalt und Leidenschaft)* zum Star.

○ Geoffrey Nowell-Smith: *Luchino Visconti*, 1973; Peter W. Janssen/Wolfram Schütte (Hg.): *Luchino Visconti*, 1975

Vivien, Renée (eigentlich Pauline Tarn)

britische Lyrikerin
11.6.1877 Paddington – 18.11.1909 Paris

Bereits als Kind verbringt Vivien, die aus wohlhabenden englischen Verhältnissen stammt, mehrere Jahre in einem Pariser Internat. Mit 21 zieht sie für immer in die französische Metropole, um kurz darauf →Natalie Barney kennenzulernen, die das große lyrische Talent ihrer Freundin entdeckt und fördert. Viviens Werk umfaßt neben einer Anzahl von Gedichtbänden – u.a. *Etudes et Preludes* (1901) – auch eine Übersetzung der Werke →Sapphos ins Französische. Die Begeisterung für das Vermächtnis der griechischen Dichterin führt 1904 dazu, daß Vivien und Barney nach Lesbos reisen, um dort alte sapphische Traditionen wiederzubeleben. Nach der Rückkehr und der Trennung von Barney gewinnen die selbstzerstörerischen Tendenzen in Viviens Leben am Ende die Oberhand – sie stirbt letztendlich an den Folgen von Alkoholismus und Magersucht.

• *Une femme m'apparut*, 1904 (dt. *Mir erschien eine Frau*)

W

Waddell, Tom (eigentlich Thomas Joseph Michael Flubacher)

US-amerikanischer Sportler
1.11.1937 Paterson/New Jersey – 11.7.1987 San Francisco

In vielerlei Hinsicht hat Waddell Sportgeschichte geschrieben. Er kommt – als ältestes Mitglied der US-Olympiamannschaft von 1968 – im Zehnkampf auf den 6. Platz. Zusammen mit seinem Lebensgefährten Charles Deaton wird er 1976 in der Rubrik „Couples" im *People*-Magazin porträtiert. Sie sind das erste schwule Paar, das dort vorgestellt worden war. Zudem ist Waddell Mitbegründer der Gay Games.
Bereits als Teenager verläßt Tom seine Familie und läßt sich von der Varietékünstler-Familie Waddell adoptieren. Sie fördern sein sportliches wie künstlerisches Talent, doch kann

sich Tom Waddell nicht entscheiden, eine Karriere als Tänzer ernsthaft zu verfolgen. Er besucht eine medizinische Hochschule und beschäftigt sich insbesondere mit dem Forschungsschwerpunkt sexuell übertragbarer Krankheiten. Als überzeugter Pazifist und Aktivist der Bürgerrechtsbewegung nimmt er nicht am Vietnam-Krieg teil und trainiert statt dessen auf einem Armeesportfeld für die Olympischen Spiele in Mexico City. Das sportliche Erlebnis dort inspiriert ihn zu den Gay Olympics (die nach Einspruch des Olympischen Komittees in Gay Games umbenannt werden mußten). Waddell nimmt aktiv an den ersten Gay Games in 1982 San Francisco und den zweiten Spielen 1986 teil. Zu diesem Zeitpunkt ist er allerdings schon schwer an Aids erkrankt. 1983 gelingt es ihm noch, sich einen großen Wunsch zu erfüllen: ein gemeinsames Kind mit seiner lesbischen Freundin. Waddell stirbt 1987 an den Folgen von Aids.

Waldoff, Claire
(eigentlich Klara Wortmann)

deutsche Chanteuse
21.10.1884 Gelsenkirchen – 22.1.1957 Bayrisch-Gmain

„Singen und schnauzehalten, das geht nicht", schreibt →Christa Reinig 1982 über die Berliner „Jöre mit Herz und Schnauze", und es geht wirklich nicht: Wo immer die einstige Schauspielerin in den späten 20er und frühen 30er Jahren ihre frechen Lieder herausposaunt, liegt ihr das Publikum zu Füßen. Waldoffs Sprachwitz und ihre energische Stimme machen ihre aufmüpfigen Chansons, die den kleinen Leuten in den engen Mietskasernen gewidmet waren, zu Gassenhauern – und führen Mitte der 30er Jahre dazu, daß sie von den Nazis zur unerwünschten Person erklärt wird.
Waldoff, die auch gerne in den von ihr oft frequentierten Berliner Damenklubs auftritt, hatte nach dem Besuch des ersten deutschen Mädchengymnasiums ursprünglich Medizin studieren wollen, ist aber aus Geldmangel 1903 zum Theater gegangen. Fünf Jahre später erhält sie die Chance, erstmalig als Kabarettistin aufzutreten. Als ihr anvisierter Auftritt in Männerkleidern von der Polizei verboten wird, tritt sie kurzerhand als Diseuse im Abendkleid auf – und wird schlagartig berühmt. Als Liebling des Proletariats beglückt sie ihr hingerissenes Publikum bei zahlreichen Auftritten, oftmals auch bei Solidaritätsveranstaltungen zugunsten der Arbeiter, und auf -zig Schallplatten mit erfrischend-kritischen Texten wie „Wozu sind die Männa schon groß zu jebrauchen, ja wat können se schon jroß! Essen, trinken und rauchen ... Ja sagen Sie selba, ham wir det nötich?"
Ihr privater Salon in Berlin ist Treffpunkt auch ihrer Vielzahl lesbischer Freundinnen. In einigen ihrer Chansons thematisiert Waldoff ihre Liebe zu Frauen, etwa in *Hannelore.*
Während des Dritten Reichs sind ihre Auftritte im Funk und Film nicht erwünscht, auch, weil ihr Lied *Her-*

mann heest er ...! bereits eine volkstümlich-satirische Umdichtung auf Hermann Göring erfahren hatte. Die meisten Manager und Theaterdirektoren wagen es daher nicht mehr, sie zu engagieren. Bis 1943 tritt sie weiter auf. Seit 1939 lebt sie mit ihrer Lebensgefährtin Olga von Roeder, mit der sie über vier Jahrzehnte lang liiert ist, zurückgezogen in Bayrisch-Gmain in Oberbayern. Der Versuch, nach 1945 an die früheren Erfolge anzuknüpfen, scheitert jedoch. Ihr Repertoire aber (etwa *Wegen Emil seine unanständige Lust, Wer schmeißt denn da mit Lehm?, Warum liebt der Wladimir gerade mir)*, für das sie teilweise auch selbst die Texte geschrieben hatte, wird ab den 80er Jahren neu entdeckt und etabliert sich zum Standardprogramm vieler Chanteusen und Diseusen.

- *Weeste noch? Aus meinen Erinnerungen*, 1953

○ Claudia Schoppman: „‚Rrrraus mit den Männern aus'm Reichstag!' – Claire Waldoff". In: *Zeit der Maskierung*, 1993; Helga Beumann: *Claire Waldoff – Wer schmeißt denn da mit Lehm?*, 1994; Maegie Koreen: *Immer feste druff. Das freche Leben der Kabarettkönigin Claire Waldoff*, 1977

Walker, Alice

US-amerikanische Schriftstellerin
9.2.1944 Eatonton/Georgia

Nach einem Unfall in ihrer Kindheit, bei dem ihr Bruder ihr ein Auge ausgeschossen hatte, studiert Walker mit einem Behindertenstipendium zunächst in Atlanta, dann in New York, wo sie 1966 ihren Bachelor of Arts ablegt. Erste schriftstellerische Vesuche unternimmt sie bereits während des Studiums, daneben beginnt sie sich verstärkt in der Bürgerrechtsbewegung zu engagieren. Nach ihrem Umzug nach Mississippi heiratet Walker 1967 einen jüdischen Rechtsanwalt. Mitte der 70er Jahre kehrt Walker mit ihrer kleinen Tochter nach New York zurück, wo sie sich als freie Schriftstellerin und Redakteurin der feministischen Zeitschrift *Ms* niederläßt. Ihr Lebenslauf als schwarze Frau im weißen Amerika, das Engagement in der Bürgerrechts- und Frauenbewegung und die theoretische Auseinandersetzung mit Ursachen und Formen von Rassismus bilden den Hintergrund und den Stoff für Walkers literarische Arbeit. Die wohl bekannteste Vertreterin des schwarzen Feminismus wird vor allem mit ihren Romanen *Meridian* (1976) und *The Color Purple* (1982, dt. *Die Farbe Lila*, 1986 von Steven Spielberg verfilmt) bekannt. Die spezifischen Lebensbedingungen schwarzer Frauen sind bis heute Thema ihrer in der Fachwelt kontrovers diskutierten, äußerst populären Werke. *Possessing the Secret of Joy* (1992, dt. *Sie hüten das Geheimnis des Glücks*), zeigt, daß die unreflektierte Rückkehr zu den afrikanischen Wurzeln kein Patentrezept für die individuelle und gesellschaftliche Emanzipation sein kann. Walker, die für *The Color Purple* 1983 mit dem Pulitzer-Preis ausgezeichnet wird, schreibt in ihren neueren Arbeiten (*Warrior Marks*, 1993, zusammen mit →Pratibha Parmar, dt. *Narben oder die Beschneidung der weiblichen*

Sexualität) in bemerkenswerter Offenheit über ihre Liebe zu Frauen.

Walker, Dr. Mary Edwards

US-amerikanische Ärztin
26.11.1832 Oswego/New York – 1919

Die einzigen Zugeständnisse an das zu ihrer Zeit gesetzlich verlangte feminine Äußere sind ihre in Locken gelegten Haare, die meist unter einem Hut verborgen werden. Ansonsten trägt die amerikanische Ärztin betont männliche Kleidung, und das nicht nur während ihrer Freizeit, sondern auch am Arbeitsplatz. Walker wird, nachdem sie mehrfach aufgrund dieses Vergehens verhaftet worden war, eine der ersten weiblichen Journalisten der Nation und gründet später die Frauenkolonie Adamless Eden. 1865 wird sie von Präsident Johnson für ihre engagierte Arbeit während des Bürgerkrieges mit der Ehrenmedaille des Kongresses ausgezeichnet.

◦ C. Snyder: *Dr. Mary Walker – The Little Lady in Pants*, 1974

Walter, Jürgen
(eigentlich Walter Pipping)

deutscher Sänger
7.12.1943

Nach einem Studium der Romanistik in Berlin widmet sich Walter ganz seiner Karriere als Chansonnier. 1976 gelingt ihm in der DDR mit *Schallala – Schallali* der erste Hit. In den nachfolgenden Jahren entwickelt er sich zu einem festen Bestandteil der DDR-Schlagerszene, zumeist als Interpret von Liedern (u.a. *Je t'aime; Wo ich hergekommen bin; Ab geht die Post*) im Grenzbereich zwischen anspruchsvollerem Chanson und Unterhaltungsschlager. Er betätigt sich auch als Fernsehmoderator, u.a. der Show *Ein Kessel Buntes*. Er gilt als einer der wenigen Persönlichkeiten des öffentlichen Lebens der DDR, deren Homosexualität bekannt ist. Nach 1989 tritt Walter auch gelegentlich bei lesbisch-schwulen Veranstaltungen auf.

Warhol, Andy
(eigentlich Andrew Warhola)

US-amerikanischer Künstler
6.8.1928 Pittsburgh/Pennsylvania – 22.2.1987 New York City

Der Sohn einer polnischen Einwandererfamilie belegt ab 1942 Kunstseminare am Carnegie Institute of Technology, studiert ab 1945 Bilddesign und arbeitet als Schaufensterdekorateur. Ab 1949 Arbeit als Werbegraphiker und Illustrator u.a. für *Harper's Bazaar* und Tiffany's. Er ändert seinen Taufnamen Andrew Warhola in Andy Warhol. 1952 erste Auszeichnungen für sein Graphik-Design. Bis Ende 1957 entsteht eine Reihe erotischer Zeichnungen von Männern. 1960 entdeckt Warhol die Alltagsikonen der Popkultur als Motive für sich und malt Coca-Cola-Flaschen und Comicstripfiguren, später Dollarnoten und Campbell's Suppendosen. Ab 1962 Porträts von Prominenten, zu den ersten gehören Warren Beatty, Elvis und Marilyn Monroe. Ab 1963 dreht er die ersten Filme mit 16mm-Kamera (*Sleep*) und zieht in das Atelier in der East 47th Street 231, das später unter dem Namen „Factory" bekannt wird. Mit der Teilnahme an der New Yorker Weltausstellung 1964 und der ersten Ausstellung in Europa (in der Galerie Ileana Sonnabend in Paris) lenkt er die internationale Öffentlichkeit auf sich. Er trifft auf →Joe Dallesandro und Candy Darling, die zu Stars in seinen Filmen werden (*Flesh*, 1968; *Trash*, 1969). 1967 produziert Warhol die erste Platte der Rock'n Roll-Band *The Velvet Underground.* Ab 1969 führt Paul Morrissey Regie bei allen Warhol-Filmen, so bei *Andy Warhols' Frankenstein* und *Andy Warhol's Dracula* (beide 1974) mit →Udo Kier. Seine Factory beschäftigt inzwischen mehr als 20 Mitarbeiter; Warhol beherrscht die Vermarktung seiner Bilder, zumeist Siebdruck-Porträts, wie der eigenen Person bestens. Seine weißblonde Perücke wird das Markenzeichen dieser Gallionsfigur der Pop Art, längst gehört er zu den bekanntesten Künstlern des 20. Jhs. überhaupt. Sein Tagebuch, das er täglich telefonisch einer Sekretärin diktiert, listet akribisch alle kulturellen und gesellschaftlichen Ereignisse auf, meist mehrere pro Abend, die Warhol besucht, nicht zuletzt, um auf Kundenfang für Auftragsporträts zu gehen. Am 3. Juni 1969 wird Warhol Opfer eines Attentats der radikalen Feministin →Valerie Solanas, das er nur knapp überlebt. Er stirbt 1987 an einem Herzinfarkt im Schlaf nach einer Gallensteinoperation. 1989 wird von Sotheby's in einem zehntägige Auktionsmarathon sein Nachlaß, bestehend aus mehr als 10.000 ausgewählten Objekten, versteigert. Warhol hatte bei Einkaufsbummeln durch Galerien, Flohmärkte und Trödelgeschäfte Kunst (von Munch, →Hockney, Picasso) und Kitsch (etwa eine Sammlung volkstümlicher Keksdosen), Alltagsgegenstände und Gebrauchskunst zusammengekauft, die nach und nach ganze Lagerhallen mit noch unausgepackten Kisten und Paketen füllen. Auch in der eigenen Wohnung waren nur noch die Küche und das Schlafzimmer bewohnbar. Der Erlös, über 42 Millionen DM, fließt in die Kunstförderungsstiftung „Andy Warhol Foundation for the Visual Arts".

- *Das Tagebuch.* Hg. *von P. Hackett*, 1989; *Die Philosophie des Andy Warhol von A bis B und zurück*, 1991; *Andy Warhol Retrospektive. Hg. von Kynaston McShine*, 1989

○ Victor Bockris: *Andy Warhol*, 1991

Warner, Sylvia Townsend

britische Schriftstellerin
6.12.1893 Harrow-on-the-Hill – 1.5.1978 Dorset

Die Lehrerstochter studiert zunächst Musik, bevor sie sich nach dem Erfolg ihres ersten Romans *Lolly Willowes*

(1926) gänzlich aufs Schreiben verlegt. Die folgenden Werke reichen zwar nicht mehr an den Erfolg des Erstlings heran, bescheren ihr aber ausreichende Einkünfte, um ihr ein einigermaßen komfortables Leben mit ihrer Lebenspartnerin, der Lyrikerin und Antiquitätenhändlerin →Valentine Ackland, zu ermöglichen. In späteren Jahren arbeitet Warner hauptsächlich an →Proust-Übersetzungen und Biographien; ihr literarisches Werk gerät mehr und mehr in den Hintergrund. Nach Acklands Tod im Jahre 1969 findet die 78jährige in einer Nachbarin ihre letzte Lebenspartnerin.

- *Mr. Fortunes Naggot*, 1927 (dt. *Mister Fortunes letztes Paradies*); *One Thing Leading to Another, Stories*, 1984

Waters, John

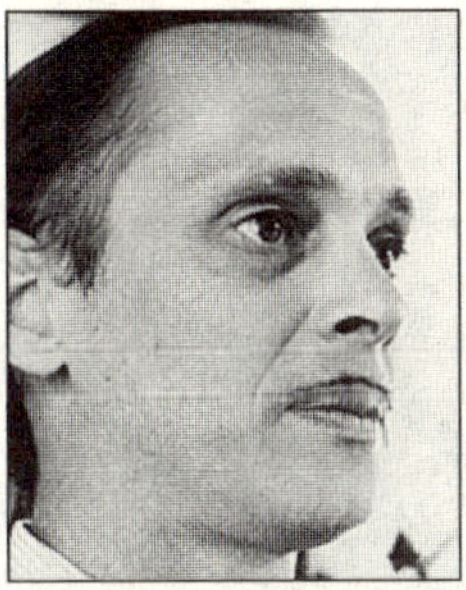

US-amerikanischer Filmregisseur
1946 Baltimore/Maryland

Seine Kindheit und Jugend verbringt John Waters in einer glücklichen katholischen Mittelklasse-Familie (der Vater verkauft Feuerwehrgeräte), wenn auch ein wenig anders als andere Kinder: Statt Räuber und Gendarm zu spielen, inszeniert er lieber fingierte Autounfälle. Während der Schulzeit entstehen die ersten Super8-Filme. Seine großen Vorbilder *The Wizard of Oz*, →R.W. Fassbinder und Russ Meyer lassen sich allerdings erst in den späteren Filmen entdecken. Die erste aufwendigere Produktion wird *Eat your Makeup* (1968). Als Darsteller mit dabei ist Waters Freund Glenn Milstead, der bald schon als →Divine Weltkarriere machen wird. Mit einem Budget von gerade einmal 2.000 Dollar entsteht 1970 *Mondo Trash* – Waters erster kleiner Erfolg. Mit *Pink Flamingos* (1972) findet er seinen eigenwilligen Hang zum schlechten Geschmack und dafür auch ein breites Publikum. Trash, Travestie, Teenage-Traumata und satirische Geschmacklosigkeiten prägen auch *Female Trouble* (1974) und vor allem *Polyester (*1981), den Waters in „Odorama" (mit ekligen Geruchsrubbelstreifen für das Publikum) dreht. Mit der Hommage an eine TV-Dance-Show der 60er Jahre (*Hairspray*, 1988 mit Johnny Depp), dem 50er-Jahre-Musical *Cry-Baby* (1990) und der Serienmörder-Parodie *Serial Mom* (1994) verliert Waters zunehmend seine filmischen Stärken: den subversiven, rücksichtslosen Blick auf kleinbürgerliche US-Verhältnisse und die gezielte Verletzung von Normen und Tabus.

- John Waters: *Abartig. Meine Obsessionen*, 1989

○ John G. Ives: *John Waters*, 1992

Weirauch, Anna Elisabet

deutsche Schriftstellerin
7.8.1887 Galatz/Rumänien – 21.12.1970 Berlin

Die Tochter des Gründers der rumänischen Staatsbank zieht 1893 mit ihrer Mutter, einer Schriftstellerin, nach Berlin, wo sie nach ihrer Ausbildung zur Schauspielerin zunächst am Staatstheater engagiert wird. Nebenbei beginnt Weirauch, Theaterstücke und später auch Romane zu schreiben. Nach der Veröffentlichung ihres ersten Werkes, *Die kleine Dagmar* (1918), gibt sie die schauspielerische Tätigkeit ganz auf, um sich fortan ausschließlich ihrer literarischen Arbeit zu widmen, in der hauptsächlich zeitgenössische Frauenschicksale im Vordergrund stehen. Als eine der wenigen Autorinnen der 20er Jahre greift Weirauch offen das Thema der lesbischen Liebe auf; ihre zwischen 1919 und 1931 entstandene Roman-Trilogie *Der Skorpion* zählt heute zu den Klassikern der lesbischen Literatur.

○ Claudia Schoppmann: *„Der Skorpion". Frauenliebe in der Weimarer Republik*, 1986/1991

Weiss, Andrea

US-amerikanische Autorin
und Filmemacherin
1956 Pennsylvania

Nach ihrem Doktorstudium der Philosophie unterrichtet Weiss mehrere Jahre lang in verschiedenen US-amerikanischen Städten Film und Geschichte, bevor sie zusammen mit ihrer Partnerin →Greta Schiller die Filmgesellschaft Jezebel Productions gründet, deren erste Produktion *Before Stonewall* (1985) über die frühe Geschichte der lesbisch-schwulen Bewegung gleich mehrere Auszeichnungen, darunter zwei Emmys, gewinnt. Auch die von Andrea Weiss als Produzentin bzw. Co-Regisseurin verantworteten poetisch erzählten Dokumentarfilme, darunter *International Sweethearts Of Rhythm* (1986) über eine Frauen-Jazzband während des zweiten Weltkriegs, das Porträt zweier Jazzmusikerinnen, *Tiny & Ruby: Hell Divin' Women* (1988) und die Dokumentation über Künstlerinnen im Paris der 20er Jahre, *Paris Was a Woman* (1995) erhalten zahlreiche Auszeichnungen. Weiss, die heute in London lebt und neben ihren Film- und Buchprojekten Dokumentarfilm unterrichtet, macht sich auch mit ihren film- und kunsthistorischen Essays und Büchern *(Vampires and Violets: Lesbians in the Cinema*, 1992, dt. *Vampires & Violets. Frauenliebe und Kino,* 1995) und der Buchfassung von *Paris Was A Woman* (1996) einen Namen. Kritisch hingegen wird ihre Dokumentation über die Darstellung von Lesben und Schwulen im Film, *A Bit of Scarlet* (1996) aufgenommen.

Westerwelle, Guido

deutscher Jurist und Politiker
27.12.1961 Bad Honnef

Der Sohn eines Rechtsanwaltes legt 1991 seine zweite juristische Staatsprüfung ab und promoviert 1994 an der Fernuniversität Hagen. Im gleichen Jahr läßt er sich als selbständiger Rechtsanwalt in Bonn nieder. Seit 1980 ist Westerwelle Mitglied der F.D.P. Er gehört zu den Mitbegründern der Jungen Liberalen (Julis) und ist von 1983 bis 1988 deren Bundesvorsitzender. 1988 wechselt er in den Bundesvorstand der F.D.P. und übernimmt 1993 den Kreisvorsitz der Partei in Bonn. 1994 wird der von FDP-Chef Klaus Kinkel für dieses Amt vorgeschlagene Westerwelle auf einem Sonderparteitag in Gera zum Generalsekretär der F.D.P. gewählt. In seiner Antrittsrede kündigt er an, künftig besonderes Gewicht auf die programmatische Arbeit der Partei zu legen, sie für jüngere Wähler wieder attraktiv machen zu wollen und stuft die F.D.P. zugleich als „Partei der Leistungsbereiten" ein. 1995 wird gegen Westerwelle ein Ermittlungsverfahren wegen des Verdachts der Beihilfe zur Steuerverkürzung eingeleitet – er soll als 21jähriger seinem Vater ein „Schwarz"-Konto eingerichtet haben –, die Ermittlungen werden jedoch wieder eingestellt. Sein Ruf als Hoffnungsträger und Symbol des „liberalen Neuanfangs" scheint jedoch dennoch für kurze Zeit angekratzt. Westerwelles Homosexualität ist auch außerhalb Bonns ein offenes Geheimnis, jedoch wie in solchen Fällen üblich kein öffentliches Thema. Im Wahljahr 1994 stellt sich Westerwelle immerhin erstmals auch schwulen Medien als Interviewpartner zur Verfügung, wenn auch mit recht zurückhaltenden Stellungnahmen.

1997 betätigt sich Westerwelle als Fotomodell für einen Herrenausstatter und führt „Mode für Besserverdienende", u.a. von Vivienne Westwood, vor. Sein Honorar stiftet er der Deutschen AIDS-Hilfe.

- Guido Westerwelle: *Das Parteienrecht und die politischen Jugendorganisationen*, 1994

Whale, James

britischer Filmregisseur
22.7.1896 Dudley – 29.5.1957 Hollywood/Kalifornien

Arbeitet zunächst als Designer, Schauspieler und Regisseur im englischen Theater. Hollywood bietet ihm eine Filmversion seiner hochgelobten Londoner Inszenierung von R.C. Sheriffs *Journey's End* (1930) an. Es folgt die Co-Regie gemeinsam mit Howard Hughes in *Hell's Angels* (1930) und *Waterloo Bridge* (1931). Sein phänomenal erfolgreicher *Frankenstein* (1931) zählt heute zu den Klassikern des Horrorfilms. Whales besonderer Beitrag zu diesem Genre liegt in einer Verkehrung der Perspektive des Schreckens, indem er sich für die Psychologie der dämonischen Gestalten interessiert und durch seinen, wie er es formuliert, „perversen Humor." Es folgen *The Old Dark House* (1932), *The Invisible Man* (1933) und *The Bride of Frankenstein* (1935). Später Hinwendung auch zu anderen Filmgenres wie Musical (*Showboat*, 1936), Kriegsfilm *(The Road Back*, 1937), Situationskomödie und Mantel- und Degenfilm (*The Man in the Iron Mask*, 1939). Nach zwei filmischen Mißerfolgen, wahrscheinlich aber auch wegen seiner Homosexualität, entläßt ihn das Columbia-Filmstudio, und Whale zieht sich 1942 völlig aus dem Filmgeschäft zurück, um als Maler zu arbeiten. Er stirbt nach einem mysteriösen Sturz in seinem Swimmingpool. Seine Homosexualität hatte Whale in Hollywood bedeckt gehalten, aus Angst vor Repressionen und einem Karriereknick. Er lebt mehr als zwanzig Jahre mit dem Produzenten David Lewis zusammen; Trennung 1953, als sich Whale einen jungen Franzosen als sogenannten „Sekretär" ins Haus holt. Der US-Schriftsteller Christopher Bram setzt in seinem Roman *The Father of Frankenstein* 1996 Whale ein literarisches Denkmal.

○ Mark Gattis: *James Whale – A Biography.* 1995

White, Edmund (eigentlich Edmund Valentin White III.)

US-amerikanischer Schriftsteller
13.1.1940 Cincinnati/Ohio

Als 1982 sein autobiographischer Roman *A Boy's Own Story* (dt. *Selbstbildnis eines Jünglings)* über seine Kindheit und Jugend in den USA der 50er Jahre erscheint, erklärt ihn *Le Monde* zum größten US-amerikanischen Schriftsteller seit Henry James. Weitaus berühmter als mit den auf drei Bände konzipierten literarisierten Lebenserinnerungen – der zweite, *The Beautiful Room Is Empty* (1988, dt. *Und das schöne Zimmer ist leer*, 1991) schildert die 60er Jahre in Greenwich Village bis zum Tag des Stonewall-Aufstands, der dritte, abschließende Band, *The Farewell Symphony* (1997) reicht bis in die Gegenwart – wird White mit dem Sexratgeber *The Joy of Gay Sex* (1977, zusammen mit Dr. Charles Silverstein, dt. *Die Freuden der Schwulen).* Sein Roman *Forgetting Elena* (1973) wird zwar kein Verkaufserfolg, dafür allerdings von Vladimir Nabokov, den White neben →Christopher Isherwood zu seinen großen Vorbildern und Lehrern zählt, lobend rezensiert. Für seinen ersten homoerotischen Roman *Nocturnes for the King of Naples* (1978, dt. *Notturno für den König von Neapel*, 1981) fällt es White aufgrund der offen homosexuellen Thematik zunächst schwer, einen Verlag zu finden. White gehört 1980 zu den Gründungsmitgliedern des Violett Quill, einer New Yorker Vereinigung schwuler Schriftsteller, unter ihnen auch Andrew Holleran, Robert Ferro, George Whitmore und Felice Picano. 1983 geht er als Korrespondent der US-amerikanischen *Vogue* nach Paris. Hier entsteht sein Roman *Caracola* (1985), und er vertieft sein Interesse an der europäischen Literatur und Kultur. 1990 erhält White eine Professur für französische Literatur an der Brown University in Rhode Island und arbeitet an einer umfangreichen Biographie →Jean Genets, die 1993 erscheint. 1985 wird White HIV-positiv getestet. Er ist Mitbegründer der Gay Men's Health Crisis in New York;

literarisch setzt er sich mit Aids in dem Erzählungsband *The Darker Proof* (1988, zusammen mit Adam Mars-Jones; dt. *Nicht anders als das Feuer*) auseinander. Als Essayist widmet sich White Schriftstellerkollegen (wie →Christopher Isherwood, William S. Burroughs, →Tennessee Williams, →Truman Capote) und verfolgt kritisch die Entwicklung des schwulen Lebens, der schwulen Kultur und Politik.

- *Staaten der Sehnsucht. Reisen durch Gay America*, 1982; *Die brennende Bibliothek. Essays*, 1996

White, Patrick (eigentlich Patrick Victor Martindale)

australischer Schriftsteller
25.5.1912 London – 30.9.1990 Sydney

„Ich kann mich nicht erinnern, daß mich mein sexuelles Außenseitertum sehr aus der Bahn geworfen hat. Ich pflegte meine sexuellen Neigungen schon ziemlich früh. In meinem Fall gab es nicht die Qual der Entscheidung, diesen oder jenen Weg zu wählen. Ich wurde gewählt, und sehr bald akzeptierte ich meine Homosexualität." White kommt bei einer Englandreise seiner australischen Eltern zur Welt. Seine Kindheit verbringt er weitgehend in einem Internat in England, sein Studium absolviert er als typischer Upper-Middle-Class-Angehöriger in Cambridge. Früh beginnt er zu schreiben; zunächst religiöse Versdramen, die er alleine im Gartenhaus seiner Eltern rezitiert haben will. Im zweiten Weltkrieg war er bei der Royal Air Force u.a. in Nordafrika und im Nahen Osten eingesetzt. 1948 kehrt er vom Militärdienst nach Australien zurück – gemeinsam mit seinem griechischen Lebensgefährten Manoly Lascares, den er im Mittleren Osten kennengelernt hatte. Zwei Themenkreisen widmet sich White in seinem schriftstellerischen Werk immer wieder: den Kriegserfahrungen und der literarischen Erkundung des australischen Kontinents und dessen Mythen. Immer wieder beschäftigt er sich mit der Idee der Transzendenz, dem Wunsch, aus dem engen Korsett der gesellschaftlichen Formen, Normen und Zwänge auszubrechen, gleichzeitig aber auch die sexuelle Einordnung in männlich oder weiblich in Frage zu stellen. In *The Twyborn Affair* (1979, dt. 1986) etwa läßt er durch den dramaturgischen Trick der Wiedergeburt seine Hauptperson alle Formen der Geschlechterzugehörigkeit und sexuellen Orientierung durchspielen. 1973 erhält er als erster australischer und gleichermaßen erster offen schwuler Schriftsteller den Nobelpreis für Literatur.

- *Riders in the Chariot*, 1961 (dt. *Die im feurigen Wagen*, 1969); *The Vivisector*, 1970 (dt. *Der Maler*, 1972); *Flaws in the Glass. Autobiography*, 1981 (dt. *Risse im Spiegel*, 1994)

○ David Marr: *Patrick White. A Life*, 1992

Whitman, Walt

US-amerikanischer Dichter
31.5.1819 West Hills bei Huntington – 26.3.1892 Camden/New Jersey

Aufgewachsen in Brooklyn und auf Long Island. Seine Mutter begeistert ihn früh für die Ziele und Ideen der Quäker. Er arbeitet als Drucker, Lehrer und Journalist und setzt sich in seinen Publikationen für die Verwirklichung konservativer, demokratischer Werte ein. Sein Engagement wird durch seine Erlebnisse im Bürgerkrieg noch gestärkt. Sein literarisches Werk kristallisiert sich in dem sowohl von →Shakespeare, Homer und Volksgedichten beeinflußten Lyrikband *Leaves of Grass* (dt. *Grashalme)*, an dem er sein halbes Leben lang arbeitet und immer wieder ergänzt und verändert. Erscheint die erste Ausgabe 1855 im Selbstverlag, gerade mal 95 Seiten stark, umfaßt die 10. Ausgabe im Todesjahr 1897 mehrere Hundert Poeme. Mehr als vielen Literaturwissenschaftlern und Patrioten lieb sein mag, läßt sich darin Whitmans Liebe zu Männern nicht nur zwischen den Zeilen lesen: Er spricht sein homosexuelles Begehren unumwunden mit der ihm typischen expressiven Sprachgewalt aus. In seinen Tagebüchern berichtet er weniger poetisch verschnörkelt von seinen Vorlieben für junge, kernige Kerle. Sämtliche Affären und Begegnungen führt er knapp, aber mit buchhalterischer Genauigkeit auf: „George Finch – Yankee Boy – gutaussehender, großer, gelockter, schwarzäugiger Bursche – Alter circa 23 oder 24 – schlank – die Hose in die Stiefel gesteckt – eine Kappe mit dem Schirm nach hinten." Diese Aufzeichnungen werden lange verschwiegen und nur ungern und entsprechend spät publiziert, gilt doch Whitman als jener Dichter, der wie kein anderer mit den amerikanischen Tugenden identifiziert wird: Bodenständigkeit, Tapferkeit, Vaterlandstreue, Ehrlichkeit – dafür steht Whitman und all dies besingt er in seinen Gedichten – und nicht zuletzt immer und immer wieder die Demokratie („Widersteht viel, gehorcht wenig"). Er stellt die bürgerlichen Normen in Frage und kämpft nachdrücklich gegen sie an. Er träumt von einer Gesellschaft, in der jedes Individuum das Recht zur eigenständigen Gestaltung seines Lebens genießt, einer Gesellschaft, die allerdings auch frei von sexualmoralischen Zwängen ist.

Neben kurzen Abenteuern durchlebt Whitman drei große Lieben, Fred Vaugham, Peter Doyle und Harry Stafford, mit denen er jeweils mehrere Jahre verbringt. Zwar nagen an Whitman immer wieder Selbstzweifel, sogar nach fünf Jahren Beziehung mit dem Straßenbahnfahrer Peter Doyle stellt er die Richtigkeit dieser Liebe noch in Frage und chiffriert gar dessen Namen im Tagebuch mit dem Zahlencode 16.4. (den alphabetischen Nummern seiner Initialen). Die Verse der *Grashalme* jedoch werden von Ausgabe zu Ausgabe homoerotischer. Immer wieder schildert er badende Jünglinge, kraftstrotzende, muskulöse Handwerker, stramme Soldaten, von der

Sonne braungebrannte Prärieboys in all ihrer sinnlichen Körperlichkeit. Die Kameradschaft, die Whitman beschreibt, ist mit Kumpelhaftigkeit keineswegs zu verwechseln. Das eindeutig zweideutige dieser männlichen Erotik bleibt trotz geschickter Verschlüsselung nicht unbemerkt. Einige Male sind die *Grashalme* von Verboten bedroht. Weil ein Minister die Gedichte für unanständig hält, verliert Whitman gar eine Stellung im Innenministerium. Heute gilt Whitman als Meilenstein der US-amerikanischen Literaturgeschichte und der modernen Poesie, der u.a. die Lyrik →Allen Ginsbergs, Federico García Lorcas und Fernando Pessoas beeinflußt. Nach seinem Tod werden die Buchausgaben immer wieder um „Stellen" bereinigt; selbst die Vita wird gefälscht und dem Männerliebhaber eine Mulattin in New Orleans angedichtet, mit der er angeblich mehrere Kinder gezeugt habe.

○ Charley Shiverly (ed.): *Calamus Lover. Walt Whitman's Working Class Camerados*, 1987; Gary Wilson Allen: *The Solitary Singer*, 1985; Jimmie Killingsworth: *Whitman's Poetry of the Body. Sexuality, Politics, and the Text*, 1989

Wilde, Oscar (eigentlich Oscar Fingal O'Flahertie Wills Wilde)

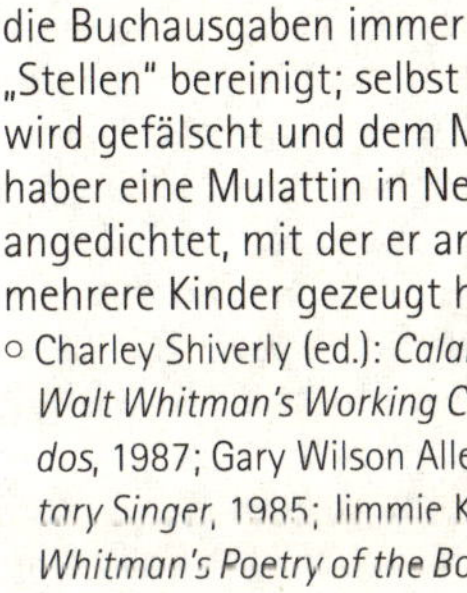

irischer Schriftsteller
16.10.1854 Dublin – 30.11.1900 Paris

Am 18. Februar 1895 schreitet der Marquess von Queensbury zur Tat, um den Liebhaber seines Sohnes Lord Alfred Douglas gesellschaftlich zu vernichten. Er überreicht dem Portier in Wildes Club eine Visitenkarte, welche dieser beim nächsten Besuch Wildes zehn Tage später aushändigt. Auf der Karte liest er: „To Oscar Wilde, posing Somdomite". Die Handschrift war undeutlich, vor Gericht streitet man sich später, ob es *ponce* (Knabenschänder) oder *posing as* (posieren als) geheißen habe. Es bleibt allerdings der kleine Rechtschreibfehler in „Somdomite" und die große Beleidigung. Anstatt aber die Karte einfach zu vernichten und zu vergessen, stellt Wilde, angestachelt durch seinen Liebhaber Lord Douglas, einen Strafantrag wegen Beleidigung und löst so drei aufeinander folgende Prozesse aus. Wilde zieht zwar im Laufe des Prozesses die Klage zurück, nachdem Queensburys Verteidiger Strichjungen in den Zeugenstand zu rufen ankündigt, die Details aus Wildes Sexualleben berichten könnten. Queensbury jedoch wird freigesprochen und Wilde selbst am 5. April 1895 verhaftet, wegen „unzüchtiger Handlungen mit männlichen Personen" angeklagt und schließlich verurteilt. Die Verhandlung gerät zu einem Skandalprozeß, der von der Weltöffentlichkeit mit Spannung verfolgt wird und letztlich mindestens genausoviel zu Wildes Ruhm und Nachleben beiträgt wie sein schriftstellerisches Werk. Nicht zuletzt, weil er das Sprechen über Homosexualität, die Emanzipationsbemühungen wie die Diskussion über die Bestrafung gleichgeschlechtlicher Liebe nachhaltig beeinflußt und verändert.

An der Universität Oxford kommt der junge Wilde mit den Ideen des

Ästhetizismus in Berührung. Wenige Jahre später, er hat lediglich einige Gedichte veröffentlicht, gilt er, dank seiner Vielzahl von Vorträgen in extravaganter Kleidung als einer der führenden Vertreter des englischen Ästhetizismus und weit über London hinaus bekannter Dandy. Der Kult der Ästhetizisten im allgemeinen und Oscar Wilde im besonderen werden immer häufiger zur Zielscheibe des Spotts und der Satire. Ein Höhepunkt ist die Operette von Gilbert & Sullivan *Patience; or Bunthorne's Bride*, in der Wilde karikiert wird. Man lädt ihn zu einer Vortragsreise in die USA ein, um so den Erfolg des Bühnenstückes zu fördern. Wilde ist geschmeichelt, zumal das Geld lockt, und spricht über die Geschichte des Ästhetizismus in England, über Inneneinrichtung und Mode gleichermaßen. Zurück in Europa bemüht er sich, eine neue berufliche Position zu finden. Große Pläne, wie eine ausgedehnte Vortragstournee u.a. nach Australien, erfüllen sich nicht. Auch sein erstes Stück, *Vera, or the Nihilists* (1883, dt. *Vera oder die Nihilisten)*, uraufgeführt in New York, wird nicht der erwartete Erfolg. Von 1887 bis 1889 übernimmt Wilde daher die Redaktion der Frauenzeitschrift *Woman's World*. Bereits 1884 hatte er einen weiteren Schritt zum bodenständigeren, bürgerlicheren Leben gemacht: Er heiratet Constance Lloyd. Zwei Kinder, Cyril und Vyvyan, gehen aus dieser Ehe hervor.
1888 erscheint der erste Band seiner Märchen, *The Happy Prince, and other Tales*, die bereits viele homoerotische Themen und Bezüge aufweisen. Wesentlich expliziter hingegen ist sein Essay *The Portrait of Mr. W.H.*, der 1889 in der Juliausgabe des *Blackwood's Edinburgh Magazine* erscheint. In diesem in Dialogform geschriebenen Aufsatz versucht Wilde die Identität jenes jungen Schauspielers zu belegen, dem →Shakespeare seine Sonette gewidmet hat. Was an Ideen und Themen in den Erzählungen und Märchen bereits anklingt, wird im *Bildnis des Dorian Gray*, seinem wahrscheinlich populärsten und auch einzigen längeren Prosawerk, zusammengeführt. Der geistreiche, zynische Lord Henry Wotton preist den bedingungslosen Ästhetizismus und stilisiert das Leben selbst zum Kunstwerk. Er verführt den faszinierend schönen, 20 Jahre jungen Dorian Gray zum rücksichtslosen Hedonismus. Der Wunsch nach ewiger Jugend kann durch einen faustischen Pakt in Erfüllung gehen: Statt seiner altert ein Porträt, das Basil Hallward von ihm gemalt hat. Die Geschichte des Dorian Gray ist zudem Grundlage für mehrere Opern und Musicals, Ballett- und Theaterbearbeitungen und mehr als ein halbes Dutzend Verfilmungen. Die erste, in der Regie des Dänen Axel Strøm, entsteht bereits 1910.
Erfolg als Dramatiker hat er mit seinem in französischer Sprache geschriebenen Einakter *Salomé*, in dem er eine schwüle, sinnliche Atmosphäre heraufbeschwört. Wesentlich durchschlagender jedoch sind seine vier Gesellschaftskomödien, die zwischen 1892 und 1895 entstehen. Immer wieder geht es um Adlige, vermögende Menschen besseren Standes, ihre erstarrten und z.T. verlogenen Lebensformen, die Heuchelei – und die Kunst der Konversation. Wilde entlarvt die Scheinmoral dieser Gesellschaft, allerdings stets im geordneten Maße. Erst mit *The Importance of Being Ernest* (1894), seinem dauerhaftesten Bühnenerfolg, spielt Wilde seinen frivolen Witz und seinen Spott ganz aus. Der Plot der

Komödie basiert auf dem Wortspiel von „Ernest"(dem männlichen Vornamen) und „earnest" (ernsthaft), einem wesentlichen Zug der viktorianischen Geisteshaltung. Um sich vor gesellschaftlichen Verpflichtungen drücken zu können, erfindet die Hauptfigur Algernon einen Freund namens Bunburry, dem er angeblich immer wieder Krankenbesuche abstattet. Ein wenig erinnert diese Komödienkonstruktion an das tatsächliche Doppelleben, das der Ehemann und Familienvater Wilde zu dieser Zeit führt. Er verkehrt nicht nur mit Strichern, sondern war mit dem Lord Alfred Bruce Douglas eine enge Liebesbeziehung eingegangen. Wilde hatte den um 16 Jahre jüngeren Douglas, den er liebevoll „Bosie" nennt, Anfang 1891 kennengelernt. Wilde ist den Launen seines verzogenen Liebhabers ausgeliefert, der sich von ihm aushalten läßt, ihn finanziell und geistig ruiniert und ihn zu guter Letzt, als es zum Prozeß kommt, verleugnet.

Verhandelt wird im Gerichtssaal nicht nur der eigentlich Akt der Sodomie, sondern die angebliche Verführung eines Aristokraten-Sohnes durch einen gewöhnlichen Bürgerlichen. Wilde hatte die Standes- und Klassenschranken mißachtet, sich gleichermaßen sexuell mit Arbeitern und Männern der Unterklasse eingelassen, und vor allem: Er tat dies alles nicht mit der erforderlichen Diskretion.

Am 25. Mai 1895 wird Wilde zur Höchststrafe – zwei Jahre Zuchthaus mit Zwangsarbeit – verurteilt. Im Gefängnis schreibt Wilde *De Profundis*, einen langen Brief an Lord Alfred Douglas, in dem er sich mit seinem Leiden an ihrer Beziehung wie mit der homophoben Gesellschaft auseinandersetzt. Gleich nach seiner Entlassung verläßt Oscar Wilde England in Richtung Frankreich. Seine Ehefrau Constance, die während der gesamten Haftzeit zu ihm hält, sieht er nicht wieder. Sie stirbt am 7. April 1896 in Genua. Die Vormundschaft für seine beiden Kinder wird ihm entzogen. Er trifft sich zwar unmittelbar nach seiner Entlassung mit Lord Alfred Douglas, doch die Freundschaft bleibt zerrüttet. Wilde beendet die im Gefängnis begonnene und 109 Strophen umfassende *The Ballad of Reading Gaol (1900, dt. Ballade vom Zuchthaus zu Reading).* Nach monatelangen rastlosen Reisen und einer Ohrenoperation im Pariser Hôtel d'Alsace stirbt er finanziell ruiniert. Erst 100 Jahre nach der Verurteilung wird Oscar Wilde zumindest gesellschaftlich rehabilitiert und erhält in Westminster Abbey einen Platz in der Poets' Corner.

• Rubert Hard-Davis (ed.): Selected Letters of Oscar Wilde, 1987

○ Richard Ellman: *Oscar Wilde. New York*, 1988 (dt. 1991); Alan Sinfield: *The Wilde Century. Effiminacy, Oscar Wilde and the Queer Moment*, 1994; Neil Bartlett: *Who Was That Man?*, 1988

Wilder, Thornton

US-amerikanischer Dramatiker und Erzähler

17.4.1897 Madison/Wisconsin – 7.12.1975 New Haven/Connecticut

Aufgewachsen in einer frommen puritanischen Familie, verlebt er mehrere Jahre seiner Kindheit in China, wo sein Vater Generalkonsul ist. Er bleibt jedoch der europäisch-abendländischen Kultur verpflichtet. Wilder meldet sich freiwillig im ersten Weltkrieg zum Militär und wird wegen seiner schlechten Augen der Küstenwache zugeteilt. Nach dem Krieg schließt er sein Studium mit dem Titel eines Bachelor of Arts ab und begibt sich auf ausgedehnte Reisen nach Europa. Er wird Englischlehrer in New Jersey und später Literaturdozent an der Universität Chicago. Seine literarische Laufbahn beginnt er mit Romanen, die im christlichen Glauben verwurzelt sind. Sein Debüt gib er mit *Die Cabala* (1926). Seinen Durchbruch zum weltweiten Ruhm schafft er mit seinem zweiten Roman *The Bridge of San Luis Rey* (1927), der zweimal verfilmt und für den er mit dem Pulitzer-Preis bedacht wird. Diese Auszeichnung erhält er noch weitere Male (für seine Romane *The Eighth Day*, dt. *Der achte Schöpfungstag*, 1967 und *Theophilus North*, 1974; verfilmt 1988) sowie u.a. 1957 den Friedenspreis des Deutschen Buchhandels. Nach dem religiös inspirierten Frühwerk, wendet er sich später mit *Die Iden des März* (1948) eher geistesgeschichtlichen Themen zu. Einem größeren Publikum bekannt wird Wilder durch seine über 20 Dramen, insbesondere *Our Town* (1939, *Unsere kleine Stadt*) und *The Skin of Our Teeth* (1942, dt. *Wir sind noch einmal davongekommen*), die beide zu Klassikern des US-Dramas zählen. Am zweiten Weltkrieg nimmt er als Abwehroffizier teil. 1950 wird ihm eine Professur an der Harvard University angeboten, 1952 ist er Leiter der US-amerikanischen Delegation bei der UNESCO-Konferenz in Venedig. Wilder hat zeitlebens seine Homosexualität nur versteckt gelebt und in seinem literarischen Werk niemals zum Thema gemacht. Trotz aller Diskretion bleibt seine homosexuelle Neigung jedoch nicht verborgen. Der kommunistische Romancier Mike Gold nutzt sie 1930 in einem schmähenden Artikel gegen Wilder in *The New Republic*. Zu seinen Liebhabern gehört der ehemalige Englischprofessor und spätere Tätowierer Samuel M. Steward, der unter dem Namen Phil Andros Karriere als Autor schwuler pornographischer Literatur macht.

Williams, Tennessee (eigentlich Thomas Lanier Williams)

US-amerikanischer Dramatiker und Schriftsteller
26.3.1911 Columbus/Mississippi – 25.2.1983 New York City

Drei Stücke, in denen seine außergewöhnliche Begabung für analytische Dialoge, die psychologische Sezierung der selbstzerstörerischen Neigungen seiner Figuren und ihre Flucht in Traumwelten und Lügengespinste am besten zum Einsatz kommen, haben ihn nicht nur zu einem der prominentesten Dramatiker der USA gemacht, sondern seinen weltweiten Ruhm begründet: *The Glass Menagerie* (1945, dt. *Die Glasmenagerie*, für das er den New York Drama Critic's Circle Award erhält), *A Streetcar Named Desire* (1947, dt. *Endstation Sehnsucht*) und *Cat on a Hot Tin Roof* (dt. *Die Katze auf dem heißen Blechdach*, uraufgeführt 1955 in New York und mit dem Pulitzer-Preis ausgezeichnet). In seinen Dramen verarbeitet Williams kaum verhüllt die eigene Familiengeschichte und seine privaten Krisen: der Alkoholikervater, der sich aus dem Staub gemacht hatte; die tyrannische und bemitleidenswerte Mutter, die seelisch verstörte und verkrüppelte Schwester, die keinen Ehemann findet und seine Schwierigkeiten, mit der eigenen Homosexualität umzugehen. In *Suddenly Last Summer* (dt. *Plötzlich letzten Sommer*, uraufgeführt 1958 und 1959 mit Montgomery Clift und Elizabeth Taylor verfilmt) ist es der Milionärssohn Sebastian, der in Spanien seiner Leidenschaft für junge Knaben frönt und schließlich aus Rache an der sexuellen Ausbeutung von ihnen zu Tode gehetzt und im wahrsten Sinne des Wortes zerfleischt wird. In *Vieux Carré* (1977) stellt Williams sich selbst als jungen Autor dar. In der Enge einer billigen Pension im französischen Viertel von New Orleans, dem Vieux Carré, erkennt der junge Schriftsteller durch einen schwulen Maler seine eigene Homosexualität. Je älter er wird, um so unbefangener, geradezu mitteilungssüchtig bezüglich seines sexuellen Lebens zeigt sich Williams. In seinen bekenntnishaften *Memoirs* (1972, dt. *Memoiren*) berichtet er vor allem schonungslos über seine Tabletten- und Drogenabhängigkeit und die „glatten, entzückend prallen Hinterbacken" diverser Männer seiner ausgiebig geschilderten sexuellen Eskapaden. Auch in seinem Roman *Moise and the World of Reason* (1975, dt. *Moise und die Welt der Vernunft)* über einen schwulen scheiternden Romancier, der seine beiden Beziehungen Revue passieren läßt, ist vor allem als Dokument einer Selbsttherapie spannend. In der Chronik einer Nacht faßt Tennesse Williams einen Prozeß der homosexuellen Ich-Findung zusammen.

Williams, Sohn eines Handelsreisenden für Schuhe, wird vor allem von seiner puritanischen und alles dominierenden Mutter erzogen. Der Junge ist introvertiert und eigenbrödlerisch. Die Nachbarkinder nennen ihn Sissy, sein Vater ruft ihn Miss Nancy. 1929 beginnt er ein Studium an der University of Missouri, das er jedoch unterbricht, um tagsüber in einer Schuhfabrik zu arbeiten und am Abend seiner literarischen Tätigkeit nachzugehen. Nach einem Nervenzusammenbruch setzt er jedoch das Studium an der Washington University in St. Louis und an der University of Iowa fort. Er zieht nach New Orleans, ändert seinen Namen in Tennessee und beginnt seine Karriere als Dramatiker. 1963 stirbt sein langjähriger Lebensgefährte Frank Merlo. Williams verkraftet den Tod nicht und stürzt in eine tiefe Lebenskrise. Er ist unfähig zu schreiben und verfällt dem Kaffeegenuß, dem Alkohol und Drogen. Nach einem erneuten Nervenzusammenbruch wird er in stationäre psychiatrische Behandlung gegeben. Erst in den 70er Jahren ist er fähig, seine literarische Tätigkeit erneut aufzunehmen. 1983 wird er tot in seiner Suite im New Yorker Hotel Elyse aufgefunden. Er war am Plastikverschluß einer kindersicher verschlossenen Pillenflasche erstickt, die er mit den Zähnen zu öffnen versucht hatte. Ein bis dahin unbekanntes frühes Theaterstück Williams' gelangt 1997 durch die Anstrenungen der Schauspielerin Vanessa Redgrave an die Öffentlichkeit und soll im Frühjahr 1998 durch den schwulen Musical- und Theaterregisseur Trevor Nunn uraufgeführt werden. *Not about Nightingales*, geschrieben 1938, spielt in einem Männergefängnis und hat z.T. schwule Beziehungen zum Thema.

Dies soll auch der Grund sein, weshalb Williams damals weder Verleger noch Theaterdirektoren für das Manuskript begeistern kann. Redgrave ist durch einen Hinweis in einer Williams-Biographie auf die Existenz des Stückes gestoßen und bittet die Freundin und Nachlassverwalterin des Schriftstellers, Maria St. Juste, um Freigabe des Textes. Die inzwischen verstorbene St. Juste überläßt der Schauspielerin das Typoskript und die Aufführungsrechte.

○ Lyle Leverich: *Tom – The Unknown Tennessee Williams*, 1996; Bruce Smith: *Costly Performances. Tennessee Williams: The Last Stage*, 1990

Winckelmann, Johann Joachim

deutscher Archäologe, Kunsthistoriker und Autor
9.12.1717 Stendal – 8.6.1768 Triest

Der aus einfachen Verhältnissen stammende Sohn eines Schusters wird durch seine Schriften über die Kunst der Antike einer der einflußreichsten Autoren für das 18. und 19. Jh. und gilt als Wiederentdecker der griechischen Kunst und damit geistiger Begründer des Klassizismus sowie der klassischen Archäologie.
Nach einem Studium der Theologie und einigen Jahren als Dorfpfarrer und Lehrer kommt Winckelmann 1748 nach Dresden, wo er sich als Bibliothekar des Grafen Heinrich von Bürgen ganz dem Studium der Antike widmet. Hier entstehen seine *Gedanken über die Nachahmung der griechischen Werke in der Malerei und Bildhauerkunst* (1755), in denen er die griechische Kunst in ihrer „edlen Einfalt und stillen Größe" als Ausdruck schlichter Menschlichkeit der zeitgenössischen Kunst als Vorbild hinstellt. Nach seinem Übertritt zum Katholizismus geht er 1755 nach Rom, wo er bald zum Vertrauten einflußreicher Kardinäle und schließlich Präsident der päpstlichen Altertümerverwaltung wird. Das Ergebnis seiner Studien in den zahlreichen Antikensammlungen Roms wird sein Hauptwerk, die *Geschichte der Kunst des Altertums* (1764), die erste historische Darstellung der Entwicklung der antiken Kunst. Das Neue an Winckelmanns Beschreibung liegt darin, daß er sich ein Werk nicht nur bei weitem gründlicher ansieht, als andere es getan haben, sondern daß er sich auch bei seinem Anblick an Geschichte, Mythologie und Dichtung gemahnt fühlt. Damit hebt er die Distanz auf, die den Betrachter vom Werk scheidet, und „erlebt" es, statt es bloß zu betrachten. Der „Torso" ist ihm kein Kunstgegenstand mehr, sondern ein beseelter Körper, dessen „Botschaft" er verkündet. Winckelmanns Homosexualität ist unter Zeitgenossen zumindest per Gerücht ein offenes Geheimnis und auch Anlaß zu Spötteleien. Als der Restaurator Giovanni Battista Casanova eines Tages bei ihm unangemeldet eintritt und ihn bei einer kompromittierenden Szene mit einem halbwüchsigen Jungen überrascht, erklärt Winckelmann, er habe diese für ihn ungewohnte sexuelle Praxis wegen ihres altgriechischen Ursprungs ausprobieren wollen. Seine Schrift *Abhandlung von der Fähigkeit der Empfindung des Schönen in der Kunst, und dem Unterrichte in derselben* (1771), eine Typologie des Kunstliebhabers, widmet er Friedrich Reinhold von Berg, in den er sich 1762 in Rom verliebte hatte. Die Aufgeschlossenheit gegenüber dem Schönen, so Winckelmann, sei vor allem eine Eigenschaft

der Jugend. Der Kunstfreund wird meist ein junger Mann sein – aber nicht so jung, daß ihn seine Sinne die weibliche Schönheit der männlichen vorziehen ließen. Am 8. Juni 1768 wird Johann Joachim Winckelmann in einer Pension in Triest, wo er sich für eine Woche einquartiert hatte, von dem 38jährigen, bereits vorbestraften Koch Francesco Arcangeli erstochen. Nach seiner Verhaftung erklärt er, der Fremde habe seine Gesellschaft gesucht und nicht genug bekommen können. Wahrscheinlich jedoch hatte ihn Winckelmanns Münzsammlung zu einem Raubmord animiert. Arcangeli wird am 21. Juli 1768 auf der Piazza Grande von Triest lebend gerädert.

○ Wolfgang Leppmann: *Winckelmann. Ein Leben für Apoll*, 1996

Wings, Mary

US-amerikanische Schriftstellerin
1949 Chicago/Illinois

Mit den bisher drei spritzigen Kriminalromanen um ihre kerlige Detektivin Emma Victor hat Wings sich als eine der bekanntesten lesbischen Krimiautorinnen in den USA und Deutschland etabliert. Wings erster Emma-Victor-Krimi *She Came Too Late* (dt. *Sie kam zu spät)* erscheint 1987 und beschert ihr gleich den englischen Best Novel of the Year Award; der Roman *Divine Victim* wird 1994 mit dem Lambda Literary Award ausgezeichnet. Wings, die auch als Comiczeichnerin und Filmemacherin arbeitet, ist Mitorganisatorin des San Franciscoer lesbischschwulen Filmfestivals Frameline.

Winkler, Josef

österreichischer Schriftsteller
3.3.1953 Kamering/Kärnten

Der gemeinsame Freitod zweier sich liebender Jungen 1976 in seinem Kärntner Heimatdorf wird für Josef Winkler zum Auslöser für seinen ersten Roman *Menschenkind* (1979). Auch er ist ein Außenseiter inmitten dieser archaischen dörflichen Struktur und sieht sich folgerichtig der Verachtung und Isolation ausgesetzt. Immer wieder beschwört er in seinen Romanen grausame und schonungslose Bilder des Todes, der Sexualität und der Gewalt, beschreibt er die Boshaftigkeit des Landlebens und die Verlogenheit der katholischen Kirche. Seine Romane, blasphemisch-wütend, pflegen eine zwanghafte Schreibweise, die litaneihaft und detailversessen mit Vorliebe das schreckliche und elende Bild der Welt ausmalt. In den ersten vier seiner Romane umkreist er immer wieder die Geschichte seines Dorfes. In *Friedhof der bitteren Orangen* (1990) sammelt er in Süditalien Geschichten vom Tod und in Rom Erfahrungen mit Strichern, Fixern und Pennern. In *Domra* (1996) schildert er wiederum exzessiv die Verbrennungsrituale am Ganges und die Knaben, die dort bei den Scheiterhaufen leben, arbeiten und spielen. Für seine literarischen Arbeiten wird der ehemalige Verwaltungsangestellte bei Molkereien und Verlagen u.a. beim Ingeborg-Bachmann-Wettbewerb (1979) und mit dem Kranichsteiner Literaturpreis (1990) ausgezeichnet.

• *Der Ackermann aus Kärnten*, 1980; *Das Zöglingsheft des →Jean Genet*, 1994

○ Dirk Linck: *Halbweib und Maskenbildner. Subjektivität und schwule Erfahrung im Werk Josef Winklers*, 1993

Winsloe, Christa

deutsche Schriftstellerin
23.12.1888 Darmstadt – 10.6.1944 nahe Cluny/Frankreich

Die Erlebnisse einer Mitschülerin Winsloes in einem Potsdamer Internat sind die Vorlage für das Theaterstück *Gestern und Heute*, das als *Mädchen in Uniform* (1931) verfilmt wird, der erste deutsche Film mit explizit lesbischer Thematik. Winsloe, die lange Jahre als Bildhauerin tätig ist, verlegt sich nach ihrer Heirat mit einem ungarischen Baron zunehmend aufs Schreiben. In Wien lernt sie die amerikanische Journalistin →Dorothy Thompson kennen, mit der sie nach ihrer Scheidung ab 1933 in Amerika zusammenlebt. 1935 kehrt Winsloe nach Europa zurück und läßt sich gemeinsam mit ihrer neuen Lebensgefährtin Simone Gentet in Südfrankreich nieder, wo sie aktiv im Widerstand gegen das Naziregime arbeitet und einer Reihe von Verfolgten zur Flucht verhilft. Winsloe und Gentet werden 1944 in einem Waldstück bei Cluny unter mysteriösen Umständen erschossen aufgefunden.

○ Claudia Schoppmann: „Christa Winsloe". In: *Im Fluchtgepäck die Sprache. Deutschsprachige Schriftstellerinnen im Exil*, 1995

Winterson, Jeanette

britische Schriftstellerin
1959 Manchester

1985 erscheint ein autobiographischer Debütroman in einem kleinen britischen Verlag, der vom bigotten Kleinstadtleben in Lancaster, einer Gruppe radikaler Christen und dem Coming-out einer Junglesbe handelt. *Oranges Are Not the Only Fruit* (dt. *Orangen sind nicht die einzige Frucht)* erhält den begehrten Whitebread-Preis für den besten Erstling der Saison, und die 25jährige Autorin wird über Nacht zum Star der englischen Literaturszene. Die großen Buchhandelsketten nehmen das Werk in ihr Sortiment auf, und die BBC dreht daraus eine überaus erfolgreiche Fernsehserie. Seither hat sich die Newcomerin, die mit 15 von zu Hause abhaut und in Oxford studiert, mit einer Reihe weiterer Werke – insgesamt sechs Romanen und einem Essayband als ernstzunehmende Autorin etabliert. „Permanent in eine Schublade geschoben zu werden tut mir nicht gut. Deshalb sage ich immer: Ich bin eine Schriftstellerin, die lesbisch ist, und keine lesbische Schriftstellerin", sagt Winterson in einem *Advocate*-Interview 1997. Seit acht Jahren ist sie mit der Professorin Peggy Reynolds zusammen und lebt mit ihr auf dem Land.

- *Written on the Body*, 1992 (dt. *Auf den Körper geschrieben*); *Gut Symmetries*, 1997.

Wirz, Mario

deutscher Schriftsteller
3.12.1956 Marburg/Lahn

Auch wenn der ausgebildete Schauspieler bis 1992 bereits Lyrikbände in kleineren Verlagen sowie Boulevard- und Kinderstücke geschrieben (und z.T. auch selbst inszeniert) hatte: Seine literarische Anerkennung setzt erst mit seinem „nächtlichen Bericht" *Es ist spät, ich kann nicht atmen* ein, einem autobiographischen Bericht, Analyse des eigenen schwulen Selbsthasses, metapherngeschwängerte Reflexion über die Sozialisation als Homosexueller und die Gegenwart als HIV-Positiver. In den gleichen thematischen Kontext einzuordnen ist sein Lyrikband *Ich rufe die Wölfe* (1993) und die Fortschreibung seiner autobiographischen Prosa, *Biographie eines lebendigen Tages* (1994). Der Umgang mit Aids und die eigene Befindlichkeit als „Berufspositiver" ist auch Thema des Briefwechsels mit →Rosa von Praunheim *Folge dem Fieber und tanze* (1995). 1997 folgt der Gedichtband *Das Herz dieser Stunde*.

1990 Autorenstipendium für Kinder- und Jugendliteratur der Stiftung Preußische Seehandlung; 1991 Arbeitsstipendium des Senats von Berlin, 1991 Förderpreis für Lyrik des P.E.N.-Clubs Liechtenstein, 1993 Stipendium der Kulturförderung Amsterdam.

Wittig, Monique

französische Schriftstellerin
1935 Dannemarie/Haut Rhin

Mit ihrem ersten Roman *L'Opoponax* (1964, dt. *Opoponax*, 1966), von Marguerite Duras als „brillantes Werk" bezeichnet, hat Monique Wittig ein bemerkenswertes Debüt in der französischen Literatur und wird zu den AutorInnen des *nouveau roman* gezählt. Das Buch erhält den Prix Médicis und wird in zahlreiche Sprachen übersetzt. Mit *Les Guérillères* (1969, dt. *Die Verschwörung der Balkis*, 1980) verfolgt Wittig ihren innovativen literarischen Weg weiter. Gleichzeitig ist dieses Buch wichtiger Teil der Geschichte der Frauenbefreiungsbewegung, in der sie von Anfang an mit initiativ ist. So gehört sie zu den neun Frauen, die 1970 Blumen und Spruchband für die Unbekannte Frau des Unbekannten Soldaten an dessen Grab unter dem Triumphbogen niederlegen. Sie ist 1971 auch am Entstehen der ersten

Lesbengruppe in Frankreich, den Gouines Rouges beteiligt. *Le corps lesbien* (1974, dt. *Aus deinen zehntausend Augen Sappho*, 1977) und *Broullion pour un dictionnaire des amantes* (1976, in Zusammenarbeit mit Sande Zeig, dt. *Lesbische Völker*, 1983) werden literarische Schlüsselwerke für Feministinnen und Lesben in der ganzen Welt. Für Wittig ist die Fiktion nicht von der Theorie zu trennen, und die Theorie nicht von der Aktion. Sie ist die erste französische Schriftstellerin, die Lesbianismus in den Mittelpunkt ihres Schreibens und Denkens stellt. In dem Satz „Lesben sind keine Frauen" (*La pensée straight*, 1980) faßt sie zusammen: Der Lesbianismus ist ein Bruch mit dem politischen System der Heterosexualität. Wittig wendet sich in ihrem literarischen Werk wie in ihren theoretischen Analysen gegen jegliche Feminität wie feminines Schreiben und sonstige femininen Strömungen sowie gegen Essentialismus und Naturalismus. Ihre wichtigsten Essays sind in *The Straight Mind* (1992) zusammengefaßt und haben maßgebenden Einfluß auf die aktuelle *gender*-Diskussion und Differenztheorie. Zahlreiche Studien über ihre Arbeiten sind in den USA veröffentlicht. Außer Erzählungen, Essays und Hörspielen sind ihr Roman *Virgile, non* (1985) und ihr Theaterstück *Voyage sans fin* (1985) hervorzuheben. Seit Ende der 70er Jahre lebt Monique Wittig in den USA, wo sie als Professorin für französische Literatur lehrt, zur Zeit an der Universität von Tucson/Arizona.

Wohlbrück, Adolf

österreichischer Schauspieler
19.11.1896 Wien – 9.8.1967 Garatshausen/Starnberger See

Sohn des Hamburger Zirkusclowns Adolf II. Wohlbrück. Besuch einer Klosterschule bei Wien, Gymnasium in Berlin, danach Schauspielschule bei Max Reinhardt. Erstes Engagement am Deutschen Theater Berlin. Im ersten Weltkrieg gerät er als Leutnant in französische Gefangenschaft. Nach Kriegsende Fortsetzung der Theaterkarriere in München, Dresden, Düsseldorf und ab 1930 in Berlin.
Filmdebüt 1915 in Richard Löwenbeins *Marionetten.* Ab 1931 Filmkarriere: als Johann Strauß in *Walzerkrieg* (1933), als „begehrtester Junggeselle Londons" in *Viktor und Viktoria* von Reinhard Schünzel, 1934 in *Maskerade* von Willi Forst. Wahrscheinlich wegen seiner jüdischen Abstammung 1936 Emigration über Frankreich und die USA nach England. Ab 1947 britischer Staatsbürger. Unterstützt im Exil jüdische Schauspieler und ihre Familien in Deutschland. Er filmt nun unter dem Namen Anton Walbrook. Erster britischer Film: *Victoria the Great* (1937). Es folgen u.a. *The Red Shoes* (1948), *L'affaire Maurizius* (1953/54), *Lola Montès* (1955) und *Saint Joan* (1957). Im deutschen Nachkriegsfilm ist Wohlbrück kaum mehr eingesetzt. Ab 1951 Theater

gastspiele in der Bundesrepublik, zunächst bei →Gustaf Gründgens am Düsseldorfer Schauspielhaus. 1967 Filmband in Gold für langjähriges und hervorragendes Wirken im deutschen Film. Mit Beginn des Tonfilms und nachdem er durch einen dünnen Oberlippenbart (angeblich die Idee eines Produzenten) sich optisch zum weltgewandten Dandy entwickelt hatte, ist Wohlbrück einer der größten Frauenschwärme des deutschen Films. Nach seinem Tode bemühen sich die Erben alle Hinweise auf seine Homosexualität zu vernichten. Einer seiner zeitweiligen Liebhaber ist der Berliner Schauspieler Kurt von Ruffin (1901-1996).

Wolfe, Elsie de

US-amerikanische Innenarchitektin
20.12.1865 New York City – 12.7.1950 Paris

Um die Jahrhundertwende beginnt die ehemalige Schauspielerin sich als Avantgarde-Innenausstatterin einen Namen zu machen. Betuchte Prominenz aus New York, Palm Beach, Cannes und Nizza zählt zu ihrer stetig wachsenden Kundschaft. De Wolfe, die von 1897 an mehr als zwanzig Jahre lang mit der Theateragentin →Bessie Marbury zusammenlebt, rauschende Feste gibt und aktiv in der Suffragettenbewegung mitarbeitet, versetzt 1926 die internationale High Society in höchstes Erstaunen, als sie sich durch eine überraschende Heirat zur Lady Mendl macht. Mit ihrem alternden Ehemann und ihrer neuen Geliebten zieht sie nach Los Angeles, wo sie die Villen der Neureichen Hollywoods verschönert, 1943 nach New York, um dort als Redakteurin einer Propagandazeitschrift zu arbeiten.
Als Lady Mendl versucht de Wolfe erfolglos, ihre Homosexualität zu vertuschen. Ihre dummdreiste Frage auf einer Party – „Was ist eine Lesbe? Kann mir irgend jemand erklären, was sie tut?" sorgt 1926 in New Yorker Filmkreisen für große Heiterkeit.

Wolff, Charlotte

deutsche Ärztin und Psychologin
30.9.1897 Riesenburg/Westpreußen – 12.9.1986 London

Wolff, das weibliche Pendant zu →Magnus Hirschfeld, schafft mit ihren Publikationen, vor allem *Love Between Women* (1971, dt. *Psychologie der lesbischen Liebe*) und *Bisexuality* (1977, dt. *Bisexualität*) bedeutende Standardwerke der psychologischen Literatur.
Nach ihrer in Danzig verbrachten Schulzeit studiert die Tochter jüdischer Eltern zunächst in Freiburg, dann in Berlin Medizin. Dort lernt Wolff, die zeitlebens lesbische Liebesbeziehungen hat, ihre erste Freundin kennen. Nach Abschluß des Studiums ist sie mehrere Jahre als Schwangerenfürsorgerin im Auftrag der Krankenkasse tätig, bevor das zunehmend antisemitische Klima sie 1933 dazu zwingt, Deutschland zu verlassen. Nach einem vorübergehenden Aufenthalt in Paris siedelt Wolff 1936 nach London über, wo sie die Kunst des Handlesens, die sie in Paris erlernt hatte, perfektioniert und zu ihrem Beruf macht. Erst 1950 wird ihre deutsche Ärztinnenausbildung anerkannt, zeitgleich erscheint Wolffs erstes psychologisches Hauptwerk: *The Hand in Psychological Analysis* (dt. *Die Hand in der Psychoanalyse*). Durch ihre ein Jahr später eröffnete Arztpraxis endlich finanziell abgesichert, widmet Wolff sich mehr und mehr der psy-

chologischen Erforschung von Bi- und weiblicher Homosexualität. Bis zu ihrem Tod entstehen zahlreiche weitere Publikationen, u.a. der autobiographische Lesbenroman *An Older Love* (1976, dt. *Flickwerk)* und die Autobiographie *Hindsight* (1980, dt. *Augenblicke verändern uns mehr als die Zeit).*

Wollstonecraft, Mary

britische Schriftstellerin
27.4.1759 London – 10.9.1797 ebd.

Mit 16 lernt Mary Wollstonecraft die Frau ihres Lebens kennen – Fanny Blood. Eine intensive Liebe verbindet die beiden, gemeinsam eröffnen sie eine Privatschule – bis Fanny 1784 heiratet und ein Jahr später bei der Geburt ihres ersten Kindes stirbt. Wollstonecraft stürzt sich nach diesem Schicksalsschlag in die politische Arbeit, vorrangig den Kampf um die Gleichberechtigung der Frau. Ihre Streitschrift *Thoughts on the Education of Daugthers* (1787) verschafft ihr Einlaß in den erlauchten Kreis radikaler Vordenker wie dem amerikanischen Revolutionär Thomas Paine und dem Philosophen William Godwin. Ihre feministische Antwort auf die französische Revolution, *A Vindication of the Rights of Woman*, zählt zu den grundlegenden Werken in der Geschichte der Frauenrechte. 1792 geht Wollstonecraft als Revolutionsbeobachterin nach Paris, wo sie ihre aus der Affäre mit einem Amerikaner stammende erste Tochter Fanny (!) zur Welt bringt. Nach ihrer Rückkehr nach London heiratet sie 1797, wiederum schwanger, William Godwin. Wollstonecraft stirbt kurz nach der Geburt ihrer zweiten Tochter, Mary, an Kindbettfieber. Diese Tochter wird später als Mary Shelley, Verfasserin des Romans *Frankenstein*, weltberühmt.

Wood, Thelma

US-amerikanische Bildhauerin und Silverpoint-Künstlerin
1901 St. Louis/Missouri – 1970 Connecticut

Als Tochter einer wohlhabenden Familie zieht Wood nach einem abgebrochenen Studium an der Washingtoner Universität nach Paris, wo sie sich nach und nach von der Bildhauerei ab- und der Silverpointkunst zuwendet. Wenngleich sich ihre Zeichnungen, die hauptsächlich Tier- und Pflanzenmotive zum Gegenstand haben, sehr gut verkaufen, bleibt die künstlerische Anerkennung aus. Nach einer leidenschaftlichen und zermürbenden Beziehung mit der Schriftstellerin →Djuna Barnes, die sie Anfang der 20er Jahre kennengelernt hatte, lebt Wood von 1927 bis 1930 wieder in New York und danach in zwei jahrzehntelangen Frauenbeziehungen in Connecticut. Wood stirbt nach langem Leiden an Rückenmarkkrebs. In ihrem Kultroman *Nightwood* (1936, dt. *Nachtgewächs*) verarbeitet Djuna Barnes ihre quälende Liebesbeziehung mit und die schmerzhafte Trennung von Thelma Wood.

Woolf, Virginia

britische Schriftstellerin
25.1.1882 London – 28.3.1941 Lewes/Sussex

Woolf entstammt einer wohlhabenden intellektuellen Familie und genießt eine typisch viktorianische Kindheit. Ihr Vater Leslie Stephans ist selbst Agnostiker und bringt seinen Kindern bei, unabhängig zu sein. Virginia verbringt den Großteil ihrer Kindheit in der großen Bibliothek ihres Vaters. Nach dem Tod ihrer Mutter 1885 zieht sie sich noch mehr zurück, allerdings erleidet Virginia einen Nervenzusammenbruch, als der Vater 1904 stirbt, von dem sie sich nur langsam erholt. Nach ihrer Genesung zieht sie mit ihren Geschwistern Vanessa, Toby und Adrian aus der wohlhabenden Gegend Kensington in das ärmere Viertel Bloomsbury.
Auch die offizielle Literaturgeschichte kann nicht umhin, Woolfs ausgeprägte Hinwendung zum eigenen Geschlecht zur Kenntnis zu nehmen. Unter der in Nachschlagewerken gern verwendeten Umschreibung „Frauenfreundschaften" verbirgt sich jedoch eine ganze Anzahl von intensiven lesbischen Liebesbeziehungen der hochangesehenen Autorin. Sie hat, wie sie es selbst ausdrückt, eine snobistische Schwäche für die Damen der Aristokratie und liebt Reisen, Partys und Klatsch.
Als Mitbegründerin des Verlages Hogarth Press gehört Woolf zusammen mit den schwulen Schriftstellern Lytton Strachey und →E.M. Forster der legendären Bloomsbury Group an. Mit ihrer revolutionären Technik, innere Monologe, Träume und Erinnerungen parallel zum zeitlichen Geschehen darzustellen, wird Woolf weit über englische Literaturkreise hinaus bekannt (*To the Lighthouse*, 1927, dt. *Die Fahrt zum Leuchtturm*; *Mrs. Dalloway*, 1925, dt. *Eine Frau von fünfzig Jahren*, verfilmt 1997 von der lesbischen Regisseurin Marleen Gorris). Woolfs wahrscheinlich populärstes Werk *Orlando* (1928) stellt ein verschlüsseltes Porträt ihrer adeligen Geliebten, der Schriftstellerin →Vita Sackville-West, dar. Ihre latente Furcht, geisteskrank zu werden, treibt Woolf im Alter von 59 Jahren zum Selbstmord. Am 28. März 1941 füllt sie sich die Taschen mit Steinen, läuft in den Fluß Ouse hinein und ertrinkt.

- *The Voyage Out*, 1915; *Night and Day*, 1919; *A Room of One's Own*, 1929; *The Waves*, 1931

○ Joan Russel Noble (Hrsg.): *Erinnerungen an Virginia Woolf*; Quentin Bell: *Virginia Woolf: Eine Biographie*, 1982

Wust, Lilly

deutsche Hausfrau
1.11.1914 Berlin

Der 21.8.1944 ist der schrecklichste Tag in ihrem Leben. An diesem Tag wird ihre große Liebe von der Gestapo abgeholt und ins KZ gebracht. Die große Liebe heißt Felice Schragenheim, genannt Jaguar, ist 23 Jahre alt und Jüdin. Und die Frau, die hilflos zusehen muß, wie sie verschleppt wird, heißt Lilly Wust, ist 31 Jahre alt, verheiratet mit einem antisemitischen Bankangestellten und Mutter von vier Kindern. Aimée, so ihr Spitzname, und Jaguar lernen sich 1942 in einem Berliner Ku'damm-Café kennen, und es ist Liebe auf den ersten Blick. Vier Monate später zieht Felice bei Lilly ein, die sich kurz darauf von ihrem Mann scheiden läßt. Nur etwas mehr als ein Jahr währt das gemeinsame Leben der beiden Frauen, aber die Liebe ist nicht zu Ende, als Felice verschleppt wird – zahlreiche Briefe, die Felice nie erreichen, zeugen davon. Wust, die als Mutterkreuzträgerin von Strafe verschont wird, forscht lange Zeit nach Jaguars Aufenthaltsort, die vermutlich auf einem Fußmarsch vom KZ Groß-Rosen nach Bergen-Belsen umkommt. 1981 erhält die Frau mit dem gebrochenen Herzen das Bundesverdienstkreuz, weil sie außer Felice noch drei weitere Jüdinnen bis zum Ende des Krieges in ihrer Wohnung versteckt gehalten hatte. Die Geschichte dieser außergewöhnlichen Liebe erscheint 1994 als erfolgreicher Roman und wird 1997 in Berlin mit Maria Schrader und Juliane Köhler in den Hauptrollen verfilmt.

○ Erica Fischer: *Aimée und Jaguar*, 1994

Y–Z

Yourcenar, Marguerite (eigentlich Marguerite de Crayencourt)

französische Schriftstellerin
8.6.1903 Brüssel – 18.12.1987 Mount Desert Island/Maine

In großbürgerlichen Verhältnissen aufgewachsen, genießt Yourcenar, deren Mutter bei ihrer Geburt gestorben war, eine klassische Erziehung und unternimmt in der Obhut ihres Vaters bereits als Kind ausgedehnte Reisen durch die ganze Welt. In den 30er Jahren pendelt sie zwischen Paris und Griechenland; in dieser Zeit veröffentlicht sie neun Bücher, die ihr einige Anerkennung einbringen. 1937 lernt sie ihre große Liebe, die US-amerikanische Übersetzerin →Grace Frick kennen. Yourcenar folgt Frick nach New York und Connecticut, bis die beiden Frauen sich 1949 schließlich auf Mount Desert Island in Maine niederlassen. Yourcenar, die während des zweiten Weltkrieges in New York französische Literatur unterrichtet, gelingt der literarische Durchbruch 1951 mit *Memoires d'Hadrian* (dt. *Ich zähmte die Wölfin*), einer fiktiven Biographie des →Kaisers Hadrian, an dessen Übersetzung ihre Lebensgefährtin mehr als zehn Jahre arbeitet. Der Roman *L'Oeuvre au Noir* (1967, dt. *Die schwarze Flamme*) um den Renaissance-Helden Zenon wird von der 68er Generation trotz seines hochliterarischen Stils zum Kultbuch erkoren. 1980, ein Jahr nach dem Krebstod Fricks, wird Yourcenar als erstes weibliches Mitglied in die altehrwürdige „Académie francaise" aufgenommen. In ihrer Autobiographie *Le labyrinthe du monde* (1974-1988, 3 Bd., dt. *Gedenkbilder, Lebensquellen* und *Was ist die Ewigkeit)* setzt die sensible Schriftstellerin sich akribisch mit den historischen und sozialen Bedingungen der eigenen Familiengeschichte und ihren homosexuellen Familienmitgliedern auseinander. Auch *Alexis ou le Traité du vain combat* (1929, dt. *Alexis oder der vergebliche Kampf)* und der von Volker Schlöndorff verfilmte Roman *Le Coup de Grâce* (1939, *Der Fangschuß*, 1968) haben eine homosexuelle Thematik.

- *Orientalische Erzählungen*, 1964; *Die schwarze Flamme*, 1969; *Mishima oder Die Vision der Leere*, 1985; *Eine Münze in neun Händen*, 1987

○ J. Savigneau: *Marguerite Yourcenar*, 1990

Zabel, Ades

deutscher Schauspieler und Entertainer
26.9.1963 Berlin-Spandau

Bereits zur Schulzeit entstehen schräge Super8-Spielfilme, die thematisch schon alles vorwegnehmen, was ab Ende der 80er Jahre in den aufwendigeren 16mm-Filmen und insbesondere den Bühnenshows zu Leitmotiven wird: der gewöhnliche Trash des Alltags, ob beim Fernsehen, in der Mode oder in der Musik, der ironisch-böse, aber auch zugleich liebevolle Blick auf die kleinbürgerliche und proletarische Welt. 1980 entsteht der 35minütige *Sinnfilm* (u.a. mit Ogar Grafe und Robert Schneider), der auch zur Geburtsstunde der Teufelsberg Film Produktion wird. Als Vorbild für die Namensgebung fungiert Paramount Pictures in Hollywood. In den folgenden zehn Jahren entstehen 14 weitere Filme, u.a. *Edith Schröder – eine deutsche Hausfrau* (1981), *Zyklopenuschi* (1984) und drei Folgen von *Drei Drachen vom Grill*, eine Persiflage der ARD-Vorabendserie *Drei Damen vom Grill*, u.a. mit Thomas Goerke, Achim Staudte und Thomas Jonigk. 1987 startet mit *Grabe mal nach Rosenthal* eine neue Ära der Teufelsberg Produktion: Stark von Improvisation, Live- und Playback-Musiknummern und derb-klamaukigem Humor getragene Bühnenshows, u.a. *Transen im Transit übern'n Transit*, 1988; die Kaufhaus-Show *Langer Samstag oder 389 bitte Hörer auflegen ...*, in der Zabel seine Erfahrungen als Auszubildender im Kaufhaus des Westens verarbeitet. Ab 1992 entstehen insgesamt neun Folgen von *Edith & Hotte*, eine Hommage an das proletarische Leben im Berliner Bezirk Neukölln. Olaf Wriedt (alias Hotte) ist hier im Stück wie im Leben der Lebensgefährte Zabels (alias Edith). In *Ades Zabel-Ich bin euch allen ja so dankbar* (1995) zieht der inzwischen auch vielseitig als Soloentertainer und Moderator wirkende Zabel eine Zwischenbilanz seines künstlerischen Wirkens.

Ziegler, Alexander

schweizerischer Schriftsteller
8.3.1944 Zürich – 11.8.1987 Zürich

Besuch des Max-Reinhardt-Seminars in Wien, erste Engagements an bundesdeutschen und Schweizer Bühnen. Schauspielerischer Durchbruch 1964 mit der Rolle des Moritz Stiefel in Wedekinds *Frühlings Erwachen* in Wien und mit der Hauptrolle in der US-amerikanischen TV-Serie *Boys and Girls*. Wegen „Verführung eines Minderjährigen" sitzt der Schauspieler zweieinhalb Jahre im Gefängnis. Seine Erfahrungen verarbeitet er zu engagierten Plädoyers für einen menschlicheren Strafvollzug und Umgang in der Psychiatrie sowie gegen die Diskriminierung Homosexueller u.a. in seinen Theaterstücken *Zellengeflüster* (1970) und *Happy-end* (1971), die in kurzer Folge von mehr als 20 Theatern im deutschsprachigen Raum inszeniert werden, und in *Labyrinth – Report eines Außenseiters* (1970) und dem autobiographischen Roman *Die Konsequenz* (1974). Die TV-Ausstrahlung

1973 der Verfilmung durch Wolfgang Petersen führt zu einem Skandal: Der Bayerische Rundfunk schaltet sich aus dem ARD-Programm aus und zeigt dafür einen Heimatfilm. Die Reaktionen zu Buch und Film dokumentieren Wolfgang Petersen und Ulrich Greiwe in *Die Resonanz* (1978). Seine weiteren Romane mit homosexuellen Themen (*Eines Mannes Liebe*, 1980 und *Die Zärtlichen*, 1982) sind jedoch längst nicht mehr so erfolgreich und zeichnen sich vor allem durch sprachliche Trivialität und vordergründige, moralisierende Aufklärung aus. Zehn Jahre lang leitet er als Chefredakteur das deutsche Schwulenmagazin *Du & Ich*. In der Affäre um den der Homosexualität bezichtigten Bundeswehrgeneral Kießling 1984 versucht Ziegler mit einem angeblichen Tonband-Interview mit einem Stricher noch einmal Aufsehen zu erregen. In seinem letzten Buch *Ich bekenne* entschuldigt er sich für diesen Vorfall. Ziegler stirbt durch eine vermutlich absichtliche Überdosis an Tabletten im Zürcher Kammertheater Stok, wo er die Hauptrolle in seinem wenig erfolgreichen Stück *Kokain* spielt.

Zimmer Bradley, Marion

US-amerikanische Schriftstellerin
3.6.1930 Albany/New York

Begonnen hat Zimmer Bradley, eine der produktivsten Autorinnen unserer Zeit, mit Science-Fiction-Romanen über den Planeten Darkover – u.a. *Darkover Landfall* (1972, dt. *Landung auf Darkover*) –, einer Serie, die bis heute mehr als 30 Werke umfaßt. Mit *The Mists of Avalon* (1982, dt. *Die Nebel von Avalon*) gelingt ihr der Sprung in die Belletristik-Bestsellerlisten, in denen sich das Buch über mehrere Jahre hinweg hält. Zimmer Bradleys Werk, das z.T. unter männlichem Pseudonym veröffentlicht wird, umfaßt neben Fantasy- und Science-Fiction-Romanen auch zahlreiche Kurzgeschichten, Liebesromane – darunter einige, die explizit von Lesben handeln (*I Am a Lesbian*, 1962; *No Adam for Eve*, 1966) – Sachbücher und Mainstreamliteratur wie *The Catch Trap* (1979, dt. *Trapez*), ein Roman über eine homosexuelle Beziehung im Artistenmilieu.
Zimmer Bradleys großer Erfolg erklärt sich teilweise auch daraus, daß sie in ihrer Arbeit immer wieder herausragende Frauengestalten porträtiert und utopische Modelle für unkonventionelle Gesellschaftsstrukturen und Geschlechterrollen inszeniert; so sind z.B. in den Darkover-Werken lesbische Hochzeiten eine Selbstverständlichkeit, in ihren Amazonen-Romanen (*Thendara House*, 1983, dt. *Gildenhaus Thendara*) agieren Frauen, die jeder Abhängigkeit von einem Mann abgeschworen haben.

- *Lady of Avalon*, 1997

Zwetajewa, Marina Iwanowna

russsiche Lyrikerin
26.9.1892 Moskau – 30.8.1941 Jelabuga

Neben Anna Achmatova gilt Zwetajewa als die bedeutendste russische Dichterin des 20. Jhs. Ihre sprachgewaltige, vom Symbolismus geprägte Lyrik ist eine kunstvolle Synthese aus Tradition und Moderne.
Zwetajewa, die 1912 heiratet und drei Kinder zur Welt bringt, beginnt 1914 eine zwei Jahre dauernde Liebesbeziehung mit der Dichterin →Sophia Parnok; diese elementare Erfahrung findet sich verschlüsselt in ihrem Gedichtzyklus *Podruga* (1915,

Z

dt. Freundin) wieder. Weitere stürmische Liebschaften mit Frauen ziehen sich durch Zwetajewas gesamtes, ebenso stürmisches Leben, ohne ihre stabile Ehe ernsthaft zu gefährden. 1922 folgt Zwetajewa, die sich sehr für die Revolution engagiert hatte, ihrem Mann ins Exil, zunächst nach Prag, dann bis 1939 nach Paris, wo Zwetajewa aktiv am öffentlichen künstlerischen Leben teilnimmt und u.a. eine intensive Brieffreundschaft mit Rainer Maria Rilke unterhält. Kurz nach ihrer Rückkehr nach Moskau wird ihre ältere Tochter interniert und ihr Mann erschossen, zwei Jahre später folgt die Evakuierung Zwetajewas vor den anrückenden deutschen Truppen. Ohne Perspektive und unter schweren Depressionen leidend, nimmt sich Zwetajewa in der Tartarischen Republik durch Erhängen das Leben.

- *Phönix*, 1924; *Mon frère feminin*, 1985 (dt. *Mein weiblicher Bruder. Brief an eine Amazone*); *Auf eigenen Wegen, Tagebuchprosa*, 1987
- ○ Elaine Feinstein: *A Captive Lion: The Life of Marina Tsvetaeva*, 1987

Karen-Susan Fessel

geb. 1964 in Lübeck, aufgewachsen in Meppen/Ems. Studium der Theaterwissenschaften, Germanistik und Romanistik. Lebt als Schriftstellerin und Journalistin in Berlin (Deutschland). Werke: *Und abends mit Beleuchtung* (1994), *Heuchelmund* (1995), *Bilder von ihr* (1996), *Stirb, meine Königin* (1997).

Axel Schock

geboren 1965, Studium der Literatur- und Theaterwissenschaft und Publizistik in Berlin. Lebt und arbeitet dort als Journalist für allerlei Medien. Veröffentlichungen u.a.: *I'm crazy for das Holzfällerhemd* (1995), *Der schwule Sprachführer* (1996), *Das Queer Quizbuch* (1996) und *Die Bibliothek von Sodom* (1997).

Bildquellenverzeichnis

A Prill (163); Agentur Hella von Sinnen (278); Albrecht Knaus Verlag (63); Anette Berns (245); Archiv für Kunst und Gechichte, Berlin (56); aus: Jahrbuch für sexuelle Zwischenstufen, Leipzig, 1989 (301); Benedikt Taschen (127, 236); Benno Kraehahn (115); Berlin Museum (165); Berlinische Galerie, Altmann-Reich-Archiv (148); Bildarchiv Preußischer Kulturbesitz (135); Burkhard Peter (217); CBS (156); Christel Borchers (295); Christopher Makos, 1986 (311); Claassen Verlag (317); Collection Jean Challon (32); Collection of Ole Brask (152); Daphne Verlag (8); David Perry (202); Della Grace (130); Deutsche Kinemathek, Berlin (133); dpa, 1970 (228); edel (258); edition diá (194); edition spangenberg (196); Elektra/Wea (74); EMI Electrola GmbH (309); Erica Loos/Schiller-Nationalmuseum Marbach am Neckar (102); Erika- und Klaus-Mann-Archiv, Handschriftenabteilung der Stadtbibliothek München (122); FILMWELT München (141); Filmwelt Verleih GmbH (287); Friedrun Reinhold (47, 186); Germaine Krull/Editions Marion-Valentine (77); Gerrit Stallinga (265); Goldmann (52); Greg Gorman (91); Günter Prust (327); Hans-Michael Bock (304); Harenberg Verlag (239); Historical Pictures Services (72); Horst, Schirmer/Mosel (21, 169, 261, 307); Howard Cruse (83); Hugo Erfurth, um 1935 (279); Ilona Pache (142); IMPULS (298); Intercord (7, 15, 20, 25, 32, 40, 43, 45, 66, 79, 89, 105, 109, 118, 121, 124, 157, 188, 214, 215, 222, 251, 266, 305, 311, 325, 326); J. Posener (231); J.H. Darchinger IFJ (228); Jane Balfour Films Ltd (296); Jane Houghton (256); Jerry Bauer (286); John Edwards, 1984 (24); JPM (311); Jürgen Baldiga (26, 282); Kenn Duncan (27); Kiepenheuer & Witsch (241); Kongo-Express (154); Kurt Heldt (145); Lars Schöne (64); Library of Congress (318); Lutfi Öszkök/Foto Archiv Carl Hanser Verlag (332); Manfred Herzer (54, 112); Marianne Breslauer, 1938 (272); Mark Gertler, 1912 (71); Martin E. Kautter (210); Martin Muser (60); Mercury (13); Metronome (219, 282); Metropol (103); Michael Ochs Archives (279); Michael Taubenheim (209); Morisot National Museum of Women in the Arts (73); Munich Press – Stephanie Reisp (101); Noel Coward Estate (81); Norbert Thormann (223); ORF (235, 297); Otto/Fotofolio (242); Photopress, Zürich (333); Phyllis Christopher (56); Polydor (153); Popperfoto, London (167, 180, 225); Pressefoto für Sommer der Verfluchten, 1960 (50); Pressefoto für Thunder Below, 1932, Irving Lippman (29); Pressefoto; Die Kameliendame, 1936 (115); Pressephoto für A Sainted Devil, 1924 (303); Pressestelle/FDP (314); Quadriga (211); Querverlag (64, 100, 106, 126, 213); R. Winkler (264, 306); Ray Murray (10, 12, 18, 31, 84, 97, 123, 139, 158, 205, 269, 271, 288, 299, 310, 315, 322); RCA (226); Reinhard Lorenz (175); Renate von Gebhardt (326); Richard Prince (131); ringpress-Voglmann/Filmaufbau/Europa (194); Ronald M. Schernikau (44); Rowohlt Verlag (59, 91); RTL (23, 164); Sammlung Axel Schock (11, 19, 36, 38, 46, 53, 66, 68, 83, 90, 98, 100, 104, 113, 128, 150,

155, 160, 179, 189, 197, 233, 234, 237, 242, 249, 257, 262, 267, 268, 272, 275, 276, 285, 313, 319,); Sammlung Karen-Susan Fessel (92); Sanford Roth, 1955 (86); Schmidt's Tivoli (87); Selbstbildnis, 1980/Gina Kehayoff Verlag (199); SET/BMG (201); Snowdon (227); Sony Music/Columbia (251); Stadtarchiv Einbeck (41); Stefan Moses, Berlinische Galerie, Hannah-Höch-Archiv (150); Steidl (177); Stephan Pflug (111); Stiftung Deutsche Kinemathek (329); Studioporträt 1938; Lászlf Verlag (199); SET/BMG (201); Snowdon (227); Sony Music/Columbia (251); Stadtarchiv Einbeck (41); Stefan Moses, Berlinieton University Library (35, 216); tb (289); Terry O'Neill, Mercury (161); The Illustrated London News (260, 330); Third World Newsreel (187); Thomas Victor (316); Ullstein (139, 159, 260, 265, 313); Vincent Mentzel/Suhrkamp Verlag (252); Vogue (126); VOX (114, 221); WDR (48); Wea (192); Werner Krüger/Gustav Lübbe Verlag (276); ZDF - Ehlert (119, 245);

Trotz größter Sorgfalt konnten die UrheberInnen des Bildmaterials nicht in allen Fällen ermittelt bzw. ausfindig gemacht werden. Es wird gegebenenfalls um Mitteilung gebeten.